中国社会科学院近代史研究所

民国文献丛刊

顾维钧回忆录

中国社会科学院近代史研究所 译

第十一分册

中华书局

目　录

第十一分册

第七卷

再度出使华盛顿

下

（1950—1956）

第八章　讨论朝鲜与印度支那问题的日内瓦会议时期

1954 年 2 月 18 日—8 月

第一节　日内瓦会议时期的国际形势

1954 年 2 月 18 日—7 月

一、日内瓦会议召开前的事态发展

1954 年 2 月 18 日—4 月 26 日

英、法、美、苏四国外长在柏林举行的会议于 1954 年 2 月 18 日结束,其结果是:

1.四国外长建议 4 月 26 日在日内瓦召开会议,"谋求和平解决朝鲜问题",由四强、中华人民共和国、南北朝鲜政府和其他参加朝鲜战争并希望出席的国家派代表参加。

2.同意会议还将讨论"恢复印度支那和平问题",并将"邀请"四强、中华人民共和国和其他有关国家参加。

3.达成这样的谅解,即"邀请参加上述会议及会议的召开不得认为含有对尚未予以外交承认者给予外交承认的意思"。①

同日,蒋廷黻到哈克尼斯隔离医疗中心的病房来看我。三天

---

① 注:见哈珀兄弟出版公司为外交学会出版的《世界事务中的美国,1954 年》一书第 212—213 页,系根据 2 月 18 日四国公报,原载 1954 年《美国对外关系文件》,第 218—219 页。

前,我遵医嘱到该中心进行全面检查。蒋廷黻告诉我,美国驻联合国大使洛奇对他说,在柏林会议上,英国并非像传闻的那样不妥协,而是颇为合作的。洛奇曾解释说,英国的主要兴趣是与包括苏联和红色中国在内的铁幕国家扩大贸易关系,它不但在争取美国的同意,而且在争取从世界银行或从美国获得十亿美元信贷,以贯彻这一缓和国际紧张局势及促进和平的贸易方针。这笔资金在某些条件下也对美国商人开放。据洛奇说,华盛顿当时正在考虑这个建议,然而同意的可能性不大。

蒋廷黻同意我对我国在联合国的代表地位的看法,即美国依然强烈反对承认红色中国,也反对它进入联合国,然而联合国本身的气氛却对我们不利。中立国家、共产党国家和亲北平的国家都会利用日内瓦会议的任何进展作为有利于北平的行动的借口。蒋廷黻并不确知杜勒斯的观点,而阿瑟·迪安最近的声明终于进一步引起他对杜勒斯本人的政策的怀疑。迪安是板门店谈判的美方代表。他是杜勒斯的亲密朋友,又是杜勒斯作为沙利文及克伦威尔律师事务所主要合伙人的继任者。不言而喻,他之进入政界部分地是由于杜勒斯的帮助。我对蒋廷黻说,杜勒斯对公众舆论和国会舆论都很敏感,而这两者迄今都强烈反对姑息红色中国的政策。我还解释说,杜勒斯关于代表地位与承认问题的一些令人不安和怀疑的说法都是随口说的,主要是因为他个人相信外交无所不能,而且相信只要双方都有互相让步的精神,任何问题都是可以解决的。

我在医院住了三天半后,遵从洛布医生的吩咐,于当天下午出院。洛布是该医疗中心的负责人,由他给我看病。蒋夫人到这所医院来时,也由他照看,孔祥熙也如此。

我于次日飞回华盛顿,并在那里接待了前来进行礼节性拜访的路易斯安那州门罗市的詹姆斯·尤因夫妇。尤因先生对美国同意召开日内瓦会议甚为不安,并对杜勒斯的政策深为怀疑。他担心这是一系列行动的开始,最终将导致联合国接纳红色中国以及美国承认红色中国。他征求我的意见,我对他谈了我们对柏林会议协议的不满,这个协议一定会而且已经被当作是苏俄和共产党中国的胜利。尽管和北平讨论朝鲜问题似乎有理,但没有理由通过邀请红色中国参加一个同时讨论印度支那问题的会议来提高它的声望。

我于同日向外交部发出一份报告。记得在一周前,我于2月12日曾紧急拜会助理国务卿饶伯森,表达了我国政府对柏林会议动向的极大关注,对可能召开有赤色中国参加的五大国远东全面会议尤为关注。饶伯森曾向我保证,杜勒斯在这个问题上不会屈服于英、法,而只会同意召开一次特别会议以专题讨论远东的朝鲜与印度支那问题,参加者除五大国外,将包括其他有直接利害关系的国家,比如朝鲜问题包括南北朝鲜,印度支那问题包括法兰西联邦各国。

最近,美国国务院通过谭绍华作为心腹话通知我,我和饶伯森的谈话已予以恳切注意。为此,国务院愿将杜勒斯的柏林来电通知我们。电文说:

1.即将召集的日内瓦会议不是一次"五大国会议",而且他依然坚决反对召集一次"五大国会议"。

2.他不会做任何提高中共权威和声望的事情。虽然苏联外长在柏林竭力提高中共的权威与声望,但遭到美国与英国的全面反对。

3.美国实际上只打算与中共讨论具体而个别的问题。哪些其他国家参加会议已经由美方决定。印度不是参加国之一,把它排除在外也是由美方建议的。

我在给外交部的去电中汇报了所有这些情况,并指出上述各点也已由美国国务院电达蓝钦大使转告叶公超外长。

与此同时,叶公超在台北发表了一项声明,阐述自由中国对柏林协议的看法。外交部立即发来一份抄件。我于2月19日,即声明发表的当天下午收到该抄件。发送抄件的来电嘱大使馆将声明向当地报刊散发。声明说：①中华民国政府对于柏林四国外长会议关于远东问题之讨论，至为关切。据悉由于该项讨论，四国业已同意建议于1954年4月间在日内瓦召开会议，以期建成韩国问题之和平解决。

声明继称，查韩国政治会议，原应由韩国停战协定之双方筹商召集，但因共产党侵略者采取拖延策略，以致未能召开。现四国所建议之会议，虽与韩国政治会议相似，但因参加柏林会议之四国政府，现已成为发起与召集国政府，未经联合国商讨，故在意义上，显不相同。中国政府认为此项建议召开之会议，不仅将创一危险之先例，且将构成对联合国宪章原则之否定。吾人切勿忘记联合国业已判定中共份子为在韩国之侵略者，而予谴责，且联合国为制裁其侵略亦已作重大之流血与财产之牺牲。

声明还说，中共份子既已充分暴露其本来面目，故使其参加日内瓦会议，决不致增进韩国与远东和平之机会；将会议形式由双边改为多边，亦复如此；而会议之举行，改由四国召集，而不由联合国召集，更复如此。

声明最后说，中国政府无意参加任何邀请中共侵略者参加之会议。中国政府与人民对于此项会议所作任何影响其利益之决定，概不承认其有效。

我于次日再次致电叶公超，告以他的声明已予散发，并告以我遇到了助理国务卿帮办庄莱德，并和他谈了日内瓦会议。我对庄莱德说，我们对柏林会议决定召开日内瓦会议深感遗憾，因为我们认为这是违反联合国决议的。我说，我国外长已经发表了大意如此的声明，而且大使馆已将声明抄送美国国务院以资参考。我然后向庄莱德询问南朝鲜已否表示态度。庄莱德回答说，汉城也表示极为不满。但是中共的介入战争使得把他们纳入会议成为不可避免。然而美国只打算讨论亚洲某些地区的某些具体问

---

① 声明译文参照台湾《中央日报》。——译者

题,而不涉及其他问题,况且柏林会议公报的最后一段清楚地说明了红色中国出席会议并不含有被承认的意思。庄莱德接着强调说,尽管苏联外长再三主张删掉这段话,美国却坚持己见,并在英、法支持下终于通过和写上了这段话。他说,这是值得我方注意的。

当我询问拟议中的会议能否解决朝鲜问题时,他回答说,希望极微。于是我询问是否打算待朝鲜问题的讨论有了成果之后再提出印度支那问题。我解释说,我提出这个问题是因为柏林会议公报的措辞似乎十分含糊。庄莱德说,法国急于讨论印度支那问题,因而即使朝鲜问题未获解决,印度支那问题也会提出讨论。

我在给叶公超的另一封电报中报告说,国务卿和国务院都在强调美国的各项建议在柏林会议所获得的成功。然而国会方面的若干知名人士对于国务卿接受召开日内瓦会议的建议则公开表示疑虑。例如,共和党政策委员会主席弗格森参议员声称,苏联早就盼望其他国家承认中共政权,虽然杜勒斯曾表明这不大可能实现,但是他同意召开日内瓦会议的态度招致了危险。比如,这次会议将使苏联和中共在宣传方面得到极大好处。民主党人保罗·道格拉斯也担心日内瓦会议可能成为承认中共的前兆。

随后,一位白宫发言人宣布,艾森豪威尔总统曾致电杜勒斯欢迎他归国并赞扬他在柏林会议的杰出工作。尽管总统予以嘉奖,杜勒斯在华盛顿还是受到了各式各样的对待。他于 22 日上午邀请国会的两党领袖共十五人到国务院密谈,以说明柏林会议的情况。《纽约时报》报道说,与会者中唯一衷心表示支持国务卿立场的是共和党参议员威利,他是参议院外交委员会主席。民主党领袖都保持沉默,看来是不愿表态。共和党参议员大多表示怀疑,并采取了希望进一步仔细考虑此事的态度。但是也有几位支持杜勒斯的立场。

那些支持杜勒斯立场的人提出了以下理由:

1.自达成朝鲜停战协定后,邀请中共参加拟议中的会议已日益不可避免,因而目前的谅解或协议不是新的决定。

2.列入印度支那问题不仅能使朝解和印度支那问题同时解决,而且可以改善美法关系,以便使法国同意参加欧洲防务集团。

3.如果美国拒绝与中共谈判和对话,那么只能继续保持僵持局面。

那些公开反对柏林协议的人告诫国务卿说,今后美国必须极为谨慎地处理这一局面。他们特别指出了两点,即美国不应承认中共,和美国不应直接卷入印度支那战局。如果发生灾难,他们强调应由杜勒斯承担一切责任。

最直言不讳地反对杜勒斯协议的是参议院多数党领袖共和党人威廉·诺兰。他在同一天警告说,日内瓦会议绝不该成为远东的慕尼黑会议,也就是使印度支那和朝鲜重蹈捷克斯洛伐克的覆辙和便于中共进入联合国的一次会议。他严厉批评了美国同意参加印度支那问题的讨论。他说,如果中共以组成联合政府为印度支那停火的条件,那么不出两年,越南政府肯定会垮台,而美国也就会将已通过的军事援助从印度支那迅速转到台湾和泰国。诺兰重申他反对让共产党中国进入联合国,并希望菲律宾新总统出面领导亚洲的反共集团。

两天后,杜勒斯到众议院外交委员会汇报。会后,委员会主席声称,杜勒斯已保证美国决不承认中共。杜勒斯还说,只是因为中共在朝鲜和印度支那都处于侵略者的地位,他们才获准在日内瓦讨论两个地区的问题。

同一天的晚些时候,杜勒斯到参议院外交委员会参加秘密会议。会后,委员会主席威利参议员声称,国务卿再次保证日内瓦会议不是走向承认中共的一个步骤。杜勒斯还说,所有参加国都有不接受其他任何国家所做任何决定的自主权,也不能以自己的决定约束其他任何国家。此外,据威利说,国务卿认为日内瓦会议有可能解决印度支那问题和加速朝鲜问题的解决。但是威利本人承认他对这两点都不抱多大希望。

至于出席会议的多数参议员,据说他们都认为国务卿在柏林会议上取得了出色的成就。然而有一两位对于把印度支那与朝鲜局势放在同一次会议上讨论表示不满。诺兰参议员会后接见记者时说,在日内瓦开一次会肯定并不意味着承认中共;美国政府在这个问题上的立场没有改变,它将继续反对承认中共。然而诺兰不愿透露他本人的或其他参议员的看法,也不谈他或他们曾否讨论中华民国参加即将召开的会议问题。

　　当晚,杜勒斯发表了关于柏林会议的广播谈话。他对听众说,美国政府始终认为苏联的政策是一面加强对它已经占领的地区的控制,一面扩大它的势力范围,而这次柏林会议清楚地表明斯大林死后苏联的政策并无变化,尤其是在欧洲问题方面,绝无谈判的可能。苏联正力图在西方盟国即美英法之间制造分歧,但显然未能得逞。美国在其盟友支持下,成功地使得苏联接受了以美国立场为基础的关于朝鲜和印度支那问题的决定。

　　杜勒斯还说,他曾对莫洛托夫清楚地表明,在使中共政权能够参加日内瓦会议方面,美国的态度和立场不是为了抬高中共政权的地位,恰恰相反,是为了把它置于世界舆论面前,接受公开的审判。接着杜勒斯重申了美国不承认中共和反对中共进入联合国的立场。杜勒斯说,虽然有人说日内瓦会议是走向承认中共的一步,从而使共产党获得他们在柏林会议上所未能取得的胜利,但是情况并非如此。再者,没有理由"只因担心我们在谈判桌上斗不过对方",就拒绝"以和平方式谋求我们所希望的结局"。他又说,甚至有可能苏联在亚洲也想要和平。

　　后来在3月16日,杜勒斯在一次记者招待会上回答问题时说,日内瓦会议或许延期。我将这一情况也电告了叶公超,并且说,据来自美国国务院的消息称,延期的可能源自中共政权对以被邀请者身份出席会议的不满,而且据同一消息称,苏联目前为消除中共的误解,正在进行解释,并因此对召开会议奉行一种拖延政策。

我还说，据《纽约时报》报道，美国驻苏联大使与苏联就会址、秘书处人员及财务细节等问题所进行的磋商尚未取得任何进展。此外，据合众社伦敦 17 日电讯称，英国外交部发言人证实了苏联对西方集团就日内瓦会议技术细节所提出的各项问题至今尚未答复。这则电讯还接着说，开会日期可能推迟，个中原因可能是北平坚持以五大国之一的身份出席会议。

五天前，越盟向法军据点奠边府发起了首次进攻，包围了堡垒，破坏了机场，机场是法军在该地区能够获得新的补给的唯一地方。越盟所显示的出乎意外的力量和法军的明显弱点引起了华盛顿的关注。在此以前，华盛顿当局对"纳瓦尔计划"的最后胜利一直颇为乐观。3 月 23 日，杜勒斯在记者招待会上说，美国对法军在财力和物力上的任何要求仍将尽快予以响应。他说，所谓纳瓦尔计划没有明显的理由予以放弃；这个计划"概括地讲，是一个两年计划，它在目前战斗季节之后的下一个战斗季节，如果不能预期全胜的话，至少也可以预期取得决定性的战果"。他接着说：

> 正如你们所记得的那样，这个计划考虑了建立一支非常强大的地方部队及其训练和装备。据信按照这个方案，假定在目前战斗季节没有重大军事反复，那么，到下一个战斗季节结束时，就肯定能在那个地区占上风。迄今没有发生这种军事反复，而且就我们所知，具有打乱纳瓦尔计划大体时间表和战略性质的军事反复不会发生。

次日，我请即将回台北的俞国华转告蒋介石总统，目前美国政策总的说来对我们颇为同情和支持。危险在于美国政府急于获得所谓盟友们的合作，而这些盟友并不总和美国政府的看法完全一致，在如何缓和东西方之间的紧张局势的一般问题上和应当如何应付远东局势的问题上，尤为如此。

到 3 月 27 日，有一点已经明确，即日内瓦会议不会推迟，而将如期召开。我给叶公超发了一封很长而且经过慎重考虑的电报，其中包括我对于我们最好如何应付我们面临的日内瓦局势的建议。我的去电和叶公超本人的来电交叉了。来电强调了我国政府对日内瓦会议的极大关注，并就我们最好如何抵消这种局势和阐明我们的希望和立场征求我的意见。①

我在去电中说：

> 日内瓦会议关系我国重大。杜国务卿拟自出席首数日会议，随后则拟由副国务卿斯密脱担任代表。美国国会对其性质目的及前途尚多疑虑，国务院现抱持极端审慎态度。共党方面则大张旗鼓派员三四百人之多。窃意我似宜派员前往日内瓦，(一)就近逐日探询报告会议情形；(二)与友好国家代表团密切联络，如美国、南韩、菲律宾、泰国等；(三)与新闻界，尤其美国记者，联络解释我国立场，从而影响其报道，俾不至专闻中共单方之宣传。关于此事，美国友人如周以德议员，时代杂志记者、前我国行政院顾问约翰·比尔均认为有此必要，向我建议。窃意国际卫生组织大会将于五月四日在日内瓦集会，政府似可在我国出席该会代表团中加派适当人员，指定担任上述报告联络工作，并先期前往，可不露痕迹。如钧部尚未另作决定，本馆陈之迈公使与美官方及新闻界均颇熟悉，似为适当人选。如能畀予卫生组织大会代表之一或副代表名义则最妥善。另由本馆遴派一人随同助理及译电。如我联合国代表方面亦拟派人更佳。此次会议方面甚多，恐非一人所能周顾也。如何统乞裁核电示。

我于 4 月 1 日收到了叶公超的复电。他说，外交部已呈报行政院，而且行政院已指派我国驻联合国代表团顾问郑宝南以出席世界卫生组织会议的副代表名义前往日内瓦作为现场观察员，以进行必要的活动。外交部还委派驻巴黎大使馆人员舒梅生做他

---

① 此件录自顾氏所藏函电稿。——译者

的助手。叶公超还说,他认为我提出的指派陈之迈承担这项工作的建议是非常恰当的,但是人选已经确定,而且在华盛顿还有许多重要问题需要陈之迈协助料理,外交部认为最好让他留在美国。叶公超还询问了美国所报道的各国对杜勒斯3月29日公开声明的反应与具体活动。

那天,杜勒斯在海外新闻俱乐部发表了一篇态度强硬的讲话,其中第一次提出了美国有可能直接介入印度支那。他说:

> 在目前情况下,不管用什么手段把共产党俄国及其伙伴中共的政治制度强加给东南亚,都是对整个自由社会的严重威胁。美国认为这种可能性不应当予以消极认可,而应当以联合行动予以对抗。这也许包含严重的风险,然而如果我们目前不敢果断,几年后我们将面临更大的风险。

杜勒斯还重申了美国政府无意承认红色中国,并将继续反对这样一个国家在联合国得到席位,这个国家一贯敌视美国,其侵略行为有案可查,其口是心非证据确凿,并以实现"血洗台湾的自由中国人"的野心而为众所周知。

在美国,《纽约时报》的反应在美国报刊中是相当典型的。该报3月30日的社论以赞许的口气写道:

> 为了强调印度支那战争所涉及的巨大利害关系和制定美国在即将召开的日内瓦会议上打算执行的政策,政府与国会发表了一系列声明,而这篇讲话则标志了一个顶点。所有这些声明清楚地表明了美国决心在会议上致力于使朝鲜在中共军队撤出之后成为自由独立的国家。并决心告诫俄国和共产党中国"停止并放弃"以印度支那为跳板夺取整个东南亚及其财富的企图。这些声明同样清楚地表明了美国决不会执行绥靖政策或接受"远东慕尼黑",而且决不会仅仅为了获得骗人的诺言而承认共产党中国,这种诺言甫经作出,便蓄意予以违背。

这类消息均已向外交部报告。叶公超对美国所报道的其他国家的具体活动与反映也很关注。因而我在收到他来电的当天便复电说，杜勒斯 29 日的讲话中把美国的立场讲得特别清楚，而这对我们是个安慰。但是西欧国家的情况与我们的情况大不相同，这已在他们的观点中反映出来。我还说，此间只有留心注视即将召开的日内瓦会议的尔后发展，而且除了继续表示我们希望美国在日内瓦会议上坚持正确立场和不使其本身为其西方盟友所影响或动摇外，别无他法。而且由于共产党方面惯于在军事上未能成功时转向外交，依靠谈判达到目的，所以这次中共很可能再次靠甜言蜜语来获得某些国家的承认和进入联合国。为此，美国有必要特别注意，以免被共产党利用。我向叶公超建议，我们可以重申他 2 月 19 日声明的最后那句话，即我国政府和人民不能承认该会议的任何影响我国利益的举动，并再次提请美国政府对这一点和所述其他各点予以注意。

前一天，我请谭绍华拜会了中国科科长，以弄清日内瓦会议的参加国及其代表名单等情况。我于 4 月 1 日给叶公超的去电中也扼要地介绍了谭绍华所获得的消息。例如，我说，我们获悉除南非已正式通知无意参加和南朝鲜政府尚未正式表态外，所有参加朝鲜战争的联合国成员国都准备派代表参加日内瓦会议。然而，想获得各国主要代表的名单还为时过早。如果目前的报道属实，中共代表团十分庞大，苏联代表团也不小。英国代表团将由外交大臣艾登率领，但是他不准备在日内瓦久留，而将由里丁勋爵继任首席代表。

谭绍华还获悉杜勒斯不打算派出很多人。参加柏林会议的美国代表团为二十五人左右，参加日内瓦会议的人数可能略多。然而由于美方从柏林会议之前一直延续至今已经做了全部筹备工作，就不必再派人去从事这种随时都会有的工作。美国驻捷克斯洛伐克大使阿历克西斯·约翰逊将受任负责美国代表团的准备与组织工作，他曾任负责远东事务的助理国务卿帮办。助理国务卿饶伯森和中国科副科长埃德温·马丁将陪同杜勒斯出席会议。至于国会是否有人担任代表或出席会议,则尚未决定。然而据另一个消息来源称,东北亚科科长肯尼思·扬也将参加代表团,而且中国科可能还有一名成员也去。

关于日内瓦会议的议事日程,谭绍华获悉美国认为应该把讨论印度支那问题安排在朝鲜战争问题之后。然而"之后"并不意味只有在朝鲜问题解决之后才讨论印度支那问题。至于将要或者应该有多少国家参加印度支那问题的讨论,这一点尚未决定。美国认为它应当就这个问题首先交换意见,特别是同法国交换意见。然而据说除美、法、英、苏和共产党中国之外,还有哪些国家参加取决于哪些国家是"有利害关系的国家",而对这个问题则尚未予以讨论或谈判。但美国决心不使中共参加这一讨论。实际上,马康卫科长对谭绍华说,美国在这一点上的态度是十分坚决的。他还说,法国反对胡志明政权参加,然而在谋求解决印度支那问题方面,事实上似乎不可能不使该政权派代表团参加会议。马康卫还说,印度支那联邦各国原则上都应当出席会议。

同日,即4月1日,苏联《真理报》援引苏联外交部的声明说,中共将以和其他与会国平等的地位出席日内瓦会议。美国国务院一位发言人在回答记者就这条新闻的提问时,作为相反的证据,提到了国务卿曾再三声明的美国立场,即拒绝接受中共以五大国之一的资格出席或参加日内瓦会议。他接着说,莫洛托夫在柏林会议期间一再提议给予中共这一身份,但每次都遭到杜勒斯的拒绝,而且这一拒绝得到了英、法的支持。

这位发言人还重申了美国将信守它对南朝鲜的保证,即如果日内瓦会议讨论朝鲜问题超过九十天而无结果,美国将考虑退出讨论朝鲜问题的会议。他还说,日内瓦会议的几个问题可以同时讨论。

4月2日星期五下午,我前往费城参加为庆祝美国政治及社会学学会第五十八届年会所举行的招待会和半正式宴会。我被安排在宴会后第一个发言,但当我走向讲台时,学会会长告诉我发言次序有变动。由于我是主要发言人,所以安排在最后发言。我说我并不介意,就坐下来听其他人发言。

亨培克博士主持了会议。国务院的詹金斯首先发言。他就当晚的主题"美国与新中国"发表了极为友好的讲话。这使得亨培克评论说,詹金斯在国务院地位不高,而讲得这样漂亮和清楚,这说明事先一定经过国务院最高负责人的批准,并代表美国政府的政策。亨培克说,他对詹金斯讲话的友好的精神和所宣告的继续给予国民党中国道义上、经济上和军事上的支持的愿望感到高兴。

第二位发言人是自由党名誉主席小阿道夫·伯利。我记得他是罗斯福夫人的好朋友,而罗斯福夫人对国民党中国并不十分友好。罗斯福夫人和她的一些知心朋友,其中甚至包括艾德莱·史蒂文森,当时在美国都被视为相当左倾的自由主义者。无论如何,人们以为小伯利代表一种与詹金斯不同的观点。然而他是一位条理清楚而善于辞令的演讲家。看来他发言时是边看讲稿边作修改,而且在听了詹金斯的反映美国对国民党中国和共产党中国的官方政策的发言后,必定在许多方面都作了重大更改。此外,下面将由我继他发言,因而不得不考虑我有可能回击他的反对国民党中国的任何偏激观点。这正是最后发言的好处。我很感激学会会长的周到考虑,把我安排在最后发言。

总的看来,小伯利很谨慎,而且尽量与詹金斯保持口径一致。然而临到结束时他照读了原来的结论,大意是必须以现实的态度处理国际事务,而不要作茧自缚;其含意是外交应当有灵活性,为了国家利益而需要权宜之计的地方,就应当在决定政策时使权宜之计高于原则。因此,他认为红色中国与苏俄不见得根本一致,而且应当千方百计考查他们的相互关系和诱导红色中国脱离苏俄;由于中国人民根本不可能信仰共产主义,就更应如此。

我准备的发言大约需要四十分钟,然而时间晚了,已经十点一刻了。学会会长事先曾告诉我,听众已经开了一整天会,必定累了,所以他希望晚上的会不超过两小时。我告诉他,我将设法把发言缩短到三十五分。由于会议在八点五十分开始,而且已经超过了预定的时间,会议主席又从容地介绍了各位发言人并在发言后进行了评论。最后,我不得不比我准备压缩的讲稿压缩得更多,以便能够答复小伯利的一些对我们不利的评论。当然,我的答复要得体,这就要字斟句酌。我进一步压缩发言还为了能够赞扬詹金斯的动听的发言,他的讲话在许多方面都为我的演说铺平了道路。

我在结束讲话时抨击了把权宜之计作为对共产主义的政策,并强调了在与国际共产主义进行斗争中坚持原则的必要性。国际共产主义决心主宰世界并毁灭自由世界珍视的一切。我经过一番努力,才在十点四十五分结束了发言,特别是在十点四十分,亨培克悄悄地递给我一个条子,而当时我还在讲着话并正在努力收尾。他的条子的大意是,"到四十分时有人要告罪退场",也就是要提前离开了。当时我并不知道这个条子是亨培克而不是学会会长递过来的。我有点不安地匆忙结束了发言,因为听众中有许多人需要赶回华盛顿及纽约等地,而我不愿意不必要地耽搁他们。即便如此,我还是有意地加重了结束语的语气,一字一顿,以使听众对我的结论加深印象。

4月4日星期日,郑宝南到我在纽约下榻的旅馆来看我。他报告说,他接到指示以副代表的身份去日内瓦参加世界卫生组织会议并汇报日内瓦会议讨论朝鲜和印度支那问题的情况。他要求我函请叶公超外长为他执行这一重要使命增加经费,因为他这整个任务的津贴稍嫌不足。他还要求我正式通知美国国务院,以便他能够在日内瓦联系美国代表团的人员,利用其外交邮件的便利向在华盛顿的我,在纽约的蒋廷黻和台北外交部寄送他的报告。我答应设法和国务院接洽为他安排此事。

我把我给叶公超去电的要旨告诉了他,这就是建议派人汇报日内瓦会议讨论朝鲜与印度支那问题的情况。我说,我在电报中还概述了我们应当设法通过我们在日内瓦的各代表完成的事项。他们不仅应当汇报会议的进展情况与各国在会外的讨论情况,而且应当与新闻界联系,以抵制共产党反对我们的消息和在对我们利害攸关的问题上向其他友好的代表施加影响。我告诉他,我曾建议我们的代表注视中共代表团成员,伺机转变他们,或使他们投奔台湾。

郑宝南将叶公超给他的电报拿给我看。电报几乎逐字逐句重复了我向外交部提出的各项建议。但是我在4月1日所收到的叶公超的复电,却如上文所述,只是说外交部早已提出委派世界卫生组织会议副代表郑宝南为赴日内瓦的人选,而且叶公超认为我推荐担负此任的陈之迈在会议期间在华盛顿还有许多事情要办。

在以后几天内,我致电叶公超为郑宝南要求增加经费。我还与美国国务院联系,请他们转嘱美国代表团与郑保持密切联系并向他提供邮件便利。我还与郑不断联系,以使他了解动态,并向他提供意见。例如,在我给他的一封信中,我告诉他:

> 美国赴日内瓦代表团有不少远东问题专家,为首的是美国驻捷克斯洛伐克大使阿历克西斯·约翰逊,他在就任大使前是负责远东事务的助理国务卿帮办。其他专家包括负责经济问题的安德森和负责政治问题的马丁,他们都是中国科科长马康卫的副手。我建议你与他们联系,这会有所裨益。我特别建议你与马丁联系,他与阿瑟·迪安曾在板门店共事,而且在迪安走后的相当长时间内实际上是由他负责谈判。马丁的中国话说得很好,而且据我所知,他还认识几位前往日内瓦的中共人士。

4月5日,杜勒斯再次发表了一个重要的政策声明,据推测是对印度支那局势的直接反应。越盟曾于3月30日向奠边府大举进攻,迅速推进到离驻军中心区一英里范围之内。杜勒斯在向众议院外交委员会的讲话中,指责共产党中国参加了奠边府战役。他重申,"把苏联及其盟友中共的政治制度强加于东南亚会成为对多数人的严重威胁"。他还说,"对此不应消极地予以认可,而应当以统一意志并且在必要时以统一行动来对付"。他说,中共尚未造成这样一种局面,即可能产生"不局限于印度支那"的后果,然而"正在非常接近"这种局面。他在回答问题时还说,即使美国不可避免地要进行军事干预,也没有必要使用新式武器。

在杜勒斯谈到有必要以统一意志和统一行动来应付严重局势的两天之后,艾森豪威尔总统在一次记者招待会上说,美国政府正在与其他自由国家进行磋商,以便形成"一种以任何必要的方式立即协同应变的状态"来挫败共产党的亚洲战略。在向共和党妇女一百周年纪念大会的讲话中,杜勒斯本人十分清楚而简练地提出了看来是美国官方的立场。他在谈及印度支那问题时说:

> 我们面临着印度支那的问题。这是一个目前大家非常关心的问题。包括越南、老挝和柬埔寨三个联邦国家军队在内的法兰西联邦军队正在进行一场反对红色中国支援下的共产党部队的拼死而勇敢的斗争。红色中国利用人民的独立愿望,竭力将民族运动变为共产党侵略的工具。

> ……共产党中国虽未公然侵略,但实质是相差无几的。越盟的军队在很大程度上是中共政权在最近几个月中建立的,他们正集中兵力进攻法军和越军各前哨基地,其中最值得注意的是奠边府。战斗十分激烈;到目前为止,守军顶住了大规模的进攻。

> 这种局势不仅把危险带给越南,不仅带给印度支那,而是带给整个地区。这个地区从战略观点和经济观点来说,都极为重要,而且还涉及越南与法兰西联邦之外的其他国家的利益。最近我们正与这个地区的认识到这种危险的其他国家交换意见,看看是否有可能巩固局势,以便把可能成为可

怕灾难的危险减少到最低程度,而这种灾难很可能影响美国本身的地位。大家也许记得我国与澳大利亚、新西兰和菲律宾都有安全条约,这就表明太平洋的这一地区对美国有极端重要的利害关系。根据对日和约,我国在琉球群岛主要是在冲绳,有自己的基地。目前的局势有巨大的潜在危险,而且需要认真地予以估量,目的是看看能否形成一个统一的意志。有了统一的意志,就会减少采取统一行动的必要性。然而我希望一旦事态发展到需要统一行动时,应当有采取统一行动的意愿。我认为事情不会发展到这种地步,特别是如果我们能够形成统一意志,以清楚表明中共称霸东南亚和西太平洋地区的野心注定要失败,因为它必将遭到它无法克服的强有力的联合反对。我认为一般说来,我们的巨大灾难大多来自没有事先充分明确威胁和捣乱对潜在的侵略者意味着甚么。我相信那些实际的侵略者,当他们还是潜在的侵略者时,如果事先知道第一次世界大战、第二次世界大战和朝鲜战争会出现甚么情况,很可能这三次战争都是可以避免的。我们的目的不是卷入战争,而是不介入战争。

在那同一天,即4月7日,当我拜访饶伯森时,我亲自得到一点美国国务院与志同道合的"这个地区的国家"之间的会谈情况。我刚收到外交部来电,其中包括刚刚送交美国驻台北大使馆的九点备忘录的主要内容。外交部希望我在美国代表团赴日内瓦之前提请美国当局注意备忘录的内容。正巧,饶伯森约我在当天下午三点半见面。

一见面我就说,巧得很,我正要请求与他约见时,他就要求见我。在场并担任饶伯森助手的马康卫插话说,他很高兴比大使馆先打了电话。

我接着说,我乐于听到饶伯森有何见教。但是饶伯森说,他愿意先听听我有什么话对他讲。我说,当天早晨我收到台北来电称,一份包括九点内容的备忘录已送交蓝钦大使转供美国国务院参考,电文重申中国政府对日内瓦会议之立场与希望。当我得知饶伯森和国务院都未收到备忘录时,我就把九点的要旨告诉了饶伯森。

根据外交部来电,九点如下[①]:

(一)赞许杜勒斯不承认中共之声明。

(二)会议范围应以韩国及越南问题为限。任何涉及中国利益之决定,概不承认其有效。

(三)中共绝无谋和诚意,民主国家会前应取得基本团结,坚持中共须自韩撤军及停止援助越盟而不附以任何条件。如会议无结果,即拒绝继续举行会议。讨论韩国及越南问题均应确定期限。

(四)韩国问题之解决应贯彻建立统一独立与自由之韩国之目标。

(五)越南三邦原则上应被邀参加越南问题之讨论,但越盟应予排除。

(六)中共以大量军火援助越盟,并训练其军队,实已构成侵略行为,并危及东南亚和平与安全。故联合国应采取适当之集体行动。

(七)中共惯用间接侵略,美国派兵与否不应以越南有无中共军队为断。

(八)与会之民主国家应确立一项原则,不得以共产党所培植或支持之傀儡政权为本国人民所组织之政权而予承认。

(九)对苏俄禁运战略物资,不应放弃或松弛,以免增强并巩固中共地位。

关于第七点,由于我注意到外交部措辞强烈,我实际上在陈述中用了比较缓和的语气。我说,尽管北平在印度支那的行动不是公开进行的,但事实上已构成了侵略,而美国采取措施以制止

---

① 九点译文参照顾氏所存原电。——译者

北平侵略的责任与权利并不取决于印度支那是否有中共军队。

饶伯森认真听了九点之后说,国务院曾两三次电告蓝钦向中国政府说明,美国同意召开包括共产党中国的日内瓦会议,这并不是共产党的胜利;他认为这实际上是自由世界的决定性胜利。在柏林会议上,杜勒斯曾清楚地表明,共产党中国参加日内瓦会议并不意味美国予以承认,而且这次会议决不是莫斯科和北平所想望的五国会议。莫洛托夫曾强烈反对柏林会议公报中有关美国对北平态度的一段,并曾要求予以删去,但是杜勒斯坚持了那一段。莫洛托夫直到散会前的最后一刻,才撤回他的反对意见。

饶伯森接着说,使共产党中国与会是为了和它的代表谈论朝鲜问题的解决办法。美国和联合国都认为北平是朝鲜战争中的侵略者。杜勒斯曾说,北平应被送往世界舆论的法庭。饶伯森想不出任何不与共产党中国对话而能解决朝鲜问题的方法。这就像在法庭上指控罪犯一样,而不是打算让中共政权与其他各国平起平坐。除了日内瓦是韩国李承晚总统所同意的地点外,会议将是朝鲜停战协定所规定的一次政治会议。美国曾主张在亚洲选一个开会地点,李承晚则曾建议在檀香山,但是不可能指望共产党接受一个美国领土上的地点。

我说,我认为日内瓦会议应该是一个双边会议,而苏联将坐在共产党一边。

饶伯森表示同意。他补充说,共产党中国、北朝鲜和苏联的代表为一方,联合国的代表为另一方。根据联合国大会的决议,苏联应由共产党方面邀请,而现在则由苏联邀请共产党中国和北朝鲜与会,西方各国与此无关。

饶伯森说,他不能理解台湾何以对会议的性质仍有误解。至于中国政府声明它不能承认会议所作任何影响中华民国利益的决定,他认为这是可以理解的,而且是合情合理的。他向我保证,会议不会提出任何影响自由中国利益的问题。唯一要讨论的问题是朝鲜问题,即如何实现一个统一、独立与自由的朝鲜以及把共产党军队从朝鲜撤出。至于印度支那问题,他说,那将是另一个会议。他完全同意中国备忘录的第五点,即印度支那三国都应该被邀请到会,但是他不同意排除越盟。他说,越盟是法国和印度支那三国的主要敌人,如果打算解决印度支那战争,越盟的出席会议就必不可少,否则就无法进行有效的讨论。然而印度支那方面出席会议的组成问题将由法国决定。至于把印度支那问题提交联合国的想法,他认为这简直是不现实的,因为联合国成员国在这个问题上意见分歧很大,因而联合国不能有所作为,更不能采取集体行动。

饶伯森在谈到第七点时说,印度支那局势的后果对东南亚其他各国极为重要。他认为不宜由美国独自承担责任。杜勒斯已经声明局势应由直接有关的各自由国家采取联合行动处理,并曾与英国、法国、澳大利亚、新西兰、泰国和菲律宾磋商,谋求形成一个联合阵线。饶伯森也曾向我谈到这个问题,并曾将印度支那的严重局势告诉我,以便使台北的中国政府随时了解情况。

我说,我一定将这些情况报告本国政府。我询问了"联合行动"是甚么意思,以及作为第一步是否会发表一个旨在警告共产党中国停止进一步侵略印度支那的联合声明。

饶伯森回答说,联合警告在考虑中。

我说,根据自由中国的经验,中共从来也不大重视言词。但是我相信这次如果他们把警告当作耳边风而继续推进他们的侵略计划,则警告之后,会继之以具体行动。

饶伯森作了肯定的回答。他说,这一点也在与六国政府讨论中。

这时候,有一位秘书给饶伯森带来一张便条,暗示还有一位来访者正在等候。于是我简短地询问了美国方面对中美防御条约作出决定的进展情况后,便起身告辞。马康卫送我出来时解释说,饶伯森想要见我正是为了这个问题,可是他太忙,竟然忘了。

马康卫返回了他的办公室,我则在外室等着想看看下一位见饶伯森的是谁。约十分钟后,我看见一群人从他的办公室出来,他们是澳大利亚、加拿大和新西兰的大使,都由他们的秘书伴随。我离开时,看见越南大使也在等候会见饶伯森。我对这类事通常很留心。这次特别表明显然正在举行有关东南亚问题的会议或个别会谈,而不愿让中国参加。

同日我设午宴招待负责远东事务的助理国务卿帮办庄莱德。他说,杜勒斯3月29日在纽约的讲话清楚地阐明了美国对于承认红色中国和联合国接纳红色中国问题的政策。他希望杜勒斯的讲话能使我们满意。我说,这个讲话是令人鼓舞的和令人放心的。我们还谈了日内瓦会议。庄莱德对会议能在朝鲜问题上取得多大的成果表示怀疑。

4月8日,我出席了邮政管理局和国务院为纪念国际通邮发行纪念邮票而举行的午宴。副总统尼克松在宴会上讲了几句话,但是讲话后就离席去参加一个委员会的会议。杜勒斯始终在场。除法国大使博内和比利时大使西尔弗克鲁亚男爵之外,各国大使均在大厅就座。由于新邮票印着法国送给美国的自由女神像,博内被邀请接受一本集邮册。由于布鲁塞尔是万国邮政联盟所在地,主席请西尔弗克鲁亚男爵讲了几句话。

天主教纽约教区大主教、方济会红衣主教斯佩尔曼,美国基督教会全国理事会总干事罗斯博士和美国犹太教理事会会长塞利特博士也讲了话。遗憾的是,当塞利特说到以色列是中东唯一的民主国家并批评自由世界在以色列与其不民主的邻国进行的斗争中没有给予足够的支持时,我邻桌的伊拉克、埃及、约旦和沙特阿拉伯的大使都站起来用力推开座椅,然后走了出去,这使得其余听众大为吃惊。我后来得知,邮政局长萨默菲尔德的秘书曾试图向他们解释,但是并未奏效。邮政局长本人站起来说是这位犹太教教士的话被误解了,而这个解释不是令人满意的。听众都觉得这位犹太教教士的话有点过分,因为这个场合是为了纪念和通过全世界邮局的有益工作来促进世界友谊。

第二天,伊拉克大使穆萨·沙班达尔博士给我打电话,为他不辞而别地突然离席致歉。他解释说,那位犹太教教士的讲话使他感到愤怒。由于没有机会回答,他就以退席表示不满。我对他说,我十分理解他的心情。我也认为那位犹太教教士有些过分,他对阿拉伯国家的攻击是不恰当的。然而几周之后,当我对沙班达尔进行礼节性回访时,我发现他对纪念午宴上对阿拉伯国家的莫须有的攻击仍然怒气冲冲。

　　4月13日下午,我会见了前来进行礼节性拜访的奥地利新任驻美大使卡尔·格鲁伯博士。他生气勃勃,显得很年轻。他在战后改组了奥地利外交部,还写了几本关于奥地利的书。我祝贺他前来华盛顿就任新职,他对华盛顿并不陌生。我询问了他从共产主义威胁的角度,尤其是根据苏俄一直拒绝终止对奥地利部分地区的占领这一情况,对欧洲形势的看法。

　　格鲁伯说,俄国人确实无意撤出奥地利,然而欧洲的局势暂时趋向稳定。俄国人知道再往前迈一步,就意味着战争,而他们不想打仗。他们在奥地利尽量使奥地利人轻松一些,可是他们不打算离开。

　　我说,据我所知,为了缔结奥地利和平条约曾举行二百六十次会议,可是俄国总是在最后关头退缩不前。

　　格鲁伯说,俄国人想把得到的一切都抓住不放,以便一旦战争爆发,他们会处于有利的战略地位。唯一要做的事情是以军事行动击败俄国人。

　　我说,这很困难,因为自由世界的一举一动都要有舆论的支持,而舆论看来是反对战争的。

　　格鲁伯说,确实如此。但是,他认为目前的形势不会长此下去,首先要稳定局势和防止俄国的影响和势力进一步扩张。做到了这一点,就到了将俄国人赶回去的时候了。

　　我说,困难看来在于自由世界不愿采取主动,而总使主动权掌握在共产党手中。因而侵略者总有进入任何真空地带或薄弱地带的有利条件。

格鲁伯表示同意。他说,如果盟国曾向柏林的俄国人明确,共产党军队在任何地方的继续推进都意味着战争,印度支那的局势目前也许就不至于这么严重了。

我说,这本来在签订朝鲜停战协定时是可以办到的。当时自由中国就得到消息称,一旦朝鲜战争停止,共产党就准备进军印度支那,而后来在印度支那果然出现了这种情况。

格鲁柏说,独裁政权是不会休止的,而且总要不断推进。俄国人目前在中共的帮助下正在亚洲推进。

我说,我认为现阶段还是自由世界占优势。格鲁伯表示同意。他说,自由世界的优势大概还有十年,以后就难说了,因为到那时共产党的力量必已大大加强。

当天傍晚,我前往国务院拜会了庄莱德。我在下午五点刚收到台北急电,嘱我转告美国政府,敦请杜勒斯运用他对法国政府和在巴黎的保大皇帝的影响,以促成越南和中华民国之间互派外交代表。由于杜勒斯定于当晚从伦敦前往巴黎与法国人在次日上下午会谈,然后就飞回美国,所以我的时间很紧迫。因此,我立即安排了去与庄莱德会晤。我是在下午六点往访的。

我对庄莱德一接到通知就答应会见我表示感谢,并说明这是由于我国外交部长的急电所致。我说,我国政府打算承认印度支那联邦三国并与他们互派外交代表。因为当晚杜勒斯即将到达巴黎并将会见法国政府领导人和越南皇帝保大,我国政府愿请杜勒斯运用他的影响以协助此项安排。

庄莱德说,前一天晚上收到了蓝钦大使的来电。来电称,中国政府有意承认印度支那联邦三国。国务院已将来电的主要内容转告在巴黎的杜勒斯。庄莱德还说,中国政府的意图是同美国政府的政策一致的。

我强调了中国政府的愿望不仅是承认印度支那联邦三国,而且是与他们互派外交代表。原因是鉴于印度支那特别是奠边府的危急军事局势，我国政府愿意通过道义上和政治上的支持，竭力协助印度支那对共产党军队的斗争。这是我国政府对于印度支那人民为自由事业的奋斗所愿做出的贡献。我又说，中国政府愿在日内瓦会议之前或在越南与法国之间关于越南完全独立的条约谈判结束时实现这一安排。

庄莱德说，法越谈判仍有些障碍，而且他对谈判能否在日内瓦会议召开前结束感到怀疑。他询问了中国政府曾否向驻台北的法国代办提出此事。

我说，我相信中国驻巴黎大使馆曾向越南当局提出。我知道法越双方都表示乐于在结束越南独立谈判之后实现这一安排。显然，越南当局对于立即达成这一安排有些犹豫，而法国方面则更为犹豫。

庄莱德说，根据1949年越法条约，越南已经有权与其他国家互派外交代表。实际上约三十个国家已经承认越南。至于柬埔寨王国根据不久前它与法国缔结的条约，它已经获得完全独立。

我说，我一定将庄莱德的话报告我国政府，同时我要求尽快把我国政府的请求转告杜勒斯，即请杜勒斯在巴黎向法国政府和保大皇帝说项，因为我知道杜勒斯于次日上午即将与他们会见。

庄莱德答应照办。他请在场的马康卫起草电文，以供发往巴黎请杜勒斯处理。

我问道，杜勒斯何时离开法国首都。

庄莱德回答说，星期三杜勒斯将在巴黎逗留一天，当晚就启程返美，但不是回华盛顿，而是先去锡拉丘兹。

我说，杜勒斯在如此匆忙而紧张的欧洲之行后，想必愿意稍事休息，而且理应如此。

庄莱德表示同意。他说，杜勒斯到下周一即4月19日才会回到华盛顿。

在随后的一个星期，我设宴招待越南大使陈文柯。这是一次密谈，只有谭绍华在座，目的是谈论关于印度支那问题的日内瓦会议和试探他对越南与自由中国建立外交关系的可能性的看法。这位越南大使对我说,他本人未到过台湾,然而现已升任大使的美国驻越南公使曾访问台湾,并曾谈到越南与自由中国建立外交关系的好处。他说,是法国妨碍了我们实现共同的愿望。他建议我们和巴黎联系以争取同意,或者等到越南独立条约在巴黎签署之后再说。在此期间,我们可以委派我们的西贡总领事为驻越南同时也是驻法国的外交使节。(在这以前,中国在越南的各总领事都被委派为驻法外交使节。)他说,由于法国人作梗,保大皇帝未能在巴黎见到杜勒斯。然而这位大使听说,独立条约将在几天后签订,还要签订一个在法兰西联邦内与法国结成联邦的协议。他还说,保大皇帝坚持了分别签订两个协议的条件。

然而,与法国的两个条约并未如大使耳闻的那样在以后几天内签订,而是直到 6 月份才签订。因此我们与越南建立外交关系的谈判也推迟了。

4 月 14 日,我出席了全国新闻俱乐部为联合国秘书长哈马舍尔德举行的招待会和午宴。这是我第一次与哈马舍尔德见面。他看来年轻,显然很能干而又谨慎。我对他谈了几句蒋廷黻是我国驻安理会代表的话。我相信他们经常见面。哈马舍尔德说,他与蒋廷黻很熟。在宴会上,他坐在主席右侧,我坐在主席左侧。他征得主席同意,隔着主席与我谈了几句。我提到了正在度假的通晓数国语言的胡世泽博士。哈马舍尔德说,他的各位中国同僚对他的帮助很大。在准备他最近发表的一次讲话时,他想引用中国哲学家老子的一句话;这句话就是胡世泽告诉他的。他说,胡世泽正在国内度假,要到 6 月份才回来。

哈马舍尔德当天在宴会上讲话的题目是今日联合国。这是一篇关于联合国优缺点的谨慎而不偏不倚的讲话。他没有提到接纳共产党中国这个爆炸性问题,尽管我曾觉得他会提到。然而在提到联合国成员国的普遍性问题时,他强调了宪章所要求的必备条件。他最近与周以德的通信很可能使他清醒了。周以德在信中强烈批评了他最近在另一处的讲话。他在那次讲话中根据联合国的普遍性原则,主张接纳红色中国作为一个现实的步骤。

晚上,我出席了美国前驻菲律宾大使迈伦·考恩夫妇为菲律宾大使罗慕洛夫妇举行的招待会。罗慕洛大使告诉我,菲律宾副总统兼外交部长卡洛斯·加西亚将率代表团参加日内瓦会议。他本人则留在此地与美国政府谈判一项贸易协定。他说,日内瓦会议的结果至关紧要,我们应当特别注意。他认为共产党方面打算采取侵略的立场。他在最近和杜勒斯谈话时,曾嘱杜勒斯与共产党及与同盟者打交道时要态度坚定。他对杜勒斯说,亚洲人民正拭目以待,希望美国成为反共斗争的坚强领袖;如果美国态度软弱并接受法国在印度支那的那种屈服政策,亚洲人民就会接受共产主义胜利的说法。菲律宾对印度支那斗争的结局十分关注。

我与罗慕洛交谈时,杜勒斯正在从巴黎返美途中。他对欧洲的匆促访问的前一站是伦敦。4 月 13 日,他在伦敦与艾登结束会谈后发表联合公报称,两国政府"准备与其他主要有关国家依据联合国宪章探讨建立集体防御的可能性,以保障东南亚和西太平洋的和平、安全与自由"。公报称,两国确信,这种显示在整个该地区"建立以防御为目的的统一体的期望会有助于印度支那的体面的和平……"杜勒斯在巴黎与皮杜尔结束会谈后,也发表了类似的公报。杜勒斯返回华盛顿时,据宣布伦敦和巴黎公报所建议的防御条约的十个成员国将于 4 月 20 日在华盛顿开会。这十个成员国是美国、英国、法国、澳大利亚、新西兰、印度支那联邦三国、泰国和菲律宾。

4 月 22 日,外交部来电称,据报载,杜勒斯在再次赴欧之前召集了一次十九国外交代表的会议,向他们机密地报告了美国对日内瓦会议的立场和策略以及美国组成一个集团以采取统一行动和显示联合阵线的计划。外交部嘱我尽力查明情况。

4 月 30 日,我向外交部汇报说,杜勒斯在赴欧洲前,曾于 4 月 21 日召开了上述的十九国外交代表会议,向他们作了报告。我于

4月29日从一位与会的大使那里了解到杜勒斯报告的内容简要。他说,杜勒斯在讲话开始时说明了他原想把内容分成两部分并分两次报告,但由于急于赴欧并为了节省时间,他愿意把两个报告合并在一次会上讲。接着,杜勒斯说,美国对朝鲜问题的立场与南朝鲜一致,就是打算坚持立场直到实现建立一个独立、统一、民主的朝鲜的目标为止。

关于日内瓦会议,这位大使说,杜勒斯声称美国不承认会议是五国会议,而且不赞成由各大国轮流担任主席的建议。美国主张请一位瑞士的知名人士担任主席。(柏林会议采取了各大国轮流担任主席的方法,如果在日内瓦也采取共产党所主张的这个方法,恐怕主席职位也会落到共产党中国手中。)

据这位大使说,杜勒斯后来声称美国认为印度支那问题非常重要。关于美国所倡议的东南亚十国组成联合防线的协议,这位大使说,杜勒斯认为目前还有困难,而且不可能在日内瓦会议之前达成协议。尽管如此,美国仍然希望各有关国家关心这个倡议,并努力予以推动,以便向中共施加压力,使他们有所顾忌而不再进行侵略,从而保障东南亚的安全。

我汇报说,这位大使还告诉我,使他深感失望的是,在那以后,杜勒斯接受了关于日内瓦会议主席问题的妥协方案。当我向他询问杜勒斯曾否就美国拒绝承认共产党中国或拒绝中共加入联合国问题发表声明时,他说,杜勒斯没有谈到这些问题。

我除向这位大使探询情况外,还利用4月29日拜会代理国务卿庄莱德的机会,设法从他那里打听4月21日会议的基本情况。如我向外交部所汇报的,庄莱德说,杜勒斯在会上的讲话反映了美国对日内瓦会议所持的一贯立场;他的讲话并无重要的新内容。庄莱德作为心腹话补充说,最初只打算邀请十国代表,以便把美国倡议组成十国共同防御条约的目的通知他们。但是英国提出了许多反对意见。英国大使说,英国政府已经决定只能在日内瓦会议之后讨论十国条约,因此如果这次会议只是为了提出这个建议,英国就认为不宜参加。

庄莱德说,由于这个缘故,就有必要立即把已经宣布的会议变成十九国代表的会议。

根据我与庄莱德的谈话记录,我首先提出了把东南亚十国共同防御条约与中美共同防御条约问题联系起来的建议。接着,我对庄莱德谈到了我国政府对未把中华民国列为多边条约的国家感到失望。我还对他说,与共产帝国主义进行斗争,没有一个国家比中华民国更为坚决。我相信在反共事业方面,中华民国和大韩民国拥有亚洲的两支最大的军队。

庄莱德说,拟议中的十国共同防御条约是关于印度支那的和为了东南亚的,因而未包括南朝鲜与台湾。

我说,我觉得既然把靠近台湾的菲律宾包括在内,就不该排除台湾,因为印度支那一旦有变,台湾会同样受到威胁。

庄莱德说,提出十个国家的名字当然没有不可改变或包罗无遗的意思,这不是定局。换言之,如果远东的整个局势进一步恶化,那就肯定要借重中华民国和南朝鲜的强大兵力。开列目前的十国名单,并非有意排除其他任何国家。

我说,英国一度曾急于加入澳新美安全条约,而目前看来则是反对联合行动。杜勒斯最近与英国政府会谈后发表的公报虽然声称英国准备探讨缔结十国共同防御条约的可取性与可能性,但公报使用的措辞如此含糊,以致我怀疑是否总的说来,英国是持反对态度。

庄莱德也怀疑英国内心反对。他本人无法理解英国的不可思议的立场。从邱吉尔最近在议会的声明来看,英国似乎决心不介入印度支那。

我说,我认为印度支那战争的结局对新加坡和马来亚的形势也有极大影响。对于法国保卫印度支那,英国坚持不予任何援助。我真不知道英国人的想法是甚么。

庄莱德说,印度支那对新加坡和马来亚的影响是明显的,然而据他了解,英国认为它自己能够负责那些地区。后来在谈话中,我特别提到了台北来电嘱我向国务院询问,如果 4 月 21 日会议不属保密性质的话,可否将情况见告。于是他作为心腹话把英国的反对意见怎样导致会议性质的改变告诉了我。①

说到我与庄莱德谈话的后一段,我愿意提一下另一次谈话。那是早些时候与沃利奇的谈话。他是英国的一位实业家和著名的慈善家,对英国的政治颇感兴趣。4 月 20 日,我曾设午宴招待我的这位老朋友。另一位来宾是夏威夷的法林顿夫人。我和她一起对沃利奇谈到了共产主义对自由世界的威胁和以征服亚洲作为序曲的共产党主宰世界的政策。我们问他,为什么英国似乎还在与北平拉关系,而且主张对毛泽东政权采取绥靖政策。沃利奇说,英国人民认为北平与莫斯科的联盟不会长久维持下去,他们的根本利益是不一致的,而且互相猜忌。他和他的国家认为通过贸易,铁幕后的人民会更多地了解自由世界享受自由的真实情况,从而影响他们对自由世界采取比较明智的政策。这样一来,就有可能使两个不同意识形态的世界共存下去,从而确保和平。

我对他说,共产党的目标是不会改变的,他们的政策是以不可能共存为基础的。任何基于可能共存的信念的西方政策,都会有利于共产党。我还说,美国领导着自由世界进行反对共产帝国主义的共同斗争,因而应当得到全力的支持,英国由于比美国更易遭受攻击,应当更能看清这方面的巨大危险。沃利奇却认为,重要的是不惜一切代价避免战争,即使需要一百年在两个世界之间不经战争而进行和平调整,也是值得的。我说,问题在于一百年后也许自由世界根本不存在了。从第二次世界大战完全结束后短短七年间,共产主义世界的收获已如此之多,人们只要思考一下当前局势即可明了。

----

① 1954 年 5 月 6 日,我的一位工作人员交给我一份关于十九国的四月会议的较正式的报道。当时标明为密件的那份备忘录全文,见附录一。此外,陈文柯大使对那次会议的叙述,和杜勒斯 1954 年 5 月 19 日对我所谈那次会议的背景,下文均将述及。

4月22日，我致电外交部报告我与韩国大使的谈话内容。韩国大使注意到亚洲十国联合防御条约的讨论未包括南朝鲜，并根据他政府的指示向美国国务院表示了不满，理由是韩国曾对亚洲反共事业作出重大贡献。韩国政府还认为所有亚洲国家应当联合进行反共，现在却把韩国和中华民国都排除在外。他对国务院说，照这种情况，共同努力是不会有结果的。他然后向国务院询问了排除韩国与中华民国的理由。回答是拟议中的条约只针对东南亚地区，因而美国未邀请中国或韩国参加。但是目前的草案只是第一步，将来还有可能扩大范围。

他把以上情况告诉我之后，希望我们不会因他在与国务院交谈中提到中华民国而吃惊。其实韩国大使在与国务院会谈中提到中华民国与我在29日与庄莱德会晤谈及同样话题时提到大韩民国一样，都是十分恰当的。长期以来，韩国与中华民国一直是亚洲反共防御联盟的主要倡导者。而美国对于亚洲反共联盟的想法，虽然在原则上早就赞同，却一直拒绝给予积极的支持。

美国对支持亚洲防御联盟的最初反对意见来源于民主党政府的亚洲政策的性质。由于一般认为共和党长期以来一直批评民主党的亚洲政策，特别是远东政策，他们很可能在远东采取比较具体而积极的行动步骤。我在共和党刚一上台时，就立即提请新政府注意亚洲反共防御条约的问题。例如，我曾于1953年3月对杜勒斯说，虽然当时不易为亚洲制订一个北大西洋公约式的全面条约，但是一个类似美国与澳大利亚和新西兰以及与菲律宾的军事安全条约的中美军事条约会为今后亚洲各国之间的全面条约增加一环。杜勒斯在回答时谈到了他希望有朝一日有可能为亚洲缔结一个像北大西洋公约组织那样的全面共同安全条约。然而他认为当时很难实现这一愿望，因为中国、印度支那和朝鲜都因内战而分裂，而且他们的边界也不明确。在另一次会谈中，他谈到了亚洲各国的意见分歧很大，有必要先聚集在一起。

后来，1953年6月，当战俘协议即将在朝鲜签署以及一个有

损南朝鲜利益的停战协定即将缔结时,蒋介石总统亲自致函艾森豪威尔总统称:

> 关于远东的全面形势,可以清楚地看到缔结停战协定之后,对亚洲各国安全的威胁依然存在。为防止侵略的重现,必须加强亚洲各国自由人民的各自实力与集体力量。北大西洋公约组织在欧洲已获得进展,而且正趋向共同力量的进一步增长。目前已经到了这样的时刻,即对亚洲反共国家,尤其是受到苏俄及共产党中国直接威胁的国家,即大韩民国、中华民国、泰国及印度支那,美国应考虑给予有力保证,提供有效援助以增强各该国的军事防御力量。为确保亚洲和平,美国政府似有必要宣布愿与上述受直接威胁的国家缔结双边或多边共同安全条约,而且在适当时间将协助实现亚洲各反共国家的全面组织。

约两周后,蒋总统于6月23日再次致函艾森豪威尔总统,要求以"最宽大的精神"与"容忍"考虑南朝鲜李承晚总统关于朝鲜停战的意见,并要求对韩国与美国缔结共同安全条约的请求予以有利而及时的考虑。当时,美国政府与人民对于南朝鲜在6月18日故意释放北朝鲜战俘极为震动。记得杜勒斯给蒋委员长的回信措辞相当严厉。但是事情还是平息了。7月初,美国大使蓝钦与委员长就太平洋条约,韩国与美国缔结共同安全条约的要求以及朝鲜停战协定等问题进行了一次友好的会晤。

关于太平洋条约,蓝钦说,美国认为目前不便出面主动建议此事。首先是担心亚洲各国批评美国,把这一行动理解为"新帝国主义"。其次是不知有多少远东国家真正欢迎美国的军事支援或防务援助。因而,美国认为远东各国应当先建立一定的基础,然后再由美国予以支持。委员长说,如果美国不主动建议这一条约,就没有实现的希望。他说,中华民国无意主动推进此事,然而一旦美国首先行动,目前所有那些观望的国家也就会改变态度。

此后,话题转到了朝鲜停战协定问题。在这点上,委员长说,他认为韩国要求在停战协定之前与美国签订安全条约是合情合理的。蓝钦回答说,美国一贯反对缔结无法履行的条约。如果苏联和共产党中国真的决心占领北朝鲜,美国对南朝鲜的防御是无能为力的。他希望在亚洲能够作出一个类似大西洋公约的安排,在这个安排下各成员国为共同防御而联合起来,美国则从旁予以协助。他说,比如中日韩三国已有协调行动的安排,这不失为实现缔结这样一个条约的一种方式。

1953年秋,有迹象表明,美国对太平洋条约有了新的兴趣。比如9月初,诺兰参议员作为他远东实地调查旅行的一部分,在台湾逗留了一星期。他在台湾大学对很多听众发表了讲话。在讲话中,他极力主张缔结一个包括南朝鲜、日本、菲律宾和国民党中国的太平洋条约。他说,无论英国愿意参加与否,此事都应立即办理。[1]

诸如此类的声明也许在台北激发了新的希望,即美国会发起或者至少会支持这样一个条约。还记得邵毓麟先生于1953年10月16日前来辞行,并告知他在华盛顿的会谈及联系情况时,曾对我说,他在国务院极力主张由某些亚洲国家组成反共联合阵线。邵毓麟是总统和外交部的顾问,负有政府的特殊使命。他说,在与助理国务卿饶伯森和中国科的马康卫会谈时,他提出了组成一个联合阵线的可取之处,这个阵线首先包括国民党中国、南朝鲜、日本、泰国和菲律宾,以与共产党作斗争,因为共产党已在推行渗透、控制和统治的计划。他指出了北平与莫斯科的密切合作。但是他还对他们说,这样一个联合阵线必须由美国发起,采取理事会那样的组织机构形式,这种机构应当定期会晤。

11月17日,杭立武在告知他最近与副国务卿比德尔·史密斯的谈话时对我说,他曾力陈既然如他早些时候和史密斯交谈所

---

[1]　原注:见1953年9月11日《南华早报》。

强调的那样,韩国、印度支那和台湾面临同样的问题,由美国发起结成某种共同防御条约将是十分可取的。我本人于1953年11月24日为商讨百慕大会议而走访杜勒斯时,试探了他对太平洋条约问题的最新看法。

根据我的谈话记录,我对杜勒斯说,菲律宾新当选的总统麦格赛赛和罗慕洛将军曾向报界发表声明,主张缔结这样一个条约。我还回顾了若干时间之前杜勒斯曾说美国原则上赞成这样一个条约,然而由于亚洲各国的见解并不完全一致,这个问题应当由亚洲国家首先提出。我说,我个人认为这样一个条约是可取的,而且首先应当在那些有同样想法和共同利益的亚洲国家中开始。我想知道美国是否在原则上仍支持这个建议。

饶伯森也在场,他说,还必须由亚洲各国采取主动。

我说,可以由几个国家开始,日后再予扩大。目前像印度这样坚持所谓中立主义政策的国家,对此不会感到兴趣,甚至有可能反对。

杜勒斯说,菲律宾季里诺总统有一个时期曾试图发起讨论该条约,然而由于他的威望不够,他的努力未能奏效。现在新当选的总统麦格赛赛和罗慕洛将军在国际上受到高度敬重,也许可以在这个时刻采取主动以发起讨论。

我表示同意,然而我认为为了使条约有效,美国不仅必须赞成,而且必须积极参加。

杜勒斯说,一旦活动开始,美国就会予以支持。然而美国不愿意在亚洲再建立一个包括诸如英国、澳大利亚和新西兰等国家的另一个大西洋公约组织。他认为这种亚洲条约主要应当在亚洲各国之间缔结。

我说,我认为杜勒斯的观点是令人鼓舞的。

两周后,我在对美国共和党妇女联盟的讲话中,力陈不仅有必要从共产党统治下解放中国大陆,而且有必要建立亚洲防御联盟以遏制共产党征服整个亚洲。我对听众说:

目前亚洲局势对自由世界的威胁远比它外表上所呈现的要严重。欧洲随着北大西洋公约组织和欧洲防务集团的建立已经很好地组织起来抵御共产主义侵略,而亚洲面临同样危险却没有任何防御组织。

亚洲有些问题,也许是独有的,然而却是难以应付的。

首先,某些过着殖民地或半殖民地生活的亚洲民族的固有怨恨,使自由世界很难赢得他们的信任与争取他们的合作。

其次,有些亚洲国家执行所谓中立主义政策。他们的领导人认为在共产党与非共产党世界的斗争中必须恪守中立。我认为这种政策是不稳妥的和不现实的,因为共产党并不相信在共产主义与民主主义的斗争中能够中立。然而有些亚洲国家的统治者认为置身于这场斗争之外对他们的国家利益是必要的。这种中立主义政策恰好对克里姆林宫有利,因为这使他们能够在适当时机分别征服亚洲各国。另一方面,如果这些中立国家加入反共阵线,他们就会增加亚洲应付共同威胁的力量。

第三,西方民主国家的亚洲政策,特别是对红色中国的政策缺乏一致性。对于中共政权,有的国家匆忙予以承认,有的国家则看得比较清楚,仍然不愿予以承认。西方各大国对红色中国在政策上的分歧已经成为他们在同共产党侵略的斗争中相互摩擦和未能有效合作的根源。

第四,亚洲还没有一个像北大西洋公约组织那样的相互支援和共同防御的条约。现在有些分散而互不关联的双边或三方协定已经缔结,如澳新美安全条约以及美国与菲律宾和美国与大韩民国的双边协定等。然而这些只是棋盘上的少数几着棋子,如果我们准备战胜共产党人,就必须互相牢固地联合起来。为此,当务之急是建立亚洲各国之间的一个共同防御与合作的全面协定,这在美国的帮助下是可以做到的。如果我们打算拯救亚洲,使它免遭共产党的征服,这就是必要的……

后来我在日记中写道,我刚要发言时,进来了大约三十位共和党妇女,从而使听众达到二百名左右。在刚刚为我举行午宴的五月花饭店中国厅中,为她们塞进了一些椅子。联盟主席非常能干而井然有序地主持了报告会。商业部副部长威廉斯的夫人把我介绍给听众。我发言时没有事先准备好的讲稿,还用十五分钟回答了六七个非常中肯而很有头脑的问题。我用词简明,表意直率,以便听众更易于明白要点。从听众的表情以及他们未经主席招呼就自动起立表示感谢的情况来看,她们很喜欢我的讲话,这使我很高兴。看来我的即席讲话的效果总是比较好的,这一点我自己也觉得很奇怪。

早些时候,在1953年11月19日,我接见了我国外交部的朱抚松和钮乃生先生,主要是商谈改进大使馆向外交部汇报美国形势的方式方法。然而我也向他们询问了一些有关台北与亚洲其他国家的关系问题。钮乃生在外交部东亚司工作。他说,虽然印度尼西亚已承认北平政权,但是国民党各机构仍在印度尼西亚工作。在反共斗争中,韩国与我们的利益显然是一致的,但他们的态度却使我们不解。他不知道最近董霖大使的访问或其在汉城的目的。关于台湾韩国间互相援助及共同防御条约的问题,没有开始认真会谈,因为我国政府很谨慎,唯恐由于韩国方面不负责任地公布任何行动而有损于中美关系。

大约一周后,李承晚总统飞抵台北;因而董霖在汉城的停留很可能是为了李承晚访台作安排。归根结底,李承晚访问台北的目的是与蒋总统磋商建立太平洋国家的反共组织。据叶公超后来告诉我,他们的最后决定是:在适当时机商请菲律宾麦格赛赛总统出面首倡,以期最后由中国、韩国和菲律宾成为条约的发起国。当时还商定中韩两国外长为推进这个基本方案保持密切联系。

蒋、李二位总统还于 1953 年 11 月 28 日发表了公开声明,其部分内容如下:

> 故中、韩两国及人民在动员一切精神与物质力量以击败在亚洲之侵略者之奋斗中,决心保持坚强团结,中、韩两国本身将提供其所有之一切,以达到此目的。吾人并进而保证愿与亚洲其他自由国家团结一致,以抵御共产国际在太平洋区域之侵略。中、韩两国之政府与人民愿与亚洲其他自由国家组织反共联合战线,并恳切期望其他爱好自由之国家,而尤盼位于太平洋之国家如美利坚合众国者,对于吾人促成世界此一区域团结之愿望,能予以道义及物质的支持,以消除共产主义在此区域之威胁,而恢复亚洲之安全与和平。①

公开声明所披露的只是李、蒋二位总统在台北达成的协议的一般内容,至于具体计划,按中国政府的理解是应予保密。因而当李承晚从台北回国后的第三天便将整个方案向外国记者宣布,是十分出乎意外的。当时,菲律宾的麦格赛赛总统甚至尚未举行就职典礼,因而他在第二天便发表声明说,他原则上赞同该条约,然而无意领导或发起任何这类亚洲国家的组织。

我于 12 月 11 日前往布莱尔大厦参加助理国务卿饶伯森夫妇举行的招待会。招待会是为远东的外交官举行的,但也包括英、法、荷兰等一些在亚洲有领地的国家以及澳大利亚和新西兰。我在招待会上与韩国和泰国大使进行了交谈。韩国大使对李承晚和蒋介石最近敦促的发起太平洋共同防御条约一事十分热心。我谈到泰国总理与蒋委员长可能会晤的新闻报道,随即首先提出了这个问题。然而泰国大使沙拉信说,太平洋条约问题从原则上讲是正确的,但是泰国人民很敏感,而且把有的反共国家说成是领导者,另一些反共国家是"应邀追随者",这种提法是不明智的。

---

① （1）声明内容录自 1953 年 11 月 29 日台湾《中央日报》第一版。（2）声明全文见附录二。——译者

他说,泰国反共的坚决程度,决不亚于其他任何国家。我说,我确信蒋委员长和韩国总统都没有以反共事业领袖自居的念头,只是报刊有这种提法而已。我对他说,最根本的问题在于一切真正反共的国家应当为共同防御而合作。这位泰国大使显然认为中国与韩国不应当太急于或太得意于在这方面采取主动。

四天后,我前往国务院拜访饶伯森,因为我知道他可能陪同参谋长联席会议主席于圣诞节期间访问台湾。我再次提出了拟议中的太平洋条约问题。我说,我认为如果饶伯森访问台北,他可能愿与中国政府讨论这个问题。我说,我们上次会谈后,李承晚总统曾访问台北,并曾与蒋总统进行几次会谈。会谈结束后,他们发表了联合声明,呼吁亚洲其他自由国家联合起来组成反共联合阵线,并希望美国等其他太平洋沿岸国家对这一建议予以道义上和物质上的支持。我说,我确信饶伯森已见到这个声明,而且我想知道他的观感。

饶伯森答道,他很赞同,而且认为此事是能够办到的。南朝鲜拥有亚洲最强大的反共军队,台湾的武装力量在该地区居于第二。两国共有约一百二十万军队,这对于反共斗争是一个强有力的因素。

我说,我很高兴听到饶伯森这些话,然而我认为,为使这样一个条约有效,不仅美国的支持,而且美国的参加是必不可少的。

饶伯森同意我的看法,但是他指出,亚洲各国人民一直怀疑西方各大国正在推行殖民主义政策。因而美国政府强烈地认为实现这样一个条约应由亚洲国家自己采取主动,而美国则只是在这之后予以支持并参加。他还认为最好先在亚洲少数几个反共国家之间缔结这个条约,然后逐渐把范围扩大到其他愿意参加的国家,以便形成一个类似欧洲北大西洋公约组织的亚洲互助组织。他开玩笑地预测说,印度成为一个伙伴的可能性是微乎其微的。

我说,饶伯森作此预测,可谓是满有把握。接着,我提到了最近的一则新闻报道，即如果菲律宾新当选的总统麦格赛赛在就职后主动倡议一个太平洋条约，美国将予以欢迎。我向饶伯森询问了菲律宾方面对此事有否建议。

饶伯森说，麦格赛赛在美国很受欢迎，但是他相信麦格赛赛就职后将忙于组阁和集中精力于国内的一些紧迫事务，因而不会有时间处理国际问题。他还说，菲律宾一直没有就这个问题和美国联系，美国也没有采取任何步骤向菲律宾领导人提出此事。

1954年1月2日，我在华盛顿放假期间设午宴招待蒋纬国将军。诺兰参议员是来宾之一，我和他坐下畅谈。他完全赞成太平洋安全条约，并且说，印度让西方宠坏了，特别是尼赫鲁，虽然本人不是共产主义者，但在诺兰看来，他对共产党中国比俄国更为同情。

1月18日我接见了日本驻华盛顿大使馆参赞宫崎明先生。他即将前往台湾就任日本驻华大使馆参赞。他是一位职业外交官，非常谨慎而正派。在结束谈话前，就他在台湾任职之事，征询我作为一位老外交家对一位年轻的职业外交官有何指教。我说，说不上指教，但我愿向他保证，他一定会像日本其他官员和民间人士一样，受到台湾人民的热烈欢迎，而且他一到台湾就会发现我国人民完全相信自由中国与日本之间的利益一致，两国都面临共产帝国主义的巨大威胁，并且都决心与一切志趣相投的自由国家进行合作以战胜这种威胁。我还说，这是我国人民心中的头等大事，而且认为在巨大威胁面前，过去发生的一切就不很重要了。他对我这番话表示感谢，并表示愿意为我把任何信件带往台湾。

在此期间，麦格赛赛已就任菲律宾总统，而李承晚则再次亲自处理事务，他指令韩国驻菲律宾公使拜会麦格赛赛，擅自以中国和韩国的名义，敦请麦格赛赛率先推动在台北设想的计划。1月17日，麦格赛赛终于公开声称，他正集中精力忙于整顿国内事务，无意出面首倡太平洋反共联盟。

1月20日，我国驻澳大利亚公使衔临时代办致电外交部，报告澳大利亚对太平洋条约的最近传闻的反应。陈岱础公使首先提到了见于澳大利亚各报的合众社悉尼1月15日电讯。该电讯声称,杜勒斯曾对参议院外交委员会说,澳大利亚与新西兰都不愿加强与台湾的关系。陈岱础说,他见到电讯后就去拜会美国驻悉尼大使,以交换意见。据美国大使说:

1.朝鲜停战协定签字后,建立太平洋条约组织更加困难。

2.澳大利亚外长曾在上年公开声明,美澳新联盟只愿维持现状,而无意邀请其他国家参加。因此,澳大利亚的保守态度并非专门针对中国,而也是对东南亚各国的。

3.艾森豪威尔总统最近在国情咨文中说,美国对共产党的任何新的侵略行动,都将予以严厉的回击。这就清楚地表明美国的态度依然很坚定。对苏联和中共的轻举妄动,这是个警告。(他似乎在暗示没有必要建立条约组织。)

2月3日,我在市政厅对大约八百名听众讲话时,再次指出有必要建立亚洲防御体系以应付亚洲的危急局势。两天后,我在第二十八届爱国妇女国防讨论会上发表讲话,题目是"亚洲在自由世界的作用"。我在说明共产主义对亚洲的威胁后,再次提到了要对付这个威胁,"亚洲人民首先必须联合起来和增强他们的集体力量"。我说:

> 我知道这是不容易的,因为亚洲既不统一,又不团结。然而这不应成为自由世界不帮助亚洲去实现同心协力的理由。目前自由世界面临如此巨大的威胁,因而对亚洲的反共斗争全力给予同情、合作和援助肯定是明智的。人们高兴地看到你们伟大的国家,作为自由世界公认的领袖,正在推行这一政策。

> 然而还有更多的事情需要做……

不久之后,我收到了叶公超的新指示。这是一份代电,日期为2月17日,其中一部分专门叙述了中、韩两国促使菲律宾新总统麦格赛赛首倡太平洋条约所作的努力,并通知我,在麦格赛赛1月17日公开声明无意首倡并正忙于全力处理国内事务之后不久,韩国李承晚总统再次采取了行动。他事先未与我国商议便致函麦格赛赛总统,敦促他早日出面领导太平洋联盟的运动,而且只是在发函之后,他才请我国总统采取同样措施,给麦格赛赛发函。但是我们认为,鉴于菲律宾总统已反复表明他不愿意显得把此事看得过于紧迫,我们按照李承晚的愿望采取这样的措施将是无意义的和毫无效果的。但是由于我们与韩国仍持相同的观点,外交部已提请委员长批准采取以下步骤:不直接致函菲律宾总统,而在探知菲律宾总统确已收到李承晚的信后,指示驻菲律宾大使陈质平机密地向菲律宾方面口头表明我们仍继续支持李承晚信中的想法。

叶公超在介绍这些情况之后接着说,太平洋反共组织的建立取决于美国的支持与参加。没有美国的敦促和说服,菲律宾显然不愿意出面领导。因此美国的态度至关紧要。然而美国不愿意倡议此事。上年我国政府就此事与美国政府多次进行非正式联系时,国务院总是说美国政府认为它不能带头,并希望亚洲各国自己主动联合。叶公超说,这种措词看来是用以表示美国不愿领导此事。

叶公超还回顾了李承晚从台湾返回朝鲜并向新闻记者公布拟议的计划之后,叶曾要求美国大使蓝钦电请国务院试探麦格赛赛的态度。可是很长时间杳无回音。经他反复要求答复之后,蓝钦到外交部表达了他个人对此事的意见。他对叶公超说,麦格赛赛面临大量国内问题,无暇当此重任,并说这是他个人的印象和看法,而不是麦格赛赛的答复。后来,在李承晚函请麦格赛赛支持该计划后,叶公超再次请蓝钦到外交部,探询美国政府能否敦促或说服麦格赛赛出面并率先组织一个太平洋反共机构。到向我发出代电之日即2月17日为止,一直没有收到回音。

叶公超在介绍这些情况后接着说,我国政府当然仍希望早日组成这类组织并且愿意利用一切时机予以推动。然而考虑到不同方面的实际反应，我们感到不能坚持要求实现。实际情况既然如此，我们的政策应当着重于和致力于缔结中美安全条约，并且暂缓有关太平洋反共组织的计划或建议。

台北的新指示很及时。这不仅由于他们对当时美国政策的看法，而且还由于无论实际情形是否如此，李承晚在进行尝试时常常把蒋总统的名字挂在一起，而新闻界对李承晚的尝试反应很糟。例如2月14日的伦敦《星期日泰晤士报》所载东京发出的理查德·休斯以"李的全亚洲联盟计划"为题的文章说：

南朝鲜总统李承晚目前正在不顾一切地妄图利用日益严重的印度支那危机为他自己谋利。他不顾美国的反对，派遣特使全将军前往台湾和东南亚，提出一个挑衅性的政策，其要点是：

1.由南朝鲜、国民党中国、越南、老挝、柬埔寨和缅甸组成全亚洲反共联盟，并尽量争取马来亚的中国国民党份子的赞同。

2.保证派南朝鲜军队到印度支那援助"亚洲伙伴"的反对中共的斗争。

3.同意把日本排除在"亚洲联盟"之外。

全的使命的第一段旅程是本周由釜山出发前往台湾。值得注意的是他未搭乘美国空军飞机，而乘坐了商业班机。

要求归还港口

与此同时，南朝鲜政府要求联合国军司令部归还釜山、仁川和群山三大港口的主权，"以便于日益增加的建设物资输入大韩民国"。

美国和此间联合国司令部都认为全将尽力说服蒋介石元帅同意提供船只和海军护航，以协助将南朝鲜军队运往印度支那，而不管美国是否赞成。

当然，这样一支远征军的补给的根本问题尚未解决或有待决定。如果老挝政府支持南朝鲜,法国政府就难以继续反对了。

孤注一掷

李承晚显然是有意冒险孤注一掷的。此间的联合国各代表报道,他坚信美国最终会被迫进行军事干涉,以防止印度支那陷入共产党之手,而且他坚信届时战争会在朝鲜重新爆发。同时,他不无理由地相信美国公众以及政界舆论的大部分宁愿看到南朝鲜军队而不愿看到美国军队在印度支那作战。

把南朝鲜的经验丰富的各师派往印度支那,这会打乱艾森豪威尔总统从南朝鲜撤出更多的美国地面部队的计划。

正如钮珸生早些时候对我讲的那样,我们没有办理台韩互助及共同防御条约事宜,以免南朝鲜方面会不负责任地公布任何行动而有损于中美关系。

1954 年 2 月 22 日诺兰参议员在他警告不得把日内瓦会议变成"远东慕尼黑"的讲话中,也表示希望菲律宾总统麦格赛赛出面领导亚洲的反共集团。但正如我在 2 月 27 日向外交部所报告的,我得悉美国国务院仍然认为即使当时美国出面赞成太平洋条约,也不易完成这个任务。国务院还认为,另一方面即使由远东意见一致的各个国家自行组成防御集团,也是利大于弊①。因此,3 月 2 日蓝钦与叶公超会谈时表示实现太平洋反共联盟的可能性很小,这就不足为奇了。

然而不到两星期,法国人在印度支那命运的改观,以及人们认识到是大大高估了法国在印度支那的力量而且认识到整个印度支那有可能沦于共产主义,所有这些使美国重新考虑其政策。国务院开始与各有关国家对话,以谋求统一意志与统一行动,从而防止共产主义的进一步侵袭。美国与菲律宾进行了联系,都排

---

① 原编者注:这一段系引用原电文,但顾氏疑电文有误,认为应是"弊大于利"。

除了韩国与中国。我与韩国代表则都被告知(大概只是外交尊严上的安抚)十国的名单并不是无可改变的和包罗无遗的。

4月23日,我向外交部报告称,美国政府已指派范佛里特将军访问韩国并将于途中访问台湾。我还报告称,国防部长威尔逊也已宣布将于5月11日自美国起程前往远东并将于25日左右抵达台湾。我还得知,韩国以前曾要求美国增加对韩国的军事援助并达成一项协议,然后才答应参加日内瓦会议。我在电报中说,美国政府在考虑反共军事部署问题时已经指出,美军每支部队所需的费用为当地其他国家军队每支部队所需费用的好几倍。因此,为了节省费用和贯彻艾森豪威尔总统所声明的亚洲防务应由亚洲人承担的主张,美国接受了南朝鲜扩军的要求,而范佛里特的远东及台湾之行与此有关。我报告说,范佛里特此行的目的还包括考察我军战斗力,应否予以扩充,以及扩充需要多少钱等。我指出,由于国防部负责财务的副部长与范佛里特同行,可见美国当局极为重视财政问题。同时,范佛里特在日内瓦会议前夕访问韩国,这看来是用以对共产党造成心理影响,也就是心理战的一个组成部分。

我去电的第二点谈到了美国对美国直接干预印度支那战争的可能性的反应,因为最近杜勒斯国务卿和尼克松副总统关于在印度支那使用美国军队的声明激起了广泛的评论。例如,尼克松4月16日对美国报纸主编协会发表了据说"不得发表"的讲话。他说,如果法国撤军,那么,为了拯救印度支那免遭共产党统治,可能不得不派遣美国军队到该地区进行最后的努力。虽然他只允许记者引用他的话,但不得提他的名字,可是第二天美国国内外的许多报纸还是透露了尼克松就是说这番话的人。至于杜勒斯,他在4月19日与艾森豪威尔总统会谈之后说,倘若法国人撤走,"不大可能"把美军派往印度支那。国防部长威尔逊最近的声明引起了一系列新的评论。他说,美国空军正在把法国伞兵从法国运往印度支那。

因此我告诉外交部说,那些愿意支持艾森豪威尔的主张、赞成使法国伞兵到达印度支那的国会议员承认这样做是必要的。但是国会中的某些民主党人认为这一行动可能导致美国直接卷入印度支那战争。尽管如此,他们尚未表示坚决反对。至于尼克松的 4 月 16 日讲话,新闻界部分人士持批评态度,因为他禁止他们直接引用他的话,而欧洲记者却立即发表了他的讲话。我又说,此间比较保守的人士也持批评态度。他们声称远东各反共国家都拥有一些极好的部队可以与共党作战,因而他们不理解为甚么有必要派遣美军。威廉·詹纳参议员在 4 月 20 日的讲话中特别强调了这一点。他主张使用中华民国和其他国家的反共军队。(詹纳说:"在自由中国获得一切装备以从事于他们要求做的事情之前,我们不应当允许美国人投入战斗。")

我报告的第三点是,英、法仍在设法就印度支那问题达成协议。伦敦的一则主张瓜分印度支那的报道已作为试探气球予以发布。美国的无党派和左派人士希望制造舆论以反对美国的所谓"积极政策",正在极力强调这样一点,即法国厌战而且已经成为失败主义者。我说,这只会有助于共产党的继续进逼。但是评论家们都说,这些人士的目的与以前那些美国左派人士的目的类似,当我们在大陆上与共产党战斗时,他们曾说国民党军队没有战斗意志。我指出,实际上这两种局面非常相似,值得注意。然而美国当局不允许共产党的侵略扩大到整个印度支那的决心已经成为既定政策,左派路线是不易使人接受的。

几天后,我接到了郑宝南从日内瓦发来的详尽报告。这份报告叙述了他从 4 月 15 日至 25 日的活动,并包括他对政治与军事局势对于预定 4 月 26 日开始的日内瓦会议议程的关系的估计。他的估计如下:

一、建立统一、民主、自由的朝鲜估计不会有任何进展。

二、关于印度支那问题,法国急于解决。如果可能的话,要以体面的条件解决,但无论如何要解决。英国想在北纬 16

度线以北分界,但如有必要的话,就以 16 度线为界。美国正全力支持法国政府和印度支那的法兰西联邦军队,并希望法国人能够坚持,以赢得时间建立当地武装,借以尽可能赢得战争,至少也要形成军事对峙。

三、这次会议名义上是要处理两个亚洲问题,但它至少有两个重要的动机,即苏联意欲阻止法国依附欧洲防务集团和利用亚洲问题分裂西方三个大国。会议还要达到把中共政权纳入大国政治的目的。因此,大家对周恩来在国际舞台上首次露面都引领而望。不管我们和美国多么想解释开这个不愉快的事实,毕竟中共政权通过参加日内瓦会议已赢得了声望。

四、盛传印度热衷于在日内瓦会议上插手印度支那问题。柏林会议结束后不久,尼赫鲁在印度议会的讲话中曾表示有此兴趣。两天前,尼赫鲁重申印度有此兴趣。这与一位印度记者在这里散布的一则有充分根据的传闻相符。即会议期间梅农要来日内瓦,而且预料关于印度支那问题,他会把日内瓦湖水搅浑。

五、关于会期,一般相信不会少于两个月。有人预计在两三个月之间。周恩来租了一座公馆,租期六个月,还雇了一位花匠,为期五个月。

郑宝南在 25 日还另外打电报给我,指出印度支那的军事形势是何等严重以及这可能如何影响日内瓦会议关于印度支那问题的会谈。他在来电中说,他听说英国外交大臣艾登之所以在日内瓦会议开始前的最后一刻赶回伦敦与邱吉尔交换意见,是由于法国政府想要停止抵抗并接受共产党可能提出的任何合理的条件,而法国政府之所以如此,是因为法兰西联邦军队不仅在奠边府,而且在印度支那的其他地方都遭受了致命的挫折。

二、日内瓦会议及其对国民党中国地位的影响

日内瓦会议于4月26日开幕。第一个星期每天下午召开十九国全体会议讨论朝鲜问题。各大国分别进行私下会晤,确定讨论印度支那问题会议的议程及其组成。27日,南北朝鲜的代表在全体会议上分别阐述了各自的观点。28日,杜勒斯和周恩来都作了首次发言。莫洛托夫于第二天发言。报纸对此都作了颇为详尽的报道。

4月29日我到国务院拜访庄莱德先生,我问他,在他看来朝鲜问题是否有希望获得解决。

庄莱德回答说,"毫无希望"。他说周恩来的发言表明他与苏联代表所宣布的是同一条共产党路线。他看不出有什么改变主意的迹象,可以导致通过某种谈判解决问题。他说国务卿4月28日的发言对美国的立场作了明确的阐述。遗憾的是这篇讲话没有得到应有的充分报道,如果我还没有见到讲话全文的话,他可以给我一份。他说这篇讲话也可以看作是对我递交国务院的关于中国政府对日内瓦会议的立场的备忘录的答复,国务院已将全文电告驻台北大使蓝钦,以便转告中国外交部。庄莱德还说,杜勒斯将提出美国关于解决朝鲜问题的建议,并计划于星期三(5月5日)返回美国,因为他继续留在日内瓦已无意义。

我问日内瓦是否有关于印度支那问题的新消息。我说我从当天报纸上看到皮杜尔曾同莫洛托夫直接商谈过。

庄莱德回答说,除了已经见报的情况以外,没有什么特别消息。他说莫洛托夫做得相当聪明,他对于法国希望遣返奠边府的伤员的愿望和实行停火以利遣返的要求,先装出同情的样子。但他一方面表示赞同这些想法,一方面又设下障碍,建议由法国和越盟在日内瓦讨论此事,这就使皮杜尔大惑不解,他回答说,这样的会谈只能在战场上进行。

我问美国对于越盟参加日内瓦讨论印度支那问题会议的态度如何。

庄莱德说美国不愿意越盟参加，但由于北朝鲜和共产党中国已经参加了讨论朝鲜问题的会议，美国就很难反对越盟参加印度支那问题的会议了。

我说我知道法国颇有意于让越盟参加，但如果越盟参加，越南的保大皇帝就要抵制会议。如果真是这样，法国将会陷于困境。接着我说，据当天报纸报道，莫洛托夫已建议让印度、缅甸和印度尼西亚参加印度支那问题会议，而据日内瓦消息，美国反对印度参加，美国将要求让国民党中国和南朝鲜也参加。但我认为此举主要是为了驳斥苏联，并非本意打算这样做。

庄莱德说，我的推断是对的。他不知道美国代表团是否已正式宣布此事，但皮杜尔与莫洛托夫的谈话肯定未涉及此点。

还应说明，在日内瓦的郑宝南对于我在华盛顿向庄莱德提出的这个问题也很关心。他后来在一份关于4月26日至5月7日期间的情况报告中写道：

> 莫洛托夫还没有放弃让印度参加的打算。关于这个问题，当莫洛托夫开始提出让印度参加的意见时，杜勒斯立即提出中国和韩国也参加。我在5月5日同埃德温·马丁谈话时问他，杜勒斯是否真的希望中国和韩国参加印度支那问题的会议，或者只是利用我们作为一条争辩的论点。我指出，如果是前者，我们希望事先同我们商量，如果是作为争辩的论点，那么我认为其价值是很可怀疑的。马丁说，迄今为止这条理由已经阻止了印度参加。于是我又问，如果莫洛托夫同意印度、中国或韩国都参加，或者再加上缅甸和锡兰，美国又将如何？这将使我们很不好办。马丁说，莫洛托夫不大可能同意这样做。

陪同庄莱德接见我的中国科的马康卫送我到电梯。他对我说,在日内瓦负责与郑宝南联系的将是他们科的马丁。关于邮件传送办法,马康卫建议郑把送交我馆的邮件通过国务院转交。他还说饶伯森在必要时将随时接见郑宝南,但马丁将负责联系工作。

同一天,接到日内瓦郑宝南另一封简短电报,他说除了他先前报告过的法国作出了要投降的要挟之外,现在看来似乎同时还提出了具体的军事援助的要求,主要是要求美国和英国提供军事援助,以解奠边府之围。法国担心奠边府一旦陷落,可能产生连锁反应,使印度支那的法国联邦军队招致一系列军事失败,还可能导致法国政治上分歧的现内阁倒台,并建立一个决心解决印度支那问题的新内阁。但是英国由于害怕印度支那战争扩大,对印度支那战局又并不那么悲观,一心想帮助法国按朝鲜方式解决印度支那问题,因此它拒绝承担义务。至于美国,它完全了解奠边府战局的危急,但它不愿意进一步作单方面的介入。它还在致力于组织某种在印度支那地区堵塞漏洞的联合行动,以待建立一个北大西洋公约组织式的太平洋组织。它希望有了这种堵塞漏洞的联合行动,加上一个呼之欲出的、准备进行大规模报复的北大西洋公约式太平洋公约组织,将足以使中国共产党人不敢对印度支那进行大规模干预。郑宝南还说,各种报道都表明,越盟有能力按照它自己选择的时机随时拿下奠边府,这个时间预计在5月4日法国国民会议复会的前后,因为奠边府这个城堡的陷落可以摧毁一个内阁,又可以建立一个新内阁。

第二天,4月30日,蒋荫恩告诉我一条颇为惊人的消息。他的五角大楼的朋友告诉他,说美国政府已决心采取行动,一劳永逸地解决印度支那问题以及共产党对亚洲的全面威胁,现在只是国务院还踌躇不决。按照这个行动方针,艾森豪威尔总统作为军人深知东南亚对自由世界在军事战略上的重要性,他有意趁现在自由世界尚掌握优势的时候作彻底解决,而不是等到以后,因为以后就将作出更多的流血牺牲,花费更多的金钱。我怀疑这项情报的准确性究竟如何。一种可能的情况是艾森豪威尔总统同他以前在军队里的某些同事在私下随便作个人交谈时流露了这些思想,这并不一定说明他作为总统赞同采取这种行动方针。

这天晚上我宴请越南大使陈文柯和夫人,菲律宾使馆的阿贝略先生和夫人。陈文柯大使向我讲述了杜勒斯在赴日内瓦前夕对十九国驻华盛顿大使所作的情况介绍。他的讲述证实了我从其他方面已经听到的情况。据陈文柯大使说,杜勒斯说会议原打算分为两部分进行,一部分讨论朝鲜问题,一部分讨论印度支那问题,后来由于时间不够,才合并举行。(真正原因是英国不肯参加有关印度支那的联合阵线和联合行动的会谈,杜勒斯不得不另找理由。)杜勒斯还说,原来设想日内瓦会议是一个四强会议,有一位瑞士的中立国主席。(后来在日内瓦放弃了这个设想。)杜勒斯还呼吁,关于谈判一项北大西洋公约式的亚洲太平洋公约组织的问题,尽管由于某些国家反对,时机尚不成熟,希望到会的十九国继续促进联合阵线的计划,并考虑采取共同行动对共产主义侵略者施加压力,使其不得进一步推行其侵略政策。

在这方面,越南大使和我都谈到印度的尼赫鲁以及他和英国工党乃至一般社会主义者的密切关系。我说尼赫鲁属于第二国际。陈文柯却说得很中肯:第二国际与共产党的政策实际非常接近,可以叫做"第二半国际"。菲律宾的阿贝略说,罗慕洛大使即将去日内瓦接替副总统兼外交部长加西亚先生,加西亚须返回马尼拉。

我在这个时期关于国际问题的谈话不完全限于日内瓦会议,尽管日内瓦会议是当时最重要,大家最关心的问题。我在前面大概已经说过,我有一个习惯,就是要从一些正式拜会中,包括我同其他国家的外交代表之间的例行礼节性互访中有所收获。虽然这后一类互访只是一种客套,许多外交代表在这种场合只是谈谈天气之类的话,我却利用这种机会使其成为有价值的访问。我可以从这些熟知本国情况的人直接了解一个国家和它所存在的问题,而同我互访的许多外交家都是来自与中国有类似问题的国家。再说这也是及时了解各类问题的最新情况的一种途径。因为我没有我所希望的那样多时间来看书,而且书本材料也难免过时。因此我在访问中提出各种各样的问题。例如4月28日我回访埃塞俄比亚大使德里萨先生时,讨论了苏丹问题。他在回答我的问题时告诉我,埃塞俄比亚对苏丹问题非常关心。虽然埃及党在上次大选中获胜,但是那并不反映大多数人的情绪,大多数人赞成自治和独立。他说埃塞俄比亚与苏丹的贸易量并不大,但是埃塞俄比亚有很多科普特人住在苏丹。至于意属索马里,他说那里的情况很不好,因为意大利人仍然把索马里人当作属地臣民对待,而且意大利本身经济困难,无力发展这块领地。

4月29日我回访约旦大使,其后又到日本大使馆参加日本大使举行的国庆招待会。在同约旦大使的谈话中,他对蒋廷黻博士在安全理事会中支持约旦对以色列的指控向我表示赞赏和感谢。他对英、美、法支持以色列的立场十分不满。在回答我的问题时,他说英、美、法这样做就使维辛斯基有机可乘,借支持约旦的观点从中得到好处。由于这种支持,约旦议会就给维辛斯基发了一封感谢电。他说这些做法都是不必要的,也是不寻常的,因为约旦与苏俄之间彼此都并无好感。但是美、英、法的短视态度把这种局势强加给了约旦,也对自由世界造成不利影响。

与此同时,我还致力于同各种有志于阻止加拿大承认红色中国的人士进行交谈。虽然我知道加拿大外交部长莱斯特·皮尔逊现在不像先前那样可能推行这种政策,但是鉴于红色中国在日内瓦将扮演新的角色,有必要尽可能同那些愿意积极努力反对承认红色中国的加拿大人士合作。

2月23日,在柏林会议决定召开一次有红色中国参加的日内瓦会议之后不久,我接见了两位这样的人士:约翰·赫莱登和德加涅先生。他们是代表加拿大自由欧洲委员会应参议员约瑟夫·麦卡锡的邀请,从多伦多来华盛顿美国地方法院为某些美国国民的共产党员身份作证的。可是他们访问我是为了发起一个反对加拿大承认红色中国的运动来要求位馆给予支持和帮助的。他们的设想是仿照周以德委员会的办法,征集加拿大公民签名,向加拿大政府递交请愿书反对承认红色中国。

他们说,加拿大人民是反对承认红色中国的,但是他们不大了解共产党中国的性质,听任渥太华去决定加拿大的政策。而加拿大政府由于外交部长皮尔逊的政策方向和伦敦的巨大影响,则倾向于承认红色中国。他们说,许多有影响的加拿大人,像加拿大一家很大、并有影响的麦克莱恩出版公司的亨特,他们虽然强烈反对共产主义,但他们不愿意公开出面发表意见或主持什么委员会。据说他们两位曾试图争取多伦多中国侨民界的支持,但非常失望,没有得到任何帮助。

我建议他们向中国驻渥太华使馆以及像何士这样的人士去争取支持。我说魁北克的天主教徒也是有求必应的,我还告诉他们一位在约翰斯·霍普金斯大学医院实习的加拿大医生的情况,此人在麦吉尔大学辩论"应接受共产党中国进入联合国"的题目时,持反对立场。因为他们来访没有经人介绍,我没有答应给他们经济资助,以免造成使馆被动。

后来我给我国驻加拿大大使刘锴打电话,告知此事全部经过。他似乎并不热衷于采取行动,他说,据他所知此二人都是无名之辈,没有任何影响力。他们曾找过侨团领袖,侨团领袖建议他们在多伦多开一个记者招待会发表他们的意见,借以鉴别这两位先生究竟有多大影响。这次招待会完全失败。我说我只是想把他们的来访和讨论的问题通知他。因为此事属于他的管辖范围,他认为怎么做最好,我完全相信他的判断。随后我打电话给叶外长,请他查找何士现在何处,这是中国一位长期的忠实朋友,我建议赶快请他回这里来协助刘锴处理此事,因为一旦日内瓦会议于4月召开,形势就会很紧迫,要有效地做什么事情,时间已经不多了。

其后不久何士就从台湾回来。那是我遵医嘱到波多黎哥去好好休息一个假期的前夕。我先飞纽约，3月9日得悉何士当天晚上刚刚返抵纽约，我给他旅馆里打了电话，约他第二天一起吃午饭。

在饭店午餐时，我对何士讲了加拿大政府有意承认红色中国并赞成它进入联合国，我们有必要采取某种反对措施加以阻止；讲了我与刘锴大使通话的内容和我与来访的加拿大自由欧洲委员会代表的谈话以及他们建议在反对承认红色中国和接纳它进入联合国的加拿大人中间发起签名运动，向加政府递交请愿书等等情况。我还对他讲了1月份麦吉尔大学的辩论会和罗森菲尔德医生在辩论中反对承认红色中国的情况。我建议他去见我国驻渥太华大使刘锴，并接受他的指导。何士同意一试。他定于13日赴渥太华。我向他保证，为了这项工作，如果刘大使不能从外交部请得必要的款项，我将从我这方面来尽力。

4月24日，我与何士根据事先约定在纽约再次会晤。是我邀请他再来谈一次，看看究竟是否可以采取行动以阻挡加拿大承认北平政权的趋向。何士告诉我，赫莱登和他的伙伴在加拿大没有地位，做不了多少事。至于建立一个委员会及征集大批加拿大公民签名请愿，反对加拿大承认红色中国，他已经征询过渥太华外交部的意见（这是在这个问题上最不宜征求意见的地方），他们说这没有什么用处，外交部也不会受这种请愿的影响。何士建议写一本反对承认红色中国的书，因为他已经写了一篇供发表的文章，但是并没有发表，原因是他的文章送到麦克莱恩杂志，而该刊编辑认为他所写的东西个人成份太重。于是何士给我看了一份四十来页的打字稿，要求我仔细过目并提出意见。

这天晚上，我约刘锴大使作晚餐会晤，商讨能做些什么事来反对加拿大承认红色中国的倾向。他也说他感到赫莱登毫无用处。而且，加拿大的政府制度不同于美国，尽管进步保守党领袖乔治·德鲁经常在议会发言反对承认红色中国，批评政府有承认的倾向,但在这个问题上,要通过反对党或者同反对党合作来进行工作,他觉得那也是徒劳无益的。我对刘说,如果他是这样看,就按他的意见办,因为他毕竟身历其境,此事也是他的职责范围。我还告诉他,参议员约瑟夫·麦卡锡从来没有打算在原定在多伦多召开的会议上讲承认红色中国的问题,这个会原先是赫莱登所策划,但最后作罢了。

一个星期之后我再次去纽约,准备第二天在德雷克饭店与刘锴大使和何士一起作午餐会晤,我认为最好我们三个人在一起谈谈加拿大的情况,特别是加拿大政府承认红色中国的倾向。我到饭店时,发现刘锴与何士已经在座,并且正在全神贯注地谈话。何士见我来得这样早感到惊讶。

何士显然觉得他所能做的事情不多。他虽然是加拿大人,但长期住在中国,对加拿大的情况不甚了解。在这个问题上,他仅有的有点权威的朋友就是外交部的一两个人。正因为如此,对于加拿大可能承认共产党中国的问题和我建议的发动加拿大舆论反对承认的意见,他急忙跑到外交部去征询他们的看法。

我对何士说,他的手稿可以印成一份很好的小册子或一本小书,这样出版较快,较易于发行,成本也较低。刘大使的意见也是这样。他还认为小册子应由何士以一个关心加拿大政策的加拿大人的身份署名。可是何士不大喜欢出小册子或者小书,他很想出一本大部头的书。他说他可以补充一些材料,并要求我让陈之迈博士来帮助他。我告诉他陈即将去旧金山结婚,我认为没有必要仅仅为了何士的书而阻止他成行。我认为这本书也无助于我们所要达到的目的。我建议由中国驻加拿大使馆的王克勤帮助他写,但刘大使说王不擅长写这类东西。于是何士说他将请人改写,不过那要花很多钱。刘和我都认为要把一本小册子改写成一本书费时太久。最后何士勉强接受了我们的意见,他说他将回多伦多再作些研究工作,同时看看能不能找到什么人帮他改写。显然他还是一心想出一整本书,依靠大量广告来推销它。

实际情况是,何士不愿意在他的本国做什么引人注意的事或作什么宣传,因为他终生坚持的一条原则就是反对任何课税。因此他这样安排他的生活:从来不在加拿大拥有任何财产,也不在加拿大居留时间太长,这样他就不致在加拿大纳税。他拥有两种护照,一个加拿大护照,一个英国护照,如果到美国来,他总是带着一本日记,仔细记录他抵达和离开的日期和钟点。他居留的时间总不超过90天,因为如果超过90天,他就得在美国纳税。因此他总是不停地旅行。我不知道他环游过世界多少次,他到过的国家超乎我的想象。这就是他的哲学。他是一个自我奋斗出来的人,为了使自己能受教育,曾经辛苦工作,努力挣钱。了解到这些,我就知道他不想在本国引起太多的注意。如果他表现支持某种宣传,加拿大当局就会加以注意。那样,他甚么时候回到加拿大和他在加拿大的活动就会被人注意了。

5月4日星期四,我在日记中写道:

> 国务卿杜勒斯星期六离开日内瓦①(比他原定计划大大提前)之后,到罗马同意大利总理谢尔巴会谈,然后回到美国国会,去应付那众说纷纭的舆论:日内瓦会议是美国外交上的失败! 美国应该对印度支那问题撒手不管! 如此等等。

我利用第二天拜访国防部长查尔斯·威尔逊的机会来打听一些情况。国防部长即将访问台北,这是他访问远东计划的一部分。我在几天以前要求作这次会见,想了解他是否拟向台北政府提出甚么具体问题或要看些什么具体项目。我们讨论了一会儿这方面的问题,然后谈到印度支那形势。我说形势似乎更加危急了。我知道美国政府已经尽其所能进行帮助,但法国似乎态度软弱,几乎准备接受越盟领导人提出的任何解决办法。我问威尔逊,美国是否考虑再作进一步的帮助。

威尔逊说,美国已尽力帮助,按目前情况,除非直接有关的人

---

① 杜勒斯离去后,美国代表团由副国务卿沃尔特·比德尔·史密斯负责。

们希望得到更多帮助,美国不能再做什么了。法国似乎处境困难。他们的态度是,既然他们经常被批评为殖民国家,印度支那又不需要他们,他们也不想再有所作为。

我说法国在对印度支那政策上内部意见分歧,这使法国政府处境困难。但英国似乎也没有帮什么忙。西方大国出现分歧或者缺乏团结,这是共产党人梦寐以求的,这种情况将使他们的态度更加强硬,因为他们什么都不认,只怕坚定,因此总是力图分裂西方,加以利用。

威尔逊说,美国不想干涉任何国家,何况印度支那人民十分敏感。亚洲有些民族主义者对西方大国的任何干预都有怀疑。法国认为印度支那战争是对现存政府的叛乱,但是印度支那民族主义者则要求独立。

我说,的确如此,有些非共产党人参加越盟武装部队的队伍作战,其目的是要恢复印度支那的完全独立。我认为有必要让印度支那人民完全独立。这样可以削弱共产党的地位,因为共产党正在利用这种民族主义情绪。其后我提到威尔逊在前一天记者招待会上的讲话,我说他的讲话很能启发人,它表明部长对形势的了解多么透彻。

威尔逊回顾说,他在招待会上说,美国不想充当世界警察,因为美国人民对此不能理解。而且,警察也并不总是受人欢迎的。他问我见到他在记者招待会讲话的抄本没有。

我回答说,我只见到报纸上的摘要。

威尔逊说,如果我看看抄本定会很感兴趣,那比报纸上登载的充分得多。

我说印度支那形势危急,以后如何演变,不仅对印度支那,对其他国家都极其重要,我国政府对此十分关心。我不能理解的是,为什么在东南亚有巨大利益的英国不能与美国在看法上完全一致。我担心英、法两国都眼光短浅,与美国适成对照。我知道,英国自认为它有能力照顾自己在马来亚、新加坡的利益,但据我看来,印度支那一旦丧失,其影响将十分深远,特别是因为亚洲人民现在正注视着形势发展,共产党人威望提高会很容易影响他们。

威尔逊说,英国认为他们控制住缅甸、泰国一边的狭长地带就能保住马来亚和新加坡。

我说,依我看来,如果英国对参加联合阵线还有犹豫,那末,先由东亚观点相同的国家组成联合阵线,作为一个开端,也许是可取的,我国将毫不犹豫地参加这类行动。日本、韩国、泰国和菲律宾对此也同样关心。但亚洲还有像印度这样的国家,它们似乎还没有充分认识共产主义对它们本身的威胁。

威尔逊说,印度、锡兰、印度尼西亚和缅甸对形势有不同看法。

我说,尼赫鲁虽然承认共产主义对印度的威胁,但他却奉行一种所谓中立主义的政策,这实际上是同情共产党中国的政策。

威尔逊说,印度似乎执行着一种自相矛盾的政策。他也感到对尼赫鲁不能理解。

我说,我认为美国继续为建立远东反共联合阵线而努力很重要,因为这个地区的反共国家都期待美国的领导。

威尔逊说,美国面临的问题是如何让美国人民理解建立联合阵线的必要性,并取得他们的支持。

然后我问印度支那形势发展的结局会是怎样。

威尔逊说,他认为印度支那局势像一个病人,要发烧到一定的程度,温度才开始下降。我说我理解他的意思是说,印度支那局势还有待于发展到顶点才能开始改善。威尔逊说,是这样。

我说,我很高兴部长对当前局势的危险性充分了解,他这次到远东亲自看看当地情况,当使他有更加详尽的了解。

威尔逊说,这正是他此行的目的,虽然这次旅程有些仓促,他准备在三周之内访问五六个国家,包括旅途时间在内。

我祝他访问成功,旅途顺利。

艾森豪威尔总统在同一天发表声明,其目的是就日内瓦的事态发展安抚群众。他讲话的部分内容如下:

日内瓦会议召开已经九天,没有发生意想不到的事。某些人表示的疑虑已证明是没有根据的。

会议不是苏联试图造成的"五大国会议"。

会议不含有美国对中国共产主义侵略者公开的或者暗含的外交承认之意。

会议关于朝鲜问题的讨论已经组织起来。共产党人提出一项统一朝鲜的计划,这个计划对于大韩民国和对于现在出席日内瓦会议的,在联合国司令部指挥下参加朝鲜战争的联合国会员国,都是不能接受的。

会议的印度支那问题部分正在组织中,有关问题尚未得到澄清。这件事在很大程度上取决于法国、越南、老挝和柬埔寨等国政府的主动性,它们是最直接有关的国家。

与此同时,实现东南亚安全措施的计划正在进行。这是杜勒斯国务卿在 3 月 29 日讲话中公开建议的。当然,事先已经同我们的主要盟国商量。国务卿的建议不是新的建议,它只是重申一贯指导我们战后外交政策的那些原则,并且提醒对此关心的亚洲朋友们,美国准备同其他国家一起把这些原则应用于受威胁的地区。这个地区大部分自由国家和一些直接有关的国家已经表现了积极的兴趣,对话正在积极进行。

显然,从来没有人指望这种集体安全措施会在一天早上突然出现。需要解决的重大问题太多。但是普遍有一种紧迫感。这种组织正在形成之事实对于日内瓦会议中印度支那部分的发展态势可能有重要影响。

本地区国家正在作建设性的考虑,这包括必不可少的集体安全概念。这件事已经取得很大的进展,我确信还会继续取得新的进展。

总统的声明多少有些过于乐观。实际上正如我第二天给外交部的电报所说,"英国对亚洲反共联合防御公约的反对,造成了拖延和障碍,但美国还在继续努力,以期逐渐取得进展"。

国务卿杜勒斯5日与国会两院领袖进行了商谈。事后参议员斯泰尔斯·布里奇斯对记者说,杜勒斯正在推行一项具体的集体行动计划以应付当今世界在亚洲面临的危险局势。据白宫消息,此项计划建立在以下三点上:

1.与有关政府一道,查明各国武装部队的位置、人数、装备及训练情况。(正如我电告外交部的那样,范佛里特将军即将访问韩国和台湾,当与此事有关。)

2.由那些愿意随时根据需要使用其武装部队反对共产党侵略的国家,组成临时或暂时的集体安全组织。

3.拿出一段适当的时间,讨论一项类似北大西洋公约的长期安全条约。

那个星期五,5月7日,越盟攻陷奠边府。关于这场旷日持久的战争和这座城堡的陷落,在军事上是否有决定意义,当时是有不同意见的。重要的三角洲的大部分地区,包括河内和海防,还在法国手中。据认为即将到来的雨季可以阻止越盟武装力量在该地区作有效的重新部署。而且奠边府的陷落完全是预料之中的事。但是,就心理上说,这次失败的影响则是决定性的。许多观察家,包括我自己,觉得法国在军事上投降以至全部退出印度支那已只是时间问题而已。在外交上,当第二天5月8日日内瓦开始讨论印度支那问题时,法国的地位大为削弱。同时,共产党人在印度支那战场上的胜利被认为是亚洲整个反共运动力量的损失和共产主义力量的加强。这也提高了参加日内瓦会议的共产党人的威望,因为人们知道这些国家是支持和援助越盟游击队的。因此这也就自然提高了中国共产党的国际威望和国际地位,何况这时他们已经在充分利用出席日内瓦会议的机会扮演一个大国的角色。

郑宝南在报告4月26日至5月7日期间的情况的电报中写到中共在日内瓦的表现时说：

(甲)中国共产党人正扮演着大国的角色。

(乙)他们的独立性和与苏联的团结,每天五点钟休息时在代表休息室里都有表演:莫洛托夫及其一行照例要到周恩来及其代表团成员那里去。接着南日及其随行人员经常加入到他们一起。而且会议结束时,他们走出会场的次序照例是苏联代表团领先,共产党中国和共产党北朝鲜随后。

在辩论朝鲜问题时,讨论由南日领先,周恩来、莫洛托夫则予以支持。

日内瓦街头很少见到中共人员。我只有一次在一家中国饭店见到三个人。但两天以前他们曾主动找中央社的王先生攀谈。我鼓励王先生同他们交谈,了解他们在各种事情上如何行动和反应。王先生告诉我,会面时间很短,中共人员对于西方,特别是对于美国极其蔑视。他们对自己新建立起来的力量,具有高度自信心,夸耀他们在朝鲜和印度支那的胜利。

国务卿杜勒斯星期五对美国人民发表题为"日内瓦事态"的广播讲话。他先向"奠边府的英勇保卫者"表示敬意,并说明他返回美国是事先计划的,与会议发展情况无关,接着他讲了朝鲜问题,再讲东南亚,他联系日内瓦会议阐明美国对这些地区的立场和期望。关于东南亚战线,他说,美国过去一直按照起补充作用的方针而努力,今后将继续这样做——加强"印度支那对共产主义的抵抗",并建立"更广泛的防御集团"。

关于加强印度支那对共产主义的抵抗,他说美国认为法国应给予越南、老挝和柬埔寨完全独立,帮助他们建立当地反共武装力量。他认为自由世界也应给予更多的援助。至于建立东南亚更广泛的防御集团,他说问题很复杂,但某种联合防御组合正在进行并已取得进展。他还说,"进行有效防御和遏制进攻的关键是联合起来共同防御。这也正是美国在东南亚所谋求的"。他深信这种措施将足以使共产党不能从侵略东南亚中进一步得到好处。

杜勒斯还谈到这个问题:美国对当前越南的敌对行动应当怎么办? 他指出,对于朝鲜,美国已经表明它准备在必要时用军事行动捍卫其切身利益和原则。至于目前的越南形势,美国认为还不具备由它以武力参与的适当基础。但是,如果日内瓦会议签订停火协议的结果是使共产党得以接管或给共产党方面另一次侵略的机会,"那么,就更迫切需要创造条件采取联合行动以保卫该地区"。杜勒斯说,万一美国不得不动用武力,联邦当局当然要与国会充分合作。

我按上述大意概括了国务卿的讲话,于5月8日电告外交部。我还提到艾森豪威尔总统8日召开了国家安全委员会讨论越南战争问题。其后,我的新闻秘书顾毓瑞于10日交给我一份关于国家安全委员会星期六会议决定的报告。会议作出了两项决定:(1)除非采取联合行动,美国在印度支那不进行军事干预;(2)美国将继续同已经选定的十个国家一起推行东南亚和太平洋共同防御公约,其中不包括国民党中国。

5月11日杜勒斯在记者招待会上回答记者问题时,对美国在东南亚的政策方针作了进一步澄清。虽然艾森豪威尔总统前些时候(4月7日),曾援引所谓多米诺骨牌的理论大谈丢掉印度支那将产生的危险,杜勒斯国务卿5月11日却对记者说,他认为没有印度支那,同样可以守住东南亚,印度支那虽然重要,但并不是必不可少的,美国试图建立集体安全的目的就是要守住东南亚。

5月11日中午我接待了纽约我国常驻联合国代表团的夏晋麟博士。他是去弗吉尼亚海滩度假顺道来访的。他在回答我的问题时说,共产党在联合国及其附属机构的会议上反对国民党中国的代表权已成为一种例行公事。在联合国经济社会理事会最近一次会议上,苏联代表又提出反对他作为中国代表出席,可是主席说,他理解苏联代表的发言只是为了记录在案。夏博士说,因此他也只是要求把他的异议记录在案,而不作长篇申述。(大约两年之后我担任国际法庭法官,在参加国际法庭第一次会议时我也是这种做法。当时苏联法官出人意外地,立即提出抗议,反对我出席,说苏联政府不承认国民党中国。我颇为惊讶,但必须作出回答。因为我认为这个会议不应该是辩论像苏联代表所提出的那样的政治问题的场合,所以我只是简单地说,我对于国际法庭的苏联成员把一个政治问题引进法庭的活动感到惊讶;国际法庭首先是,而且只能是一个法律机构,这个会议不是苏联代表作这种发言的场合,因此我认为他的发言是不适当的。我并不想对他的言论进行评论,但要求把我的发言记录在案。主席裁定两个发言都记入记录。接着就进行下一个项目。)夏博士对我说,他也发现有几个已经承认北平的国家愿意在联合国同我国代表团合作,例如巴基斯坦,甚至英国也如此。因此,我国代表团不反对把这些国家选进联合国的各种机构,只是投票时弃权。

其后在 6 月底,我接待了联合国的另一个机构世界银行或者称作国际复兴开发银行的中国执行董事李榦。李榦博士来访,是要求我支持该银行主席尤金·布莱克的一项建议:他希望我们主动提出一项我们当时和今后几年中每年偿还部分拖欠款额的具体建议,借以阻止董事会讨论我们的表决权问题。因为丹麦董事已经向他提出,说我们不但应增加当年的付款,还应当自动支付拖欠部分的利息。如果这样,那对我们将是沉重的负担。

我致电外交部和财政部,支持李榦关于同意布莱克建议的意见。一星期之后,李榦送来台北的答复,同意我们的意见,今后五年每年偿付部分欠款,五年之后重新考虑如何处理剩余部分。李榦说布莱克认为五年中每年支付七万美元的办法很好,但附加五年之后再重新谈判的条款则不合适。他希望当他向董事会作报告时尽量避免引起讨论。我同意并支持他的意见。我告诉李榦,在他给财政部的报告中可以提到我的支持。

5月11日下午,我参加了老挝公使馆的国庆招待会。老挝公使去了日内瓦,由代办主持。他说奠边府陷落危及老挝,他正密切注意印度支那和日内瓦事态的发展。他刚刚读了艾森豪威尔总统在老挝国庆节致老挝国王贺电的全文以及国王的复电。他说,艾森豪威尔总统向国王保证美国愿意帮助老挝保卫其新获得的独立,使它不受共产党的侵略。

过了几天,何世礼将军和胡适博士一同来访。何将军说他是应佛罗里达州民主党参议员乔治·斯马瑟斯的邀请来美的。斯马瑟斯参议员曾探询他对奠边府陷落后的军事形势的看法。他对这位参议员说,法国人根本不应该集中力量于奠边府,因为只要共产党包围它,这个城堡实际是无法防守的。何说,根据我们在大陆的经验,由于共产党的渗透,甚至整个红河三角洲都是很难防守的。何将军认为局势很严重,但是斯马瑟斯参议员着重向他讲明美国人民对美国积极干预印度支那还缺乏准备。

何将军和胡适博士还访问了参议员诺兰。诺兰邀请何将军共进早餐,当时胡博士正拟搭乘何将军的车回纽约,因此要求同去参加早餐会晤。早餐时胡博士对诺兰参议员说了吴国桢的事情,此事我将在以后的章节中谈到。然后他们三个人谈了印度支那问题。诺兰主张,建立任何东南亚集体防御的联合阵线,都应包括国民党中国和南朝鲜。他认为,应该由亚洲一些愿意参加和准备参加的国家先组织起来。至于英国现在还在犹豫或不想参加这个公约,可以不去管它,应该推动其他国家先搞起来。

他们问这位参议员真正的困难是甚么,他先是避免直接回答,后来他透露说,法国并不是非常合作的。(法国在印度支那虽然军事上政治上都很困难,他们对于在什么条件下接受什么样的援助却很挑剔。法国反对党和很多舆论都反对战争国际化。)诺兰参议员说,法国不但不愿意让美国军官代替他们训练印度支那军队,而且他们不让美国充分了解真实情况。他们甚至不同意让美国军官到前线去仔细考察军事形势,例如在奠边府。但据我的客人们说,诺兰参议员也表示赞成印度支那国家完全独立,因为美国不愿意做任何事情让亚洲人看作是帮助法国使它在亚洲的殖民主义永久化。

诺兰参议员还主张我们夺取海南岛,并问何将军意见如何。何强调此举需要后勤支援,也谈到海南岛对红色中国的重要性,他还说,如果海南岛对面的海防被法国丢掉,这个港口就将被苏联用作潜艇基地。

当天晚上我开始口授题为"日内瓦的巨大赌注"的演讲稿,这是准备下星期一在费城的宾州共和党妇女会议上发表的演讲。第二天我继续口授演讲稿,下午六时完毕。17日星期一上午我去费城,活动委员会主席和一位詹姆斯夫人在火车站迎接我。

在去举行会议的饭店的路上,我们停车看了独立大厦,看了曾经用来宣布1776年革命开始的自由钟和独立宣言原件。我问詹姆斯夫人这口英国铸造的钟原来是做什么用的。她也茫然,说她可以问问这里管事的人。她问了两位守卫的军官,他们不知道,最后是一位女秘书告诉我们,这口钟原来是为宾夕法尼亚政府大厦的钟楼做的。我看了一张政府大厦也就是现在的独立大厦的蚀刻画,还看了当年签署独立宣言,其后又签署美国宪法时用过的许多椅子。大部分都已相当破旧。餐厅兼会议厅里有一面书有汉娜·佩恩的名字的三角旗,人们告诉我,她是威廉·佩恩州长的妻子,在威廉·佩恩生病期间,她曾代他执行职务多年。因此也可以说,她是美国的第一位女州长。

出席午餐会议约三四百位妇女。她们对我的讲演似乎颇感兴趣。我讲的是过分重视共产党人谈判意愿的危险性,因为共产党进行侵略的惯用策略就是打打谈谈,或者谈谈打打,这是我们自由中国在痛苦的经验中非常熟悉的。我说我对日内瓦是否能达成解决印度支那问题的协议是怀疑的,因为协议必须要有充分的保证来维护。我指出自由世界继续保持警惕是绝对必要的,特别指出有必要建立亚洲和太平洋反共联合阵线和集体防御体系。如果不能说服那些表现犹豫或者拒绝参加的国家来参加,那么我认为,在开始应由"那些认识到共同的危险,愿意并且准备参加这项共同事业的国家"先组织起来。

这天晚上返回华盛顿后,我出席了比利时使馆的晚宴。客人中,有佛蒙特州参议员乔治·艾肯,佛罗里达州参议员乔治·斯马瑟斯,他们的夫人,国防部副部长安德森和夫人,空军部长塔尔博特和夫人及国务院礼宾司长西蒙斯和夫人。

宴会的主人西尔弗克鲁亚男爵,参议员艾肯及斯马瑟斯和我离开餐厅后,在吸烟室畅谈了一番。我们谈了许多问题,最后谈到印度支那形势。斯马瑟斯问我的意见。我对他讲了那天中午我在费城集会上强调的一个问题,我说共产党人在日内瓦是否有谋求和平解决的诚意是值得怀疑的。即使达成某种协议,也要提高警惕,建立联合阵线和集体防御以加强力量,才是明智的,因为共产党一心要攫取整个亚洲,这是它达到统治世界的前奏。艾肯指出英国不愿意参加联合阵线。斯马瑟斯说,法国人缺乏战斗意志,但又不愿意给印支三国以完全独立。西尔弗克鲁亚男爵也认为,法国人还在犹豫,不知怎么办好,因为法国军官和钱财都消耗殆尽,人民感到厌倦。但他觉得只要美国决心从共产党手里拯救印度支那,法国终究也会赶上来的。这是比利时的观点。

艾肯认为,如果法国现在就像他们所打算做的那样撤出印度支那,并让印支三国完全独立,这些国家将处于完全无助的境地,除非印度支那各国要求美国帮助保卫其自由,美国不会在军事上卷入印度支那。他们觉得,美国人民在坚持摆脱了朝鲜战争之后,不会同意让美国再卷入一场远方的战争,除非他们明白美国的介入是拯救印支国家自由所必需,是出于这些国家的请求,美国人民是会作出反应的。

斯马瑟斯说他不理解为什么英国退缩不前。我说他们似乎很想当一个诚实的掮客,这是在不直接涉及其切身利益情况下,他们历来扮演的角色。但是对印度支那他们也置身局外不参加联合行动,我看是一种相当短视的政策,因为共产党夺取东南亚是他们囊括整个亚洲以至统治欧洲和全世界的计划的一个组成部分。

5 月 19 日我拜访杜勒斯国务卿,他重申不论英国的态度如何,美国将继续努力建立东南亚集体防御体系并为此促进签订一项公约,希望英国以后能够参加。他说,这就是美国现在的态度。然后他又告诉我,艾登在伦敦已同他取得一致意见,在他们会谈后发表的联合公报中实际上已经包含了这一协议。他叫人拿一份公报来。秘书拿来了公报,杜勒斯指着公报中的一些话给我看,大意说:艾登先生和杜勒斯先生同意共同研究建立集体防御体系的可能性。杜勒斯解释说,艾登曾先提出一项集体防御体系,他(杜勒斯)反对,因为美国要的是建立专门针对印度支那形势的集体防御体系,而不是永久性的集体防御体系,美国不想为保卫亚洲承担永久性义务。他说,艾登建议的集体防御体系,意味着一种永久性安排,这是因为英国在亚洲有着巨大的利益。

我问为什么英国态度发生了变化,是不是邱吉尔不同意。

杜勒斯说"不是",他说有一次他和邱吉尔及艾登一起在唐宁街十号吃晚饭,他又谈到此事,邱吉尔同意他与艾登已经达成的谅解。杜勒斯还说,他离伦敦前曾告诉艾登,他回华盛顿后将邀请有关国家大使商谈组成联合阵线问题,他问艾登是否可以授权英国大使参加商谈,艾登表示同意。但当杜勒斯回到华盛顿召集大使会议时,英国大使罗杰·梅金在一个星期天匆匆忙忙通知国务院,说他刚刚接到伦敦指示不参加这个会。这是杜勒斯第一次得知英国态度的变化。他感到意外,因此他召集了一个较大范围的会议,宣布讨论两个问题:亚洲一般形势和印度支那形势。他这样做是为了不暴露由于英国态度变化所产生的裂痕。

我说这在英国是不寻常的,因为他们讲话通常是可靠的。

杜勒斯说,他认为变化的真正原因是尼赫鲁向艾登提出了反对意见,因为艾登事先没有同他商量,而当时尼赫鲁正准备去参加南亚国家政府首脑的科伦坡会议。艾登为了尊重尼赫鲁就抛弃了对他(杜勒斯)的承诺。但是国务卿强调说,正如艾森豪威尔总统所宣布的,即使英国拒绝参加,美国也准备将此事进行下去。

我说这似乎是解决由此产生的困难局面的唯一可行的办法。

杜勒斯说,"正是这样",并说,美国不能让英国否定自己的外交政策。英国显然想迁就尼赫鲁,而尼赫鲁则似乎想迁就红色中国。如果美国按照英国的观点来调整自己的外交政策,那实际上就是接受中共的观点。但从长远来说,取得英国的合作还是必要的,因为英国控制着亚洲一些重要领地,例如马来亚,那里有大量宝贵的战略原料,从欧洲的集体防御来说也是如此。

我说尼赫鲁的态度是不很合作的。据最近的报道,尼赫鲁禁止美国向印度支那输送物资和技术人员的飞机飞越印度,尽管这些技术人员并不是去印度支那战争前线,只是到印度支那南部港口卸货。

杜勒斯说,运往印度支那的物资不得不在离战争前线几百英里的地方卸货,由于禁运,推迟了物资到达的日期。

我说,英国在关键时刻拒绝同美国合作是不幸的。如果拟议中的联合阵线已经开始建立的话,印度支那的军事形势可能有所不同。

杜勒斯同意这种看法,他说,如果英国遵守它对美国的诺言,奠边府也许能够保住;随着这个城堡的陷落,印度支那的军事形势已进一步恶化,现在他很难说正在努力建立的集体防御体系是否能及时挽回局面。

我问,艾登在日内瓦对于英国态度的突然改变是否对国务卿作出过满意的解释。

杜勒斯回答说,艾登对他作过解释,但是这种解释肯定是不能令他满意的。

我问缔结东亚共同安全公约现在的情况如何。

杜勒斯说,他已经同一些国家在这里的代表讨论过这件事,他希望至少澳大利亚、新西兰、泰国和菲律宾能参加。

我说据报纸报道,法国现在准备同美国谈判并参加这项公约。我不知道这些报道是否正确。我说当然法国的态度至今还是摇摆不定的。

杜勒斯说法国还在摇摆,一年多了,法国政府似乎还下不了决心。他曾经努力争取采取联合行动以制止共产党对印度支那的威胁,但法国却一直反对印度支那问题国际化。

我说,法国似乎同时又希望美国进行援助。其真正意图是什么? 是不是想为它自己保住印度支那?

杜勒斯说,"不是"。法国是害怕如果这个问题国际化,法国将不得不继续打下去。另一方面,它想把主动权掌握在自己手里,这样它想什么时候摆脱就可以甚么时候摆脱。他继续说,法国的内部意见分歧很大。不仅国民议会对于印度支那该怎么办有分歧,内阁本身对于怎样处理这个问题为最好也有不同意见。他觉得占压倒优势的意见似乎是主张彻底撤出印度支那,而现政府还在坚持固守不放的政策。其结果是法国政府软弱不堪,不能作有效行动。现在很难同它打交道或者同它达成什么协议。就是法国政府最近以两票多数赢得的信任投票,也只是表面现象,因为根据他得到的报告,有些反对党议员只是由于发现大多数人都反对政府,才投了信任票以支持政府,防止它倒台。

我问其意图为何。

杜勒斯回答说,这是由于反对党害怕继承这个难题,承担责任。他们知道这个问题实际上是无法解决的,不愿意在这个时候肩此重任。

我说在这种情况下法国政府随时可能倒台。

杜勒斯也认为情况是这样,他说,这就使得皮杜尔先生在日内瓦难以行动,他的地位大为削弱,简直不知向哪边走好。

我问,法国政府现在是否准备同美国谈判,研究采取什么样的联合行动来堵住印度支那这股潮流。

杜勒斯说,"不"。法国政府毫无此种表示。它只是说要等待法国参谋长埃利将军的报告,埃利将军已去印度支那了解形势,以便作出决策。但当法国政府尚在犹豫不决之际,印度支那的军事形势却已经大为恶化,如果这种举棋不定的状态继续下去,形势还会更加恶化。法国现在还期望在日内瓦能获得某种奇迹般的解决,但他(杜勒斯)对此十分怀疑。他说,美国政府已经明确表示不会单独介入印度支那。这就是为什么他努力争取至少是刚才讲到的五个亚洲国家的支持,使它们参加拟议中的措施。

第二天晚上,莫里斯·卡弗里兹先生和夫人举行晚宴。女主人征求我的意见,她是否应向参加宴会的大使和其他尊贵的客人祝酒。她之所以迟疑,是因为一位好友最近告诉她,朋友们很讨厌她在宴会上讲话。我对她说我向来欣赏她的讲话,于是她祝了四杯酒,一杯为我和我的夫人,一杯为日本大使,一杯为罗得岛参议员格林,一杯为《读者文摘》的流动编辑麦克沃伊先生,此人最近刚刚游历了日本、台湾和朝鲜。我祝酒时表示赞赏她的名望,赞赏她对世界问题的关心和她对于印度支那战争所引起的远东形势所说的话。我说,只要还存在这种对数千里之外的形势的关心,从而证明人们了解共产主义是一种全球性的危险,我们就可以肯定自由世界面临的一切困难都会以我们大家满意的方式得到解决。

日本大使井口贞夫在他的即席讲话中谈了他的事业前程,特别是他从渥太华调到华盛顿究竟是升迁还是黜降。井口是芳泽谦吉的女婿,芳泽谦吉最近出任日本驻台湾大使,在我任外交部长时期,他曾是日本驻北京公使。井口在今年早些时候对我作礼节性拜会时,大部分时间是谈他二十年代初同他的岳父一起在北京度过的时光。他是一个很自信、很活跃的人物。

麦克沃伊先生对我谈到,在远东人们的观点是多么不同,他举了节制生育促进会主席的一次旅行作为例证。这位女士拜访日本首相吉田茂,从日本人口过多引起的经济问题着眼讲到节制生育的重要性。吉田茂对她说,世界上人们之所以重视日本,就是因为日本有八千万人口。如果日本只有八百万人口,谁也不会重视它。吉田茂说,他自己就是一个兄弟姐妹十二人的家庭的最小的男孩。这个回答使她的话讲不下去,只得改变话题。

格林是民主党参议员,也是参议院外交委员会成员,他同我谈起远东形势和美国的远东政策。我说印度支那麻烦的根源和朝鲜一样,是由于共产党的扩张主义。要有效地对付这整个局势就首先要承认这个事实,然后据以考虑如何行动。我说,我们自由中国准备发挥自己的作用,收复中国大陆。他是典型的民主党观点,对此表示怀疑。他说,美国不能指望靠打仗来消除共产党对亚洲的威胁,而国民党军队恐怕也太老化,打不了什么真正的仗,更不要说中国共产党在人力和资源上占有巨大的优势。我对他讲了我不同意这种观点的理由。

5 月 27 日我参加了埃塞俄比亚大使为海尔·塞拉西皇帝访问华盛顿举行的招待会。我上一次见到塞拉西是 1936 年在日内瓦,那是意大利侵略埃塞俄比亚的时候,他现在看来比那时老多了。我告诉他我听过他在国际联盟用法语发表的演说。他很高兴,又显得有些惊讶,喊道:"啊,你也在那里!"

从埃塞俄比亚大使馆我再去菲律宾大使馆,以当时唯一的中国的大使身份参加为美国驻菲律宾大使雷蒙德·斯普鲁恩斯和夫人举行的招待会。我对雷蒙德·斯普鲁恩斯大使说,他总是那样容光焕发。

这时日内瓦会谈处于低潮。朝鲜问题在自由选举问题上无可挽回地陷入了僵局,印度支那问题则被共产党人故意拖延着,他们显然是为了让越盟武装力量在印度支那取得更大的军事优势。与此同时,美国继续致力于建立东南亚集体防御机构。甚至还有在新加坡或者华盛顿进行军事磋商的计划,至少是在华盛顿人们有这种说法。但 5 月 11 日在杜勒斯的记者招待会上有些记者问到此事时,杜勒斯予以否认。他断然否认报纸报道的五国军事会谈正在新加坡举行。可是5月28日我得悉五国军事会议即将在华盛顿举行。

那一天谭绍华应马康卫之请访问了他。马康卫告诉他,美国、英国、法国、澳大利亚和新西兰五国参谋长不久将在华盛顿开会。这个会名义上是参谋长会议,实际上将由参谋长派代表参加。会议是否有可能扩大将视会议进行情况而定。他提醒说,此事尚未公开宣布。国务院甚至还没有指示美国驻台北大使馆通知中国外交部。他们要我通知中国政府,马康卫就是为此约见谭公使的。

谭绍华问马康卫:如果将来会期延长,参加的国家是否将增加?谭解释说,据某些方面的看法,这次会议是因目前的印度支那问题而召开,将只讨论东南亚的问题,但是他也知道有一些人主张扩大会议讨论范围到包括整个亚洲局势。他不知道美国政府对于增加会议参加国意见如何。马康卫回答说,现在还很难说。他只知道会议有可能扩大。为了探明更多情况,谭绍华指出,这种会议讨论的事情往往涉及政治性的事情和问题。他认为讨论军事问题的各方面,很难避免政治问题。马康卫回答说,讨论的范围将不限于军事问题,也会包括政治问题。

6月1日我接见我的海军武官柳鹤图海军上校。他报告说,海军参谋长卡尼上将约见他并嘱他转告我,美、英、法、澳、新军事代表讨论亚洲局势的会议将于6月3日召开。卡尼说,我们对此事一定很关注,但他可以请我们放心,(放心什么,他没有解释,柳觉得也不好问。)他说他个人不喜欢现在这样的会议,但会议将作出最后决定,至于决定什么,他也没有解释,却再次暗示,决定会使我们更为放心。我推测他可能是指会议的组成,因为这是讨论亚洲安全问题的会议,却没有一个亚洲国家参加。卡尼说,如果美国政府不阻止他,他个人作为中国的朋友,将尽力帮忙,继续把会议讨论的情况通知我们。他告诉柳只通知我本人,不要告诉其他人。

柳和我讨论了卡尼此举的动机。我告诉他国务院中国科的马康卫也采取了类似的做法。显然这是一种表示善意的姿态,特别是因为我们曾一再向美国政府表示,如果没有我们参加,我们不受任何会议做出的影响我们利益的任何决定之约束,同时也是由于他们作过保证,特别是在柏林会议和日内瓦会议开始时他们曾经保证绝不背着我们讨论任何影响我们利益的事情。

当天我致电外交部长,概述了柳的报告,提出我的看法,并请他转报总统。我在电报中说,我认为把卡尼告诉柳的情况与国务院告诉谭的情况联系起来看,表明美国政府各部门之间已经讨论过我们的实际力量和我们坚决的反共政策问题,他们还很可能在会议上提出这个问题。至于美国方面说的扩大会议,从而扩大亚洲反共斗争的基础以及所谓作出最后决定等问题,我想他们是想说明会议将就亚洲哪些国家应当联合起来组成反共集团作出一项决定。但是这种设想如何发展,将视参加会议的其他国家的态度和观点而定,美国方面此刻还难以表示什么明确的看法。因此,虽然他们说的很含糊,但他们终究还是采取步骤通知我们,使我们对情况有所了解,以表示对我们的友好感情。

在第二天使馆的每周例会上,一等秘书赖家球报告了日内瓦会议关于朝鲜问题和印度支那问题的各种建议及其相互间的差异。我提请大家注意印度支那军事上、日内瓦外交上以及法国首都政治上即将出现的危险局面,在法国首都,对拉尼埃政府的一次信任投票还迫在眉睫。我还谈到第二天即将开始的军事首脑会议对美国的政策可能有决定性的影响。

五国军事会议开了四天之后,我派谭绍华再次去见马康卫打听会议进展情况。马康卫对他说,美国方面的代表是卡尼海军上将,他在适当的时候将把会议进展情况告知有关各国。马康卫预计到时候卡尼将把会议讨论情况和讨论到的问题通知我。从现在看,会议还要两三天时间才能结束,现在还没有通过什么决议。

两天之后,我从另一来源得到有关会议情况的一些秘密情报。看来英国方面对越南战争并不像美国看得那么严重。由于英国反对美国关于在亚洲采取联合行动和共同结成反共联盟的建议,使美国很不高兴,英国只是想利用这次会议的机会对它先前的态度作些解释。实际上他们到现在也不想参加对印度支那战争的联合干预。至于美国,它对印度支那问题的态度似乎也不像两三个星期以前那样认真和积极。虽然美国某些军事当局公开主张美国海军和空军迅速参战以扭转印度支那不利的军事形势,但白宫和国务院并不完全同意。

根据我的情报来源,白宫和国务院认为法国摇摆不定并仍然坚持要美国单独公开参加越南的军事行动,否则法国将力求实现停火。可是美国也坚持美国参战的一些先决条件。例如美国可以派出海军和空军支援,但法国和印度支那国家以及某些其他亚洲国家也必须派出地面部队参战;美国参战必须得到联合国同意;美国参战必须是根据印度支那国家和法国的请求;还必须经美国国会同意。而这时美国舆论则很害怕军事介入有引起第三次世界大战的危险。因此群众中支持美国积极参与这场战争者极少。总之,美国的态度看来还是等待观望日内瓦会议的最后结果。除非中国共产党更加明目张胆地参与印度支那战争,美国暂时不大可能采取什么积极行动。

一个多星期之后我才得到有关华盛顿五国军事会议结果的一些确切消息。6 月 17 日早上,卡尼海军上将要我的武官萧勃和海军武官柳鹤图一起去见他,他向他们简单介绍了这次会议的讨论情况。萧先来见我。他想一边向我报告,一边以他自己的名义电告台北陆军参谋长。我们正在讨论时,柳也来向我报告。他们对于某些环节上的意义各有不同的印象。例如萧认为美国现在已不管盟国态度如何,决心在印度支那采取行动,柳则认为,美国只是准备同盟国磋商制定行动计划。柳的态度较肯定,因为他已经同韩国武官作过核对,韩国武官也听了卡尼海军上将的介绍。

我在这两个报告的基础上拟了一份致外交部的电报，两位武官则各自电告他们在台北的长官。我在致外交部的电报中说①：

顷据萧、柳二武官报告，今晨奉美海军上将卡尼邀往面告最近美、英、法、澳、纽五国军事代表会议结论。要旨如下：

（一）越南军事情势，经法代表详述，其他四国代表一致同意，佥认河内三角洲为最重要防区，月内共军必不断进攻。目前法越军力仅可守至 9 月，以后如无三个师力增援，必遭惨败。法代表建议美国派遣三师赴援参战，美不以为然，认为法须先尽其能力，将在法新建三师调往增援。且须越南三邦邀请，美始愿考虑出兵。

（二）越南停战问题，佥认共方现占军事优势，决不轻易让步。如获停战，其结局必与韩国停战相同。但法方是否必求停战，须待新阁成立方能判断。（6 月 12 日拉尼埃政府倒台。孟戴斯－弗朗斯被提名组织新内阁。他要到 17 日才说明他的政策，我起草电报时还没有得到消息。）

（三）东南亚各国为求内部安全，均应建树有效措施，以防共方渗透；一面巩固其经济基础。法国并放弃殖民政策，使越南军民感觉为其本国独立自由而奋斗。

（四）佥认此时中共不致公开参加越战。如果公然参加，则五国均应考虑亚洲全部局势，如重开韩战及我国反攻大陆等举，联合作战。美又以越南共军根据地为中国大陆，在军事上非轰炸大陆不克制胜。且须用原子弹以求必胜。英、法认轰炸大陆必使苏联参战而引起世界大战。美则认为有此可能，未必实现。但各国代表对施用原子弹一点均表同意，包括英代表，尤为美所惊奇。（当然，这只是军事人员的幕后想法。）

（五）各国代表均承认台湾、南韩反共军力之价值，及菲

---

① 此电录自顾氏所存函电。电文中纽指纽西兰，即新西兰。——译者

律宾为重要作战基地。

再,卡尼对两武官之发问答称要点:

(一)美方对我目前并不请我采取动作。

(二)南韩愿出兵二师赴越参战,英无表示,法反对,澳、纽赞成。美则认为须先得越南同意,且须南韩自行增编二师,或由美方补充二师,但均有困难,不易办到。

(三)关于东南亚具体组织防共集团,美以为应请亚洲各国参加,美且在设法进行。但英仍在阻挠。

(四)将来军事必要发动时,或有中、美、日、韩军事协定之举,以便共同参加。但目前仅以东亚为限。

(五)会议中英代表并未提及承认中共。即提亦不致影响美国反对政策。

(六)美准备邱相来华府时讨论有关政治各点。(邱吉尔和艾登即将来访,是6月15日宣布的。)

(七)美国关于会议之报告节要,如美当局许可,可能送致我国参考。又上述各要点详情,由萧、柳武官分别呈报其主管机关,转呈总统。并闻。

在这之前,6月8日,我参加了埃弗雷特·德克森参议员和夫人为参院临时主席斯泰尔斯·布里奇斯和夫人举行的招待会。在招待会上,我同参议员布里克、马丁、德克森、布里奇斯、亚历山大·史密斯和其他几位客人都作了交谈。泰国大使沙拉信曾参加日内瓦会议,他刚经曼谷返回这里,我问他对会议前景看法如何。他看不出有任何成功的希望,但是法国几乎是不计条件地急于要实现停火。至于会议失败可能产生的后果,他说,那要取决于共产党对形势的估计。如果他们认为美国没有真正进行干预以制止共产党侵略的打算,他们就可能走得太远,从而激起美国进行干预。

我们还讨论了泰国要求联合国安全理事会派和平观察小组去泰国的建议。(泰国提出这一请求是因为它害怕印度支那战争波及泰国境内。)

　　其后我回使馆换衣服去参加洪都拉斯大使德巴列和夫人为首席法官沃伦和夫人举行的晚宴。宴会前我同沃伦法官进行了交谈,宴会后又同伯顿法官作了交谈。伯顿问我对印度支那危机的看法。我说应想尽一切办法制止共产党的侵略,挽救印度支那。像朝鲜一样,这只是整个斗争的一个方面,共产党的真正目的是要夺取整个亚洲并统治全世界。如果丢掉印度支那,要挽救亚洲就更困难了。我说,这个问题就像要对一种不治之症,例如癌症,做出动外科手术的决策一样,拖延不决就意味着死亡,但是对一般人来说,要认识这种危险并且下定决心一劳永逸地加以解决,却很困难。伯顿说,这就是民主制度的难处,没有人民的支持就什么事情也做不了。美国人民现在对把干涉印度支那、拯救东南亚作为美国的安全措施的政策,还没有思想准备,也不打算加以支持。对朝鲜就不同,美国人民认识到美国干预的必要性,所以能全力支持。

　　第二天晚上,我参加了菲律宾大使罗慕洛为阿贝略先生和夫人举行的一个规模不小的晚宴,据说阿贝略即将退出外交界。罗慕洛举杯为尼加拉瓜大使唐·吉列尔莫·塞维利亚-萨卡萨和美国总统祝酒,尼加拉瓜大使又为菲律宾总统祝酒。接着罗慕洛为阿贝略夫妇祝酒,暗示阿贝略虽然即将退出菲律宾外交界,但还将继续担任公职,为国家服务。

　　罗慕洛将军显然为了称赞我作为外交家的悠久资历,对大家说我是全世界外交家的老前辈,实际上即使在华盛顿一地我的资历也只占第七位。他说他当学生的时候,在菲律宾就听到我的鼎鼎大名。尼加拉瓜大使说,20 年代初他在尼加拉瓜学校里研究国际关系时,一本必读的教科书就讲了我的许多活动,引用了我的许多讲话。

　　另一位客人庄莱德由于我的询问,谈到日内瓦会议,他说没有希望取得任何成果。我说这是美国从一开始就有的看法,他说美国不得不走这一步。

10 日晚,我在双橡园宴请美国劳联的乔治·米尼先生和夫人,杰伊·洛夫斯通先生和本使馆的陈之迈博士和夫人,崔存璘先生和夫人。洛夫斯通去过日内瓦,郑宝南曾经同他和美国劳工界的其他反共代表有过接触。劳联主席米尼对我说,劳联一向支持被压迫民族的自由独立,一贯同共产主义作斗争。早在 30 年代美国刚刚承认苏联之后,美国劳联就提出要警惕共产党在美国的宣传和颠覆活动,二次世界大战之后,它又提出这种警告。他说,劳联组织了世界自由工会同苏联主持的世界工会联合会作斗争,苏联的目的实际是为了推进共产主义。美国劳联还通过决议,反对承认共产党中国,反对接受它进入联合国。他说,劳联还发起并且资助自由国家促进自由工会。劳联有近一千万会员,是美国最大的单一工会组织,比退伍军人协会还要大。

米尼哀叹富兰克林·德拉诺·罗斯福死得过早,因为这位民主党总统如果多活几年,就能对付共产主义对全世界包括亚洲的威胁,中国大陆也许不会沦丧,以至先后在朝鲜和印度支那以及整个东南亚产生如此灾难性的后果。他说艾森豪威尔总统的当选,是靠他的声望,而不是靠他作为政治家的政绩。他希望在这个困难的时刻,总统能表现出更广泛,更强有力的领导。他认为塔夫脱参议员之死不仅是美国的一大损失,也是艾森豪威尔总统的一大损失。塔夫脱如果活着,他就能保持共和党在国会的团结,防止麦卡锡主义这样的分裂势力。

10 日我还参加了葡萄牙大使馆的招待会,在那里遇见亨培克博士。我感谢他把他在辩论承认中共政权和接纳它进入联合国问题上的发言的复印本送给了我。他说,这个发言的内容已经编入一本教科书,将在高级中学普遍使用,从而广泛传达到年轻一代。

拉尼埃政府倒台五天之后,6 月 17 日,受命组织新政府的孟戴斯-弗朗斯提请国民大会在相互约定的基础上举行一次对他的信任投票。如果他不能在 7 月 20 日以前实现三点纲领,他将辞职。这三点纲领的第一条就是要以符合法国最切身利益的方式解决印度支那问题。第二天上午孟戴斯-弗朗斯得到议会明显大多数的支持,而且,如他自己要求的那样,不依赖共产党的票数。这样,加上共产党在日内瓦对某些迄今陷入僵局的问题作出了一些让步,就使印度支那问题似乎出现了某种解决的可能,其大体形式是越南实行分治,老挝、柬埔寨中立化。

无论如何,日内瓦会议已经准备结束。郑宝南自日内瓦报告 6 月 5 日—18 日期间的情况说:

> 由于会议即将结束,我最近十天的活动大为减少。许多记者和代表团成员也已经离开日内瓦。现在估计,原先获得许可的一千五百名报界代表中有近半数已经离去。大部分代表团已经让多余人员回国或者回到原来的工作岗位。记者大厦已几乎无人居住,只是在六点钟左右人还相当多。我照常同各方面接触,但次数减少。以前我每天会见美国代表团的马丁先生,现在一星期大约见他四次。

> 会议对政治问题的讨论即将结束。

> ### 对会议的几点看法

> ……我 6 月 14 日第 20 号电报提到,会议的朝鲜问题部分已经结束。联合国方面十六国联合宣言已于 15 日发表……没有多少需要补充的,会议的结果并不出人意料。下一轮关于朝鲜问题的辩论或者在第八届联合国大会复会时进行,或者在第九届常会时进行。当然,停火仍然有效。尽管李承晚不断发出威胁,朝鲜不会有大规模冲突,除非共产党决定越过现行停火线。在近期内,朝鲜将是政治上、军事上僵持的分裂局面。

> 从会议讨论朝鲜问题一开始,就可以看出共产党方面的不妥协态度。出乎意料的是联合国方面居然能够维持表面的团结。联合国方面有些国家本来希望继续谈判,以平息国

内要求撤回本国军队的舆论。但是共产党拒绝考虑联合国在朝鲜选举中的任何权利,他们硬说联合国是交战的一方,这就足以使联合国方面在这个基础上团结起来。提供了大约百分之九十兵力的美国,态度鲜明,其他国家也都跟上。大韩民国代表团的坚定立场,在会议讨论朝鲜问题时也起了极其重要的作用。

会议的印度支那部分,现在由于孟戴斯-弗朗斯已受命在7月20日以前解决印度支那战争问题,预料还要继续几个星期。法国将由外交部长出席,可能是孟戴斯-弗朗斯本人。但美国和英国将由较低级官员参加,因为艾登和比德尔·史密斯都预定在22日左右回国。

以法国和越南为一方,越盟为另一方的军事会谈在此继续举行。军事会谈一直严格保密,会谈情况外界很少知道。现在可以确定的是,双方就达成停火协议后各自军队的重新集结交换了地图。

杜勒斯走后负责美国代表团的比德尔·史密斯于6月21日回到美国。他在机场会见记者时,讲了以下几点重要的话,我报告了外交部:

1.关于朝鲜问题,虽然我们在日内瓦会议上力求解决,但由于共产党方面坚决反对,没有取得任何进展。共产党方面不承认联合国在朝鲜的作用,也不接受朝鲜人民自己决定其前途的立场,共产党的这种立场现在已经清楚地暴露于全世界。在谈判过程中,美国和其他盟国保持了基本的团结精神,发表了十六国联合宣言,强调联合国的道义力量,批驳了共产党的顽固态度。

2.在讨论印度支那问题时,美国采取了友好和关心的立场,并且讲明,美国不是交战的一方,也不是谈判的主要方面。美国还严肃认真地提出了实行公正和持久的解决的若干原则。美国和其他与会国家应当继续作出坚持不懈的努力。

郑宝南在上述报告中接着讲了共产党在日内瓦获得的成就,

报告说：

甲、他们利用谈判时期，在战场上取得了军事上的胜利，现正准备进攻河内。根据各方面的可靠情报，法国守住河内的可能性很小。他们最多只能在河内打一场拖延战，尽可能防止海防陷落，他们在海防的防守条件较好。

乙、中共政权得以参与大国政治，他们使报纸记者，特别是英国代表团获得了良好印象。他们以大国的姿态行事，也被普遍承认为一个大国。

丙、法国批准欧洲防务集团条约之事已被无限期推迟，法国国民议会外交委员会已予否决。据信，如果在国民议会表决，可以微弱多数通过。但鉴于外交委员会刚刚拒绝批准，任何未来的总理都不大可能在近期要求就批准条约之事进行辩论。

丁、共产党已按照他们自己选择的时机推翻拉尼埃政府，以便削弱法国在印度支那谈判中讨价还价的地位。法国共产党支持批准孟戴斯-弗朗斯组阁，又一次表明这是共产国际在政治上、军事上和外交上协调一致的战略。

郑在这以前的一份报告中说，中共正继续以日内瓦会议的一个主持国的身份行事，他们采取一些手法使会议在各方面，不论是会上发言或会外活动，都感到他们的影响，例如给记者放电影，作关于中共政权经济成就的报告以及散发精心准备的书面材料。郑还告诉我，据他得到的消息，中共在日内瓦已经买了三所房子，还在继续买，估计是用作总领事馆办公室及职工宿舍，因为他们最近在日内瓦建立了总领事馆。他说，尽管现在人们还没有普遍认识，但是日内瓦已经成为东西方洽谈贸易的一个重要中心，许多巨额的贸易合同已经在那里签订。因此中共也正在同西德、英国，以及一些非官方的美国公民及其他方面洽谈贸易。

郑宝南还感到，英国在试图与北平建立正式外交关系，而日内瓦会议的副产品之一可能就是争取英国对中共政权单方面的外交承认。美国代表团的埃德温·马丁曾经告诉郑,英国驻北平代办,也是英国代表团成员之一的杜维廉已经接到安东尼·艾登的指示,叫他与中共代表团成员保持最友好的关系。郑本人也注意到杜维廉与中共代表团许多成员,特别是中共外交部的人员之间的社交活动十分频繁。虽然埃德温·马丁根据郑的要求,寻找机会使郑与杜维廉谈话,杜维廉却回避同郑见面。

郑宝南对中共在日内瓦的宣传性质和成就的估计,也被一些在日内瓦会议期间到过日内瓦,现在逐渐返回美国的人所证实。6月9日我设午宴招待美国医药援华会理事刘瑞恒先生和国防医学院院长卢致德将军,他们刚参加了日内瓦世界卫生组织会议回来。刘先生对我说,中共在日内瓦积极提高他们作为第五大国的威望。他还说,他们的宣传和第五纵队活动也非常活跃。他本人就曾经两次被中共代表朱长庚以周恩来的名义邀请他去吃午饭或晚饭。朱长庚是参加世界卫生组织会议的一个代表。刘谢绝了邀请之后,朱仍然对他说,周恩来邀请他去北平参加中共政府。为了摆脱这种纠缠,他第二天就离开了日内瓦。但他离开之前,写了一封信给世界卫生组织总干事,告诉他朱为中共进行的活动。(郑宝南也作了同样性质的报告。国际劳工组织的吴秀峰[?]①在日内瓦曾两次邀请他本人去吃午饭,他也熟知朱的活动。)

菲律宾记者文森特·维拉明从日内瓦回来后访问了我,对我谈了他的印象。他认为中共是会议的最大受益者。周恩来扮演一个大国代表的角色,使许多人获得了良好印象。他的代表团最大,他们向一千三百人以上的报纸记者和摄影记者散发印制精致的宣传材料。他们举行鸡尾酒会,邀请约二百五十位精心挑选的客人参加,饮食丰美。维拉明说,国民党中国在日内瓦完全被人

———————————

① 此[?]为原稿所有。——译者

们忘掉了。他还说,日内瓦有一种普遍印象,认为共产党中国并非只是苏俄的一个卫星国,而是相当具有独立性,从那里的中国人所谈与苏俄在新疆不和的话,以及俄国人所说红色中国在满洲的行动的话,可以看出这种情况。

正如我们国民党中国所预见的,中共迄今已经最大限度地利用出席日内瓦会议的机会来提高他们的国际地位和威望。除此之外,英国为使中共得到国际承认又在施加新的压力。英国的立场当然是从更普遍的目标来设想和提出的。但从自由中国的观点看,其后果是一样的。

人们还记得1953年邱吉尔首相发表过一篇"新洛迦诺公约"的演说,这篇演说即使不说是令人震惊也是令人惊讶的。他在这篇演说中主张承认俄国对其自身安全的担忧,主张用新的洛迦诺式的公约把俄国的安全需要与西欧的安全需要协调起来。1925年的洛迦诺公约,是由英国向法国保证德国不进攻法国,又由英国向德国保证法国不进攻德国。公约的目的是要解除德国对来自西方的进攻的疑虑,而把攻击的矛头指向东方,指向苏俄。1953年提出的新洛迦诺公约则是为了解除苏俄对来自西方的攻击的疑虑,从而使共处正式确定下来。这就等于说要放弃"解放"东欧苏联卫星国的任何打算。

1954年6月23日,正当印度支那问题即将在分治和中立化的基础上获得解决,孟戴斯-弗朗斯在伯尔尼同周恩来会谈"中立立场"的时候,艾登向下院做报告。他欢迎由于日内瓦会议的结果而使"英中关系得到改善"。他承认但又极力贬低美国提出的东南亚安全是一个双向的命题,既是对共产党的保证,也是对自由国家的保证。他说:

> 我希望我们能一致同意对日内瓦产生的任何解决办法作出国际保证。我还希望能就建立东南亚某种防止侵略的防御体系取得一致意见。换句话说,我们可以建立像洛迦诺公约式的双方都可以参加的互惠安排……以及像北大西洋

公约式的防御联盟……

英国重申这种洛迦诺式公约的主张,而这一次是要在亚洲实行,其涵义是可怕的。这样一种公约实际上是要西方对共产党在亚洲的侵略成果,包括大陆的共产党政权作出保证。我这一天的日记只简单地记述了有关事实,这是我在时间紧迫时通常的做法,日记说:

> 艾登在他和邱吉尔即将来华盛顿同美国领导人商讨欧洲问题和远东问题的前夕,在下院发表了讲话,这篇讲话突出地与美国的政策相左乃至截然相反。他主张与共产党共处,主张进一步努力解决印度支那问题。他走得这样远,除了主张对将要达成的印度支那问题的协议作出保证外,还主张与共产党在亚洲缔结一项洛迦诺式的互不侵犯公约。

第二天 6 月 24 日下午的晚些时候,我参加了泰国大使沙拉信和夫人举行的招待会。招待会上,我与众议院议长马丁作了交谈。我问他对艾登倡导的与共产党订立洛迦诺式的东南亚互不侵犯公约有什么看法。他回答说,艾登在即将来美国进行商谈的前夕提出这样与美国政策直接对立的主张,他感到十分惊讶。他认为这篇讲话的目的是为了安抚共产党方面,并帮助中国共产党进入联合国。他说他反对这篇讲话,因为这是一种姑息行为。我问美国政府态度如何,他说杜勒斯大发雷霆。我又问政府的态度,他说艾森豪威尔一接到艾登讲话的报告就立即给杜勒斯打电话,他(艾森豪威尔)也同样感到恼怒。从这些情况我知道,邱吉尔和艾登双双抱着这样的目的前来访问,不会取得什么成果。

国会对艾登的讲话也是一片愤怒。众院外交委员会十二名委员联名写信给艾森豪威尔总统说,艾登要求与亚洲共产党人订立互不侵犯条约,不仅是要接受共产党的征服,而且要加以保证。联名信警告说,除非美国明确表示不支持艾登的倡议,否则整个共同安全的概念和计划都要重新审查。几天以后,6 月 30 日众院对正在审议中的共同安全法通过了一项修正案,说明国会的共同意见是,对于任何参加签订保证亚洲共产党领土的公约的政府,应撤销已经通过的东南亚军援拨款。(艾森豪威尔总统已于6月23日将援外计划提交国会。)

与此同时,邱吉尔和艾登到了华盛顿,并立即与美国领导人会谈。6月28日邱吉尔举行记者招待会,极力为共处辩护。但艾森豪威尔总统与英国首相的联合公报却明确表示,不论印度支那问题是否达成协议,两国将"努力推行集体防御计划"(指美国建议的只由反共国家参加的东南亚防御公约)。6月29日的第二份公报则似乎打消了亚洲洛迦诺公约的想法,宣称"关于那些现在受束缚的以前的主权国,我们不参加任何将认可或延长其非自愿的从属关系的安排或条约。"至于"那些现在违反其意愿而被分裂的国家",公报宣称,两国将"继续谋求在联合国监督下以保证进行公正的自由选举,来实现其统一"。

我觉得这一次美国政府在国会和美国人民的支持下同英国抗衡,采取了坚定的态度,其结果是英国后退了。但我很想对这个问题以及其他问题有更多了解,因此约定7月1日会见杜勒斯。例如公报完全没有提到允许红色中国进入联合国的问题,而我可以肯定英国一定提出了这个问题。

6月30日,即我会见杜勒斯的前一天,利比亚公使凯希亚对我作礼节性拜会。我觉得他是一个很可亲的人。利比亚获得独立,我向他和他的国家表示祝贺。他说联合国的日内瓦欧洲办事处主任艾德里安·佩尔特先生为实现这一目标做出了巨大贡献,因为他以前曾任驻利比亚高级专员,负责实行利比亚独立。事实上,利比亚有两条街都以他的名字命名以资表彰。凯希亚博士还说,现在利比亚需要经济援助以发展农业和交通,特别是发展公路。我说中华民国在联合国一贯支持利比亚的明确目标,他对中国过去对他们事业的帮助也表示感谢。

我7月1日访问杜勒斯实际上有多方面的目的。我当时还准备去台湾一行，因此，除了要谈上面提到的问题之外，还有一系列的问题要谈。所以我对杜勒斯说，我知道他很忙，为了节省他的时间，我就直截了当提出我想要谈的问题。

第一，关于几天以前以艾森豪威尔总统和杜勒斯先生为一方，邱吉尔和艾登为另一方的英美会谈，我从最后公报中看到，英国并未能用它在各种问题上的观点完全说服美国。虽然公报中的某些思想和用语无疑出自英国人之手，但我注意到，一些明确的限制性的话则更多地反映了美国的观点。我问国务卿是如何概括这次会谈在远东方面的结果的。

杜勒斯说，英国关于倡导一项洛迦诺式的东南亚共同安全公约的想法肯定是无望了。但在红色中国进入联合国问题上，英国态度仍然强硬，并且坚持其主张。总统和他本人都坚决反对此事，并提出种种理由维护自己的观点，但英国似乎不为所动。他相信英国在9月间联合国大会上将提出接纳共产党中国进入这个世界组织的动议，那将造成困难的局面。他还认为英国正在为此进行活动，至于加拿大和一些西欧国家则会采取同英国一样的立场。

我说我记得在百慕大会议以前，我曾会见杜勒斯先生，要求继续推迟对这个问题的决定，我理解在这次会议上也是这样做的。

杜勒斯说，原先的谅解是把这个问题推迟到1953年年底，在百慕大时，这个期限又延长了，但那次新的谅解并不是很牢靠的。

我说据报纸报道，8月间可能召开一次联合国大会特别会议，讨论泰国请求派出东南亚和平观察委员会的问题，我问杜勒斯是否认为在这次特别会议上英国就会提出接纳红色中国的动议。

杜勒斯认为这是可能的。他认为英国正在争取各方面的支持，而这将在联合国大会造成困难局面。美国舆论是坚决反对此事的，国会也反映了这种意见。但在联合国大会这是一个表决的问题。如果在安全理事会进行表决，当然有否决权。但在联合国大会却只要以简单多数通过证书委员会的报告就可以批准了。

我指出接纳共产党中国确实在很大程度上是一个实质性问题。

杜勒斯表示同意。他也觉得这个问题比只是承认证书问题要复杂得多,这和危地马拉代表团将会出现的问题是一样的,危地马拉政府被推翻,一个新政府已经取代了它。

我想如果需要三分之二的票数,就可以比较容易地击败英国的动议。

杜勒斯同意这种看法,他说如果有人提出这种建议,美国将予以支持,以击败接纳共产党中国进入这个世界组织的任何动议。

我说我不理解为甚么英国持这种观点。虽然,英国内部政治形势可能是邱吉尔和艾登在这个问题上持这种立场的原因,但无论如何,共产党中国进入联合国不会增进英国的利益。相反,它最终势必要损害英国。

杜勒斯说邱吉尔还比较通情达理,是艾登坚决不妥协。这位英国外相对他(杜勒斯)在洛杉矶的讲话似乎很恼火,他在那篇讲话中回顾了日本侵略满洲的时候,当时的美国国务卿史汀生建议英国予以合作,遭到了伦敦的断然拒绝。

我说这是历史事实,我不明白为什么艾登要加以反对。其后我请杜勒斯对印度支那问题作某些澄清。我知道法国和中共正在日内瓦举行谈判,我不知道他们之间是否已经达成什么协议。

杜勒斯回答说,越盟和法国在印度支那的军事代表的对话,以法国军事代表的权限有多大这种技术问题为理由中断了。他认为共产党是故意拖延这个问题以影响日内瓦的外交谈判。法国和中共之间达成了什么协议,他不知道,因为法国没有通知美国,美国也无法及时了解中法谈判情况。但法国人告诉他,他们将在一两天内把有关情况通知美国。

我说,假定在越南实行分治的基础上达成某种协议——而且人们在谈论,说这种协议将由参加印度支那会议的各国加以保证,美国是否会参与这种保证?

杜勒斯说,如果从老挝、柬埔寨边界向东穿过越南直达海岸划一条明确的线,美国将参加保证。但是美国将不会像在朝鲜那样派兵驻守分界线的这一边以保卫这条线。然而,如果共产党破坏这条线,美国将派兵对线北的越盟施加压力。关于老挝和柬埔寨,杜勒斯说,共产党说过要排除所有的外国基地。如果他们坚持此点,法国又表示同意,那就很难帮助保卫这两个印度支那国家。如果所涉及的只是建立空军基地问题,那就没有多大关系,美国对此不感兴趣。但据他了解,共产党说的军事基地指的是美国训练这些国家武装部队的军事顾问和技术人员。换句话说,他们是要排除美国的影响。如果事情是这样,并且法国也同意,那么,他不知道这两个国家将来如何防御共产党的侵略。

我提到艾森豪威尔总统 6 月 30 日的记者招待会,总统在那个记者招待会上说,美国准备参加签订条约,保证不使用武力破坏解决印度支那问题的任何协议。我说我不理解总统此话的含义。另一方面,总统又说,美国不参加任何将阻止丧失主权的人民恢复其主权的努力的条约,我说我可以肯定,那些将留在共产党统治下的北越人民对这种统治会极为不满,而南越人民很自然地想要收复失去的北部国土,解放共产党统治下的同胞。如果他们采取行动实现这种愿望,美国作为保证国会参加制止吗?

杜勒斯回答说,虽然他不想解释总统讲的话,他相信总统所想到的是联合国宪章中规定的和平解决一切问题的一般原则。总统不可能想到他的讲话的各种可能的含义,特别是在记者招待会上,问题都是临时提出的,他只能根据临时想到的尽力回答。国务卿补充说,他认为日内瓦达成的任何解决办法都不会是完全令人满意的,即使分治已获同意,线也划定,还会有颠覆的危险。

我指出颠覆和渗透是共产党用以谋取统治和控制的武库中最常用的武器。然后我说,我从报纸报道得到这样的印象,印度支那的军事形势比两个月以前大为恶化了,这种发展似乎正是杜勒斯在日内瓦会议以前所预见的。我觉得,法、英两国虽然在这个地区有切身利益,但这两国的眼光都不如杜勒斯在会议之前看得那么清楚,这种情况是令人震惊的。

杜勒斯说,如果当初接受了建立东南亚集体防御公约的建议并且变成事实的话,印度支那局势不至于恶化到目前这样的程度。至于我提出的具体问题,他说很重要,在即将举行的关于东南亚防御公约的会谈中将予以考虑。他还说会谈将从英国开始,然后是澳大利亚和新西兰,再往后可能包括菲律宾和泰国。

我说,谈到这里我想了解一个问题。今天早上我接到台北外交部一个电报,鉴于美英之间磋商频繁,电报要求我询问美英之间是否有什么协议或者联盟,因而需要这种磋商。我说,据我了解,两国之间只有北大西洋公约组织和一些具体问题上的协议和谅解,例如在英国驻扎美国空军和交换原子武器情报等等,除此之外,并无联盟关系。

杜勒斯说,除了我刚才说到的北大西洋公约组织和在英国驻扎美国空军之外,两国之间不存在所谓的联盟。他说他想顺便说说,现在驻英美军比英国军队还多,因为大部分英军都派往国外去了,例如守卫苏伊士运河等等。

我问是否可以说,美国同英国磋商国际问题只是出于政策考虑,并不是为了履行某种承诺或义务。

杜勒斯说,是这样。

然后我提了两个与我国政府有更直接关系的问题同杜勒斯进行讨论。最后我问杜勒斯如何估计远东和欧洲的全面局势。

杜勒斯回答说,他不想作什么预测,但印度支那的军事形势不好,如果法国在同共产党达成协议时让步太多,形势还会变得更糟。

当我起身告辞时,杜勒斯祝我台湾之行旅途愉快,并且要我不必对英美最近的华盛顿会谈公报作过多推敲。他说,我在过去漫长的岁月中一定写过许多公报,也了解公报的意义究竟有多大。

我说这当然,无论如何,我对于英国没有从会谈中得到他们希望得到的东西,感到高兴。

杜勒斯的话的含意是,公报使英美的观点在表面上显得更协调,这与会谈的实际情况是有出入的。同时杜勒斯对于英国极力想把红色中国拖进联合国显然感到不安。

我从国务院回使馆之后,接待了孔令傑上校,他正准备再去台湾一次。他对于红色中国进联合国的问题很觉不安,我告诉他我有同感。他担心在民主党占多数的美国国会中此事将获得通过,而11月国会补缺选举之后,他认为民主党肯定会成为多数党。我说,共和党成为多数党的前景不妙,但11月以前情况可能有所改善。

第二天我写了一封长信给蒋廷黻博士,通知他我和杜勒斯的谈话情况,着重说明红色中国可能进入联合国的紧急状况。我还参加了一个招待会,在那里同泰国大使沙拉信谈了话。他告诉我联合国大会肯定将在7月底或8月初召开一次特别会议作为八届大会的继续,审议泰国关于派和平观察组到远东的申请。前面说过,杜勒斯认为英国有可能在这次特别会议上就提出接纳红色中国的动议。

7月3日我同谭公使商谈了英国要把红色中国带进联合国的问题和我们的斗争对策。7日我接到蒋廷黻对我2日信件的复信。他说他的代表团正在仔细研究代表权问题。虽然下次联大的斗争将比历年困难得多,但他觉得我们的斗争还是很有希望的。

与此同时,国会对这个问题有着一连串的评论,几乎是一致反对红色中国进入联合国。7月1日,参议员多数党领袖诺兰对参议院说,共产党可能要在印度支那取得重大胜利,其结果,他预料今年晚些时候会出现协同一致的努力要通过联合国大会采取行动,把红色中国纳入联合国。他说,"如果出现这种重大的姑息行动,我的良心将不允许我保持沉默或者无所作为"。他甚至威胁说,如果接纳中国共产党进入联合国,他将辞去参院多数党领袖的职位,以便竭尽全力终止美国在这个组织的会员国身份。同一天,民主党参议员帕特·麦卡伦提出一项决议案,表示参院的意见是,如果红色中国进入联合国,美国应退出这个组织。

第二天7月2日,参议院少数党领袖林顿·约翰逊说,如果共产党中国成为联合国会员国,美国将拒绝支持联合国。这就引起了一场辩论,民主党人莱曼和富布赖特,独立人士韦恩·莫尔斯都表示反对红色中国进入联合国,但他们怀疑预先承担义务说红色中国一旦进入联合国美国就退出这个组织是否明智。7月6日众议院提出一项表示该院的意见的决议案,说如果红色中国进入联合国,美国应当退出。

7月7日中午蒋荫恩来访,他报告说,艾森豪威尔总统刚刚发表了一项非常强硬和明确的声明,反对接纳红色中国进入联合国。他说美国将运用"一切手段"进行斗争,不获结果决不罢休。但他(艾森豪威尔)主张现在不说红色中国进去美国就退出的话,到时候再作决定。我在日记中写道:"在目前,这是明智的态度。"

紧接着我接待了法国大使馆公使让·达里东先生,他即将去摩洛哥担任行政长官,特来辞行。但他说,这是前任政府的任命,他要见到新任法国总理孟戴斯-弗朗斯之后,才能知道任命是否还有效。关于印度支那,他说法国人民只想把战争停下来,因为战争使法国消耗太大,压力太重。

这天晚上我给外交部叶部长发了一封电报。我说我国在联合国的代表权问题现在日益紧迫,我认为迅速谋划如何全面努力加以对付,十分重要。我提到外交部以前关于反对红色中国进入联合国的一个备忘录,我个人认为那个备忘录考虑周全,写得也很好,如能根据最近国际形势发展,并用新的论点加以补充,还可以用。可将此备忘录印发驻外各使馆,以便他们据以接触驻在国政府进行商讨,请求各国政府一致反对中共进入联合国,这样做不仅是为了支持一种反共立场,实际是为了保卫整个自由世界的安全。为了说明我的意思我举例说,联合国组织最根本的基础是坚持国际道德和正义,反对侵略,中共进入联合国就会摧毁该组织的基础。

我接着说,美国是对我国帮助最大的最友好国家,我们现在比任何时候都更需要美国的帮助,需要利用其影响。但根据我们近几年来的经验,每逢国际会议,当使馆同国务院各级人员接触希望进行亲密商谈之时,常常感到我们对其他友好国家的态度和会议的实际状况毫无了解。我们不得不依靠美国来了解那些他们已经知道的情况,而且只能以此为根据去同其他部门的美国人进行商讨。这对我们和对国务院,都很不利。

因此我建议,由于下次联合国大会对我们极为重要,最好能把我们同其他友好国家接触中所得到的结果通知美国国务院。这样我们就可以同国务院交换情报,共同策划如何应付局势。我认为采取这种步骤不仅可以表示我们同美国合作的诚意和认真态度,也会更富有成果。同时我说,我国驻联合国代表团当然也有必要同其他代表团接触,请他们给予支持,作为我们双管齐下的努力的一部分。

最后我告诉外交部长,我希望外交部能不时地把各国政府的态度通知我。我还希望外交部在重要时刻指示我国其他驻外使馆,把他们从当地了解的情况直接电告我使馆,以便利我们同美国政府进行商讨。

外交部于8日复电,叶部长已邀请美国使馆代办于7月7日到外交部。他对代办说,我们感谢美国政府把艾森豪威尔-邱吉尔会谈中有关我国在联合国代表权问题的基本情况告知我们,而且会谈之后美国舆论和国会意见都表示坚决反对英国的态度。这样,7月5日英国外交部一位发言人就重申了1951年英国外相莫里森宣布的政策,并声明英国的外交政策没有改变。但叶部长问,不知美国政府最近收到进一步的消息没有。如果下次联大开会时印度提出驱逐我们和接纳共产党政权,英国是否可能支持?英联邦国家如澳大利亚和新西兰将持何种态度?叶部长请代办转请美国政府把它得到的情报通知我们。

其次,叶部长告诉科克伦代办,外交部将指示中国驻外各使馆同各驻在国政府接触,吁请他们在联大给予支持。他说这件事我们一直同美国政府保持联系。以便共同计划如何进行。他要求科克伦请求美国政府指示美国驻联合国大使洛奇,请他就如何在联合国处理这个问题同蒋廷黻商谈。他说外交部也将通知蒋廷黻博士。

根据通知我以上情况的这份电报,科克伦答应立即报告国务院。电报要我与蒋廷黻保持联系,叶部长与科克伦的谈话也通知了蒋。

也在 7 月 8 日这天,杜勒斯在记者招待会上宣布,美国在必要时将否决红色中国进入安全理事会。他"深信"美国能够阻止共产党中国取得联合国席位。在国会,参议员诺兰对援外授权法案提出一项修正案,重申国会反对共产党中国进入联合国组织。但他主张取消万一出现这种情况美国即自动退出的指示。参院外交委员会在援外法案上附上了这个修正案。

那天下午我到参议院拜访了参议员亚历山大·史密斯,我对自艾森豪威尔总统和杜勒斯国务卿起所有美国领导人的态度表示满意。我说许多杰出的参议员,如他本人,都公开宣布坚决反对共产党中国进入联合国,因为许可它进入这个组织不仅是对有关道义原则的嘲弄,而且实际上将使联合国陷于瘫痪,只能成为共产主义宣传的讲坛。史密斯说,他自 1949 年以来就反对此事。他历来希望国民党中国返回大陆。他问到大陆的情况,我告诉他,仅从可以传出大陆的消息看,连大陆青年人也已经幻想破灭了,群众的不满情绪在增长。他对我说,他之所以反对共产党中国,因为它是苏俄的工具,丝毫不代表中国人的真正感情和愿望。

我说中国人民对美国人民一向极为友好,大陆的反美宣传不是中国人的思想感情。

谈到印度支那,史密斯对那里的形势,特别是法国的态度,感到痛惜。他同意我的看法,如果北越被越盟控制,特别是其中包括三角洲地区,那么,越南的其余部分最后也会被越盟夺去,而且时间不会太久。

第二天下午我乘飞机去纽约,同蒋廷黻就红色中国进入联合国的问题作了充分交谈。我对他讲了一周前杜勒斯同我谈话的情况。我们两人都认为美国的态度正在变得坚定起来,这对自由世界很有好处。他认为,由于美国政府从艾森豪威尔总统以下都采取了强硬立场,今年秋季联合国大会通过接纳红色中国议案的危险实际上已经过去。但他说这个问题今后将继续是一个使我们忧虑的问题。

在这以后的一个星期,我为台湾之行作准备,在华盛顿对美国著名的政治领袖进行了一系列的拜会。7月14日星期二,我拜访了众院议长马丁和参院多数党领袖诺兰,同他们两位都就广泛的问题进行了交谈。在这以后的几天中,直到我17日启程之前,我拜访了许多知名人士,同他们也作了广泛交谈。这里只是就谈话中有关当时国际形势的部分略加叙述。

在同马丁谈话时,我对议长反对接纳红色中国进入联合国的立场表示钦佩,我说他最近的一些讲话令人鼓舞。

马丁说他早在1949年就是这种立场,因为他认为红色中国进入联合国对美国没有好处,也是违背联合国宪章的,因为红色中国毕竟曾被联合国宣布为侵略者,不应当允许它打进这个世界组织。他说众议员周以德和本德准备在众院提出类似参院的决议案,重申众院反对共产党中国进入联合国的意见。他认为这个联合提案将毫无困难地在众院通过。(这个决议案在第二天即7月15日通过。)

我说美国两党领袖形成联合阵线反对英国所主张的让红色

中国进入联合国，使我感到鼓舞。美国从总统、国务卿以及国会领袖们如马丁先生等的强烈反应，使西欧政治家们获得了深刻印象。我说邱吉尔最近在下院的讲话调子变软了，这清楚地表明英国开始估计到美国人民在红色中国进入联合国问题上的强烈情绪，并开始转弯，跟着美国走。这种情况之所以令人鼓舞，因为美国的立场不仅是正确的和合理的，而且由于不让红色中国进入联合国，也使这个世界组织避免进一步陷于瘫痪。

马丁说，那天早上总统给他打过电话，告诉他，邱吉尔在最近的英美华盛顿对话中的确说过，英国虽然赞成红色中国进入联合国，但他认为现在还不是时候。马丁说不知道为甚么艾登从华盛顿回去在下院讲话时没有说这样的话。如果当时艾登这样讲了，就可以免除美国许多忧虑和抱怨。

然后我提起关于印度支那问题的日内瓦会谈。前些时，7月8日，杜勒斯在记者招待会上曾经说，他和副国务卿史密斯都不打算回日内瓦参加最后阶段的会议。可是最近他却突然飞到巴黎去同艾登和孟戴斯-弗朗斯会谈，后面这两位是特地从日内瓦飞到巴黎去同他会晤的。报纸上有些关于他们会谈的议论，但我想知道马丁对此事的看法。所以接着我对马丁说，杜勒斯虽然不会回日内瓦，但我知道只要日内瓦达成的印度支那问题的解决办法不是不体面和不可接受的，美国准备对印度支那的划线作出保证。我说我个人很担心法国会对共产党作出过多的不必要的让步。当然，现在还不能肯定是否能达成协议，但如果达成协议，而越南又是分割开来的，那么，共产党最后攫取对全国的控制恐怕就只是时间问题了。

马丁说据他所知，除非是达成体面的协议，美国不会对印度支那协议作出保证。他还说美国不想分担向共产党投降的责任。照他看，在现在已经恶化的形势下，唯一的办法是法国给越南完全独立。一旦越南恢复独立并且要求美国帮助，美国将给予援助。他说，现在越南人民对打共产党没有兴趣，因为法国没有给他们完全独立。他认为,即使法国不想马上给越南完全独立,但确定一个独立的具体日期——比如从现在起两年内——也会使越南民族主义者增加信心。他回顾了菲律宾的例子,美国法律规定十年为期作为菲律宾人民准备完全独立的过渡时期,限期一到,他们就恢复了完全独立。

我对马丁说,我认为这是明智的政策。我不懂为什么在目前印度支那的困难形势下法国不愿意这样做。其结果是越南人今天并不信任法国人,这是我听越南驻华盛顿的代表说的。

其后我问,如果共产党继续推行侵略政策,并且迫使美国摊牌,美国人民会作何反应。在他们现在的思想状态下会接受这种挑战吗?

马丁说,美国人民不想打仗。但是,如果他们认为真正的问题是一个道义原则问题,并且政府决定予以捍卫,美国人民是会全力支持的。

在这之后,我立即去国会多数党领袖办公室会见诺兰参议员,参加他盛情邀请的私人午宴。我还是首先对这位参议员最近反对红色中国进入联合国的讲话表示感谢和钦佩。我说他的讲话有助于唤起全国和全世界的注意,使人们知道美国强烈反对任何这类做法,而且我高兴地注意到他的讲话对英国起了很好的作用,英国在这个问题上的立场看来已有所软化。实际上这篇讲话有世界影响,它加强了亚洲爱好和平的人民的信念和希望。

诺兰说,在这个问题上,百分之九十五以上的美国人民都支持他,表示支持他的观点的函电不断涌进他的办公室。

我说美国全国上下的反应使我和我的国家感到宽慰。他的讲话引出了总统和国务卿的声明。总统本人也证实了他(诺兰)的看法,因为总统也说百分之九十五的美国人民反对红色中国进入联合国。然后我问诺兰,如果必须与共产党摊牌,他如何估计美国人民的感情和可能的反应。我说我知道美国人民是强烈反共的,他们对于共产党的阴险目的也比欧洲人认识得清楚。

这位参议员说，美国人民的反共情绪是毫无疑问的，而且很强烈。说到摊牌，他指出，不同集团的人有不同的想法。有和平主义者，他们或者出于宗教信仰或者由于思想感情，反对任何战争，认为一切战争都是破坏性的和可怕的。在相反的另一头，有些人主张进行先发制人的战争，而且主张必要时"单独干"。在这两者之间有所谓自由主义者、左派份子和亲共份子，他们反对战争是因为战争不利于共产主义事业。还有孤立主义者，他们不愿意卷入任何国外危机，但这类人很少。

　　参议员接着说，他所担心的是时间对自由世界不利。共产党发明了渗透技术，夺取了一块又一块土地，一旦共产党完成了他们发展武器和军火工业的计划，他们就会毫无顾忌地向西方发动进攻。到那时，西方要进行有效的防御可能就晚了。现在英国害怕原子弹落在他们头上。但是，如果听任共产党继续把自由世界一块一块地吃下去，也许几年之内他们就会变得如此强大，以致向英国发号施令，命令它不许美国在英国建立空军基地，否则就要对它扔原子弹。如果英国现在就害怕共产党，以后就会更加害怕，更不敢对他们说个"不"字。参议员又说，他对遏制政策并不满意，因为不可能有效地遏制共产党的威胁。共产党用渗透的办法时时刻刻都在破坏自由世界。他主张采取共产党的策略，离间一些苏联卫星国，即使这些卫星国本身是无足轻重的也不要紧，例如阿尔巴尼亚。一旦这种相反的进程获得成功，就会发生连锁反应。他认为自由世界应当向铁幕后面的人民讲清楚，自由世界并不是反对他们，而是反对他们的政府。

　　我认为诺兰的看法完全正确。在同共产党的斗争中，就不可能有稳定的局势，因为共产党随时都在反对自由世界，其方法不一定都是公开的战争或公开使用武力，而是渗透、颠覆等等。只有采取共产党的策略，渗透到铁幕后去帮助一部分人解放自己，自由世界才能重新掌握主动权，从而使共产党处于防御地位。

　　诺兰赞同这种观点，他说那些看法相同并且愿意同共产主义作斗争的人们应当组织起来,结成联盟。可以先把像日本、南朝鲜、国民党中国、菲律宾、澳大利亚以及新西兰这样一些国家组织起来。他说英国如果不愿意参加,就让它待在外边。

谈到最近危地马拉共产党的暴动,诺兰说,这一次美国采取了快速行动,帮助镇压了那个国家的共产主义运动,美国人民似乎也同意这一行动,也许这是因为危地马拉在美国的后院。这是自由世界在同共产党的斗争中第一次赢得肯定的胜利。

我说美国为根本解决危地马拉局势所下的决心和所采取的果断行动,令人钦佩。虽然这是一个比较小的问题,但它表明果断行动可以完成甚么样的业绩,同时又赢得人民的赞许。我想可能在美国人民看来,远东十分遥远,也许需要一个教育过程才能使他们了解那里局势的严重性,了解它对美国安全的威胁。

诺兰完全同意这种看法,他说他个人认为,在任何特定形势下,除非美国能迅速行动,否则它就会在自救行动中完全陷于孤立。但按照他对美国人民情绪的估计,他们希望能够同其他观点相同的国家团结起来,建立像杜勒斯建议的那种集体防御。

其后诺兰谈到台湾,他问岛上的情况怎样。

我回答说,当地人民一方面为他们在美国援助下在军事和经济领域取得的进步感到鼓舞,另一方面他们对国际形势感到忧虑。日内瓦会议提高了共产党中国的威望,而且在红色中国进入联合国的问题上可能带来一次新的危机。

第二天下午我到参院办公大楼拜会尼克松副总统,我首先告诉他我即将去台湾一行,特来对他作礼节性拜会。接着我说我非常欣赏,非常喜欢读他的关于美国外交政策的演说,他最近一次讲话是在密尔沃基讲的(6月26日),他讲了同共产党打交道必须要注意的问题,这非常重要,一定要采取坚定的实力政策。我说他讲得非常正确,阐述得也非常好。

尼克松说,他作这次演说是因为他觉得美国人民应当了解政府的政策。他在密尔沃基的演说引起了像詹姆斯·赖斯顿这样一些左派份子的批评，但是他希望美国人民理解，现政府所继承的是前任政府的软弱投降政策所造成的局面。这种政策还导致把六亿人民和大片土地丢给了共产党。他说，如果不是丢掉了中国，就不会有朝鲜战争，也不会有印度支那战争。

我说，这些都是历史事实，尼克松能够让美国人民了解这些事实，这十分重要。我表示希望说，要是"美国之音"能把尼克松先生一些演说的内容向亚洲人民广播就好了。

尼克松说他不知道"美国之音"对他的演说做了些甚么。

我说我认为他的演说将使亚洲人民受到激励，增加信心。

尼克松说他很乐意把他在密尔沃基的演说给我一份。他叫人拿来了一份，读了其中的要点和结论。他还对现政府的政策作了解释。

我说由于像尼克松先生这样一些美国领导人发表的演说和言论，最近两年中，美国人民对共产主义威胁的理解确实有了很大进步。

尼克松问我对今后形势发展的看法以及我认为应该做些什么。

我回答说，我感到非常关切。正如我对一些美国朋友讲过的，我想把这比作人体上的恶性肿瘤。这里讲的肿瘤就是共产主义威胁，病人就是自由世界。现在的关键问题是，病人是否下决心除掉肿瘤。只有两种选择：或者是进行外科手术，或者由于害怕痛苦，拖延下去，以至最后可能发现为时已晚，无法挽救。我继续说，现在自由世界面前摆着一个日内瓦会议，由于法国急切要求和平，我担心其结果不会很好。我说共产党是不会尊重他们在协定上的签字的，很可能他们将继续进逼，谋取更多的利益，而且迟早势必要越出界限。

尼克松说，美国正等待着他们这样做。如果共产党要做出激怒美国的事情，不论是在亚洲或欧洲，这一回美国就要在他们自己的领土上打击他们，而且狠狠地予以打击。他说，实际上他已经知道日内瓦解决办法的轮廓。在纬度 16 度与 18 度之间将划一条线横贯越南。海防也许暂时还留在法国手中。再就是建立一种防御体系来保证这条线。如果共产党破坏这条线,他们就要遭到打击,而且不是在出事地点,而是在他们自己的领土上直接打击他们。

我说日内瓦达成的解决办法也可能在纸面上是合情合理,可以接受的,我甚至设想共产党还可能表现得通情达理,主动提出西方认为可以接受的解决办法。但是即令如此,正如我已经指出的,共产党的签字是靠不住的。他们不会改变他们的征服目标,他们将设法用渗透和颠覆的办法夺取整个越南。我怀疑老挝和柬埔寨最终是否能保得住。

尼克松说,老挝和柬埔寨实际上是微不足道的。一百万老挝人和大约三百万柬埔寨人不可能保卫他们自己。

我说丢掉老挝和柬埔寨就直接威胁到泰国,泰国人虽然是很可爱的人民,他们却并非以特别善战著称。所以我担心日内瓦达成的解决印度支那问题的办法如果是有利于共产党,那实际上就意味着丢掉整个东南亚。

尼克松说,他所希望看到的是中国大陆回到国民党中国手中,他相信这一天终会来到。

我认为这是唯一的解决亚洲问题的根本办法。如果国民党政府没有丢掉中国大陆,就不会有朝鲜战争,也不会有强大的中共,而越盟也就不会从中国共产党得到支援和帮助。我继续说,要实现亚洲和平,基本的办法就是把中国大陆从共产党统治者手中解放出来。有一个以国民政府为代表的和平友好的中国,这个中国在过去一百一十多年中同美国没有任何重大争执,美国对亚洲就可以毫无顾虑,就可以集中精力对付欧洲共产主义的威胁,而且还可以顺便说一句,亚洲得到解放,欧洲的共产主义威胁也就会比现在小得多。

我问尼克松,如果美国被迫与共产党摊牌,他估计美国舆论会是怎样。

尼克松说,美国人民像其他国家人民一样,当然不愿意有战争,但是如果美国政府讲清楚问题的严重性,并且决定采取行动,人民是会支持的。他回顾杜鲁门总统决定支援南朝鲜抵抗北朝鲜侵略的时候,全国都团结在他周围,同意他的行动。只是到战争结尾,联合国显然并不是力求赢这场战争的时候,人们才厌倦起来。

7月16日,星期五,我的第一个约会是拜访参院少数党领袖林顿·约翰逊参议员。我对他说,我将在第二天启程去台湾,行前特来对他作礼节性拜会,并告诉他我非常欣赏他的关于外交政策的讲话,特别是那篇关于共产党中国进入联合国问题的讲话。我说他反对接纳共产党中国的立场特别使我个人和我国政府感到高兴,但是我看来,这对联合国也是有利的。现在已经在联合国里的共产党国家所设置的障碍使这个世界组织不能有效地发挥作用,并使安理会陷于瘫痪。如果再加上共产党中国,联合国的情况肯定要进一步恶化,以至纯粹变成国际共产主义的宣传讲坛。

约翰逊说他很高兴听到我的意见。他支持诺兰参议员的发言,也同意他的论点。但是诺兰宣布如果共产党中国进入联合国,他将辞去参院多数党领袖的职位,为使美国退出这个世界组织而斗争;对此他却有不同看法。他认为,对于共产党中国万一真的进了联合国这种情况虽然应当有所估计,但是预先决定采取甚么行动来反对这种事态,他觉得并不明智。也许诺兰认为没有什么事情比红色中国进入联合国更能促使这个组织恶化的了,如果请他当对外联络官去分裂这个世界组织的话,他肯定要主张立即接纳红色中国。但是诺兰参议员的发言似乎确实引起人们注意到这个问题的极端重要性。

我说这个发言肯定影响了英国,现在英国开始较为趋向美国的观点了。诺兰参议员的发言和他(约翰逊)对这个发言的支持,使得全世界看到美国领导人在这个问题上形成的联合阵线。

约翰逊说,邱吉尔回国途中还没有抵达英国海岸就已经感到世界舆论的压力了。

我说邱吉尔和英国其他领导人肯定对美国强烈而又现实的意见获得了深刻印象。

约翰逊说，参议员莱曼和曼斯菲尔德虽然都宣称反对接纳红色中国，但看法却不相同。莱曼认为，万一反对遭到失败，红色中国进了联合国，美国就应当妥协，继续留在联合国。曼斯菲尔德则认为，现在谈论退出联合国是不明智的；但如果红色中国真的进了联合国，美国人民肯定不愿意继续承担给联合国的钱去支持这个世界组织。约翰逊说，他本人可以肯定，美国绝大多数人民反对让共产党中国成为联合国会员国。

我说我还有一个问题要请教他。日内瓦会议现在到了一个关键时刻，今后几天就可以知道印度支那问题是否会得到解决。现在看来很可能会得到某种解决，因为法国急于想这样做。但我个人很担心，他们为了达成协议可能对共产党作出过多的让步。我的问题是，如果由于共产党坚持其立场，继续在东南亚推行侵略政策，因而达不成协议，或者虽然达成协议，并由有关国家加以保证，而共产党某一天又越出范围，破坏分界线——换句话说，不论由于第一种原因或者第二种原因，如果共产党硬要迫使自由世界和美国摊牌，约翰逊参议员认为美国人民会作何反应？

约翰逊回答说，美国人民会支持政府所采取的任何强硬行动。他说，要记住当杜鲁门总统决定抵抗北朝鲜对南朝鲜的侵略时，全国上下都支持他的行动，因为美国人民相信这样做是正确的。所以今后如果共产党破坏印度支那停火，美国政府采取强硬行动，美国人民同样会支持的。

我们还讨论了几个问题，然后我告辞出来，到国务院去会见助理国务卿帮办庄莱德。我同他作了长时间有益的谈话。我对庄莱德提到杜勒斯的突然访问巴黎，我说，据报纸报道，这次访问就如何解决印度支那问题取得了一致意见。我不知道协议的性质如何。我担心孟戴斯－弗朗斯由于急于同共产党达成协议，会对他们作出过多的让步。

庄莱德说,法国总理已经保证他不会出卖印度支那,他要努力争取合理而体面的解决。越南将实行分治,在纬度 17 度和 18 度线之间划一条线,南边的重要军港岘港和通向老挝的一条公路包括在南越这一边,而北越的河内将由法国保持。这条线将受到保证。美国不参加协议,但将参加对这条线的保证。他说,比这远为重要的是要促进缔结东南亚集体防御公约,美国正在为实现此事而努力。

我问哪些方面将参加这一公约。

庄莱德回答说,除美国外,公约将首先包括英、法、澳大利亚、新西兰、泰国和菲律宾。但公约在参加国方面是灵活的,美国的意图是在稍后一个阶段让台湾也参加进来。

我说照我的理解,他的意思是美国已经在着手谈判缔结公约的事。但提到的那些国家是不是已经在讨论此事?

他说:"没有。"现在进行讨论的还只限于英国,这是为了考虑对所要采取的步骤作些探索性的商讨。美国打算先把这种对话扩大到澳大利亚和新西兰,然后再扩大到泰国和菲律宾。但同时美国在不断把英美对话进行情况通知这些国家。

我问公约是否包括印度支那。

庄莱德回答说,将包括老挝和柬埔寨,但不包括越南。越南虽不是公约的参加国,但这不是说南越不属于公约要加以保卫、防止共产党侵略的地区。我问拟议中公约的主要内容如何,庄莱德说,他们已经拟就了一项公约草案,它在原则和宗旨方面吸收了北大西洋条约、澳新美安全条约及美菲条约中的一些内容。它还规定建立理事会之类的协商机构,定期开会。此外,还有如何对付颠覆的条款。

我说颠覆是个极其重要的问题,实际上我也正准备要提出这个问题,我很高兴拟议中的公约将包含对付共产党这一危险武器的条款,因为我担心即使在越南划了线,解决协议已经达成,共产党也不会满足于半个越南,他们将利用颠覆手段把南越也夺到手。

庄莱德说,已经考虑到了这点,所以公约草案包括了这一条款。但他说,公约草案虽已拟出,希望不要理解为短期内即可缔结。他认为需要一年或者更长时间公约才能产生。但美国认识到在此期间很可能发生危险,所以打算发表一项警告,表示对于共产党在东南亚超出这条线以外的任何侵略行为将进行武力抵抗。这个强硬的警告,将足以使共产党不再恋恋于他们的冒险了。

我设想这将是由公约参加国共同发表的联合警告。

庄莱德说,为了使共产党重视,将会是一个联合警告。

我问庄莱德是否认为印度支那问题在日内瓦很快即可获得解决。

庄莱德说,还有一些分歧有待澄清,据他了解,共产党坚持要让在老挝和柬埔寨境内的某些越盟份子留在原地不动,而要外国军事单位包括法国的军事单位,外国军事基地一律撤出老挝和柬埔寨。但他估计这个问题不会造成很大困难。他说实际上柬埔寨比老挝和越南独立性都强的多,柬埔寨坚持要法国军事单位撤出柬埔寨领土。老挝比柬埔寨小,人口不到一百五十万。所以他认为共产党不会在老挝和柬埔寨问题上坚持自己的观点。此外,印度尼赫鲁很重视维护这两个国家的主权。他还知道周恩来最近会见缅甸总理时,缅甸总理抱怨缅甸共产党捣乱,强调保持老挝和柬埔寨独立的重要性。他认为共产党在这方面不会完全不顾印度和缅甸的意见。[1]

---

[1] 原编者注:周恩来6月底自日内瓦回北京途中先后在印度和缅甸停留。《纽约时报》(1954年6月28日)称他此举是掌握时机采取行动的杰作。当艾森豪威尔同邱吉尔在华盛顿举行会谈和发表公报时,周恩来却分别同印度总理尼赫鲁和缅甸总理吴努举行了会谈,发表了公报。后面这两个公报重申了4月29日中印关于西藏问题协定中的"和平共处五项原则":互不侵犯,互不干涉,尊重领土完整,平等和和平共处。(原文如此。——译者)

谈到红色中国进入联合国问题时,我说我很高兴美国采取的强硬立场使英国重视起来,他们现在更靠拢美国的观点了。

庄莱德说,他也注意到了这点,他还想告诉我,英国不会在今年联大提出这个问题了,明年联大可能也不会提出。

我对此表示十分满意,我想英国是赞成继续推迟考虑这个问题的。我想知道究竟是英国向美国作过这种谅解表示,还是双方在这个问题上达成了明确的谅解。

庄莱德说,关于今年9月的联大,是双方达成了谅解,至于明年,他是从两天以前邱吉尔在议会辩论的发言中推测出的。庄莱德继续说,蒋博士在纽约已经同洛奇先生谈过,希望联大通过表决,明确反对接纳红色中国的建议,而不是再次推迟考虑。但是这样做就会产生一个问题,这对联大的表决形势究竟将发生什么影响,得由总统和国务卿审慎研究并作出最后决定。他问我国代表团对各国在这个问题上的态度是否作过研究,并对全面形势作过分析。

我说,一星期以前我同蒋博士讨论过这个问题,蒋博士告诉我,很有希望说服某些过去投票反对中华民国的国家改变态度投弃权票,同时说服一些投弃权票的国家投票支持中华民国。我说我知道两种提案都会有人赞成,也有人反对,重要的是应考虑哪一种提案能得到更大的多数票。我也觉得不论是哪一种提案提付表决时,总要得到明显的多数票支持才好。

庄莱德说,这正是美国所考虑的问题。

我说从我国政府来看,再次推迟考虑只是把这个问题暂时搁置起来,这是我们政府不能接受的。我相信,如果美国坚决主张就这个问题的原则进行表决,并在会员国中耐心游说,那么,要集合一个相当大的多数,赞成对这个问题作明确表决,不是不可能的。

庄莱德还是说,此事须由国务卿和总统决定。

我问,关于各国在这个问题上的态度,国务院是否接到了甚么消息。

庄莱德说，国务院正在了解中。

我说，按蒋博士的看法，有些国家，例如巴基斯坦，虽然已经承认共产党中国，过去也投票支持它，这一次有可能说服他们弃权。我说当然也有一些承认北平的国家，如缅甸和印度，还会继续投票支持它。

庄莱德说，这一次缅甸也许不会。据他所知，缅甸准备支持泰国关于派和平观察委员会到东南亚的提议，因为它很担心共产党中国对它的威胁。他觉得这次缅甸有可能弃权，而不是支持北平。然后他说还想告诉我，泰国的旺亲王是下届联大主席的一位候选人，美国将支持他。他解释说，泰国对国民党中国是友好的，在接纳红色中国的问题上，联大有一位友好的主席很重要。

我说旺亲王会是一位很好的主席，实际上我国政府前一年就支持选他为联大主席，但最后是潘迪特夫人当选了。（当然，她是美国支持的候选人。）我还说，旺亲王在联合国颇有声望，以他的经验，一定可以成为一位很好的主席。我想我国政府将很乐意支持他，并且希望他能当选，如果他能取得拉丁美洲国家的选票那就更好了。

庄莱德说，旺亲王已经同拉丁美洲国家商量过，他们希望下一年的联大主席将由拉美国家担任，在此谅解的条件下，它们同意支持他。他认为今年联大由一位东南亚国家的代表担任主席很重要，因为今年联大所要处理的重大问题都与东南亚有关。庄莱德还告诉我，李承晚总统将于 7 月 26 日来美国。

我设想李承晚总统必定是应美国正式邀请前来访问的，但不知此事是李总统自己先提出的，或是美国提出的；也不知访问的目的何在。

庄莱德说，签订朝鲜停战协定时，艾森豪威尔总统和杜勒斯先生曾经作过保证，如果关于朝鲜问题的政治会议不能实现朝鲜统一，美国将同李总统进行磋商。由于日内瓦会议在朝鲜统一问题上毫无结果,美国便通知李,美国准备根据先前的保证同他进行磋商,如果李愿意访问美国,美国非常欢迎。这就是这次访问的由来。至于这次访问的真正目的,庄莱德认为李是想要求更多的军事援助以扩充军队,也要求更多经济援助。但他非常怀疑美国能为李做些什么。南朝鲜的情况不同于台湾,他们有严重的通货膨胀。李本人也不同于委员长,他性情暴躁,不好合作。

我问李访问时间多长。

庄莱德回答说,李在华盛顿将逗留三四天,然后访问一些地方,看一些朋友,总共他在美国将逗留两星期。最后庄莱德祝我一路顺风,旅途愉快,我向他告辞。

我从庄莱德的办公室出来,就去找众议员周以德,进行我的下一个约会。这一次是周以德首先提出印度支那形势问题,他问我对日内瓦关于印度支那的谈判和法国赞成的越南分治计划看法如何,他想同我交换意见。他又补充说,同意举行日内瓦会议首先就是一个错误,他早已对此提出过警告。

我说我知道法国为了达成协议,愿意对共产党作出巨大让步。在越南将划出一条分隔线,美国将参加对这条线的保证。但我可以肯定共产党不会尊重任何协议,也不会尊重他们自己的签字。不出几个月,南越将会由于颠覆活动而落入共产党手中,而南越一丢,要保卫东南亚就困难了。

周以德博士说,他的看法也是这样,并且早就告诉华盛顿当局了。

我说由于像周以德这样一些领导人的努力,美国在接纳红色中国进入联合国问题上采取了坚定立场。美国政府和国会在这个问题上的团结一致使英国有所认识,他们现在改变态度,趋向美国的观点了,邱吉尔最近在下院的讲话就是明证。

周以德同意我的看法,他说美国不论同盟国打交道,还是同共产党打交道,都必须态度坚定。他说邱吉尔和艾登到达华盛顿那天,他跟总统谈过远东问题。总统问了他的看法和处理意见。

于是他写了一个意见大纲作为备忘录送交总统。他叫人拿了一份备忘录交给我,作为机密文件,供我了解。

第二天,7月17日,我离开华盛顿赴台北,同一天副国务卿史密斯抵达日内瓦,这是根据杜勒斯在巴黎达成的协议,终于同意让史密斯返回日内瓦参加最后九天的会议。7月21日,也就是我抵达台北的第二天,柬埔寨、老挝和越南分别签署停火协定,日内瓦会议发表最后宣言。现在我们都知道,协议规定越南在17度线一分为二,北边由越盟控制,南边由西贡政府控制。法国自然没有保留河内。在南方的反叛部队和在北方的法国部队都在十个月内撤退。柬埔寨和老挝实行非军事化,只保留法国在老挝的两个哨所,而老挝反叛部队则允许继续留在老挝东北部的两个省,他们大部分是巴特寮领导的部队。由印度、波兰和加拿大组成的国际监督委员会将监督三国停火协定的执行。越南选举将于1956年7月举行,等等。

西贡政府没有在越南协定上签字。美国没有在任何协定上签字,也没有在日内瓦会议最后宣言上签字。美国对各项安排的态度则由副国务卿史密斯宣读一项单方面的特别声明加以阐明,表示美国将"不以武力威胁或使用武力去干扰它们",美国"对于任何违反上述协定重新进行侵略的行为将极为关切,并认为是对国际和平与安全的严重威胁"。没有任何一方面对各项协定提出正式保证。

7月21日艾森豪威尔总统在华盛顿记者招待会上表示,日内瓦会议包含着"我们所不喜欢的特点,但事情在很大程度上取决于它们在实际上如何执行"。他既不能提出更好的方案,也就不打算对会议提出批评。他指出,不管怎样,美国没有参与决定,也不受决定的约束。他还说,美国正在为迅速组织东南亚集体防御体系积极进行商讨,以使"在整个地区防止共产党继续进行直接或间接侵略"。

杜勒斯于7月23日重申了艾森豪威尔总统的讲话并作了阐

述,关于东南亚集体防御组织,杜勒斯不但说"要迅速采取步骤",还说,"必须记住,问题不仅是要遏制公开的侵略,还要防止共产党的颠覆活动"。在他发表声明之后答问时,他还宣称,拟议中的条约组织不可能同北大西洋公约组织一样,因为亚洲国家不像北大西洋公约组织国家那样有共同的基础和历史传统。相反,鉴于亚洲存在利益冲突,将不建立类似北大西洋公约组织那样的统一司令部和有组织的武装部队。从他所说的情况可以看出,美国在这时候开始拟订的这个新组织的轮廓比早先人们所预期的要温和得多。至于这个组织是否能包括老挝、柬埔寨和南越,杜勒斯说,它们能否成为这个组织的成员国还不清楚,但这些国家属于公约保护的范围。

第二节 大使馆馆务,着重谈美援问题 和前台湾省主席吴国桢无端指责 政府而引起的种种问题

1954年上半年,由于发生了一桩不幸的事件,华盛顿大使馆的日常工作,又变得复杂起来。此事起因于台北政治舞台上变幻莫测的人事关系。1954年2月末,前台湾省主席吴国桢博士利用报纸和电视记者招待会,多次公开攻击台北政府。吴自辞去省主席职务后,于1953年5月来美。两个月后,他来到华盛顿,我多次为他安排并亲自陪同他和在华府的一些要人见面。我本人以及和他晤谈过的其他一些中国友好,彼时已经察觉到他对台湾的局面心存不满。不过,即便他已经怀有后来暴露出来的那种痛心疾首的情绪的话,但是当时他还是未露声色的。那一时期他在公开发言中谈过他主持台湾省政的政绩,以及进一步推动这些事业的必要性。他希望所有的中国人要万众一心,在反共阵营内团结起来。他问道:"舍此,我们又何以反攻大陆?"

吴离开华盛顿以后,在伊利诺斯州埃文斯顿定居下来。从此就很少见到他,偶有所闻,也只是无意间听到来访友好和熟人们谈到他。只是到了1954年1月份,却出现了一些不祥之兆,时而有人把吴国桢同王世杰的问题牵扯在一起。1954年1月胡庆育先生赴阿根廷就任大使,途次华盛顿时告诉我,台北已下令召吴国桢返台,但吴本人并无服从命令之意。胡并认为,把吴和王世杰问题牵扯在一起是个错误。我个人同意他的说法。

1954年2月,吴在美国利用新闻工具公然肆意诽谤政府,着实使我吃惊不小。除此之外,他还一连给蒋总统和国民大会写了四封信提出指责。第一封信是写给国民大会的,2月27日发出,3月8日收到。当时大会正在举行1948年以来的第一次会议,选举中华民国的总统和副总统。(其他三封信的日期分别为1954年3月20日,3月28日和4月3日。)

很明显,吴国桢和蒋委员长是闹翻了。他竟然提出辞职而他的辞职又竟然照准,这就很足以说明问题。但是,当时他试图造成一种印象,即产生决裂的根源是他和政府之间在台湾的民主化问题上存在分歧。这种做法确乎是令人遗憾的。

台北政府认为这一局面非常严重。吴在台湾政府里曾历任高官,而且是一个活跃的国民党员。长期以来他和蒋委员长本人及其全家都非常亲近,在中国官场中朋友很多。然而,他竟采取了一种中国人最痛恨的行动——在外国庇护下公开抨击政府。

另一方面,吴国桢也有许多美国朋友,美国国会中的不少重要人物和新闻界对他也很赞赏。许多美国新闻记者对他先后在上海市长和台湾省主席任内的民主作风,印象很深。甚至在美国政府里,也曾有人提出由吴主持国民政府,以便树立民主政治。由于这部分人士对吴国桢钦仰备至,所以他们对吴的指责就很自然地不问真伪,一概当真。还有,其中至少有一部分人对迁到台湾的国民政府,对蒋委员长和他的儿子蒋经国,特别是对蒋经国充任武装部队总政治部主任一职仍然心存不满。

持有上述看法的新闻记者们,特意抓住了吴对政府和蒋委员长公开指责的机会,为吴推波助澜,毁谤政府。另外,吴也是伊利诺斯州芝加哥市报业巨头麦考密克一家的至友。特别是麦考密克夫人非常喜欢吴的一家。吴国桢曾一度前往芝加哥在他家作客。麦考密克家把他们的许多影响巨大的报纸听任他使用。吴对此感到得意非凡,就充分加以利用,实际他是误解了麦考密克的这一举动。

美国官场对吴的所作所为,反应不一。一些对华友好人士,其中有很多和吴也有私交,感到十分不安和关切。例如,1954年3月3日,我参加雷德福海军上将举行的晚宴时,和其他一些客人叙谈,其中有陆军部长史蒂文斯、助理国务卿饶伯森和蒲立德先生。饶伯森和蒲立德都说,吴国桢对国民政府的攻击是欠考虑的,于他并无好处,而且在美国人民面前败坏了中国政府的声誉。饶伯森还说,最好是对吴的言论置之不理,不要去和他争论短长,以免引起公众的注意,并在美国人民中造成不良印象,转而又影响到国会的舆论和美国的对华援助。这真是一针见血之言。

在台北,国民大会于3月9日和10日讨论了吴的第一封信件,并通过决议:吴国桢以现任行政院政务委员,在国境外扬言政见不同,肆意诋毁政府,并欲借本大会开会期间,增加其恶意宣传之力量,主席团认为此种直接间接有利于中共之言论行为,实堪深恶痛绝。

当时我正离开华盛顿赴波多黎各小憩。这是因为我在医院住了三天,作了全面的体格检查,医嘱需要休息。约一个月后,我便离开华盛顿道经纽约。3月10日在纽约会见何士,同他谈论了加拿大政府打算承认红色中国的问题,接着便驱车前往艾德威尔德机场。我在艾德威尔德搭乘的飞机在3月11日清晨到达圣胡安。在飞机上一整夜仅在座椅打了个瞌睡,所以早餐后立即睡觉休息。以后的日子就是在那里钓钓鱼,下水游泳,要不就是到各处观光游览。

但是，我并不是整天在悠游消遣。华盛顿的同人们照常把一切重要问题都通知我。3月18日下午，崔存璘从使馆打来电话，向我报告外交部就吴国桢攻击政府的问题发来三封电报的内容。崔说，电文指出吴的攻击已经引起了各方极大愤慨，外交部要求大使馆采取措施，予以反击。委员长已于17日下令撤销吴国桢的行政院政务委员职务，并下令对所传吴的不轨行为进行调查。当时正在波多黎各的霍华德来访，彼此就吴国桢事件谈了一个半小时。霍华德是委员长的一位忠实拥护者，同时与吴也有私交。他对吴一向赞佩，但认为吴对委员长和政府的攻击是个严重的错误。他说，希望我能把事实真相告诉他，因为建设民主政府，树立榜样，以便回大陆后采用，美国才会继续向自由中国提供援助。我向他坦率而客观地说明了事实真相，这与吴的夸大事实，歪曲真相，形成了鲜明的对照。他听完以后，似乎放心了些。

星期天，即21日，我离波多黎各去纽约，住宿一宵，第二天上午返回华盛顿。中午，何世礼将军来访。他是专程来华盛顿会见当时的副国务卿比德尔·史密斯将军和参议员亚历山大·史密斯的，后者曾向他函询有关吴国桢事件的一些具体情况，并请他来美面谈。我对何说了一些这位参议员很可能要提出的一些问题，诸如所谓台湾没有民主，所谓政治指导员们的手段残酷无情，以及吴国桢指控委员长为他本人和他的儿子谋利，而不是为国家献身等等。此外吴还声称台北企图置他于死地，并把他的儿子扣着不放，当作人质。但是对这一切恶毒的攻击，吴却提不出任何事实佐证。

我把在圣胡安和霍华德所谈驳斥吴国桢的话概略地向何作了介绍，并建议他采取和我同样的做法。我说，只有这样真实而客观地说明真情，才能使我们的美国朋友们相信情况并不像吴所扬言的那样糟。我指出，事实上，凡是到过台湾的，不仅是公正的中国人，连美国人也都说，我们在建立民主制度、稳定经济、维持法律和秩序，以及对大陆上共产党可能发动的入侵加强防范等各方面所取得的进展是显著的。当然还有许多工作要做,但是鉴于该岛每时每刻都面临敌人入侵的危机,我们所取得的成就确乎已经超过了预期的程度。已往采取的某些行动显然是保证安全所需的紧急措施,这和任何国家在战时所采取的做法并无不同。

我一如既往力求保持客观,不让我的感情去左右我的对答,因为人们在辩论中提出某一论点的时候,总是要考虑一下问题的另一面的。如果设想我处在别人的地位,要是我听到某种过甚其词或不切实际的辩解,我自己也会存在怀疑,而不予全信的。

第二天下午,俞大维将军来说,我方就 1955 年财政年度向美国提出对华军援与经援要求的备忘录因送达美国政府过晚,已无法考虑。另外,他说我国所提,并已取得驻台北美国军事援助顾问团赞同的、把二十一个步兵师改组成二十四个步兵师的具体要求,美国国防部还没有加以研究。另外他说,如果第二天大使馆的每周例会上准备讨论吴国桢事件,他打算参加,因为他希望了解一下,在处理我们的美国朋友们提出并向我们询问的一些问题时应采取什么态度,解答问题的总方针是什么。我说是的,要研究吴国桢问题。

第二天,俞国华先生也来参加了每周例会,会后又和我谈了一会。他说,他即将向货币基金组织请假回国,如有私人信件,他可以代为转交。我请他向蒋总统报告,吴国桢事件已经在我们的美国朋友中和报纸上引起了不小的忧虑,大使馆一直在竭力进行解释,促使各方对吴的指控不要过于当真。大家认为,我们应该用事实而不是用辩论来驳倒吴的指责。因此希望政府不要使这一事态扩大化,以免引起公众瞩目。(我指的主要是委员长下令对所传吴国桢的不轨行为进行调查一事。)我说,一旦美国人民对这事重视起来,那么他们的想法对自由中国的事业恐怕不会有什么好处。他们会觉得对中国的事业给予援助不会有什么结果,因为中国人自己都还不能彼此团结共赴时艰,而仍然热衷于互相倾轧。这种想法将对国会产生很坏的影响,转而影响到美国从军事上和经济上援助自由中国的政策。①

3月24日兰格夫妇请我吃晚饭。比尔·兰格是我在哥伦比亚大学时的同班同学，他打电话找我，说是要和我谈谈有关吴国桢事件的问题，我说随时都可以去看他。他说最好是在他的寓所谈，因此我的夫人和我就到他家中逗留了一个晚上，他的女儿和女婿也都在一块，就像在自己家里一样。

兰格想向我全面了解一下吴的问题到底是怎么回事。他逗趣地问道，台湾"那帮人"对吴到底在搞些什么名堂。他本人和吴并不相识，但是近来从参院外交委员会的同事们那里听到不少关于吴的情况。我全面地谈了吴的学历、政治生涯、人品、才干和弱点等等。我谈的一切都以事实为依据，与吴所说他自己受到人身迫害，他的儿子无法取得出国签证和护照，以及台湾是个"警察国家"，没有民主，并扬言委员长企图建立蒋家王朝等夸大歪曲之词适成对照。

兰格参议员听了我的话，似乎如释重负，精神为之一振。他说，他从来不屑去细问吴的一切荒唐言论，而宁愿听取官方的说法。我声明，这并不是官方说法，我只是力求客观地说明情况而已。我说，关于我们政府的民主化问题和国防部总政治部的工作方法方面，当然还有许多地方有待改进。但是现实情况不允许政府在改革方面做过多的工作，因为台湾时刻面临着大陆上共产党入侵的威胁，必须把一切安全问题放在首位。台湾实际上是在战争状态下求生存，政府希望能作出许多改革。但是心有余而力不足。我说，西方各国政府在战争时期也是这样，第二次世界大战期间，我长期住在伦敦，当时的英国政府为了保证国家的安全给群众施加了许多限制，我是很清楚的。

---

① 注：如前节所述，我曾对俞说说过，当时美国的政策，总的说来对我们是相当同情的。但是令人担忧的是美国政府急于取得所谓的盟国的合作，而这些盟国同美国政府并非心心相印，特别是在应该如何对待远东局势，或者更全面的说，如何来缓和东西方之间紧张局势的问题上，尤其如此。

早在 3 月初,我曾设法专程去参加安斯伯里夫妇为兰格夫妇举办的招待会,以表示我对他们双方的情谊。几个星期以来,这位参议员一直深居简出,因为他要阻止参院对总统任命沃伦为最高法院院长(美国的最高司法职位)的确认。他曾透露过一些不利于沃伦的传说。据说这是出自加州某些人的怨言,而这些人并不知姓甚名谁,看来是不足置信的。

　　3 月 25 日,顾毓瑞来办公室称,各报记者对吴国桢言行的反应于吴不利,因为他们认为吴不仅是在破坏他的国家的事业,也是在损害他自己。26 日,刚从台北回来的孔令傑到双橡园来看我,谈的也是吴国桢问题。他交给我一封委员长的亲笔信,信中指示我对吴国桢事件要特别重视并作好应付他的必要准备。孔令傑说,他已提请委员长注意,美国对自由中国的政策有可能出现不利的转变。但是委员长对此并不重视,并说据他收到的报告,情况并非如此。

　　不出我们大家所料,委员长又再度当选为共和国总统,连任六年。行政院院长陈诚则当选为副总统。选举期间,孔令傑正在台北。但是我们对此事没有多谈。

　　那天下午,我召集主要属员开会研究如何组织一个专门委员会,围绕吴对政府的指责准备材料,并随着事态的发展随时予以处理。我觉得我们应该特别重视继续把吴的指责罗列出来,同时收集事实,以便日后提出系统有力的驳复公诸于众。这样比零打碎敲地去驳复吴的每次指责收效更大。

　　第二天,星期六上午十一点,俞大维来我处,我告诉他委员长写来一封亲笔信,指示大使馆为应付吴国桢事件作好必要的准备。这是为了向他说明为什么要请他来参加我将在大使馆举行的会议的原因。参加这次会议的还是我的主要属员,但特邀了俞将军和查良鉴博士。这次会议是要研究对付吴国桢事件的方法和手段,并准备驳斥其指责时所需用的各种材料。

　　29 日,波士顿的谢德惠(音译)夫妇来访。谢夫人是个美国人,不久前才和谢先生结婚。她表示决心要为自由中国的事业而尽力。说也奇怪,她忽然问起我是否有些不大赞成中国人和外国女子结婚。我说毫无此意,并且还给她讲了这样一段故事,前哥伦比亚大学社会学系系主任吉丁斯教授曾在我们班上说过,他发现在夏威夷的中国人和美国人结婚后生下的孩子,在智力测验中表现得超出任何其他种族的混血儿之上。他说此话的时节,夏威夷对异族通婚正存在着极大偏见,议论纷纷。我当时是个学生,对他这番言论的印象非常深刻。

31日,前美国驻台北大使馆参事霍华德·琼斯来作礼节性拜访。当时他刚由台北回美,转任美国驻布鲁塞尔大使馆公使衔参事。他把这次调动引为憾事,他说,在台湾的几年中充满了美好的回忆,希望能以某种身份再次被派到中国去。

4月2日星期五,我去费城,到美国政治及社会学学会发表为他们的年会准备的演说。由于当晚的论题是"美国和一个新中国",我就从分析当时的形势出发,综述了发展前景的各种可能性,并得出结论,指出最终要在中国大陆建立一个甚么样的新中国才最有利于中国人民的幸福和自由,最符合美国和自由世界的利益。在演讲中,我不仅把预定的论题和日内瓦会议上正在研究的紧迫问题,承认红色中国的问题,以及红色中国在联合国取得席位等问题结合起来谈,同时还设法平息由于吴国桢事件而引起的种种疑虑,并一一予以解答,但未提姓名或所指责的内容。

会后,有两位与会的中国教授来我的房间叙谈。其中一位是新泽西州塞顿霍尔大学中国研究系的薛先生,另一位是宾夕法尼亚大学科学教授顾先生。薛先生说,他曾经代表塞顿霍尔大学中国研究系在不同场合讲学,有人问起吴国桢在记者招待会上和演说中提到的很多问题。我向他说明了我们政府的立场,以及我自己根据这一立场所作的答复。

第二天早晨,我约请顾教授共进早餐,谈的是他在台北时对王世杰和吴国桢事件的印象。顾教授刚在台北参加了选举总统和副总统的国民大会后归来。他说,台北的公众和官方舆论都对吴反感极大,而王的事件则已成过去,他已经重新露面,参加了国民大会和其他一些公开活动。

顾还说,他在台北曾多次受到委员长接见,并曾向委员长建议为武装部队设立一个委员会,研究"新武器"(原子武器)的性质和跟上原子科学的发展,至少要跟上原子科学在新式武器上的应用。这样,一旦我们果真说服美国用某些原子武器装备我们的武装部队,我们就不必再花费很长时间去学习这类武器的使用方法。顾说,委员长对此十分重视,要求他就此问题提出一份条陈,他已照办。他还谈了所谓的美国国防政策的"新态势",并且就使用这些新式武器后何以能缩减其地面部队的问题向委员长作了说明。

星期一,我回到华盛顿,就和谭绍华、崔存璘和顾毓瑞开会研究关于三十二名中国人,由于被控非法进入美国和非法在美居留而即将被驱逐出境的问题。谭绍华和崔存璘是应我之命负责此事的。在这以前,我曾请他们根据人道主义精神把这事向国务院交涉,因为这些人如果被逐回大陆,则他们肯定就有生命危险。我们曾通知被拘留者的律师们和驻旧金山总领事馆,他们应该请求移民局对每一个人进行讯问,这样在讯问过程中被逐出境的问题就自然而然地挂了起来。这一办法是不错的,但还不够周到,因为另外还有二百来人也和这事有关。我感到有必要向国务院发一份照会,要求他们本着人道主义原则,对所有处在那种境地下的中国人都要给予同样的特殊考虑。因为移民当局认为被逐驱者不会受到大陆共产党虐待的说法只是一种假定,并无任何根据。

我在会上也谈了有关吴国桢事件的宣传工作问题,提醒谭崔两人对于有关此事的谈话和提供发表的资料,都必须特别注意。

在此后几天中,有各方面人事来访。其中叶部长介绍来的蓝荫鼎先生正在等待国务院为他安排奖学金名额。他是一位中国艺术家,渴望能在美国举办一次水彩画展览。他的作品是中国的传统艺术和他在巴黎学到的某些西方技巧的结晶。我告慰他说,大使馆一定全力协助。实际上,蓝先生后来举行展览会时,大使馆承担了全部开支,包括他的几幅画的镶框费用,在国际学生会预展时举行的茶会费用。这次展览会是和国务院共同安排的,但名义上主办单位是纽约国际学生会。

埃德蒙·李先生来和我商量如果在华盛顿组织一个亚洲国家俱乐部,供各成员国人员聚会和作社交性接触是否可取的问题。言下之意国务院是赞同此举的。他认为可以在这样的俱乐部举办讲演会和联欢会。我说,由于不少亚洲国家已经承认了北平政权,如果国民党中国加入这种俱乐部,将使其他国家感到为难。我又说,几年前我参加过亚洲各国驻华盛顿使团首脑的每周集会,当时像印度这样的国家曾试图把国民党中国干脆排挤出去。李先生不知道有过这样的事,听到后深感惊讶,他说要重新考虑他的整个设想。

前驻捷克斯洛伐克大使梁龙博士于 4 月 14 日参加了我举办的晚宴。他来华盛顿是为了在美国国际法学会发表演说,题目是中国共产党的法律。他告诉我,中共除了有关结婚离婚、耕地和工会等的法律外,别无其他法律。

4 月 13 日晚,我出席了一次正式宴会,当时参议员约翰·肯尼迪也在座,宴后彼此作了长谈。我对他不久前所作关于印度支那问题的演说表示赞赏。他对我们提出的收复大陆的计划有无可能实现非常关心。他本人不信有此可能。他问到,我们拥有的军事、经济和人力资源很有限,要美国为我们打仗,即使不是完全没有可能,也是不容易办到的。我们怎能收复大陆?我向他详细说明了我们的观点和准备的情况,强调大陆上的老百姓渴望着台湾军队去解放他们,对我们抱着深切的同情,将来可以得到他们极大的帮助。我说,我们将来不需要外国地面部队,但海空军的支援却是十分必要的。我并强调说,亚洲的和平系于中国大陆的收复,而中国大陆收复后,反过来又可以加强自由世界对共产帝国主义的斗争。

肯尼迪参议员真切地希望了解这一问题,使我颇有感受。他说,他最喜欢阅读描述世界各重要国家的书籍,并从中了解这些国家的问题。我感到他这个人不仅严肃认真,而且积极谋求取得有关各重要国家一些主要问题方面的知识,其着眼点是这些问题对美国会产生些什么影响,有什么意义。我估计他在那些日子里已经在致力草拟一种他认为美国应该采取的政策。记得在我们双方都出席的另一次宴会上,有位美国女士曾小声地对我说,他是个最年轻的参议员,不仅他自己怀有当总统的雄心壮志,而且他还有成群的朋友,都希望看到他登上总统宝座。她说,我要对他特别重视才好。

肯尼迪提出的那个问题,人们谈论得越来越普遍。自从政府在台湾行使职权以来,已近五个年头。在此期间,虽然政府的处境已大为改善,但是大陆上红色中国的地位也已变得更加巩固,而且由于它出席了像日内瓦会议这样的国际活动,它的国际地位也开始获得了承认。这就难怪那些关心美国政策前途的美国人,例如参议员肯尼迪等,对我们收复大陆的意图和能力开始产生怀疑。但我对肯尼迪的答话说明,我仍然深信政府必将按时实现它业经公开声明的目标。我在后面论述其他问题的一些章节中例如中美安全条约等问题时,还将更详细地说明这个问题和我自己的观点。

15日上午,我接见了戴维斯·默温先生,他是伊利诺斯州布卢明顿市《每日总论报》的董事长。默温先生说,他不断收到吴国桢发送给他的材料,看来他对吴国桢事件的性质相当熟悉。他问到中国政府对吴的指责有何意见,特别是对吴在最近给委员长信件中所提出的指责。默温先生说,他不打算偏袒任何一方,而是希望知道政府的观点,以便把双方的观点公诸于众。

那天下午,我接见了一些在俄亥俄州格兰维尔市丹尼森大学攻读国际关系的学生,他们提出了不少中肯的问题。比如说,他们希望知道:国民党中国以其有限的兵力如何能对大陆发动持续的进攻战?吴的攻击是怎么回事?国民党中国是一个警察国家吗?我能有机会向这些青年们解答问题,使他们对事态的认识得以澄清十分欣慰。他们这次来访和所提出的问题都说明,吴的宣传活动所产生影响已很广泛。

《报道者》早在前两年就连续出了两期专门谈论所谓中国院外活动的专刊,不久前又刊出了一篇有关吴国桢的特写,其中有吴的声明以及吴给蒋总统和台北国民大会的信件。此外,众议院外交委员会有地位的民主党人詹姆斯·理查兹,在该委员会的美国海外活动听证会上,曾就吴指控国民党中国是一个独裁统治下的警察国家一事提出了若干问题。

同一天,中国技术代表团的李骏尧先生来告诉我,众议员理查兹在外交委员会指出国民党中国是一个独裁统治下的警察国家,那是吴对他说的。李说,理查兹把此事看得相当严重。李认为,民主党人肯定还要对我们发动更多的攻击,甚至在秋天会再次把对华政策提出来,作为与共和党人抗衡的争点。因为共和党人在 1952 年总统竞选中获胜,其竞选纲领之一便是新的对华政策。我对李说,我正在设法向理查兹众议员疏通,把事实真相告诉他。我说,左翼人士和反国民党人士显然正忙于翻中国问题的老账,借以说明他们在杜鲁门执政时期对国民党中国采取不友好政策是正确的。我指出本期《报道者》杂志上那篇对吴的特写几乎只字不漏地引述了吴的声明以及他给蒋介石总统和台北国民大会的信件。

第二天,孔令傑上校来访,美国人对吴国桢事件的反应使他颇感焦虑。他深信,美国人正在设法使事态扩大。我估计,他也听到了李向我报告的那个消息,即国会山的某些民主党人企图捏造事实,用以反对国民政府。他说,这种企图很可能是想把吴的问题弄成竞选运动中的一个争点,把共和党的政策说成是掩盖台北的真相继续支援我们,借以破坏共和党的信誉。他感到,攻击的主要矛头可能要落在蒋经国的政治部,因为美国有些知名的领袖人物已经提请委员长注意此事,并建议撤销该部。

孔令杰请我把这一事态电告委员长。他本人不久前在台湾时已把此事向委员长泛泛地作了报告。他说,但是不言自喻,由于他家和蒋谊属至戚,他处于一种微妙的地位不能直言力谏。因此,吴所掀起的事端中这一方面的严重性,似乎并没有引起委员长的重视。我说,一份电报不足以充分地或尽如人意地把我们这里的反应表达出来。因此他建议由我给叶公超写封信,经叶转报委员长。我说,让我考虑一下再说,并没有作任何肯定的承诺。

4月25日,在纽约到胡适博士处晤谈,听他介绍此次去台出席并主持国民大会选举总统和副总统会议期间,对台北的印象,谈了一个半小时。他说,他曾向委员长提出有必要实行一种新的行政方式。他不认为所谓的救国会议(国民党领袖们用以缓和台湾的反对党和海外同胞不满情绪的得意杰作)能有多大效果。因为如果要改进全局并推动光复大陆的事业,那么需要的是实际行动而不是高谈阔论。他还对委员长说过,革命实践研究院没有什么用处。毕生致力于教育事业的胡博士认为,这样的训练是收不到甚么效果的。

胡博士说,有一次行政院长陈诚召集侨居美国的国大代表中的著名学者们开会,征求大家的意见。其中有于斌大主教、清华大学校长梅贻琦博士、青年党和民主社会党的一些代表和胡本人。他在会上畅抒己见,对大家说,国民党并不是永远团结一致的,他可以拿出证明,他说,如果他决定竞选副总统,他就能在国民党员中取得大量选票。他主张把国民党一分为二,以便形成一个名副其实、确有效能的反对党。现有的青年党和民社党仅是些无足重轻的小党小派,起不了什么作用。他谴责了绿岛监狱,并且说其中关押着十万人,但在这个数字上他遇到反驳。第二天,司法部长应陈诚院长之召到会报告说,关押在绿岛监狱的确实人

数约为一万四千人,其中包括普通法院和军事法院判决的犯人和
待审的嫌疑犯,此外,胡还要求台湾进一步开放言论自由和新闻
自由。我在那天的日记中写道:

> 听到他在台北同政府各位首脑进行的谈话,了解到大家
> 都竭诚进取,使人精神为之一振。

胡博士说,台湾对吴国桢是群情愤懑,同声谴责,因为他躲在
国外肆意攻击政府。大家可以看到,事实上胡适博士本人在吴国
桢提出的很多问题上也曾批评过政府和国民党的首脑们。但是,
吴国桢是在美国国土上利用美国新闻工具作为讲坛,大放厥词,
这就为美国共和、民主两党提供了竞选运动中可能成为争端的题
材。而胡适博士则不然,他对台北政府和国民党的首脑们采取直
接净谏的办法,而这有助于促进改革。

那个星期内,我的来客中还有海军上校柳鹤图、俞大维将军
和委员长的次子蒋纬国将军。柳上校是我的海军武官。他向我
报告说,中国海军总司令部训令他接收另一批美国舰船,并提到
可能和2月份接收两艘驱逐舰时一样,还要由我代表政府出席交
接仪式。但是美国海军方面却认为此次移交的都是一些很小的
船只,而且将在不同地点交接,所以由柳代表我国政府接收较为
合宜,尤其是因为美国海军方面也打算分别指派当地指挥官代表
美国海军,华盛顿不另行派人。柳和我都同意这样办。

俞将军所谈的是关于来年美国军援与经援的问题。他说,来
年经援的数字和本年大致相等,约八千万美元。对国民党中国的
军援数字,还不得而知,仅有对远东地区军援的全面数字。他说,
根据分析和推断,大概可以达到二亿五千万美元上下。他早就告
诉过我,我们的援款计划草案提得太晚,美方已无法考虑。因此
他认为,如果我们再要求五千万美元作为共同防御费用,那是不
明智的。他认为不如邀请一位美国专家到台北和我们共同审查
我方实施计划的问题。如果要"军事装备"(纯军事项目)得到有

效的利用那就需要进一步的援助,到那时美国专家就必然会提出满足这一要求的方法和手段。他说,如果我们自己径直提出同样的要求,那会显得数字过大,势必使美方望而却步,甚至不予考虑。我同意俞的设想。最后我们提出派遣这样一位专家,最好是一个专家小组,去台湾考查我们的经济问题。美国同意了这一要求。

蒋纬国将军正在华盛顿就医,因此参加了我举办的晚宴。当时蒋纬国在莱文沃斯受训。他来华盛顿一节,我的武官萧勃将军早已告我。接着萧又来报告说,蒋纬国要他代向莱文沃斯当局请假三天。实际上萧将军无权代任何在美受训的官员请假,因为这类事情要由国防部批准。但就蒋纬国而言,萧感到不能说不。因此他向我报告备案,同时还将电告国防部。鉴于上述情况,我就同意他这样去办。看来蒋纬国是得了胃溃疡症,他认为学校的医疗人员不能解决问题,因此想找顾毓瑞推荐的一位专家检查一下,还打算拍摄一组 X 光照片,作进一步诊断,以便查明有无更严重的病患。

4 月份和 5 月初,我还接见了不少美国派往台湾任职的文武官员。这类新任官员赴任前照例要来作礼节性拜会。这期间来作礼节性拜会的有驻台北军事援助顾问团海军组新任组长罗伯特·布罗迪海军上校和美国驻台北大使馆新任参赞小威廉·科克伦先生。后者是去接替霍华德·琼斯的。琼斯已经提升并派往布鲁塞尔出任新职,早在 3 月份他就来作礼节性拜会。科克伦先生告诉我,他此行是首次去台北,也是首次去远东。他卒业于安纳波利斯海军军官学校,本来在美国海军服役,后来转到外交界,曾在欧洲和拉丁美洲供职。我仍能觉察到他早年在军事训练中养成的那种军人的严格性。布罗迪上校曾在远东水域指挥过一艘潜艇,除此以外再没有到过远东。看来他是一位饱经风霜的海军军官,非常和蔼可亲。过了一个星期,我设午宴为他们二位饯行。

交通部代表萧庆云先生来报告关于向纽约花旗银行起诉索回以京沪铁路局名义存入的二十万美元一案的情况。该案由我们的新任命的铁路局长出面起诉,而该局长则是台北国民政府为了便于索回这笔款项而专门任命的。《纽约时报》最近发表了一篇袒护花旗银行的文章,可能是由银行授意的。该文引用银行的反诉书说,国民政府置花旗银行的反诉于不顾,因为国民政府对过去的债务"无理赖债"。该文引证的是五千五百万美元的太平洋开发借款,以及花旗银行在上海市场购买的 1947 年金元国库券。借款一节,除花旗银行外,所有其他债权人都已按照 1937 年的特种偿还办法予以解决。至于金元国库券,则因大陆丧失由立法院于 1951 年制定了一项法案,规定推迟偿付。虽然该法案暗示将在大陆收复后进行处理,但立法院并未明确规定将来清偿。

我说,且不谈官司输赢问题,我们必须设法对"无理赖债"这一指责提出某种抗议,因为这是对我国政府的污蔑。至于官司的输赢,我们已在美国地方法院和上诉法院胜诉,而花旗银行则以地方法院对一个主权国提出的讼案享有多大管辖权这一法律问题,向美国最高法院提出上诉,并且用反诉来进行抗辩。我们已经抵制了他们的反诉,不承认其为辩诉的一部分,因为他们的反诉已经构成了另一个案件。我们也就主权国豁免权问题作了答辩,理由是他们提出的反诉与我们对花旗银行起诉的主题无关。萧先生说,他要和办案的律师们商量一下。

后来萧回来说,我方律师认为,如果我们致函《纽约时报》提出抗议并公开发表,那就立即放弃自己的论据,因为迄今为止我们并没有提出太平洋开发借款业已偿付,而且除花旗银行外,所有美国债权人都同意这种偿付办法;也没有提到金元国库券已根据立法院的法案推迟偿付,而且这一立法无例外的适用于一切债权人。我说当然,我们不能办任何有损于我们在美国最高法院取得最后胜诉机会的事。但是如果可能的话,我们应设法给《纽约时报》编辑写一封信,对该报无端破坏我国政府的声誉提出抗议,此函供其发表或存档。

萧先生主张干脆把诉状撤回,这样可以防止美国最高法院对独立国家享有主权豁免权的原则作出有利于限制性解释的决定。近年以来美国国务院和美国各银行鉴于美国是世界上遥遥领先的最大债权国,都一直主张采取限制性解释。因此他认为我们的立场不会因我们拖欠着许多国际借款,特别是美国的借款而受到进一步的损害。而我则担心撤回控诉会使人产生我们已经默认了银行的要求和指责的印象。我请他和我方律师商量一下,并给我找些有关的资料。因此,第二天他就给我送来有关太平洋发展借款清偿办法的档案和财政部关于偿还金元国库券的含糊不清的复文。事实上,立法院的法案中对偿还办法也没有甚么明确的说法。

当时我考虑的另一个问题是我国陆军部队的改编问题。政府急切想把陆军改编为二十四个步兵师,而不是按照美军驻台北军事援助顾问团的意见编为二十一个师。3月间,俞大维将军曾告诉我,美方对我方的要求迄未答复。当时,我也收到了叶公超部长请我转交参谋长联席会议主席雷德福海军上将的信件,其主要内容也是回答这一点,另外还有关于改编陆军部队的其他一些问题,如后备部队的训练计划等。

我们的意图是将二十四个步兵师保持82%满员的水平,这样一旦开始动员,就可以用后备部队把这些师补充足额,在极短的时间内全部成为常规的战斗师。而美国军事援助顾问团的蔡斯将军则坚决主张各师至少要保持满员的95%。根据这一原则,华盛顿方面只能赞同二十一个师。

叶部长在致雷德福的信中又补充了一些我们所以希望编为二十四个而不是二十一个师的理由,例如他说:

> 除加强台湾防务以外,我们还必须使我们的民众和武装部队时刻不忘收复大陆的最终目标,此点似已无庸赘言。这一目标,尽管阁下在目前不便公开支持,但对我们来说,这却

是我们最有力的精神堡垒;舍此,我们也就没有存在的必要。我们面对着兵员、战力都比我们强大的敌人,在考虑改编军队问题时,对此不能视而不见。如果我们财力充裕,我们当然也希望能拥有二十四个足额师,但是我们现时财力有限,无法供养过多兵员,所以我们想以有限的兵员尽量多编几个师。总统深信,如果正规师保持82%的兵力,则一旦开始动员,不难用经过训练的后备兵补充足额。我们打算用供应正规师的同样装备来训练后备兵,使他们一旦应征,就毋须再在使用武器上花费过长的调整和适应时间。这样武器既不会闲置不用,也不会产生保养问题。如果我们自己限制在十八或二十一个足额师,则一旦需要,还要再编三到六个师,那样需要的时间就长多了……

他又说道:

我们之所以要保有二十四个师,还有一个原因,那就是自从军事援助顾问团于1951年来到台湾以后,我们已经把陆军从三十八个师改编为二十八个,而现在又准备缩减为二十四个。各方认为,如果再进一步缩减,将使民众和武装部队产生一种错觉,以为我们还会要继续削减部队,正在抛弃收复大陆这一最终目标。尽管削减师数不致影响部队的实际战斗力,但一般士兵不容易理解这一点。再者,以往每次缩减师数,都接着就出现一段混乱时期,谣言蜂起,军中叛逃成风。

4月14日,我出席为菲律宾大使罗慕洛举办的一个招待会。虽然雷德福上将到得晚些,我还是设法和他谈了几句。他说,我代叶转致他的信件已经收到,并已转请蔡斯将军就中国军队的改编问题提出意见,然后才能函复叶部长。他将在十天左右内发出复函。

4月23日,得悉范佛里特将军不久将在去南朝鲜途中到台湾执行特殊使命,此外国防部长威尔逊也将到远东一行,当即电告外交部。我通知外交部说,范佛里特访台的部分任务是研究我国部队的战斗力,是否予以扩编,以及如果要扩编,则需款多少等问题。我说,援款数额似乎是要研究的重要问题,因为范佛里特一行中有国防部负责财政事务的助理部长威尔弗雷德·麦克尼尔。后来,我又获悉,空军参谋长特文宁将军将随同威尔逊先生去台,当即将此讯一并报知外交部。

4月29日,到国务院访助理国务卿帮办,探询威尔逊部长和范佛里特将军此行访台的意图,以及他们是否有甚么具体问题要和台湾当局商讨。我先照着提纲说,听说国防部长威尔逊和空军参谋长特文宁将军行将去远东视察,并要到台湾一行。

庄莱德说,他知道威尔逊部长要去远东,特文宁将军是否要去则不清楚。

当时中国科科长马康卫在座。他说,他知道特文宁将军也要去。

庄莱德说,蓝钦大使获悉威尔逊先生定于5月19日到达台湾后打来报告说,蒋介石总统就职典礼将于5月20日举行,他建议国防部长最好改变一下旅行日程以便参加这一典礼。庄莱德说,国务院赞同此项建议,并已通知国防部,如果可能的话请他们重新安排一下日程,以便实现这一目的。

我说,我已根据政府指示,代表我国政府致函威尔逊部长和特文宁将军,请他们以来宾身份参加总统的就职典礼。

庄莱德认为这样办很好,他很高兴。

我说,台北方面希望能知道国防部长和特文宁将军的随行人员有哪些人。

庄莱德先生拿起办公桌上的一份文件说,关于这事,他手边有一份备忘录。这一份备忘录的内容已经电告威尔逊部长准备访问各国的美国大使馆和美国军事使团。备忘录中说,国防部长出访是为了亲自了解一下远东地区的全面局势,并且打算对驻在这一区域的美国武装部队发表演讲。他说,威尔逊先生也希望听听驻各国大使的简况介绍。威尔逊和特文宁均将偕夫人同行。威尔逊先生的军事助理兰德尔上校[?]和特文宁将军的副官麦克维伊[?]①也将随行。此外空军还要派一位将官,尚待指定,因此,他们一行共七人。

庄莱德说,他想请我转告我国政府,威尔逊部长希望到台北后能和他的随从人员住在一起,估计中国政府是可以为他安排一所适当住所的。再者,部长座机的机组人员,希望住在机场内离飞机不远的地方。庄莱德又说,还有一点他要通知我,威尔逊部长希望款待他的节目和军事礼节越简单,规模越小越好。并且任何安排都以事先征得部长的同意为宜。庄莱德另外又说,威尔逊先生预期在台北停留两天,他的旅程是先到日本,然后去南朝鲜、冲绳岛、台湾、香港,再经马尼拉回美国。特文宁将军在远东停留的时间可能要长一些,因为他要视察驻在这一地区的美国空军部队,还要研究他们的各种要求。

我问道,国防部长在访台期间是否要提出什么具体问题和中国政府首脑们进行研究?

庄莱德说,美国驻台北大使将给威尔逊作简要情况介绍,中国政府可以提出一些问题来和他研讨。

接着我说,据我了解,范佛里特将军和国防部助理部长麦克尼尔也要去台湾,不知是否属实。

庄莱德说,这两位要在5月底或6月初才能去。范佛里特将军的使命是研究美国军援在南朝鲜的使用问题,以及李承晚总统请求扩充军队的问题。他将从南朝鲜去台湾。因为庄莱德知道中国也表示过类似的愿望,所以他提出中国也可以和他讨论这一问题,因为范佛里特的使命是去研究如何充分利用美国军援,以获得最大效益的问题。范佛里特的停留时间要视需要而定,因为

---

① 此两处之[?]为原稿所有。——译者

他要对情况进行全面调查,然后就如何最有效地利用美国军援问题提出建议书,供美国政府考虑。庄莱德又说,南朝鲜或中国的军队如果要扩充,就必然要花费大量资金。

我说,中国政府已经就台湾军队的改编提出了某种方案,庄莱德先生是知道的。但美方至今没有作出决定。庄莱德说,范佛里特将军此次到台,是和他研究这个问题的绝好机会。

约一个星期后,我去见国防部长威尔逊,亲自问他此次到台是否打算提出什么具体问题,或者是想看看某些特定事物。作为开场白,我说听说国访部长行将出访远东各国,在此期间还准备去台湾一行。我还提出在致部长的信中,我曾代表我国政府对他访台表示欢迎并遵照政府的指示邀请他出席蒋总统再度膺选总统的就职典礼。

威尔逊只是说,我的信已经收到,为此,他要向我表示感谢。

我说,听说特文宁将军将和部长联袂前往远东,威尔逊夫人和特文宁夫人也将偕行。

威尔逊说,他的夫人将偕行,但是特文宁将军和夫人不能离开华盛顿,这位将军因工作关系不能分身。倒是海军部副部长托马斯·盖茨先生将和他同往远东。

我说,特文宁将军不能访台,使我十分遗憾,但是听到盖茨先生将随威尔逊先生同行,颇感欣慰。我们对他同样地欢迎。我并说,我给他写信时,还不知道威尔逊夫人也将偕行,请他代我向威尔逊夫人表示欢迎。

部长说,他一定向他夫人转达我的美意。

我又问部长的旅行日程如何,表示希望威尔逊先生能及时到达台北,参加总统的就职典礼。

他派人把安排旅行计划的兰德尔上校请来。上校来了,他说按照修订后的日程表,访问团将在 5 月 19 日下午三点到四点钟之间到达台北。

我说,这大概是台北当地的时间,威尔逊说,"是的"。他说,原来他打算先由日本到南朝鲜和冲绳,再由冲绳去台北,现在他想先由南朝鲜去台北,访问台湾以后再去冲绳,然后去香港和马尼拉,再从马尼拉返回美国。

我问道,威尔逊先生是否还能去印度支那一行。他说:"不行了。"并补充说,他有很多工作待办,这次出访就要耗费二到三个星期。

我说,他准备访问的几个国家气候大不相同,料想部长会感到有必要携带全套衣着。我在回答他的询问时说,台北气候比华盛顿要温暖些。我并对威尔逊说,在东方,总统的就职典礼比西方更讲究排场。接着我又说蒋总统和中国政府其他首脑们都期待着他的光临,并问部长在访台期间有没有什么特殊事务要办,是否希望取得什么具体情报。

威尔逊说,他在访问期间想尽量多看看,他此行的目的就是要了解所访问国家的全面状况,美国国防部在台北有个代表,这就是蔡斯将军,他也要会见蔡斯,并向他了解情况。

我说,我国政府各位首脑当然也会向部长先生尽量提供他所需要的各种情况,也可能要让他了解一些中国所面临、而又是部长所关心的某些问题,不知道威尔逊先生能否和他们研究一番这些问题。

威尔逊说,范佛里特将军也要去台湾,并有国防部助理部长麦克尼尔随行,他们会对那里的形势进行比较深入的研究。

我说,据闻他们在台湾停留的时间可能要比部长先生长一些,他说是这样。这时,我把印度支那的局势问题提了出来,我们便转而谈论印支问题和其他国际问题。

两星期前,我得悉蒋夫人即将来美。接着,孔令傑上校于4月22日来双橡园告我,蒋夫人因神经性皮炎症复发,苦不堪言,决定来美就医。他本人即将去西海岸迎候夫人,此去暂住旧金山。如果大使馆要向他了解情况,他可以提供确讯。

4月28日下午,衣上校接美国空军通知,有一架由中国机组人员驾驶的"C-54 型飞机,有六位显要人物",正由台北向美国航进。美空军代表问大使馆有无所闻。我们没有收到什么官方消息,不过我对衣上校说,我从非官方得悉蒋夫人将来美就医,很可能这架飞机的乘客就是她和她的随行人员。但问题并没有解决:其他显要人物都是谁呢?衣上校对此不仅深感惶惑,而且颇为激动,因为他虽然身为空军武官,但台北并没有把此事通知他。

第二天,我走访庄莱德,了解有关威尔逊部长和范佛里特将军台北之行的情况,他一开口便说,他要请我注意来自台北的一条消息,该消息宣称蒋夫人已离台赴美,这是由自动收报机收到的。他说,据他所知,这次蒋夫人来美之事本不打算公开报道的,但现在居然已经公布。我说,我也是在自动收报机上收到的,也看到这条消息是来自台北的。不知道美国新闻界是从哪里得来的这条消息。但到此为止,我们也就不再多谈这事了。

第二天,衣上校接到空军总司令王将军从台北打来的电话,通知他蒋夫人即将来美。并说此事要保密。但是衣告诉他早报上已经登出来,这使王感到非常惊诧。王将军并对衣上校说,蒋夫人坐的是委员长的 C-54 型座机,这架飞机自上一次大修后已经过了七八个年头,现在需要修理。他指示衣上校为修理工作作好必要的安排,并要照料好中国机组人员在美期间的生活。因此,衣上校要去旧金山,这不仅是为了晋谒蒋夫人,照料一切,还要观察一下这架飞机。他说,修理费和机组人员开支,都要用毛邦初案件项下的资金支付,此点委员长即将向我电示。我对他说,付款问题毫无困难。大使馆对毛案中收回的款项仅负保管之责,将按政府的指示如数支付。需款若干,我请他给我一个估计数字。至于所传飞机上有六位显要人物一节,那是不确的。

5 月 5 日,衣上校打来电话说,他刚从旧金山返回。他在旧金山晋见了蒋夫人,并递交了我的问候信。他还检视了蒋夫人来美时乘坐的委员长座机。5 月 6 日,衣上校来报告说,飞机早该修理了,并把所需修理费的约计数目告诉了我。我告诉他委员长已给我和俞大维来电,大使馆随时可以照付。我向他重申,现在打算从中提取飞机修理费的毛案专款,大使馆仅负保管之责,至于如何使用,则随时听从政府命令。我们支付这笔修理费毫无困难。但是修理计划应由空军批准,大使馆没有条件审查。因为我们既不懂航空学,也不知道修理一架旧飞机有何要求。

周末以前,衣上校再次来见。这次他带来了一份预算表,是支付委员长座机七名机组人员的生活费,以及他们在等待修理期间到美国空军基地进修学习的费用,三个月约需一万六千八百美元。我指示大使馆财务部门照付。

孔令傑上校在旧金山迎接蒋夫人后,也回到了华盛顿。他来我处打听国防部长威尔逊和空军参谋长特文宁将军准备访台的情况。我告诉他,威尔逊夫人也要去,但是海军部副部长盖茨将取代特文宁将军随行。他说委员长要求他再次返回台北一行。我猜此行可能与威尔逊的访问有关。我给他讲了威尔逊和范佛里特这次出访的性质,以及妥为照料威尔逊一行的必要性。国务院已经就威尔逊的安适问题和他的喜好给我打过招呼,我也给台北打了报告,现在又转告了孔上校。我们研究了一下,在蒋夫人不在台北情况下,如何找一位适当的人来接待威尔逊夫人和盖茨夫人。蒋夫人在这方面通常是做得很出色的,因为她了解美国妇女的好恶和习惯。我提出,如果他的姐姐孔令仪能回去代劳,那倒是很能解决问题的。去春在我款待蒋夫人的宴会上,她见过威尔逊夫妇。

五天后,我前往军事空运局机场,给出访远东的威尔逊部长及其一行送行。别的大使馆没有去人。除五角大楼外,美国政府部门也没有人去送行。但是五角大楼的代表中,有一星期前刚接替罗伯特·安德森担任海军部长的查尔斯·托马斯和夫人,空军部长哈罗德·塔尔博特,当时任国防部副部长的罗伯特·安德森,以及参谋长联席会议主席雷德福海军上将。我和雷德福小谈了一会,他说已经复函叶部长。我问他复信的要旨是否能满足叶部长的期望。他说他不能这样讲,但指出我们可以把军队改编问题和范佛里特将军研究,在台湾进行深入的商讨。

立法院谢仁钊先生于 5 月 7 日来访。他告诉我即将离美去台,并送给我两本《建设》杂志,这是立法院内某一集团出版的。他说,立法院里各个政治派系出版的各种周刊和月刊都得到行政院国币一万元(二百五十美元)的一次性捐助。他给我介绍了立法院内各派系的组合情况。他说,虽然国民党在名义上拥有百分之八十的委员席位,实际上重要议案表决时要取决于下列各派的态度和立场:(1)国民党元老派(包括二陈系和改组派);(2)团——青年团,即来自各军事院校的青年和进步分子;(3)一四会是第三种力量和各小派系的组合体。他说,因此总统和政府(行政院)对于重要议案的表决结果如何毫无把握,尤其不能肯定的是,新任命的行政院长能否通过。也就是说,陈诚当选为副总统后,接替他出任行政院长的继任人选能否通过。虽然最近国民党通过事先协商和保证而比较有效地控制了党员,谢说这样还是不能保证万无一失,因为表决时采取的是无记名投票方式。

一星期后,谢来向我辞行。他在美国住了将近九个月,第二天即将搭机离美。他说,他十分希望能在他的《建设》杂志上发表我的演说。

拉尔夫·沃德主教于 5 月 11 日来访,他去台湾和香港后刚回到美国。他此来是由于国务院事先安排的约会。我和他长谈了一个半小时。他是个卫理公会的教徒。他说,虽然他们教派所属过去在大陆工作的大部分牧师已经分配到缅甸、菲律宾等地工作,他自己则宁愿留在中国地区。他的主管教区包括台湾和香港,他自己一直在注视着难民问题。他还告诉我,他和设在台湾的一些大学有关系,这些大学是由曾在大陆创办和维持过许多独立高等院校的各传教机构资助的。他说,他曾参与台湾东海大学和台中(即台湾省府所在地)基督教联合会的建立,需要一笔约五十万美元的创办费。他说,教育部长程天放本来并不急于创办大学,声称政府的问题是如何安排为数众多的大学毕业生就业。但是,最终他还是颇为合作。沃德主教对于许多在美国大专院校的中国学生拒绝回台湾工作,而愿意留在美国这种风气深感痛惜。

沃德主教又谈论了严格的台币兑换率条例,并列举了他的亲身经历,他所属的管理委员会曾要求他为准备派往台湾、菲律宾、泰国和印度支那的卫理公会传教士编制一份预算。他按一美元对十五点五五元台币的官价兑换率为台湾工作人员编制了一份预算,上报后管理委员会和其他国家对比之下认为太高。因此,就没有向台湾派人。他对海关关员死板地执行海关条例和检查旅客行李时气势凌人也有些怨言。他的夫人曾在香港以比较优惠的兑换率换得一笔台币,带进台湾时并没有发生麻烦。但是最近海关检查不准带了。我告诉他,新条例禁止这样带进台币。

美国驻远东,尤其是驻香港的领事官员,对申请美国入境签证的中国人态度生硬,咄咄逼人,这也使沃德深印脑海。这种举止伤害了两国人民之间的友好关系。他已经把这种情况通知了国务院护照签证科科长。该科长也感到非常惊讶和深切关注,并向他保证要设法改善或纠正这种状况。

第二天中午,我接待了台湾省议会的薛人仰先生。他告诉我他曾参观了约十五个州的州议会和镇民大会,他觉得参政人士的态度积极认真,实在使人难忘,特别是在镇公所会议上,更为突出。我对他说,美国民主政治之所以强而有力,正是在于人民积极关心各级政府的施政情况以及随时注意存在争论的问题。人民是政府的真正主人。薛说,他感到在台湾必须敦促人民积极关心乡镇会议和选举活动。

当晚,我宴请于斌大主教、胡适博士、何世礼将军、查良鉴博士、俞国华和谭伯羽先生,还有大使馆的几位高级官员。胡适博士和我们谈了他在台湾时关于吴国桢案的所见所闻。他听说吴的指责中有许多是失实的,还举了几个例证。吴在美国举办的一次记者招待会上说,他写给国民大会的信已在中国报纸上发表,但经过了删节。但是他自己(胡适)在国民党的中央常务委员会已决定不发表后,力争予以全文发表。结果中常委改变了原议。第二天早晨,这封信原封不动地发表了,连吴在信件里的笔误也登了出来,这是胡适的胜利。胡适还说,叶公超曾对他说过,吴国桢本人和他的儿子都没有申请过去美国的护照。如果他申请的话,就会得到批准。然而,吴却指控台北把他的儿子扣着不放,当作人质。

胡适说,吴指责政府向国民党提供津贴,这是事实,连美国国外业务署驻华共同安全分署也是一清二楚的。说老实话,吴本人担任台湾省主席时,这项津贴曾被列为台湾省主席的第二类秘密基金。胡博士还说,他从台湾返美后,吴曾主动邀他到马萨诸塞州的一个小城市会晤,谈了八个小时的话,他曾向吴问起此事,经吴确认属实。(换句话说,吴国桢担任台湾省主席时,作为一名积极的国民党员对这种津贴是乐于接受的。但是,当他和委员长有分歧时,就把这事当作他反对台湾的口实,公开加以谴责。)

胡适博士这次是应参议院外交委员会远东小组委员会主席、参议员亚历山大·史密斯的邀请而来华盛顿的,史密斯要和他商讨一下对吴案到底应该怎么办。据胡博士说,参议员史密斯知道,他的小组委员会在辩论美国援华问题时必然会把吴的问题提出来,因此他想设法使中国政府避免一切可能出现的麻烦,同时还要顾及吴的体面。史密斯参议员问过胡,不知道政府是否还有可能把吴召回去,重新委以某种重要职务。

胡博士说,他力求把不久前在台湾获悉一些与吴案有关的事实,例如有关吴子来美以及他致国民大会函的发表等真实情况向史密斯参议员作一个不偏不倚的报道。胡觉得这位参议员对他的报道印象颇深。接着,史密斯说,他希望这桩公案能就此平息下去。胡博士说,他自己也是这样主张,并已向委员长和陈诚院长力陈此旨。胡博士说,陈诚院长曾对他说,蓝钦大使找过他,表示了同样的意思,而他的答复实际上就是告知蓝钦大使,政府将力求使事态平息。事实上，这也是我对这一事件的处理意见，在给外交部和委员长的例行电报中都已提出，并由俞国华代我向委员长面陈。

俞国华也是这次晚宴的座上客，他从台北回美以后，已于5月3日来访谈及旅台情况。当时他说在台时曾应委员长之召，去高雄八天，和委员长长谈。俞说，委员长对吴国桢非常恼怒。他（俞）向委员长转达了我的口信，把此间美国人士，特别是我的朋友们对吴案的观感都主张保持冷静，让事情自行消弭，以免引起美国公众过分注目，于我不利等情，一一向委员长陈明后，委员长方勉强同意，但仍然认为我们对吴国桢的过去进行调查的政策是没有错的。到俞将离开高雄的时候，他觉得委员长已经冷静下来并且接受了我的建议，但还是说必须继续暗中进行调查，以便对吴作好准备，必要时用以对吴进行反击。

俞先生还告诉我，几乎可以肯定，当选副总统的陈诚不会再兼任行政院院长。由张群将军接替陈诚任行政院院长，这本来是顺理成章的事，但是张已明确表态今后决不再担任任何要职。因此，由黄少谷出任委员长的秘书长似也是意中之事。周至柔则将为下届行政院院长，因为他是现任参谋总长，权力已经超乎国防部长之上，如不另设新职，就再没有恰如其分的职位可以给他安排。

俞先生的报道使我对当时的台北政治气候有了一个概念。那就是在选举之后将有一次人事大调动。但是任何人也很难对政治气候作出准确的预报，因为决定性因素往往到最后一分钟还会发生变化。5月19日，即委员长和前行政院长陈诚宣誓就任中华民国总统和副总统的前一天（陈于18日提出本人及其内阁的辞呈），张群被任命为总统府秘书长。随后，又任命原台湾省省主席俞鸿钧为行政院院长，前财政部长严家淦继俞任台湾省主席。黄少谷任行政院副院长。5月26日又任命俞大维为国防部长，叶公超蝉联外交部长。于是新内阁便宣告成立。至于周至柔将军，则在1954年末成立国防委员会后,任该委员会秘书长。

5月18日技术代表团霍宝树先生来和我研究美国国外业务署选定罗杰·斯蒂芬率领由财政、税收、外汇和经济开发等各方专家组成的顾问团赴台调查并提出报告的事,这次活动是应我方要求而安排的。斯蒂芬是白宫特别助理谢尔曼·亚当斯的助手。我和霍商定建议政府同意这一任命,但避不提及哈佛大学教授威廉斯的名字,连他是团员的事都不提,因为在严家淦担任财政部长时就向美国国外业务署驻华共同安全分署建议请他当顾问团团长,但美国国外业务署署长却看中了斯蒂芬博士。斯蒂芬现任美国花旗银行副董事长,曾一度执教,讲授有关经济学方面的科目,还是美国优秀大学生联谊会的会员。我们并且认为,斯蒂芬和华盛顿各方高级当局都有联系,掌握着美国政策方面的第一手消息。因此,让他来担当这一职务,而不用一位仅仅具有学术头衔的人物是明智的。何况,据霍宝树说,严家淦本人并不认识威廉斯,仅仅是威廉斯代兰德尔委员会撰写的一份有关土耳其的报告给他的印象不错而已。

六月初,霍先生为此事再次来使馆,当即告以大使馆已致电台北建议同意由斯蒂芬博士担任经济财政专家顾问团团长但尚未得复。我并告诉他,外交部于5月24日向美国大使馆发出一份备忘录,其内容为中美双方代表就顾问团的地位与任务问题在台北会商的纪要。我说,华盛顿国外业务署在这个问题上没有通过国务院,这可能就是我的电报迟不见复的原因。但是霍又说,他曾就任命斯蒂芬博士一事询问过国外业务署的特纳先生,特纳的答复似乎有些含糊不清,特纳不太肯定地说,国外业务署正在和国务院联系,仍在等候答复。(换言之,顾问团团长的任命也需要取得国务院的同意。)

不久,有关各方都同意了斯蒂芬的任命。6月24日,我接见了新任驻台美国经济顾问团团长斯蒂芬先生。他告诉我,他正在设法把愿意和他共事的经济、财政、税务等专家组成顾问团。但是他希望找的一些专家来不了，他们都已经有了自己的暑期计划，有的出外旅游，有的在暑期学校授课。因此，他可能先去台湾再说。他又说，希望我们能加速进行有关私人在台投资和开发矿藏等各种法律的修订工作。

斯蒂芬博士果然去到台北，但是 7 月 8 日又返回华盛顿。顾问团仍未组成。彼时，蓝钦大使因父病回国，适在华盛顿。我设午宴招待蓝钦大使。席散后，他和我同另一位来宾雷蒙德·莫耶先生谈起经济顾问团的事。莫耶是国外业务署远东区署长。他告诉我，斯蒂芬已经在早晨回到华盛顿，要等顾问团组成后再去台北。莫耶提到了有可能成为团员的两个人，其中一个是联邦储备银行的人，但他说，其他团员还不能肯定，仍在物色中。他说，等全部团员都找齐以后就正式通知我，以便我向台北转递各团员的履历并予以同意。

第二个星期，终于作了最后安排，顾问团决定在 8 月初到达台北。与此同时，我国政府电国际货币基金理事会执行董事谭伯羽，要求派当时在联合国、世界银行或货币基金组织工作的四位高级经济学家回台湾搜集资料，并草拟一份致斯蒂芬率领的经济顾问团的备忘录。7 月 14 日谭先生来把我国政府的这一要求通知了我，并说到刘大中先生和蒋砚杰先生同意为此事去台湾，为期三个月。第二天，这两位货币基金委员会的工作人员前来拜会辞行。

5 月 20 日，我和美国前驻加拿大公使克伦威尔先生谈论了促进台湾工业发展的问题。在莫里斯·卡弗里兹举办的一次晚宴上，克伦威尔把我拉到一旁，告诉我他有意去台湾一行，和有关当局研究一下，是否可以为推进各种工业项目制定一个计划。他说，这些项目应向复兴金融公司借款创办，一俟为从事生产各种产品，例如矿产品，或精炼及制造产品而创建的公司，发展到了具备健全、稳固的基础，就可以转售给中国民间或中国政府。他说，在开创时期，中国和美国的私人资本均在欢迎之列。为此，他征求我的意见,并请我协助成行。他说,他还要再来和我进行更全面的研究。我当即表示竭诚欢迎,并期待着和他详谈,可能要在双橡园请他吃饭,促膝谈心。他说,那太好了。

同一天,亦即 5 月 20 日,我为庆祝蒋总统和陈诚副总统就职,举行了一次茶会。这是我采取的一种折衷办法。事前我曾电询外交部,对于驻外使领馆庆祝总统就职办法,政府已否作出决定。答复是不必举行鸡尾酒会,意即毋须邀请外宾。因此,我就举行了一次茶会,邀请各界华人出席,到会者约有二百五十人,其中有当地华人团体的代表十余人。

5 月 26 日,我先后参加了一次招待会和一次晚宴,都使我很感兴趣。招待会是亚历山大·史密斯和夫人在萨格雷夫俱乐部为招待罗伯特·亨德里克森参议员和夫人而举办的。来宾很多,排了一长列,我等候了约十分钟之久。最后,我终于得到机会同主人和主宾们握手寒暄。亨德里克森参议员是新泽西州共和党人,对我非常友好,并且说他一直很注意我的演说,对我的活动也很赞佩。其实,在此以前我和他并没有很多接触。到会的还有许多其他参议员和众议员,以及各国外交人员。日本大使井口对我说他在纽约时见过很多中国外交官,但未能在那里见到宋子文,甚以为憾。参议员霍默·弗格森向我介绍了劳工部新任副部长阿瑟·拉森。此人在康奈尔大学讲授法律八年之久,与在该校就读的几位中国学生相识。

那天晚宴上的客人有前众议院议长萨姆·雷伯恩、最高法院法官斯坦利·里德和汤姆·克拉克,还有希腊、巴西两国的大使。里德夫人告诉我,新法律规定,美国最高法院的法官如果在法院供职届满十年就可以在六十五岁退休,照领全薪。但是他们仍有应政府召唤担任特殊使命的义务,还保留他们的职衔,和他们在法庭的席次。然而,如果自愿辞职,则仅保留全薪,而不保留职衔,也没有应政府召唤的义务。她说,欧文·罗伯茨法官就是在几年前辞职而不是申请退休的。克拉克夫人的座席也离我很近,她直言不讳地反对美国最高法院反对种族隔离的裁决。她说，除北方而外，有色人种和白人混在一起时，这些有色人种本身就感到不自在。

最高法院5月17日裁决美国公立学校的种族隔离属于违反宪法行为，这确是美国民权运动领域内的一个里程碑，当时引起了许多议论。例如，5月17日我在比利时大使馆的晚宴上，曾和比利时大使西尔弗克鲁亚男爵、佛罗里达州参议员斯马瑟斯、佛蒙特州参议员艾肯等议论这个问题。两位参议员，特别是斯马瑟斯迫切地想知道美国最高法院反对种族隔离的裁决在亚洲反应如何。他们估计一定会受到欢迎。我说，"是的"，我问起这项裁决在美国、特别是在南方的遭遇如何。艾肯说，他那个州只有少数黑人，一直非常和睦，不会有什么麻烦。实际上，在佛蒙特州没有种族隔离现象。斯马瑟斯则说，在他的州里要使这一法律生效还需要假以时日，但和其他各州比较起来佛罗里达州的问题较为简单。譬如亚拉巴马和田纳西州，有色人种超过总人口的百分之五十，而这两个州的州立法始终采取种族隔离政策。

两天后，我参加了珀尔·梅斯塔夫人在喜来登花园饭店她的公寓里举行的晚宴。来宾中有最高法院法官汤姆·克拉克和前邮政总局局长杰西·唐纳森。各晚报都以最高法院一反1896年的裁决而作出反种族隔离的裁决为头条新闻。当时我问道，法院宣布实施程序的裁决要推迟，这是甚么意思。汤姆·克拉克说，将举行意见听取会，请各州当局及首席检察官就各该州实施此项法律的最佳方式发表意见。他说，这意味着各州的实施程序和时间都将有所不同，在某些州这一裁决的实施可能需要几年的时间才能完成。我说，美国法院解释宪法的制度确实令人钦佩，因为这种制度承认法律应随着时代的需要和各州的条件不同而演变这一原则。

梅斯塔夫人谈了她应邀到苏联游历的见闻。她说，曾有多次差一点被捕，因为她办了些不合苏联规章条例的事，例如拍摄克里姆林宫内教堂的照片等,但是每次她都对值班警卫说,她是应苏联政府邀请而来的,她非常爱慕这个国家的文物,请警卫向上级报告。她还要求到全俄苏维埃大会去采访。每次申请都在几天后就获得许可。她说,格鲁吉亚和乌克兰等内地的老百姓都很穷苦,缺吃少穿。她所乘坐过的飞机都是式样过时的,只能容纳六名乘客的单引擎飞机。旅馆里都污秽不堪,出租汽车贵得惊人。但是,她对现代工业如钢铁、石油等却印象不坏。她参观过巴库的油田设备以及其他工业设施,这才意识到苏联一直在集中力量准备战争,而把其他各种工业如消费品工业等放在一边。

在另一次由洪都拉斯大使举办的晚宴上,我和最高法院法官伯顿谈起了最高法院反对种族隔离的裁决问题。我盛赞最高法院不久前一致通过的反种族隔离的裁决,说这是一个例证,说明美国成文宪法富于灵活性,能适应时代的变化,也能适应国家情况的变化。他表示同意并且给我作了如下的说明。他说,学校里的种族隔离问题,已经在 19 世纪末通过同样设备分开享用的原则予以裁决。裁决已经得到了认可,因为在南北战争以后通过第十四号修正案时,南方还没有公立学校。但是现在,南方已经有了很多公立学校,因而"同样设备分开享用"这一原则就不符合法律上平等二字的全部含义了。他进一步解释道,譬如说黑人律师只准在黑人法科学校学习,一旦他们出庭和不收黑人的白人法科学校培养出来的白人律师抗辩时,就将处于不利地位。

5 月 27 日,托马斯·鲍登博士在赴台湾就任国外业务署驻华共同安全分署副署长的前夕来向我辞行。他是一位执有证书的会计师,也是银行家,又是爱达荷州的一位农场主兼灌溉专家。鉴于台湾在这些领域内都存在着非同寻常的问题,出任此职,确是正选。他在台湾的上司、驻台共同安全分署署长约瑟夫·布伦特,在年初去台湾以前也来见过。此人从前在美国外交界供职,是个职业外交官。

布伦特的前任休伯特·申克博士,在任分署长期间成就不小。因此,台北决定授予他景星勋章。翌日,即5月28日,授勋仪式在大使馆举行,出席者约五十人。大部是国外业务署、国务院和五角大楼的人物,其中有国外业务署副署长威廉·兰德和夫人,国外业务署远东区署长雷蒙德·莫耶和夫人,国外业务署中国处处长弗兰克·特纳和夫人,五角大楼军事援助处托马斯·汉纳准将和夫人,马康卫先生和夫人,詹金斯先生和夫人,还有若干国务院人员。此外,还有申克博士的几位朋友。首先由我作了非正式致辞,然后由霍宝树宣读荣誉状,最后我给申克博士佩戴景星勋章。会上大家互举香槟祝贺,并摄像多帧留念。

驻台军事援助顾问团团长蔡斯将军也出席了这次授勋仪式。他是为商定下一年度军援计划而来华盛顿的。他告诉我,委员长对吴国桢在美国的行径很担心,特别担心的是这事对国会在来年的援华计划的行动上可能产生些什么影响。他离台北前夕,委员长和他谈了很久,第二天又派皮宗敢将军赶到台北机场向他叮咛了一番。他(蔡斯)已经在众议院外交委员会听证会上提出了证词。高级民主党人理查兹准备了一份有关吴案的提问大纲。理查兹本人没有出席会议,是由另一位议员向蔡斯提问的。据他说,他对这些问题逐条作了答复。为了说明台湾民主化的进展情况,他还提到一位台湾籍人通过选举当上了台北市长。他又向委员会说明了蒋经国所掌管的政治部的工作属于甚么性质。蔡斯将军说,他对每一个问题都提出了详尽的答案,看来该委员会的各位议员对他的答复是满意的。他认为在众议院不会再有什么麻烦了,请我简要地电告委员长,让他放心。

蔡斯将军接着说,参议院外交委员会6月以前不会开会,他不能在华盛顿长时间等待。但是,他打算为此事设法会见诺兰等几位著名参议员。我又提出了另几位,其中有亚历山大·史密斯,他表示同意,并说在他作证的次日周以德在众议院外交委员会发表了一篇有利于我方的演讲。随后他就告辞了。他走后,我赶紧致电委员长。关于授勋仪式我给外交部发了一份电报,并且应申克博士的要求,也给委员长发了一份电报。

同一天,我设午宴招待"洛阳"和"汉阳"号两艘驱逐舰的舰长。这是我于2月份在查尔斯顿港接收后重新命名的两艘驱逐舰。当时,两舰即将由纽约启碇返回高雄,途经巴拿马、圣地亚哥、旧金山、檀香山和关岛。本来还打算访问古巴和墨西哥,但是后来这项命令撤销了。在这两个国家的华侨对此颇感失望。

6月2日大使馆空军武官衣复恩上校来报告说,他要随两舰访问巴拿马,然后访问墨西哥和中美洲,问我是否有什么交办任务。我请他到墨西哥城时向冯大使打听毛邦初的现况,把他引渡的前景如何,和他违反墨西哥法律非法入境后的身份又如何。

后来,陈之迈博士来办公室向我报告他和众议员周以德谈话的情况。是我要他去找周以德商量我们应该怎样散发就吴的指控提出的备忘录和答辩书的。周以德很客气,表示愿意为我们代劳。周以德不久前见到过吴,发现他有神经官能症模样,和一些美国朋友们谈话时涕泗横流,显然是因为他攻击政府时,这些美国朋友们没有给予强有力的支持,使他感到失望。周以德盛赞蔡斯将军,认为他在众议院外交委员会5月27和28日的听证会上提出的证辞非常精彩。尽管周以德未便说明结果如何,但他确实间接地提到了蔡斯将军的证辞有助于缓解议员们对蒋经国领导的政治部存在的疑虑。周以德和蔡斯一样,认为吴的事件在国会,至少在众议院,不会再引起麻烦了。听完了陈的报告,我就给委员长和叶部长分别发了电报。

那天晚上我出席希腊大使的宴会,见到国务院的迈伦·考恩,和他小谈了一会儿。考恩说,1950年初,朝鲜战争爆发以前,他曾临时负责过对国民党中国的军援事务。当时担任国防部长的路易斯·约翰逊出访远东,视察美国的军事设施,同时了解一下对菲律宾的军事援助问题,当时他(考恩)正好是美国驻菲律宾大使。一天早晨,驻菲律宾克拉克空军基地的第十三航空队的霍华德·特纳将军,国防部长约翰逊和他共进早餐,谈谈远东局势。

在谈到冲绳群岛的空防时,考恩问道,一旦发生紧急情况,喷气飞机从克拉克机场飞到冲绳以后,不知还能有多少剩油可以用于抗击来自中国大陆的进攻。特纳说,大约还可以支持十分钟。这是一点新知识,给约翰逊的印象很深。考恩指出,巩固冲绳的唯一办法是对台湾进行协防,因为台湾是菲律宾和冲绳间的中途站。于是华盛顿就将其付诸行动。在那个美国日益关注共产主义在亚洲推行军事扩张的年代里,从这一偶然事例中揭示出,对美国而言,台湾岛的战略价值有多么高,这倒是非常有意思的。

6月4日,午后一点左右,负责机要电报的一等秘书傅冠雄来我的办公室,报告说他正在译一份叶部长给我的电报,该电指明仅由傅本人负责译出。傅说虽然才译了一半,但已经可以说,大概是委员长请我去担任考试院院长。半小时后,他说全文已经译完,他猜对了。

这事真使我大感意外,倒不是因为要我回去,而是因为要授予我那么大的官职。傅先生也感到意想不到。我在日记里写道,想来委员长胸中有了继任华盛顿这个职位的人选,但是再一想,我觉得这次邀请更可能是由于委员长希望我能在他身旁,提供有关外交事务的意见,因为吴国桢已经出走,王世杰博士又已经被解职。我在日记上继续写道:

> 显然,委员长察觉到,在往后几年里和美国的关系将变得非常最要,而且从日益恶化的远东局势和夺回大陆的需要来看,那就更加重要。因为台湾和美国之间的绝大部分重要问题,无论是涉及军事、政治、经济或财政方面的问题,当时都是和驻台北的美国代表直接打交道的。因此,委员长的意图可能是要我在他左右提供协助。蒋夫人不在台北,可能也是他决定要求我在台北供职的另一个因素。但是我并不具备担任这个要职的条件,如果他是为了酬答我的多年劳绩而准备让我升官的话,这或许就是他能为我找到的最佳职位了。我反复思考着这件事,忖度着不知是谁将来接替我的职

务。在我的心目中只有四个可能的人选:胡适、蒋廷黻、董显光和于焌吉。也可能是委员长鉴于吴的批评和新内阁中没有什么知名人士,因而打算把我这样有点声誉的人放在政府里,也可能还要请胡适担任驻华盛顿大使,借以向美国表明,他有意罗致贤能,为国效力……这至少也是为了做做表面文章。要不然就是他可能打算真心实意地改弦易辙,一新作风,就像胡适在台北参加国民大会后回美时所作的预测那样。(胡适说的是,"蒋总统当选连任后将采取新的处世作风"。)

晚餐时,电报室有一个人来说,台北要用长途电话和我谈话,问我能不能接。我说行。但不知为什么电话总也没有来。也可能是因为厨师老姚在双橡园匆匆忙忙地说了一句大使在家,而不是说的大使可以接电话。我等了两个小时,到十一点钟,男管家再去问讯,接线员说台北要在明天上午再来电。

第二天上午九点,我在长途电话上和叶交谈。他说,他不知道委员长要求他电请我担任考试院长的内情,他和我一样地感到意外,他曾向委员长作过试探。委员长只是问了一下我的健康情况。委员长听说我的健康不差,就指示他(叶)用他的(叶的)专用密码给我发了那份电报。这类事情向例是这样办的。他们之所以要使用绝密级电码,是为了防止走漏消息,避免引起各方揣测。叶说,他也问过委员长派谁来华盛顿接替我的工作。答复是还没有想好,他会考虑的。(叶是应该提出这个问题的。如果委员长要我回台北,他必须考虑谁来华盛顿接替我的职务。)

叶反映说,委员长的用意是好的,要我在他身旁。这是委员长自己的解释,也是唯一的暗示。叶又说,自从王世杰发生问题被解职以来,委员长一直在物色一位在外交事务上能给他提供意见的人。我对叶说,他本人就是适当的人选。叶说他不过是条"看家狗",在委员长眼里,他当顾问是不够格的。

我问叶,谁有可能来华盛顿接我的任。叶说他本人不在考虑之列。(我在前面说过,叶有意取得驻华盛顿大使职位,但他也是唯一适任他现职的人……在台北要找出一位接替他的人也不容易。不仅是他和我,其他人也想不出还有谁能担任外交部长。我对他说过,他必须找到一位接替人,才能走出外交部。但是,问题在于干得了的人不愿干,急于想干的人委员长信不过。)叶说,蒋博士对华盛顿这个职位是有意思的,但是不见得能如愿以偿。胡适博士最有可能膺命,但是他不会接受。我说,如果委员长在他心目中有合适人选,我随时都可以提出辞呈。这是一年半以前他在美国时,我早已毫不含糊地向他说明了的。我说,没有必要再为我安排其他职位,长期以来,我早已渴望退休,因为我早就主张请一位年轻人来当大使。他说,以上各情当他从美国返回时,已全部报告过委员长。

接着叶又说,他曾试图从委员长的私人秘书长张群那里打听这一新"邀请"的真相,但是张也说一无所知。(委员长的一贯不变的政策就是对一切重要的任命秘而不宣,所以我并不认为张群的答复不实在。每次他要作出重要任命时,总是把国民党高级领导们请来,问他们"你们认为谁是最适当的人选?"或者"你们考虑了什么人吗?"但是过了几个钟点,他就召开一个预定的会议宣布候选人。)叶说,在重组新内阁时,曾提过任命我为行政院副院长。后来谣传王宠惠博士想辞去司法院院长,有人向委员长提出由我担任这个职务。但是委员长对这两次提名都没有同意,而且王也根本没有辞职。叶说,这一次是委员长自己的主意。我对他说,我需要一些时间慎重考虑一下,他也说观望一段再说,不必急于回复。我决定去纽约找几位友好们谈一谈。同时,我自己也要加以深思熟虑。

6月6日,星期日,我前往纽约,星期一又回华盛顿。对于委员长的邀请,我设想了四种可供选择的答案:(1)谢绝;(2)谢绝并辞去现职;(3)接受邀请;(4)请求回台北商量后再决定。然后到了星期三,我临时决定先表示接受,弄清个中机关,同时声明我不具备这一领域内的知识和经验。

考试院的主要职能是选拔英才,供政府各部任用。其职权类似于文官委员会,但并无任命之权。这就使我联想到,尽管这个院的作用显而易见是必要的,但并不是政府行政机构的什么重要因素,因为这个院和政府的对内、对外政策没有任何关系。它不必去处理随时可能发生的任何重要政治问题。它的作用远不如行政、立法两院那样重要,甚至还不如司法院。它执行政府的一种专门职能,和监察院相似。但是监察院的管辖权范围所及可以达到最高级以及低级官员的行为举止,还可以行使弹劾权以维纲纪。由此可见,考试院的权力甚至连监察院也不如。

根据宪法的规定,在实施孙中山先生三民主义的所谓五权制时,这五个院本来是平等的,都是政府最重要部门。五院院长都是任命的,但是任命的方法不同。行政院长由共和国总统任命,由立法院认可后批准。考试院院长和司法院院长也是由总统任命,但是由监察院认可。实际上,考试和监察两院都不起甚么重要作用。考试院院长一职是位尊而权轻。

由于我不是一个积极活跃的国民党员——我的党籍实际上是别人给我安排的——我估计这就是委员长能为我想到的在台北国民党政府内最合宜的职位了。在众人看来,大使变为五院院长之一这是一次升迁。我本人并不这样看。因为我在北洋政府曾经担任过几乎所有的高级官职,甚至当过摄政内阁的总理,行使过总统的宪法权力。但同时又想到,考试院院长一职接近我所向往的退休生活,想来也没有多少事情要做。我渴望退休,但又找不到立即能如愿以偿的办法。

不管怎么说,这些都是我自己的推测,其中一部分是在委员长的好意使我受到震惊时闪过我脑海的一些想法。这就是我之所以在9日请叶转呈委员长,表示接受委员长任命我为考试院院长的美意的缘由。这只是一个探测气球,更多地用以探明在委员长这种想法后面到底还有些甚么内幕。我说我没有这方面的知识和经验，因为我以往主要是从事国际事务。但是，我又说，鉴于国家处于危急存亡之秋，委员长又下定决心解放大陆，只要监察院的监察委员们能通过该项任命提案，我唯有黾勉从命，在新的职位上力图为国效劳。于是我就递交了接受的复电，但又故意留下一些漏洞，看看有甚么反应，即使在那个时候，我对这一任命是否真能兑现，也还是深有疑虑的。

第二天，我接待了刘瑞恒博士，他和国防医学院院长卢致德博士一起在日内瓦参加世界卫生组织会议后归来。他告诉我马上就要返回台湾，但卢博士拟先参观访问美国陆军医疗中心和一些医学院。我们自然也谈论了这次日内瓦会议的情况，我还向他问了一些我们收复大陆在军事上的准备情况，他说，收复大陆的事，一旦付诸行动，我们陆军以及各种武装部队就需要大量的装备和设备。

6月17日，我和谭绍华、陈之迈、顾毓瑞等开了一个会，研究我刚从《展望》杂志社收到的一封信。来信请我对吴国桢的一篇文章发表评论，这篇文章将登在6月29日的那期《展望》上，25日就要在报摊发售。那篇文章将把吴的一切谰言全盘端出。我决定派陈之迈去和杂志社的经理部研究一下，特别要研究一下的是用什么方式回击吴的文章最为得宜。我们考虑最好是采取由我们写一篇回击文章而由一位中国人士，如胡适博士署名，或者由一位美国人士，如陈纳德将军或柯克海军上将署名。我并请陈乘去纽黑文参加容闳博士在耶鲁大学毕业一百周年的纪念会之便，设法和胡博士通通气。（容闳是19世纪中叶在美国获得大学学位的第一个中国学生。）

陈和《展望》杂志助理编辑商谈后，我再次召开会议，研究陈和《展望》杂志谈判的报告。我们决定按该杂志社的建议，以书信方式回击吴的那篇陈词滥调。读者的信件在下一期（登载吴的文章以后的一期）就可以刊登出来，而一般情况下必须经杂志社的董事会批准，那至少要两个月。

我请陈去找胡适商量时,告诉他要向胡博士探询一下,日后发表文章或信件时,是否可以请他署名,而不由大使馆出面。陈说,胡适主张大使馆先发表公开信,然后他再以他的名义写一封信,驳斥吴所提出的各点,以便从个人方面去影响他。于是我们就决定用大使馆新闻官员的名义先发表我们的信。

　　星期三(16日)大使馆举行每周全会,我请陈和顾毓瑞报告《展望》杂志上刊登的吴的文章,以及他们分别和《展望》杂志社和美国全国广播公司的雷·亨利接头的情况,亨利在6月14日通过广播对吴进行了驳斥。我愿意让中国各个部门的代表随时了解情况。我自己作了报告,其内容有五强在华盛顿召开军事会议,研究远东局势的情况;还有第七舰队到台湾控制下的沿海各岛海域进行访问,旨在警告共产党勿妄图进攻等等。

　　6月18日我召集谭绍华、陈之迈、崔存璘、傅冠雄、顾毓瑞和张慰慈再次开会,研究就吴攻击政府的文章草拟致《展望》杂志的信稿。我们上次会议后已经决定,由纽约中华新闻社的倪源卿签署此信最为得宜,但是由于他不太愿意,我就按陈之迈博士的建议,请陈以新闻官员或情报官员的名义签署,其实前一个名义对顾毓瑞比较相称,因为他是地道的新闻官。

　　后来,顾毓瑞报告说,吴在美国全国广播公司金克斯·福尔肯伯格主持的广播节目里发表谈话,其内容无非是《展望》杂志上那篇文章的翻版。顾说,福尔肯伯格没有表示愿为大使馆安排同样的时间以便向吴作答。

　　技术代表团团长霍宝树前一天来辞行,他将回台湾进行磋商。他对俞大维将军健康情况不大放心。俞将军有病,心情也不太好,因为三个星期以来,他的病情有所加重。他刚被任命为国防部长,准备回台湾就任,霍认为他应以健康为重。

　　周末,我前往纽约,19日要在那里参加宋子文夫妇的女儿的婚礼,21日要出席于斌大主教为陈纳德将军和夫人举行的晚宴。事先,据大主教的秘书说,这是一次只有几位友好参加的小型宴会。但到那里一看，原来客人竟有四十五人，真是意想不到。客人中将近一半是中国的显要人物，如蒋廷黻、孔祥熙、陈立夫等，此外还有张平群总领事、驻联合国代表刘驭万、唐人街代表，以及几位中国的朋友。在座的美国人有魏德迈将军、爱迪生州长以及十二位美国女士。

魏德迈、爱迪生、陈纳德和我先后讲话，陈纳德强调了推翻大陆上共产党的重要性，但主要是讲他和飞虎队的关系，以及飞虎队的业绩。魏德迈说，不久前他曾向国务院索要他写的一份中国情况报告的副本，但是国务院经过几天查找后却告诉他找不出来，一定是在美国大使馆的一场火灾中烧掉了。魏德迈说，奇怪的是，就只烧掉两个文件，一个是他的报告，另一个是赫尔利大使的报告，而这两份报告的结论和建议都是和国务院内占主导地位的观点不一致的。我讲的是，两国人民间的传统友谊，和当时两国间为争取台湾的安全和稳定而进行的紧密合作。还谈了两国为自由事业所作的努力和奋斗。这在当时比较引人注目，因为那时要争取到所谓美国的欧洲盟国的合作是很不容易的。

6月22日即星期二，我返回华盛顿。那时我已经决定返台一行，亲自考察一下那里的情况。已经有四年没有回去了，我给外交部长叶公超发了电报征求他的同意，同时着手准备行装。7月1日，电呈委员长，告以已订妥7月17日经旧金山回台湾的机票，此行"系专程请示机宜"。

6月26日我出席宋子安先生在纽约圣里吉斯饭店为其兄宋子文举行的晚宴并致词。那天共摆了三桌筵席，每桌由三兄弟之一作东。我把即将赴台以及委员长请我任考试院长的事告诉了宋子文。他力劝我不要接受。他说，国际局势如此，我留任驻华盛顿大使的必要性超过既往。他说打算请其弟子安转请蒋夫人把他的想法转告委员长。（子安和他姐姐的关系远胜子文。）他请我延缓行期，因为他辗转陈词，需费时日。料想是他看到我能和华盛顿政府各方领袖相处融洽，有着深刻的印象，特别是在对我国不太友好的杜鲁门政府执政时期。

7月5日,我在纽约参加一个晚宴,席间同子文、子安交谈。他们告诉我蒋夫人将在翌晨悄然前来纽约,除子安外别无他人前去迎接。前此,我曾对子安说过,我希望在赴台北以前能晤见蒋夫人。这次他告诉我,将为我安排于7月11日在长岛孔夫人寓所和蒋夫人见面。

两天后,参议院国内安全小组委员会特别顾问理查德·阿伦斯和他的一位同事来访,这是小组委员会成员帕特·麦卡伦参议员事先打电话和我约好的,当时他说有紧急事件要面谈。两位来客说,这位参议员在参议院提出了一项决议案,其内容是撤销对苏联的承认。除非能安排一些公众来支持它,否则在提交参议院外交委员会时必将遭否决。他们说,最好的办法莫过于请蒋夫人"这样一位有力人物"到国内安全小组委员会作证表示支持。不妨事先准备好一份材料,其中包括要向她提出的各项问题和她该作出的答复。这样,可以免得她过于紧张。

我说,蒋夫人来美国完全是为了就医治病,现在病情虽然有所好转,但她的健康状况仍然不宜于公开露面,甚至也还不能接待宾客访问。因此,尽管我知道她一直很赞赏麦卡伦参议员对中国的友谊和他对中美两国的共同敌人——共产党的侵略所进行的战斗,我对她能否接受他们两位的,或者无宁说是参议员麦卡伦的邀请深感怀疑。我说,不过我将设法探明她的态度,并在两星期内通知他们。

第二天下午,我参加了西班牙大使莱克里卡和夫人为欢迎卡尔门·佛朗哥女士,在西班牙大使馆举行的招待会。佛朗哥女士是西班牙独裁者的女儿,她姿容艳丽,有一双美丽的眼睛和典型的西班牙美女的白净肤色。在招待会上我还见到了杜勒斯夫人,并和她谈了一会。她从她丈夫那里得悉我将回台北一行,表示希望我不要在那里住得太久。其他几位友人也向我提出了这类问题。有些人说,他们希望新的任命不是事实。(谣言已经在华盛顿迅速传开,报纸上也已有所透露。)我对他们说,过一个月就回来。

同一天,我到参议院拜访参议员亚历山大·史密斯。我们先是谈的台北希望和美国缔结双边安全条约,越南的局势,以及美国对联合国接纳红色中国所持的态度等问题,然后他又提起了吴国桢事件,想了解事实真相。我说,吴攻击政府是错误的,史密斯对这一说法表示极为同意。他说,吴本来是他的好朋友,他对吴背离政府一事深感遗憾。他听说甚至于到了那种地步委员长对他还是宽容的,吴反对的不是委员长本人,而是蒋经国。我说,吴历次针对政府和蒋经国的声明及指责中有很多是无中生有,或者言过其实的。我还引证了胡适博士不久前从台北回美后,针对吴夸大其辞说台湾没有自由一点所发表的客观观点。史密斯说他也和胡博士谈过。他又说,在外交委员会听取国外业务署关于援外法案的证辞时,可能会把上述事件提出来。但是如果外交委员会第二天(7月9日)能把该法案提出来,他希望参议院能设法尽快加以考虑。

7月10日,星期六,我又到纽约,因为那里有许多人,我在离美前要和他们见面话别。那天,我请蒋廷黻博士吃饭时谈了联合国接纳红色中国的问题。我又和他谈了我即将赴台北一行,还有委员长请我去当考试院长的事,以及我是如何答复的。蒋博士说,现在这事件已成过去。有一段时期,此间某些中国报纸反映国民党人想找一位较年轻的人来当驻美大使。国民党人也在报纸上攻击过他,因为他们想在联合国内安插新人,这两件事如出一辙。蒋说,但是要找一位能接替我的合适人选恐怕并不那么容易。

在郭慧德夫人在纽约拉伊举行的茶会上,我和宋子文又谈了一次。他建议我必须坚决辞谢考试院长一职,只说如有需要协助之处,我愿意留在台湾效力,但不就任何职位。鉴于吴国桢变节,他估计台北有如惊弓之鸟,唯恐每个重要官员都会在外国庇护下批评政府。但是他坚决主张,我应该返回美国,不能含糊,因为我在美国一直在对国家发挥着极大作用，留在这里可以卓有成效地继续为国效劳。

宋博士又问起宣伟（音译）上尉的问题。宣伟是中国海军陆战队的军官，被派到美国接受短期训练。受训以后，理应和其他受训人员一样，返回台湾继续在武装部队服役。但是他拒绝离开美国，并从他的队伍里开了小差。7 月 6 日，我和谭、崔两先生以及柳上校开了一个会，海军武官柳上校在会上报告说，美国海军已在伊利诺斯州埃文斯顿附近将宣伟上尉逮捕，并已按照大使馆的要求把他押送旧金山，以便移交给台湾。但是宣伟声称他早在1954 年 5 月已经申请政治避难，那就必须先由移民局按法律程序进行审判，然后才能把他送交台湾。

由于吴国桢在后面支持，并且断言宣伟到了台湾肯定要被枪决，这就使整个事件变得更加复杂起来。宣伟本人在被捕时不仅声称他已经申请政治避难，而且开始攻击政府，扬言政府是独裁政府，如果把他遣返，他就有生命之忧。此外，支持吴国桢事件的芝加哥《论坛报》，也向宣伟许诺为他的问题进行斗争。

我给宋说明了这一事件的所有事实真相。我们一致认为，最好是把宣伟遣回台湾交军法审判，并且在对他惩处后（最多三年徒刑）开除其军籍。我们不要将不可靠的军官留在武装部队里。

星期天，我想和胡适博士谈谈，特请他到德雷克饭店共进午餐。他给我看了参议员亚历山大·史密斯给他的一封信，内容是询问有关宣伟事件的事实真相和意见，他的复信也给我看了。该复信措辞得体，见解正确。大意是说这事主要是一个人对军队生活感到厌倦，受到美国舒适而自在生活的吸引，一心想留在美国，他对台湾政治情况的批评以及申请政治避难，是事发后用以证明他的态度正确的一种说法。胡博士并在信中指出，如果准许此人留在美国，那就必须考虑纪律问题，以及这一事件对中国武装部队士气和联合训练计划这种方法的影响。

我把大使馆为了敦促国务院协助将宣伟遣返台湾所采取的

行动也告诉了胡博士。我说我对他回台后的命运很担心,并且为了让美国政府也放心,我已经致电台北研究。台湾回电通知我,对未经请假擅离职守或开小差者的最重惩处为徒刑三年。我对胡博士说,打算把这一情况转告国务院。这样他们对把宣伟上尉送交台湾一事也就可以解除顾虑了。

我又把我将去台湾以及委员长请我担任考试院院长一事告诉了他,并征求他的意见。他说,这个院长是个闲缺,没有多少事情可做。他回忆道,1948年秋委员长也曾请他担任此职。他回复委员长说,他在国外可以对国家起更大的作用。后来委员长又请他担任华盛顿这个职位,他也没有接受而是说他以个人身份可以办更多事情。况且他有心脏病,不能承担像驻华盛顿大使馆这样的重任。(在有野心的人眼中,华盛顿这个职务是个美缺。但是胡适博士已经一度担任这个职务,他知道到底是怎么回事。)他说,后来请南开大学校长张伯苓担任考试院院长,他接受了。胡博士接着又指出,根据新宪法的规定,这个职位和司法院院长是总统有权任命的仅有的两个最高职位,虽然需要取得监察院同意,那不过是形式而已。

胡博士说,到目前为止,他对华盛顿这个职位仍是那样想法。有个美联社记者问他对台北电讯所传我将被召回,另派他或叶公超接任驻华盛顿大使一事有何感想。他郑重其事地对这位记者说,关于他的说法,那是百分之百地与事实不符。并没有任何人来找过他,即使找他,他也不会接受。胡对我说,他是有心脏病的人,还是以注意健康为好。

我想提一下,像胡博士所提到的那种电讯的出现是常有的事。当某人觊觎某一职位时,他和他的友好们就会放出谣言,作为"探测气球"以便制造一种气氛引起当权人物的注意,同时也使现任该职者受点折磨。美联社、合众社和路透社都各有一个中国记者,四处奔走,采集新闻。这些记者都和中国记者集团有联系。因此,人们就把想来属于密件的新闻,在有意无意间透露给他们,使其在海外报纸上出现。这种做法一般是有其具体目标的。同样，在政府的秘密指令下，我要就政府某一决定中的某些问题去向国务院提出时　间或这种问题有时也会在新闻社的电讯中出现，甚至我还没有到达国务院以前就会发表出来。

我问胡适博士，请我当考试院长的幕后动机是甚么。他说，委员长是用提升的方式让我实现退休的愿望。但是他也想到可能有人觊觎外交部长这个职位。他说，国民党特别想要在这个职位上放个自己人，但问题是把叶公超放到什么地方去。很自然地会考虑把他送到美国来。胡博士说，此外据俞国华说（俞刚从台北回美），叶已经同意留任外交部长，但有个条件，就是只留六个月到一年。这个条件行政院长俞鸿钧已予接受。

胡博士认为，我最好是接受外交部长而不任考试院长，因为我在外交部可以比较有所作为。我说，我在北京和南京都当过外交部长，现在应该让年轻人来干了。他认为要找一个适于此任的人，困难异常。他并告诉我，有人请他去台湾到台湾大学讲学四个月，现在这事要推到明年，因为8月份还要在美国讲学两次。

那天下午四点钟，我如约去长岛洛卡斯特谷孔祥熙公馆拜访蒋夫人。她风采如昔，看来身体不差，这是来美就医的效果。她说，因为在旧金山给她治疗的那位医生外出度假两周，所以她就来到了纽约。直到动身的那天晚上，她才决定来东海岸，但是订不到卧铺。她不愿意让人知道她的行踪，航空公司保证无论如何想法给她安排一个卧铺，但是必须用她的自己的姓名。结果她还是用了一个别名和她的护士一块坐了一夜。她又说，住上两星期就要返回旧金山。

墙上挂着四五幅画，使我非常欣赏，这些画都是她的手笔。令人钦佩的是，虽然她是个女子，但是落笔精到，腕力雄健，何逊须眉，不让名家。她告诉我，她的老师也是个女子，在作品中总也摆脱不了脂粉气息，她还说，名画家张大千曾经称赞她在绘画中发挥某种技巧的成就。她说，她运用了想象力，因而能够在她的作品中成功地表现出她的气概和理想。她每次画成以后总要反复端详,凡是不满意的就全部撕掉。

我还是第一次听说委员长最早的名字是"瑞元",这是家人对他的昵称。但是,他的印章上仍然用他的正式大名:蒋中正。更使我惊奇的是在画卷中看到夫人的书法也很高超。她说,她的作品多半是在中夜不寐时挥毫绘成的。因为她的皮肤病每每使她痒得不能安睡,那时她就得下地略事消遣,借以解脱这种不适之感。但是这样往往使委员长受到妨碍。委员长坚决主张她应和他自己一样,按时就寝,这主要是为她的健康着想。委员长半夜醒来,只要发现她不在床上,就亲自下地照看她。

她问我宣伟上尉事件怎么样了。我把主要的情况和大使馆为了把他遣送台湾采取了哪些措施等等告诉了她。她又问吴国桢事件怎么样,我把参议员史密斯不久前和我所谈的一番话,以及众议员理查兹在众议院外交委员会提出的一些问题都给她说了。她对吴国桢事件没有说什么,对有关宣伟事件的各种措施,她表示同意,也认为应该把他遣回台湾。

我向她转告说参议员史密斯想和她谈谈。她说已经收到了史密斯的信,说的就是这件事,但她还没有作复。接着我告诉她,参议员麦卡伦对她有一点要求,因为早先他在小组委员会内提出过一项与苏联断绝外交关系的决议案,现在想请蒋夫人出席该小组委员会作证。我说,这件事我已经用种种理由予以推却,其中主要是夫人的健康问题。实际上如果蒋夫人在这种场合出现,那和中国第一夫人的身份是不相称的。她完全同意,并说即使她的健康许可也不会去给他们作证。

关于我的台湾之行,我把委员长的邀请和我是怎样回复的都告诉了她。这些她好像已经全都知道。她说,华盛顿这个岗位非常重要,现在不能换人,而美国的援助则关系到我们的生死存亡。我已经和美国国会、政府及全国的所有头面人物互相熟识,使我们国家得益不少。如果换一个人,那就又要经过许多年才能和这些人物熟稔起来，而现在时间是最宝贵的。我们不应该中途换马。她也认为未来十个月到两年的时间对我们的国家是关键时期。她说，如果我已经接受邀请，也还是应该出来到华盛顿工作，才能起到最大的作用，并说，委员长是了解她对这事的看法的。

我说，如果摸清了美国人的脾性，那么要和他们打交道也并不难。蒋夫人和我从青年时代就开始和美国人交往，所以我们理解他们。她对此表示同意并说，当她还是一个少女的时候就已经熟悉美国人了，而要理解美国人则需经过很多年。一个新来的人，如果不先用一段较长的时间设法培养他们的友谊和信任，就不能指望和他们卓有成效地来往。现在时间十分宝贵，不能等待一个新来者旷日持久地从头做起了。

我们正谈话间，孔祥熙博士出来和我见面。我辞出时，他又把我送到车旁。上车后，我的司机托马斯告诉我，宋子文夫妇，他们的女儿、女婿和外孙都已来到，正等着接待。

我就在那个星期一回到了华盛顿。

我原来有个打算，就是在离美前，要尽可能多找些身在华盛顿的政府和国会山的政界领袖们谈谈。为此，我从 7 月 14 日，即星期三开始，进行了一连串的登门拜客，目的是在摸清影响美国对华政策的各种问题上的最新情况。现在想到其中一次是拜访参议员亚历山大·史密斯，另一次是会见众议院议长约瑟夫·马丁。这位议长不仅密切注视着众议院以及整个国家的普遍情绪和各种动态，同时也随时掌握着政府对我所最关心各种特殊问题的意向和趋势。我和他的谈话非常有启发性。

我首先对马丁在纽约名流大会上发表的演说表示钦佩。我说，议长先生强调在向共产主义作斗争中道义具有极大重要性，我认为指出这一点非常重要。共产党人根本不承认什么真理和谬论，正确和错误，个人的体面和尊严等等这一套。根据议长先生和我本人的认识，自由世界的文明是建筑在某种道义准则上的，这种准则一般认为对每个政府和个人都有其约束力，但是，共产党对任何这类准则是从不介意的。我说,我认为马丁的演说是一年来的最重要的演说之一,并且希望"美国之音"能把它向亚洲人民广播,亚洲人可能比西方人更重视道义的价值。

马丁说,他在发表演说的时候就已由全国广播网播出。他听说我对他的演说很重视,感到非常高兴。他说,他将要求"美国之音"对国外广播,但要说明这是我的建议。他问我这样做是否可以,因为如果由他自己去建议广播自己的演说,未免有些不太合适。

我说,完全可以。然后又谈起即将进行的国会选举,我问马丁有何看法,以及这是否将是一次势均力敌的竞争。

马丁说"是的"。这是一次补缺选举。通常有很多选举,特别是选举众议院议员时,要在地区或地方民意的基础上进行。他认为,农业法案、邮资增长以及麦卡锡问题等将在全国范围内引起意见分歧。他并认为,从全面看,未来的选举将使共和党在众议院恢复优势地位,但差数不会太大,也可能就是几个席位的多数。关于参议员的选举,他说有三十六个席位待补选,他认为共和党有可能获胜,但差额也不会太大,至多四个席位。

我问他外交政策,特别是对远东的外交政策是否会成为争论之点。

马丁先生认为大概不至于,因为民主党人害怕挂上亲共的牌子,所以现在他们采取的是和共和党人一样的立场。他说,民主党人在上次选举中所以遭到失败,部分原因是广大人民对他们的左派或亲共情绪深感疑惧。所以他相信这一次民主党人也将以强烈反共的姿态出现在选民面前。他说当然,10月间的经济情况将有很大影响。民主党人一直在预言萧条或衰退,如果到10月间果然出现这种情况,就会对共和党人的取胜机会产生不利影响。但是,经济指数越来越有利于我方。即使民主党人也不再说什么经济衰退即将来临了。

然后,我又提出联合国接纳红色中国的问题,在日内瓦举行的印支问题谈判,以及美国人民对共产党不断地进行侵略可能作出什么样的反应等问题。我们对这些问题进行了较详细的研讨。直到最后我按时告辞。国会和国会山的另一个重要领袖是参议院多数党领袖,来自加利福尼亚州的参议员威廉·诺兰,他也是中国人的一位好朋友。我要求和他约期会见时,他特别客气,邀我共进午餐,这是为了使双方谈话时可以比较轻松而无拘束之感。我们的促膝谈心长达一个多小时,双方坦率地谈论了共同关心的许多问题,其中有不少是我会见马丁时已经提出过的,另一些是新问题。

谈到援外法案时,我对参议员诺兰说,据我了解这个法案已经在参议院外交委员会通过,现在就要向参议院提出报告。至于吴国桢事件,不知参议院中是否有人提出来过。

诺兰说,没有提到这事。他说,援外法案现在就要交付军事委员会辩论,他希望报告在近几天内就能提交参议院。我问他有没有大量削减的危险,诺兰作了否定的回答,并说三十一亿美元左右的数字是靠得住的。

我说,我听说这个法案没有规定对各个国家的分配额,估计在报告里是有规定的。

诺兰说,"是的"。但是他说,拨给印度支那的部分约五亿美元是附有某些条件的。不过,前几个年度剩下了很多钱,因此实际上对现状不会有多大影响,因为可以用 1951 到 1953 年间已经拨付而没有花完的钱继续进行采购和运输。

就此,我提出了需要修理和扩建离大陆不远的大陈岛的码头问题。我说,蓝钦大使和外交部叶部长最近一同到那里视察过,委员长自己也去过。他们认为必须修理和扩建这个码头,希望美国国会能为此提供必要的专款。我说,据了解今年的计划没有包括这一项目,除非把现有的某些项目暂缓执行,才可以把节省下来的钱用在这方面,否则就无法进行。但是我认为,本年度计划里的任何一项都是难以延缓的。

诺兰问道要用多少钱。

我说不知道确切数字,但是我猜想,不会超过一百到一百五十万美元。

这位参议员又问,为什么必须修理和扩建这些码头,是出于经济上的理由呢还是军事上的需要。

我说,那里的贸易是微乎其微的,实际与其说是经济上的需要,倒不如说是军事上的需要,因为大量部队登陆和上船时都需要较大型的码头。

诺兰认为,如果能把这种需要向这里的五角大楼说明并取得他们的同意,那么筹款问题就不难解决了。

我说,听说有一部分援外款项是由总统酌情使用的,总统可以随机应变地进行调拨。

这位参议员说是这样,并且说总统在这方面有相当大的斟酌处理之权。

接着,我们的谈话转到对中国有影响的一些国际问题上,我问诺兰他对我们长期以来希望和美国缔结的双边条约和我们解放大陆人民的任务有何见解。最后我又问他,即将举行的国会补选是否将是势均力敌的。

诺兰说确实如此。对于参议院的补选,他认为,虽然在过去几个星期内由于有几位参议员去世而使得优势在两党间互有消长,但共和党在选举中取得三四个席位的多数是大有希望的。作为多数党领袖,他理所当然地希望多数仍能保持在共和党手中。但是他估计只能取得微弱的多数。对于众议院的选举前景,他认为竞争甚至会更加激烈,票数更加接近,这在很大程度上要取决于秋季的经济状况。他说,幸而经济指数已经好转,即使一直在预言要出现经济萧条的民主党人,现在也不再大喊大叫了。就业数字也在上升。因此,他认为,尽管这场选举的竞争将是激烈的,但要在秋季组成一个由共和党控制的国会还是大有希望。

我问他,外交政策是否会成为未来竞选运动中的争论点之一。

诺兰参议员回答说,这要看那时的国际局势而定。可以想象,到那时远东的局势可能已经恶化到成为人们视线集中的焦点。我还问起国会休会的问题,他认为立法程序将在 7 月末完成,所以到那时国会就可以休会。

到此,我起立告辞,并告诉他我将去台湾,准备在周末动身。他请我向委员长和在台湾的其他友好问候。

同一天早些时候,蓝钦大使来到双橡园对我作礼节性拜会,我和他商谈了台北所希望订立的双边条约。蓝钦先生说,他将在月末离美赴台,我说,希望能在台湾和他见面。

7 月 16 日是最忙碌的一天。第二天一过中午我就要启程,因此时间就很紧了。上午九点半钟我先去拜访了参议员林顿·约翰逊,他是参议院少数党领袖。这比约定时间提前了一个小时,因为他的秘书早晨八点半钟来电话问我是否能提前赴约。

一开始,我告诉他我第二天即将去台湾,特来辞行。接着我就提出了"接纳"问题,日内瓦谈判,以及美国人对与日俱增的共产党侵略行动可能作出些什么反应等等。然后又谈到美国国会内的情况。我说这些天参议员阁下一定非常忙碌,并问他,国会是否能够在 7 月末完成立法程序后休会。

约翰逊说,诺兰参议员作为多数党领袖,在估计上颇有点悲观。他个人认为国会将在 8 月中休会。约翰逊接着又谈到得克萨斯州即将举行的选举。他说,选举将在 8 月 15 日举行,届时他要回去参加。我问他是不是选举中的候选人,他说是的。

我料想这位参议员以他的威望和业绩是会重新当选的,但是我不知道他对即将到来的选举的前景从总体上作何估计,以及国会的组成是否会有很大变化。

约翰逊说,竞选双方票数将非常接近。就参议院来看,两党的获胜机会是五十对五十。他必须为自己力争重新当选,因为对方的支持者为他们的候选人花了很多钱,但是他相信自己是会重新当选的。就众议院而言,他的看法是百分之七十五的选民赞成民主党人的路线,但在很大程度上取决于农业法案。如果政府对农产品价格给予可观的支持,共和党在众议院竞选中就肯定要失败。但是他认为这没有太大的影响,因为众议院少数党领袖萨姆·雷伯恩和他本人在主要立法程序方面将支持总统。在我起立告辞时,约翰逊祝我旅途愉快,并且表示希望等我回美后和我重晤。

接着,我去国务院拜访助理国务卿帮办庄莱德。我们商讨了许多问题,其中有美国对台湾的援助问题。庄莱德说这方面没有什么问题,请我放心。他说,参议院把全面援外法案削减到三十一亿五千万元。这个数字小于政府提出的总额,但是对台湾没有影响,因为军援项下的未用金额为数还颇可观,可以补偿。由于首先要满足的是朝鲜战争的需求,朝鲜停战后则是印度支那的需求,这样一来台湾的军品运输就没能按原计划完成,甚至部分1951年计划内的项目也还没有运出。不独对台湾是如此,对其他一些受援国也是一样。但是,运输已经加快,往后要保持这种状态。他说,台湾维持着这么庞大的武装部队,这是它经济上的一个沉重负担。但是美国打算继续支持台湾,他希望范佛里特将军的访问能在这方面起到推动作用。

我问庄莱德,范佛里特将军作出了什么样的结论,提出了些甚么建议,是否可以给我提供一些情况。

庄莱德说,他还没有见到什么报告。他听说,范佛里特将先向总统报告,到一定时候国务院方能收到这个报告。但是,他认为,军需物资项目和所需的款项都应该由范佛里特将军和麦克尼尔先生来拟订。而美国政府的问题则是它能够承受多大的财政负担和如何筹款。庄莱德接着说,范佛里特将军出访的根本目的是研究增强某些国家,其中包括国民党中国,军事力量的方法和手段,以便在远东重新部署美国武装部队。美国在朝鲜的部队已经削减了两个师,这两个师原来是国民警卫队,本身早已削得几乎成了空架子。因此,削减军队实际上对前线的兵力不会有太大的影响。他说,还有一个师也要撤出朝鲜,但不是撤回美国而是要驻扎在冲绳,准备有紧急情况时使用。这也能使台湾的地位得到增强。

我问他,美国从北海道撤出一个师的动机是甚么。

庄莱德说,这个师只是撤向本州岛,根本不是从日本撤走。日本人曾希望用日本部队去接管那个师的防务,因为日本部队已经有条件承担北海道那一地区的防务。他还说,那些美国部队驻在北海道的时候曾引起过一些怨言。为了满足日本人的愿望,所以采取了这一措施。

我说,每个被占领国家和占领军打交道的经历都是差不多的,特别是经过多年占领的国家。

庄莱德说,他听说中国海军需要大大地扩充,他认为可以从美国得到更多的舰只。他相信美国政府已经在考虑这个问题。

我说,中国政府已经得到了两艘驱逐舰和七八艘较小的舰艇,这些舰艇已由我的海军武官柳鹤图上校在诺福克、纽约和洛杉矶等港接收。

在座的马康卫说,他估计已经移交了大约十艘较小的船只,还有几艘也将按时交付。

庄莱德接着问我有没有中国海军扣留了一艘苏联油船的事。他说,俄国人对这次中国扣留他们的船只非常恼火,可能要采取一些严重措施。他认为释放这艘船只将是明智的,并说国务院已经致电美国驻台北大使馆,请他们向中国政府转达上述观点。

我说,几天前我收到一份复电,是答复我的询问的。该电称这一事件正在依法起诉。结案后该船只可能即将释放,但是违禁品将被没收。

庄莱德重申释放该船只是明智的这一观点。至于货物,如果遭到没收他是能够理解的。

我问他国务院是否已经收到俄国人打算采取措施以对付这

一局面的确实消息。

庄莱德说，消息并非直接来自苏联，但是他们收到了自己方面的报告，该报告说明了俄国人的意向。

我接着说，我想谈一下有关宣伟上尉的问题。他是中国海军陆战队的军官，是根据联合军事训练计划派到美国来接受短期训练的。训练结束后他理应返回台北，这是他的义务。他一行共三人，其他两人已经返回台湾。我说，为了维护军队纪律和使训练计划今后得以继续顺利执行，这名军官必须遣送回台。现在美国海军已经将其逮捕并准备把他驱逐出境，这样很好。但是现在吴国桢却出来插手此事，他向宣伟建议在旧金山举行一次记者招待会，并向移民局申请政治避难。但是，这名军官，除非出于个人原因自愿留在美国，就没有任何理由不回台湾。吴国桢危言耸听，扬言这名军官如果被遣回台湾就将被处决，这同样是毫无根据的。我听到吴的荒唐言论时，为了做到心中有数，就向台北电询，宣伟如被绳之以法，其最重处分若何。复电称，如由军事法庭审判则将科以三年徒刑。我说，宣伟行为不轨，估计将科以三年徒刑并开除其军籍。深信他的上级决不愿意把如此不可靠的军官留在军中。至于所传他曾申请政治避难一节，绝无正当理由，实属不可思议，切望当局勿予置理。

庄莱德说，他们对宣伟申请政治避难一事未加考虑。而吴国桢已经给饶伯森打过电话，代这名军官出面求援。饶伯森已郑重说明，此事应由移民局掌管，将按法律处理。

我表示希望国务院能运用它的影响，请移民局从速审讯。

庄莱德说，国务院的意见同我完全一致，此人应予遣返。但此案已由移民局受理，将按法律进行审讯。不过他认为，该军官的申请不会得到批准，并会把他遣回台湾。此事要迟延一些时日，因为该军官可能会按照移民局的规定提出上诉，但是他请我放心，国务院同我的意见是一致的。

接着庄莱德请我告诉委员长，美国将继续支持他，并和他合作,希望能够进一步加强台湾的军事、经济力量。他还谈到韩国的李承晚总统即将来美访问,最后他祝我旅途愉快,平安抵达台湾。

我和庄莱德的谈话结束后就遄赴国会山会见周以德议员。我先告诉他要去台湾一行并说想和他谈谈中美两国共同关心的一些问题。我说估计周以德先生对我们两国间订立一个共同防御条约的问题已是耳熟能详。不知道这个问题是否要提交国会辩论,国会的反应又将如何。他回答了我的问题,然后又反过来问我对日内瓦谈判有何看法。我又把联合国接纳红色中国的问题提出来和他谈了一下。

周以德博士并说他收到蒋委员长的信,信中谈的是关于去年11月他(周以德)访问远东回国后,众议院外交委员会小组委员会提出的一份报告的问题。该报告中有一部分是鉴于中国军队的官兵日趋老弱,亟需更替。并说,不出五年,这个问题将面临决定性时刻。委员长的信是为了向他说明这个问题日见紧迫,必须在五年届满以前加以解决。周以德给我解释道,此点在报告中措辞不够严谨,致使委员长以讹传讹,横生枝节,但原意并非如此。现在该报告业经修订,措辞已改,他将函告委员长。

周以德说,还有一件事他要告诉我。在研究新的难民法案时,他强烈主张应该把远东区的中国难民包括在内,他的动议业经众议院通过。这样,分配给中国籍难民的五千名限额中的两千名只要持有台湾国民政府颁发的护照,美国驻外使领事机构就可以给予签证。但是,法律对所有谋求进入美国的难民规定了一个条件,即申请人的原籍国必须授予他们重新入境的证书。这样已经进入美国的难民,一旦发现其签证是用欺诈手段或在欺诈性情况下取得的,就可以把他们遣回其原籍国。大多数国家,如法国、意大利、比利时等,都同意签发这种重新入境证书,但英国不发。英国之所以不发是可以理解的,因为有很多以前属于安德尔斯将军领导的波兰解放军的波兰人,还有许多捷克人,都住在英国。

但是,这个规定对香港也适用。因此,在香港的中国难民如果不能从驻香港的英联邦机构取得重新入境证书,也就不能来美国。

周以德接下去说,他听说台湾中国政府也拒绝签发这种重新入境证书。因此,他想敦促重新考虑这个问题。他说,他曾经为使这个法案把中国难民也包括在内进行过坚决的斗争。虽然他能理解中国政府是为了安全问题而不愿签发这种重新入境证书,但他要指出,在可能要申请进入美国的两千名难民中,可能有极少数人会在欺诈情况下取得签证,而其中绝大多数则可以在这个国家找到待遇优厚的职业。因为台湾本身无力周济这些难民,他们又无法在台湾谋生,与其让他们流落在香港或东南亚其他地方受苦受难,不如让他们到美国去,这样对台湾比较有利。他强调说中国政府在给申请人签发护照以前,必须把这一点纳入考虑,如果对某一申请人的可靠性或忠诚有所怀疑,则可以拒发护照。他要求我向有关当局说明此点,并再次表示希望对此事重新考虑。

我说,我对这一论点已经领会,到台北后,将提出这个问题。我给周以德说了宣伟事件的主要事实真相,特别是这个军官的背景。他的母亲是俄国人,当过卡尼海军上校(上将?)的翻译。我说,派他到美国来是为了让他接受联合军事训练计划内的训练。他在两年的训练课程结束后拒绝和另外二位军官一同乘飞机返回台湾,那两位军官就自己回去了。我说,吴国桢为这名军官发表的辩护声明是完全没有根据的,特别是他危言耸听,扬言如果宣伟被遣返台湾就会遭到处决。我对周以德说,我已经向台湾查问,政府的答复是对这种擅离职守行为的最重处分是三年徒刑。我向他说明,事实上美国海军已应中国海军武官的要求把这名军官逮捕。但是当他向吴国桢求救时,吴就不顾事实真相,出面为他辩护,同时芝加哥《先驱论坛报》的麦考密克也给大使馆打来电话,声称他要为宣的自由而斗争,这显然是受了吴国桢的煽动。至于这名军官的政治避难要求,更是无理取闹。此案涉及的重要问题是要维护我国武装部队的军纪。由于此人是一名现役军官,所以必须把他遣回,否则就会造成一个不良的先例。

周以德完全同意这一观点,他说吴国桢没有理由出来为这个人辩护。并说,吴国桢攻击,尤其是躲在国外攻击他的政府和委员长,真是愚蠢之至。周以德说,他在给吴的复信中要求吴应该理解民主政治的真正含义。他说,民主包含两个内容:(1)自由观念和(2)合作精神。他说,吴理解了第一个内容,但不理解第二个内容。他还说,吴在给他的信中说,他在职之日曾竭尽所能以促进民主化,并取得了长足的进展。但是吴却忘乎所以,不知他之能有所成,正是得力于委员长对他的支持。如果委员长没有批准他的办法,他就无法实现。吴给人的印象是,他在职就有民主,一旦他去职那就只有独裁了。特别是因为有芝加哥的《论坛报》积极为他推广这种印象,使他得以这样干。周以德又说,但是吴对自己的作用看得过重,这清楚地说明他的头脑有些发昏。吴的所作所为既伤害了自己,也伤害了他的国家。

我说,吴走了这样一条道路极为不幸。这不仅不利于国不利于己,而且也挖了美国援助国民党中国政策的墙角。

周以德说,长期以来,吴的所作所为毁了自己。到此,我们的谈话在愉快的气氛中结束,他请我代向委员长和俞鸿钧致意并祝我一路平安。

辞别周以德后,我回大使馆接见了乔治·奥姆斯特德将军。他于不久前辞去五角大楼的职务后经商。这位将军请我带一封致委员长的信,表示他的公司在应用美国的援助和技术服务方面愿为我国政府效劳。

那天晚上,我拜访了俞大维将军,作了长谈。他的病情有所好转,但8月10日还要再次检查。他说,病体复原后就将离开美国回台北,以便在8月末就任国防部长。我告诉他委员长曾请我担任考试院院长,但后来事态的发展说明我仍须留在华盛顿供职。他说,他认为考试院没有多少事情可做,对国家来说,我留在华盛顿这个岗位上要重要得多。

翌日上午,我分别和在长岛的钱泰大使以及在纽约的金问泗大使通了电话,告诉他们我将前往台湾。我回答钱问考试院的事,我说这已成过去,打算访台后即回美国。金大使再次把他给予驻海牙大使馆两名旧部的借款或礼物一事向我作了说明。他说,外交部出于对他的好意仍把他的辞呈压着不批。所以在职务上他仍然是挂名的驻比利时大使。

十二点半,我离开华盛顿国民机场去芝加哥,在那里换乘去西雅图和台北的飞机。全体中国高级官员云集在华盛顿机场给我送行。蓝钦大使和国务院的马康卫及马丁先生也到机场送行。

第三节　1954 年中美共同防御条约的序幕

1953 年 3 月—1954 年 7 月 17 日

1953 年 3 月,当共和党的新政府刚刚执政两个月的时候,我接到外交部的指示,要求就增加美国和中华民国军事合作的某些建议提请美国政府注意。根据这一指示,我征求杜勒斯国务卿对于这些建议——包括协商和缔结中美共同防御条约——的意见,我们于 1953 年 3 月 29 日举行了会谈。

我告诉杜勒斯,我国政府要我向他提出,按照美国、澳大利亚和新西兰的三边条约以及美国、菲律宾双边条约的不同类型,缔结一项中美军事安全条约并征求他的意见。我说,鉴于亚洲的复杂情况,在亚洲制订一个像西欧的北大西洋公约组织那样全面军事防御条约,可能并非易事。但是现在台湾的安全已成为中国和美国的共同利益,这两个国家缔结一项双边条约,将为以后亚洲国家之间缔结全面的条约打下基础。因此,我告诉杜勒斯说,我想了解他对于这一建议的反应。如果他赞成的话,我国政府是否可以在最近的将来向美国政府提出这一建议,或者,国务卿是否认为中国政府提出这一问题不合时宜。

杜勒斯回答说,原则上他十分欣赏中国的建议,他自己也经常考虑在亚洲缔结一项全面的共同安全条约。但是他指出,美、澳、新的三边条约和美、菲的双边条约实质上是一样的,并未构成两种类型。

我认为,这两项条约的一个重要区别是,在美菲双边条约中,没有关于设立外交部长会议并定期举行会谈的规定。

杜勒斯说,这是因为签约国只有两个,因此设立外交部长会议是不合适的。

艾利森当时还是负责远东事务的助理国务卿,作为杜勒斯的助手,参加了会谈。他指出,在三边条约中,有一条关于三国军事参谋人员定期会议的规定。

杜勒斯提出一个问题,这实际上成为后来讨论和协商条约中一项争论的重点。他说,他想知道,在拟议的条约范围内,包括哪些中国领土。假如条约仅限于防御台湾和澎湖列岛,他不知道对仍在国民党政府统治下的大陆沿海小岛应该怎么办。如果这些岛屿包括在条约范围之内,并受到共产党的攻击,或者,如果中国国民党从这些岛屿对大陆发起进攻,并遭到共产党还击,美国就得被迫帮助国民党。这就使美国承担一种它目前可能还不准备承担的责任,因为在两国军事安全条约中,经常有这样一条规定:对一方安全的威胁,会被看作是对另一方安全的威胁。另一方面,假如这些沿海小岛被排除在外,那么这种排除将会损害国民党政府的声誉,有损于它的领土主权。他相信,国民党政府不会希望给人以一种印象,认为它现在统治的沿海岛屿不处于其合法主权之下。杜勒斯又说,他不晓得如何才是最好的解决办法。

我建议说,中日双边和平条约所采用的公式,也许可以用来解决这一困难。

杜勒斯说,他不记得这一公式的准确用语,但是他想大概是这样的:这一条约将被应用于目前或今后在国民党统治下的地区。

我说,这正是它的实质所在,这一公式可能满足拟议中的条约所需解决的问题。

杜勒斯说,还有别的困难。大韩民国也曾提议与美国缔结军事安全条约,因为它坚持把北朝鲜包括在条约的范围之内,也产生了同样的困难。这项条款意味着美国负有责任收复和永远保卫北朝鲜作为大韩民国领土的一部分,然而美国有一天却可能要从朝鲜撤出它的军队。因此,如果美国与国民党政府缔结一项军事安全条约,包括中国应有的全部领土,就会树立一个先例,被大韩民国抓住不放,坚决要求美国给予同等待遇。另外,英国关于香港、新加坡和马来亚曾经提出过同样要求,法国关于印度支那也是如此。杜勒斯重申他的希望:有一天亚洲将有可能缔结一项全面的军事安全条约,就像欧洲的北大西洋公约组织那样。但是目前中国、印度支那和朝鲜被内战所分裂,使他难于实现他的愿望。他又说,在和平时期,当边界划分清楚并得到国际公认的情况下,同一个国家缔结一项军事安全条约是并不困难的。

我说,我了解这种困难,但是相信总会有办法克服。我认为中国和美国应该继续研究这个问题,并设法找出一个令人满意的方式来排除困难。我说,台湾一向接受美国的军事援助,那里还有美国军事顾问团。从军事观点来看,缔结拟议中的条约可能不会造成很大的差异。但是在外交上,这将象征着美国在道义上对自由中国政府的国际地位的支持。在心理上,这将对大陆以及自由中国和侨居国外的中国人起到一种振奋作用,因为这个条约将会增加他们对于解放大陆的希望,并使他们相信,不管共产党在亚洲干些什么,美国不会让台湾从自由世界的地图上消失。

杜勒斯说,他一定继续研究这件事,并且希望我也加以考虑。

艾利森建议,成立一个联合参谋长会议(这是我在政府的指示下提出的另一个建议),也许符合拟议的军事安全条约的目的。

在1953年的其他日子里,虽然我在各种演说或者与国务院和国会成员的私下谈话中,可能提到过订立这样一项条约是合乎理想之举,但是我没有再向国务院提出有关共同防御条约的正式要求。在那时,我们的这种努力看来不会获得成果,因此,我们不再强求双边条约,而是着重于扩大与美国军事合作范围的其他方式,例如成立联合参谋长会议和把美国对中华民国承担义务的范围扩展到包括沿海岛屿。这样,我们力争把那些岛屿包括在军事援助方案之内,并将保卫那些岛屿与保卫台湾和澎湖列岛结为一体。与此同时,特别是在朝鲜停战协定签订以后,我们极力主张建立一个太平洋的北大西洋公约组织,一个由美国参加和支持的亚洲国家反共联盟。下面再扼要地引述一下蒋委员长 1953 年 6 月 7 日写给艾森豪威尔总统的信(当时朝鲜停战协定似乎已近在眉睫):

> 为了确保亚洲和平,美国政府似有必要宣布随时准备与上述受直接威胁国家(即大韩民国、中华民国、泰国、印度支那)签订双边或多边共同安全条约,并将于适当时机协助成立亚洲反共国家统一组织。

总之,所有这些问题都是互相紧密联系的。加强与美国的任何军事合作,都是向形成双边防御条约的方向前进一步,而任何双边条约(蒋委员长在信中提到双边条约,是支持当时韩国想同美国订立双边安全条约的愿望,同样也表明我们自己想同美国订立双边安全条约的愿望。)都被中美双方看作是亚洲全面反共防御体系的一环。至于某一特定时期在哪一方面力争才能最有效果,这要看情况而定。1953 年秋天,台北认为亟应强调建立多边条约。为了追求这一目标,蒋委员长甚至在 11 月底会见了韩国的李承晚。但是到了 1954 年 1、2 月间,正值明显看出我们在这方面的努力尚为时过早之际,我接到政府指示,要我积极敦促美国考虑我国政府提出的与美国订立共同防御双边条约的建议。

那时,美国已经同南朝鲜缔结了共同防御条约。该约于 1953

年 10 月 1 日在华盛顿签订,并于 1954 年 1 月 15 日由南朝鲜国民议会一致通过。美国参议院于 1 月 26 日批准,但附有一项谅解,那就是:条约仅适用于美国所承认的,大韩民国法定管辖下的领土受到"外部"武装攻击的意外事件。这样,美国政府对于中美双边条约的反对理由之一,正如杜勒斯在 1953 年 3 月向我所提出,它将被南朝鲜援为先例的问题就不复存在了。另一个反对理由,美国不能轻易地同一个进行内战的国家签订这样的条约,也大大地被削弱了。

在我收到台北关于中美双边条约的初步指示的前一天,我同蒲立德有过如下的谈话:蒲立德说,他赞成美国与台湾订立互助条约,就像美国与澳大利亚、菲律宾、日本和南朝鲜订立的那样。他问我,在这个问题上与国务院交涉有了什么进展。我告诉他,虽然我个人时常以非正式的方式提出这个问题,但是我对于给我所作的解释并不感到鼓舞。解释的大意是,按照现状来看,条约并不需要,因为美国正在尽量给予台湾军事援助,而条约并不能给我们更多一些。另一方面,我告诉蒲立德,我推测这样的条约可能会引起一些不安,而这正是国务院在和其他亚洲国家打交道时希望避免的,特别是在那时,中国共产党试图在朝鲜问题上举行政治会议。我说,我同国务院更多地谈到太平洋条约,但是美国的立场依然如故,那就是虽然欢迎这样的条约,但是它必须首先由一些亚洲国家来进行,因为,如果亚洲的自由国家之间存在分歧,美国不可能在没有成功希望的情况下带头去做。

外交部长下达初步指示的代电是在第二天,2 月 6 日接到的。(发文日期是 1954 年 1 月 28 日)。在代电中,叶部长首先提出我国驻澳大利亚代办 1 月 20 日的电报报告,其中提到澳大利亚的一些报刊文章,并且还汇报了他与美国大使的谈话,这两项都表明,在那时订立太平洋条约的前景是如何黯淡。叶部长在评论这一报告时说,美国政府对于太平洋联盟仍然无意采取主动步骤,美国的负责官员已经一再表示这种消极态度。我国政府完全了解这个情况,因此我们目前并不主动地促进太平洋联盟。我们相信,如果美国不参加这样的联盟,签订的前景是非常渺茫的,即使签订,也只会得到非常有限的成果。

他继续说道,无论如何,在尼克松副总统 11 月份(1953 年 11 月 8 日至 12 日)访问台湾之时,我们曾非正式地向他提出按照美菲、美澳新和美韩安全条约的先例,尽快缔结双边安全条约的问题。接着,我们按照上述安全条约的模式,草拟了一份中美安全条约,通过美国大使馆送交国务院作为参考。(这一条约草案是在 1953 年 12 月 18 日交给蓝钦转送国务院的。)但是迄今为止,没有出现任何进展。外交部已经电复驻澳大利亚的陈代办,指示他在适当时机告诉美国驻澳代表,需要迅速进行缔结中美互助条约的谈判。并随同代电附送中美安全条约草案的中英文本抄件一份,希望我机密地作为参考,同时密切注视新的发展形势。①

外交部关于这一问题的第二封代电于 1954 年 2 月 23 日到达,它是在 2 月 17 日用密码发出的。代电说:

> 关于太平洋反共组织事,上年 11 月间韩国李承晚大统领访台时曾与我总统数度商讨。最后决定于适当时机由我方商请菲律宾麦格赛赛总统出面倡导,期能先以中、韩、菲、泰为发起国家,当时并经同意由中韩外交部部长就此项腹案随时联系,相机进行。不意李大统领于由台返韩之第三日,竟向外国记者将此项计划全部宣布,时麦格赛赛总统尚未就任,彼当于翌日发表声明,谓彼无意倡导此项组织,麦氏就职后,李氏复派其驻菲公使擅以中韩两国名义再向麦氏敦促,请其倡导。麦氏竟又于本年 1 月 17 日公开声明,谓彼正从事于内政之整顿,无意出面倡导太平洋反共同盟。最近李氏复未经事先与我方磋商,径致函麦氏促其早日出面倡导,而于事后请我总统亦以书面向麦氏作同样之表示,我鉴于菲总统对此事已屡作冲淡之表示,原认为此项办法未必有效,但

---

① 随同 1954 年 1 月 28 日代送给我的条约草案全文见附录三。

为表示我与韩国立场一致起见,经呈奉总统核定,不拟直接致函菲总统,而于查悉李大统领函确已送达后,由陈大使质平密向菲方口头表示我方支持李大统领函件之意,查太平洋反共组织有赖美国之参加与赞助,而菲政府倘无美方之劝促,显不欲出面倡导,故美国态度至关重要。近一年来我政府虽曾就此事迳与美政府作非正式之接洽,惟美国务院方面均以美政府不便倡导为辞,盼亚洲国家自动结合,语多搪塞。查李大统领由台返韩向记者宣传此项计划后,弟曾托蓝钦大使致电国务院,请美方探询麦氏之态度,久未得复。催问再三,蓝钦大使乃作为其个人意见向弟表示,麦氏面临若干内政问题,恐无暇肩此重任。并云此系彼个人之观察,固非麦氏之反应等语。此次李大统领致函麦氏请我支持,弟复邀晤蓝钦大使,请其电询美政府能否就麦氏出面倡导太平洋反共组织一事,从旁敦劝,促其同意,迄今尚未得复。我国政府固甚愿见此项组织之早日实现,且愿随时相机推动,但鉴于各方反应如此,自亦不可强求。在此种情形下,我国目前之政策应置重点于中美安全条约之缔结,以全力促其早日观成,而暂缓推动太平洋反共组织之发起。查中美安全条约之我方草案及接洽经过,已见本年 1 月 28 日本部外 43 条(一)字第 847 号代电,谅荷察及。拟请吾兄在美继续接洽,尽力推动。兹拟定下列步骤作为吾兄进行此事之参考:

(一)上年尼克松副总统离台后,弟曾将我方对此事之意见函达,近接其来函,认为此项意见切当而有用,往来函抄件当觅妥便带奉。又上年 12 月底雷德福与饶伯森来台时,总统及弟亦均与彼等谈及此事,雷氏尤表赞助,并允于返美后与尼克松副总统一谈。本部近准美大使馆非正式通知,谓已接获国务院电告,谓中美安全条约草案美政府已开始作初步之研究等语。最近蓝钦大使复告弟,此事恐须俟杜勒斯于四国外长会议闭幕由欧返美后再予考虑,故兄似可于杜氏返美前,先与饶伯森商谈。

（二）密请与我友好而具有影响力之美国参众两院议员策动此事。

（三）除弟于致尼克松副总统函中所已列举之各项理由外,以下两点亦可酌予运用。

（甲）亚洲一般人民固相信美国不致放弃反共立场,但深恐美国终将承认中共或同时承认两个中国。此种论调虽多出诸美国民主党人士,但东南亚各地一般舆论亦多作同样推测,此种看法固不利于远东一般非共国家朝野人士之反共意志,而对于越南三邦之作战情绪影响尤大,且亦间接鼓励法国对越南战事抱失败主义者之抬头。倘美国能于此时与我签订安全条约,实为美国决心不容共产暴政在亚洲存在之最有力表示。

（乙）美国共和党当政以来其对远东之政策截至现时为止,尚未能脱离前民主党政策之窠臼,质言之,即仍采取对共产党堵塞政策,而此项政策业已证明并未发生成效,倘美国现政府果欲于民主党之远东政策失败之余,为收之桑榆之计,则与我签订一项安全条约,实属惠而不费之举。

以上各点请吾兄斟酌洽办见示,并将本函及弟与尼副总统往来函件抄本密转廷黻兄参考为荷。①

我于 2 月 27 日打电报告诉叶部长说,他的信已经收到,决心推进;我已安排把副本送给蒋博士,但是他与尼克松来往函件的副本还没有收到。自从接到他的来信后,我也已秘密地打听到国务院已经初步研究此事,结果倾向于赞同。我把这告诉了叶部长,并说,当讨论此事时,大家觉得即使美国出头赞成缔结泛太平洋反共条约,也不易实现;另一方面,如果一定数量志同道合的远东国家组成一个集团,也是弊多于利。因此,国务院倾向于首先着手中美安全条约的谈判。

---

① 此电系顾氏所藏原件。——译者

我还告诉叶部长，我已特意迅速为杜勒斯国务卿准备了一份有关这一问题的备忘录。他将于3月1日去委内瑞拉参加泛美会议。我希望他在动身以前能够看到这份备忘录，并且作出决定。如果他能同意，那么，他就会在国家安全会议上提出讨论并作出决议，然后美国方面会向我们提出。我以这样乐观的情绪向外交部叶部长作了汇报，他正在亲自主持着主要在台北与蓝钦大使进行的关于条约的预备性谈判。

何士于3月9日从台湾抵美，带给我尼克松和叶部长来往信件的副本与一封外交部条约司为探询美方意见而写的密码信。当叶部长接到我2月23日的电报，建议催促何士回来协助我们用先发制人的办法阻止加拿大承认红色中国时，他一定已经决定，何士是托带保密材料的适当人士。

叶部长写给尼克松副总统信件的日期是12月18日，内容如下：

> 副总统阁下：
>
> 　　阁下于首途赴锡兰以前，抽暇在仰光写信给我，深表感谢。
>
> 　　关于尊函提到的我们在台北的谈话，我愿扼要地重述我们两国缔结共同安全条约的必要。这一条约如能实现，则不仅可使我们的关系立于永久不变的基础之上，而且可以消除经常发生的恐惧，认为美国将会放弃自由中国而承认中国共产党。
>
> 　　我口头向你陈述的意见如下：
>
> 　　（1）艾奇逊公布的白皮书，意在证明放弃中国是合理的。虽然杜鲁门－艾奇逊的对华政策现在已被否定，共和党政府为了把台湾作为全体自由中国人民重整旗鼓的据点而一直在支持中华民国政府，但是根据共产党对整个亚洲特别是对东亚的不断威胁，现在还缺少一种具体性质的东西以便把我们的关系放在较为永久的基础之上。
>
> 　　（2）自从美韩条约签订以来，普遍认为：如果美国能够和

韩国签订一项条约,那么也能够同样(即便不是更好)和自由中国签订一项类似的条约。

(3)如阁下所知,军事援助顾问团和国外业务署已在台湾工作三年。这些机构和中国政府之间订立了大量的技术协定。此外,据我们了解,第七舰队待命阻击针对台湾和澎湖列岛的任何侵犯活动。阁下也许同意,贵国目前承担的义务,实际加起来相当于,甚至多于根据一般原则缔结的条约所包含的义务。

(4)如能于最近的将来签订一项条约,必将彻底地消除台湾人民以及分散居住在世界各地的一千二三百万自由中国人民的疑虑,即:美国将会在一些盟国的压力下承认中国共产党。

(5)对于铁幕后的数以百万计的中国人民,缔结这样的条约将会大大增强他们对于自由事业和对于美国反共政策的信心。

(6)由于我对贵国国内政治所知甚少,我不能断定,与自由中国签订一项条约是否会得到议员们的支持,但是我倾向于相信,那些一贯赞成支持我国政府的议员们是不会反对的。

由于我们谈话时贵国大使蓝钦在场,我已冒昧地通知他,我将写信给你,扼要重述我对于这一问题的看法。

无需赘言,阁下的访问是极大的成功。阁下在我国人民中,特别是在军队中,鼓舞了信心,提高了士气。阁下的个人风度及民主作风赢得了我国朝野的爱戴,而尼克松夫人,我可以说,受到了所有与她相识的人们的钦慕。

谨向阁下和尼克松夫人致以节日的祝贺。

你的诚挚的

叶公超

副总统的复函的日期是 1954 年 1 月 9 日。他说：

部长先生阁下：

　　谨草寸笺对 12 月 18 日大札表示谢意。阁下所作我们在台北谈话的纪要是非常恰当而且有用的，承蒙惠寄一份，至为感谢。

　　值此新年节日，尼克松夫人和我谨向阁下致以衷心的祝贺。

诚挚的

尼克松

　　在那前后，我也接到外交部寄来的蓝钦大使与叶部长 1954 年 3 月 2 日谈话纪要。蓝钦大使应叶部长之邀，曾到外交部拜访他。当时他告诉蓝钦，已指令我到国务院询问关于双边条约的问题。他记得这一问题他曾与蓝钦在许多场合非正式地讨论过。"纪要"继续说：

　　……叶部长谈到，拟议的条约草案已于前些时候交给了蓝钦大使，大使最近来信说，国务院正在加以研究。叶部长希望美国政府不久将会对此事做出决定。如能签订条约，或者至少在日内瓦会议以前宣布将签订条约，他认为可对消除某些恐惧和疑虑起到更多的作用。叶部长接着要求把他的希望转达国务院。蓝钦大使高兴地得悉顾维钧博士将要同时在华盛顿提出这一问题。自从尼克松副总统离去以后，大使至少已有两次促请给予比较明确的答复，现愿再次催促这事。为了加强他的地位，大使建议叶部长给他一份关于该项建议的简短的备忘录，这样他就能加以引用，作为最新信息。叶部长说，他将乐于照办。谈到太平洋反共联盟问题时，大使认为实现的可能性极小，叶部长对此亦表同意。

　　3 月 10 日，在纽约见到何士以后，我前往波多黎各作短期休养。在我离开以前,我要谭绍华去见饶伯森助理国务卿。饶伯森告诉他,国务院已注意到这一问题的经过和叶部长 3 月 3 日给蓝钦大使的私函①。他还说,国务院现在能够告诉我们的是,它已对此事予以积极的考虑,并已作了大量的准备工作。但是杜勒斯国务卿最近正在各地参加会议,因此工作极忙。这样,远东司没有机会与杜勒斯商量此事。不过,这不仅是国务卿个人意见的问题。国务卿还必须考虑上级领导的意见(大概是白宫和国家安全会议)。甚至还要探询国会重要成员的态度。只有在履行这一程序以后,才有可能做出决定。

关于此事,外交部自然是与大使馆的活动齐头并进的,它于 3 月 15 日打电报告诉我,拟议的中美安全条约的代号是"CLARA",中文为"棠案"。叶部长对此事甚为焦急,他也想知道杜勒斯是否已回华盛顿,或者在他离开首都以前已就他的意见有所指示,以及关于"棠案"是否有了什么新的发展。国务院正专心致力于印度支那的局势和关于印度支那及朝鲜的日内瓦会议的准备工作。

外交部 3 月 25 日的电报通知我,美国大使馆刚刚派人来告诉我们说,根据国务院来电,美国政府正在积极研究和考虑"棠案"。此外,他们特别重视叶部长的论点,即在日内瓦会议开幕以前签订此项拟议的条约的好处。当我们问到所谓"正在考虑"是否意味着还有困难时,代表回答说,国务院必须首先与国防部商量,然后把这件事提到国家安全会议上作决定。所谓"正在考虑"是事实,并非意味着国务院对此感到有什么困难。

叶公超 3 月 24 日给我的私函中也提到"棠案"或"克拉拉"的问题,重申外交部得到美国大使馆的另一口信说,美国政府的最高一级正在郑重考虑此事。叶部长又说:

> 如能对国务院施加若干压力,或能有助于加速此事之进展。总统切望于 4 月 26 日日内瓦会议开幕以前美国能做出

---

① 叶公超 3 月 3 日私函见附录四。

肯定决定。

又过去几个星期,但国务院对于拟议的条约没有传出新消息。印度支那的局势变得日益严重,再有几周日内瓦会议就要开幕。我要求在国务院会见饶伯森。我希望讨论共同防御条约,以及台北就我国政府对日内瓦会议的希望和态度通知国务院的九点备忘录的电报。我于 4 月 7 日提出约会的要求,恰值饶伯森的办公室打电话给大使馆,问我是否能会见他,于是我们遂在当天见面。

我们刚刚讨论完台北关于日内瓦会议的备忘录,一位秘书送给饶伯森一张纸条,上面写道,另一位客人正在等候。我说我不多占他的时间,只是想问一下关于协商中美共同防御和互助条约的问题,这是中国外交部长前些时候向蓝钦大使提出的。我说,虽然此事是在台北办理的,我的政府要求我询问美国政府是否已经做出决定。

饶伯森回答说,这件事在日内瓦会议以前恐怕不可能提出来。因为国务卿所专注的,一方面是印度支那的局势,另一方面是日内瓦会议的准备工作。国务卿首先要同国会的领袖们商谈,才能提出这个问题,而在日内瓦会议以前去做这事,实际上是不可能的。此外,这个问题还要提交国家安全委员会做最后决定。

我问,是否国务卿本人已经同意这一建议,并已作出决定。

饶伯森说,他和他的办公室都赞成这个建议,并已把此事向国务卿提出,但是这要由国家安全委员会来决定。

我问,是否国务卿已经做出决定,赞成这一建议,或者他还没有时间去研究它,因而没有决定。

饶伯森回答说,杜勒斯还没有决定,等到从日内瓦回来后才会研究这一建议。

谈到这里,我起身告辞,会见时在旁协助的马康卫陪同出来。他告诉我,饶伯森曾想见我,和我谈拟议的中美共同防御和互助条约问题,但是助理国务卿一直忙于接见各国大使,显然忘记了提到这个问题。他很高兴我把它提出来,并得到了饶伯森的答复。

马康卫返回他的办公室,我在前厅稍待了片刻。十分钟后,我看到一群人,包括澳大利亚、加拿大和新西兰大使,由他们的秘书陪同,从饶伯森的办公室走出来。临走时,我又看到越南大使正在等待会见饶伯森。这是国务院和杜勒斯发起的一轮讨论的开始,以推行国务卿4月5日演说中的建议:由美国及其盟国共同警告共产党中国不得在印度支那或东南亚其他地区以任何方式推行进一步侵略,使共产党中国在东南亚形成的严重威胁"受到统一意志,必要时统一行动的抵抗"。

仅仅在我与饶伯森会见的前几小时,我曾邀请中国科科长马康卫共进午餐,席间我曾向他探听美国对于拟议中条约的态度。他告诉我并为后来饶伯森所证实的是:国务卿正忙于准备日内瓦会议,不可能期待他对条约做出任何决定。

几天以后,在台北,叶部长和蓝钦大使谈到双边条约与拟议的东南亚联盟的关系。一星期以后,他在另一封给我的私信中说:

> 请寻找机会告诉国务院,我们对于"克拉拉"的拖延颇感失望,主要是由于心理上的原因。我曾经希望某种形式的东南亚共同防御联盟将在日内瓦会议以前成立。如果在那时以前我们能够得到"克拉拉",定将有助于减轻因在拟议的联盟问题上没有同我们商量而感到失望的痛楚。这里很多人的意见是:如果菲律宾人能够包括在内,那就没有理由把我们排除在外。由于种种原因,我个人宁愿不把自由中国包括在任何东南亚共同防御组织体系之内,虽然我深知要想消除一般认为我国政府是被轻视的印象是不容易的。唯一可能的补救,看来是要由美国着手组织一个东亚防御联盟,但是那样韩国就会誓死反对把日本包括在内,而日本本身很可能不希望和我们及韩国同舟共济。我担心美国国务院对于我们的处境并没有给予充分的考虑。我与蓝钦大使4月9日

的谈话中也是这样说,谈话的记录摘要已经送上。

叶部长再一次要求蓝钦大使在 4 月 16 日来见他,也就是他给我写信的那天。他告诉蓝钦,他认为美国倡议的东南亚反共条约,正在具体化,他把这看作是反对共产党活动的重要联合行动。他还说,由于我们不包括在拟议的东南亚联盟之内,而且为东亚成立一个组织是不可能的,我们热诚希望美国迅速考虑中美安全条约问题。如果在日内瓦会议以前不可能签订这一条约,那么我们认为它应该在会议期间签订。根据 4 月 17 日外交部的来电,蓝钦大使同意立即向国务院报告。

外交部的同一封电报要我立即为此事与国务院联系,并且继续经常催促国务院采取行动。然而,不仅杜勒斯国务卿,而且远东事务助理国务卿饶伯森和中国科的许多成员都正要到日内瓦去。我知道大使馆在那时的任何请求都仅能得到像过去一样的答复。然而,当我于 4 月 29 日拜访远东事务助理国务卿帮办庄莱德,询问关于国防部长威尔逊和范佛里特将军行将对台湾进行访问之事时,我还是乘机向他探听了有关拟议的条约、日内瓦和印度支那的形势,以及 4 月 20 日十九个亚洲国家与杜勒斯国务卿的会见等情况。

在介绍条约问题时,我首先提到三四星期以前,我与饶伯森关于我国与美国进行双边共同防御条约谈判问题的谈话。我说,我已了解到由于国务卿正专心于印度支那的局势,在日内瓦会议以前他不会有时间研究这一问题并作出决定。这当然要使我国政府失望,因为我国政府原本希望拟议的条约能在日内瓦会议以前签订,或者至少能开始谈判。国务卿回国以后,最近宣布,作为两星期以前他去伦敦和巴黎短暂旅行的结果,他准备发起一项东南亚十国共同防御条约,而他提到的国家名单中并没有包括中华民国。这就增加了中国政府和台湾人民的失望,使他们倍感沮丧。因而,外交部长叶公超在给我的电报中谈到了自由中国失望的痛苦,由于现在开始的日内瓦会议有中共政权参加,就使得痛楚更加强烈。我问,美国方面现在的情况如何。

庄莱德说,杜勒斯国务卿了解台湾的情绪,并于最近传话给叶博士说,他对这种想法不是无动于衷的,回去以后,他愿多花些时间研究这一问题,并作出决定。杜勒斯也谈到,他必须同美国的人们讨论这一问题。

我问,是否可以这样说:虽然国务卿和国务院对于这个想法是同情的,但是还没有作出决定。

庄莱德说,这是对的,又补充说,国务卿将于下星期回华盛顿,我可以直接同他谈起此事。

我说,我一定要寻找机会与杜勒斯交谈。关于此事的原则,我想不会有太多的困难,因为美国不但已同其他国家签订了许多双边条约,而且一直在同台湾的中国政府合作保卫该岛。此外,在我们两国的协定中,关于利用美援方面,也有一条对第七舰队长期有效的命令:当台湾受到大陆的攻击时,要帮助保卫台湾。因此,签订共同防御条约,仅仅是把现在的情况形式化而已。

庄莱德表示同意,并且说,现在有了澳新美安全条约和与菲律宾、韩国、日本的条约。此外,美国一直在给台湾的中国政府以大量的援助。他还提到艾森豪威尔关于台湾非中立化的声明。

我认为,如果谈判不能很快开始,美国发表一项声明,表明它对这一条约进行谈判的意愿,那将大有助于清除我国政府和人民的疑虑。

庄莱德再次建议,杜勒斯回来以后,我可以同他安排一次会谈。

我说,我将欣然照办。

庄莱德问道,台湾是否认为拟议的条约完全对中国有利。

我回答说,据我了解,台北在讨论时,有一小部分人心怀犹豫,但这只是极微弱的少数。希望有这样一项条约的理由主要出自心理上的原因,特别是目前关于对远东共产党的威胁采取联合行动之事正议论纷纷之时,更是如此。事实上,没有一个国家比中华民国更具有与共产帝国主义作斗争的坚定决心,这可能是因为中华民国和中国人民比其他任何国家遭受到更多的共产主义侵略之故。的确,我相信中华民国和大韩民国(它也遭受到深重的共产党的侵略)拥有两支亚洲最强大的军事力量,可为反共事业服务。

正是在这一点上(像前面一章谈到的),庄莱德解释说,拟议的十国条约是有关印度支那的局势的,是属于东南亚的,这就是为甚么像南朝鲜和台湾等国没有被包括在内的原因。我告诉他,我认为如果邻近台湾的菲律宾包括在内的话,就没有理由不包括台湾,因为,如果印度支那发生任何事故,台湾势必受到同样威胁。他说,十国名单既不是最后的,也不是包罗无遗的。如果东南亚形势恶化,当然会要求国民党中国和南朝鲜的强大军事力量前来帮助。

大约一星期以后,杜勒斯回到华盛顿。然而我由于几种原因(我于5月13日给外交部叶部长的密电中曾对此加以解释),并没有立即请求会见。我告诉部长,在正常情况下,国务卿回来以后,为了亲自催促对双边条约尽快采取行动,我会立即请求与他会见。但是日内瓦会议的进展不利,国际局势的可能发展也难以判断。美国对东南亚的政策看来摇摆不定,实际上正在进行修订。与此同时,我觉得双边条约如能定期签订,对一般群众在心理上不会没有好处,但是对于台湾和澎湖列岛的防务,对于我们争取获得军事和经济上的援助,实际上并不容易因此得到迅速的效果。另外,最重要的是,条约将会限制我们主要的行动方针——攻击和收复大陆的自由。这样,权衡条约的利弊,看来是各占一半。

我继续说,全面考虑到目前国际局势的大动荡,如果签订条约仍是我国政府的一项坚定政策,在我见到杜勒斯时,我必将强烈敦促他去进行这项工作。否则,我将在此期间密切观察国际局势可能发展的情况,然后向他顺便提一下这个问题,以便看看他的反应,并将把我们的谈话集中于东南亚的形势,美国对此的主要政策,以及迄今为止美国努力推动联合抵抗共产主义的实际进展情况。我要求部长考虑这几点,并将他的反应秘密告知。

事实是,我一直认为拟议的这一条约既有好处,也有坏处,主要的坏处是条约将会限制我们实现收复大陆这一目标的行动自由。我一直希望并且相信,我们一再宣布的收复大陆的政策不久就会实现。即使后来到了1954年,当我回到台湾访问的时候,从我看到和听到的,我都认为他们打算在不久的将来对大陆发动进攻。的确,一般在台湾的大陆人、海外华侨和美国朋友像诺兰、蒲立德和周以德等,都殷切期望我们将尽全力收复大陆。台湾大约有六十万军队,包括各个兵种,例如炮兵、装甲部队、海军等等,而且每年至少有百分之八十五的预算用在武装力量方面。

然而实际上除非第三次世界大战爆发,收复大陆并不是政府的直接目标。使我惊讶的是,在台湾从最高当局到一般群众都普遍相信,另一次世界大战即将开始,目前当务之急是保证台湾及其附近岛屿的安全,因此需要通过一个共同防御条约来获得美国的保护。关于第三次世界大战的问题,当蒋委员长和政府的其他高级官员征询我的意见时,我坦率地说,所有上次大战同盟国的人民对于战争都深恶痛绝,因此他们的政府肯定要在近十年或更长的时期尽力避免战争。但是当时我确实没有看清,在爆发这样一次全面战争并得到美国保证给予援助之前,政府是不会进攻大陆的。相反,随着台湾情况的好转和大陆形势的混乱以及那里人民的不满,发动一次收复大陆的进攻,看来比过去更有成功的希望。这就是为甚么我给外交部长发那封电报的原因。我希望警告政府,虽然与美国订立安全条约可以得到直接的心理上的好处,但是条约将使我们进攻以至最终收复大陆的自由受到限制。

两天以后,外交部长拍来回电。他已读过我的电报,赞赏我眼光远大的看法。但是他说,拟议的条约的主要目的,在于把两国之间的共同防御关系置于法律基础之上。同时,这是参加较大范围的安全组织的第一步。此外,考虑到条约的实际作用,政治比军事问题更为重要。然而他也考虑到我的观点,即我们为了收复大陆而实行的任何进攻行动都可能要受到限制。因此,在起草条约的时候,已经注意到不使产生这样的解释,并避免使用招致这一解释的任何措词。叶部长继续说,如果我们的草案得到同意,我们这方面的收复大陆的任何努力将不属于条约范围之内,因此,签订条约无论如何也不会招致任何约束。所以政府仍然希望我会见杜勒斯,尽快地促成此事。

叶部长说,目前东南亚的局势十分紧张,美国为计划和组织一个防御同盟所做的实际而积极的工作也是恰当的。但是美国仍然希望像印度和印尼这样的国家能够参加,叶部长认为这实在不够明智。他指出,过去美国以军事和经济援助来建设这些国家,希望增强他们的反共信念,但是迄今为止,这一努力并没有产生预期的结果。最近,印度竟然拒绝美国飞机运载法国军队保卫奠边府所急需的物资过境,我们对此确实是非常痛心的。我们不禁要问,即使这样的国家参加东南亚同盟,对于反对敌人的共同防御行动又会带来甚么好处? 在建立联合行动的组织中,事实上必须首先区分敌友。

叶部长说,美国迄今为止已经与澳大利亚、新西兰、菲律宾、日本和南朝鲜分别缔结了条约。只是同我国还没有建立军事互助关系的法律基础。实际上中国、日本和南朝鲜是东亚拥有最大反共实力的三个国家。如果中国、美国、日本和南朝鲜能够组成一个共同防御联盟,其结果将能稳定东亚甚至东南亚的局势。不幸的是,因为南朝鲜反对日本,致使此事不易实现。为了应付这一情况,唯一的补救办法就是分别缔结中美日和中美韩联盟,作为中美日韩联盟的第一步;而中美安全条约乃是确立这一局面的基础。因此,外交部长殷切希望美国能早日同我们缔结上述条约。他要求我向杜勒斯详细阐明这些意见,并将谈话结果电告。

此后几天,我没法约见杜勒斯。我还从新闻报道中获悉,我们的军舰和共产党军舰在台湾海峡发生冲突。我谋求证实这一消息，因此，在我的陆军武官于 5 月 18 日为中国的一位朋友、五角大楼的查尔斯·博尔特将军举行的招待会上，我询问将军关于海军交战的消息。在回答我的问题时，博尔特将军说，他认为我们的军舰与共产党军舰冲突并不严重。另一方面，顾毓瑞报告说，国务院的一位官员告诉他，我们在交战中损失了一艘护航驱逐舰。然而我的海军武官柳上校和大使馆一样，却说没有收到台北关于这一事件的消息。此外，那一天的报纸消息指出，在空中也曾发生冲突，我们的螺旋桨飞机打伤了一架共产党的米格式喷气机。

离开招待会以后，我立即打电报给叶部长告诉他我即将与杜勒斯会见，并且询问外界传闻与共军发生海上和空中冲突的详细情况。我说：

> 据传共党海空军曾多次出现于台湾沿海一带进行侦察，但已一再被我击退，此讯是否属实？有无共军即将发动进攻之迹象？据闻你曾陪同蓝钦及范佛里特视察沿海岛屿之军事情况。

（范佛里特将军曾于 5 月 12 日至 16 日在台湾停留。）

第二天下午四时，我到国务院拜会国务卿。马康卫也在座。我发现国务卿在回答我提问的关于拟议的双边安全条约时非常谨慎，在遣词缀句中显得非常小心，时常沉思地注视窗外。

根据谈话记录，我一开始就说，我是来与杜勒斯先生商谈关于中美共同安全条约之事的，这个条约出自我国政府的建议，并于 1953 年底已把草案送交美国政府。我最近曾与饶伯森及庄莱德先生谈过，听说此事已经送请国务卿考虑。我不知道杜勒斯先生在百忙之中和出国访问之际，是否能够考虑到此事，并且作出决定。

杜勒斯说，他对这一建议曾经反复认真考虑。甚至那天早晨，他还同他的助手们结合发起亚洲和太平洋联合阵线问题进行讨论。(国务卿从椅子上站起来,像他习惯地那样,踱来踱去,说话审慎,显然是在掂量他说的每一个字。)他告诉我,这是一个复杂而困难的问题。在谈到东亚成立联合阵线和集体防御时,他说国民党中国和南朝鲜所处的地位与那一地区的其他国家不同,因为这两个国家都在进行内战。

他接着说,就南朝鲜而言,由于签订了停战协定,敌对行动已经停止。美国和南朝鲜的共同安全条约,只是在停战协定签订以后,换句话说,是在战争停止以后才缔结的。尽管这样,条约还规定,只有现在或今后,在大韩民国政府和平管辖下的领土受到武装侵犯时,条约才可应用。这条规定的目的是为了说明,如果南朝鲜采取敌对行动,侵略北朝鲜,因而南朝鲜的领土被北朝鲜占领或受到攻击时,都不能迫使美国参与防卫。

杜勒斯说,他愿让我看看条约的内容,并打电话叫人拿来一份条约副本。在查阅时,他发现第五条用的词句是"合法地"而不是"和平地",他立即解释说,这两个词的含义是一样的。他说事实上,美国政府的这一谅解,在谈判中均有记录,并在美国政府致大韩民国总统的函件中再次明确提出。他还把这封信的有关部分念给我听。

我问,这是否意味着,在美国看来,只有当北朝鲜主动对南朝鲜恢复敌对行动时,条约才能应用。

杜勒斯作了肯定的回答说,停战协定只要继续有效,就打算永久维持下去,虽然共产党将来可能做些甚么尚难预料。至于国民党中国,目前中华民国和大陆上的共产党政权之间的战争状态继续存在。事实上,空中和海上的敌对行动仍在继续。缔结一项共同安全条约,并且规定它的准确使用范围,将是困难的。中华民国政府把中国大陆看作是在它的合法主权之下,并且表明了一定要恢复大陆的决心。他同情这一意图,并且愿意见其实现。但是美国不想介入中国大陆上的军事行动。日本军队花了七八年的时间竭尽全力企图征服全部大陆,但并没有成功。另一方面,如果规定拟议的条约的适用范围,那将意味着美国想要阻拦国民党政府收复大陆,美国也不愿那样做。

我指出,拟议的条约的目的是防御性质的,没有必要使美国成为国民党政府进攻大陆的一个伙伴。

杜勒斯说,"是的",但是阻拦的含义仍然是明显的。他说,远东的全面形势充满了不安定因素,他希望今后的发展将是国民党中国能够努力收复大陆,并取得初步成功。那时美国也许能够加以帮助。

我问,杜勒斯对于拟议的双边条约的考虑,是否也适用于把国民党中国包括在内的多边条约?

杜勒斯说,"是的"。他说,事实上美国的目的是成立一个集体防御体系和发起一个特别的条约。

根据报纸消息,英国似乎不愿现在就参加而美国则不顾英国希图暂时置身事外而准备继续前进。当我谈到这一情况时,杜勒斯提到那天早晨艾森豪威尔在记者招待会上的声明,并说,不管英国是甚么态度,美国正在继续前进,但是希望英国不久将会参加。他说,人们会记得,这就是美国现在的态度。

我们继续讨论这个问题,并且谈到法国—印度支那的一般局势,然后我起身告辞。在我告别时,杜勒斯再次说,他愿向我保证,对于国民党政府在台湾的处境以及它在拟议的条约中所表示的意愿,极为同情。

我问道我是否应该向我国政府作这样的报告,即:除了杜勒斯先生刚才说的那些以外,国务卿还想建议国民政府应该忍耐,等待可能有助于它的处境的总的形势的有利发展。

杜勒斯说,他愿这样建议,要求我照此告诉我国政府。

在陪同我拜会杜勒斯以前和在会见以后,马康卫告诉我,根据他的办公室收到的来自台北的报告,国民党和中国共产党的部队在空中和海上发生了不少次冲突,双方都有损失。报告进一步指出,共产党正在准备进攻,夺取浙江沿海大陈岛周围的小岛。

局势看来对台北颇为严重。

我说,共产党曾经试图夺取大陆沿海在国民政府管辖之下的岛屿。

马康卫认为,保持那些岛屿,对国民党的事业来说是重要的。

我同意,并说,它们曾被作为重要的观测站,察看大陆正在搞些甚么;当然到了适当时候,它们将是进攻大陆、收复主权的良好的踏脚石。

马康卫表示热烈希望国民政府能够抵御共产党的进攻,保住这些岛屿。

几天以后,我收到外交部长对于我电询冲突消息的答复。首先他告诉我,5月4日他曾陪同蓝钦大使作为期三天的旅行,到金门和大陈岛视察前线。范佛里特将军还没有到达台北,因而没有跟他们一起去。其次,在过去十天里,共产党的海军几乎每天都与我们驻大陈岛的海军遭遇,双方都受到一些损失。第三,大陈岛附近海面上的共产党海军,已经辨明的有两艘大型驱逐舰、三艘巡逻炮艇、四艘潜水艇。还有苏联接受日本作为部分赔偿物资的一艘巡洋舰和三艘大型驱逐舰,尚待核实。所有这些舰只上,炮的口径都比我们大。

叶部长还说,在那一地区的共产党海军力量已经超过了我们驻在大陈岛的海军。另外,他们可以得到大陆上的空中支援。我们自己的空军驻在离大陈岛二百多海里的基隆。飞机要飞行一个半小时才能为大陈岛的海军提供空中援助。常常因为到达的时间太迟,不能参加战斗,结果只是一场徒劳往返的飞行。因此,我们在大陈岛的海军实际上是暴露在海空军都占优势的敌人面前。我们的空军在此情况下,不得不进行支援,但在这样做时,常常遭受损失,因为敌人所有的飞机都是米格十五式,而我们仍然在用螺旋桨式飞机。

外交部长接着指出,大陈岛可以作为搜集大陆军事情报的基地,也可用作对敌人进行侦察的基地。因为这不仅对台湾而且对冲绳都是如此,所以大陈岛对国民党中国和美国都是具有战略价值的。过去,当美国决定逐步放弃"中立化"的时候,我们曾要求美方利用这一机会公开宣布它对这些外围或"沿海"岛屿的关注,作为对敌人的警告,从而使它们不致落在敌人的手里,而被置于第七舰队的巡逻范围之内。但是美国不赞成这一意见。结果是,敌人肯定地了解到美国无意参与沿海岛屿的防卫,便策划对它们采取行动。

叶部长说,由于这个原因,他于5月21日再次提请蓝钦大使注意我们的要求:请美国在最近的将来寻找适当机会发表一项声明。这个声明并不需要明确提出联合防御,但是它必须清楚表明:美国把保卫沿海岛屿看作是与保卫台湾和澎湖列岛同等重要。它还要说明,第七舰队巡逻的地区将不限于台湾和澎湖列岛,它的任务是防止共产党在台湾海峡进行军事行动。叶部长要我与美方接触,并向国务院重申我们的要求。

在台湾海峡与共军发生的严重冲突,和台北再度提出去年7月的要求,让美国对我国政府统治下的众多沿海岛屿承担义务,清楚地表明,拟议的条约的应用范围,正像杜勒斯自己在我们最近的谈话中暗示的那样,将是双边条约谈判中的一个突出问题。另一个问题显然是,在拟议的条约下,我们对共产党采取军事行动的自由程度。这一点,在与朝鲜的情况作比较时,杜勒斯也曾暗示过。美国承担不起而且无意于保证一个国家的自动防御,让这个国家能在它自己选择的任何时间攻击敌人并招来反击。首先,美国也不会使自己在承担义务或其他情况下,为保卫那个国家的所有岛屿而投入战争,这些岛屿中有些是分散的,或无法防御的,或者从美国的观点来看是没有战略价值的。

台北政府本身预见到这些问题,希望看到条约的谈判问题早日解决,因而显出和解的姿态。根据外交部5月27日电报,在范

佛里特将军第二次访问台湾时,蒋介石总统和他谈话的要点如下①:

（一）东南亚各国多英法旧殖民地,受英、法殖民政策之羁縻,积重难返,意在观望,态度含混。美对各该国欲采鲜明之单独政策,不受英、法牵制,殊鲜可能。惟东亚方面,中、菲、韩、日四国与美国关系密切,反共意志坚强,美与此四国加强合作,无虑英、法之影响。（二）鉴于日本与菲、韩二国之关系,欲使东亚四国共同组织联盟,目前恐难办到。现必须先以美国为中心,并以美与四国之双边为基础,形成中美日、中美韩及中美菲之连环区域安全制度,始能收共同反共之效。（三）美与日、韩、菲三国均已订有双边安全条约,独与我尚未订此约,我认为系一大缺憾。美总统前命令调整第七舰队之任务时,我曾与美国成立谅解,即我如对大陆采取大规模军事行动时,事先必与美国协商。现美如与我签订条约,我仍将于事先与美协商,决无采取单独行动之理。至条约适用范围,我约稿中规定系采中日和约之例,此点美亦可无所顾虑。（四）我控制下之大陆沿岸岛屿,计有三十余个。最主要者为上下大陈、马祖及金门三地区。我望美至少将此三地区各岛之防卫,包括于第七舰队责任范围之内。美如同意此点,我可承诺目前不以各该岛为反攻基础。如有利用各该岛发动突击大陆行动之需要,我自当仍先与美协商。

电报的结尾说,前两点仅供我参考。至于后两点关于谈判和签订防御条约以及美国协防大陆沿岸岛屿的保卫问题,我应该连同外交部长5月15日电报中的要点一起考虑(即他对我在电报中提出的告诫:条约存在有利和不利两方面因素所作的答复),并由我斟酌,寻找机会向国务院提出这个问题。

随后,我于6月9日菲律宾大使罗慕洛举行的晚宴中遇到助

---

① 此件录自顾氏所存函电。——译者

理国务卿帮办庄莱德。他告诉我,第七舰队刚刚巡视过大陈岛周围的海域。他说,这将会使我们满意。我说,我还没有从台北听到关于巡视的消息,但是我想这是一个有用的和有益的行动,一定会给中国共产党以美国注意和关心那一地区安全的深刻印象。在给外交部关于谈话的电报汇报中,我补充说,这是为了那一目的而采取的一项必不可少的步骤。我还问外交部长,在采取这项措施以前,美国方面是否事先与我军事当局取得联系,表示打算继续进行定期巡视。

外交部于6月12日答复说,我们事先曾经收到关于第七舰队将巡视大陈诸岛的通知。蓝钦大使曾秘密告诉我们,美国舰队在对台湾和澎湖列岛的例行视察航行以后,两艘驱逐舰将在最近几天前往大陈岛内港。但是关于沿海岛屿的联防或美国宣布这些岛屿是在第七舰队的巡航范围之内的我方建议,美国仍然表示不能同意。

6月27日,范佛里特到达台北,这是他在六星期中的第三次访问自由中国。几天以后,《纽约时报》自台北发来的一则电讯说,蒋委员长和范佛里特将军已经商定缔结中美共同防御条约,这项条约给予中国以进攻大陆的自由,可是美国不必参加这一行动。此外,电讯还说,与此同时,美国同意防御金门和大陈岛等沿海岛屿。

显然,这是歪曲事实。所以我把电讯的要点电告外交部,要求尽快把准确的信息告我。我已经安排在第二天下午会见杜勒斯国务卿,他很可能询问实际情况。

回电适时来到,告诉我电讯中的信息不是真正事实。电报说,这一电讯的起因可能是范佛里特将军最近对总统的一次拜访,和他们关于他最近在前线访问中所见所闻的讨论。电报还向我重申,我们政府对于拟议的条约仍保持绝对秘密,不允许任何泄露。它要我自行斟酌,在美方问到时,如何加以解释。

然而当我们在7月1日见面的时候,杜勒斯国务卿并没有提出这个问题。事实上,我们主要谈的是国际问题。马康卫会见时在座。我一开始就解释这次访问的原因。我说,我因磋商公务,将回台湾大约两个星期,这就是为甚么我要求与国务卿会谈的原因。我说据我所知国务卿工作很忙,为了节省时间,我将直截了当地把我想到的各种事情讲出来。大约有六个问题。据回忆,我首先问到最近英美会议的结果,在会议中,英国不仅极力主张东南亚要有一个洛迦诺式的安全公约,而且应接纳红色中国进入联合国;第二,关于印度支那的局势;第三,关于英美会谈的性质,是根据条约或仅根据政策;第四,我说,有两件事情与我国政府直接有关,我请求国务卿加以澄清。于是我提出了把沿海岛屿包括在军事援助计划之内的问题。我说,我国政府已提出此项要求,我自己以前也向国务院提出过这个问题。

杜勒斯说,事实上已经这样做了,因为据他了解,由美国驻台湾顾问训练的正规军队,连同美国装备已经被派往那些岛屿。

马康卫说,唯一不同之处是没有军事援助顾问团人员驻在这些岛上和美国军官不在那里进行训练,而实际上军队和装备已在这些岛上投入使用。

我说,另一件事是,我国政府请求美国政府宣布把那些岛屿包括在第七舰队的防护巡逻范围之中。我国政府认为,如果不便发表一个简单的宣言,那么,声明美国对于那些岛屿安全的重视和关注,以至进一步指出它们处于第七舰队的巡逻范围之内,将是非常有益的。

杜勒斯问道,最近第七舰队不是已对那些岛屿周围的海域进行了巡视吗?他又说,第七舰队之所以去到那里,是鉴于共方夺取那些岛屿的威胁在不断增加。

我说,我了解到第七舰队在 6 月初旬对那些岛屿进行了巡逻,收到了很好的效果。

杜勒斯说,美国政府不愿发表任何正式的声明,因为书面声明会引起过多的注意,但是正在密切注视着形势的发展。

我说，我听到这些话很高兴，我推测一些美国驱逐舰也将巡视那些岛屿。

杜勒斯重申，美国海军将对那一地区密切注视。

最后，在起身告辞以前，我问杜勒斯如何评价远东和欧洲的全面形势。他作了回答，然后祝我去台湾旅途愉快。他没有提出双边条约，我也没提，因为我知道在这种情况下如果他自己不提这个问题，那就是没有甚么新的东西可以告诉我。

同一天，我会见了孔令傑，他到双橡园来拜访我。他和我谈到中美双边条约的问题，并说，一个美国朋友曾经告诉他，我已向杜勒斯提出了这件事，但是遭到他的拒绝。我告诉他，台北提出这件事已经有几个月，我奉命与国务院打交道，只是因为台北等待了几个月，一直没有接到华盛顿的回音。国务院的下级官员是赞成的，这是事实，但是这要由杜勒斯来决定，而他却认为困难重重。

7月3日，关于这个问题外交部又打来一封电报。告诉我有关叶部长和蓝钦大使6月17日的会谈情况①：

> 部长于6月17日与蓝钦大使再谈棠案，经本部备就同意记录，奉部长核定，并于6月21日交蓝钦阅表同意。部长在会谈中曾就国务卿杜勒斯于5月19日与执事晤谈时所表意见，加以评论，请美方再加考虑。该件谈话纪录原拟即译密码航寄执事，惟因当时执事或将返国述职，故未寄发。现蓝钦已将此项纪录密送国务卿。其本人日前返美亦携有一份，经本部请此间美国大使馆电蓝钦，即以6月17日谈话同意纪录一份，送交执事，并告以本部曾将全文电达执事，惟以电码错误，未能译出等语，请径洽蓝钦。又纪录中末段蓝钦所询一节，已奉总统指明，以我反攻大陆事先应与美磋商一事，前曾提供保证，迄仍有效。惟美方对棠案尚未同意，现欲我就反攻大陆与美磋商一事再作进一步表示，不但为时过

---

① 外交部7月3日电文录自顾氏所存函电。——译者

早,且无必要。俟将来美同意签订棠案时,或可再由双方商谈成立一种了解。等因。部长已照此意于 6 月 21 日转复蓝钦,并希查照。

7 月 8 日,我设午宴招待蓝钦大使,并从国务院和国外业务署邀请了许多美国客人,还有大使馆的一些官员。蓝钦交给我一份他和叶部长会谈关于美中共同防御双边条约的纪要。由于此纪要涉及我与杜勒斯对同一问题的会谈,并且包含一项声明,答复或解释我们力求签订这一条约的立场和理由,现抄录于此以供参考。当时上面注有"密件"字样。

商定的记录

1954 年 6 月 17 日,星期四,上午十时三十分,美国大使应外交部长邀请造访外交部。会谈记录摘要如下:

外交部长首先感谢大使提供一份顾大使与杜勒斯国务卿于 1954 年 5 月 19 日为拟议之中美安全条约举行会谈之备忘录副本。外交部长说,他将美国的备忘录与顾大使早些时候发来的电报报告作了比较,虽然国务院的文本增加了对杜勒斯先生提出的某些观点的澄清,但发现这两种文本实质上没有甚么差别。然而他注意到,备忘录略去了涉及日内瓦会议和英美关系的某些内容。大使承认这一事实,并且解释说:他这样做是为了更加强调讨论中的问题。

接着,外交部长发表了下述意见,要求大使转陈国务卿:

(1)从国务卿与顾大使的谈话来看,杜勒斯国务卿所主要担心者为拟议中双边安全条约草案之第四条。外交部长指出,拟议草案并不使美国在军事范围内对中国政府承担较其已经承担者更多之义务。中国政府之理解为,如中国共产党对台湾无端挑衅,美国之政策乃无论有无条约,均将前来援助。杜勒斯先生所担心者似为中国政府军队向大陆进攻而引起共军对台湾之还击。果如此,则请其注意蒋总统已经作出之承诺,中国政府在未同美国政府商议以前,不会对大陆发起任何重大军事行动。因此,中国政府之承诺可以保证,即使共军反击,也并无引用拟议中条约之可能。

（2）拟议中条约之目的厥在政治,而非军事。此条约主要在提高自由中国人民及军队之士气,以及鼓舞铁幕后中国人民之希望。作为非中立化命令之结果,第七舰队已撤销对大陆之庇护。现在的中美关系几乎完全处在行政行为基础上,第七舰队可能随时被行政命令所撤走。中美之间并无明文规定之公开政治联系。因而难以对自由世界,尤其自由中国,表明美国正在主动支持中国政府之程度。而拟议之条约在对共产党的心理战中,确能起非常有益之作用。

（3）拟议条约中关于适用范围之条款,实际来自中日和平条约。据外交部长回忆,这一特定条款系经杜勒斯国务卿调停方为双方所接受。除非美国政府为将来承认中国共产党,企图在政治上留有余地,(对此,外交部长没有理由怀疑。)否则似乎不存在任何理由怀疑此一条款将在美国政府或国会引起任何困难。

（4）目前美国在台湾承担之义务已经超过拟议中条约之要求。如,已作出军事安排,美国空军可于规定时间利用台湾及澎湖列岛之中国空军基地;美国海军可进入上述地区中国军港;有关当局已经同意,在台湾受到攻击时,双方在通信和联络方面实行协作;定期交换关于共产党军事行动之情报。

（5）鉴于当前亚洲形势之发展,外交部长特别强调此项政治条约的迫切性。中华民国乃东亚唯一与美国尚无此类条约联系之国家。美国在此一地区拥有极其重要之利益,并将充当领导,因此,在这一地区之任何区域性安全组织中,此种联系实为必要。拟议之条约除对中国人民及军队之士气具有有益作用外,并将加强自由中国与菲律宾、日本、南朝鲜和泰国之政治关系。

（6）切望杜勒斯国务卿按照上述意见重新考虑此事。美国如对原稿提出任何修订建议，中国政府至为欢迎。

大使允将部长意见转达国务卿。并忆及蒋总统曾不止一次口头保证，在同美国政府协商之前，不会对大陆采取重大进攻行动。然而他问，中国政府是否准备与美国达成坚定之谅解，即在美国反对之情况下，不会采取此种行动。部长答称，此种谅解无需于条约中清楚说明；而从政治上考虑，清楚说明事实上甚不相宜。大使同意无载入条约之必要，但或应予以记录作为不发表之议定书。部长称，须同总统及行政院长商议，并于适当时候给大使以明确答复。

7月8日我到参议院拜访了参议员史密斯，他认为中美互助安全条约可能会束缚我们进攻大陆的手脚。他问，蒋委员长是否也想要此条约。我告诉他，那是为了政治上的作用而不是出于军事上的考虑。于是他解释说，有人曾告诉过他这件事，他听说此事在国务院遇到一些麻烦。在另一段谈话中，他说，他一直希望国民党中国将会回到大陆，并询问那里的情况。据回忆，我当时告诉他，根据能够送出的情报得知，甚至大陆上的中国青年也都已醒悟，群众的不满情绪正在增长。

7月14日，正如上文已经提到的，我曾同诺兰参议员作了长谈，并且再次提出安全条约问题。我说，我国政府一直希望与美国签订一项共同防御双边条约。这个问题首先在台北提出，关于这个问题的大多数会谈是在那里举行的。我自己也同国务卿和国务院其他官员讨论了这件事，但是在美国方面好像顾虑重重。我不知道诺兰参议员对此事有甚么看法。我估计正像他们所说的那样，政府已经同国会领袖们进行过磋商。

诺兰参议员说，鉴于其时政府和国会圈子中对于蒋经国的活动和台湾已变成一警察国家议论纷纷，他认为强力推动此事，时机尚不成熟。这将会引起一场关于台湾实际情况的辩论，并且会给那些过去批评国民政府的人以可乘之机,证明他们的立场是正确的。

于是我说,我还有一个问题要同诺兰参议员商讨。正如参议员知道的,台湾人口中有两百万人来自大陆。他们生活在这个岛上好像是处于流放之中,迫切想要回到大陆的家乡。大陆上的人们也变得不耐烦了,因为他们一直在盼望台湾的军队来解放他们。日内瓦会议把共产党中国的威信大大提高,以致有些人说国民党中国已完全被人遗忘。别的美国朋友曾经告诉我,国民党中国必须有所作为以表明它还存在。这个国家的一些军界人士主张,如果我们现在不开始做些事情,我们的军队就会变得太老,将来不能再打仗。我说,另一方面,解放大陆人民是一项艰巨的任务,蒋委员长致力于这一任务,自然要等到有适当的成功机会才去进行,因为一旦失败则可能招致覆灭的命运。我不知道参议员对于这个问题有甚么个人的看法。

诺兰参议员回答说,关于军事方面的事情那不在他的范围之内,他知道得很少。但是他敢肯定,除非能够保证成功,失败将是灾难性的。如果建立了滩头阵地而不能守住,国民党部队必须撤退,那么,恐怕共产党对这一地区人民将会进行残酷的报复。另一方面,他觉得应该做些事情,他认为夺取海南岛将是一个合理的行动,这样可以(1)显示一下国民党中国对共产主义斗争的意志;(2)向世界证明,国民党的士兵现在愿意打仗,而不是像在大陆时那样临阵脱逃。

参议员相信,夺回国民党领土的一部分——海南岛,应该是不太困难的,而且对它的占领将会产生深远的政治影响。此外,共产党不容易从大陆派遣军队进攻海南岛,因为横渡这段海域需要大量的运输工具。与此同时,在战略上海南岛是从日本、冲绳、台湾和菲律宾一直到澳大利亚以及新西兰这一岛屿链中的重要环节,它将是东南亚防御体系的一个重要基地。即使印度支那问题在日内瓦得到解决,越南被分割,分界线得到西方参战国家的保证,他怀疑是否能容易地进入老挝和柬埔寨,在它们国内建立空军基地。海南岛不但对南越而且对老挝和柬埔寨都是一个合乎逻辑的、有用的空军基地。

我补充说,"对泰国也是如此",参议员同意这个意见。然后他继续指出,在经济上,海南岛有大量铁矿,日本在战前常常为它的钢铁工业进口。现在中国大陆已经与日本断绝贸易往来,他想海南岛的铁矿也能在一定程度上解除日本钢铁工业的困难处境。

我说,我知道收复海南岛的问题曾在台北的考虑之中。困难的问题是后勤支援。收复这个岛可能不太困难,但是一旦收复,就要牢牢守住,这意味着必须源源不断地支援岛上的军队。举例来说,台湾和海南之间的距离远远大于台湾和大陈岛。因此,除非有充分的海上运输工具来支援守卫部队,并有充分的空中掩护来保证海上运输的安全,否则就难以守住这个岛屿。

第二天我拜访副总统尼克松时,也曾提及拟议的国民党中国与美国的共同防御双边条约。我说,当他访问台湾时,中国政府领袖们已经向他谈过此事。我料想尼克松先生当会记得。

尼克松说,他记得,而且他是支持的。他知道国务院方面犹豫不决,但是国民党中国的伟大朋友饶伯森是支持的。我问尼克松,如果这件事提到国会,国会将有甚么反应。尼克松说,国会也是会全体赞成的。

在我拜访尼克松以前,我曾在双橡园接待了蓝钦大使。大使来迟了,首先抱歉说,他的国务院司机带着他兜圈子,找不到我的住处。在回答问题时,他说还没有见到杜勒斯,但是已经约定在下星期二,7 月 20 日会见国务卿。

我说,我知道蓝钦先生将会同杜勒斯先生谈到拟议的两国共同防御条约。

蓝钦说,"是的"。他知道我曾在 5 月间与杜勒斯讨论过。他不仅从叶博士那里(根据我的报告),而且从马康卫送给他的会谈纪要(他估计我没有看过)中了解那次会谈的内容,据他看,杜勒斯有两种误解,他希望能从其思想上消除。一种是国务卿显然相信,蒋委员长准备随时派出军队进攻大陆。蓝钦说,事实上,这支军队虽然被重新训练过,堪称劲旅,但它的装备尚不完善,缺少许多进攻作战的装备。而且它不具备收复中国全部大陆的力量。第二个误解是国务卿显然把南朝鲜和台湾看作或多或少处于同样情况。但是事实上李承晚和蒋委员长大不相同。李刚愎自用,一心想找机会主动进攻。而蒋委员长则比较慎重,除非有相当的成功把握,决不会轻率地去干一件事。

蓝钦说,他将向国务卿力陈两点:(1)条约将只具有政治作用,决不会鼓励国民党中国对大陆发动全面进攻;(2)给予国民党中国以更多的军事援助,以使它的军队能够用于全面战争。

我说,从军事观点来看,一方面装备中国国民党军队,另一方面装备南朝鲜军队,以备他日之用,这是明智的政策。然而我认为,美国需要有一项重要的政策决定,以支持为收复中国大陆而发动的全面进攻。但是我了解美国目前并没有打算作出这种决定。

蓝钦证实了这一点,说它完全没有这种打算。相反,迄今给予台湾的装备都是为了防御目的,而且不能满足军队的全部需要,虽然最近几个月军需品的交货已经加快。自从朝鲜停战以来,中国共产党已把他们在朝鲜的大部分军队转移到中国各地,其中大量军队被部署在台湾对面的沿海各省。换句话说,需要比过去更多的国民党军队来对付共产党。事实上国民党军队靠现在的装备连摆出一副进攻的姿态都难以做到,更不要说进攻大陆的大规模作战了。当朝鲜战争在进行之时,无疑那对中国共产党的资源是一个沉重的负担,但是停战以后这种负担已经消除。共产党中国对印度支那的支援,比较来说是相当有限的。因此,拟议的条约更多地是为了政治上的和心理上的原因,就此而言,他个人相信它是有用的。

我说,大使强调中国国民党军队的无能,确实如此。甚至在它得到充分装备的时候,如果没有足够的美国空军和海军的支援,它也不能对大陆进行大规模的作战,特别是由于中国共产党空军和海军力量正在不断增强。

蓝钦说,中共的海军与台湾相比,数量并不太多,但是他们的空军要强大得多。

我说,我知道它为大批的苏联喷气式飞机所增强。于是我表示希望蓝钦能使杜勒斯相信这一条约确实是有用的。它的确将会鼓舞台湾和大陆人民的士气。

在回答一个问题时,蓝钦说,他将于本月末离开美国前往台湾,我表示希望和他在台湾相见。

我本人于 7 月 17 日离开华盛顿。十天以后在台北,美国代办科克伦告诉我蓝钦与杜勒斯谈话的结果。蓝钦本人与他的预期相反,一直到 9 月份才回到台北,那时我已经返回华盛顿。

在我离开以前所做的巡回访问中,另一个拜会是到国务院看望庄莱德。中国科科长马康卫也在座。根据那次会谈的记录,我首先说,我将去台湾开会,希望在一个月内回来。但动身之前,我想与庄莱德先生商谈一下双方感兴趣的许多事情。接着我说,关于中国与美国的共同防御双边条约问题,自从两个月前我与国务卿谈话后,不知他是否已经改变了想法。庄莱德先生可能知道,中华民国政府希望签订这一条约,主要是为了政治上和心理上的影响,而不是为了军事上的目的。中国外交部长已经再次向蓝钦大使谈到这一点,我已收到一份他们谈话记录副本。我知道蓝钦大使自己将对国务卿谈起这件事。

庄莱德说,国务卿方面的想法没有改变,但是在蓝钦大使回美国以前,蒋委员长曾经向他谈到此事。蓝钦大使已经写信给国务卿,国务卿原定在上星期二接见他,但是突然又要出差去巴黎。他问马康卫,蓝钦大使是否已与国务卿另订了约会。

马康卫说,没有确定日期。

庄莱德知道蓝钦大使还将会见总统,向他谈这件事。

我表示希望作出一个有利的决定,因为这将会鼓舞台湾和中国大陆人民的士气。事实上,拟议的条约并不会增加很多对台湾的军事援助。但是这一条约的精神作用是深远的。

庄莱德表示同意,并说,第七舰队一直在注视着台湾最关心的地区。

我说,第七舰队最近到大陈岛的访问,起到了很好的作用,我希望这种巡逻能继续下去。

马康卫说,这实际上不是对该岛的访问,而是对附近海域的巡逻。

我说,巡逻的作用是非常值得欢迎的,因为自那以后,虽然小的冲突照常发生,共产党一直保持相对的安静。

庄莱德说,第七舰队一定会继续执行巡逻任务。

在会见庄莱德以后,我紧接着到新国会办公大楼去拜访众议员周以德。我首先告诉他,我将要访问台湾,并说,我希望同他商谈对美国和我国共同关心的许多事情。我料想周以德熟悉有关两国签订共同防御条约的问题,问他如果把这个问题提到国会,会有甚么反应。

周以德博士说,国会将会坚决支持。他问,现在这件事情停滞在哪里。

我回答说,我曾就这个问题与饶伯森先生谈过多次,最近还同杜勒斯先生谈过。我知道国务卿有些犹豫,所以这件事仍被搁置在一边。至于我国政府之迫切希望达成这一条约,主要是为了心理上作用,而不是为了军事上的目的,特别是因为它将鼓舞台湾和大陆人民的士气。

周以德说,他坚决认为美国应该订立这一条约,以便证明中国是一个盟国,与美国站在平等地位。他说,当他去年访问台湾和东南亚的其他国家以后,他在公开讲话中明确指出,除美军以外台湾和南朝鲜拥有两支最强大的军队。他们是美国的真正盟国,坚决与共产主义作斗争。他问国务卿犹豫的原因何在。

我说,据杜勒斯看来,南朝鲜和国民党中国与东南亚的其他国家地位不同,因为他们处于内战之中。美国与南朝鲜签订了共同防御条约,那只是在朝鲜停战以后。按照杜勒斯的看法,国民党中国仍然在同共产党中国打仗。

周以德不相信这是真正的原因。他认为真正的原因是,在国务院里还有受共产党宣传影响的份子,以及像马歇尔和艾奇逊一类人物的追随者,他们认为国民党中国是腐败的,蒋委员长是一个反动派和独裁者。

我表示希望周以德博士在遇到机会的时候,也将运用他的影响同杜勒斯先生谈一下条约问题,特别是因为我知道杜勒斯先生想与国会领袖们商量此事。

周以德说,他曾在许多场合向国务院和杜勒斯谈过国民党中国和远东,但是他的话没有受到重视。当他从远东回来的时候,他记得他告诉过杜勒斯,并且在演说中也明确指出,除非美国在对付共产党方面采取一项坚定的政策,印度支那将会出现非常严重的局势。但是他的话被置若罔闻,现在印度支那的局势已经被他不幸而言中了。

我们又讨论了一些问题,然后我向周以德告辞。大约二十四小时以后,我到国民机场搭乘去台北的飞机。

我到达台北不久,由于海南岛附近的几个事件,美国的,实际上世界的注意力热烈然而短暂地集中在台湾海峡。7 月 23 日,一架英国民航飞机在从新加坡到香港的正常飞行中,在海南岛附近被两架只能是从中国共产党领土飞来的战斗机击落。驻北平的英国代办向共产党中国的外交部长递交了一份抗议照会,但是美国的反应则特别强烈并充满谴责。伦敦《泰晤士报》分析说,这不仅因为被击落飞机的乘客中有美国公民,而且因为这一事件紧随印度支那协定而来,为此协定美国人仍在感到懊恼。无论如何,杜勒斯国务卿就美国政府对此事的严峻看法作了强硬的声明。在国会,史密斯参议员声称形势严重,汉弗莱参议员希望美国不会"容忍这种行为",并能保持它的荣誉。根据美国海军7月24日的声明,为使援救行动不受干扰,太平洋舰队的两艘重型航空母舰"被派去提供战斗机掩护"。

派遣两艘航空母舰到出事地点引起了另一个事件。7月26日,(就在这一天北平向英国道歉,声称击落飞机是一个意外事故。)两架舰载的美国轰炸机击落了两架红色中国的战斗机。杜勒斯说,他接到的报告是,"两架舰载的美国救护飞机在执行援救任务时,……受到两架共产党中国战斗机的袭击,……(对此),美国飞机进行了还击,两架中共飞机被击落"。后来,国防部长威尔逊证实,涉及到的美国飞机来自新派遣的航空母舰。至于北平对第一个事件的道歉,我可以补充说,北平电台宣读的道歉照会,提到了沿海地区和岛屿的国民党中国的游击活动,并说,共产党中国飞机的驾驶员把英国飞机误认为是国民党中国的歼击机。

美国国会对海南岛附近的第二个事件的反应,甚至比对第一个还要强硬,参议院领袖们呼吁全国团结,面对这一"危急的时刻"。杜勒斯同艾森豪威尔和陆海军官员举行了会议。美国政府通过英国对北平递送两件抗议照会,而北平自己也对美国政府提出"严重警告"。7月29日,北平把未予答复的美国照会退回给英国代办(是他送去的),简单地解释说,"他(代办)忘记了把它们带走。"

两天以前,菲律宾总统麦格赛赛在马尼拉举行的记者招待会上,对于美国和红色中国飞机在海南岛附近空中冲突以后的严重国际局势,提出了警告。他说,菲律宾站在美国一边,并且批评了像印度和印度尼西亚等的中立政策。南朝鲜的李承晚总统当时正在华盛顿,在对国会的一次演说中,强烈要求美国联合南朝鲜和国民党中国,对共产党中国发动全面战争,以阻止共产党统治世界的攻势。但是后来,在海外作家协会的讲演中,他解释说,他并不希望美国立即同红色中国开战,他追求的是,美国"现在"就决定,中国必须拯救,共产党必须逐出。

局势在一度非常紧张之后，不久就暂时平静下来，但是接着又引起了美国方面对事件发生地区所承担的义务的敏锐估计。由于我当时正在台北，我在前一阶段没有机会迅速了解在华盛顿人们对此事的想法或说法，例如，它曾否和如何影响着国务院对中美防御条约及其签订的适当时机和适用范围的想法。因而这确实是一件值得深思的事。但是这全部事件使得太平洋两岸的人们更加强烈地、痛苦地意识到台湾和邻近地区的危险局势，而其涵义恰被那一年随后发生的事情所证实。

第四节　重访台湾

1954 年 7 月 17 日—8 月

1954 年夏，我前往台湾旅途中的第一站是东京。于 7 月 19 日到达，受到台湾驻日大使董显光和夫人、杨云竹公使及大使馆其他工作人员的迎接。我住在帝国饭店，但首先要礼节性地拜会董大使，即使为时只不过短暂的几分钟。董大使想立即送我去饭店，但我坚持先去大使馆。这是中国的外交礼节。

董大使夫妇在当日下午为我举行了招待会。客人大多数是日本人，包括外务大臣冈崎胜男、外务省两位次官、日本最高裁判所长官和海牙国际法院 1956 年法官日本候选人栗山先生，以及野村海军上将。野村曾和我在英国巡洋舰"肯特"号上就日本侵略上海郊区的江湾问题进行过谈判。他也是日本在 1941 年珍珠港事件爆发前与美国政府谈判的两名日本全权代表之一。我还看见了在李顿调查团访问满洲时的南满铁路公共关系专家川井。那时，川井曾多方设法引诱作为调查团中方代表的我和特别从东京派到大连招待调查团成员的日本艺妓合拍一张照片，但是，我拒绝了。我还记得，那些艺妓在川井的指使下拼命挽着我的双臂为拍照摆好姿势，我费了很大力气才挣脱了那些艺妓。出席招待会的还有曾和我一起在哥伦比亚大学约翰·穆尔教授指导下攻读国际公法和外交博士学位的同学菱田博士、前首相芦田均，以及一些其他日本知名政治家，在不得不匆忙进行准备的情况下，董显光博士为我举行的招待会和晚宴确实搞得很好。虽然我曾拟尽早告诉他我的行程，但我动身的日期和到达东京的具体日期相当晚才确定。

在和董大使私下交谈中，我告诉他蒋委员长想让我出任考试院院长一事。我说，我认为此事已成为过去，因为在我对接受那个职务表示冷淡之后，同时据我所知，在许多方面向他暗示考试院院长换人实属不智之后，委员长已经让叶公超否定了新闻报道。我告诉董，如果重新提出那项任命，我认为他和叶公超最适合接任我在华盛顿的职务。但是，董告诉我在那一年的早些时候委员长曾召见过他。虽然新闻报道说，他可能出任总统府秘书长或继叶公超任外交部长，但当时只是要他留在台北，无人告诉他为甚么。当任命俞鸿钧为行政院院长和叶公超留任外交部长后，委员长告诉他可以回东京去了。

我仅在东京停留一日，于夜间二时动身去台北。尽管时间很晚，董大使和夫人以及其他人员还是去机场为我送行，使我深感不安。

飞机在 20 日十时一刻到达台北。蒋经国将军告诉我，他父亲让他作代表来欢迎我。他是在机场欢迎我的七八十位官员之一，包括美国代办科克伦先生、日本大使芳泽谦吉、外交部长叶公超、司法院院长王宠惠、总统府秘书长张群、考试院院长贾景德、台湾省主席严家淦和台北市市长高玉树等。后者告诉我，蒋总统派他代表台北市来欢迎我，并把我送往博爱宾馆下榻。那里是政府招待从外国来的要人的宾馆。

在我去宾馆之前，叶公超部长带我去机场候机室在政府新闻局局长吴南如的主持下举行了记者招待会。会后，叶公超让我乘他的汽车一同去外交部。但是，他告诉我蒋经国将军也在等着我要送我去宾馆。我感到有点尴尬,但我最后告诉叶公超说,我先去宾馆少待片刻,然后立即去外交部拜访他。

在外交部,我简要地向叶汇报了美国对台湾的一般态度,以及对共产党进攻台湾和沿海岛屿的威胁的态度。我对他谈了关于美国军事和经济援助、吴国桢事件和宣伟事件的一些情况。我还报告说,美国对在利用美援上我们与他们的合作表示满意。希望美援能维持下去,而且如有可能还希望增加援助。我还告诉他在我起程前与庄莱德谈话的要点,特别是叶最感兴趣的关于拟议的双边共同防御条约情况。他希望该条约能在当年 9 月联合国大会举行前签订。但我说我怀疑那种可能性。我问,在对这项条约既有赞成者也有反对者的情况下,我们怎能急于求成? 他说委员长非常渴望得到它。

我要求叶向委员长报告我的到来,并请求接见,尽管我告诉他我已经要求蒋经国做同样的事情。叶说他本来将在那天上午一个由委员长主持的宣传会议上见到委员长,但他离开会场到机场迎接我去了。那是星期二上午,他们通常是在总统亲自主持下召开宣传会议。我们分别后半小时,叶打电话告诉我,总统将在当天下午五时接见我。

我在下午四时拜访了副总统陈诚。我们的谈话是我抵台后第一天下午我的日程中的第一项。他以茶点款待。我们谈的主要是在东亚需要签订一项多边共同防御条约的理由。我首先向他汇报了当前美国对我们政府的友好态度,美国对共产党威胁有了较清晰的认识,对于着手在亚洲签订一项共同防御条约的必要性的普遍感觉(即使英国不肯参加),以及美国对中国和俄国共产党的政策日益坚定。我说从现在到 11 月大选的几个月是一个微妙时期,它可能使美国政府官员在宣传共产党人的威胁方面小心谨慎,以免给美国人民以好战的印象。

副总统强调了东亚共同防御条约的明智性及其重要意义。鉴于南朝鲜人和日本人以及日本人和菲律宾人之间的互相仇视,他坚信最好的解决办法是在南朝鲜、中国和美国之间，在菲律宾、中国和美国之间，以及在日本、中国和美国之间签订一系列的三角条约。他说我们能够作出努力而美国最应该作出努力去调停他们，减轻他们互相间的仇视。

时间过得真快，我必须坐半小时汽车去草山于下午五时晋谒总统。外面正下着大雨。在四时三十五分时我不得不向副总统告辞，并告诉他，我要去晋见总统。但是，我欣赏他的谈话，并对有点突然地打断他的谈话感到遗憾。

不一会儿我就在草山与委员长谈话。我看他很健康，并不比四年前我见到他时显老。他招待我吃热点心，以表示特殊优遇。我向他汇报了我告诉外交部长的那些话。由于时间比较充分，我讲得更加详尽。我讲到美国的友好态度，答应给我们更多的援助，美国人民更深刻地认识到共产党的扩张政策对美国的危害，以及美国准备从实力地位出发，必要时不惜采取诉诸武力以对付共产主义世界的政策。我还告诉他美国政党领袖对我讲的即将到来的 11 月大选的前景，两党得的选票将很接近，民主党有可能取得众议院的多数，这对我们将是不利的，并可能影响美国的政策，特别是对台湾的政策。

在我汇报上述问题之前和与他作过几分钟的寒暄之后，我告诉他我见到了蒋夫人，她的健康情况在好转中。他问我，"你打算甚么时候回华盛顿去？"这是我们第一次会晤，我知道那不是句闲话。委员长为人非常含蓄，特别在他和能向他提供情况或意见的人谈话时更是如此。他在提问题和进行评论时通常是抱着沉思的态度。

我回答说我希望得到他的指示。在寂静了片刻后，当他的脸上微露笑容时，我就说让我出任考试院院长我非常感激。但是"我大半辈子在国外从事外交事务，不熟悉考试院的职责和存在的问题，也不熟悉考试和人事上的有关事情，因而我不敢说我能胜任那项工作。"他似乎不知道说甚么好，就哈哈大笑起来。然后他解释说,"那是在考虑考试院人选时提出来的,但是,华盛顿的工作非常重要,我认为你最好还是回到那里去。"虽然他谈的不多,却反映了在过去几周里关于考试院院长的人选问题已经作出决定。人们可以回忆,很多知名人士曾告诉我,他们不赞成拟议的人事变动。

委员长还提到美国国务院主管联合国事务的助理国务卿戴维·基所作的关于建议以两个中国来解决联合国代表权问题的声明。他问基的话是甚么意思?我说基仅是从理论上就解决那个问题的可能性发表他个人的看法,但国务院和基本人都不认为那是解决该问题的一项可行的途径。美国官方的态度是明确的,他们坚决反对红色中国进入联合国,这可以用国会一致投票反对在联合国某些机构中流行的意见后,杜勒斯国务卿和艾森豪威尔总统在记者招待会上公开发表的明确声明作为例证。

在我起身告辞前,委员长突然问我是何时见到蒋夫人的。也许他认为我可能和蒋夫人商谈过关于出任考试院院长一事。我说我是在离开华盛顿前一星期见到她的。从委员长的表情看这个回答似乎立即解除了他的疑团。显然,他是回忆起他曾将可能调我出任考试院院长一事告诉过蒋夫人,她极力反对,并提出了她的理由。她曾告诉我这一点,因此,委员长可能怀疑我是否受到她的观点的影响。

7月18日,基助理国务卿在全国广播公司"主要问题"电视节目上出现。根据7月19日《纽约时报》的报道,基说他认为在法律上有可能让中国共产党派代表出席联合国大会,而国民党仍保留安理会的席位,因为联合国的每个机构都有其本身的控制加入该机构的全权证书委员会。报纸就是这么报道的,那是作为对提出的一个问题所作的答复,并没有刊登发言全文。这就说明为甚么委员长和政府对此表示关切。实际上,外交部于7月22日电华盛顿大使馆说该发言使公众理解混淆。要大使馆向国务院查明真实情况,如果可能,设法取得一份发言的全文。谭绍华立即复电,说他向国务院作了非正式询问,回答说报纸报道的助理国务卿的那项发言仅是在纽约回答全国广播公司电视节目"主导问题"提出的一个问题。既没有书面全文,也没有在华盛顿广播。谭说他将设法要一份广播稿副本。后来他终于得到,于 7 月 30日寄给外交部。

外交部长叶公超、孙立人将军和国外业务署驻华共同安全分署长约瑟夫·布伦特于晚九时半前来拜访。他们是我在台北第一天的最后几位拜访者。他们是参加总统在草山为第七舰队司令普赖德海军上将所设的宴会后一起来的,那是一次礼节性拜会,我们作了社交性谈话。由于我在来台北的飞机上几乎一夜未睡,我感到非常疲倦。

第二天来拜访我的人很多,我无法一一列举。我原计划从早晨八时半开始会客,可是在七时半我仍在进早餐时来访者已陆续登门。最早来的客人之一是新上任的行政院院长俞鸿钧。他为前一天未能去机场接我表示歉意。因为他那时正在立法院回答委员们的质询。

那一天我见到叶公超好几次。他告诉我,委员长对他说,我虽年逾古稀,看起来仍然精力充沛。当叶告诉委员长说我的年龄和委员长的年龄相仿时,委员长坚持说他自己是正确的,并认为我的年龄比他大得多。委员长还告诉叶,在接见我之后,他认为我忠实可靠,最适合担任驻华盛顿大使的职务。叶建议我和行政院副院长黄少谷谈谈。他和张群将军一样,也不知道委员长为何要提升我为考试院院长,并也认为那样做是很不明智的,特别是从驻华盛顿大使对我国政府的极端重要性来考虑更是如此。我说我非常想去拜访他并希望能见到。

我到达台北后第一次和叶公超会面时,曾问他委员长原先想任命我为考试院院长的背景为何。我问,在他的心目中有谁可以接任我的华盛顿职务。我说我可以举出几个想取得那个职位的人,但我也准备建议几个最适合担任那项职务的人。我首先提到他,认为他是最合适的。如果他不可能去就考虑胡适、蒋廷黻或董显光。叶说他自己不想去。他虽然想出国,但希望得到一个像在马德里那样的安静职位。他说蒋廷黻想要那个职位。可是叶和胡适的意见一样,认为蒋博士的前妻会在台湾给他制造很多麻烦。叶说,此外,蒋可能最希望担任外交部部长或行政院副院长,但委员长可能哪个职位也不让他做。叶还说,委员长并不是特别喜欢蒋廷黻。当叶最近建议让蒋回国议事时,委员长未予同意。

上午十时刚过,我去拜访总统府秘书长——我的老友之一张群。我简要地告诉他我最近和美国国务院讨论美国对台湾政策的情况,并评论了美国 11 月大选的前景。他提到他在日本的使命和在写的小册子,在那本小册子中他论述美国、中国和日本的关系对东亚的安全与和平问题及其解决的重要性。但他看到日本想采取骑墙的做法,对台湾的地位和实力不够重视。他说,因此,他没有在两国恢复外交关系后接受第一任驻东京大使的任命。因为他感到他不能促成三方条约的实现。若是有指望的话,他就会接受任命,并在与委员长直接联系下,促成该条约的签署。

辞别张群后,我去看望叶部长完成我的汇报,特别是汇报关于吴国桢事件及其在美国的影响,关于宣伟事件,以及关于中国在联合国的代表权问题,联合国大会对中国问题的情况和美国的态度等。随后我拜访了司法院院长王宠惠博士。他也是我的老友之一。在 20 年代初期他任北京政府的总理时,我曾两度作他的内阁成员。王博士看上去身体虚弱,但就他的七十四岁高龄来说还算不错。王夫人仍像从前那样妩媚。王本人对政治仍有浓厚的兴趣。但是,在我们谈到我访问台湾以及早先委员长想任命我为考试院院长问题之前,我们的谈话被另一位客人所打断。我很想和王讨论这件事。他的消息灵通,是国民党元老之一,也是台北的领袖之一。他为人颇能兼听而慎言。

中午刚过,我在饭店和叶公超共进午餐,但因不久,美援运用委员会秘书长王蓬来访,我们未能多谈。其后当我回到宾馆时,立法院院长张道藩来请我选定日期前去出席立法委员为我举行的招待会并在会上致词。财政部长徐柏园来拜访我，答应给我一份关于台币和贬值问题的备忘录。朱家骅、李松涛（音译）、韦焕章和曾虚白是其他来访的几位客人。

第二天，1954年7月22日，我不太忙。但开始工作相当早。九时去内阁作报告之前，八时半与行政院院长俞鸿钧订有约会。行政院长说，他所采取的对美坦诚合作政策是现实的。我们之需要帮助就像在学术上讲主权和独立一样。（真是如此。）他的目的在于使他的政府成为实事求是的政府，并且只允许在内阁会议上讨论政策问题。他说，其他行政细节事务应留给有关各部和部门去处理。他还严格要求准时出席，尽可能的开短会，不能像以前那样把会议拖长到三四小时之久。

行政院副院长黄少谷迎接我并带我去参加内阁会议。我们稍谈片刻（真是片刻），因为内阁会议接着马上就开了。我在会上即席和非正式地谈了大使馆的工作与美国的某些特殊情况，例如需要与美国公众接触。我解释说，美国的公众是很好地组织起来的，例如新闻界、社交界、教会、无线电台、专栏作家、教育界、政治领袖、庞大的组织如美国退伍军人协会、国外战争退伍军人协会、共和党和民主党的全国妇女联合会、扶轮社、劳工联合组织如产联和劳联、律师协会、其他学术社团如对外政策协会、政治和社会科学学会、以及市民大会等等。我还一般地谈到美国的政策，特别是对中华民国的政策，尤其是与反对国际共产主义有关的美国经济和军事援助的美国总政策。我讲了我对美国远东政策的未来趋势的一些看法。

那天下午，按照首先须拜会政府主要领导人的中国礼节，我继续轮流拜访。我去拜会了台湾省政府主席严家淦、何应钦将军和考试院院长贾景德。后者的谈话最使我感兴趣。他完全以为我将接任他的职位。他详细地告诉我考试院的工作和存在的问题。我这位从前北京政府时代的老友这么解释非常难能可贵。

他从前曾是山西阎锡山将军的左右手,起了很重要的作用。阎曾在中国政界形成另一个权势中心。由于他自己不愿出门,就派贾为个人代表去南京、洛阳等地参加重要会议。

贾先生告诉我,他的同事们(不仅是考试院副院长而且是考试院的全体十九名委员)主张在政策性事务和决定工作计划上他们和他享有同等权利,因为他们也是经过监察院一致通过而任命的。即使是他的微薄的每月三千元台币的特别津贴(相当七十五美元)也得由大家均分。换言之,考试院不是由院长而是在委员会作出决定的基础上进行工作的。院的预算少得可怜,甚至连研究如何将级别和职务分开以改进人事制度的方案也无法进行。一个采取调查、研究和改革的方案在美国国外业务署驻华共同安全分署中一名代表的同意下已经作了暂行安排,但是被华盛顿新派来的一个人给推翻了。

他所谈的关于他的工作和考试院的情况使我非常失望。虽然我告诉他我被任命接替他的职务一事已成过去,但我听他谈话很感兴趣。我说我本来就不热衷于接受那一任命。据我所知,那件事已不再提了。我还表示希望他长期留任下去。我后来才知道当总统再次连任时他曾提出辞呈,但他那天未告诉我,可能认为我已经知道。

台湾省主席严家淦新到任不久,将在岛上巡视一番,借以了解各地实况和民情。他说使他感到头痛的事情之一就是国民党人的活动,不是那些在上边的而是在地区和乡村的下级国民党人。他们想干预市议会议员、学校教师和警察局长人员的遴选。至于保安警察,他说他已经告诉他们,他要随时了解这个组织和人民的关系。那是一件好事,对他来说很需要一些魄力,因为特工人员的活动是完全脱离行政机关而独立进行的。

我和总统府战略顾问委员会主任何应钦将军作了社交性谈话。他说他想出国到美国和欧洲去旅行,但因为难以得到批准而悲叹,我猜想是得不到委员长的批准。

第二天(7月23日)清晨,我拜访了监察院院长于右任。他和往常一样热情,但无人帮助就不能走动。他强调中美关系重要,实际上那是当时大家都关心的问题,在我访问当中一再被提出和谈论。

　　离开于院长后,我去拜访王世杰博士。人们当会记得,他最近由于误会而被免去秘书长职务,过着宁静的生活。但是,他曾是我多年的外交部长和朋友。他总是学者似地看待问题,并且了解很多情况。

　　我发现王博士精神很好并且非常关心国际问题,特别关心影响美国对台政策的英美关系。他认为(而且问我是否如此),英国虽然在西欧致力于西欧的团结以防止共产党对西欧可能进行的侵略,但在亚洲则倾向于保持中立主义的立场。我对他的看法表示同意并举出了我的理由。我告诉他当1941—1946年我出使英国期间,许多有声望的英国领袖,特别是议会中的领袖,告诉我他们对美国不满,因为美国的政策是在两次世界大战初期保持中立,作为中立国赚了很多钱,然后在最后阶段当同盟国筋疲力尽时参战,获得胜利的荣誉。下次英国将置身事外,自己赚点钱,让美国单独和苏俄作战。我还告诉王,即使在第二次世界大战期间,英国也认为欧洲战场是主要的,亚洲是次要的,这种看法一直延续到现在。此外,英国的经济界感到美国的竞争非常激烈,即使在欧洲也是如此。由于英国在政治上必须得到美国的合作和支持,它在欧洲事务上追随美国。另一方面英国对亚洲则采取不同的观点。它在政治上和经济上都同美国有利害冲突。受到缅甸和锡兰支持的印度的中立态度也是影响英国对亚洲政策的一个因素。

　　我拜访的下一位是农村复兴联合委员会主任委员蒋梦麟博士。他刚刚拔掉全部牙齿,还不能出门,他说要不然就先去拜访我了。他告诉我在农村复兴联合委员会内部中美人员的密切合作,以及在农村复兴和促进农村福利方面所取得的进展。他说他将非常高兴为我安排去农村视察。

那天的晚些时候我拜访了前大使许世英。他曾在我被任命为驻法大使的同时出任驻日大使。自从 1936 年我们在南京会面以来这是第一次见面。那时他将去东京就任大使，而我则将去巴黎任第一任中国驻法大使，因为中国驻法使团刚被升格。我们是老朋友。他在北京政府中曾任司法总长、内务总长和内阁总理。他还在清朝做过官，于 1910 年作为钦差大臣到国外考察司法制度和监狱情况。

我发现许大使虽已八十二岁高龄，但仍精神矍铄。他认为华盛顿的职位比考试院院长重要，我应该留在那个职位，为国家作出重大贡献，特别是在此关键时刻。他显然也听到了关于我的情况。当然，作为一个政界人物，他会有许多消息来源。他解释说，由于他谢绝一切宴会邀请，或者出去赴约会时不在外面吃任何东西，而得以保护他的健康。他建议我不要吃饭馆的食物。他说他还按时进行锻炼，吃同样的食物，每天吃四至六片安眠药帮助他在相同的时间入睡。作为一位优秀的中国学者，他以写作为业余癖好。后来他出版了他在 1936—1938 年间担任驻日本大使的回忆录。

我拜访的下一位是周至柔将军，他似乎不怎么高兴。他说他是个无业者，想去美国，因为五角大楼邀请他。但他不知道何时会被批准，也不抱多大希望能得到批准。他曾是空军的第一任总司令，后来担任参谋总长，在委员长就职第二任总统时辞职引退了。关于美国的军事援助，他说美国不是总能执行他们所承诺的交付计划的，有几个我方非常需要的项目都难于获准。

那天晚上我的老友陈光甫和陈长桐先生为我举行的宴会，对我来说是一次轻松愉快的享受。陈夫人、徐柏园财长和夫人及另外六位男女客人清唱京戏选段，颇为精彩。那纯粹是一次社交活动，在作过那么多报告和正式谈话之后，我感到耳目一新。

次晨九时半，我已经接见了五位客人。然后我自己出去拜会几位其他人士。最有意思的是我在国民党总部对张其昀的拜访。他正要从国民党中央委员会秘书长的职务上退下来出任教育部长。他根据委员长过去的报告和演说饶有趣味地给我讲了国民党的政策及其理论基础。那些报告和演说主要是在革命实践研究院对接受特别训练的国民党的领袖人物和学员们讲的。该院由委员长亲自兼任院长，是研究应用革命原理的实践方法的高级研究机构。

张先生阐明了国民党改造委员会的工作和成就，并将重点放在王阳明的哲学"知行合一"和孙中山的学说"知难行易"上面。委员长将二者合起来并发展出他自己的一套理论，并强调国民党党员应以之作为整顿和复兴国民党的基础。张先生说，委员长认为这个新的理论对于国民党党员学习和纠正过去党的"无灵魂行为"非常重要。委员长还向研究院的学员们着重指出，委员会制对于发展有效的思考和执行切实可行的方案以促进党的工作并服务于人民，极端重要。张还告诉我，重点要放到在普通人中间作基群工作，以了解他们的情况和问题，并帮助他们解决问题。

张先生说明了党的预算，以及为甚么政府为它提供经费。预算的主要部分是维持和支持革命实践研究院和在大陆上的地下工作。他说后者仅是由国民党党员、军官和老百姓来执行的，他们未能从大陆逃出来，但熟悉地方情况，国民党和政府的理论与政策。他还阐明国民党经营的工商企业的性质和范围，那是为了能赚到足够的钱，使国民党在经济上独立，无需政府给予财政支持。

当时我还不怎么了解，后来才意识到，张先生是按委员长的指示向我说明国民党的新党纲和生活方式，以及打算改组它，使之成为一个有活力的、能够生存的党。委员长也许想激励我在党内更加积极活动。虽然委员长说华盛顿的职位非常重要，我应当尽快回去，但又说我有必要留在台湾等开完国民党中央委员会第四次会议以后再走。他邀我参加整个会议。

作为党的领袖的委员长认识到如果党尽了它的责任,大陆就不至于丧失得那么快。很多在军政界担任重要职务的国民党老党员背弃了他,并投奔到共产党那边去了,其中包括被推测是委员长接班人之一的张治中和委员长多年的得力助手邵力子。这使他非常痛心,对党和作为党的领袖的他本人的威信是个沉重的打击。

那天下午委员长举行了午宴,我被邀请为特别客人。那是国民党评议委员会每月举行一次的午餐会。该委员会被认为是对党的执行机构——中央委员会的活动进行监视和批评的总的监督机构。出席午餐会的约有七十人,包括五院院长,政界元老如吴忠信、何应钦和朱家骅,党的较为年轻的领袖如张其昀、郑彦棻、蒋经国和周宏涛等,以及一些内阁成员。我坐在委员长右边贵宾席,监察院院长于右任坐在他的左边。坐在我右边的是司法院院长王宠惠。

在委员长的建议下,我简要地报告了国际形势和美国对远东,特别是对台湾的政策。我认为那是邀请我的主要目的。委员长是为了使这次会议能略微引起人们的兴趣才让我在会上向他们讲话的。因为有人告诉过我,通常即使像于右任和王宠惠那样党的元老,慑于委员长的威信和因他在场也都感到拘束,致使会议只能是敷衍了事。委员长可能让委员会的秘书做个报告,然后征求大家的意见,却无人愿意发言。

从我简短的讲话后得到的热烈掌声来判断,听众似乎很喜欢。我讲话后,委员长让张其昀就党的工作和活动作了报告。委员长问王宠惠和于右任有无意见,二人都客气地说:“一点也没有。”这就是通常的情况。然后,委员长让大家注意改进党的宣传计划和活动的必要性。他说特别要注意宣传那年台湾谷物丰收,以与大陆的歉收相对照。

在会议桌上,委员长和我闲谈。我谈到宣伟上尉事件以及他被送回台湾的可能性。我还告诉他罗伊·霍华德就那个事件给我打的电话。霍华德受了吴国桢的影响。委员长评论说霍华德似乎完全不懂中国政治。

后来在下午，外交部的联合国司、美国拉丁美洲司和条约司三位司长来拜访我。我们讨论了中国在联合国的代表权问题，我来台北之前与国务院和蒋廷黻博士关于这个问题的谈话，以及为了在联合国取得尽可能多赞成票而决定一项行动准则的重要性。我解释说，对以前制定的推迟表决的行动准则作任何更改都会使我们减少许多赞成票，因为那些从前投我们票的国家，面对新的行动准则，可能重新考虑他们的立场。我还告诉他们，美国最近对让共产党中国进入联合国所抱的态度。关于这个问题，已在我离华盛顿前与国务院主管远东事务的代理国务卿庄莱德的谈话中透露出来，我答应给他们那次谈话的记录，后来通过陪我去台湾的顾毓瑞交给了他们。

外交部的另三位司长在第二天来拜访了我。他们正在草山的研究院高级班接受为期三个月的训练。他们虽然暂时离开了外交部，与他们主管的司并无密切的联系，却对我的访问和我给政府及外交部所作的报告很感兴趣。他们告诉我在研究院的情况。他们被分配到新设的外交和国外事务小组。他们感到在那里的生活是简朴和艰苦的，但是很有趣味而且大有益处。

像我从许多人那里听到的情况一样，研究院的生活确实十分简朴和严格，在性质上更接近于军人而非平民。受训的人必须在规定时间起床、参加早操、整理内务、按时上各种专业课程。下午，各委员会和小组委员会的成员开会进行讨论并写报告，那些报告最后将送给委员长过目。在受训期末，委员长将召见受训人员一一面谈，看他们有多大收获，是否真地吸收了那里的精神。他有一个受训成绩优良的人员名单，当重要职位出缺时，就从那些人中遴选补缺。那些受过训的人大都已经担任了非常重要的职务，不仅有司长，而且还有次长等等。

委员长作为革命实践研究院的院长，不时要各部和有关机构呈交他们认为最有出息的人员名单。然后他审查那个名单，不仅看姓名，而且还有个人简历，并召见他们谈话，对其外表和举止得出个印象。然后他从那些名单中选出他认为最好的少数人，将他们送往研究院生活、工作和学习三个月。这个主意是使一伙较为年轻的人参加高级训练，以便能在各个领域担当重任。受训者大多是但不全都是国民党党员。但是那些非党员，在弄清是有才干的和聪明的人以后，就吸收他们参加国民党。这就是委员长培训国民党和政府各级人员的办法，委员长认为这项政策至关重要。

由于培训将来的领导人是如此重要，将这个研究院与它的前身对比一下是令人感兴趣的。我记得在重庆时曾有个"中央训练团"，我曾被邀到那里去给官员们作报告。它与现在设在草山上的研究院相似，但受训者年龄稍大，而且绝大多数是军人。而现在在草山的研究院则对军人以外的人更加注意，实际上，在被选中的人中占多数的是非军人。军人通常在另外的地方通过上"进修课程"受训。

皮宗敢现在已是少将。他于1952年底被召回国前一直是我的武官。他在当天下午来访。当我提到前几位来客时，他说他自己也在受训，是在国防大学学习。

国民党中央党部的总理纪念周每星期一上午在委员长亲自主持下举行。7月26日是我到台北后的第一个星期一，我被邀请到那个会上去讲话。我讲的题目是"当前的世界形势"。经过元老政治家吴忠信的介绍后，我对五六百人用国语讲了四十五分钟。在台湾一般都是如此。

我离开会场后就去拜访台北市长高玉树。高是台湾本地人，东京帝国大学土木工程系毕业，并根据国外业务署的培训计划在美国培训一年。那次培训显然使他受益匪浅。他是如此成功地拉选票和竞选市长，以致虽然他是一位不出名的台湾人，但却战胜了国民党的候选人。这使委员长和党的领袖们非常吃惊和失望。市长办公室秘书柯台山和市长一起在门口迎接我。在整个会晤中我们三人拍了许多照片。后来人家告诉我,他们二人虽然在同一个办公室里工作,但相处并不和谐。因为柯是国民党推荐给高市长,并被认为是国民党的代表去监视高和他的行动的。

二十六日下午,我接见了很多来访者,包括侨务委员会委员长、省议会议长、市政府秘书和前桂系领袖白崇禧将军。白将军是来回访我的,但我们没有机会促膝长谈。我们的谈话被其他来访者打断,因为他不是事先约定而是顺便来看我的。

我还接见了胡光麃。他是麻省理工学院的毕业生,他曾从军事援助顾问团得到一份合同,为中国陆军建造一百艘木制登陆艇。他告诉我,他每天能造一艘船,军事援助顾问团对他的工作感到满意。但他发现中国人的烦琐和拖拉作风和其他中国承包商的嫉妒使他非常头痛。他说有人甚至想向他勒索或威胁要毁掉他。他还需要银行贷款,为他执行合同提供资金,但银行的条件太苛。

《大华晚报》记者在第二天清晨来访。他要求为他的报纸搞个专访。他特别让我对我想和胡适及蒋廷黻组织第三党作为国民党的反对党的报导进行评论。那当然是件老事了。这件事还要回溯到大陆失陷前夕,当我和胡、蒋及其他人聚在一起讨论防止垮台的途径时曾提出这个问题。但那实际并不是想建立一个反对党的问题。我对记者详细地否认了这件事,并告诉他虽然蒋博士在1949年曾提及此事,但并无任何结果。近几年来也没有讨论过此事。我说,作为一名国民党党员,即使第三党已经组成,我也不能参加任何那样的行动。我还回答了他提出来的关于美国对共产主义和对台湾的政策等问题。

后来我接见了外交部的电报室主任。他给我一份华盛顿大使馆拍给外交部的电报的统计数字,及其与所有驻外大使馆、领事馆、公使馆拍来电报总数的比较。他告诉我,华盛顿拍的电报在外交部接收的电报中占百分之十。东京大使馆拍的电报最多。但他解释说,这是由于当盟国最高委员会仍然存在时,中国代表在该委员会享有一切特权,包括设立无线电台与本国政府(起初在大陆、后来在台湾)直接联系的特权,因此该大使馆仍设有当初安装的无线电台,很多有时间性但不太重要的日常事务问题也拍发无线电报。这就使东京大使馆在统计数字中居于首位。

我还要提提那天来访的政府新闻局副局长朱信民先生。由于他是研究苏联事务的,一般被认为是这方面的专家。他给我带来一份关于苏联内部的情况,特别是关于农业和经济生产情况概要的副本。这件概要已经呈交蒋委员长。这份材料对我很有启发。

早晨的另一位有意思的来访者是徐傅霖先生。他的外貌和说话的神态很像我的第一个妻子的父亲、当年的大政治家和外交家唐绍仪。徐那时是民主社会党主席。他告诉我,他曾向委员长建议耐心听取逆耳的评论和意见,希望委员长能尽力推动民主的发展。换言之,虽然徐傅霖与民主社会党的创始人张君劢闹翻了,但该党的两派都将重点放在发展民主政府上面。

徐是位长者,有点严厉但很受人尊敬。他显然充分认识到他的身份和尊严。后来,叶公超告诉我,那时徐先生基本上陷于孤立,因为该党的前主席张君劢拒绝承认他。并且由于他在处理民社党的事务上专横独裁,也被他那个党的同事们所抛弃。虽然他主张民主,但他显然知道在自己党内很难实行。

我还接见了吴南如先生。他从前是记者,后来进入外交界。当他被任命驻在的国家承认共产党政权后,就回国了。他那时是行政院新闻局局长。他在去台北就任新职前,曾到华盛顿拜访过我。他告诉我,目前他的工作有许多困难,他不经常知道政府,特别是委员长的意图和观点,因此,除非他绝对肯定他所说的话是代表政府的观点和意图时,他采取尽量少说话的方针。

美国代办科克伦先生来回访我。他说仍留在华盛顿的蓝钦大使为拟议的双边条约谒见了国务卿和艾森豪威尔总统。据他了解,该事仍在研究中。换言之,是否和国民党中国就这种条约进行谈判尚未作出决定。

在我会见科克伦先生之后，我去装甲部队军官俱乐部参加中国青年党为我举行的午宴。出席我要发言的这次午餐会的人有国外业务署、农村复兴联合委员会和美国大使馆的代表，以及约四十名青年党成员。午餐会由该党主席李璜主持，但总的说来系受当时该党的谋划人刘东岩所指导，我作了简短的讲话。首先提到曾琦在美国的贡献。他曾是青年党的领袖，直到几年前在华盛顿逝世。然后，我详述在自由中国发展民主的重要性、台湾的立宪政府取得的进展、国际形势，以及我们的最高使命——收复中国大陆，解放在那里受共产党统治的同胞的光明前景。

下午第一位来访者是立法院的副秘书长，他来陪我去立法院在全体会上发表演说。回忆我到台北的第二天，立法院院长张道藩曾让我定个日子在立法院的欢迎会上讲话。几天以后，该院外交委员会的成员江一平和谢仁钊（刚从美国逗留三个月归来）来邀我定个日子参加立法院为我举办的全体欢迎大会，并听我讲国际形势和美国对台湾与远东的政策。最后我们同意定在 7 月 28 日。

后来，立法院的几位委员告诉我，这是该院有史以来第一次在全体大会上欢迎像我这样一位客人并听他作报告。但是，由于这种邀请过去从未有过，院长张道藩有点犹豫。因此，他们解释说，有人提议对此问题进行表决。于是院长不得不对大多数委员让步并将提议付诸表决，并得到一致通过。

我的讲话长达四十分钟。我讲完后，人们提出了一大堆问题要我回答。整个会议长达两小时左右。会后还为我举行了茶会。我对所提问题的明睿性印象颇深。

晚上，财政部长徐柏园和夫人在饭店为我举行晚宴。那是一次社交活动。饭后，我们在花园里跳了一会儿舞。那是个非常炎热的夜晚，与我们晚宴时有冷气调节的餐厅形成明显的对照。

第二天，我再一次被陪同前往立法院。这回是去参加在九时半开始的立法院外交委员会举行的秘密会议,并在会上发言。在一百名立法委员中约有六十人出席,包括七名女委员。问了我约三十个问题,会议被延长两次,一直开到十二时一刻才散会。

在回答问题时,他们要求我说话要比在公开场合下更为坦率和详细。但我仍然必须小心谨慎,以免和外交部长叶公超所说的观点有任何矛盾之处。他在前几天刚被邀请去立法院回答不少问题,包括美国对中国的政策、美国政府的意图、世界形势、中国在联合国的代表权、与美国签署双边条约、拟议中的在马尼拉召开东南亚会议等等。也许某些委员想将我所讲的与叶部长所讲的核对一下。关于这一点虽然无人提出或警告我,但我已注意到这个问题,希望能小心谨慎,不给外交部长制造麻烦。会后,我感到十分疲倦。我切身体会到美国国务院官员们的处境,他们须定期去众议院和参议院的外交委员会就对外关系作证并回答问题。

我在下午还有几个约会,晚上我应美国国外业务署约瑟夫·布伦特夫妇的邀请参加晚宴。那是一个大型宴会,约有五十名客人,分坐三桌,包括行政院院长俞鸿钧和夫人、严家淦省主席和夫人、外交部长叶公超和夫人、张群将军和夫人、何应钦将军和夫人、财政部徐部长和夫人、美国代办科克伦和夫人、蓝钦大使夫人(她的丈夫还在美国)和蒋梦麟夫人等。这里只不过是提一些人名以表明在晚宴上聚集的重要人物。

我在 7 月 30 日(星期五)上午还有另一个讲话的约会。那是在外交部的月会上。通常那种会是在外交部召开的,这次却是在国民党总部礼堂召开,以便能有更多的人来听我讲话。我根据我在国内外外交界工作四十二年的经验,谈了华盛顿大使馆的工作和外交工作的实践方面。那是一次非正式谈话,但有约三百名渴望聆听的群众参加,包括外交部和其他政府机构人员,还有一些大学生,因为有很多学生要求听我讲话,并得到允许。

会后,我去出席归国美援留学生协会在装甲部队军官俱乐部为我举行的午餐会。参加者还有我所料到的美国大使馆、国外业务署驻华共同安全分署、军事援助顾问团和农村复兴联合委员会的代表。这是那些曾被派往美国培训的人们所组织的协会。但是,使我感到几分吃惊的是有那么多政府各部和其他机构的男男女女也在场。台北的高市长主持了午餐会。我被邀请简要地讲了美国培训计划对自由中国的重要意义、中美合作的卓越精神、我们两国在世界上主要利害关系的一致性,以及所有那些有幸访问过美国并了解他们所习专业在美国实际情况的人们的光明前途。

人们认为请客人讲话是一种礼貌,这在东方尤其甚于西方。殊不知有时让主宾讲那么多的话真使他感到厌烦,希望能够宽免。但是主人却认为那是一种敬意。最近①,我和我们的外交部长在一次为他举行的宴会上谈天,在谈到他当驻日大使的经历时,他说有件使他受不了的事是在一次晚宴上能有二十五至四十个人讲话。这些人或是自己想讲话,或是被邀请站起来讲话,最后他不得不找个借口溜之大吉。

午餐后我去参加苏松太同乡会的月会。它的目的是保持和发展江苏省的苏州、松江和太仓三地旅台人民之间的友好关系。我出生于太仓地区的嘉定,因此也应邀与会。据该协会的创办人之一讲,它纯粹是个社交团体,没有组织、职员或固定的章程。我照例被邀请讲话。我强调这三个地区对中国外交和对外事务所作的贡献。虽然这三个位于上海郊区的地方面积不大,但我可以举出十五至二十名过去和现在起过重要作用的知名外交家,其中包括陆徵祥和颜惠庆。

晚上,我去参加蒋总统为美国驻泰国大使威廉·多诺万夫妇在草山举行的晚宴。出席晚会的有蓝钦夫人、科克伦公使和夫人、蔡斯将军和夫人、叶公超外交部长、桂永清海军上将和夫人、以及布伦特夫妇。在晚宴上,总统为客人一一祝酒。晚宴后,他

---

① 编者注:指在 1968 年的一次访问中所述。

请多诺万大使到另一个房间去谈话。叶部长跟在后面。使我感到惊奇的是未让科克伦公使参加。当他想跟着多诺万大使一起进去时总统的一名副官拦住了他。他必然感到很窘。后来叶公超用车送我回到城内,我们在他家中作了长谈。

次日,接着又是一轮午宴、晚宴和讲话,上午,国民大会代表联谊会请我参加欢迎会并请我讲话。我向约三百位代表讲了话,其中许多人是特地从台湾各地赶来参加欢迎会的。我讲了世界形势,美国对国际共产主义和对自由中国的政策。下午,在和孙立人将军共进午餐后,我被陪伴到中山堂参加省议会和市议会的联席会并讲了话。联席会是由台湾省议会议长黄朝琴主持的。出席的人非常踊跃。那意味着对我的欢迎。黄先生告诉我,省议会召开欢迎中国公民的会议这还是第一次。

晚上,我去参加袁克坚夫妇招待我的晚宴。这是一次纯社交活动。袁先生是袁世凯的第十个儿子。袁夫人是张谦大使的长女。张大使的妻子和我的前妻都是唐绍仪的女儿,我们还是远亲。

中国海军总司令梁序昭海军上将是在星期日(8月1日)上午来访的客人之一。他对我讲,除了2月间在查尔斯顿移交的两艘驱逐舰已在驶台途中外,需要从美国得到更多的军舰。他说我们还需要更多的坦克登陆艇。

那天午饭是莫德惠请客,所以我们可以作次私人交谈。我知道莫先生曾在东北和北京住过多年,他在东北先是张大帅的亲密合作者后来又跟少帅张学良合作。他说他在台南附近的山里见过一次被软禁在那里的张学良,他告诉,少帅如果被释放就想到国外去,他不会对政治感到兴趣。我记得,我曾和莫商量,有甚么好办法能去看望少帅。我在北京时和张学良很熟,对他的处境深表同情。但是,我也知道不准他接见客人。莫德惠先生劝我不要去,他说任何申请都无济于事。当然,未经批准我是去不成的。

下午,兰集兄弟会为我举行欢迎会。我是该会的创始人之一。它的主要人物和我的会友乔治·吴主持了欢迎会。我很高兴会见原创始成员,如S.S.关和劳伦斯·邝等人。他们的家属也来了,使聚会更加愉快。我们轮流发了言,并拍了一些照片。

晚宴是国民党中央委员会在政府招待所台北宾馆举行的。在这个中央委员会的晚宴上,我与秘书长张其昀、侨务委员会委员长郑彦棻、司法部部长谷凤翔、外交部次长沈昌焕、立法院院长张道藩等交换了意见。我说旅居美国的华侨非常爱国,但首先希望看到我们的国家搞得好,然后再看到我们的党搞得好。而在美国的很多党务人员就他们看来首先是为党的福利工作。我还说有必要给在美国的中国流亡者到台湾访问提供方便,他们中间的很多人既有地位又有钱。这些中国人抱怨难以得到护照、签证和进台湾的许可,或者他们害怕进台湾后可能不让他们出去。有些人很想亲自到台湾来看看,并想在台湾做生意,或者投资于某种工业。由于他们从大陆被赶出家园,他们很想做点不仅帮助他们自己而且有利于我们国家的事情。

我还谈到吴国桢事件,和大使馆根据从外交部和党部收到的材料所作的消除他在美国活动造成的不良影响的工作。我简要地介绍了宣伟上尉的事件。我还主张采取措施去吸引中国留美毕业生,特别是科学家与技术专家回台湾工作。即使他们在美国挣的钱多,在美国上司手下工作并不怎么愉快,因为他们的上司不会完全摆脱种族优越感。他们同意我所说的。此外,我对郑彦棻和他的侨务委员会过去为吸引和帮助华侨,使他们来台访问并对台湾感兴趣所做的工作有深刻的印象。

郑先生说,侨委会印了一本小册子列举要来台湾的访问者如何能得到护照、入境许可、在台湾住宿,以及由委员会提供建议等。委员会可以为他们办好所有这一切事情。郑先生是在法国受的教育,曾在国联秘书处工作多年,对华侨情况颇为熟悉。他说外交部和教育部没有尽力而为,但今后会有所改进。此外已经作了一些安排让中国科学家和工程师返回台湾,免费提供食宿,还给安排工作。但迄今反应并不显著。我说需要做更多的工作。

那个星期一,我出席了在草山举行的国民党第四次中央委员会的开幕式。如前所述,我是应委员长邀请作为观察员参加全部会议的。我在会上见到了很多老友,他们是党的领袖和元老,也见到了很多较年轻的人,他们在委员长全面领导下实际上控制着制定政策和监察工作。我很明显地感到这里的气氛和在大陆时迥然不同。在改造委员会的主持下,国民党正在进行改组,并已在一定程度上完成了改组。委员长对改造非常重视。

星期二上午我于九时左右再次去草山参加中央委员会的会议。在会上,五院院长、外交部长和财政部长作了报告。叶公超就自由中国外交政策的原则及其根本设想作了一个很好的报告。他在这方面讲的较多而没有细谈外交部在过去一年里做了哪些工作。因为叶对我说过,俞鸿钧院长已经把他要讲的许多内容包括在俞自己为行政院作的报告里面。

中午,我到委员长那里参加午宴。在座的包括山西集团领袖阎锡山将军,曼谷华侨界领袖荣书庭和他的泰国同事,六位从南朝鲜来的华侨代表,两位从马尼拉来的华侨代表和国民党元老前蒙藏事务委员会主任吴忠信先生,于右任院长、王宠惠、张道藩及陈济棠将军——他曾是广东省主席和反对中央政府的所谓粤系的首领。

据我看来,这次午宴的目的是多方面的。首先,委员长在午宴上就其将王阳明的"知行合一"和孙中山的"知难行易"二者合并起来的理论征求大家意见并要求支持,以便贯彻执行,完成革命事业。他的理论已载进《革命教育的基础》那本小册子里。

我还猜想午宴是招待华侨代表的,并让他们会见党的领袖们。这表明委员长非常关心华侨界的福利并想让党的其他领袖会见和认识各国的华侨领袖。政府需要在物质和精神上得到华侨的同情与支持,全世界的华侨约有一千七百万人。其中很多人居住在印度支那、泰国、菲律宾、美国以至非洲和南美诸国。他们当中不少人在那里颇有影响。过去主要是由于华侨在经济和精神上的支持，才使得孙中山先生能够推动革命并推翻清朝。同样，如果政府和党想要达到他们的革命目标，显然就很需要得到华侨的支持。在宴会上，委员长垂询了有关各国华侨的情况。他告诉菲律宾的代表不要过分看重菲律宾的反中国零售商的法律，还要想到需要培养与菲律宾人民的友好关系，那是我们为共同反对共产主义而斗争的重要政治考虑。

次日上午，我又去参加中央委员会的会议。在会上，由于变更了议事日程，没有继续讨论提交大会的报告，会议主席宣布改为宣读委员长的《革命教育的基础》小册子。委员长坐在会场一个单设的椅子上倾听宣读。宣读持续约一个半小时。宣读后，各政界老前辈一一上讲坛发表意见和评论，他们一致拥护委员长发展了的新理论。其中包括阎锡山和于右任，后者坐在离讲坛约十五英尺处，在侍从的搀扶下走上讲坛，发言的还有吴忠信和陈济棠将军。若不是时间已经很晚，会有更多的人发言赞扬那本小册子。

在我回草山参加中央委员会下午举行的会议以前，应邀参加了副总统陈诚将军招待我的午餐。陈将军在他的山间别墅款待我。叶公超和严家淦主席是陪客。我们吃的是便饭并闲谈一番，大家都感到很轻松。

那天下午的第四届中央委员会主要是由委员长讲国际形势，包括分析美国和英国的政策。他还一般地谈到远东和亚洲的展望。那是对世界形势的一种有启发作用的现实主义的看法。我自己听得津津有味并肯定别人也有同感。

次晨，我继续参加中央委员会的会议。在这次会上，委员长对他那本关于革命哲学新理论的小册子作了补充和说明。发言很鼓舞人心。他的基本动机显然在于强调人们在工作中需要具有高尚品质和为原则而献身的美德。这使我再一次感到他一定是对他的那么多主要部下(包括在政府里和在战场上的)在1949

年变节致使大陆迅速沦陷感触良深。由于有太多的机会主义者和不忠诚的将军与政客投奔了共产党或背离了他。委员长想通过国民党训练出一批新的领导人,以备一旦光复大陆后,进行管理和统治。他还认识到为了取得成功有必要逐渐灌输这种基本要求。他对年初汤恩伯将军病故于东京深表遗憾。汤若是在1949 年春为保卫上海而战死该是多么具有意义和为后世所景仰。如果说他苟免一时而有所收获,那就是多活了不到两千天而已。这是委员长说的话。我深为他不时充满感情的讲话所感动。他想要灌输的是我们文职和武职领导干部所最需要的东西。伟大的救国工作,只能是在坚持原则下以无私的献身和精神勇气才能完成。

会后,何应钦将军邀我去吃午饭。他是在当天早晨开会时安排的。客人中有王宠惠、朱家骅、吴忠信和张群等共十一人。那是次社交活动。当我和老朋友聚在一起时,总是感到轻松愉快。

我和所有参加中央委员会会议的人们一道应委员长的邀请参加晚宴并于饭后观看戏曲"越王勾践"。选择看这出戏不是偶然的。我们中国人都能深刻铭记这个历史先例和榜样。剧中讲的是越王如何终能光复故土的故事。越王的军队被吴王击败,他被迫投降。但在一位明智政治家的忠告下,忍辱负重;同时制定出一个十年生聚、十年教训的雪耻复兴计划。而且国王本人过着卧薪尝胆的简朴生活,为人民作出表率。十年之后,他的军队已十分强大,终于打败了吴国,湔雪了前耻。

可是,我并未出席委员长的晚会。通过周宏涛的安排,我、王宠惠、张群和朱家骅一道请假去参加事先约好的日本大使招待我的宴会。晚宴是在草山的一个美丽的山间别墅举行的。那是芳泽大使所建,使人联想到瑞士阿尔卑斯山的景色。叶公超和外交部的两位次长也应邀出席。芳泽夫人是在座的唯一女性,但她作为女主人主持宴会显得非常能干和美丽大方。按照日本的风俗,她先是出来迎接我,后来还送我出门口。大使是我的老友,看起来精力仍然充沛。谈话也颇有风趣。当时我想,这对一位八十二岁老人来说是难得的。但他表示不久即将退休,因为在日本外交界有一些较年轻的人想要迁升。

大使夫人比他年轻的多。在晚宴上他谈到他向她求爱时采用的有趣手段。他非常有声望和爱挑剔,因此那么多人给他介绍合适的女人,他都未同意。不是嫌岁数太大就是长的不够美。遗憾的是,当两年后芳泽离开台湾返回日本时,他最后选中结婚的年轻妻子决定离开了他。

8月4日,台湾保安副司令王洁拜访了我,安排我去参观一次军事法庭的审判,保安司令部的拘留所和王所主管的保安警察机关。王虽是副司令,但由于司令是由台湾省主席兼任,日常事务实际上由王主管。只有非常重要的案件需要签发逮捕证等才须经作为司令的省主席会签。

8月6日,王洁来陪我去他的司令部简要地介绍了他那个机关的工作及其指导原则。简介是有条理的和令人感兴趣的。该机关面对我下榻的政府博爱宾馆,组织得不错。后来王将军陪我参观拘留所,他回答我的询问说,现在没有人会在不经审问的情况下关押五个月以上。第一个阶段是三个月,如果检查官需要有更多的时间去准备政府的起诉书,就可以依法延长两个月。

拘留所有好几所房子。最大的一座原是日本人用坚固木材盖的仓库,约可容纳八百名犯人。他们十五个人一组,每组住在一个被隔成十五乘十二英尺见方八英尺高的囚笼似的小间里。囚笼看起来很干净,里面关着各种年龄的犯人。由于没有椅子,他们大都躺在或蹲在地上。他们全是男人,女犯人则集中关在另外一处地方。我查看了他们吃的食物,很像军队里士兵吃的伙食。犯人的大多数闷闷不乐,可能对他们的命运感到忧虑。地方显得有点拥挤,但监狱长解释说,那是由于缺乏经费,建造另一栋房子的计划一直未能实现。

回到宾馆后,我接见了五名从朝鲜来的反对遣返大陆的中共战俘。他们代表一万四千四百四十三名朝鲜战争中不愿被遣返大陆,并选择前来台湾的中共战俘,国防部和侨务委员会的两名代表陪同他们到我这里。这五名战俘看起来相当聪明,具有受过不同程度的中学以及大学教育水平。他们不久将去国外作友好访问,其中包括去美国访问。两位陪同的代表要求我为他们去美国访问提供建议和帮助。我已经对这个问题有所考虑,我的华盛顿大使馆甚至在我离美前已作好接见他们的计划。因此,我给他们提供了我认为会对他们有所助益的若干建议,并保证他们到美国后会得到我们的协助。

中午,我去参加监察院院长为我举行的午宴。那是个社交活动,有六位委员包括两位女委员在座,彼此都是朋友。下午,我去中国之友俱乐部参加圣约翰大学校友会举办的茶会。莅会人数比我想象的多,使我印象深刻。在到会的校友中有行政院长俞鸿钧和省主席严家淦以及其他知名官员。至于当晚招待我的晚宴则纯属交际性质,由王宠惠博士作东。

在晚饭前,蒋经国顺便来看我。他告诉我委员长知道我想去沿海岛屿看看很为高兴,已嘱他作好安排并陪我前往。实际上,当我初到台湾时就告诉蒋经国说我想去那些岛屿看看。他于7月23日特意来告诉我委员长对我的想法感到高兴,他(蒋经国)将在国民党的会议结束后作出全面安排。会议结束后,我们订于8月7日前往沿海岛屿作简短视察。他为此于6日来看我,告诉我委员长的口信,并对那次视察作最后安排。

蒋经国还转达了委员长的另一项指示。他说委员长鉴于目前国际形势,要求我在视察那些岛屿后尽快回华盛顿去。我告诉他我已准备于8月15日或至迟20日启程。

次晨六时二十分,蒋经国将军和我共进早餐后我们乘他的车去机场。从空中看澎湖列岛的近景是令人激动的,那天阳光灿烂,天空蔚蓝清澈。驾驶员首先围绕群岛飞行一周,让我们鸟瞰群岛。我对澎湖列岛之大和岛屿之多,印象很深。我们的第一站是澎湖列岛的主要城市马公。岛上驻军司令刘安祺将军和他的部下来欢迎我。迎接我的还有一些文职官员和党与人民的代表。在以园中生长的一棵据说是明代所植的数百年老榕树命名的"榕园",我们和当地居民(大多数是渔民)和士兵见面。一位六十九岁的渔民刚从早晨的捕鱼作业归来。他将捕到的鱼送给了我。那仅是上午九时。看起来他愉快而庄重。我们在一起拍照留念。因为他讲的福建话我听不懂。我们通过一名翻译进行谈话。

我对检阅炮兵团印象深刻,他们有着美国援助的一排排75毫米、105毫米和少数155毫米的新炮。士兵和军官看起来极为整洁,士气也很高昂。我对此感到骄傲,并确信有朝一日需要他们时,他们会履行职责为国家和自己的荣誉而战斗。我还视察了看起来建造得很好的防御工事。在附近海域甚至还有若干艘美国军舰。我们有一个陆军师驻在那里,以保卫那些岛屿。

过午,我们离开了马公乘飞机去金门。在那里再一次受到所有高级军政当局的欢迎。岛上驻军司令刘玉章将军招待我们午餐。那是一桌典型农村筵席,有烤猪肉、炸鸡、炖鸭和整条的鱼等等。人家告诉我,那是刘司令到任以来在岛上摆出的最丰盛的一餐。看得出他是位善战的杰出将军,不像在大陆时的很多将军,过分热衷于政治而不大关心部队和他们指挥下的士兵的士气。

我会见了从前是共产党人民解放军的许文贤[?](音译)。①他是一名营长,仅仅在我到达那里五天以前叛逃并向我们这边投诚。当他投诚时,带着妻子和一个孩子。我问他为甚么投诚和为甚么不怕被共产党捉住。他说,他和当地的共产党政委为看一份他不应该看的中国报纸而争吵起来。政委威胁他要向上级汇报给以处分。由于见到国民党政府空投的传单使他相信在中华民国方面可以得到安全,因此他决定投诚。

后来在一次观光巡游中,我对大武山英雄祠的美丽与庄严留

---

① 原文是 Hsü Wen-hsien[?]。——译者

下深刻印象。那座祠堂是为纪念1949年后期防卫该岛而阵亡的几千人建造的。防卫者成功地摧毁了前来进犯并企图占领该岛的共产党军队。墙上的阵亡将士名单令人深受感动和激励。多亏蒋经国考虑周到,他为我准备好一个奉献的花圈,我献花圈时,心情非常激动。

我还去看了防御工事,并被带进一处悬崖上的炮兵掩体。我从那里不仅能看到附近的共产党控制下的岛屿,还清楚地看到了大陆的海岸。我见到许多小船上的人们正在登岸。据我回忆,岛上的气候与大陆很相似。像我后来在日记中写的那样,整个情况,气候、大陆的景色,以及大陆远方一望无垠的层峦和头上明朗的蓝天,使我从未那么强烈地渴望着有朝一日能回到大陆去。

在嘉义军用机场出了点意外情况,我们要在那里视察喷气式军用飞机。当我们到达时没人迎接我们,我们不知如何是好。这使一路陪同我的蒋经国极为难堪。也许是因为我们到达的时间比预定的晚,尽管我们已经通知了空军司令部。一位低级军官带我们去看 F-84 喷气战斗机并参观了正在扩建中的机场。以期能容纳更多的由美国交付的喷气战斗机,不仅有 F-84 型而且还有 F-86 型战斗机。那天晚上,吴南如博士在台北为我举行晚宴,我迟到了。但我们设法终于在晚宴结束前到达。

8月8日我有十个约会,其中几个我愿意提提。记得杭立武博士曾到美国和几家博物馆馆长讨论在美国的几个城市展览国家收藏的中国艺术品问题。当他8日在台北拜访我时,他告诉我那个由美国五家博物馆发起的展览不能在该年举行。但是,纽约大都会艺术博物馆的一名代表将到台北来,进一步磋商拟议中的展出和在二百件左右艺术品中进行挑选。他还让我订个日期,他将以台北中美文化协会的名义为我举行一次招待会。

那天,外交部的两位次长应我邀请到我这里来午餐,以便讨论(如果可能的话)关于华盛顿大使馆的人员和经费等问题。时昭瀛先生感到沮丧并且有点不满。他认为没有办法提升大使馆的某些应该提升的人员或改善他们的待遇。在我解释大使馆存在的那些问题后，我满以为外交部可以给予解决，不料他的主要建议和反应是"困难"当头，要从精神上克服困难。他抱这种态度的主要原因是外交部成员们本身就感到不愉快。他们认为他们在台湾远比在国外工作的人们艰苦得多，他们没有机会被任命到国外去工作，特别是去美国工作。这是因为目前在驻美领事馆和大使馆的工作人员总是不肯按照外交部人员和驻外使馆人员轮换的政策回到部里来工作。

下午，我作了一些回访，其中之一是国民党元老李石曾。他熟悉法国政治情况，并和很多法国政界领袖私交颇深。他告诉我，法国人对我们在联合国安理会亲突尼斯和反对法国的态度感到不满意，而美国人却是投票赞成法国的。他还说巴黎外交学会秘书长弗朗居里让他向叶公超说，不要退掉我们在该会的会员资格。我同意李先生所说的这两个问题。但是，关于前者我们必须考虑阿拉伯国家代表团的投票，在直接与我国有关的重要问题上，这对我们是非常需要的。因此，我们在那种情况下虽想投票赞成法国，但不能毫无约束地那样做。

当时，我们正处于尴尬境地。在法国，特别是在议会中，人们正在叫嚣让法国政府承认中共政权。但法国政府，特别是外交部，则尽可能设法抵制此事。因此，为了讨好法国阻止他们承认红色政权，我们原可站在法国一边，虽然未必是全心全意的，因为我们自然是同情殖民地居民的。但另一方面，如我向李先生指出的那样，我们必须考虑阿拉伯国家在对我国有影响问题上的投票，特别是我们经常面临着中国共产党进入联合国的压力。因此，关于突尼斯事件，迫于我们的特殊处境，只能投弃权票。

下一位来访的是自由中国救济协会会长谷正纲。该组织是主管中国难民的福利事务的。被盟军在朝鲜俘虏的共产党方面的战俘形成了一个很大的问题。在停战协商过程中，盟军似乎有几次想把反对共产党的战俘送还给红色中国。但是当时，那些人本身和台北政府当然极力反对这项提案。我们要求将他们遣返台湾。美国最后决定采取坚定的反对强行将战俘遣返共产党中国的立场,而将战俘释放,由他们自行选择去处,绝大多数中国战俘选择了台湾。这是谷先生和我谈话的主题,我完全支持他的活动和方向。

晚饭是由农村复兴联合会主席蒋梦麟招待的。那是个小型但令人高兴的宴会。我们仅有七人,包括张群将军夫妇和委员长在草山的夏令官邸主任周先生。蒋梦麟夫人亲自监厨,菜肴做的很精致。

第二天清晨,我接见了监察院的恒全(音译)。他来确定我出席监察院为我举行的欢迎会所作的最后安排,并陪我一同前往。大约有六十人出席了欢迎会,在他们邀请下我作了关于世界形势和美国的一般对外政策和具体对台政策的报告。会后我去参加航运界、交通部部长和两位次长联合为我举行的午宴。在我的要求下,宴会规模较小。无人演讲,只是友好和自由地就航运问题交换了意见。

最重要的问题是要从美国国外业务署的美国经济援助项下得到更多的船只。但是,该署在美国航运界的压力下反对我们购买或建造我们非常需要的万吨或万吨以上的船只。(他们认为我们不需要这种船只。)只愿支援我们主要适用于沿海或近海航行的三千至五千吨的船只。这样,美国政府就能提供援助以促进我们的航运业而不与美国航运业发生竞争。

我的下一项日程令人最感兴趣。虽然我曾于7日乘飞机观光了澎湖列岛,我要在那一天乘船到更远的大陈群岛访问。蒋经国将军在那天下午前来带我前往基隆港。西班牙代办、两名美国国外业务署驻华共同安全分署的代表和路易斯安那州门罗城的弗雷得·斯潘格勒先生等来到我的住所和我们一起动身前往。斯潘格勒是经我的华盛顿大使馆安排来台旅行为门罗城的《新闻明星世界》报的尤因先生收集资料的。

在基隆,我们乘"太湖"号驱逐舰前往上大陈岛。我们上船后"太湖"号随即起锚。这艘船看起来很不整洁,亟需刷一层新油漆。但是,他们告诉我它刚从金门来,在前一天晚上还曾和共产党海军交过战。我们海军与共产党海军断断续续地冲突,我去台湾前就已经获悉。在我整个停留台湾期间冲突仍在继续。

我被让在舰长舱住下。曾舰长以前是我在伦敦时的海军武官。四名军事援助顾问团的人也加入到我们一行。他们是去大陈考察在那里建筑一个码头的地点。晚餐是在船上吃的。船上非常热。虽然我的舱里有两台电风扇,我仍感到不舒服。我参观了雷达室和它如何运转后,很早就睡下了。我们大约是在次晨八时半到达大陈岛。

为了在大陈岛登陆不被大陆上或一水之隔的共产党占领的岛屿上的共产党人发觉,我们绕道而行。那里没有码头。我们从驱逐舰下到它自己的一艘汽艇上,然后在接近海岸时,我们又换了一只舢板上岸。我们受到岛上的最高军政当局、党和当地学校代表的欢迎。

随后我立即去听刘廉义将军的参谋作情况简介。刘将军指挥岛上的驻军,对防御该岛负责。他是广东人,比金门岛的刘玉章司令和澎湖的刘安祺司令年轻。看上去比他们受到的教育都好一些,并且很聪明,但也对台湾政治情况非常关心。

他们领我看了岛上的准备工作和安装在一个隐蔽于山腰掩体中的中心办公室里的侦察及控制炮火的现代化系统,使我印象颇深。我还视察了一条士兵手掘的作为防空洞的长隧道。虽然里面很潮湿,从顶上往下滴水,并且如果真有空袭,由于几乎没有任何通风,我不知道能否保证空气流通,但那仍是个不小的成就。他们还让我看了隐蔽的高射炮阵地。

所有这些秘密准备工作只让我一个人看。和我同来的外国客人在那同时则被领到其他地方去看别的东西。但让我们全体都观看了一次高射炮演习和一次抵御敌人在海湾的几处不同地方登陆的演习。这个海湾很可能被敌人袭击或登陆以夺取该岛。

由刘将军招待午餐后,我被领到坐落在一个山顶上能遥望大陆的新建楼阁。它俯瞰着一片美丽和鼓舞人心的景色,这是为委员长修建的招待所。委员长亲笔撰写的一块匾额给我很深的印象。我还看到委员长在这所房子里拍的一幅照片。后来人们告诉我那是1954年5月7日他来视察该岛时拍的。

去下大陈岛的旅程不得不经过三个阶段才到达。首先乘驱逐舰"太湖"号,其次改乘一艘游击艇,最后是一只舢板把我们送上岸。岛上的游击队员给我以顽强和训练有素的印象。他们是身材高大和看起来意志坚强的人,比我猜想的更加聪明和受过更好的教育。他们都穿着黄褐色军服,上面没有任何识别符号。

我们上岛后受到地方士绅、女童子军、地方官员,当然还有军、党当局包括政工人员的欢迎,我们最先参观的地方之一是王修女办的托儿所,有二百名左右蹒跚学步的孩子为我们唱歌,他们唱的很好。童音清脆热情洋溢,使人受到感动和鼓舞。在熙熙攘攘充满老少和儿童的城内大街上巡视最有意思。街上排列欢迎的人大都是从商店里走出来的。他们向我们一行人鼓掌并微笑。看来他们是快乐和满意的,并显然高兴看到我们和欢迎我们。这个印象和我所看到的军队精神是一致的,军人的士气非常高,似乎知道他们在岛上的使命,一旦从台北下达命令,他们是有决心打回大陆去的。

在上、下大陈,金门和澎湖,看起来蒋经国将军几乎认识所有的官兵,他们也认识蒋经国。他显得对他们很友好,甚至是亲昵。他询问他们的生活条件、伙食、存在的问题和困难。我曾在日记中写道:

> 我有个明确的印象,即他的工作和他的机构(军队的政治部)是军队和政府之间的非常有用的联络。任何不满的起因都可以让委员长知道,从而能迅速予以解决。鉴于我们在大陆的惨痛经验,由于军队的不满和困难得不到解决,他们

拒绝战斗,而且在很多情况下,甚至投降到敌人那边去了。可以看出,蒋经国的政治部作为政府和战斗部队之间的一个有效联络,在我们准备光复大陆的阶段肯定是必不可少的。

我们本来计划乘军用飞机在晚六时飞回台北。但在十五分钟前,司令官刘将军告诉我们,他接到电话报告说,由于雷达站警告前来接我们的飞机说,有一架共产党飞机已起飞侦察,该机未到大陈就返回台北去了。我们于是改乘"太湖"号驱逐舰,并在舰上过夜。

早晨,我被引导去视察"太湖"号,并向官兵致词。我发现那艘军舰尽管需要刷油漆,却处于良好状态。军官和水兵们有时候在海上逗留四个月之久,士气良好。他们的待遇很低。舰长的月薪仅一千二百元台币,另有一千元台币特别津贴。以四十元台币折合一美元计算,他的月薪仅为三十美元,加上特别津贴二十五美元。我向集合起来的军官、军官候补生和水兵们讲了话,强调他们工作的重要性,并向他们保证,当我们最高使命的日子到来时,我们将收复大陆并解放我们的同胞。西班牙代办也对这些人讲了话,蒋经国将军也讲了话,他讲的内容和我讲的差不多。

回到台北后,我已经来不及去参加陈济棠将军招待我的午宴。这是由于原想在前一天晚上乘飞机从大陈返回台北,所以定下的约会。晚上,部队司令官们,包括海军总司令梁序昭海军上将、空军总司令王叔铭将军和陆军总司令黄杰中将等,招待我晚宴。梁将军刚从金门回来,由于海军在金门抗击共产党海军取得了辉煌战绩,所以他刚刚从海军中将提升为海军上将。他用图表为我讲解最近发生的一次战斗。共产党袭击了炮兵阵地和海岸炮,但从未想到国民党海军敢插入厦门港攻击业已返航的共产党舰只。这一行动使我们的海军给敌人舰只以重创。

8月12日,这天在我的要求下安排去参观绿岛和设在那里的政治监狱。晨六时二十分,蒋经国将军和他擅长摄影的儿子(蒋经国让他一路上为我们拍照)来和我一起吃早饭。饭后我们去机场飞往东海岸的花莲。我们用一个小时多一点的时间到达了目的地,受到当地头面人物和"太湖"号舰长及其他军官的迎接。"太湖"号是不久以前从基隆赶来的,我们将乘它去绿岛,(当我们在前一天晚上从下大陈岛回到基隆后"太湖"号就立即开往花莲,以便接我们作另一次海岛访问。)我们立即登舰驶往绿岛。

旅途长达六个半小时,比预计的时间长。但是那天的天气很好,我坐在舰长的椅子上从驾驶室用望远镜欣赏沿途风景。右边的峭壁陡峭耸立,左边的大海广阔深湛。但是,海水是平静的。我们看到一些渔船在打鱼,不时有鱼跃出水面,景色优美怡人。

我们在绿岛的一个地方上岸,大约距新生堂监狱三英里远。由于汽车坏了,我们乘了一辆卡车,我坐在司机旁边。在新生门(监狱的大门)有一大批官员迎接我们,并引导我们到堂里,作简短的介绍,随后我们就开始视察。

两队穿着囚服的犯人分别列队伫立,每队大约有三四百人。这些人都是被拘留者,一队是非共产党人,另一队是共产党战俘。我特别注意后一队人。我看到他们有一种不同的外观,似乎更为坚决更加威猛。中士和下士以及相当于上尉和中尉的军官似乎比其他人所受的教育多,也显得比较聪明。

我也在犯人解散后去看他们,参观他们打球和上课,并视察了他们的厨房和文娱室。我还看到一个展览,其中有犯人画的着色图画以及用他们自己发明的材料制造的乐器和演出服装,他们向我介绍戏剧组的几名青年男女。一名约十九岁长得聪明伶俐的女青年,由于她的良好表现和合作精神,将于两周内释放。她曾是台湾大学三年级的学生,我看她很机灵、温和。

这些犯人没有固定的服刑期,释放他们要看他们改造思想的速度,以及在自我改造中的表现。我问陪同我们的监狱长是否有个定期审察和释放被拘留者的制度。他说有。狱中所有犯人都像军队那样编成组,组长每三个月向监狱各所负责人交一份报告,监狱指挥官每年向台北当局交一份报告,对释放犯人提出最后建议。

那里总共约有六千名被拘留的人。他们不受一般犯人那样的待遇。而被说成是学习一种新的生活，就像这个机构被称做"新生堂"那样。没有体罚，甚至连苛刻的待遇或粗鲁的谩骂也是不允许的。除指挥官外，这对各组组长或其他人都是如此。在不追究拘留这些人的法律根据的情况下，对被拘留者的照料和待遇我认为是无可非议的。那个地方很干净，里面的生活是卫生的、有秩序的和起激励作用的。被拘留者包括各种年龄和职业。一名山东籍中年妇女是教师；另一名六十多岁的被拘留者是木工；另一名是农民，年岁较大。有些是男女青年。我和他们中间的四五个人谈了话，但没有足够的时间向他们提出所有我想问的问题。尽管如此，我离开那里时得到的印象是，在那里生活和学习一个时期可能对他们有好处，监狱似乎是在反复向他们灌输对他们自己言行的责任感。

在离开那里时，全体工作人员都陪我们一行走出大门并摄影留念。我们已经晚了，不得不赶赴上船地点。在那里，一百多名被拘留者列队欢送，我们再一次登上舢板，然后上了驱逐舰的汽艇，最后爬上驱逐舰。攀登一个几乎无处放脚的绳梯真是难得的经历。

我们在天黑后才到达台东。为了搭乘一架飞机飞往台北，我们在黑暗中驱车穿过市区前往机场，顺便看了一眼它的生活和景色。这个城市相当有吸引力，有点像我老家江苏省的苏州和无锡。我们乘上匆忙赶到此地的飞机，于将近晚十点时抵达台北。蒋经国有个晚宴约会，虽然已经晚，他仍然径直去了。我事后听说，那是桂永清海军上将设的晚宴，他于当晚十时半死于心脏病发作。几天以前我还在魏道明家见过桂永清，并闲谈过。这位海军上将以前是海军总司令，其后任总统府参军长，6月底刚继周至柔将军任参谋总长。

8月13日，我接待了熊式辉将军，他征求我对世界形势和美国对苏俄政策的看法。他对发生世界大战的可能性特别感兴趣。(早先,在日本袭击珍珠港使美国对日宣战后不久,他曾被任命为中国驻美军事代表团团长派往华盛顿。)我告诉他苏俄还未作好战争准备。但是由于美国决定对苏俄不再让步,并且正在加紧进行应急准备,所以至少有一种可能性,即苏俄可能将冷战搞过头,以致会激起一场不想打的战争。我又说,当然至少在1954年11月大选以前,美国将尽一切可能避免在任何情况下卷入一场全面冲突。

那天上午,大约有八百名考取到国外学习的男女青年在一次特别会议上听我讲话。那是教育部请我去讲话的。教育部的吴次长秘密地告诉我,他们都已考试及格去美国留学,但是由于财政上和其他严格条件(例如台北美国领事馆控制签证)的限制,可能仅有不到四分之一的人有希望去。

在我的讲话中,我告诉他们除了从事学习他们所选定的专业外,希望他们在美国时要尽量观察和了解美国人的生活、风俗、举止和公共精神。我还说,学习可以从书本上学,但要熟悉美国的生活方式则只有在美国才能看到。有去美国的难得特权的人们都有义不容辞的责任学习一些在那个国家的教室里学不到的东西。

在那以后我去拜访蒙古活佛章嘉(呼图克图)。他的身体看来很好。他也希望到国外去,特别是到美国去,以"丰富他的知识"。

那天专程到城里来请我吃午饭的是前行政院长阎锡山。主人还有仍是考试院院长的贾景德。事实上,第二天政府就发表让莫德惠(我在7月初曾拜访过莫)接任考试院院长。那次午餐完全是一次社交和友好的款待。

下午,蒋经国将军来带我去参观他所领导的一些机构:从大陆搜集情报的情报中心;训练在大陆操纵无线电台的训练学校;把约六百名军官家属孤儿训练为游击队员的少年中心,以及研究中心。所有这些机构看上去都很整洁,显然管理得颇有效率而且是成功的。

晚上,我出席了外交部长叶公超和两位次长联合招待我的自助晚餐。所有外交部的高级官员们都参加了。大约有一百人出席,包括像驻马尼拉的大使陈质平、前大使谢维麟、吴南如和吴泽湘等。叶博士向与宴人士介绍了我,我则说了几句感谢话。当我在那里的时候,接到蒋经国将军打来的电话,他告诉我委员长邀我到草山去过从星期日到星期一的周末,我可以在星期日下午任何时间前往。那天是星期五。

8月14日星期六,我的第一位客人是外交部美洲司代司长许绍昌。他认为他司里的气氛相当可疑和对他不友好。他解释说,这是由于他长期在海外工作刚刚归来,就被任命担任长期在部里工作的某些人渴望得到的高位。

中午,我出席了江苏籍同乡立法委员为我举行的午宴。我对到会那么多江苏籍立法委员感到吃惊。他们告诉我大约有二十万江苏人住在台湾,包括约六万军人。主席作了简短致辞。我也作了简短讲话,称赞他们在台湾发展民主所起的作用,这是我们国外朋友非常强调的工作。

那天是空军节,下午我去参加空军司令部举行的招待会。有相当多的美国官员、各国外交使节、政府和部队领袖参加了招待会。但因与此同时,美国国外业务署也在举行一个招待会,我也想去参加。所以在空军招待会上稍事逗留就告辞了。后一招待会是欢迎新到台湾的以罗杰·斯蒂芬为首的经济小组。我和斯蒂芬谈天,他认为台北热令人十分难受。他盼望搬往一处能和他的小组住在一起并工作的地方。

晚上,我去参加邵毓麟招待我的晚宴。那是在他亲自监督设计和建造的、半隐半现在草山山坡上,可以俯瞰台北山谷的美好住宅里举行的。他和他的其他一些客人,一批年轻、积极的国民党员,对影响中国的国际问题、宣传和新闻工作深感兴趣。《中央日报》的前任和现任总编辑也参加了晚宴。我从谈话的要旨中得到的印象是其中很多人,包括担任总统和外交部顾问的主人,在看法上和外交部及其部长的态度与政策是不一致的,尽管外交部长并不是总能按照自己的意志去制定外交政策。

前驻智利大使吴泽湘于 15 日来访。他告诉我,总统接见他两次,似乎想给他另一项任命,叶公超也这样告诉我。最近,委员长将他的名字列入去阳明山外交小组受训的人员名单。那是在革命实践研究院里新成立的。在那里受训的人员中还有我在月初交谈过的三位外交部司长。吴说被选的共十二人,但叫他延期去报到。

那天午饭我和王蓬促膝谈心。我们谈到他在美援运用委员会的工作,他的困难,以及他与我们自己的政府部门和美国国外业务署驻华共同安全分署交往的态度和方针。他坚信,为使双方的观点和需要取得一致的看法,并联合制定好每个年度方案,要作详尽的和无约束的准备性讨论。这样做容易得到华盛顿的批准。他认为他在华盛顿与国外业务署的接触和讨论对霍宝树及其技术代表团的工作是必不可少的补充。

那天是星期日。下午晚些时候我前去草山。我将住在位于委员长府邸下面阳明山的宾馆里,那是一个从前只住美国高级客人的宾馆。最近来的客人是范佛里特将军。我一到宾馆,蒋经国将军就来欢迎我。顾毓瑞陪我同来,因为他说蒋将军建议他也可以去度周末。但出乎他的意料,蒋将军告诉随从人员在宾馆给他准备晚饭,并叫一名副官陪他一起吃。我则被通知于晚七时半和委员长共进晚餐。

我和蒋将军到委员长府邸不久就开晚宴。同席只有委员长、蒋将军和我三人。菜肴比往常稍微丰盛,为六菜一汤,而往常则仅是四菜一汤。还有或许是委员长喜欢吃的,他家乡奉化式的美味腌菜。委员长让我也品尝品尝,味道的确不错。还有委员长在招待熟人便宴时很少见到的绍兴酒,这是殷勤待客的一个特殊标志。

委员长问我访问各地和外围岛屿的印象。我首先对委员长盛情允许我使用政府运输工具、驱逐舰和派他自己的驾驶员驾驶军用飞机带我去各处访问深表感谢。我还感谢他特派蒋经国陪伴我到各处访问,对我帮助极大。他为使我的旅行舒适而作的安排是极好的。然后,我谈了我的印象。

我说,我最深刻的印象是驻守澎湖、金门和大陈的军队士气十分高昂。在官兵之间有着明显的、浓厚的团结精神。我看三个主要群岛的三位刘司令同过去在大陆时的那些司令相比是骁勇善战的将军。过去的那些司令官似乎对政治比对他们自己士兵的战斗能力更感兴趣。依我看来,那些游击队员士气很高而且训练有素。岛上的防御工事给我这个外行人的印象是,在构想和实施上都很好。道路和交通也发展得很好。蒋委员长说那些都是战士们自己建造的。别人也是这么告诉我的。我接着说,下大陈岛的人们无论是在大街上排成行列的或是从他们的商店向外瞭望的,无论是老的小的、男的女的都显得很快活和满意。他们当我们经过时兴高彩烈,笑容满面,并鼓掌欢迎。从身体上看,他们吃得饱而且有营养。士兵和老百姓随便来往,一方没有恐惧心理,另一方则无优越感和僵硬的表情。

我说我真高兴看到这一切。在看到距我伫立之处,仅有一英里之遥的大陆海岸和其背后隐现的高山,以及闻到来自大陆的吹拂我所访问海岛的和风气味之后,我渴望返回大陆,并且深信在我有生之年终能看到在委员长的领导下收复大陆并解放那里的人民。那是我真实的反应。

我所提到的另一点就是政治部和它的代表的作用。人们当会记得,在军队里设政治部在美国曾受到很多批评。因此我很高兴有机会亲自观察它的工作。我告诉委员长说,我见到蒋经国将军认识官兵并和他们谈天。这事引起了我的注意。蒋经国将军认识我所访问的每一个地方的人。他知道他们的姓名并询问有关他们的福利、饮食、居住,以及他们的问题和岛上的状况。他还问起送往岛上的罐头牛肉的质量和从菲律宾进口建造掩体的木材是否业已运到等等。我说,通过在军队中设置的政治部及其代表,委员长和政府能随时了解军队的官兵生活状况、情绪、感想、困难和问题。这样就能保持一个经常的联络渠道以便沟通情况,使委员长和政府能够经常掌握军队的动态。在军队和台北之间是没有隔阂的。我认为这是使军队官兵效忠和维持战斗精神及士气的一个重要因素。

委员长对我讲的见闻和得出的印象非常感兴趣。他说他对我花费那么多时间去访问那些岛屿和查看那些地方的状况感到高兴。他想不起来任何其他驻外大使曾经访问过那些岛屿。他接着说,在大陆遭到失败并撤出大陆的原因之一就是在军队里取消了政治部及其代表,结果,中央政府不知道军队的状况和情绪。

晚饭后,蒋经国将军告辞走了。委员长和我移坐在扶手椅上继续谈话,蒋经国在整个晚餐过程中一言未发,表现得很为拘谨。我告诉委员长,我也对他邀请我参加国民党中央委员会第四届会议表示感谢。我认为在他领导下的国民党改造委员会在研究党的改组问题上已经取得了显著的成就,现在的党看来已经成为更为坚实的团体和协助执行政府基本政策的更为有效的工具。在我参加全部四天会议的过程中,我对党和政府各部门领导人提出的报告以及对报告内容所作的讨论印象颇深,并有很大的兴趣。我对委员长的讲话特别感兴趣,同时受到鼓舞,特别是关于国际形势的讲话和关于"革命教育的基础"的讲话。我说,在强调忠于国家的精神和为原则而献身的重要性方面,依我愚见,委员长已经说出了我们人民的真正的和最大的要求。过去在大陆上失败的主要原因是贪图安逸和追求物质享受,缺少一种基于信仰主义、忠诚服务和为人正直的人生观作为指导。我说,张群将军给了我一份委员长讲话的文件,不知能否再多给几份以便发给我的大使馆的人员。我之所以提出这个要求是因为在文件上印有"绝密"的字样。委员长欣然应允说我要多少份都可以,并且可以将它们发给大使馆的工作人员。

委员长显得有些感冒。在吃饭时戴上了帽子。饭后他叫人给他拿来一件上衣。还吃了点药。他显得是不舒服了。因此我们在吃过晚饭谈了约半小时后,他说还有其他事情要对我说,并要我在第二天早晨和他共进早餐。于是我向他告别并祝晚安。

遗憾的是,我没有 16 日早餐时和委员长谈话的记录,也没有任何次日上午的记事。我曾将记录写在几张零散的纸上,多年以来那些纸片可能已经丢失或放错了地方。不过,当时我必须在中午左右回台北去,因为我有一份记载说在十二时半和谷正纲及方治有午餐约会。谷是自由中国救济会的会长,方是秘书长。

回到城里吃午饭时,方先生谈到对大陆人民和在香港的难民的救济工作,并要求我向美国争取更多的援助。我讨论了中国的工会问题。美国劳联友好地但坚决地抱怨说,我们的工会不是真正独立的,它过多地受到国民党的控制。

那天晚上,我出席了阎锡山将军、他的得力助手和支持者贾景德与徐永昌将军招待我的晚宴。徐曾是冯玉祥将军的部下。在 1948—1949 年间曾任国防部长。我的日程安排得非常紧凑,不容许阎将军单独再请我吃午饭或晚饭,于是阎就和他的同事联合请我。阎将军是特意从他的山上住宅下来的。他像往常一样高兴。他告诉我他正在写一本论社会主义的书。

星期二(8 月 17 日)早晨,著名农学家和农村复兴联合委员会的高级人员沈宗瀚来陪我到距台北最近、最适合参观土地改革的地区——桃园。我们参观了土地改革登记处,那里保管着农田所有权的记录,陈列着各种类型的有关凭证和发给地主的公司股票,作为他们卖给政府的土地价款。政府再把地售给佃农。在台湾,一切土地所有者占有的土地都登了记,所以可以一目了然地知道一个占有土地的人是地主还是农民。

我们还参观了一个农民合作社,它的管理委员会是由纯地主和农民土地所有者各自选出的代表组成的。我们看到了从美国进口的种猪和本地猪杂交的成果。新的仔猪显见有了很大的改良。我还了解到,农民贮存在合作社的谷物的售价是在定期举行的会议上由多数人决定的。依我看来合作社是在正确的精神指导下并按民主的路线进行经营的。

我们参观了一个用美国国外业务署的援助建立起来的农村诊疗所。建筑虽然朴实但新而干净,有一个候诊室、一个诊疗室、一个药房和一个小化验室。这些都是相当新式的,只是他们告诉我说药品的供应有限。最后,从桃园返回时,沈先生带我去农村复兴联合委员会总部和主任委员蒋梦麟博士进行一次谈话。总部设在一座新的、给人以深刻印象的现代化办公楼里,这是委员会在过去几年中工作取得进展的象征。

午后不久,我去回拜陶希圣先生。他是总统演说的撰写人。也是一位沉默寡言的学者,但思路很敏捷。他曾帮助委员长撰写那本颇有争论的《中国之命运》。他有个儿子在美国留学,对于美国对自由中国的政策和舆论非常关心。

离开陶先生后,我赶赴魏道明夫妇招待的午宴。那天非常热,但坐落在山坡上的魏公馆还比较凉爽。午饭后我去看望张群将军,和他谈天,并请他向委员长请示我是否可在 8 月 20 日返美。虽然我已经着手安排我的返美事宜,但因在前一天晚上委员长对我离台返回华盛顿的日期,没有给予确切的回答,所以我请他这样做。张群将军说他为了其他事情即将去草山谒见总统,随后将把请示的结果告知我。

其实,我已决定经过马尼拉返回华盛顿,以便会见菲律宾总统麦格赛赛和副总统兼外交部长卡洛斯·加西亚。外交部已为我的访问电告驻菲代办周书楷,我自己则安排在旧金山稍事停留,然后回华盛顿。由于委员长在星期日晚和我谈话时要我尽早回华盛顿,同时在去绿岛后我曾请蒋经国将军将我的计划转告委员长,蒋经国也告诉过我委员长会同意我不久返美,并可以在 20

日动身。所以上述安排似乎已无问题。但是,张群在下午从草山总统府打来电话说,他刚和委员长谈了这件事,委员长要我延期一周启程。

我将我的安排告诉了张群。他说我仍需设法推迟我离台的日期。这意味着要取消周代办为我作的会见加西亚副总统的安排,和他为我举行的招待会。罗慕洛将军也要招待我一次晚宴,所幸会见麦格赛赛总统的日期尚未确定,虽然已经提出了这项要求。至于旧金山所作的安排,张总领事报告说,当地华侨界和宋子安都想为我举行晚宴。我说由于有意外情况我必须延期离开台北,于是匆匆取消了所有的安排。

那天下午晚些时候我的约会之一是出席华美协进社台湾分社为我举行的招待会。杭立武博士是该分社的社长。大约有二百人,包括会员和家属、美国代办和美国国外业务署驻华共同安全分署成员,以及外国记者出席了招待会。我被邀讲了约二十分钟的话,题目是中美关系和过去两国人民的文化合作。会后我去参加交通部长袁守谦和两位次长招待的晚宴。晚宴是一次社交活动。袁部长以讲究饮食闻名,晚宴证明了这一点。他显得对晚饭的一切细节都很关心,在饭前曾几次离开座位去照料一些事宜,即使在进餐时还看到他给男仆指示。

次晨,我和哥伦比亚校友会的成员共进早餐。为了时间上的方便,聚会安排在早餐时间。大约有四十人参加。有一份关于为母校二百周年纪念买一件礼品的报告说,最后决定买一部二十四史并在香港以廉价买到一部特殊的版本,但仍有一部分价款尚未付清。

在我的下一个约会——在联合国协会作关于"联合国的工作和修改联合国宪章问题"的报告后,保安副司令王洁将军来陪我去陆军监狱。据我所见,监狱管理得还不错。里面关押着因各种犯罪行为而被拘捕的犯人。一个难以理解的事情是,有六百多人在狱外一些工厂进行监护劳动。在狱内,各组犯人也按他们各自的能力做各种各样的工作或劳动。有些人是工程师,在建造房子和水库;另一些是建筑师,在为监狱的场地设计房屋。还有洗衣工、裁缝和厨师也在担任各种有关工作。至于矿工,他们采出的煤超过监狱的用量,就将剩余部分卖掉以增加收入改善犯人的伙食。那些劳动和挣钱的犯人能得到较好的伙食配额。我问过不少犯人,特别是那些看起来聪明而年轻的犯人,出乎我的意料,大多数是由于贪污或盗用公款而犯罪的。

我参加了全国律师协会在中山纪念堂招待我的午宴。照例有一番讲话。晚饭是由以立法院院长张道藩为首的立法委员们出面招待。这纯属社交活动,我们在饭桌上边吃边谈。由于是非正式宴请,我觉得宴会的气氛相当愉快。但更令人感兴趣的是那天晚上我和行政院副院长黄少谷的谈话。

在叶公超的建议下,我去拜访黄少谷,畅谈美国对台湾的政策,我们返回大陆的可能性,政府存在的问题等等。他以台北的智囊闻名,我实在钦佩他对于有关我国的国内和国际的各种问题了解得那么清楚。在一些困难问题上,他是叶公超、行政院长乃至委员长的顾问。他非常注意在政治舞台上人际关系和利害关系的矛盾。但他是谦虚的,处理问题时具有幽默感。我认为他在各方面必然是政府领袖们的得力助手。

我们的谈话长达两小时,若不是我在那天晚上还约好到叶公超家里去,我们的谈话还会长些。尽管叶公超早些时候建议我去看黄少谷的部分理由是为了和黄讨论曾打算任命我为考试院院长的事,但我不记得曾和他谈过此事。我肯定会接触到那个问题,但我记不清了。我也没有随后和叶公超谈话的记录。

由于延期一周离开台湾,我就可以接待更多的来客,参加更多的约会和会见更多的人。我在 19 日的第一个约会是会见刚被任命的国家安全局局长郑介民将军。郑将军是来作礼节性拜会,并告诉我目前在他那个局与美国中央情报局之间联系不够密切的情况。他说现在的安排是他的局须就重要事项和美国驻东京大使馆的国务院专员奥弗雷海军上将联系。这是不方便的和不能令人满意的。而华盛顿中央情报局派到台北的人则无全权处理政策性问题。他想要中央情报局派一位高级代表驻在台湾,或者由他本人不时到美国去处理影响他的局和中央情报局联合工作的政策性问题。

中午,我去参加被民主社会党所否认的领袖徐傅霖先生为我举行的午宴,但他仍说他是该党的合法主席。那是个大规模的聚会,所有支持他的人和一些无党派人士如莫德惠和王云五都出席了。我们等了叶公超很久,但我知道他是不会去的。有人告诉我,这次午宴不仅是为了招待我,也是为了造成主人仍在很大程度上是该党领袖的印象。这样,就具有政治意图,显然叶公超是不肯卷入该党内部问题里面去的。徐先生在开场白中提及台北需要批评以及他自己所作的努力,每逢见到委员长都要对他讲有关政府和国家的真实情况。他是一位典型的反对党领袖。虽然我知道民主社会党是接受国民党财政支持的,徐先生认为在政府中有很多事情应受到批评和指责,但他的话是诚恳的和善意的。

莫德惠、王云五和我在发言中避免了党派政见,也没有提及主人说的那些话。我表示据我访问和亲眼见到的立法院和省议会的工作为例,我对发展民主政府取得的进展深表钦佩。

我的晚饭约会是由萧铮先生招待的。那是在他的草山小住宅举行的一次社交活动。有很多国民党要人出席,包括立法院院长、教育部部长和侨务委员会委员长。萧铮本人是立法委员,也是台湾土地银行的董事长。

第二天上午和下午我接见了许多来访者,我也作了一些回访。在 21 日上午,我回访了一些人,中午在草山和委员长共进午餐并进行另一次谈话。下午吃茶点时,我会见了研究院的外交小组,并和一些老朋友一起吃晚饭。这两天由于太忙我未能将我的谈话和会议记录下来。因为国际战线上形势有了新发展,我必须回华盛顿去,我又改变了计划,不是在台湾多停留一整星期,而决定于 23 日离开台北。

我在台湾的整个期间，谭绍华代办继续从大使馆就华盛顿方面和国际战线形势的发展情况向外交部报告。这些报告都转给我看过，供我参考。根据谭绍华的报告，我在台北和熟悉国际事务的人们的交谈以及我自己读报所了解到的情况，到 8 月 11 日为止，东南亚防御条约计划已经进展到即将在 9 月 6 日召开预备会议的地步。8 月 14 日，华盛顿宣布杜勒斯国务卿将率领一个美国代表团前往参加会议，并将在 9 月 4 日先与菲律宾当局就与菲律宾实行共同防御问题举行会谈。原因是菲律宾反对美国草拟的条约草案，他们认为该条约不能提供足够的军事保证。因此，传说美国将作某种让步以使菲律宾人感到更有保障。事实上，我国政府所关心的是，菲律宾政府既已在东南亚集团里得到照顾，并得到美国保护的额外保证，将会使他们对亚洲的更为重要的反共条约失去兴趣，而这个条约却是我国政府长期以来梦寐以求的。至于提出来的多边协定的应用范围问题，虽然该协定所包括的签字国已经大致定妥，并限于美、英、法、澳大利亚、新西兰、泰国、菲律宾和巴基斯坦，但一般认为尚悬而未决。在 8 月份，台湾仍可能被包括进条约的最终防御区域里。

让我回到谭绍华的关于这些发展情况的电报报告。第一封是 1954 年 7 月 23 日发出的，他在华盛顿对东南亚联合防御问题的早期发展情况所作的观察如下：

1. 英美 6 月 28 日联合公报称，两国就东南亚集体安全问题，已成立一小型英美委员会讨论其事。据悉，双方观点尚多分歧，其主要原因为无法事先知道日内瓦会议之大致结果。英方希望在越战结束后，情况可能按英国的观点处理。英美观点的最大分歧在于英国主张采取从根本上逐步解决此种局面之办法，而美国方面则主张解决目前的局面，以防共党侵略之蔓延。该委员会于 7 月 17 日发表会谈结束声明。7 月 12 日广泛报导说，美英两国已就东南亚问题达成圆满协议。但此项报导似过于乐观，与实际情况不符。

2.国务院昨(7月22日)宣布，美国拟邀请有关各国参加会议，以期成立东南亚共同防御组织。现正为此目的与有关各国交换意见中。此拟议召开之会议可能在8月或9月初于菲律宾碧瑶举行。据报，关于由何国参加之决定，将与今年4月杜勒斯所表观点基本一致，即包括美、英、法、澳、新、菲、泰。杜勒斯原拟包括印支三国，然由于越南停战，三国之国际地位及形势均已发生变化。英国赞成"科伦坡"诸国参加会议，但与美国之立场相左，但由印、巴、锡、缅及印尼作为次要国家参加会议则属可能。

3.昨《纽约时报》载施米特文章，引证艾森豪威尔总统在21日记者招待会答问。概述我国有参加东南亚防御集团之可能。此文标题殊为乐观。然经仔细研究，此观点仅为其个人之见解。为此，两名记者曾就此提问。其一问："是否拟将韩国及自由中国包括于东南亚联合防御集团之内?"艾森豪威尔总统仅答称韩国并非东南亚国家，且美韩间已经签有共同防御条约。其二问："蓝钦大使曾谓，台湾与美国之防御条约正在协商。是否意谓台湾将不被邀参加东南亚共同防御条约?"艾森豪威尔答称两者全然不同，且两者未必矛盾。据渠理解，美台共同防御条约正在考虑之中，然尚未作出最后决定。

4.今日午后，杜勒斯国务卿于记者招待会称东南亚共同防御条约正积极进行中，但尚无详细草案或计划。从其口吻判断，窃以为美国无意于"科伦坡"诸国参加。但美国认为，如原则上准其参加会议，即亦将参加该条约。后又有提问，台湾及日本是否将被邀参加。杜勒斯答称，1950年去远东时，已有组织较广范围共同防御组织之考虑。其后，由于政治方面之种种困难，以致决定改为双边协定。但谓将来仍有参加之可能。显然系指台、日参加东南亚共同防御集团之可能性。然又谓,恐将为遥远之事。

在外交部给谭绍华的复电中,要求他继续密切注意此事,并不时对实际情况作出判断,但不要表现出我们对成立拟议的组织特别感兴趣。谭绍华在整个8月份不断送来报告。他在8月7日报来的一份合众社于7日从伦敦发出的电讯内容说,权威人士说印度、印度尼西亚和缅甸决定拒绝参加拟议成立的东南亚防御组织会议;巴基斯坦和锡兰可能参加会议,但参加筹备会议和加入以后建立的组织完全是两回事。谭绍华补充说,据推测,会议将于9月在碧瑶举行,已决定参加会议的国家有美、英、澳大利亚、新西兰、泰国、菲律宾和法国。

8月10日,他报告了杜勒斯希望在周末能宣布缔结东南亚防御条约计划。杜勒斯还说,"科伦坡"国家中有几国可能参加该条约。8月11日,《纽约时报》刊登了关于该条约的一项特别电讯:谭博士报告如下:

1.筹备会将在9月6日举行,地点可能为碧瑶。参加会议国家似有美、英、法、澳、新、菲、泰及巴基斯坦。杜勒斯国务卿及其他外长因工作繁忙可能不出席会议。

2.会议将确定联合防御共党侵略之范围,以期抵抗来自外部之直接侵略及阴谋颠覆本国政府之间接侵略。台湾与香港不包括在内。

3.该约并将提供鼓励经济合作与改善人民生活之手段。实际初步讨论过程中,也将涉及建立包括非签约国之东南亚经济组织问题。

4.巴基斯坦主张于共同防御组织中建立强大陆、海、空军司令部。由参加各国比例派出军队以应付任何紧急事件,但美国不同意于当前即建立如此大规模之组织。仅赞成建立小规模之军事机构,作为情报及计划活动之总部。并可设于菲律宾。

在谭绍华8月14日报告中说:

> 1.国务院今日发表公报,阐明美国政府已与观点相同之政府达成协议,认为有必要按照联合国宪章之目的及原则于东南亚建立集体安全组织,以加强东南亚整个地区及西南太平洋之和平。菲律宾提供碧瑶作为会址。有关国家外长已同意将开会日期定为9月6日。此会在美国和其他有关国家间业经磋商讨论达四月之久。英、法、澳、新、泰及巴基斯坦同日发布类似声明。
>
> 2.据合众社电:
>
> 甲、共同防御条约之内容已经各国讨论,各外长可望亲自参加修订事宜并于三五日内签约。
>
> 乙、至于邀请印度与印度支那三国参加会议或邀请三国及日本、韩国和我国派观察员参加碧瑶会议之问题,目前尚无计划。
>
> 丙、巴基斯坦认为其参加筹备会议并不意味将参加总的条约。
>
> 3.国务院宣布,杜勒斯国务卿将亲自率领美国代表团参加会议,并将于9月4日与菲律宾当局讨论有关与菲律宾共同防御问题。

谭绍华后来又电告美国代表团其他成员的姓名,其中之一赫尔曼·弗莱格,是国务院的法律顾问,将顺便先来台湾访问。

在东南亚条约取得这种进展的同时,我们军队和共产党军队在台湾海峡进行的小规模冲突仍在继续。不同之处在于7月23日至26日发生海南岛事件以后,(英国客机被共产党击落,美国派出的两架援救飞机遭到共产党飞机的射击,后来被美国飞机击落。)美国官员和公众的注意力更加关切台湾海峡地区的局势。共产党时常阐明他们"解放"台湾的目的,但当8月11日中国共产党政府国务院的一次特别会议批准一项要求采取坚决行动解放台湾的报告,周恩来公然声称外国对这一行动的干涉将导致严重后果,以及决不容许美国占领台湾之后,更加引起了人们的注意。一方面,共产党的声明是以台湾海峡的实际战斗为背景作出的,同时据报道大陆共产党军队还在针对台湾和国民党占领的岛屿进行集结。另一方面,鉴于即将签字的东南亚防御条约是直接反对共产党侵略的,尤其是反对中国共产党在亚洲进行扩张的,该声明被认为可能是中国共产党的一种威胁。

在华盛顿 8 月 17 日举行的记者招待会上,一名记者向艾森豪威尔总统提问道:

> 最近有报道说中国共产党正在台湾对面的大陆上集结力量。从远东来的报道说,中国共产党可能进攻台湾。总统先生,如果共产党以武力进攻台湾,将会发生甚么情况? 总统回答说:

> 在 1953 年 1、2 月间,曾给第七舰队发出指示。那些指示只是重申 1950 年以来该舰队执行的关于防御台湾的命令。那些命令仍然有效。因此,我设想将要发生的情况是:任何对台湾的入侵都需要突破第七舰队的防御。

第二天(8 月 18 日),共和党参议员亚历山大·史密斯赞许了总统声明。他和民主党参议员迈克·曼斯菲尔德都认为第七舰队能够挫败中国共产党入侵台湾的任何尝试。

加在一起,这些发展十分重要,可能对美国的对华政策有深远影响。有充分的理由要我尽快返回华盛顿。

8 月 22 日晨,程天放来访。然后我去拜访副总统陈诚辞行,拜访蒋经国对他的费心照料表示感谢,以及拜访王宠惠、张道藩和刘瑞恒。下午,拜访行政院长俞鸿钧辞行。晚 7 时半总统在阳明山招待我吃晚饭。(显然那是临时决定,因为这一项是用钢笔添改在打印好的我当天的活动日程上的。该日程实际列的是:晚七时半约定和游弥坚及艺术家蓝荫鼎晚餐。)

8月23日晨,张群前来送别,因他下午不能去机场送行。他告诉我参谋总长彭孟缉曾和他讨论过外围岛屿的军事形势。这种讨论有时我也在场。他认为没有美国的援助,不惜一切代价去防御共产党进攻这些岛屿是不明智的,对台湾的安全是有害的。至于作为总统秘书长,张群说他本人的方针是宁愿将所有的问题都提请外交部予以指点,而不是像其前任王世杰那样,对外交事务非常关切,时常不先和外长叶公超商议就采取行动。

关于让我出任考试院院长一节,张群告诉我说,那是他要求委员长先让叶公超知道,要叶电告我,而不是由他在叶不知晓的情况下直接电告我。他认为这样可以使我机密地、坦率地将我的反应告诉叶,我认为那是张群考虑周到的地方。

国民党政界元老吴忠信因不能到机场为我送行,也来向我道别。孙立人将军也为同一目的来访。我问了他两个问题:(1)共产党是否会攻打外围岛屿而不是台湾?他回答说:"会的。"我问是哪个岛,先攻打金门还是大陈?他说是金门,因它比较重要,离台湾也比较近。他说,从军事上讲,如果共产党决定攻打它们,那些岛屿是会被占领的。(2)他对不惜一切代价防御那些岛屿,以期唤醒美国舆论,并使美国相信需要援助我们,因为如果丢失任何一个,或两岛一并丢失都会削弱台湾的安全和防御的意见有何看法?孙将军认为冒全力以赴的危险去防御那些岛屿是不明智的,因为使军事战略服从于政治考虑永远不是上策。他指出:由于我们未从东北撤军而失去主动并最后失去了整个大陆,而从一切军事战略原则来看,我们是应该从东北撤军的。(我愿补充一下:马歇尔将军和美国军事顾问也都建议过从东北撤军。我认为像我以前解释的那样,委员长由于担心失去东北集团的支持所以没有采纳那项建议,因为那会对于因可能失掉整个省份已然很不高兴的东北领袖们在政治上是重大的打击。委员长非常需要东北集团和它的庞大军队来维护他的领导地位,反对其他派系一再想推翻他的企图。)

孙将军接着说，除他已经提出的原因外，认为这些岛屿在进攻大陆时有"起跳板"的作用，故而不惜巨大代价固守和防御这些岛屿也是错误想法。因为要想成功地进攻大陆和建立一个滩头阵地，发动突然袭击是一个重要因素。就这些岛屿来说，不能搞突然袭击，而且共产党在这些岛屿对岸早已采取一切必要措施以防御可能发生的任何这类事件。因此在大陆建立一个滩头阵地的任何成功尝试，都必须在沿海的其他地方进行。他引证了第二次世界大战期间盟军在诺曼底登陆的成功战例。他说所有盟军从德国得来的情报都说明德国准备抗击盟军在英吉利海峡沿海登陆（他们判断盟军将试图在那里登陆）。因此，最后的登陆实际上是在诺曼底沿岸进行的，出乎德国人意料之外，使盟军达到了他们的目的。

两名在台北的记者，一名是美联社的，另一名是合众社的，经过约定来访。他们都问我对外围岛屿的印象和那里的情况。他们还问我对于拟议的中美双边条约前景的看法。在这方面，他们提到国务院的苏伊丹先生对我的乐观声明的报道所作的评论。一家中国报纸报道说，我说过关于该条约的原则已经确定，仅是执行问题尚待解决。可是，我从来没有说过这些话，我告诉他们，我完全不记得我曾说过这个条约在原则上已经确定，只是技术性细节尚待解决。

我提前和黄仁霖将军共进午餐，饭后黄将军送我去机场。有很多人在机场等候为我送行，包括行政院长俞鸿钧、蒋经国将军（他交给我一封带往美国去的委员长的信和我想带回去的两本机密小册子）、叶公超、科克伦公使、朱家骅、罗家伦、财政部长徐柏园、严家淦省主席和一大群将军及其他高级官员，总共约有八十人。八十多岁的芳泽大使也来为我送行。

西北航空公司客机准时于下午一时起飞，二小时半后到达冲绳机场，休息半小时再度起飞，于晚九时抵达东京。董显光大使夫妇和大使馆其他官员到机场迎接并带我去大使馆吃茶点。

董大使和我进行了一次谈话。他说美国大使艾利森告诉他，杜勒斯国务卿可能在参加马尼拉会议后去台北进行一天的访问。他还说蓝钦大使曾告诉艾利森说，当蓝钦说他赞成拟议的双边条约时，国务卿并未和他争论，但是蓝钦在华盛顿得到的印象为，那将是件缓慢的事情。（蓝钦在回台北前曾在日本作短暂休息。）这和当天早晨我在台北拜访叶公超向他辞行时，叶告诉我的基本一样。他仍然认为那个条约最终是会签订的，但需要时间，显然，他是根据董显光的报告说那些话的。科克伦公使在台北机场也曾对我和叶部长说，那天早晨刚刚收到杜勒斯给他的信说，除非西欧发生重大事情他须直接飞往那里，他将在马尼拉会议后访问台北一天。

蒋纬国将军来大使馆和我们会面。他正在东京美国陆军医院医治他的肠胃病。我还会见了中国商船协会驻东京代表陈先生和东京大使馆的杨云竹公使。后者于凌晨三时四十分还为我送行，我们谈了片刻。

杨告诉我，东京大使馆的工作非常难做。一万二千多台湾人现在虽然已是中国公民，但他们见到日本官员时，还和日本统治台湾时一样地给他们鞠躬行礼。其他人（有的来自大陆或香港）从事走私活动，当被驱逐出境时，就向大使馆请求保护。与此同时，日本当局自从签署和约以来感到他们已有实力和独立地位，对我们的要求常常置之不理。

谈到日本国内政治状况时，杨公使说内阁总理吉田的地位暂时是稳固的。但是，社会党的左翼和右翼似将联合起来为下一届和以后的大选进行斗争。在那种情况下，社会党人将执行承认红色中国和与大陆进行贸易的政策，以及反对重新武装和与苏联疏远的政策。杨说，即使在当前，至少在共产党和左翼的煽动下，舆论反对三件事：(1)重新武装，(2)参加任何亲西方集团，(3)吉田内阁，因为它采取亲美政策。杨接着说，实际上，吉田在美、英两国对亚洲问题的意见和政策分歧上起着调停者的作用，并希望参加任何亚洲问题的会议或参与磋商。他像尼赫鲁一样实际上倾向于中立主义,并旨在使日本被认为是一个强国,在亚洲事务中,即便不起主导作用,也要起重要作用。他声称,日本对东南亚和南亚国家了解得更多,并且有更多的经验。

杨还告诉我,十二万日本自卫队不久将扩充到十八万人,将起用大量前高级军官来掌管。和麦克阿瑟将军解散财阀的政策相反,商业、银行和制造企业的合并也在进行中。谈到这里已到启程的时间,我向他告别登上飞机。

我于晨八时半到达阿拉斯加的安科雷奇,并在当地时间五时四十五分到达西雅图。在经过波特兰、丹佛和芝加哥时稍作停留后,于晚十一时三十五分抵华盛顿。大使馆的工作人员前来接我,包括武官韩将军、李德燏等人。当我回到双橡园住所时已过午夜。那是一次疲劳但令人高兴和感兴趣的访问和旅行。

第九章 1954年中美共同防御条约

1954年8月24日—12月

第一节 缔结条约的国际背景

1954年8月24日—10月

一、第一次金门危机，东南亚条约组织公约
和联合国的处境

我在台湾住了五周以后，于1954年8月24日深夜乘飞机返回华盛顿。我头脑里有许多问题，有许多事情要和美国政府打交道。在离开台北那天的最后时刻，我曾参加讨论所谓中共威胁要"解放"台湾等问题，他们如果来袭并袭击了甚么地方，那时，我们会作出反应，然而美国又将如何。我国政府希望和美国尽快缔结一项防御条约。我刚获悉国务卿杜勒斯将在马尼拉会议缔结东南亚防御条约后的归途中在台北逗留。我急需在他动身赴太平洋地区之前安排和他会见。

就在那天，国务卿就沿海岛屿问题对新闻界发表了非常使人鼓舞的声明。8月25日报刊报道，他声称美国武装部队有理由防卫台湾和中国大陆间的某些小岛免遭共产党的袭击。他认为在澎湖列岛和一些其他岛屿上都设有防卫台湾本土所必需的雷达装置和其他预警设施。任何决定都必须从军事上考虑。

作为会见国务卿的第一步，我在 8 月 26 日下午拜会了助理国务卿饶伯森。他看来比往常紧张，他的面色有患胃溃疡的征兆，这病魔缠住了他。但他还同往常一样热诚地欢迎我回来。在谈话刚开始时他还问及委员长。我说我曾谒见并和他谈过几次，最后一次是 8 月 23 日（星期一）在我动身之前。我说委员长让我向饶伯森先生转达他个人的问候。

按照那次谈话的笔记，我随后说我知道国务卿下月初参加马尼拉会议后将访问台湾，对此我感到高兴。又说，虽然我知道杜勒斯下星期二就要动身去马尼拉，所以很忙，但我希望能会见他。

饶伯森说杜勒斯现在不在市内。他正在美加边界的鸭岛度短假。要到星期一才回来，预定星期二飞往菲律宾。时间安排非常紧凑，饶伯森不知道能否安排约见我。

我说，我只要五分钟，最多十分钟来亲自向杜勒斯表示欢迎。委员长和中国政府对国务卿决定访问台湾都感到欣慰。我知道杜勒斯异常繁忙，所以不拟提正式要求，如果有可能的话，请饶伯森先生代为安排。

饶伯森说，国务卿回来后他一定尽力而为。

谈到拟议中的双边协防条约，我询问了目前的情况，并说，饶伯森一定知道，中国政府极愿缔结。我曾希望回美后能在蓝钦大使赴台以前见到这位大使，以便向他了解他与国务卿和总统会谈缔约问题的结果，但我知道蓝钦先生要在日本略事休息再回台北。

饶伯森说，关于所提的条约，他希望他能像他听说我在台北曾谈过的那样乐观。

我说，关于这个条约，我记不起曾说过甚么肯定的话，但在我动身那天的早晨，美联社和合众社在台北的记者们都曾来访并问及这件事情。

饶伯森从桌上拿起一份剪报并把台北《大晚报》报道的英译片断读给我听。据称，我曾说过两国已同意缔结条约，只有技术问题有待解决。

我说,《大晚报》是份小报,我不知道它的这则报道从何而来。我仅在那天早晨,外交部长对立法院及其外交委员会谈及此事后,才向上述机构说起此事仍在讨论之中。

饶伯森说,国务卿曾在5月向我充分解释过美方存在的困难。而新闻报道却使人觉得似乎该条约正在积极谈判,而国会领袖们却被蒙在鼓里。如我所知,条约的症结在于外围诸岛问题。美国政府在承担保卫台湾的义务方面是没有问题的,但不包括那些外围岛屿。美国对如何处理那些岛屿感到棘手。把它们置于条约之外,无异于请中共去占领。如包括在内,则中共对它们的任何进攻都将使美国卷入,以致爆发第三次世界大战,这正是美国人民所非常害怕的。

我说,这种困难情形,有一次讨论条约时我向委员长提过。我记得杜勒斯曾和我说过美韩条约是在朝鲜停战协定后紧跟着签署的,那时国民政府和大陆上的中共仍处于战争状态,那些岛屿周围还时有轰炸和战斗。我接着说,事实上,草约第五条也可能引起另外的困难。这一条实际是说不仅对订约的一方的领土进行武装攻击,而且对一方的领空或领海的袭击也将被认为是对另一方的攻击。

饶伯森说,今年是大选之年,所以国会领袖们都很注意拟议的条约对美国舆论可能产生的影响,而舆论是极力反对美国卷入第三次世界大战的。他本人也反对再次发生世界大战。至于美国政府,则将尽一切可能设法避免。确实,美国正在做一切必要的准备以便在另一场世界大战强加于它时,它可以毫不踌躇地投入战斗。因为美国承担了保卫台湾的义务,如果中共入侵该岛,第七舰队就要干预。但他再次说,外围岛屿并不在承担的范围之内。接着他又说,由于目前有中共威胁要夺取台湾的新闻报道,美国公众正对此形势给予极大关注。

我说,当前中共确实威胁要进行他们所谓的解放台湾,语调似乎比以往的宣传更为严厉,同时台湾舆论也认为中共发动进攻并非不可能,即使不攻击台湾本岛,也可能攻击像我最近访问的金门和大陈那样的一个或几个外围岛屿。我说,这些岛屿,虽如饶伯森刚才所说,并不包括在美国承担的保卫台湾的义务之内,但它们对台湾却有极大的战略意义。由于距离大陆很近,它们可充当政府的耳目,如果它们落入中共之手,中共可以用作攻击台湾的跳板。这些岛屿沦于中共将严重影响台湾的安全和防御。所以我对艾森豪威尔总统,杜勒斯国务卿和美国太平洋海军总司令斯顿普海军上将最近在这同一问题上发表的言论深感欣慰。我特别记得杜勒斯已宣告将保卫台湾外围的一些岛屿,并说此事正交由军事当局办理。至于斯顿普上将,他说过如果中共对台湾有任何可证明为有敌对意图的行为,第七舰队将采取必要的行动。这似乎表明上将心中也关注着这些外围岛屿。

饶伯森说他不打算对斯顿普所说的"敌对意图"进行解释;至于国务卿的话,他认为是有效的。他同意杜勒斯的话里并未说如中共袭击某些外围岛屿,第七舰队将不作反应。然而饶伯森说,他本人所考虑的是由中国国军在大陆上进攻,他所理解的进攻是指台湾中国报纸近来侈谈的进攻。饶伯森认为类似这样的进攻势必招致中共的反击而由于美国对保卫台湾承担义务,势必为美国造成严重局势。他记得李承晚总统最近访问华盛顿时说要为武力统一朝鲜而单独行动,但美国舆论对李的论点丝毫未表同情,因为那样做可能导致第三次世界大战。他表示希望国民党中国不会做任何这样的事。

我说,和我谈过多次的委员长以及整个中国政府的确非常注意形势的各个方面。如果饶伯森感到中国政府可能会挑起和中共的冲突,我可以向他保证中国政府不会采取这种性质的行动。恰恰相反,我国政府采取的任何行动都将极度审慎。

我这时把话题转到即将在马尼拉举行的东南亚会议。我说,我了解美国已准备了一份草约,并从外交部长叶公超处得知,有关对付渗入和颠覆的问题也将订入该条约。叶的消息得自驻台北代办科克伦。对此我感到高兴,并想知道提出了甚么方案以应付共党的既定战略。

饶伯森证实美国政府已准备了一份初稿。他说我提的问题一直被认为是个很难的问题。要给颠覆下定义不太容易。以印度支那为例,越南民族主义者憎恨法国人,也同样憎恨共产党,他们决心逐出法国人的行动自然不能认作颠覆。不论怎样讲,在人民这方面说,这是内部政治运动。但是共产党了解这一点,并且巧妙地利用这种情绪夺取对印度支那的控制。然而,他说,已经草拟了若干方案,尽管并不完满,而且还得由大会参加国在马尼拉敲定。他说的参加国有美国、英国、法国、澳大利亚、新西兰、泰国和菲律宾。他又说,除非与会国坚持要延长,大会不会超过五六天。

话又回到杜勒斯的访台问题,我说我们台湾人民正热切盼望着。

饶伯森说,除非欧洲发生甚么重大事件,杜勒斯已决定在台湾作为期两天的短期访问。

我说,据我了解国务卿还将访问日本。

饶伯森承认,但补充说,如果马尼拉会议后只有访问一个国家的时间,杜勒斯就只访问台湾而把访问日本推迟到晚些时候。然而杜勒斯访台为期短促,所以他打算把大部时间用于和委员长会谈,因为他有许多问题要和他充分讨论。他不希望花费很多时间在拜访政府其他领导人或参加正式招待会和宴会上。这已请科克伦转达台北中国政府。

我说,这事我也要报告中国外交部。

在陪我进去见饶伯森时,中国科的马康卫说他见到我回来特别高兴。又说,我不在华盛顿的五周内,国务院很惦念我。我谢过他以后,我说,据我了解国务院法律顾问赫尔曼·弗莱格先生将陪同杜勒斯去台湾。我问马康卫消息是否确实。据答弗莱格是杜勒斯代表团的一员。其他成员还有公共事务助理国务卿卡尔·麦卡德尔和国务院参事道格拉斯·麦克阿瑟第二。

当日,我电外交部报告了我和饶伯森的谈话。关于我们提出的和美国缔结共同防御条约问题,外交部的复文我于 8 月 28 日收到。复文称,虽然我们的草约第四条①关于实施条约的领土范围的文字只说受我们控制的领土而并未明确说包括外围岛屿,但我们确实无意凭依该约把美国引入任何战争,也不打算给第七舰队的现行任务另增负担。还有,在进行反攻和收复大陆之前,我们是要和美国洽商的。我们对此既已提出保证,我们当然要予以执行。美方无需为此再有顾虑。

电报指出前述保证已包括在叶部长 6 月 17 日致蓝钦大使的复函中,并请他转达国务院。电文又称,这一切虽经明白见诸会谈英文记录,但美国如有缔约的诚意,草约中的措辞和希望保证的形式都可提出讨论。外交部要我寻求机会答复美方并向他们转达这一意见。

8 月 26 日傍晚,我接待了俞大维将军。他坚持要来看我而不让我去他家见他。他看来比 7 月份我赴台前见到他时要康健些。我把委员长给他的口信告诉了他,并告诉他,台北的许多问题有待决定,在桂永清将军突然逝世以后,台北正急切等他去任国防部长。俞将军对我说,8 月 31 日他先要在纽约再作一次体格检查,然后动身去台北履新。他说,他已接受任命,所以必须回去。虽然他想尽办法想当一名不在办公桌上和办公室里工作的顾问,

---

① 编者注:草约第四条和第五条原文如下:

第四条:每一缔约国承认对在太平洋地区内,对任一缔约国现在或将来在其控制下之领土之武装攻击,即系对缔约国双方之攻击,并将依照其宪法程序采取行动,以对付此共同危险。

第五条:第四条所指对任一缔约国之武装攻击,应被视为包括对任一缔约国本土或在其管辖下之太平洋区域及各岛屿,或对其武装部队,或太平洋上公有船舶或飞机之攻击。

但远东的局势太严重了。

俞将军说,随着这次周恩来先生的恫吓——中共是没有虚声恫吓的习惯的——中共肯定要对台湾有所行动。他说,最可能的攻击目标是金门,因为军事上他们三面包围着该岛,在政治上,为了心理原因,我们必须保卫该岛。此外,依照德国的军事科学理论,该岛是他们迫使我们牺牲大量人力的地点,正如德军在第一次世界大战的凡尔登战役中实行"绞肉机"战术迫使协约国大量牺牲一样。

俞将军不赞成为了防御金门、大陈或其他沿海岛屿耗费过多的人力,因为这会削弱台湾主要基地的防御力量。他不同意我为了外交上的影响迫使美国援助而强求防御的理论。他比较同意我对他说的孙立人将军的观点,即军事战略应立足于实际的武装力量而不能服从政治上的考虑。

我对此特别注意,因为军事领袖和外交家的观点再次出现了不一致。例如1937年,日本海军为使自己不居于陆军之次而急于自行其是,于是选中上海作为目标,在郊区江湾发动进攻,以期占领上海并向南京推进。这时委员长派兵抵御,并听从德国人建议挖掘了坚固的战壕以图固守。但日本侵略军投入更多兵力,以致中国军队无法坚守阵地而失败。德国军事顾问建议委员长撤军,不作代价高昂的保卫战。

上海战役同时引起了国际上的注意。派去报道战况的外国新闻记者们纷纷报道说日本正占上风。当时我率领我国代表团参加布鲁塞尔九国会议。在那里几乎所有的代表也密切注视着源源而来的有关战况的新闻报道和电报。我和我的同僚们讨论了一番,感到必须守住上海防线才能给会议一种印象,即中国决心自卫,中国士兵也决心抗日。我记得以我为首的代表团曾屡电委员长,力陈固守该线的重要性并请调动我们最精锐的部队遏止日军前进,以便影响会议。委员长终于派出他的一些最精锐的部队,又特别调派了由当时财政部长宋子文组织的税警总团,该部后来并入国军。

那时财政部长有权兼管税警团,也有组织军队保卫缉私的责任。是以虽然名为团,实数却超过万人,且有西点军校毕业的温将军统率。它装备最精,组织严密,得人青睐,并深为军事顾问们所赞扬,致使委员长认为它不应留于宋子文之手而应并入国军,归委员长节制。整编后,即成为最精锐的中国军队之一。

上海战役,尽管我方使用了精锐部队,但日本增援部队源源到来,兵力仍占优势,终于击败并实际上大批杀伤了国军。我后来知道日本之所以能做到这样,原因之一是我方并未把税警总团全部力量布置在前线中心地带,而把它分成若干小队来使用,以致削弱了它的战斗力。这就是争权夺利的指挥官们经常互相玩弄的战略战术。

我们在东北与共军作战时,孙立人将军的部队训练最好战斗力最强,但他们被派到东北抗击由俄国人装备起来的共军时,也未得到有效地利用。前线指挥官是保定军校毕业并在黄埔军校深造过的,总指挥官则是受日本军事训练的。我的一位军界友人告诉我,他们都不信任孙立人的受美国人训练的士兵并把他们看成竞争对手。由于指挥官们看不起孙将军的部队,他们被零散送往前线,而不以整师力量派去作战。他们在这里派一部分,在那里派一部分。拿我的朋友的话来说,那是不给对手以显示训练效率和战斗力的机会从而消灭对手的中国军事把戏。

然而,此处我想说明的一点是尽管对税警总团的使用方式使该团面临极大困难,他们还是打得很出色。那些士兵抗击了好几天,这本身确也激发和引起了全世界的普遍注意,他们看到中国人能打仗;决心打仗,并能把蜂拥而来的日本军队顶住了好几天。布鲁塞尔的代表们无不留下深刻印象。但后来,当会议未能给中国解决任何问题时,军事领袖们,我想包括德国顾问在内,都批评固守上海一线大伤了元气,因为在日军实际推进到南京时,南京军队已不足以御敌,政府只好撤离南京迁往汉口。那时又有人说,中央政府派往布鲁塞尔的代表们错了,他们本不该妄议军界事务,又说,他们基于外交需要而提出的建议与军事形势的需要背道而驰。后来中国代表团备受指责,受军界人士的指责尤多。

1954 年,在沿海岛屿的防御上,应采取甚么战略,可以肯定地预见到会有同样的争论。果然,以俞大维和孙立人为代表的军方,再次强调,至少是对我强调,军事战略不应受政治考虑的影响,它只能完全根据军事需要按照军事原则考虑。俞将军不赞同牺牲过多人力去保卫金门、大陈和其他沿海岛屿。他不同意我的加强军事努力以获取外交效果的意见,但他颇赞同孙立人的军事战略,应立足于实际的武装力量而不能服从政治上的考虑的观点。

在俞将军离去后,我打电话问候宋子文。我还告诉他经汤姆·科克伦建议并由他推荐去马尼拉为我们搜集关于马尼拉会议的情报的爱德华·洛基特不大愿意去,因为那样他得物色并雇人做他这里的广播工作。我说我是从陈之迈博士那里得知的。他最近见到了洛基特。我提到这一点是表明中国方面已考虑到派人去马尼拉的问题,并且正在安排以便跟上即将召开的会议进程。

我国政府对马尼拉会议发生的一切仍深感兴趣。确实,委员长在 28 日来电指出,助理国务卿饶伯森的名字并未列入美国参加会议的代表团内。委员长觉得奇怪,并问我能否尽力让他参加,并欢迎他和国务卿杜勒斯一起访问台湾。他说这样肯定会对东南亚形势有利。

8 月 27 日,华盛顿各大报都以重要的头版篇幅刊登中共对金门的攻击。《华盛顿邮报》的标题为:"红色份子自夸袭击蒋岛;四十名共军登陆金门,十名被击毙"。《纽约时报》报道中共海军侦察小组 8 月 23 日夜袭金门国军,显无认真夺占企图。该报还向读者保证称,美国可望处于战火之外,并称这样的袭击不会引起第七舰队的防御行动,因为该舰队尊重大陆周围十二海里的领域,而金门距离大陆海岸仅三海里,再说金门岛上并无美国人员。当然,没有美国人员这话并不十分正确。军事援助顾问团有人在金门岛上。

我电告外交部华盛顿各报正注视中共的袭击。还有,合众社台北电讯称,我国政府刚宣布已派特别增援部队前往金门加强防御,对该地区的空中巡逻也已加强。我说,各报也已引用了我方发言人的声明称,我政府将不遗余力保卫该岛。有一则电讯说,开始我方曾对此事全盘否认。后来外交部承认我方已采取步骤,因为中共曾试图向金门发动小规模的偷袭,但仍否认中共到过金门的古宁头海滩。我请求电告实际情况。

8月28日,我另电转发了当日《纽约时报》和《先驱论坛报》社论要点。社论称,据悉中共对金门的袭击是轻微的和有限度的接触,目的在于破坏马尼拉会议。又称,总的来说中共将继续施加军事和宣传压力,但不会超越这一限度。假使他们真要挑起战争,按照美国对台政策,美国肯定要以武力对付。

外交部答复我早先询问情况的电报,同意最近中共攻击金门似属宣传性质。电文以略述我方军事当局提供的8月23日发生的情况开始。午夜,中共曾派八名侦察员到金门。在那里,他们和我方驻古宁头海滩的三名巡逻兵遭遇。经过战斗,我方损失一人。电文指出,这种小冲突在前沿时有发生,是以不予公布。实际上,我方部队也不时登上大陆并且经常取得胜利和成功,而共方的偷袭者却鲜能逃脱或不为我军击毙。中共着重宣传23日的接触越发清楚地显示出他们要通过夸大他们的行动来散布恐怖。

电文还指出,中共曾于1949年冬季以两万之众企图进攻金门,然而被我军击败。这场战斗,几乎全歼了来袭部队。电文建议我可以此事为例回答记者提出的问题。

杜勒斯于 30 日(星期一)中午返回华盛顿,让他的秘书约我在星期二下午二点四十五分,即临去马尼拉之前和我会见几分钟。星期二,中国科的马康卫,即我宴请蒋夫人(当时她在华盛顿)时的陪客之一,告诉我说,我和杜勒斯的约会提前为下午二点四十分。因此,午宴结束,我送蒋夫人上楼后便赶往国务院。中国科副科长马丁来陪我进去,但在国务卿办公室前,我们约等候了二十五分钟。显然,杜勒斯似正忙于处理某件声明,可能与法国拒绝欧洲防务集团条约有关,因为候客室内来参加国务卿的记者招待会的新闻和广播摄影记者愈来愈多。事情不久就清楚了。一连八九位国务院官员从国务卿杜勒斯办公室走了出来。为首的是副国务卿比德尔·史密斯和副国务卿帮办罗伯特·墨菲,后面跟着的人手里拿着铅笔和纸。就在这时,马丁先生陪我进了办公室。随后的交谈比我预期的为长,约十五分钟。尽管他工作繁忙并随即要动身赴马尼拉,杜勒斯仍像往常一样平静、友好和亲切。

我的笔记记着此次谈话:杜勒斯表示让我久等十分抱歉,并解释说,他不得不给新闻界代表们写完并发出一份他们等着要的声明。

我说这种情况我完全了解,并感谢国务卿在准备去马尼拉的百忙中仍能抽出时间接待我。

杜勒斯说,他很高兴看到我去台湾后返回华盛顿。

我说,我在那里待了五个星期,并去过很多地方尽可能多看看,我可以满意地向国务卿说我看到的一切都非常令人鼓舞。各方面,尤其是武装部队较之四年前已有很大进步。

杜勒斯听了很高兴。

我说,我的来访是要告诉国务卿,蒋介石总统和中国政府获悉国务卿在马尼拉会议后应邀访问台湾,都很高兴。蒋总统以他本人,和以政府的名义,要我向国务卿表示热诚的欢迎。

杜勒斯说,他一直想找时间访问台湾。以前去远东不只一次,但未能访问台湾。这次他希望能实现他的愿望,并对邀请和我转致的欢迎表示感谢。接着又说,近两天来,欧洲防务集团问题突然发生变化,欧洲局势因而严重起来。英国外交部长安东尼·艾登已决定不亲自参加马尼拉会议,杜勒斯本人也曾认真考虑过放弃马尼拉之行。虽然现已决定去那里,但由于欧洲局势关系,有可能得赶回美国。如果那样,他也许无法访台,然而他将尽力往访,即使有两三小时也好。可是他准备在台停留两天的计划现在不行了。不过,无论时间如何短促,他要访问台湾,以便驱除有关他不重视该岛的臆测和疑云。

我表示最恳切的愿望说,鉴于杜勒斯先生刚才谈到的种种考虑,希望国务卿终能访台即使几个小时也好。我向国务卿保证,不论往访的时间如何短暂,委员长和中国政府肯定一样欢迎。我知道委员长期待着和他会见并畅谈。

杜勒斯回忆起他 1938 年在中国政府刚要迁往重庆前在汉口见过蒋总统。他很想再次和他谈谈。

我问国务卿有无特别感兴趣的问题要和蒋总统讨论。

杜勒斯说,他打算向委员长阐明美国的对外政策,也愿意听取他对远东局势和两国之间的关系的看法。有人说,美国对亚洲没有固定的政策,并说美国处于混乱和迟疑状态,但是杜勒斯说,这不是事实。

我认为杜勒斯访台尽管可能为期短暂,也是有用的。我问他有无甚么事情,比如他希望有甚么样的接待安排等等要由我向我国政府转达。

杜勒斯答称,对他的接待安排,希望简单到最低限度,并希望不要安排需要发表演说的正式宴会。因为,在目前的世界形势下,他说的话都得仔细准备,但他没有时间。

我说,据我了解杜勒斯夫人将陪同前往。

杜勒斯说:"是的。"又说,同机的还有曼斯菲尔德参议员(已在东南亚)的夫人,和亚历山大·史密斯参议员。他将从旧金山和他一起去马尼拉①。

我说还有一点我要向国务卿建议。由于马尼拉会议没有中国代表,同时与会国里面有几个国家的态度和政策对中华民国政府不甚友好,我特别提请他在会议期间关心我国利益。

杜勒斯说,他当然关心,在回答另一问题时,他说他将于当晚八时前起飞。

我说我将去机场为国务卿和杜勒斯夫人送行。

当晚七时四十分我到达军事空运局机场时,已有二十四五人,其中有许多新闻摄影记者,围着国务卿和杜勒斯夫人。我先向杜勒斯夫人问候并祝她一路平安。她告诉我她接到蒋夫人电话,祝她旅途安适。蒋夫人说,如果医生许可的话,她将力争回台湾去欢迎她。杜勒斯夫人要我转告蒋夫人,他们访台时间很短,希望蒋夫人不要勉强自己。我们谈得稍长了些。她一如往常,显得平静、安详、熟悉情况、彬彬有礼和温文尔雅。

国务卿也和我谈了几分钟,并几次摆好姿势让摄影记者为我们拍照。他对我说原先选定碧瑶作会议地点,但该城交通不便而且将届雨季,最后改在马尼拉开会。又说他预计于 9 月 3 日到达马尼拉,并为实现美菲共同防御条约,先和菲律宾代表举行会议。八国会议本身可能最多开五六天。

在机场的人群中,我见到了新西兰和巴基斯坦的大使以及菲律宾公使阿贝略先生,并和他们谈了话。我告诉阿贝略,原来我打算经由马尼拉回华盛顿并曾安排拜访副总统兼外交部长加西亚先生,但由于行程延期,只得取消那次安排。阿贝略说我的名字在菲律宾是很出名的,并说他知道麦格赛赛总统也乐于会见

---

① 当我还在台北的时候,即已收到谭绍华电报通知说参议院外交委员会的史密斯和曼斯菲尔德将陪同杜勒斯去马尼拉参加 9 月 6 日的东南亚共同防务条约和组织会议,以及 9 月 4 日的美菲会议。但当时没有迹象说明他们将陪同国务卿去台湾,尽管后来事实上史密斯是去了。另一方面,杜勒斯夫人是肯定要陪她的丈夫去台湾的,所以肯定得作接待她的安排。

我。又说,如果甚么时候我去菲律宾,他将很高兴在马尼拉安排接待我。我表示感谢。

马尼拉会议实际只开了两天。大部分的问题或困难已于事前解决。9月6日开会时,杜勒斯立即阐明了美国无意在受威胁的地区驻扎常备军队,但要依靠"机动的打击力量,加上战略部署的反击力量"。因此,东南亚条约组织,按照签署的规定,其成员保证按各自的宪法惯例以联合行动迎击任何侵略威胁,但军队的布局或统一军事指挥机构的设置均未作规定。与会的亚洲国家也未能实现他们想通过该条约使主要国家承担特殊经济义务的愿望。最后文件只提了些有关经济合作的含糊不清的规定。由于条文中的"侵略"二字之前删去了"共产党"字样,以致该条约针对谁或针对什么都不明确,使条约更加软弱无力。删去"共产党"字样不合美国的愿望,但大多数出席者则坚持要删去。所以最后在条约后面附了美国提出的"谅解",说明美国的义务,"只适用于共产党的侵略",如遇"其他侵略或进攻",美国政府将和条约组织成员国协商。至于该条约应用于防止颠覆方面的可能性,这是我早先和许多美国官员讨论过的一个不平常但又必须有的特点,看来对该条约成员国不成为问题。他们同意保持和发展他们各自的抵抗武装进攻和"外来颠覆活动"的能力。至于条约适用范围,则规定为东南亚一般地区,包括订约亚洲各国的"全部领土"和太平洋西南直抵台湾以南某一点以内的一般地区,这样,就把台湾和香港全都排除在外。该条约所附的议定书标明该条约的军事和经济条款的适用区域为柬埔寨、老挝和越南。

东南亚集体防务条约于9月8日签字。称该条约为"亚洲门罗主义"的杜勒斯离马尼拉赴台北。正当他的飞机于9月9日在台北机场着落时,中共不断炮击金门。

共方新的一轮炮击是9月3日开始的。那天下午在华盛顿,当炮击消息传到美国首都之前,俞大维将军前来辞行。我们照常闲谈。他把中共威胁要进攻和解放台湾看得相当严重。他认为金门是中共第一个真正目标。他再次强调他的观点,即中共可能采取消耗战的战略以消耗台湾军队的有生力量。他说,进攻方法可能有三种:由空中、由海上和由登陆部队。但他确信不会有大规模的攻击,也不会有潜艇攻击,因为这会惹恼美国第七舰队。他认为最可能的攻击形式是在金门岛周围的水域内布雷,以截断来自台湾的增援和后勤补给。他担心共方进攻的可能性,又疑惑为什么中共迄未行动。在海上清除水雷是件困难而又讨厌的工作。他告诉我,第二次世界大战时期,十六艘英舰驶入黑海寻找俄国舰队,就有六艘触雷沉没。他还说他要亲自视察和访问这些沿海岛屿,然后把情况派信使通知我而不用电报。从安全角度看,电报是不可靠的。他定于 9 月 7 日星期二动身赴台北。

俞将军说他已见过参谋长联席会议主席雷德福海军上将。他曾向他强调了共党攻击金门的可能性,并问他美国将如何协助。雷德福说他确实还不知道。此外,俞以同样的问题问过饶伯森,据答他应请雷德福上将答复。

次日,报纸上刊登了炮击金门的消息。《纽约时报》称有三人死亡,八人受伤。我说这次中共炮击,被认为是自 1949 年 10 月以来最猛烈的一次。它是针对讨论亚洲问题的马尼拉会议的。晚上,我获悉了军事援助顾问团的两名美国驻金门岛的观察员,死于中共炮火之下。当消息次日由美国新闻单位报道后,人们大为吃惊。在此以前,美国公众印象中金门岛上没有美国军事人员,该岛不是正式受第七舰队保护的前哨岛屿。

9 月 5 日,无线电广播有三架国军飞机被中共击落。许多新闻评论员开始把中共的行动不仅解释为针对东南亚联防会谈的一种牵制战术,而且是一种测试我们的力量,和测试美国的反应的试探性行动。

9 月 6 日,有一条新闻报道,一架美国海王式巡逻机在近西伯利亚海岸被两架苏联米格飞机击毁,一名海军少尉丧生。苏联政府在给美国的照会中抗议称美国飞机在飞进苏联领海上空后首先开火。美国在给苏联政府的照会中也抗议称苏联人对距离苏联海岸外三十英里和海参崴东北一百英里处执行常规巡逻任务的美国飞机横加攻击。双方的照会显然互相矛盾,于是美国发出第二次照会回复苏联。每方都指控对方首先开火。

由于金门和金门周围的局势本已令人紧张,新事件似乎使情况更趋严重。据报诺兰参议员已要求美国和苏联断交,又闻艾森豪威尔总统反对那种激烈行动。7日,据报美国驻联合国大使洛奇已向联合国秘书长口头提出要求安理会开会讨论美国指控苏联攻击美国巡逻机事件。

与此同时,从金门传来的消息变得对国民政府比较有利。7日《纽约时报》一条大标题是:"台湾飞机再次轰炸大陆海岸:据报乐观主义笼罩金门;进军迫在眉睫"。9日《时报》的一条标题甚至更加鼓舞人心。它说:"台湾喷气机袭击中国大陆;国民政府报称袭击厦门成功;赤党目前未必袭击金门"。这说明我国政府已决定尽一切力量保卫金门,也说明这些努力如何有效。

在此以前,9月6日,外交部长叶公超发来他和美国驻台北代办科克伦关于外围岛屿的会谈,以及美国大使返回台北后和蓝钦大使会谈的通知。叶部长要我也着手这个问题。这是对我8月31日和国务卿杜勒斯在他动身赴马尼拉前交谈的报告的复电。

从叶部长的电报上看,他曾和这两位有几次机会谈到沿海岛屿的防御问题,把他们陆续请到部里会谈,并谈了以下各点:

1. 国务卿杜勒斯在8月24日记者招待会上关于防卫台湾和外围岛屿问题的答词可说稍嫌软弱,且不够明确;然而,也表明美国对局势的关注。所以,他认为我国政府对此可表示满意。

2. 美国在联防外围岛屿上迄未发表明确的声明,大大增加了中共偷袭那些岛屿的可能性。所以,他希望美国将外围岛屿包括在防御台湾和澎湖列岛整个系统之内。在这一点未作出决定之前,希望美国政府不要发表任何可能削弱杜勒斯声明的重要性和重大意义的声明。

3.目前,假使中共部队对任何外围岛屿真的进行攻击,希望第七舰队的部分舰艇能加强在邻近水域的巡逻并准备参加营救落水士兵的工作。

4.为了加强外围岛屿的防空能力,希望美国及早大量交付佩刀式喷气战斗机。

我于9月7日下午一点多钟在国民机场为俞大维将军赴台北送行。那里有许多中国官员,却没有任何部门的美国人。我的海军武官柳上校告诉我,他曾陪俞将军往见海军作战部长卡尼上将。俞将军解释了保卫金门的重要性,并问他我们能指望得到甚么援助。卡尼在阐明他自己的观点时,虽认为从军事战略角度看,金门并不太重要,但同时也同意从心理的和国际观点看,金门有其重要意义。他承认失去金门会对亚洲国家,对大陆上的中国人民和台湾的士气以及美国的威信都有深远影响。他以个人名义劝我们在保卫该岛上不要吝惜装备和物资的供应,并认为我们消耗在防御上的任何东西,美国应予补充。他说,在参谋长联席会议上的他的同僚都同意这一观点。他认为这事应请总统决定。一俟决定,即通知台北。

我认为使台北知道这个情报很重要,所以我赶紧给叶公超发了电报。我个人对这个情报也倍感兴趣。显然,卡尼的看法和俞将军的看法根本不同。卡尼认为重要的是中国应不惜任何力量和装备以保卫该岛,而俞则认为根本而重要的是不能削弱防卫台湾的力量,所以认为,不为防卫沿海岛屿而牺牲过多的人员和装备是明智和可取的。然而如果像卡尼含蓄指出的那样,美国军事和海军当局已建议补充任何装备上的损耗,起码是耗用于防卫金门的,如果这些建议再形成政策,那当然要排除俞将军的部分论点。但迄今为止我们知道的主要还是海军的观点。我总感到和其他兵种相比,并从他们对国际形势总是了解较多这一意义来看,海军是较有国际思想的。他们的舰艇到处游弋,部队的散布面较广,不像美国陆军,平时兵力较小,到了战时和紧急状态时,才通过征兵来扩充。陆军总是比较小心和缺乏远见,对于像我这样的门外汉来说,看来是这样的,而海军却总是信心十足,能适应任何形势,尤其能对付大陆上的中共政权。中共几乎没有海军可言。

几天后,我接待了柳上校。他说国防部二厅来电索取的俞将军和卡尼谈话的报告,他已寄出,他给我送来一份抄本供我参考。柳上校的书面报告较全面地叙述了双方的论点①。

7日到机场送别俞将军后,我去双橡园接待一位电讯记者。他为了金门局势想见我。我把金门的局势和我们保卫该岛的决心和他说了。

同时,我获悉五角大楼认为金门对面的大陆港口厦门,由于地理和地形条件,能被中共辟为大陆沿海青岛以南的最佳军港。但也认为我们控制了金门便阻止了这一发展。这是美国着眼于保卫金门的另一种考虑。所以,我于9月8日将情况报告了外交部。我建议,既然这种观点和我们一致,而且美国军事当局一直把地理形势作为军事战略的基础而给予极大重视,我们应当在和美方谈到外围岛屿问题时,除强调其他重要理由外,应特别着重这一点,以便说服和促使他们重视金门。

我还汇报了9月7日美国国务院和军事机构开会讨论金门局势的情况。据了解,会后已有密报送呈艾森豪威尔总统。当天晚些时候,我得知艾森豪威尔刚定于12日在丹佛的总统夏令官邸召开国家安全委员会会议,内阁及所有军事领导人都将参加。目的据说是为了听取国务卿有关东南亚集体防务条约的汇报。但真正目的,我认为是讨论金门的军事形势和欧洲集体武装部队的问题,以便决定美国的政策路线。

9月9日,接见了另一家报纸。国际新闻社的一位代表约好来见我并就金门的军事形势、中共的意图和攻击该岛的理由,以

---

① 柳上校报告原文,见附录五。

及我们希望从美国得到什么援助等提出问题。例如,该代表想
知道:

问:在中共攻击的背后,你认为有无可能和东南亚条约组织
　　这个新条约有关的政治原因?

答:很可能中共认为他们的入侵也许有阻止东南亚条约组织
　　组成的效果。他们或许认为只要摆出好战和挑衅的姿
　　态,就可以吓跑亚洲的一些国家,尤其是中立国家,不再
　　成立东南亚条约组织。他们也可能是要显示威力以影响
　　即将召开的联合国大会讨论接纳红色中国问题。

问:你能预料除金门外,中共会不会攻击其他岛屿?

答:除金门外,中共可能攻击其他沿海岛屿,如大陈岛,它靠
　　近浙江海岸,位于上海之南,在金门以北约三百四十
　　英里。

问:如果除澎湖列岛和台湾外,其他任何岛屿受到严重攻击
　　时,中国政府是否指望美国或其他国家的直接援助?

答:我们并不指望别国的直接援助,否则我们会失望。但我
　　必须指出这些沿海岛屿对台湾和澎湖列岛的有效防御至
　　为重要。此外,对一切爱和平、爱自由的东南亚国家,对
　　美国及与该地区有重大利害关系的其他国家来说,中共
　　的入侵是一个共同的危险。他们的切身利益和从反对中
　　共侵略的鲜明立场而产生的道义义务会使人想到我们在
　　金门的坚决抗拒中共袭击,应给予同情、赞助,并且如果
　　可能,给予支持。所谓支持,我意并非指战斗部队的支
　　持,因为我们无意使别国卷入冲突之中。此外,由台湾国
　　民政府控制的金门和其他沿海岛屿皆已戒备森严,必要
　　时台湾还将予以增援。我们的地面部队以及我们的空军
　　和我们邻近这些岛屿的海军都将进行一切必要的战斗以
　　击退中共的入侵。所谓支持,我意是提供装备和给养形
　　式的物资援助,和照料战斗中死伤的战士的人道主义

援助。

问:你预料共党会攻击台湾吗?

答:依我看来,中共在占领金门和其他沿海岛屿之前不会妄图攻击台湾。但他们一旦占领了这些岛屿——我认为他们是占领不了的——那就会有很大的可能。

9月10日,我接待了合众社的唐·冈萨雷斯先生,并和他谈了金门问题、军事形势和共党袭击该岛的重要意义。我也把我们期待美国给予怎样的援助告诉了他。

下午,我回拜日本大使井口贞夫,乘机探询日本对东南亚条约组织的态度。他说,日本受和平条约的约束,必须给予支持,但因为没有武装部队作不了什么,而武装部队又是日本宪法不允许有的。我问,宪法有无修改可能。他说,研究这问题的议会委员会已经组成,但要获得解决则最少需两三年时间。年轻一代男女都反对修改宪法。他问我中国对东南亚条约组织的看法。我说,我看不出该条约能起多大作用。除美国以外,没有一个签约国在远东有很多武装部队。这有待紧急时刻来考验。他同意,并说,在亚洲战斗部队最多的是南朝鲜和台湾。

大概从那时开始,美国报纸悄悄地转向刊载军事当局及国务院正在进行会议的消息,为12日召开的国家安全委员会会议作准备。10日《华盛顿邮报》的一篇文章称艾森豪威尔总统将于12日召开国家安全委员会会议以便为金门和沿海岛屿的防御作出决策。还称该委员会的军事领导人已于9日秘密交换了看法,据了解,有一派赞成使用美国海军和空军力量阻止中共占领金门,另一派则强烈反对这种作法,并说,这样的步骤可能使美国卷入和中共的战争漩涡。于是决定由美国给金门以有限援助作为暂行办法。

同一篇文章又说,在这个问题上,国务院没有明确的说法。但国务院承认中共图谋金门的严重性,并且深知,中共一直攻击美国是世界和平的敌人,所以美国的任何正面行动都将被中共认作是他所谴责的铁证。至于美国各军种的当局们,该文称,分为两派。一派认为金门离大陆太近：如中共决心不惜重大牺牲，要占领该岛并不太困难。另一派则认为金门防御工事坚固，如果美国能给以援助和海上及空中的支持，共军不可能成功。和前一派相反，他们认为，美国这种行动可以提高台湾和亚洲的盟友们的士气。文章又称，美国最近获得情报，中共将利用美国11月份大选之机攻击台湾，并说，他们已在台湾对岸福建沿海集结了六万部队。

11日的纽约《先驱论坛报》称，美国国防部已于10日明白表示该部无意将金门包括在台湾防卫区域之内，因该岛距大陆太近。文章说，国防部长最近收到许多来信，要求他不要命令美国舰队和空军在厦门和金门之间巡逻。

总是敌视我们的《华盛顿邮报》，同一天早晨也发表社论说，保卫台湾是美国全国人民同意的政策，但金门岛对台湾防御并不重要。又称，假使中共当真夺取并占领金门，美国可能会丧失一些威信，但与其参战而中途退出，倒不如让美国敦促和劝说我们放弃金门。

12日，我得密报，美国人在帮助我们保卫金门以及其他沿海岛屿方面意见分歧，同时，艾森豪威尔本人持反对帮助我们的意见。理由是，在亚洲开辟第二条战线不合时宜。再则，从现在起迄11月底是选举州长和国会议员的准备时期，对处理国际局势问题不能不特别小心以防引起选民的误会和疑虑，以致使在政府选举中失败。

然而，那时正在丹佛举行的国家安全委员会会议，有甚么决议却没有消息。13日，艾森豪威尔总统在丹佛总统夏令官邸举行记者招待会时，只告诉记者说，关于美国的行动，国家安全委员会未作出任何特殊决定。他说，该委员会仅仅讨论了美国在世界上的地位，尤其是在西太平洋的处境，并重申了美国原来采取的保护本国切身利益和帮助友好国家捍卫其安全的政策。

会议后，有人引国务卿杜勒斯的话说："保卫金门原和保卫台

湾有关,现正以这种观点来考虑研究。"13 日《纽约时报》的一条消息说,杜勒斯 12 日举行了记者招待会,他说:

> 台湾外围岛屿的防御问题,首先是一个应由军事人员决定的问题。他们受命保卫台湾,所以需要由他们建议而我们则将听取他们的意见。

参议员亚历山大·史密斯曾参加国务卿杜勒斯和委员长 9 日在台北举行的会谈。他必然也曾去丹佛参加汇报。他告诉一位新闻记者说,他赞成美国使用第七舰队和有效的空军力量去协助防御金门及其他岛屿,又说,金门失守将影响美国在亚洲的威信。他说许多高级官员认为金门没有战略价值,以为该岛的得失只能有心理影响,所以不值得美国去参加防御,还认为,参与防御可能挑起第三次世界大战。然而他本人认为金门的军事和心理价值就在于美国在需要时刻必须协助防御该岛。他说,参谋长联席会议正在讨论和研究全部局势。

这位参议员还说,他认为美国在防御金门方面的援助应以海军和空军支持为限。他反对派遣地面部队去亚洲参战。他说,蒋总统曾告诉他,他已控制了金门的局势;并未在保卫该岛问题上要求美国援助。但蒋总统曾再次敦促美国在收复大陆方面给予合作,声称如美国能给以海军和军事支持,他就能解放和统一全中国。然而,史密斯说,美国人似乎认为目前国民政府的力量尚不足以完成那样的目的。他还说,蒋总统透露他的政府意欲和美国订立双边防御条约,但他(史密斯)认为,在目前情况下,还不必要,也不合适。

《纽约先驱论坛报》14 日的专题文章称,参谋长联席会议主席和海军作战部长已命令第七舰队给我们充分的后勤支援以保卫金门。文章称,美国认为我们在金门的实力加上这一援助就足够应付目前的军事局势。假使中共再妄图侵占该岛,美国可能考虑有必要采取积极行动保卫该岛。至于充分的后勤支援意味着甚么,文章称,是指装备和物资供应,喷气飞机、飞行员的培训和其他军事训练。该报又称,有关保卫金门的美国援助问题,美国政府意见分歧,并称,那天的国家安全委员会会议对这一问题并未作出决定。

14日,我去纽约在"上海午餐俱乐部"的午宴上致词。晚间,我参加了一个非正式的宴会,宋子文也在座。实际,宴席的安排就是为了便于我们交谈。他很想知道中共公然打算夺取金门究竟是何意图;为何中共空军全然没有出动,美国对我们的奋力防御的真正态度是甚么。我告诉他,自从8月初中共一再宣告一定要"解放"台湾以来,人们预料他们会有所举动。然而,他们是否准备推进到比现已抵达的地域更远一些还值得怀疑,因为他们不能料定美国的意图。他们有可能转而袭击大陈岛,但我们奋力保卫这两岛之心同样坚决,因为我们的强烈坚决抗击不仅能改变我军缺乏斗志的国外印象,还可以唤起美国人民对我们的同情以及进一步巩固美国政府支援自由中国的政策。

宋博士完全同意我的看法。这时我告诉他说,关于中共妄图夺取金门或大陈问题,我已向政府提过这种看法,并说,我已向同胞们力陈不要担忧我们台湾的防御会遭到削弱,美国第七舰队和它背后的一切力量都关注着台湾防御问题。中共空军没有升空,否则他们的飞机和美国飞机将在空中进行较量,较量结果,形势可能发生重大转变。此外,尽管从飞机的数量看,他们的空军比我们的强,但他们的飞行员并不太有经验甚至很不称职。

我又说,美国是故意不表态的。依我的看法,中共果真侵犯沿海岛屿时美国不大可能积极参加我们的防御,至少在美国11月大选以前是如此,但对我们的保卫战,美国会给我们一切后勤所需的支持。五角大楼的军方人员赞成在需要时介入,但文职首脑和财政部长则反对介入。据可靠报告,艾森豪威尔总统本人也反对介入。我说,对于我们在台湾的人来说,对我们外围岛屿的任何大规模进攻都要给以强有力的抗击,我们的反击并且应该直捣大陆敌人的后方。这样甚至可以给我们提供开始进入大陆,收复大陆的机会。(那样,就不是美国当局所反对的我们主动出击并解放大陆,而是为自卫而反击。)

次晨我返回华盛顿,但 9 月 18 日晚又启程前往纽约。外交部长叶公超将于次日清早到达艾德威尔德机场。表面上他此行是率领中国代表团出席 9 月 21 日在纽约召开的联大第九届大会。但大会开幕后,他计划正式访问华盛顿,并急欲就中美双边防御条约进行谈判。

19 日晨,我和何士先生在 7 时前离开我的旅馆。何士既是叶公超又是我的朋友。他要求搭车同去机场迎接叶公超。到艾德威尔德机场迎接他的共约五十人,都是中国人。其中有胡适博士、出席联合国大会的中国代表团的大部分成员,令人注意的是没有蒋廷黻博士。在场的还有唐人街的十位正式代表。他的飞机着陆时,正逢倾盆大雨。

由于我们联合国代表团的刘驭万先生要我用我的车送叶博士去他住的旅馆,我安排何士和胡适乘代表团的车回去。叶公超对我说明,他不得不电告蒋博士不要到机场接他以免发生类似 1952 年发生过的事件。那次蒋廷黻的离了婚的妻子也去迎接叶公超并向他诉说蒋"非法"与新妻结婚。这位外交部长和蒋博士是清华大学的同事和好友。

我和叶部长先后在车内和他的房间里谈了些时候。我问叶公超,杜勒斯 9 月 9 日在台北逗留四五小时并直接去草山委员长官邸共进午餐和会谈,他谈话的要点是甚么。那时,杜勒斯夫人则由蓝钦夫人招待在美国大使馆进餐。(杜勒斯夫妇的到达较预期为早,这就打乱了委员长和蒋夫人的全部计划。他们原安排蒋夫人的侄女孔令仪飞来台北帮助招待杜勒斯夫人。孔令仪计划于 7 日飞离纽约城,但由于杜勒斯较原定时间表提前到了台北,这样她就太晚了。)①

---

① 从美国到台湾要经过国际日期变更线,日历要多翻一天。

叶公超说,参加会谈的有委员长、副总统陈诚、行政院长俞鸿钧、他本人、总统府秘书长张群和代理参谋总长彭孟缉将军;美方有国务卿杜勒斯、蓝钦大使、蔡斯将军、参议员亚力山大·史密斯和杜勒斯的助理麦克阿瑟。叶公超还告诉我说,杜勒斯向我们保证在我们保卫金门方面,美国将给予后勤援助。

叶公超要我注意蓝钦的话"适可而止"。由于近十天来中共实际上停止了炮击金门,我怀疑放松我们的报复性轰炸是否恰当。叶说,我们的行动是取得美国军事援助顾问团的当地军事代表的谅解的。实际上我们空军开始报复性轰炸之前,我们曾通过美国大使馆与军事援助顾问团同太平洋总司令商量过。又说,我们要求在十分钟内迅即答复,但太平洋总司令却过了七个小时才同意我们建议的行动。

叶部长答应给我一份委员长和杜勒斯的会谈记录。以后他从秘书那里拿了一份给我。他还交给我一份呈委员长的条陈。这是就杜勒斯对我们向美国提出的双边条约草案的不同意见而提出的修改意见和建议,即建议沿海岛屿暂不包括在条约范围之内,问题留待以后协商。我和他说,我将把会谈记录复制六份,条陈复制一份,并依照他的嘱咐将两份会谈记录送交在华盛顿的国务卿。这时我又告辞并匆匆赶回华盛顿,以便在哥伦比亚广播公司的《本周人物》节目中按时露面。

在飞机上,我又翻阅了草山会议记录。杜勒斯清晰地叙述了最近美国在亚洲的一般政策和对中共及国民政府的特殊政策的根据。杜勒斯曾说是他向雷德福海军上将建议向英国国泰太平洋航空公司班机被击落的地区派出美国海军进行救援,也让公众知道美国的不计后果的决心。他向委员长保证美国绝无抛弃他领导下的中国政府之意。委员长和副总统概述了我们对外政策方针的性质和我们对美国政策的看法。委员长赞赏国务卿在对外政策方面的成就,同时也看到"美国对外政策总的来说,近来有点举棋不定,缺乏主动,虽然对各种事件的处理还不能说不正确"。然后,委员长提出拟议中的中美双边防御条约,和一些很有说服力的论点以消除美国在这一问题上的疑虑。杜勒斯发言时侧重于国民政府受实际管辖范围的限制使该条约的运用范围成为难题。他强调原来给第七舰队下达的命令要比条约可能安排的有利,如照条约安排,美国的机动性只会较差,对侵略的反应也不会及时。委员长驳称如果美国的亚洲政策坚定不移,总的形势将会改观。这就是会谈的要点。它很重要,我把记录和有关文件附录于后①。

我在飞机上也看了刚从叶部长处收到的第二份文件,即外交部长呈委员长的条陈。它附有 9 月 10 日叶部长和蓝钦大使谈话的记录。内有蓝钦大使的"适可而止"的建议,但不作为重点。按照记录,蓝钦在会见接近结束时提到金门的战斗说,中共炮火似已沉寂,又说,他希望中国政府一旦达到直接目的应即停止进一步行动,不应对大陆进行任何大规模攻击。蓝钦说明美国政府关注此事的原因是怕中共大规模的报复。但叶部长再次向他保证说,我国政府的意图是给中共一个教训,使他们明白这种愚蠢行动的后果是得不偿失的,就他所知,我国政府无意进而攻击大陆。按照记录,蓝钦认为果真如此,他感到高兴。

蓝钦大使在他的《出使中国》中,讲到了同一问题。他引用了他 1954 年 9 月 13 日给国务院的信。关于"敌人的行动收敛时,最好立即停止国军对厦门地区的空袭"问题,原文如下:

> 上星期,在国务卿到达之前,我完全出于个人的主动,曾两次向外交部长表示我的关注,唯恐国军的攻击超越了合理程度。他请代参谋总长注意此事。代参谋总长说他知道我们的军事代表在采取颇为不同的立场。于是我和蔡斯将军

---

① 附录六的内容有 9 月 9 日的会晤记录;叶部长 9 月 10 日呈委员长关于根据 9 日杜勒斯所提各点和 10 日蓝钦大使所提各点,对双边条约进行修改的条陈,以及随同叶部长的条陈一并呈委员长的叶部长 10 日和蓝钦会见的记录。

商量,至国务卿离去后两天左右,军事援助顾问团收到了斯顿普海军上将的指示,嘱他们大致按我的意见进行。有幸,我国政府目前在这一重大问题上的主张,口径似已一致,虽说我没有接到国务院的什么指示①。

哥伦比亚广播电台的节目进行得相当顺利。和我从台湾回来后举行的几次会见一样,首批提出的问题是金门周围的战斗。接着《时代》杂志驻华盛顿记者约翰·比尔,和美联社的约翰·海托华,还有《华盛顿邮报》的艾伦·巴思和哥伦比亚广播电台的詹姆斯·科克伦一连串提出几天前宋博士向我提出的问题。这样的提问连绵不断直到巴思把问题转到台湾的军队和在吴国桢治下的台湾情况为止。兹引述由比尔开始的那部分会见记录于下:

比尔:顾博士,你认为共党攻击该岛时没有出动空军的理由是什么?

顾大使:比尔先生,我认为他们害怕使用空军。首先,他们的飞行员经验相当缺乏。他们只是最近才培训的,他们的空军没有多久的历史,最多四五年;而我们的空军最少也有二十五年的传统。

还有,我们的飞行员受过较好的训练,较多的实践,那是一个原因。

另一个原因,我想,他们未得俄国老板的许可,是不能把像米格15那样的飞机起飞的。

巴斯:那么阁下,你们的飞机是否一直经常轰炸大陆机场?

顾大使:是的,以往十天左右是这样的。

巴斯:我不知轰炸的效果怎样? 目前,我怀疑那样的轰炸和扫射会不会带来危险……成为一场世界大战的前奏,或

① 编者注:卡尔·蓝钦,《出使中国》(西雅图,华盛顿大学出版社1964年版)第207页。并请参照蓝钦1954年9月13日的叙述和外交部9月20日蓝钦和沈次长的谈话记录。

把某些国家卷入战争漩涡？

顾大使：噢，巴斯先生，我个人不以为然。我认为那是反击，反击可以制止中共进一步冒险，他们的行动迄今局限于炮击，这一事实，似乎证实了我的想法。

海托华：大使先生，我记得你们在金门的军队和在台湾的一样，全都是美式装备，并有美国运往台湾的给养支持。

　　你能否说说在采取某种行动时，你们政府和美国政府之间的关系是一种什么关系——也就是说你们政府有无可能不和华盛顿商量而自行发动一场反对中国的……也就是中国大陆的大规模行动？

顾大使：好罢，首先说，金门岛上的中国军队确实是用标准的美国武器装备，并在美国军事顾问团的协助下受过全面训练。不过我个人认为我方反击中共进攻不会牵涉到美国。

　　我们一向是这样，——不仅在目前形势下是这样，而且自从你们派去顾问团以来的几年，我们确实一直是这样——我们不仅在采取行动时随即通知顾问团，甚至在采取行动前就和顾问团保持联系。

比尔：有关这一点，大使阁下，前些时候有人煞有介事的说，中国国民政府和美国政府订有君子协定。根据协定，中国政府不和美国政府商量不得采取行动。

　　你能说这是事实吗，现在还存在吗？

顾大使：嗯，使我们的美国朋友随时获悉我们的设想的做法是我们的一贯政策，因为他们在那里帮助我们训练，在帮助我们的人掌握武器方面又是一向很有用的。所以我们愿意而且一直在把情况通知他们。

比尔：那我猜测这也同样适用于金门的情况，是不是？

顾大使：适用于金门情况吗？当然适用。

海托华：那么，阁下认为台北不会发动突然袭击，是否不存在发生完全出乎华盛顿意料的袭击的可能性。阁下真的认为不会发生这种情况吗?

顾大使:我认为不可能发生,因为我们和美国顾问团以至你们的外交代表,一直保持着极密切的联系。

巴思:大使阁下,让我对这个问题的另一方面提个问题。

不久以前,李承晚博士在美国国会演讲时,曾要求美国参加(我理解为)一种十字军,以解放和击退中共,遏制中共在中国大陆上推进。

我想知道你和你们的——你们的政府对于美国应该起什么作用有何看法。

顾大使:在我们看来,想必你也知道,南朝鲜李承晚说的十字军原则上是正确的,因为除非我们能从中共手中收回大陆,亚洲就没有和平和安全;然而这样的一支十字军不能轻率从事。在天时、地利许可,以及我们能得到我们的朋友,尤其是美国友人的同情和道义支持时,我们准备有所举动。不到那时,我们决不轻率行动。

巴思:那样的十字军运动当然意味着一场世界大战,不是吗?

顾大使:那取决于苏联是否介入,而这个问题现在看来是个明摆着的问题。

海托华:那么,大使阁下,现在是否在采取导致组成那种十字军的步骤,是否在进行准备,或有没有一些可能成为后来的准备工作的事件发生?

顾大使:你知道,近几年我们一直在制订返回大陆的计划,可以说这个计划也大致就绪;但何时执行则问题颇大,正像我刚才讲的,我们小心翼翼力求执行时能操胜券。

比尔:还有,顾博士,我记得前些时候李承晚访问台湾,双方曾达成一些协议或非正式谅解。能否告诉我们是些什么内容?

顾大使:李承晚总统和……

比尔:南朝鲜和中华民国双方。

顾大使:好吧,李承晚总统访台时,他和我国总统及政府其他
　　　领导人谈得极为认真;但并不是正式会谈,而是非正式
　　　的、友好的探讨,任何一方都不承担义务。

巴思:顾博士,对方的情况如何? 你预料中共会攻击台湾本
　　　岛吗?

顾大使:巴思先生,我认为总有一天要发生的,因为那一直是
　　　他们的计划,所谓"解放"台湾。他们早晚要做的。那是
　　　我们的看法,大陆中共领袖们近来的宣言也完全确认他
　　　们有此意图。

　　　　　至于他们何时付诸行动,那当然是由他们回答的
　　　问题。

科克伦:可是,顾博士,在这不断进攻的日子里,中共还不断如
　　　此宣传,这件事,您怎样解释? 假使他们真打算这样做,与
　　　其事先发出那么多的警告,倒不如来一个突然行动。

顾大使:是的,一方面,他们不断宣传他们的意图,部分也出
　　　于内部原因。他们想转移人民对大陆上悲惨情况的注
　　　意力,把它集中于对外;通过宣传要"解放"台湾,他们认
　　　为就有理由和借口用强硬手段继续控制和管辖人民。

海托华:好吧,假如他们最后确要攻击台湾,你是否认为他们
　　　攻击金门的目的是要获取一个新的据点,以便从那里进
　　　攻台湾? 我还想反过来问那个问题:您看金门对保卫台
　　　湾是否重要?

顾大使:共党一定要占领金门、大陈及马祖等岛屿,把它们当
　　　作进攻澎湖列岛和台湾的踏脚石。另一方面,国民政府
　　　保住它们极为重要,因为他们可以用作观测哨所。我们
　　　在岛上可以监视大陆上的行动,并且对冲绳岛的美国朋
　　　友也很有用,因为这些岛屿是装设雷达的好地方,可以
　　　用雷达探测来自大陆的空袭。

所以由国民政府保住那些岛屿对保卫台湾,甚至保
卫冲绳岛确实重要。

海托华:那么,阁下,这些岛屿和大陆之间的距离足够使承担
保卫台湾任务的美国第七舰队的舰只驶入岛屿和大陆
之间吗?

顾大使:嗯,这些岛屿离海岸,即大陆,相当近。我自己也不
知道美国海军的大型舰只能否通过;但我们在围绕这些
岛屿的水域里,时时有较小的舰艇游弋。

科克伦:那么,最近的相互炮击和轰炸并不是大陆和金门之
间唯一的交火,是不是?

顾大使:是的,时多时少,一直在炮击,但这次中共的行动似
乎比往常更为坚决,炮击加紧了。

科克伦:换句话说,目前是两军对峙的局面。

顾大使:对,科克伦先生。

科克伦:但他们在平时也偶尔会轰击一通?

顾大使:对,他们就是这样干的。

不到一星期,又会见一位记者,这是美联社的斯潘塞·戴维
斯。在我去台湾并看了外围岛屿回来以后,合众社和国际新闻社
都对我进行了专访,因而那些岛屿便出现在许多近期报纸的标题
上。显然,他也不愿美联社显得落后。所以这次采访我也谈了对
台湾,尤其对金门的印象,以及对中共炮击该岛动机的看法。

9月20日(星期一)清晨,我再次乘早班飞机去纽约,因为我
得向华侨反共救国大会发表讲话。次晨,返回华盛顿。回程很匆
忙,一早就去叶外长所住旅馆和他再次叙谈,并特为将所借文件
和新的复印本交还他,同时告诉他我已将台北会谈记录两份连同
一封亲启信通过国务院送交杜勒斯。

叶公超给我看他为中国在联合国的代表权问题草拟的声明,
以备用来对付苏联集团的任何有关剥夺我们在联合国席位的动
议。我认为这份声明简短有力。随后,我和他看了一遍他为联合

国大会一般性辩论准备的发言。有些地方,我建议修改并压缩一些。这样费了好多时间,我不得不匆忙告别去赶我的飞机。

至此,我暂且不说金门危机,以便谈谈即将来临的第九届联合国大会的情势。大家可能记得我们那年年初最关心的是那届联合国大会上可能有剥夺我国席位的动议,也可能记得美国公众如何强烈反对美国接受那种动议。事实上,最后证明美国政府对我们最有帮助。它和我们合作,努力探测各国政府的意见,以便预先知道他们对代表权问题将怎样投票,同时为我们争取支持并促使承认红色中国的西方各国在投票时弃权。这些共同努力从 8 月一直持续到 9 月初,得到一些成功。

8 月 25 日,即我从台湾回美的次日,我请蒋廷黻博士和胡适博士共进午餐。蒋和我就应届联合国大会接纳红色中国问题,和我们取得大多数国家的支持的前景交换意见。他说形势很好。又说印度代表团的首席代表克里希纳·梅农不像潘迪特夫人那样友好。但洛奇大使曾和他(蒋)谈过如何处理中国在联合国的代表权及如何应付反对意见。我们希望由联合国大会明确作出决议不讨论这一问题,洛奇却赞成再次推迟讨论。他担心我们所想的那种决议,已经承认红色中国的国家很难投票赞成,甚至会弃权。蒋说,最后他修改了我们的决议草案只说第九届联合国大会不讨论这一问题,洛奇似乎认为这种提法比较妥当。

我认为这种提法虽也含有推延之意,但却会使那些迄今支持我们的国家的代表团在未经请示并得到新指示前难于径投赞成票。如果重复上届推迟讨论的老提法,就可使大多数代表团按前例投票,比较容易通过。我说,这是心理问题值得考虑,尤其新老决议的差别实在微乎其微。胡适博士同意我的看法。

翌晨,国际货币基金组织中国代表谭伯羽先生来访。他告诉我该组织执行董事会表决开除捷克斯洛伐克、但印度反对的情况。该案将于 9 月在理事会再次辩论。印度将尽力为表决设置障碍,但无论如何总会通过,不但会在加权表决中以多数票通过,而且也会取得基金组织关于开除成员规定所需的理事票的多数。我对他说,梅农那一年可能会积极努力,为他在理事会会议中袒护捷克斯洛伐克会员资格的立场,以及准许红色中国进入联合国的主张,争取支持。

同一天,8月26日,美国国会通过了1954年共同安全法。在政治方面,该法再次确认和更新了1951年克斯顿修正案,又重申了国会反对在联合国内给北平政权以席位。克斯顿修正案为来自共产党国家经过有选择的侨民和外逃者提供了一亿美元。当时,它似乎给美国的反共力量以明显的鼓舞,又肯定了美国反对联合国给北平以席位的决心。

9月3日,我请谭绍华,陈之迈和崔存璘在大使馆开会。我要他们对联合国接纳红色中国问题和有关表决的可能性的多变情况与国务院保持密切联系。埃及总理纳赛尔上校最近在接受《美国新闻与世界报道》的专访时曾说,美国无视中国大陆上的四亿五千万中国人。据纳赛尔看来,这些人是支持他们的共产党政权的,美国继续承认台湾的一千万人及其政府未免可笑。两天前,斯堪的纳维亚半岛的国家在一份公报中宣布他们支持联合国接纳红色中国。此外,我在会上说,克里希纳·梅农如果不是正牌的共产党,也是一位激进的左派。他要周游拉丁美洲,很可能是为印度的把红色中国弄进联合国和其他世界组织的运动寻求支持。

也就在这次会议上,我顺便告诉谭绍华和崔存璘,要他们把我们外交部长拟于10月中旬,即他和我们代表团在纽约的工作完毕后正式访问华盛顿的愿望通知国务院。并要他们和国务院商量安排叶部长正式访问包括谒见艾森豪威尔总统的日程,和大使馆及美国政府招待叶部长的计划。所有这一切必须及早提出初步意见以便提前准备。

台北也已获悉克里希纳·梅农即将访问拉丁美洲。自从9月3日以来,新闻电讯已证实他的主要目的是兜售他支持中共政权的主张以期为中共政权获得我们在联合国的代表权。外交部9月9日电称已电告我们在中美和南美的大使馆、公使馆和领事馆与各有关政府联系，要求他们不要听印度的似是而非的理论。外交部要求我提请国务院注意，并请采取同一步骤。

会后，我于9月13日将国务院的答复上报外交部。国务院称已接到有关梅农往访拉美的目的的报告。又指出，美国政府早经一再指示国外使节责令防止出现共产党中国进入联合国那样的结果，又说中美和南美各国政府大都了解这种情况，所以美国政府认为他们不会受梅农活动的影响。尽管如此，国务院仍要电请各使节特别注意。

9月16日，为联合国代表权问题和国务院保持密切联系的谭绍华与该院中国科的马康卫会晤。马康卫告诉他，驻联合国的美国代表团已取得许多国家的谅解，所以预料我们的代表权问题本届联合国大会不致提出讨论。他说，美国充分注意我们的意见，已拟就决议，其中"推迟"字样改为"本年"，使建议最后读作："第九届联合国大会决定中国代表权问题本年不予考虑。"马康卫还说，英国人已表示同意。

至于资格审查委员会的组成，马康卫说尚未商定，往年，该会对我们至关重要，因为该委员会也会提出代表权问题。可是他告诉我们美国肯定会坚持共产党国家委员不得超过总数的三分之一。

第九届联合国大会于9月21日开幕。潘迪特夫人刚致完开幕词，卸任的大会主席，苏联的维辛斯基一如前一年第八届大会开幕时那样，提出了中国的代表权问题。他指着最近的日内瓦会议说，共产党中国已"合法地"和"恰当地"作为一个大国在那次会议上占有席位，他建议它也应在联合国占有席位。美国代表洛奇起来反对，并提出该问题业已商定本年不予考虑作为反对的理由。经过辩论，美国的动议以四十三对十一票，六票弃权获得通过。下一项议程是选举新的大会主席。荷兰的范·克莱芬斯先生当选。我们所欢迎的、美国原先也支持的泰国旺亲王提前退出了竞选。

第九届大会的开始阶段,有许多其他要考虑的问题直接与我们有关,我们能否再度选入经济及社会理事会;缅甸指控境内有外国军队,即李弥将军的军队;苏联9月30日对国民党中国在中国海上的"海盗行为"提出控诉。处理这些问题,我并未直接参加。现将陈之迈给我的10月7日备忘录,并摘录他在联合国针对缅甸指控问题发表的声明,作为附录以供参考。声明扼要提供了1953年11月以来中国自缅甸撤出国民的完成情况①。

后来提请第九届大会注意的两个案件,更值得我们关注。一是红色中国呼吁联合国要求美国从台湾和一切属于中国的其他岛屿上撤走军队。该案后来在决议草案中又被苏联提出并加以支持。二是美国指控红色中国拘禁十三名美国公民,使红色中国和美国的紧张形势达到新的高峰。从国民党的观点看,更为严重的是大会期间还有企图缔结一个由联合国主持的停火协定以结束在沿海岛屿和岛屿周围的战斗。

二、国际上对"海峡危机"的关注影响着条约谈判

1954年9月19日,《华盛顿邮报》发表查默斯·罗伯茨题为"红色中国大力宣传美国侵略"的文章,他说,由于美国支持台湾和金门岛上的国民党中国,中共可能要在联合国提出这一问题。毫无疑问,台湾是一个使自由世界分裂的问题,它大大孤立了美国,而这正是中共的根本目的。

同日,合众社的消息称美国联合国协会建议要求安全理事会采取措施以恢复金门地区的和平和安全,如该会不采取行动,则将问题提交联合国大会,美国则配合联合国的建议要求国民政府

---

① 参见附录七、八。

和中共当局立即停止军事进攻。同日路透社华盛顿讯,民主党认为中美两国订有秘密协定,"国民党中国的武装部队只许驻在台湾,不许攻击大陆。"

后来我从代理外交部长沈昌焕的通知中得知外交部在担心,如果记者问到是否存在这样一个协定时,何以解答。我获悉美国联合国协会的建议时也十分担忧。9月24日,沈代部长电称外交部奉委员长命,要求我查清该协会动议的来源和实际情况并详细上报。

由于早些时候,我已派谭绍华去国务院探听对该协会建议的官方评论和反应,所以我请他立即替我电复。谭绍华报告,美国政府知道有此群众组织的建议,但以为无关宏旨。当谭和负责远东事务的助理国务卿帮办庄莱德谈话时,庄莱德说,协会秘书对美国对华政策曾表示不满,认为它缺乏灵活性。庄莱德害怕如果别的国家也建议联合国,强烈要求金门地区停火,那就会给我们带来极大麻烦。他建议我们应该采取预防步骤。

汇报了上述情况后,谭绍华在回电中指出该协会过去有被左派控制的迹象,所以对我方一直不大友好。1952年,甚至在那年以前,就曾主张联合国应接纳共产党中国,但近两年的态度似有软化。在第八届联合国大会上,它对推迟讨论接纳中国共产党的意见表示赞同。这就是该组织的代表提出前述建议的背景。然而,美国政府事先并不知道它的行动,它的行动也并不在任何方面反映和代表美国政府的观点。

9月30日的《纽约邮报》载有罗伯特·艾伦发自华盛顿的一篇文章。开头就说政府正在考虑台湾的"再次中立化"。就是说,将再次禁止我军攻击大陆。我立刻向外交部作了汇报。文章透露,国家安全委员会9月12日在丹佛举行会议讨论了金门的局势,重点如下:

1.参谋长联席会议主席雷德福海军上将认为丢失金门将给我国政府的威望以重大打击,也会给中国共产党一个攻击台湾的有利战略地位,还会使我们无法进攻大陆。所以他主张美国必须加强在那里的军事地位以便充分执行美国目前的对台政策。他又表示,金门和其他外围岛屿如沦于中共之手,则甚至可能迫使美国在台湾驻扎地面部队。

2.国务卿杜勒斯当时对雷德福的建议未予争辩,他接下去提他的"台湾再次中立化",也就是恢复杜鲁门 1950 年宣布的台湾中立政策。杜勒斯还说,最近英国人和他讨论过,他们赞成这个步骤,理由是它可以减少英、美在远东政策上的分歧意见,甚至可以诱使中共放弃其侵略台湾的计划。

3.一贯主张削减军事开支的财政部长汉弗莱间接支持杜勒斯的建议。

据艾伦说,会议并未作出决定,但艾森豪威尔总统指示此事应深入研究。待杜勒斯从欧洲九国会议回来后,再行讨论。

在给外交部的电报中我对艾伦的报道提出了我的意见。我说,艾伦政治上一向左倾,不知他的报道是否可靠。我正设法查明,容后另报。

艾伦所提杜勒斯谈过英国赞成再次中立化以减少英美在远东政策上的分歧并诱使中共放弃其侵略计划云云,据我所知英国政府没有公然说有那样的事,但反对党工党领袖克莱门特·艾德礼近来公开主张台湾再次中立化。8 月末,艾德礼曾率英国工党代表团访问中国大陆。后来,他告诉记者们说,代表团所到之处,见到的一切给他的印象都很深刻。他也呼吁台湾中立。例如《纽约时报》9 月 2 日香港讯,艾德礼在答复问题时说:

1.他注意到中共对解放国民党手中的台湾岛有坚定的决心。

2.在最后解决该岛的地位以前,"短期"中立化台湾是件"有益的事"。

3.毛泽东曾要求英国工党予以支持,使美国撤走第七舰队和停止重新武装日本与德国[①]。

---

① 1954 年 9 月 3 日《纽约时报》第一版。

9月14日《纽约时报》载澳大利亚墨尔本9月7日电称,艾德礼建议将台湾置于某种形式的临时托管之下以消除战争危机。还说艾德礼认为如能使台湾中立化一个时期,那将是件好事。

　　10月1日,我在双橡园接待了李滋罗斯爵士。他是一位英国金融家和经济学家。抗日战争初期,他在改革中国币制方面起到很重要的作用。我请他谈谈英国改变对待红色中国的政策的可能性。据答英国公众意见大多数拥护现行政策,但并不含有赞同共产党的思想意识之意。他还说下次大选将在一年后的1955年举行,这将是一次势均力敌的选举,工党可能获胜。

　　两天后,另一重要美国政治组织,美国人争取民主行动组织要求政府把沿海岛屿战事提交联合国以求停火。《纽约时报》的一条华盛顿专电称,该组织全国委员会开了两天会,以提出这项要求而告结束。专电又称,该组织认为美国在对外政策方面"目前在亚洲正面临着孤立于它的盟邦的危险",并认为台湾的未来应"由联合国按照国际和平和安全的需要和按自决的原则决定"。又说,该组织建议美国应在该地区制订一项较大的经济援助计划和进一步安排好共同防御[①]。

　　10月4日下午,我去拜访前总统赫伯特·胡佛,同他交谈了一个小时,颇有兴味。过了几天我又拜访了道格拉斯·麦克阿瑟将军,因为在我离台之前委员长嘱咐我去拜访他们,并代为致意。

　　我和胡佛的谈话是以问他暑假过得愉快与否开始的。

　　胡佛说,假期并未完全用于休息。他到过西部,住在纽约的时候,每周要在华盛顿待四天从事美国政府机构的改组工作。他原不想干,但国会一致通过邀请他担任政府行政部门组织委员会主席,并给了他广泛的权力,包括建议修改宪法的权力。他想,在这项国会法范围内,除不许建议取消国会外什么都能做。他说他有二十名工作人员,每人负责一个专题的调研并向他汇报。预计

---

　　①　1954年10月4日《纽约时报》第二版。

明年初可向国会递交他的初步报告。

我说,我非常高兴他负此重任,以他的丰富经验和客观态度担任这项重要工作必能胜任愉快。

胡佛说他在处理政府事务方面已有四十多年的经验。

我问他,今年是国会选举年,如果民主党赢得国会的多数票,他是否认为会影响美国的对外政策。

胡佛答复说,他认为不会有影响,因为美国对外政策的基本原则两党颇为一致。至于美国对台湾的政策,他知道美国人民对国民政府极为友好,对它奉行的方针也是同情的。所以他认为民主党的国会不会在这方面有什么变化。

我说,有些报道表明有人在议论台湾可能再次中立化。3 日的《纽约时报》刊登美国人争取民主行动组织通过的决议,说台湾海峡的战争问题应提请联合国予以制止。该组织内部的思想趋向也似乎是指望台湾再次中立化。请问胡佛先生对此有甚么反应。

胡佛说该组织大部是民主党左派知识分子,所以他们的政策总是左倾的。他知道艾德莱·史蒂文森是一位重要成员,但也不太重视该组织的观点。该组织标榜自己的政策与世界上的社会主义者一样,但他们的许多思想意识和共产党的主张没有甚么大区别。

我说这使我记起艾德礼在北平短期访问后,最近发表的声明。

胡佛说艾德礼和他的工党对蒋介石委员长的国民政府的政策显然已站在共产党一边。

我提到胡佛主张美国的防御政策应重新考虑并应以空军和海军为主组织机动突击部队,使国外没有必要驻扎大量美国地面部队。我说,现政府似已采纳了胡佛的修改防御政策的许多意见。

胡佛说,“是的,大部分,但不是全部”。他指出最近在伦敦缔结的九国条约，规定在欧洲驻扎八个美国师。他说为了推动会议取得协议，这也许是必要的，但他不知道在这方面美国确实承担了多大的义务。他说，美国不具备分驻世界各地所需的人力和地面部队，但他认为美国建立空军和海军以备必要时使用，同样可以执行其对外政策。

至此，我已几次谈到九国会议，所以我想暂且不说我和胡佛的谈话，以便略述九国会议的目的。成立欧洲防务集团即欧洲部队，把德国军队并入国际部队，将西德紧紧拉在西方的计划已告失败。原因是到1954年8月底法国国民议会还不批准欧洲防务集团条约。当时的问题是要另找一个至少能达到其部分目的的方法。无论如何，西德必须获得主权和重新武装的权利。

9月11日，英国外交大臣艾登去欧洲各首都游说，要求另找能代替欧洲防务集团并能被各方接受的办法。国务卿杜勒斯，对寻求新的解决方案的关心毫无逊色，他于9月17日和德国总理阿登纳会谈，并在返回华盛顿途中会见了艾登。这些活动为促成欧洲军事合作和使德国在其中发挥作用的九国会议铺平了道路。

会议于1954年9月28日在伦敦召开。会议同意建立西欧联盟，作为西欧防御体系，又是北约防御体系的一部分。会议通过终止在西德的占领统治，西德成为西欧联盟和北约的成员。英国原非欧洲防务集团成员，至此也成为西欧联盟的正式成员，承担在欧洲保持四个师的义务。会议的这些以及其他议定事项后来全部纳入1954年10月23日的巴黎协定。

胡佛说了他对九国条约与美国防御战略的关系的看法之后，我提出了沿海岛屿的局势问题。我告诉他我最近曾去台湾并访问了大陈和金门等外围岛屿，并深为守卫那些岛屿的官兵的高涨士气和建成的防御工事所感动。我说最近北平中共领导反复宣称要攻击和"解放"台湾，使台湾十分紧张。中共的恫吓究竟要进行到甚么程度还不很清楚，据报最近中共在调动海军。有一艘驱逐舰和五艘其他舰艇，从舟山群岛调往几乎直对台湾的三门湾，这份报告是我那天早晨收到的,对此我国政府极为注意。还有报告说中共向福建省调动空军。然而,从我亲自看到的防御工事和官兵们的士气判断,我确信如果中共真对台湾或外围岛屿发起进攻的话,国军是能够进行有效抵抗的。

胡佛认为国民政府保持制空力量至为重要。他问美国是否已把更多的飞机交给台湾。

我说,中国政府经常收到美国飞机,但不像预期的那样快,而且 F-86 式还未拨交。在中共方面,我知道他们拥有比台湾更强大的空军,有米格 15 和其他机种。但中共迄今尚未用空军阻击国军进行的防御性空袭。

胡佛听到国军士气高涨后表示高兴。他说,他对局势的看法是中共要使亚洲继续紧张下去。

我想原因可能在于只要局势紧张,北平中共领袖就有理由借口国家面临外来危险对大陆人民继续加强控制。接着,我告诉胡佛,蒋委员长认为自由世界要避免第三次世界大战的唯一途径是让中国国民政府打回大陆去,把那里的人们从共党政权下解放出来。这个共党政权一直奉行侵略邻邦的政策。在爱好和平的国民政府返回大陆之后,亚洲就不必害怕共党的侵略和再为和平操心了。苏联失去了共产党中国这个最大盟国,他的影响就大为削弱。委员长认为,这种变化到来时,自由世界就不难把欧洲建成和平和安全的欧洲,从而消除第三次世界大战的威胁。

胡佛说,他完全同意委员长的论断,并认为这是对整个局势的正确看法。国民政府丧失中国大陆对美国和中国同样是一个打击。他记得 1946 年他曾到南京处理美国剩余物资问题。他在休·吉布森的陪同下,和马歇尔将军作过长谈。马歇尔是杜鲁门总统的特使,去协助解决中国问题的。他的任务是促使国民党和共产党成立一个有广泛基础的联合政府。但胡佛深知共产党的目的和战略——三十五年来他一直在研究——因此对马歇尔说,他是在做一件不可能的事,并且说,他不能轻信共产党的诺言。

但马歇尔有不同的想法。他说他熟识中共领导人而且非常钦佩周恩来。他深信他们,并向胡佛保证他的使命定会成功。

我记得,马歇尔也很喜爱王炳南。胡佛记得王是周恩来的秘书。我看马歇尔主要是位好军人,但对中国局势的复杂性似乎并不了解,而且作为军人,颇为固执己见。

胡佛说,他告诉过这位将军,他的使命成功率不到五十万分之一,但这些话不能动摇他。胡佛还说,他后来在纽约和麦克阿瑟将军提起他和马歇尔的谈话时,麦克阿瑟说,他完全同意胡佛对马歇尔说的话,但有一点除外,假使胡佛说,"不及五万万分之一",那就可以说对马歇尔将军的使命的成功率有了更正确的估计。胡佛还说,他很高兴他曾请吉布森将他和马歇尔的谈话作了记录。

我说,我不知道世事长此以往结果会是怎样,如果有一天自由世界非摊牌不可时,又会发生什么样的情况。在我看来,可能有三种抉择。第一,共产党集团放弃其统治世界的最终目的。这似乎不大可能。

胡佛插言说,"决不可能"。

我说,第二个选择,是自由世界投降。我看这同样不大可能。除这两个不可能外,第三个选择是等待将来有一天摊牌。

胡佛说,他看到了这问题,但他拿不出答案。然而,在他心中,他认为有理由期待共产党政权之间最终会发生内部分裂。当一个政府试图压倒另一个政府时,这样的压迫是不会长久的。所以可能有一天毛泽东感到他听够了苏联的号令,于是像铁托在南斯拉夫一样,开始走他自己的道路。

我说,依我看来似乎不大可能。一则中国共产党比铁托更多地依赖苏联的援助和帮助,二则南斯拉夫距离苏联不像红色中国那样贴近。对于红色中国,苏联施加压力要容易得多①。

---

① 然而,用历史眼光看亚洲的利害冲突,北京和莫斯科间存在敌意且濒于破裂,我毫不奇怪。——顾维钧,1973 年 8 月。

胡佛说,铁托和莫斯科关系破裂时,他也受到南斯拉夫农民反对农田公有化的影响,而克里姆林宫的代表们却硬要这样做。

　　我说,在共产党中国,北平政权正竭尽全力在中国农民间推行合作化。这种政策已在农民中引起极大不满,并已迫使中共领导人放慢了贯彻合作化的步伐,至少在华南是如此。

　　胡佛说,据他预料,在共产党国家内的人民是不会永远容忍共产党的统治方式的。其次是共产党独裁的性质,只许有一个人能成为独裁者。所以共产党政权内部人与人之间必然随时会有紧张的斗争。他记得在斯大林从列宁手中接过统治苏联的大权后,遇到许多俄国内部的麻烦事需要他解决。所以,从 1923 年到 1937 或 1938 年近十五年的时间里,斯大林极力提倡世界和平,并做了大量有利和平、反对战争的宣传。这对他是必要的,这样才能用他的全部时间与他国内的对手们解决人事纠纷.如果在斯大林的年代里发生战争,苏联军队也许会取得控制权并把他除掉。此时,有些易于受骗的国家相信了斯大林标榜的和平政策,并且匆忙地承认了俄国,还主张和它合作。

　　我说,胡佛先生说的确是实情,我也认为目前宣称的苏联愿和西方合作的政策是不会长久的。

　　胡佛看到的斯大林往事,现在马林科夫又重演了。马林科夫的地位远未稳定,他的权力也绝未巩固。他需要时间去清除对手以建立他自己的威信和权力。还有,苏联的军队是由普通人民组成的,看问题并不总和马林科夫或其他布尔什维克领导人一致。所以马林科夫一直在沿着类似以前的斯大林路线,抛出和平宣传。但胡佛认为,将来有一天俄国人民要在军队的帮助下起来推翻独裁统治。他认为索尔兹伯里曾在《纽约时报》上发表的一篇文章里谈到苏维埃统治缺乏道德准则和宗教信仰是千真万确的。胡佛注意到没有一个人能完全抛弃他自己内在的精神力量。否认这一点就是和人类生活本身背道而驰。共产党信仰纯唯物主义是不够的。

我完全同意胡佛的意见,我也认为把文明提高到现状的真正动力是人类内在的精神力量。

胡佛说,他认为共产党中国领导人之间总有一天要发生内部分裂和相互较量,正像苏联发生过的情况一样。

我对胡佛对共产党统治的性质所作的透彻的分析表示钦佩。

胡佛说他研究共产党的目标和战略已经三十多年。这是列宁在他的两本书中教导他们的,为了力求达到他们的目标,共产党人用了一切武器,包括欺骗、说谎和颠覆。

我说,这就是所谓"为了达到目的可以不择手段"的战略。

胡佛说正是如此。他回忆起 1918 年初,共产党占领了匈牙利,同时又略取了德国的十二座城市,四强很担心,要他设法推翻中欧的共党政权。他那时是国际食物救济委员会主席。所以他推说,他既无权力又无有效办法照他们的要求去做。同时他针对他们的要求问他们是否愿意让他使匈牙利和被共党占领的德国城市的人民挨饿。他们答称"愿意"。他因此将食物从共党占领的城市中撤了回去,他的办法奏效了。

我说,胡佛先生的国际共产主义知识和与国际共产主义打交道的经验都是自由世界的巨大财富,他过去和中国及远东的关系对于美国处理亚洲问题也有极大的价值。此后,我们转到新的话题。我告诉胡佛台湾打算和美国在其他条约的基础上,缔结双边条约。

胡佛插言道:"有如和巴基斯坦签订的那样。"

我说:"对,也像美菲条约那样。"但由于适用范围问题,美国政府似乎还在犹豫。我接着说,问题不难解决,因为,关于外围诸岛,中国政府已订有美国能接受的方案。换言之,拟议中的条约当适用于台湾和澎湖列岛,以及随时由签约双方商定的其他岛屿。我又说,我国政府所以想要缔结这项条约,目的不全在于军事,而多半在于政治和心理上的原因。现在明摆的事是,美国除中华民国外几乎和亚洲所有的国家都已缔结了军事援助条约。

胡佛说,在协商缔结东南亚条约时,杜勒斯要把国民党中国、韩国和日本包括在内,但英国政府反对,他的主张未能实现。

　　我说,我常常在想,美国自己的对外政策究将依赖英国到甚么程度。

　　胡佛说,这倒不是一个美国依赖英国的问题,并说,他能预见,下次发生战争时,英国不会跟美国走。

　　我说,上次大战期间,我驻节英国,几个英国朋友告诉我,如果下次战争爆发,英国将置身局外,为自己找几文钱,让美国和俄国自己去决一雌雄。

　　胡佛说,对氢弹的恐惧要比赚钱厉害得多。英国人知道从共党空军基地到他们的国家用不了两小时的飞行,岛上只有九十天的食物。他说,英国人已有五百年处理各种国际问题的经验,他们看问题总是精明而且深远。

　　既然如此,我不知道最近在伦敦缔结的九国条约还会起什么作用,并如何证明它有效。

　　胡佛说,把德国包容进来和重新武装德国都很重要。他记得从成吉思汗那时起,日尔曼人就是欧洲的稳定因素。他们憎恨俄国人,依靠他们可以有效地抗击俄国人的侵略。在德国各武装师建立以后,人们可以肯定那十二名德国少将彼此将经常保持联系、坚强团结、竭尽全力去进一步建立他们的军事力量。他同意我的看法,要重新武装的话,德国今天受过训练的低级军官还大有人在。

　　我为能和前总统进行这样有趣味的谈话表示欣悦,我问他可否不时拜访以便聆听宝贵意见。

　　胡佛说"可以"。他还回顾了第一次世界大战时在华盛顿中国公使馆和我以及当时的顾夫人进餐时的情况。他说,顾夫人曾对他说她以前见过他。原来在天津闹义和团的时候,唐绍仪宅邸中弹损坏极大。胡佛当时住在唐宅对面,闻讯后即和夫人冲入唐宅。胡佛夫人照料着两个孩子而他抱了唐家的第三个孩子,是个小女孩。

我说,那小女孩就是我的前妻唐梅。她告诉过我他是怎样救她的命的。至此,我问胡佛是否频繁往返于纽约华盛顿之间。

胡佛回答说:"由于我在委员会的工作,我是委员会的头儿,每周有四天往返其间。"于是我从政府的效率和经济的角度谈到他的任务的重要性。胡佛说,他任总统时政府有五十五万文职公务员,现在有了二百六十万。他那时的政府预算是四十亿元,现在已超过六百五十亿元。毫无疑问,存在着大量浪费和缺乏效率的地方,所以他的委员会为了国家的经济利益和全国的福利正在研究消除这些积弊的办法。

几天以后,我参加了宋子文夫妇在纽约为叶部长举行的宴会。宋子文和我进行了交谈。他想知道新任法国总理孟戴斯-弗朗斯是否强烈反共,是否用曲折迂回的办法反对共产主义。当他问到我时,我说,这位法国总理在更大程度上是个政治上的投机家,醉心于升官抓权。我还说,他精明能干,知道如何在法国议会这个舞台上利用对立面去达到他自己的目的。

我批评美国缺乏坚定的政策。我说,在伦敦,美国这次甚至又像是接受了英国的欧洲防务集团计划的新翻版。另一位客人胡适认为英国人提出在欧洲大陆驻扎四师英国部队已经是大的让步。但我的看法是,在这原子时代,英国知道那个海峡已非天堑,它理应和欧洲大陆上的西方国家共浮沉。局势和上世纪大不相同了。所以,替英国本身着想,它不该旁观欧洲的兴衰。

10月9日,我到沃尔多夫托尔去拜访麦克阿瑟将军。他气色很好,对国内外形势像以往一样了如指掌。他向来是一位动人的健谈者,我非常愉快地和他谈了一小时又一刻钟。

我以问候麦克阿瑟将军夏日是否过得舒适愉快开始谈话。

将军答称他觉得他的住所很舒适,所以没有出门。他很欣赏他窗外的美景,也就不想找麻烦去旅行了。

我告诉他我最近刚从台湾和外围岛屿参观归来,觉得那里比我1950年第一次到台湾时有很大进步,还看到蒋委员长身体康健,蒋委员长要我拜访他并转致其本人的问候。

麦克阿瑟表示感谢,说他为蒋委员长身体健康感到高兴。

我说,我设想他对即将到来的国会选举必然感兴趣,请问他对这次竞选中的两党前景有何看法。

他答复说,他一直以极大兴趣注视着这个局势,虽然他本人并不参加竞选。他不断收到全国各地的报告,他能预言民主党以二十到四十席位之差获得对众议院的控制。至于参议院,他说,竞争是很接近的。民主党赢得一到三个席位之差是可能的。

我说,他的估计和对竞选深感兴趣的人们告诉我的意见相符。我不明白为甚么美国人民对共和党政府的感情有了变化。

麦克阿瑟解释说,共和党当权已近两年。他们在1952年的选举中获胜主要是由于艾森豪威尔将军本人受人欢迎。艾森豪威尔在美国人民中仍然受到欢迎,但他的威望已有所下降,事实上他在领导政府方面未能如人们期望的那样坚强。相反,他迁就国会的领袖们。这就降低了他在人民中的威望。

我问,在政府的政策方面,民主党会对国会带来什么影响。

麦克阿瑟答称,他认为不会有太大的影响。艾森豪威尔的政策和观点颇似杜鲁门总统内政方面的公平交易政策,至于对外政策,两党的基本原则大致相同。艾森豪威尔反对所谓先发制人战争,他这种想法深受美国人民的欢迎。

我说,近来关于台湾再次中立化的可能性问题议论纷纭,据报此事曾在丹佛讨论过。不知有无根据,如果属实,那对台北将是一个重大打击。

麦克阿瑟说,他认为目前美国对台政策不会有甚么变化。美国人民和国会的意见都很同情蒋委员长在台湾的政府,美国政府是知道的。他认为真正的危险将在1956年艾森豪威尔再次当选之后。他怕艾森豪威尔那时会彻底修订他的政策。

我说,我不知道艾森豪威尔是否还愿意连任。人们说,他总觉得容易疲乏,因此需要休息。艾森豪威尔夫人的意见尤其如此。

麦克阿瑟不这么想,他说,很难设想一个在职总统不争取连任;即使他不愿意,他的党也不会同意他的。此外,他经常见到总统,看他身体十分健壮,甚至比初任总统时还要好,再则艾森豪威尔乐意当总统。麦克阿瑟肯定艾森豪威尔还会参加竞选。他还说,艾森豪威尔为人和蔼可亲,所有见过他的人都喜欢他那慈祥的样子。在上次竞选运动中,作为一位候选人,他是非常成功的,他懂得吻吻婴儿和多方表示谦逊等手段,所有这些使他深受民众欢迎。但尽管他外表温顺,内心深处却并不如此。麦克阿瑟认识艾森豪威尔已有多年,他在远东的时候,就和他在一起,艾森豪威尔有他的脾气。有时,把下属看得一钱不值,有一种异乎寻常的尊严感和权威感。

接着,麦克阿瑟说,艾森豪威尔基本不了解也不太关心亚洲和亚洲问题。艾森豪威尔在菲律宾时曾在他手下服役过几年,给他的印象似乎是一点也不关心亚洲。这位总统就职后,他曾见过两三次,谈到过远东问题,发现他对亚洲情况和问题并不很熟悉。艾森豪威尔最关心的一向是欧洲。他的事业在上次世界大战时建立在这旧大陆上并赖以闻名。在现政府中,了解亚洲,亚洲问题和亚洲对自由世界的重要性的是杜勒斯和雷德福而不是艾森豪威尔。甚至连杜鲁门和艾奇逊都不像艾森豪威尔那样对亚洲持有偏见。

麦克阿瑟继续说,杜鲁门命令美国军队到朝鲜反抗侵略,肯定是果敢的决策,杜鲁门的大错在于求胜心切而对形势估计不足,而麦克阿瑟则确信必能成功,并拟订了取胜的计划。事实上,正因为他(麦克阿瑟)要坚持他的取胜计划使杜鲁门解除了他在东京的职务。麦克阿瑟又说,他知道杜鲁门不知为甚么对蒋委员长存有偏见。

我说,可能是受马歇尔将军的影响。马歇尔肩负特殊使命去到中国,满怀希望和委员长成功相处。但两人意见不合,而马歇尔又是一位执拗的人。

麦克阿瑟同意这种看法,并说,马歇尔对他的使命的失败耿耿于怀。在他看来马歇尔是个胸襟狭窄记仇的人,并且固执己见,于是把他的失败归罪于蒋委员长。麦克阿瑟说正是马歇尔在上次大战时树起了艾森豪威尔,所以后者要感谢他并为他辩护。这在艾森豪威尔自不失为一种美德。麦克阿瑟说,关于对蒋委员长的印象,马歇尔除给艾森豪威尔以坏的影响外,没有别的。

麦克阿瑟认为蒋委员长的前途,自由中国的前途,在于以暴力光复大陆。他和委员长讲过,应抓住一切机会对付共产党的挑衅行动。如果共产党发动攻击台湾,那将是委员长反攻和光复大陆的最好机会。麦克阿瑟再次说起艾森豪威尔对亚洲不感兴趣,尽管情况很清楚,共产党正决心侵略亚洲,而那块大陆上的两股强大反共力量是韩国的军队和委员长麾下的国军。他怕美国在艾森豪威尔将军的领导下会抛弃李承晚。这位老人年逾八旬,肯定活不了太久。麦克阿瑟又怕无人能接替李承晚领导韩国,李死之后,它就会沦于共党控制之下。他认为美国撤出在韩国的四个师清楚表明继之而来的将是甚么。关于台湾,麦克阿瑟说假使中共攻击台湾、澎湖,美国将予以保护。但他认为 1956 年后,政策将会改变,那时会放弃台湾和舍掉亚洲。他说,艾森豪威尔爱好妥协而反对先发制人的战争。

麦克阿瑟还说,中共有三个活动地区:台湾、朝鲜和印度支那。他曾预言,中共侵略目标继朝鲜之后即印度支那。目前印度支那战争已经停止,南越早晚要落入共产党统治之下,中共的下一个目标自然是台湾。

麦克阿瑟接着说,现政府的政策,正像罗马帝国的政策,这就是收买外国人为美国打仗。即给别国提供军事援助,帮他们建立军事力量使他们能为它打仗。犹如罗马帝国用罗马的黄金收买外国兵士为它的繁荣和扩张去打仗一样,美国正在执行同样的政策以免派遣自己的地面部队到国外作战。美国人民欢迎这样做，但必须谨防这样做的后果。他说，看一看罗马帝国吧，当罗马人拒不作战时只能由外国雇佣军去打仗，当罗马趋于软弱无能时，它就被所雇用的野蛮军队蹂躏。

麦克阿瑟说，在艾森豪威尔看来，只要能使西欧安全，一切都行，至于亚洲发生什么情况都没有关系。美国人民对中国和中国人民是友好和同情的，但他们不熟悉中国的情况。他们几乎不知道也很少关心亚洲将会发生的事情。他是一家大公司的董事长，经验使他懂得美国商人和美国人民感兴趣的是努力工作、赚钱和花钱。他们对外交事务和国际局势很少关心。每当他在开会时想使经商的伙伴们注意远东局势的话，他们总要求休会或闲聊棒球比赛之类。

我说，生活标准高、赚钱机会多的民族，赚钱以后往往贪图生活享受。

麦克阿瑟说，那恰恰是美国人民的哲学。他们不担心战争可能爆发，也不怕苏联用原子弹来袭击，因为他们认为他们和共党的战争基地还远隔重洋。

我说，关于欧洲，应该牢记在欧洲需要抗拒共党侵略时，美国是不能依靠英、法那样的盟国去打仗的。

麦克阿瑟说，下次战争，他们肯定不会参战。他们怕氢弹会掷在他们国土上，例如英国人知道他们的三岛将被夷为平地。至于法国人，他们恨德国人甚于惧怕俄国人。几个世纪以来的恐惧和偏见已使法国人民不愿和德国人合作以共同抵御共党的威胁。美国对欧洲盟国的依赖最终将证明是一场幻梦。然而，麦克阿瑟又说，艾森豪威尔仍然认为欧洲至上而忽视亚洲。和他持相同观点的有柯林斯和马歇尔，这些人还在对他大施影响。在杜鲁门执政时期布莱德雷对欧洲第一的政策更应负责。幸运的是他脱离了政府改营商业。

我问麦克阿瑟是否认为苏联不像要挑起战争，它是否需要时间去积蓄它的战争力量。

麦克阿瑟答称,苏联现在还不会挑战,因为在经济和工业方面尚未作好准备。此外,现在它无需打仗就赚到了这么多,为甚么还要去冒战争的风险呢?

同一天,10 月 9 日,叶外长在纽约收到沈次长来电,关于前者有新闻报道说中美两国已达成秘密协议,约束我们不得攻击大陆。沈次长获悉这条新闻电讯后,于 9 月 20 日,询问驻台北的蓝钦大使,关于这个问题美国将如何回答记者们的提问。蓝钦为此电华盛顿询问。沈次长 10 月 9 日的来电转发了蓝钦大使给他的刚从国务院收到的复电。电报也提到沈和蓝钦 9 月 20日在台北的谈话记录。记录副本已由一位台湾访美人员亲交叶外长。

叶外长将谈话记录副本和电报副本都送给我参考。从该记录看,在沈次长提出如何回答记者们有关"秘密协定"的问题以前,蓝钦大使于 9 月 20 日提出过四点。其中一点与我们的海、空军轰炸大陆炮兵阵地和军事基地有关①。蓝钦回顾了美国太平洋总司令斯顿普上将 9 月 12 日曾说,中共炮击金门之后,我国政府还击是教训敌人,并称如我们认为有充分理由,我们应狠狠回击。但鉴于当前情况,他②怕如果我们继续无休止地轰炸大陆海岸,敌人最终可能要用空军进行报复。由于我国政府的空军力量仍然太弱,他担心如果对方被迫诉之于空战,我们将处于不利地位。蓝钦说委员长曾一度谈过,敌人可能采用消耗战术。蓝钦认为这点我们应该认真考虑。

蓝钦说,美国当局并不反对我们的海军和空军轰击中共。看最近的战争形势,这几次轰击似乎极为有效。但是否继续轰炸,和继续空袭到甚么程度最为适当是一个值得研究的问题。当然,

---

① 蓝钦大使 9 月 20 日提出的其他各点,见附录八。
② 编者注:"他"是指斯顿普还是蓝钦原文不明确。

他接着说,将来中国空军力量全面加强后,情况就不同了①。

蓝钦提完他的几点看法后,沈次长说,那天的新闻报道有路透社华盛顿电(日期为9月20日),简而言之,美国民主党认为中国和美国之间有一个关于国民党中国的军队只限驻在台湾,不得攻击大陆的秘密协定。沈说,台北的中外记者可能来外交部和美国大使馆询问此事。他个人认为如果答称"无可奉告",那会像默认有此协定。况且,这种消息似系民主党所散布,着眼于即将到来的大选,用以攻击现任政府。我们当然不愿卷入美国的内部政治,以避免引起误解。他想知道蓝钦对记者的提问如何回答。

蓝钦说,他见过那条电讯,并觉得颇难回答。虽说两国政府间并无正式协定,实际上双方确有一种谅解。假使现在我们肯定地说"不",并否认其存在,那是不确切的。所以,假使记者问他,他想以"无正式协定"作答。那几乎等于承认民主党所说的,而各报也可得出有非正式协定的结论。

蓝钦说这一点提得好,他想知道沈打算怎样回答。沈次长称,他将答以"中美之间并无此种协定",他只知道艾森豪威尔总统于1953年2月1日宣布,他将解除台湾攻击大陆的约束等等。

蓝钦说,这样说似乎否认得过死。他说,沈次长也许还记得在中美两国探讨此事(解除约束)时,他提出过中美双边条约问题。美国政府官员立刻表示不安,怕我国政府一旦以武力光复大陆时,美国会被卷入战争的漩涡。蓝钦说,我国政府过去曾口头向美国保证,如真有大规模军事行动时,事先将和美国商量,所以虽然没有正式交换过双方签署的照会,但是如果真的签订一份互助条约,中国会把该问题以明确的书面条文写进去。他又说,他

---

① 编者注:对大陆的报复性轰炸在这次谈话后不久必定已经停止。下文引用的10月12日和庄莱德的一次谈话中,谈到由于新闻报道称台湾在美国政府建议下停止了对中共大陆基地进行报复性轰炸,因而引起猜测时,顾大使说当然庄莱德和他都知道那是确实的。同时,在海峡水域和上空,战斗还在继续,国民党游击队在沿岸的偷袭也更加频繁。

个人认为,那样的程序是很合理的。

沈次长不知道国务院对刊登上述消息有甚么反应,美国政府有无评述。蓝钦说,他尚未收到国务院的指示。他问是否沈次长希望他电国务院问清如何答复由该报道产生的问题。沈次长说,蓝钦给国务院发电时,请他问一下他们自己是怎样答复的,使中国方面有所参考。蓝钦说,待他接到回电时,当即通知沈。沈说,如果中外记者那天问到此事,他将照他刚说过的答复,但也可能没有记者来问。

蓝钦大使当即致电国务院。沈次长给叶部长10月9日电称,国务院答复如下:

> 如记者问到最近美国和自由中国有关使用中国军队的"秘密协定"时,本院拟按下述精神回答:在共同防御援助方案方面中国政府已作某些成文保证——例如中国保证共同促进国际谅解、友好、及维护世界和平。按照1951年共同安全法第511(a)节(修改本),所有共同防务援助计划的受益者都要作此保证。美国相信中国政府将毫无保留地坚决遵守联合国宪章的诺言和这些保证。然而,把这些保证,或把美中之间的密切关系解释为指挥中国的行动则是错误的。美国没有将中国政府局限于台湾的秘密或公开协定。中华民国是主权独立的国家。约束该政府的行为是它份内的事,不能由另一个国家指使。

两天后的中午,我的一等秘书从自动收报机里拿给我一条合众社消息称,助理国务卿饶伯森在马康卫和国外业务署弗兰克·特纳陪同下于星期六(10月9日)赴台北和委员长商谈"有关美国援助"事宜。这使我十分诧异,尤其是我刚让谭绍华为我约定饶伯森,会谈有关协防的双边条约问题以便为叶公超外长到达华盛顿后正式谈判打好基础。

我立即派谭绍华去国务院找庄莱德面谈。谭绍华问他饶伯森的启程是否属实,庄莱德并未立即确认,反问我们从哪里得来的消息。我们告诉他消息是从合众社自动收报机传来的,这时他才承认消息是真实的,并说这条新闻发出才一小时,因为有些报纸似已获得有关消息。我立即报告了纽约的叶公超和台北的委员长。

我对饶伯森启程赴台和出乎意料的访问如此突兀感到费解,因于次晨十点半亲自去国务院拜访庄莱德。中国科负责政治事务的官员艾尔弗雷德·詹金斯在场。庄莱德对饶伯森的访问和目的似乎讳莫如深。他甚至不愿把拟议中的双边条约有无缔结的希望告诉我,只说他并未受权讨论此事。我继续探询我想知道的问题,但无法获得确切的答案。

我想提出那次谈话的笔记作为佐证。我一开场就说我有几件事想和庄莱德先生谈谈,一是杜勒斯先生最近访问台北时,委员长和他讨论过拟议中的双边条约。经过充分交换意见后,国务卿曾说他回去后当向艾森豪威尔总统汇报。我想杜勒斯先生在丹佛已经作了汇报,不知这个问题是否已有结论。我接着说,我想庄莱德先生是知道的,中国政府一直在希望尽快缔结该条约。我估计饶伯森先生此去台北会续办此事。

庄莱德说,这是饶伯森接到的指示中的一件事。

我问指示中对此事的总涵义是否对中国政府的愿望有利。

庄莱德说他无权谈论这个问题,因为已指定由饶伯森去台北办理此事。

我说,我无意建议参加这个问题的讨论,因为有饶伯森在台北进行,我要问的是给饶伯森的指示中,缔结双边条约的前景如何。

庄莱德说,有此可能。

我提了去年12月交去的我们改组中国军队的计划和训练后备军及筹措资金问题,借以探明这些是否授权饶伯森在台北讨论。但庄莱德说,那不在饶伯森的任务范围之内,于是我改谈另一话题。

我说,近来我听说美国政府有可能再次使台湾中立化。我记得首先是9月30日《纽约邮报》刊出罗伯特·艾伦的文章说,杜勒斯从远东回来后曾在丹佛讨论过这个问题。我本人不信美国政府会改变现行政策,但接着又是美国人争取民主行动组织的决议,(詹金斯补充说,还有美国联合国协会的决议。)使台湾非常疑惑不安,因此我国政府要我问清事实真相,希望庄莱德能为我说明一下。

庄莱德说,美国无意使台湾再次中立化,在丹佛讨论的事他虽知道得不多,但肯定不会考虑中立化问题。还说,美国人争取民主行动组织并不是一个有影响的组织,所以对它的声明不应给予过多的重视。他记得沈次长也曾和蓝钦谈过此事,为向中国政府再度保证,国务院以同样的答复电告过蓝钦。他又说,在太平洋海岸有一位国会议员——我提醒他那是约蒂先生——也曾为这件事致函国务院。

我说,由于新闻报道有中国政府在美国政府的忠告下停止对大陆中共侵略基地的报复性轰炸等语,已经引起种种猜测。当然,他和我都知道这是事实。但在答复所有报界代表时,我已说关于这个问题,大使馆收到的报告尚不完整,因此无可奉告。

庄莱德说,国务院现已受到多次询问,它也答以无可奉告。

我指出,中国政府本身虽对此事一直讳莫如深,但中国舆论已表示不安和不满。

庄莱德说,美国不希望这种报复性措施做得过分,因为它可能引起战争,而美国人民,我是知道的,很反对战争。美国作此建议是希望防止引起战争危险和避免将自己卷进去。

我说,中国政府也了解美国的想法,所以不做使美国卷入和中共冲突的事。但中共炮击金门和大陈岛已经把中国的安全问题和美国有关这一问题的政策摆在我们的面前。在中国政府看来,保住这些岛屿对台湾和澎湖的安全至为重要。

庄莱德说,美国承担了保卫台湾和澎湖列岛的义务,但这项义务并不适用于沿海岛屿。同时,美国政府希望中国政府会抗拒中共侵略,并能保住那些岛屿。为此,美国虽未承担保卫它们安全的义务,但一直在给中国政府运送给养,并提供为守住那些岛屿所需的其他帮助。

我说,庄莱德先生的话使我记起国务卿和总统在丹佛商谈后,先在8月后在9月,就同一问题发表过声明。我想这一政策仍属有效,在丹佛也没有作出修改这项政策的决议。

庄莱德说我说得对;关于沿海岛屿,美国的政策和杜勒斯8月24日所阐述的及9月丹佛报上刊载的补充说明一样。其要点是,尽管这些岛屿不在美国正式承担义务之内,如中国共产党发动攻击,是否帮助中国政府保卫它们的问题,首先要由太平洋地区的军事当局去判断,最后再由总统作出决定。庄莱德也记起杜勒斯说过,如果某些岛屿对台湾和澎湖列岛的安全确属重要,美国军队要保卫这些岛屿。至于哪些岛屿重要则将由美国军事当局去判断。庄莱德进一步指出国务卿在宣布沿海岛屿不在美国承担的义务之内时,并未说在中国政府保卫这些岛屿时,美国不予援助。

我另提出一个问题,讨论了片刻,然后又说饶伯森先生赴台颇为突然。我想他已经到了。

詹金斯说饶伯森已于当日下午三点到达台北,相当于那里的清晨两点钟。

庄莱德说赴台的事并不突然。

我说,作出这一决定毕竟是比较突然的。我又说,我知道国外业务署的特纳陪同饶伯森前往,庄莱德说,"是的"。庄莱德在答复我另一问题时说,饶伯森将于下周末以前返回。

庄莱德谈起一个新话题时说,他读了《纽约时报》所载红色中国和苏联发表的联合宣言说已就不少问题缔结了许多协定,这很有意思。苏联答应撤走旅顺驻军尤有意义。他问我怎么看,它是否说明红色中国在强大起来不再依靠莫斯科了。

我回答说,我看到缔结这些条约的声明并不感到奇怪。俄国已答应撤离旅顺。实际上这没有甚么差别,因为北平和莫斯科的领导人的工作始终紧密结合在一起。我说,南斯拉夫的铁托有机会摆脱了莫斯科的控制很不寻常,那是因为南斯拉夫离俄国较远,而共产党中国和俄国接壤超过四千英里。北平必须和莫斯科合作,照我看,毛泽东不像也没有可能成为另一个铁托。

庄莱德谈到南朝鲜。这是中苏联合声明中的一个问题。他说李承晚真成问题,美国和他很难相处,令人头痛,真不知道怎样对付他才好。

我说,我和李相识三十多年,但仍不理解他的有关南朝鲜和美国关系的某些公开言论。我觉得他个性刚愎,但人们必须承认他是伟大的爱国者。

在詹金斯陪我去乘电梯时,我说,我知道庄莱德快要离开国务院。(我从私人方面听到庄莱德将任香港总领事。)詹金斯告诉我庄莱德将任香港美国总领事,现任总领事赫林顿已首途返美。我谈到人们都把香港看作重要岗位,詹金斯说,鉴于香港地处中国大陆和整个东南亚的中心位置,美国感到最好选派一位比赫林顿更有经验的人去,而庄莱德正是胜任的人选。我说,我会怀念他,他在国务院是位联系中国事务的友好而能干的官员。詹金斯说,他也会惦念他的。

当天中午,叶公超来电话说,饶伯森突然访台而大使馆和外交部又未能预先通知委员长,必然使台北大为惊异。外交部很可能向委员长说,大使馆定然给饶伯森及其随行人员签过证,他们应是知道的。我和护照签发官员,我的秘书周尔勋查对,知道他们确未申请签证,也没有给他们发过一张签证。所以我致电外交部说明国务院蓄意对饶伯森的访问保持缄默,因为这几天大使馆和国务院的联系特别密切,说它蓄意,并不为过。确实,大使馆每天总有谭绍华或是崔存璘去那里联系其他事务,特别是联系外交部长访问华盛顿的计划安排,如谒见总统及我宴请国务卿等等。但他们从未暗示过饶伯森要去台湾访问。

至于我和叶外长在电话中所谈的其他事项,有我和庄莱德谈话的要点,有他补充的一些我原来不知道的事情。例如,叶部长知道加文将军也和饶伯森一起去了。詹姆斯·加文少将是陆军作战助理参谋长。

次日,我收到有关饶伯森访问以及他和委员长在台北会谈的首次报道。但会谈的目的和主题并未透露。报道只说中美双方官方人士均守口如瓶。当然,报界有他们自己的看法,说饶伯森此行是为了使委员长停止空袭大陆沿海城市,总之要停止一切对中共大陆的作战行动。

后来,可以看出此行的原因部分由于英国的坚决要求,部分由于讨论的事项具有高度敏感性,同时也由于处理中国事务的美国官员知道得最清楚,像这样的事,他们必须直接和委员长单独谈。只有他一人有权决定。尽管如此,我认为国务院还是应当给大使馆和当时在纽约的外交部长适当坦率地透露一些消息。可是国务院却高度保密。那时,我很惊诧;但这也暗示着事件必然是非常紧急的。

直到 15 日,我才收到有关饶伯森和委员长谈话的第一份正式消息。这是 10 月 14 日外交次长沈昌焕给纽约叶公超转我的电报。该电称饶伯森于 12 日下午五时抵台。13 日上午和下午,他和总统会谈四次,历时共七小时。美方只有蓝钦和马康卫出席。我方为副总统陈诚、行政院长俞鸿钧、总统府资政张群、国防会议秘书长周至柔和外交部次长沈昌焕。该电还说,在会谈要结束时,总统告诉饶伯森说,他已指派叶部长和顾大使全权负责商谈他们刚讨论过的各项问题的细节以及协防条约事宜。总统希望饶伯森返美后,能和我们进行谈判。

该电接着报称,饶伯森已离台北,并已请他把密封的张群将军关于饶伯森和委员长会谈记要的信件,及委员长亲笔信,带回华盛顿交我。该电还说,两信系由次长本人赶往机场交给饶伯森的。会谈详细记录尚在整理,一俟整理完毕即由次长派人送给我们。

最后,该电称,美方极希望对此消息保密。饶伯森说,在美国政府方面,参与此事的人为数极少。该电又称,我方除参与会谈者外,台湾并无其他人知晓此事。

饶伯森一行本应在 15 日当日中午一过就到达华盛顿,但由于气候恶劣,满天阴云,有飓风现象,所以推迟。我焦急地等待着,因为我急欲看到沈次长来电所说的信件以便仔细考虑并与在纽约的叶外长讨论。饶伯森实际于下午一时半到达,据告他可能去国务院,可是他并没去。他直接到他的弗吉尼亚的农场小憩。马康卫则直接回国务院,因此由崔存璘独自去那里等待由饶伯森带回来的台北信件。崔存璘在下午三时拿到之后打电话给我,让我在去联合车站时路过大使馆。由于飓风,所有飞机都已停飞,我只得乘火车去纽约见叶外长。

我拿到台北来信就在火车上看。会谈纪要是在叶公超的密封件里,我未拆开,我看了委员长给叶外长和我的信,该信表明,他为饶伯森访台及其就新西兰将向联合国安理会提出的决议案所作的建议深感不安。新西兰提案呼吁在金门地区停止敌对行动并建议采取和平的解决方法。议案的性质也只能从委员长亲笔信中的几点指示上概括地了解。此外,委员长似乎对饶伯森的突然往访大为惊讶,使他更为惊讶的是饶伯森建议的性质。这封信在台北未曾留底,所以要我抄录一份后把正本寄还委员长存档。足见一切都是在极其匆忙中办理的。

因为华盛顿各大街交通阻塞,去车站的路上行驶很慢。政府各部门让所有人员都提前下班,使他们能在飓风到来前赶回家。火车又晚点。这趟"国会"特快列车在威尔明顿因前方的电线被刮倒而停车。旅客们全都焦急地等待列车开动,但一个半小时过去了仍毫无开行的征兆。车站上拥满了旅客,都在问何时可以修好,但站长也说不出。他给费城通电话也遇到了麻烦,电话似乎也出了故障。我在纽约尚有宴会,我设法利用火车上的无线电话接通我在纽约的友人告诉他我无法践约。

晚八时后,一位同车旅客尤金·迈耶看见了我,说他准备下车,如果可能将乘汽车去费城。我想我还是呆在车上好。每隔几分钟,车就晃动一下,我以为要开车了,但我发现晃动是风力而不是开动引擎造成的。将近十时我在车上吃了晚饭。等了几个小时,约在十一时以后,我终于决定不再等下去而到市内去过夜,以便次晨和叶外长商谈之前可以睡一会儿略作休息。我在旅馆给叶外长打电话告诉他我手里有两个文件,现已延迟,我将于次日十一点半抵纽约后往访。他说,他将请蒋廷黻同时会晤,以便一起讨论。

早车比较好些,只晚点一小时。我前一天乘坐的"国会"特快据说直到早晨五时才开出威尔明顿。我和叶及蒋在斯坦霍普旅馆内叶的房间里从中午待到下午六点半。我们仔细阅读了张群的信件内容,知道了 10 月 13 日委员长和饶伯森在台北讨论的十二点。

信中说:

> 饶伯森于 12 日来台北,13 日会见总统。据称,新西兰拟向安全理事会提出提案要求沿海岛屿战斗双方停火,俟新西兰提出,美国将予支持。并谓由于此事对我们至关紧要,故特来台湾先行讨论。
>
> 总统所谈要点如下:
>
> 1.[总统说:]将该提案提交联合国于我有百害而无一利。至低亦将沉重打击我军民之精神与士气。以我政府观察,此种情况至关重要。其性质可与马歇尔将军之调停相比。当时,我国追随美国政策,而结果失去中国大陆。吾人之责任在于当时未能坦率将其政策之严重后果相告。时至今日,必不容重蹈此灾难覆辙。总统认为新西兰提案之后果

不仅损害中国,亦于美国无益。

2.［总统说:］目前金门、大陈之战显系由于中共之侵略。各外围岛屿均为中华民国领土,而中华民国仍系联合国正式会员。对金门及大陈之袭击乃中共所发动。我唯力求还击而已。昔日中共协助北韩入侵南韩,联合国立即通过决议痛斥中共为侵略者。今中共在金门前线复为侵略者,而联合国竟决议要求双方停火,实有背于联合国宪章精神。此等动议,结果将使我人与中共受同等对待。况将中共视为交战之一方必将贻无穷后患。

3.［总统说:］美欲新西兰提案仅以外围岛屿之停火为限而不涉及其他政治问题。总统认为中共必不肯就此罢休。定将利用此机会提出若干有关中国与台湾之问题。故美国支持新西兰提案必将自寻烦恼。

4.总统认为此提案必有背景。定有某共产集团及英国于幕后操纵,希冀通过外围岛屿停火,造成台湾中立或托管,并接纳中共进入联合国,最后使中共吞并台湾。斯乃此一系列阴谋之后果。纵使新西兰提案之背后别无阴谋,最后亦必产生同样结果。

5.［总统说:］因而总统乃至一般军民认为,以新西兰提案维护外围岛屿实毫无意义。无异于抛弃外围岛屿。吾人宁艰苦战斗而失去外岛,亦不愿以新西兰提案保全之。总统表明,无论有无美军之支持或补给,已下令守卫外岛,战斗到底。

6.［总统说:］几年来,大陆同胞及海外侨胞均切盼在政府领导下驱除朱(德)毛(泽东),拯救大陆人民于水火之中。倘新西兰建议成功通过,必将痛感失望,以为政府又为迎合美国之需要而对敌人让步。实无异于驱之投奔朱毛。

7.故依照总统意见,美国政府以劝说新西兰政府不提此项提案为宜。

8.[总统说:]如无法制止新西兰提出,则希于提出建议之前,至少于提出之同时,由美国政府(此乃饶伯森之意见)宣布美国正积极与我政府谈判缔结一项双边条约。

9.总统坚决主张务必竭力减少新西兰提案提出后产生之不利后果。为此,于安全理事会对新西兰建议作出决定之前中美双边条约必须签字。如于安理会对建议有所行动之后(不论赞同或反对)签字,则新西兰提案之不利后果将无法避免。

10.饶伯森希望我国政府对新西兰提案暂不在安理会作任何声明。然而总统称,如安理会美国代表能及时出面声明美国认为共产党入侵金门实乃对中华民国领土进行侵略之一种形式,为此美国不能支持此一提案,则我国政府可指示驻联合国代表团持保留态度而不表示反对。

11.[总统说:]中美双边条约实系老问题。我国早经提出草约但迄未得到美方明确答复。于新西兰提案提出之同时讨论该约为时恐已过晚。总统认为如中美双方政府确有缔结条约之诚意,应立即进行缔结,不必考虑新西兰提案是否提出,也不管提案交安理会后之结果如何。

12,总统还说,以此为基础,将立即指定叶外交部长及顾大使两位全权代表与美国进行谈判。

以上乃会谈要点。饶伯森本人表示同意总统提出之各项原则,但称,自须先回华盛顿汇报然后作出最后决定。

在读了张群将军来函之后,我们看到这十二点包括了委员长向饶伯森谈过的以及给叶外长和我的亲笔信中所提的他的主要观点。在亲笔信的附言中他指示我把信给蒋廷黻和胡适看。沈昌焕来电称在台北机场只交给饶伯森两封信,一封是张群的,另一封是委员长写给我的;并未提到全部会谈记录和新西兰决议的原文。

叶、蒋和我讨论了美国这一动机的背景。我们推测这事一定是由英国发动,美国为其本身的便利同意推行,同时要求新西兰出头。(他们常是让某个小国家打头阵和采取行动。)华盛顿和纽约的新闻述评表明,关于停止金门周围的战斗并用国共双方休战停火的方法以维持现状的想法已在幕后讨论。《纽约世界电讯与太阳报》刊有勒德韦尔·丹尼①寄自伦敦的一篇文章表明这个主意是英国策划的,杜勒斯从艾登那里接受了这个主意作为重新协调英美远东政策的最好办法,在此以前伦敦和华盛顿在远东各行其是,显然时有摩擦而缺乏协调。

我们制订了在华盛顿和饶伯森谈判的行动步骤。我提出要用小心谨慎去对付美国的急躁和草率了事的思想。我指出这样做较为妥当,因为我们首先应弄清美国这一行动的来源、动机和目的,它是否想通过联合国造成两个中国的局面。美国一直想把台湾这一困难棘手的问题,尤其是关于沿海岛屿周围正在战斗的问题,推给联合国。我们一致同意致电沈次长要一份会谈详细记录和新西兰决议案原文。

叶外长和我口授了致委员长的复电并提出我们的意见,暗示我们立即谈判的困难,既不全知台北讨论情况,也不知新西兰决议案的措词。我们强调首先要彻底驳倒新西兰决议案为可取,因为它将危及中华民国的国际地位和主权,以及光复大陆的合法权利。(那实际是美、英动议内的基本论点。我们懂得,接受新西兰决议案,在中华民国看来,将实际加强红色中国的地位。目前,它肯定会贬低中华民国的地位,我揣测,就英国而言,它最终会让国民党中国被共产党中国所吞并。)我们还建议,为了继续证明委员长在要点中说的,金门和大陈的战斗是中共先发动进攻而我们只是反击,也为了对目前国际气氛作出反应以便谈判,如敌人不攻击我们,我们应停止轰炸敌人。

那天黄昏后,收到沈昌焕给我们关于索取新西兰建议原文的

---

① 丹尼是斯克利浦斯·霍华德报系的国际版编辑。

复电。电报标有绝密字样。它是给叶外长并要求他亲自译电的。电报要求驻华盛顿大使馆先向美方索取，因为我们自己的"委员长—饶伯森会谈记录"在送出前尚须修改，译成中文并呈总统批准。他还把饶伯森在台北提出的新西兰建议原文电告了我们。但是我和叶外长都不能确定它是否为全文。被派往协助外长来访期间工作的大使馆的张慰慈于下午十时将来电带给我，叶外长也来电话征求我的意见。

在华盛顿，我派去国务院索取记录副本的谭绍华已拜访了马康卫。马康卫说须等助理国务卿饶伯森批准，而饶伯森要到10月17日星期日晚方能返回华盛顿。谭拜访时是星期六的晚上。

我现在怀疑，而且我想那时就已经怀疑，为甚么如此神秘，不仅对大使馆保密，而且还对身在美国的外交部长保密。这除非是国务院、饶伯森及其同僚们认为这样的事只有委员长一人能作出明确干脆的答复，不如直接和他联系为好。他们也可能想，外交部长和大使自然会对任何建议提出意见和看法，而这些，即使不完全反对美国的观点，至少也可能给美国取得委员长的同意增加困难。但我和叶外长比国务院的官员们更了解委员长。委员长是不会立即给予答复的，甚至对负有特殊任务的官员们谈话也是如此。我不只一次在重要事务上得到经验，他只是仔细地听，然后说："我要想一想，以后通知你。"他从不匆忙答复。

次日晨，10月17日，我再次去旅馆会见叶外长。蒋廷黻也已来到。我们讨论了沈次长10月16日的另一电报。沈报称，蓝钦大使于15日下午六时交给他杜勒斯10月14日致委员长函的原文。他说，内容过于机密不便电告，又说他已让美国大使馆要求国务院给叶外长一份副本。沈还转发了委员长10月16日晨给他（沈）关于杜勒斯来函以及我和叶部长在华盛顿谈判中应坚持的下述重点：

1.由于杜勒斯的来信一定是在饶伯森把台北初步会谈的内情电告杜勒斯以后发出的，总统不拟答复。他说要等饶伯森回华盛顿详细汇报后看美方的反应,再作定夺。

2.如美方不接受我们提出的条件,我们那时要明确地说出我们反对新西兰提案。

3.即使美方完全接受我们的条件,该提案的原文也应修改。我们不能同意把我们政府的称号和非法的共产党政权的称号相提并论。"采取和平方法"一词也应取消。

4.在处理本案时,叶外长和我必须毫不动摇地坚持所谈各点。由于时间紧迫,我们必须立即着手和美方谈判并将结果电告台北。

沈次长还说,总统和饶伯森会谈的重点已在我们收到的张群的信中说明。但马康卫在会谈时也作了详细记录。据他(沈次长)了解,马康卫将在返回华盛顿途中核对其记录,因此他认为到那时马康卫将会核对完毕,所以建议大使馆应和他联系并看他的记录。我们当然已经那样尝试过,但是毫无结果。

叶外长、蒋和我以张群所作委员长和饶伯森会谈记要为基础,口授了一份电稿申述我们的意见。叶外长已打电话给华盛顿,请谭绍华去索取杜勒斯致委员长的信件抄本,与一份饶伯森和委员长会谈记录的抄本。彼时,因叶外长和白吉尔海军上将约定于上午十一时在康涅狄格共进午餐,我辞出时约十一时十分,是以催他从速动身,因为他赴约已经很晚了,尤其是因为他必须在下午三时赶回纽约市出席全国广播公司的一个约会。

傍晚,张慰慈把我们研究委员长和饶伯森会谈纪要后的结果和反应情况呈报委员长的电文稿拿来给我。我看了并做了一些修改。约在同时,谭绍华在华盛顿会见了马康卫。他答应给他一份饶伯森和委员长会谈记录,也许有一份杜勒斯致委员长的信件抄本。但谭绍华报告我两份抄本都还须经过批准。

次日,18日星期一下午,谭应约往见马康卫时,得悉信的抄本可以给①,会谈记录抄本不能给。马康卫领谭去见饶伯森。饶伯

①　交给谭绍华的杜勒斯来信全文,见附录九,文件(一)。

森解释说,当时未做正式记录而且大部分谈话系属私人性质,所以他不能给我们抄本。那么,我不明白像这样的紧急任务,事关两国如此重大利益,怎能把会谈称作私人性质的叙谈?

那时,联合国内的一个新发展使本已困难的局势越发复杂起来。10 月 15 日,苏联要求在联合国大会议程中加一项名为"对侵略中华人民共和国之行为和美国海军应对此行为负责的控诉"。

苏联的决议草案序言称朝鲜战争的结束和印度支那和平的恢复给解决悬而未决的国际问题创造了有利条件。但草案主文却"注意"到"在台湾岛和中国海区域内,美国控制下的武装部队以无理的武装进攻形式对中国城镇和沿海区域的侵略行动,使该区域变为新的战争温床,严重威胁了和平",又指出"该武装部队还在同一区域,对公海上的各国商船进行海盗式袭击,劫掠船只……虐待船员"。是以决议草案建议谴责这些侵略行为,而且"这些侵略行为对远东的安全和和平之维护已构成威胁",它建议对美国,"这个应对该地区所发生的情况负责的国家",采取必要步骤以停止前述侵略行为和对各国商船所进行的海盗式的袭击。①

10 月 17 日,沈次长电叶外长称蓝钦大使刚将苏联致联合国秘书长函内的苏联建议,连同备忘录和决议草案送来外交部。蓝钦奉命征求我国政府意见并希望我们当日(17 日)回复。次长称他正在研究该问题并草拟我方意见的提纲以便向政府请示。政府指示容续电报告。如我们给他指示,请我们迅速电告。

沈次长 17 日和张群探讨了该问题。18 日晨他将政府意见送交在台北的蓝钦大使,同时,也发给我们。这些意见是:

1.苏联拟抓住此一问题作为协助中共入侵台湾之借口。事实确凿,因为:

甲、中共早自 1954 年 7 月初即已叫嚣进攻台湾。1954

---

① 《联合国周报》1955 年 1 月第 2 卷第 7 号,第 73—74 页。

年 9 月,攻击我沿海岛屿并积极在沿海备战。凡此种种清楚表明中共拟乘朝鲜及印度支那停火之机入侵台湾。

乙、苏联部长会议副主席于 9 月 30 日在北平发表讲话,正式表示苏联愿意协助中共进攻台湾。其后,1954 年 10 月 12 日,苏共与中共发表联合宣言,内容共八项,其中一项说明苏联将旅顺归还中共政权。另一项规定建筑一条从集宁经由乌兰巴托(在外蒙古)到西伯利亚之铁路,及一条从兰州(甘肃省会)经由迪化到阿拉木图(在紧靠新疆边境的苏联境内)之铁路。进一步表明苏联与中共正准备战争。

丙、1950 年冬,苏联向联合国提交所谓美国侵华案。其结果中共以该指控为借口出兵朝鲜,介入朝鲜战争。苏联最近之提议与上次相同,显然计划为协助中共进攻台湾制造借口。

2.苏联显欲利用联合国对此案之讨论探测美国态度,如美国态度软弱无力,则苏联即能恣意帮助中共,一如过去中共介入韩战之肆无忌惮。

3.苏联提议之时间选择于美国国会选举前夕,意在予美现政府以打击。盖选举正处于重要时刻,政府于联合国处理此案时必不能采取坚决、强硬之态度。

4.苏联一面重弹宣传和平共处之老调,一面于联合国提出此控诉,旨在使欧洲与亚洲之民主阵线以及所谓中立集团怀疑美国之远东政策,使之转而脱离美国,俾有助于苏联达到其分化自由世界之目的。

沈次长说,蓝钦大使听取我方意见后说,他早把他的个人意见电告国务院,请国务卿在前一日下午举行的由国务院重要成员组成的两个会议上,讨论如何对待苏联的行动时考虑。蓝钦称,他的电报内容和沈次长所提的不谋而合,只是他没有提有鉴于美国的选举,苏联提议可能产生什么影响,但多了一点,即,他认为苏联提出这个问题意在散布尽管美国在欧洲曾以"战争贩子"的姿态出现,但在亚洲它的态度是软弱无力的。其目的在使亚洲自由国家不敢信赖美国。

沈次长于是和蓝钦说,美国过去从未反对联合国讨论苏联提出的种种攻击美国的建议。他设想,美国之所以克制而不反对这种讨论是想表示自己的和平意图和坦白心地。但在目前情况下,他不知道美国抱甚么态度。然而,中国打算全力支持美国,和美国合作,并在处理目前局势方面,调整自己的行动使和美国的行动一致。我们希望美国和我们经常保持密切联系。

沈次长随即又向蓝钦指出,当前的情况涉及到沿海岛屿的战争和我们扣留的给中共运输给养的外籍船只的问题。他说,假使苏联提出的这些问题列入联合国大会议程的话,美国应努力拖延新西兰的提案。美国还应及早和民主国家相商,以防止将苏联以前借口我们妨碍海上自由而对我们进行攻击的种种问题列入联合国大会的议程。他还说,在这个问题提交联合国并说明远东局势日益危急时,美国应采取最坚定的立场提出意见,使苏联和中共不致随意蠢动,以致引起大规模的战争。

最后,他对蓝钦大使说,美国对付苏联的侵略企图的最有效的方法是迅速和中华民国缔结共同防御条约。蓝钦答称,当立即发电再向国务院汇报。

沈次长在电文结尾部分称,他刚知道总统对该案已发出指示直接电告外交部长。实际,委员长的电报也刚收到。他在电报中说,他读过苏联向联合国提出的关于美国侵略中国的议案全文后深感气忿。我们刚通知美国,如果新西兰此时提出要求在金门停火的提案,那肯定会增加美国的困难。是以他恳切希望美国劝说新西兰彻底放弃这项提案,以免苏联和中共获得更多的攻击美国的借口,从而防止他们再次凭借恶意宣传,指控美国侵华以反对美国。此外,委员长说,美国应尽速缔结共同安全条约。他迫切希望叶外长和我能根据前述意见仔细草拟一份谈判计划和程序以便积极推行,力求最后抛弃新西兰提案。

还有另一份沈次长发自台北的重要密电。委员长曾把叶部长和我 10 月 16 日草拟电呈委员长的初步意见抄本交给他。由于该电包括一些问题,沈次长准备答复这些问题。

我们曾问饶伯森曾否详谈过新西兰提案的根源和目的。沈次长答复说,饶伯森对新西兰提案的根源和目的并未详细说明,但他强烈反驳总统对此问题的意见(详情可参阅张群来函会谈要点第四项)。饶伯森称此项建议幕后并无共党关系,此外,提案内容极为简单明了,毫未涉及其他问题。如该提案提交联合国大会讨论,美国将尽力防止讨论范围的扩大。不过,如其他国家提出此案,内容可能较为复杂和笼统,这样美国就会感到更难对付。

沈次长说,从饶伯森的答话看,他们(台北)认为新西兰提案可能原来就是美国唆使的。至于该建议的全文,叶部长和我都曾要过,沈次长说,我们可从 14 日杜勒斯来函的附录,和外交部包括有委员长 16 日指示的第 55 号电文中去搜集。

我们 10 月 16 日致委员长的电报还曾询问:美国方面是否解释过为什么他们意欲支持这一建议和要求我们接受?是否饶伯森首先指出要以协防条约解决这个问题?美国方面表示希望在联合国安全理事会讨论该案期间我们最好不要表态时,饶伯森是否解释过这样要求的原因何在?是否因为他预料到苏联会提出反对?

沈次长答称,饶伯森说,美国军事当局认为如果中共决心夺取沿海岛屿,我们难以保住,而这些岛屿一旦陷于中共,则将给我军士气和我们的国际威望以严重打击。饶伯森说,即使美国愿意命令第七舰队把防御范围扩大到包括沿海岛屿在内,问题在于这样的扩大没有法律基础。所以美国希望借新西兰建议来防止这些岛屿陷入共党手中。如该建议获得通过而中共不予尊重,那时中共无视联合国的恶名将愈加昭著。如果苏联否决,就可说明阻挠维护世界和平的努力的责任应由苏联承担。

据沈次长说,饶伯森还说美国是联合国的主要成员,因此,它负有促进国际和平的主要责任。这也是新西兰提案的目的,它的内容是简单而率直的。美国认为为了维护国际和平,除给予支持之外别无他途。然而美国并不要求我们接受该提案,只要求在该提案提出后保留我们的立场以便观察中共的反应。由于美国预见到该提案将被苏联否决,所以劝我们在开始时不要提反对意见。

沈次长继续说,饶伯森清楚说明美国方面完全了解该提案的提出将置我们于极为困难的境地。因此美国已有所安排,并愿在提出该提案时明确说明它坚决支持自由中国,例如,在该提案提出时,为了抵消它的不利影响,它将宣布中美协防条约早已进入讨论阶段。

叶外长和我并曾问及委员长在和饶伯森会谈时是否表示过原则上愿意接受新西兰的方案。据复我方从未表示过原则上可以接受。我方认为该提案的提出不仅对我们极为不利,并且美国如此考虑这项建议也是自找麻烦,因为接踵而至的甚至可能有难以想象的后果。所以,最好要求美国劝说新西兰不要提出。假使确实办不到,那么:(甲)在该提案提出以前,或最迟在提出的同时,美国应宣布,中国和美国已在积极谈判缔结共同防御条约;(乙)假使美国要我们在该提案一旦提出时暂保缄默,美国在公开讨论表态时应充分说明沿海岛屿是中华民国领土的一部分,为中国的合法政府所占有,以及目前战斗的责任应由发动侵略的中共承担;(丙)不论最后议决如何,不论该提案是否为苏联所否决或事实上终被通过,美国应在联合国考虑该提案之前签署协防条约。

沈次长还说,共同防御条约各条款的文字可能需要如此措词,即把协防的实施范围的条文规定得既笼统又能包括一切,以便美国国会批准,而在面临具体发展情况时又留有调整的余地。但在条约以外,还应有相互保证的谅解,即美国应明确保证如果中共侵犯沿海岛屿,它会全面支持我们;而我方也应明确保证在决定为光复大陆而发动进攻以前先和美国商量。

最后,沈次长说,我们表示即使所有前述条件都被接受,我们还会遭受这项提案带来的极大损失。因此,我们仍然希望和期待美国彻底抛弃这项提案。沈继续说,饶伯森理解我们的立场,但他当然要说无权接受我们的条件。他只能把我们的条件转达给政府。

18日晚七时左右,叶外长打电话来说,他已在电话里和饶伯森谈了两次,并订妥于20日,星期三晚在双橡园会面并进餐。起初,他告诉饶伯森他收到委员长指示,催他和饶伯森会面及探讨有关问题时,饶伯森说近几天他很忙,提出于星期四下午和叶会见。经叶外长再三要求提前,才改为星期三。

叶外长还告诉我,饶伯森为蒋廷黻那天下午在纽约和洛奇谈了苏联提出的决议案而感到烦恼。叶听说蒋似乎暴露了一些有关新西兰提案的情况,但事实并非如此。那天深夜,我从叶和蒋处了解到蒋的话是怎样和为什么使饶伯森不安的。

将近晚上十一点钟,我又到叶外长的旅馆去见他。蒋廷黻已先在。我从他那里了解到他没有和美国驻联合国大使洛奇对尚未送交安理会的新西兰决议案谈过甚么,但曾严厉批评了苏联的决议案。蒋廷黻反对将苏联决议案列入安理会的日程而美国不想反对。所以蒋向洛奇指出,如果苏联真有意于停止敌对行为,决议案也提得过分。显然他的真正目的是要把红色中国通过旁门引进联合国。停止敌对行为本身就含有平等对待战斗双方的意思,可能有形成某种政治解决的企图。这意见如果不由苏联提出,那么几乎可以肯定也会有一些印度那样的国家提出。蒋廷黻说,他告诫洛奇讨论苏联决议案的后果,同时还对饶伯森之突然访问台北发表了一些初步意见。蒋廷黻发现洛奇对饶伯森访台的目的一无所知。然而洛奇对他谈的苏联决议案的可能后果相当重视,他立即打电话报告了国务院。使饶伯森烦恼的是洛奇报告说,蒋曾说,没有外交部长(他在纽约这里)在场,饶伯森去和委员长在台北会谈是不合情理的。

叶外长告诉我蒋否认说过这句话,那是出于洛奇的误会。但恰恰是这句话导致饶伯森给叶外长打电话。叶外长回电话约定他星期三在双橡园会面。叶外长说,他已邀蒋也参加这次宴会。蒋后来跟我解释说,他和洛奇说的是他很幸运能有叶外长作为出席联合国大会的代表团团长在纽约这里,但不幸的是饶伯森因重要任务去台北时叶外长却未能在那里。

我们三人讨论了届时在华盛顿会面应采用什么策略,以及请饶伯森澄清些甚么问题。我们决定首先索取新西兰决议的原文,其次要知道提出该决议的动机和背景。是新西兰在英国的示意下首先提出的呢,还是源出美国而由新西兰替美国扮演提出者的角色?美国和英国之间是否有什么谅解?美国心中是否存有两个中国的想法并把它看作中国问题的最后解决办法?美国想撤走第七舰队到什么程度?由于沿海岛屿周围的敌对行为,美国害怕卷入漩涡究竟怕到什么程度?从饶伯森和委员长会谈所透露的情况看,由于 11 月 2 日即将大选,大选结果民主党可能占优势,而从政治方面考虑,美国目前的态度究竟达到什么程度?我建议我们在会谈的开始阶段就应竭尽全力让美方澄清这些问题,并在我们未获新西兰决议案原文和仔细研究前决不能发表任何意见。

我于次日晨赴华盛顿,下午近一点钟到达。我直接去双橡园安排,腾出我的房间让叶公超住。然后我去大使馆。我告诉顾毓瑞和崔存璘要改进新闻剪贴办法。他们没有注意丹尼从伦敦发给《世界电讯》的报告,其内容相当详细地叙述了美国和英国最近达成的对台联合政策的谅解,把它们之间的摩擦减少到最低限度,并缩小它们一般的对欧政策特别是远东政策上的分歧。

我还看了叶外长发给台北沈次长的电报。张慰慈已用长途电话把电文读给大使馆电报室鲍文年转发台北,并供我参考。该电称叶外长已请蒋廷黻代表转告美国代表洛奇,不论美国是否赞成，我们将反对把苏联提出的美国侵略问题纳入议程，我们所持的理由是该建议毫无事实根据，不值得讨论。蒋照此转告洛奇后，洛奇说，美国赞成此案列入议程，但他（洛奇）尚未收到国务院指示在辩论开始后应如何处理此案。

电报还说，蒋告诉洛奇，苏联建议背后的动机不只是找一个攻击美国政府的借口，它还想暂时冻结我们和中共的现状以期待联合国承认共产党中国，从而导致实现两个中国。他说，如果中、美不立即采取共同行动反对这个阴谋，以后要遏制阴谋的继续发展将愈益困难。洛奇同意将我们的意见转达国务院。

电报通知沈次长的另一点是叶外长和饶伯森在电话中安排的会谈时间订在星期三。该电又称，叶外长在那天下午刚收到杜勒斯 10 月 14 日致总统的信件抄本。至于马康卫记的会谈记录，饶伯森曾说那只是马康卫的私人笔记，不是正式记录，是以未便将抄本送交叶外长。因此，叶外长再次要求将我方自己的中英文记录抄本立即托可靠人员送来以利谈判。他还再次索取一份新西兰提案的全文，因为饶伯森也拒绝给他一份。他解释说，他要在星期三和美方讨论前做好充分准备。

20 日（星期三）上午，我在大使馆召开会议，迅速办理叶外长正式访问华盛顿的事务。访问将从那天黄昏他到达后和饶伯森会谈时开始。下午六时，我在国民机场迎接他。

回到大使馆后，我们立即讨论当晚七时半对来赴宴的饶伯森等人的接谈计划。我又力主在亮明我们自己的立场观点之前应尽量引诱饶伯森谈出新西兰提案的背景、幕后的真正目的，和预料在联合国安全理事会的结局等情况，多多益善。叶外长、在场的谭绍华和我都同意这样接谈。

这时，我们终于收到了外交部来电，内中有新西兰提案的英文本。至少，我认为那就是原文，然而叶部长却认为那只是原文的释义。结果证明他说对了。但无论如何，那是我们能得到的唯一文本，内容如下：

安理会注意到中国大陆某些沿海岛屿区域内,尤其是在金门岛区域内,最近发生之×××和×××间的武装战斗;并得出结论,这些战斗行为造成的形势正在持续,可能危及国际和平和安全之维持;

为此呼吁×××和×××立即终止此种武装战斗。

并建议寻求和平方法以防类似武装战斗之重演。

并宣布安理会将继续把握此问题。

我们还持有一份由大使馆人员准备供我们参考的"对所拟决议案的意见和评论"的备忘录如下:

Ⅰ.

1.所提决议草案原文似乎很简单,是英美妥协的结果。最重要的条款是最后一项,宣布安理会要继续把握此问题。

2.反对诉诸暴力这样的禁令当然会束缚我们的手脚,使我们几乎不可能用武力光复大陆。虽然这一条对北平政权入侵和占领那些岛屿的任何企图也同样适用,但这会给中共以机会去巩固他们在大陆上的地位,实行他们的工业化计划和建立反对中华民国及亚洲其他自由国家的战争潜力。

Ⅱ.显然该建议是想:

1.消除英国、澳大利亚和新西兰对于远东武装冲突蔓延的恐惧;

2.解脱美国由于命令第七舰队协助保卫台湾和澎湖列岛,而这些岛屿一旦遇到进攻时的尴尬处境;

3.可以安抚欧亚各国以及美国人民对第三次世界大战的普遍恐战情绪。

Ⅲ.似乎故意无视有损我们的事业的某些事实:

1.该提案含有事实上承认北平政权和以同等地位对待北平政权以及作为联合国创始成员和安全理事会常任理事的中华民国。

2.该建议未能承认北平政权侵略政策造成的形势之真正性质是受苏联支援和唆使的,朝鲜和印度支那就是明证。

3.该建议忽略了联合国宣布苏联支持中共横行中国大陆因而违犯了1945年8月14日的中苏条约的决议和联合国宣布中共为朝鲜的侵略者的决议。

4.金门岛和其他沿海岛屿周围的战斗是北平政权为达到其控制亚洲统治世界的目的而发动的。

IV.我们的处境和我们可行的行动方针:

1.应反对将中华民国和北平政权两个名字简单地连起来而不说明后者曾是并且仍然是所述地区战事中的侵略者。

2.鉴于自由世界要求和平的普遍情绪及共产党世界的和平攻势,我们不宜公开反对"采取和平方法"一词。

3.最好说明我们确信在大陆上重建中华民国是促进亚洲和世界和平的最可靠的办法,因为和北平政权相比,中华民国政府一贯是而且仍然是爱好和平和一心为自由事业出力的。

4.应确认中国政府坚决要实现把大陆上的中国人民,从中共统治下解放出来这一愿望,中共统治者乃是国际共产主义的工具。还要决心保留我们的主权,挫败共党对爱好和平的中国人民的侵略行为,并将寻求一切必要手段以达到此目的;和

5.反对所提的决议案,并投反对票,但作为我们致力和平大业的另一明证和迎合自由世界的和平情绪,我们应讲清我们投的反对票并无否决效力。

那晚用的是中式便宴。那天早晨,应饶伯森的建议由马康卫电话通知谭绍华,我又请雷德福上将赴宴。他似乎期待着我的邀请,因为他的助理立即代他表示接受。因此,有四位美国人出席:饶伯森、负责联合国事务的助理国务卿帮办戴维·温豪斯、马康卫和雷德福。晚宴后会谈时,我建议还像用膳时那样坐着,使会

谈不显得过分正规,大家都欣然赞同。蒋廷黻博士是应叶公超的特别邀请和他一起来参加会谈的。他谈得相当坦率,提出了一些很直接的问题并率直发表了一些意见,显然出乎饶伯森的意料。但叶公超会后告诉我,这就是他请他来的目的,因为我们各自的地位关系,有些话他不想自己说,也不应由我来说。会谈直到十一点半才结束,蒋廷黻还得赶乘火车去纽约。我请叶外长和张慰慈留宿我家。

会谈记录由谭绍华保管,所以我手头没有。但我有一份呈委员长电报的抄件。这是由叶、谭、张和我在会后开始草拟并在次日我请他们共进午餐后完成的。

这份电报以叶外长名义呈委员长和行政院院长。电文说到叶外长首先要求饶伯森重申美国的立场并出示新西兰建议的全文。饶伯森的答复首先阐述了关于沿海岛屿的三点意见。

1.根据美方收到之情报,共产党确有攻占这些岛屿之意图。

2.我方三十万军队与共党实力相比,难以长期固守。

3.第七舰队原来之任务并不包括协助防守沿海岛屿。其任务仅限于协防台湾与澎湖列岛,此点于朝鲜战争时即已确定。现在朝鲜已签订停战协定,虽然国会及公众舆论迄今尚未对此提出问题,但依照美国宪法艾森豪威尔总统能否无限期地维持这一命令尚有问题。

饶伯森说,美国总统和国务卿,知道中国政府重视沿海岛屿的军事价值,所以要支持新西兰建议。如该建议获得通过,最低限度它将使沿海岛屿得到某种安全保证。况且,如共产党再行攻击这些岛屿,即可被指控违犯联合国决议的罪行。同时,国务卿深恐该建议结果会对我不利,他坚持新西兰应将其提案的范围局限于沿海岛屿,而美国政府也不会支持联合国内的可能损害中国政府地位的行动的提案。此外,美国认为该提案肯定会被苏联否决。所以,在该提案提交安全理事会讨论时,美国希望我们只作一个持保留态度的声明,以便观察苏联的处理意图。

饶伯森接着谈到新西兰提案的内容。他说,递给我们总统的只是该提案的总的意见,并非全文。他让马康卫宣读了他在台湾送出的原文。

随后,我们亮明我们的观点如下:

1.饶伯森刚才请人读的新西兰提案,间接然而肯定是以沿海岛屿作为停火的分界线。值此两个中国的说法甚嚣尘上之际,提案的意义和后果特别严重。是以,我们想知道美国方面是否曾认真考虑过这一点。

2.该提案按照美国方面阐述的内容看,将连根拔掉我们光复大陆的希望。虽然我们目前的力量尚不够发动这样的攻击,但光复大陆这一目标是我们永远不能放弃的。沿海岛屿当然对我们是重要的,但若要求我国政府放弃其在大陆之主权和抛弃我们光复大陆之希望以换取一时之苟安,我国政府永不出此。

3.苏联此时正发动一股大规模的和平攻势。有鉴于此,苏联最近在联合国指控美国在台湾的行为的动机看来好像是希望该地区停火。其实,苏联的建议在序言内引用了朝鲜和印度支那的停火以表明和平之可以促成。所以,可以看出,其目的并非真正想在联合国攻击美国,而是想冻结共产党和国民党的位置作为最终让共产党进入联合国的一个基础。照我们看来,苏联大有可能接受新西兰提案。

4.新西兰提案并未清楚说明共产党是真正的侵略者,似乎令人可以认为威胁世界和平双方都有责任。提议以采取和平的方法来防止这类已在发生的冲突重演,显然是以联合国宪章第六章为根据,该章规定以和平方法解决国际争端。所以,假使美国支持该提案,就意味着承认了大陆上的共产党政权,即真的和它一贯反对接纳共产党政权进入联合国的政策相矛盾。

5.基于上述论点,我们希望美国仍能劝说新西兰放弃其提案。新西兰的动机是想号召停火,而就我们而论,我们(中国政府)已向美国政府承担了能达到同样目的的义务,即我们承担除非我们获得美国政府的同意,我们不向大陆进行任何大规模军事行动的义务。因此,美国政府也可以告诉新西兰政府,实际上已无需在联合国提出这项提案。至于共产党的行动,显而易见,即使该提案为联合国所采纳,共产党方面肯定也不会尊重它。所以,也正是为了这个原因,没有必要再提这项提案。

饶伯森答称,新西兰提案局限于沿海岛屿,它只要求双方在该地区停止军事行动。所以,他认为我们的预测和担心没有根据。叶外长反驳说,由于该提案运用了"采取和平方法"那样的词句,其目的显然是要解决争端。怎能说它局限于号召停火呢?

饶伯森反复说,如果该提案会影响台湾的处境和地位,或从根斩断我们光复大陆的希望,或使我们丧失在大陆上的主权,美国是不会支持它的。但他对新西兰提案的看法和我们的见解根本不同。最后,他问道,我国政府是否宁愿失去沿海岛屿而不愿看到新西兰的提案被采纳。

叶外长答称,假使新西兰提案一如饶伯森所谈的那样而且那就是它的最后词句的话,他的答复是,"是的"。如果该提案能说明侵略的责任在于共产党,而且提案原文只限于停火,如果"采取和平方法"一词可予删除,并在提案中不提一切中共政权字样,那么他的答复是"不"。

饶伯森称,把中共说成侵略者不容易办到。但美国在公开辩论支持该提案时,也许能作出那样的解释。至于"采取和平方法"一词,饶伯森称,也可以再去研究一下原文,看是否能删去。至于将两个政权相提并论,美国当然也不同意这样做,但改用其他词句是否可能,有待以后研究。

呈委员长电报继称以上乃此次会谈之要点,事先经我们讨论并决定,我们的目标是一定要挫败新西兰提案,所以不触及共同防御条约。又称,由于是在宴会上结束我们的谈话,所以我们告诉饶伯森,我们将在一二日内把备忘录送交国务院以阐明我们对新西兰提案的立场。我们还电告委员长说,备忘录的内容将包括他指示的各点并加上我们在这次会谈时提出的其他各点。

21日晚,我陪同外交部长往访饶伯森。这原是礼节性访问,也是叶外长正式访问华盛顿的第一次出访,但谈话却不可避免地讨论起昨晚的事来。我首先表示希望昨晚在双橡园的会谈不致使助理国务卿感到过于冗长。饶伯森说,他认为讨论是有用的,可惜的是大量时间耗费在所提决议案的原文解释上,他原拟将讨论放在原文本身,因为,作为一项决议案,文字是十分重要的。

叶外长说对于饶伯森在台北提供的文本,他和我有不同的印象。他认为台北文本也是释义性文件,而我则认为是原文正文。

我回忆起马康卫的解释是,由于未与新西兰澄清,新西兰虽同意在台北提供一份原文,美方认为未便在华盛顿提交中方一份抄本。

会谈时在场的马康卫确认有此事,饶伯森则称,新西兰并不反对,但温豪斯对形势持非常谨慎的见解,是以马康卫仅宣读了新西兰原稿的释义文本。

叶外长说,我的印象是在台北的文本和马康卫宣读的相同,马康卫再次确认这种说法。

饶伯森说,美国的政策一如他和蒋委员长说的那样,是支持和配合蒋委员长及其政府。拟议的决议案是为了有助于国民党中国和它的国际地位。其目的仅在于保护沿海岛屿,以便在国际形势发展到有利时刻,国民党中国可能利用那些岛屿去实行它在大陆上的任务。决议案决无意涉及沿海岛屿以外的事务,并且确实无意将台湾问题包含在内。由于拟议的决议案要求停止战斗,美国是安全理事会的常任理事,它有维持世界和平和安全的重要责任,不能推卸这种义务和责任。然而美国无意支持任何沿海岛屿区域以外停止战斗问题的决议。

叶外长说,提出"采取和平方法"只能意味着停止战斗后跟着应有某种和解,而和解必然要根据联合国宪章第六章以和平方法解决争端。至于拟议的决议案,一经通过,势将导致讨论台湾问题。

饶伯森说,美国已向新西兰讲清美国不会支持任何范围大于沿海岛屿区域的停战决议。此外,饶伯森继续说,国务卿将就拟议中的双边条约发表声明,而这一步在他(饶伯森)还在台北时曾认为在拟议的决议案送交安全理事会前是不可能进行的。鉴于还有几天时间,这一点是可以做到的。因为蒋委员长曾经要求过和说过假使事先发表了这样的声明,他就不再反对这项决议。

我问拟发表的声明是什么内容。

饶伯森回答说,声明要说拟议的双边条约目前正在谈判。他还没有考虑好声明的确切词句,但是当然会用恰当的语言。

叶外长说,发表关于双边条约的声明只是条件之一。取得拟定的正文时,自然还需详细酌酌,他可以肯定还有其他条件要送请美国考虑。正像他昨晚说的那样,他接着说,他愿以政府的名义向美国保证,在没有获得美国的同意前,决不发动进攻大陆的军事行动。事实是,他昨晚又收到委员长的电报,嘱他力劝美国不要支持这项决议案。

饶伯森说,那就会置美国于窘境。他已讲过,美国,作为安全理事会的常任理事,不能拒不支持有利于和平与安全的决议,而国民党中国作为安全理事会的成员也同样有此义务。

我说,那要看决议的性质。

饶伯森说,决议案的性质是制止共产党中国攻击这些沿海岛屿。他不知道该决议案最终如何定稿,但收到之后,当即给中方一份。

我说,甚至昨天还据报说中共攻击了大陈岛。

饶伯森说,虽有美国军事官员在场观察,但国务院并未收到那样的报告。

我说,这条新闻来自合众社,早晨在自动收报机上出现的。

饶伯森说,新闻报道不能置信。例如他记得新闻电讯中有许多事情都说成是他和蒋委员长说的。其实,没有一件是他和蒋委员长说的。饶伯森还说,事关重要,应通知蒋廷黻博士,如果在联合国里走漏风声,那就会闯下大祸。

我说,中国方面不会有走漏的危险。

饶伯森说,还有一件同样重要的事是切勿谈论拟议中的双边条约。按照美国宪法,任何条约在生效前都必须经过参议院批准,参议员们都热切关心他们对条约应负的责任。正如国务卿在致蒋委员长函内所讲明的,美国政府必须事先和某些重要参议员磋商以取得他们的支持。杜勒斯已开始这样的磋商,发现有一位谈过的参议员十分赞同他的意见,他还将和另一位参议员商谈。同时,饶伯森强调对此事保密最为重要。

叶外长记起,第一次公开提到谈判双边条约问题是蓝钦大使于会见艾森豪威尔总统后在白宫的台阶上说的。他说那时是初步讨论,但不是一个大家关心的课题。当天几小时后,叶外长出席立法院外交委员会。有人以同样的问题问他,他答复说,这个问题曾经讨论过,但尚未开始正式谈判。

饶伯森说,这种说法是对的。这时,话题转到拟议中的新西兰决议案。饶伯森再次劝说这对国民党中国最为有利。他说,美国支持这个决议案因为它只谈停止战斗而不涉及其他问题,如台湾问题。他认为如果不提出新西兰决议案,像印度那样一些国家,或某些别的中立国总归会提出台湾问题的。

叶外长向饶伯森保证我国政府将继续和美国合作。叶外长说,我们正在准备一份罗列中国政府观点的备忘录,并将送饶伯森备用。他表示希望饶伯森同样将美国的观点写一份备忘录送他,使中国方面便于研究。他确信可以想出一些办法以达到中美两国的共同目的。

10 月 22 日(星期五)我起草关于新西兰决议的备忘录。谭绍华已拟好初稿,概述了我们星期三会谈时的发言。我重新起草并加补充。下午,我参加了霍宝树为外交部长设的午宴后,回到大使馆,办理原由外交部 2 月间通过蓝钦大使交给国务院的关于共同防御双边条约原文修订稿的工作。

回忆起来,在叶外长离台北前,他就已按照杜勒斯不同意的各点写了草案修订意见签呈交委员长,供委员长 9 月 9 日在台北会谈和考虑沿海岛屿问题时参考。他到纽约后,我们一直在一起考虑修订问题。但同时我们也在等待正在台北准备的修订稿。9 月 21 日,外交部来电报称,修订稿已完成并发给我们转送美国政府。可是,过了四个多星期我们才实际收到台北的草稿。从以后的外交部来电推测,延误的原因是:首先,委员长最后要亲自过目,其次,为防止泄露,需由专人送达。那个星期五下午我从事修改条约草稿的目的是想仿照东南亚集体防御条约的内容,写进一条针对共产党颠覆活动进行协商的条文,以及一些有关经济援助的条款,因为经济援助对台湾的安全和稳定至为重要。

晚上,我再次和叶外长商量给国务院的备忘录中我们对新西兰决议的看法问题,一直到次晨两点三刻。这位外交部长真是一位有才干的健谈者,体格也比我健壮得多,他能经常熬夜,我们的交谈总是没完没了直到凌晨两三点钟。

次日再讨论备忘录时,叶外长建议增加如果新西兰决议案获得通过,共产党有随之壮大的可能性,这将危及台湾和澎湖列岛的安全等词句。我们照加了,这份备忘录遂告完成。过午由谭绍华送交国务院①。之后,我和叶外长、谭绍华、王之珍和张慰慈参事一起拟好给总统的中文电报,汇报上述备忘录的内容。(外交部条约司的王之珍在和美国谈判中美条约期间,特来华盛顿协助工作。)

同一天,外交部来电报告,蓝钦大使于 10 月 19 日访问沈次长

---

① 备忘录原文请阅附录九,文件(二)。

并出示杜勒斯当天发的电报。原文如下：

> 如取得参议院外交委员会中共和党和民主党主要议员
> 原则上同意，总统当批准立即和中国政府谈判防御条约。与
> 参议员们的协商正在优先进行。此事已通知中国外长，仍属
> 绝密。叶外长将于10月20日到华盛顿。

该电还说，蓝钦大使的意见是，首先和参议员们商谈是便于将来
批准条约的必要过程，他们很可能对该案表示同意。

以后几天紧张情况略有好转。24日，星期日，叶外长进行了
一连串的非正式接待。星期一下午，我陪他作了一些正式访问。
晚上，我出席了国家安全工业协会干事和理事们设在五月花饭店
的招待晚宴。宴会是为授予美国总统福莱斯特纪念章而举行的。

宴会盛大非常，约有一千四百人出席。除杜勒斯外，全体阁
员都在台上。最高法院由首府法官代表；副总统尼克松和马丁议
长也在座，参谋长联席会议成员及主席也到了。我由通用电气公
司销售副总经理照顾，其他大使也都由不同企业的经理照料。他
们都是宴会的东道主。我从未见过这么多金融、商业和工业巨子
济济一堂。

艾森豪威尔作了很好的讲话，强调和平。这正是美国、欧洲、
亚洲和共产党世界近来受大众欢迎的讲法。总统来这里以前刚
主持了一次内阁会议。这次是美国历史上第一次用电视向美国
人民说明美国政府的事务是如何处理的，决策领袖们又是怎样通
力协作的。这就引起这位总统在即席讲话时说这个宴会像是这
天的第二个内阁会议。总统并未就餐，因为他只是来讲话的。

赞扬前国防部长福莱斯特的颂词颇令人振奋。他是极力主
张国防必须和国家的工业、商业及金融业合作以加强实力和保卫
自由的第一位国防部长。

26日星期二，李石曾先生来访。他在华盛顿稍事逗留，有两
件事情要告诉我，一是法国对共产党中国的政策，二是他带领中

国代表团去乌拉圭参加联合国教科文组织会议。他对法国的政策，尤其对孟戴斯-弗朗斯，也有些不放心。他同意我的看法认为法国总理是个机会主义者。只要能保持他政治权力、政治利益和在巴黎的官职，他会毫不踌躇地倒向苏联一边并承认北平，因为法国人民厌恶印度支那战争，并且不信任美国的政策。

关于他去蒙得维的亚参加联合国教科文组织会议的任务，他非常希望美国支持我国代表团的代表权问题和我们的选举权。由于我国未能每年付清我们应摊的份额，上述问题受到了影响。我向他保证美国支持我国的代表权，因为大使馆曾和国务院讨论过此事，我确信美国会全力支持。但我力主应照我们和世界银行采用的那种方式制订一份偿付积欠的具体计划。李先生很重视并认为我们或许可以提出以国库券支付。但我怀疑我国政府能否批准。

后来，我和叶外长谈到蒙得维的亚会议的重要性和有必要加强以李石曾为首的代表团。该团成员大多能讲法语，他们或许和美国人打交道不熟悉，而美国的支持和紧密合作在那里对我们却具有头等重要性。由于苏联首次和一些共产党卫星国一同参加会议，它肯定要推行其剥夺中华民国代表团的席位并极力主张接纳北平政权取代我们的政策。叶外长完全同意，并电告政府指派驻阿根廷布宜诺斯艾利斯大使胡庆育和驻秘鲁利马大使保君健参加。有件事使叶外长颇感恼火，因为我国教育部长张其昀对于该代表团的组成并未按常例和他充分商议，张部长只把他自己的人选以电话通知了叶外长。

以后，我和叶外长拜访了国务院副国务卿小赫伯特·胡佛。胡佛虽是国务院的新人，似乎很熟悉内情。他说，他感到工作困难，尤其因为自从他（胡佛）就任以来，大部时间国务卿都不在。杜勒斯过去五周内只有五天在华盛顿。所以他作为副国务卿，虽然新到任，却几乎一直在担任代理国务卿。

当然，杜勒斯恰恰那时正在华盛顿。大使馆实际已安排在次晨由叶外长去国务院拜访他。杜勒斯刚从巴黎回来。在那里，他、艾登和孟戴斯-弗朗斯签署了第一份自那时起被称为巴黎协定的文件。正如我以前提到过的那样，这个协定终止了德意志联邦共和国的占领制度，连同同时签署的其他文件，使九国伦敦会议达成的协议得以正式化，也促成了西欧联盟。

沈次长电报的到来使叶外长在会见杜勒斯前能及时予以考虑，这很重要。因该电内有关于新西兰提案的另外几点。这几点是委员长提请蓝钦大使注意并转达国务院的。

委员长曾约蓝钦于 10 月 25 日下午前往会见。他想知道自饶伯森返美后，新西兰提案有无其他新消息。蓝钦说，尚无消息，但在当时情况下，没有消息就是好消息。于是委员长告诉他说，我方除以前谈过的以外还另有几点看法需要补充，并要求蓝钦转达美国政府。委员长又说，在饶伯森来台湾并提出新西兰提案时，我们对他是能理解的。但自那时以后，国际形势有了一些较大的变化。最主要的因素有：

1.苏联和中共的联合宣言是针对美国并表示他们要清除掉美国在亚洲的影响。宣言的一条是在新疆修建铁路，显然是准备战争的一项步骤。所以，假使在目前将新西兰提案付诸讨论，实难使人理解究竟是为了什么。

2.苏联在联合国指控美国侵略。新西兰是美国的盟国。假使新西兰现在提出它的提案，全世界都会明白这与由美国提出该提案或由美国授意新西兰提出，以对付苏联在联合国指控美国的侵略是一回事。美国是自由世界的领袖，又是联合国的重要会员国。美国对苏联表现如此软弱，对形势极为有害。

所以，委员长热切希望美国政府能慎重考虑如何挫败新西兰提案。

该电又称，在会谈中，委员长谈到杜勒斯巴黎之行极为成功，因为此行使欧洲局势得以稳定。他请蓝钦将此意转达杜勒斯，此外，请敦促美方从速谈判和缔结共同安全条约。

星期二晚,饶伯森在布莱尔大厦设宴招待叶外长。除叶外长和我外,其他宾客有日本和南朝鲜大使、陆军部长史蒂文斯、国外业务署的莫耶、谭绍华、美国驻日本和缅甸的大使约翰·艾利森和威廉·西博尔德。叶外长后来告诉我说,饶伯森听说蒋廷黻曾在纽约和洛奇谈论他在叶外长不在台湾时往访台北不合情理,以及双橡园会谈时,蒋廷黻曾对新西兰提案粗暴攻击,他对这些仍耿耿于怀。我想他是难以忘记的。叶外长还对我说,他曾要求书面答复我们关于新西兰提案的备忘录,但饶伯森说,他不能应允用书面答复。

　　然而,总的说来,这是一次使人愉快的宴会。在饶伯森的示意下,使得韩国大使梁裕灿站起来跳舞,熟练地跳了呼拉圈舞。日本大使井口唱了一支日本歌。饶伯森自己表演了他经常表演的拇指分离和解开缠在别人腕上的手帕的魔术。我们都很欣赏。

　　星期三(10月27日)早晨十点半,我陪叶外长去拜访国务卿杜勒斯。这次会见,有饶伯森和马康卫在场,共一个多小时,但并无结果。双方各持己见,表明存在很大分歧。

　　谈话开始,叶外长祝贺国务卿最近在伦敦和巴黎取得的成就,可以说不虚此行。

　　杜勒斯表示感谢,并说,他也为能完成一些任务感到高兴。

　　叶外长说杜勒斯想必已看过我给饶伯森送去的阐明中国政府如何看待拟议中的新西兰决议案的备忘录。他想知道国务卿对该提案的反应,并说,如能听到杜勒斯提出他的看法的片言只语,当不胜感谢。

　　杜勒斯说,摆在他面前的备忘录、书信和其他文件为数众多,他不能确定曾否见过中国的备忘录,但饶伯森曾把该备忘录的要旨告诉过他。他尚未想妥他是否能对我们有所奉告,但他准备先和我们就此深入交谈。

　　叶外长说,当然,他不想立即开始讨论,但他要向国务卿重申,该决议带有某种我国政府认为不合宜的内涵和隐义。

杜勒斯说,在有些人心中,从宪法的角度看,这是总统是否有权把美国投入战争的问题。例如中共攻击台湾和澎湖列岛而美国第七舰队为了帮助抵御而卷入战争。杜鲁门总统在朝鲜战争爆发时曾行使过他的战时权力,发布了这些命令。现在朝鲜协定已经缔结,那里的战争已告结束。美国政府目前虽无撤回第七舰队的意图,但没有人能预言今后一年的国际形势如何。局势的发展可能会使公众公开发出要求撤回第七舰队的呼声。公众对总统给第七舰队的命令的支持可能减弱,而总统按照宪法授予的权力能否无限期地维持这些命令的问题就可能要提出来。为了为这些命令提供法律根据,曾经考虑要求国会对此授权,所以他最近向诺兰参议员请教。但诺兰的意见认为国会不能事前授权总统为保卫另一个国家而诉诸战争,它只能在面临实际情况时,在总统的建议下考虑授予那样的权力。

叶外长说,他也考虑过给第七舰队下达的命令在宪法方面的问题,实际上,2 月份他在台北交给蓝钦大使的那份拟议中的条约草案时,他已向蓝钦大使提到这一问题。正由于给第七舰队下达的命令只是行政命令,才引起中国政府想缔结双边条约。

杜勒斯说,美国政府的想法是,美国已经和日本、菲律宾、韩国和澳大利亚以及新西兰缔结了共同防御条约,在西太平洋岛屿的防御链上只剩台湾这唯一的缺口,所以美国政府现在准备和中华民国缔结同样的条约。但这样的条约不能包括沿海岛屿,而美国又希望看到这些岛屿保持在国民政府手中。因此,作为一个同时并举的行动,美国认为把沿海岛屿问题和联合国联系起来是可取的。

杜勒斯说,他已开始和国会领袖们商谈,因为条约必须经过他们批准。他知道有些参议员是赞同中华民国的,但他们只占少数。为了在参议院中使这项条约取得三份之二的票数,必须事先获得民主党和共和党的领袖们的同意。那就需要一些时间,特别是国会大选将在下周举行。美国政府的政策不会受新国会的影响,即使大选结果民主党赢得多数,也不会有什么不同。但各委员会由谁当主席一事很重要,目前这些职位全由共和党占着。他接着说,对于缔结所提的条约,国会领袖们的同意是必不可少的,因为万一中共攻击台湾和澎湖列岛,这将使美国承担参加防御的责任,而参加防御意味着立即参加战争。

叶外长说,他以外交部长和中国政府的名义,向杜勒斯及其政府保证不会把这项条约作为进攻大陆的根据,中国政府无意将美国卷入全面冲突中去。他以前确曾通过蓝钦向美国保证说,中国政府在进攻大陆之前,甚或在大规模突袭中共之前,中国政府将首先征得美国政府的同意。但叶外长强调中国政府不能放弃光复大陆的主权,也不能接受任何损害中国人民希望从中共统治下解放出来的决议。

杜勒斯说,他同样不希望看到中国政府放弃其返回大陆的计划,或使人民光复中国大陆的希望破灭。但重要的是中国政府对一切环境、本身力量应予慎重考虑。如果蒋委员长现在要侵袭大陆,他就会犯错误。从中共和国民党的力量对比看,他怕国军会被全部消灭。所以最好是耐心注意形势和等待良好的机会。以他个人看来,他认为中共在大陆的统治,正像其他共产党国家一样,是违反人性的,中国人民不会无限期忍受下去。中国共产党政权随时可能会垮台。

杜勒斯接着说一切独裁政权都追随一种力求显得强大的政策。希特勒领导下的纳粹就是如此。但一读纳粹头子们的谈话记录和文件,就可以清楚地看到虽然他们表面上的强大已达到顶峰,然而他们已失去最终战胜同盟国的信心。他跟着又举了另一个极权主义国家如何不稳定的例子。他说,那时没有人能想象在斯大林死后,苏联的二号人物贝利亚会在一夜之间遭到枪杀,并被彻底除掉,但那样的事确实发生了。所以,杜勒斯说,他要再次表明他的信念,中共政权不能获得稳定和持久。当然,他继续说,没有人能预言侵袭大陆的机会何时发生:也许是一年,也许是五年,但他深信总归要到来的。

叶外长说,他准备重申中国政府以前的保证,在没有事先征得美国政府同意之前,决不进攻或大规模突袭大陆。然而,他希望这一点只作为存在于拟议中条约之外的一种谅解。

杜勒斯同意在这一点上应有一种谅解,且对于拟议的条约,还应有几项其他谅解。他说,重要的一点是该条约的条款应怎样措词以保证台湾和澎湖列岛的安全而不包括沿海岛屿,而同时又不削弱中国政府在沿海岛屿的地位。美国,不准备将这些岛屿包括在条约内而承担额外的义务,同时也不愿意看到中国政府失去它们。他认为可以制订某种方案来解决这个问题。这就是必须取得某种联合国决议的原因。

叶外长说,由于它那些不合宜的含义和暗示的东西,中国政府希望不再提出拟议中的新西兰决议案,否则请美国克制自己,不予支持。他要补充说明,如果非有某种决议不可,只要决议条文中没有那些不合宜的内涵和隐义,则他准备予以考虑。

杜勒斯说,由于蒋委员长已表明了诚挚愿望,他正考虑尽快拟订一份联合公告,并说国务院正在起草。

饶伯森插话说,他认为在国会选举前公告似乎不宜发表。

杜勒斯说:"是的。必须暂缓一下,以便看一看新国会的组成情况。"

叶部长说,就他而论,他可以在国务卿或其同僚认为方便的任何时候进行谈判。他订于10月28日(星期四)去纽约,最迟于11月1日返回,但任何时候国务卿愿意和他开始谈判,他可以安排提前返回。叶外长还说,他必须向国务卿强调,中国政府希望能将他2月份交给蓝钦大使的草约作为讨论的基础,当然,他希望知道杜勒斯先生在修订那份草约方面有些甚么建议。实际,他本人对那份现存国务院的草约也想提些修改意见。

杜勒斯说,也许要再等三四天他才能准备和叶外长进一步会谈。该条约的适用范围是一个困难问题,他和他的同僚甚至在前一天已讨论过这个问题。他相信能为解决沿海岛屿问题制订出某种方案,问题在于如何措词。一俟他准备就绪,即可通知叶外长。

我说,关于进一步会谈的安排,大使馆将和国务院保持联系。

和国务院的另一次会谈安排在 1954 年 11 月 2 日。这一天,杜勒斯把美国草拟的协防条约稿交给了叶外长,于是该条约的"积极"谈判开始了。新西兰提案仍是一个令人关注的问题,在各方面影响着谈判。但目前,条约的条文是主要问题。

第二节　中美共同防御条约
在华盛顿正式谈判和缔结

1954 年 11 月—12 月初

一、1954 年 11 月 1 日—11 日谈判的初期

1954 年 10 月 28 日上午,我在机场送别叶外长后,回到大使馆着手整理外交部原先在 2 月间通过蓝钦大使转交美国国务院的共同防御双边条约文本的修订稿。前一天,我们去国务院拜访时,国务卿杜勒斯曾答应在三四天内,或者在他为开始缔约谈判准备就绪时就与叶外长和我接触。当时,叶外长表示:他希望以我方的原草案作为谈判的基础。不过,他还对杜勒斯表明,我方还将提出某些修改意见。实际上我们打算在适当时期提出我们的修订草案。叶外长本人即将去纽约参加联合国秘书长为代表团长举行的午宴,计划最迟于 11 月 1 日返回华盛顿。

29 日,星期五,我同谭绍华及外交部条约司王之珍开了一次会。王之珍是为签约之事专程来华盛顿协助外长和我工作的。我们一起研究谭、王二人起草的四种供选择的条约草案修订稿,我认为,按照我方观点,这四种草案在不同程度上都能令人满意。

当天晚上,我飞往纽约,出席几个约会。星期日在返回华盛顿之前,我去看望叶外长,并将我们 27 日同杜勒斯谈话和同一天访问国防部长威尔逊的谈话记录交给他。我还和叶外长通阅了台北沈昌焕次长发来的电报,内容为汇报他同韩国大使的谈话。

星期五我致电外交部,探询有关美韩商谈修改共同安全条约的报道。我知道外交部已经同驻在台北的韩国大使进行接触,以查明此项报道是否正确;但不知是否已查明系何方发起,达成了甚么协议。我想知道他们已了解到哪些情况,以及修改条款的具体内容。因为这对于即将举行的中美条约谈判,可能有所影响。

沈次长直接复电纽约的叶外长,然后又将给我的复电发到大使馆。给我的复电中谈到,根据中国驻韩大使馆来电称,修改条约一事,乃韩国方面提出,要求修订的内容有二:(1)大意为如果一方遭到攻击,另一方应立即采取行动;(2)企图取得美国的同意,协助韩国履行其义务,进入北朝鲜。但美国并未接受这项建议。沈次长报告说,最近驻台北韩国大使来外交部谈,修订条约的主旨是为了使该条约的废止程序,与日美安全条约中所规定的程序相同。关于详情,沈昌焕要我参阅他给叶部长的电报。

据致叶部长电报:10 月 29 日,韩国大使来外交部声称,奉韩国总统指示,要求会见我国总统,以通报该国总统的意见。大使说,李(承晚)总统得知,中美即将缔结一项安全条约。他希望指出,美韩安全条约和东南亚的全面条约都包含一项条款,大意是缔约一方如欲废除该条约,应提前一年通知对方。唯独美日安全条约不同,该条约规定:"唯有双方一致承认,由联合国所采取之措施或其他安全措施能代替本条约,并能充分维护日本地区之和平与安全时,本条约方可终止。"换句话说,缔约的任何一方,都不能单方面废除该条约。韩国大使继称,韩国政府对美韩条约规定单方面可以废除条约的条款深表不满,因此,韩国至今尚未予以批准,而且现在正同美国代表磋商修改条约问题,以期获得可靠的保证。韩国希望我们注意到这一点:在同美国即将举行的谈判中,我们应坚持采用美日条约中的有关规定。大使还说,将来假若美国提出扩大东南亚条约,把中国、日本和韩国包括进去,韩国将坚决反对日本参加。

沈次长在电报中说,他对韩国大使提出的各点未置可否。但是,他希望向我们说明,美日条约的主要条款规定:为了维护远东和平与日本内部治安的双重目标,日本允许美国在日本驻扎军队,而其余的条约并无此内容。美韩条约在细节中虽然作了类似的规定,不过,由于事实上韩国拥有自己的军队,而日本则没有,因此,两国需要美国驻军的理由亦不相同。因此美日条约中,才订有此种要终止条约须经双方同意的独特条款。

但是,沈次长认为,韩国的看法值得考虑。如果我们能够获得美国的同意,在条约内订立类似美日安全条约中的条款,或者为条约规定一个有效年限,或者订立关于终止条约有效期的条款。次长说,这样,条约才能具有更加稳定的陆质。

我以为,这个建议很不错,——我们应该注意条约的有效期问题,而且我们应避免抄袭美韩双边安全条约,最好是强调美日条约中的有关规定——实际上,我们最后决定写进一条,规定终止条约,须在两年以前通知。

星期一,我在华盛顿国民机场迎接叶外长。星期二,11月2日,是美国选举日,我们一起去拜会杜勒斯国务卿,开始会谈拟议的共同防御条约。美方出席的有远东事务助理国务卿饶伯森、国务院法律顾问赫尔曼·弗莱格、中国科科长马康卫。

叶外长首先发言说他在纽约处理完联合国的一些问题后,昨天回到华盛顿。他知道,在联合国议程上,苏联提出的所谓美国侵略问题的两项提案在今天提交讨论,也许此时正在讨论。虽然他知道美国不会反对讨论这件事,但是,他的(中国)代表团一定会反对讨论该提案。

杜勒斯笑道,中华民国和美国总是互相轮流为对方辩护的。

叶外长问,杜勒斯先生是否能够说服新西兰放弃拟议的决议案？

杜勒斯回答说，他尚未同新西兰进行接触。不过，他了解到，目前该决议案已暂时搁置未提，不过他担心沿海岛屿战火的日益扩大，会促使其加快提出该决议案。

叶外长提到，沃尔特·温切尔上星期日晚间在广播中说，澳大利亚和新西兰将向联合国提出一项停止沿海岛屿敌对行动的决议案。叶在纽约时，一家报社记者问他，国民党中国同美国关于共同防御条约的进展如何？他简单地回答说，他不懂记者指的是什么。

杜勒斯说，沃尔特·温切尔的广播不一定总是确实可靠。在联合国内，普遍在谈论提出一项停止敌对行动促成和平的计划。至于新西兰提出的决议案，是美国多次同新西兰商讨以后，按照美国建议的内容草拟的。该提案也是为了阻止提出任何关于台湾的地位、大陆的地位或接纳红色中国进入联合国等问题而特别设计的。其目的是给沿海岛屿以某种保护，因为总统给第七舰队的命令只限于防御台湾和澎湖列岛。他觉得，由于提案现在所使用的措辞，几乎可以肯定，苏联必将使用否决权，这样就会加强国民政府对沿海岛屿的地位。他相信，共产党接受该决议案的可能性只有五十分之一。

饶伯森说，两星期以前，在双橡园的一次会议上，他向叶外长解释过，共产党接受决议案的可能性微乎其微，特别是考虑到他们不断声称，台湾是共产党中国的一部分，并反复宣布决心把台湾从国民党统治下"解放"出来。

杜勒斯说，他希望澄清这件事：赞同新西兰提出这样的决议案，美国方面并非别有用心。他一再声称，美国的意图是给沿海岛屿以某种保护，让国民政府能够继续控制这些地方。

叶外长说，我国政府所以反对该决议案，是由于其中含有不适宜的内涵与隐义。他可能表现得对此过于敏感，不过，中国政府决不能放弃收复大陆的主权，或者破灭大陆上中国人民从共产党统治下解放出来的希望。

杜勒斯说,他能够理解中国政府怀疑美国意图的理由,不过,他确实愿意帮助中国竭力守住沿海岛屿。他深信,对国民政府来说,最有益的是等待时机的政策。一个星期以前,他就对叶博士说过,大陆上的共产党政权总有一天要分崩离析,不可能持久。一旦时机到来,就是蒋委员长实行他光复大陆计划之时。至于美国方面,不可能采取同苏联或红色中国作战的任何步骤。但是可能,而且非常可能有一天他们会迫使美国同他们进行战争。在这种情况下,美国就将毫不犹豫地作战,而且必须不仅只限于防御,还要对侵略的策源地给以打击。那就将是中华民国的机会。杜勒斯继续说,可是现在,美国愿意看到,联合国介入到这种局势中来并对沿海岛屿予以关注。他再次表明,他相信苏联必将对新西兰决议案加以否决,而共产党国家接受此项提案的可能性为五十分之一。他觉得,中华民国能经得起冒这样一次五十分之一的风险。他补充说,国家好比个人,有时候也必须冒点风险。中华民国在目前情况下,不妨冒一冒这个险。

叶外长说,即使新西兰提案遭到苏联和红色中国的拒绝,他也难以完全同意说中国政府会在道义上有所收获。由于决议案内含有不适宜的内涵和隐义,他甚至怀疑,那种收获能否弥补台湾与全世界中国人民在心理上产生的不良后果。首先,拟议中的新西兰决议案的意译本竟把目前发生在沿海岛屿附近的敌对行为,看成是中华民国与共产党政权负有同等责任。他想知道,决议案内是否能够明确指出共产党是侵略者。

杜勒斯认为不能。他说,提案已经压缩到最简略的地步,而且不能涉及任何政治问题或含有更多的内容。

饶伯森说,在台北,他曾经对蒋委员长说过,美国将在支持这一决议案的声明中,把这一点讲清楚。但是,要把这个内容纳入决议案中,则是有困难的。他补充说,叶外长很清楚,国民政府对大陆沿海进行空袭,并扣留船只,已经有一些时候了。

我问:英、法两国对拟议中的决议案的了解情况如何?

杜勒斯答称:法国对此一无所知。我们曾和英国商谈过,英国对此不大乐意。

我料想英国是准备跟随美国走的。

杜勒斯说,他对这件事没有把握。直到现在,英国好像采取不承担义务的态度。

叶问杜勒斯是否能够要求新西兰放弃这一决议案。

杜勒斯回答说,他可以要求新西兰放弃这一决议案。新西兰也可以不把这个提案提出来,不过,他不能阻止其他一些国家提出别的议案。例如,印度就很可能提出对中国更不利的提案。美国要想阻止那样的提案,就更加困难。他补充说,至于新西兰的决议案,美国相信,它可以影响并控制局势,从而达到提案的目的。

于是,叶又问杜勒斯现在是否已准备好进行中美双边条约的谈判。

杜勒斯作了肯定的回答,他说,一年以前他对我谈过,由于沿海岛屿问题所造成的困难,他对缔结这样的条约缺乏信心。因为,美国不想卷入沿海岛屿所引起的战争。假若共同防御条约只限于台湾和澎湖列岛,原则上他赞成缔结这样的条约。在他看来,完成这条从阿拉斯加,经阿留申群岛到日本、冲绳岛、台湾、菲律宾、澳大利亚和新西兰的防御链,非常重要。这条防御链对西太平洋的安全具有重大作用,对美国的忠实盟友中华民国也有帮助。他于是交给我们一式两份美方拟定的共同防御条约的草案①。他说:这份草案是以1951年10月30日签订的美菲条约作为蓝本而草拟的。他解释说:某些章节对中华民国不适用,因而删除了。

我说,据我了解,今年7月曾有一项互换照会,作为美菲条约

---

① 见附录十,文件甲,美国的条约草案。

的补充。

杜勒斯承认有此事,但说他已记不起其主要内容。然而,他相信,补充的内容没有甚么很重要的东西。

弗莱格说,美非条约与美澳新条约不同之处是没有规定设置一个"理事会"以讨论条约所引起的问题。互换照会是规定将建立双方外长或其代表的经常性会议,不时会晤。

杜勒斯说,互换照会的意图是按照第三条的规定,作为履行条约的一次行动。他记得,换文规定:每方应有一位军事代表。互换照会只给条约增加一些细节,没有什么重要的变动。其结果是,在东南亚公约组织开会以前,他和菲律宾外长曾在马尼拉会晤,商谈了远东局势,但不过是表面文章而已。

叶外长说:关于草拟的中美共同防御条约(美国草案)第四条,他注意到草案规定条约的适用范围只限于台湾和澎湖列岛。他说,他更期望提到在中华民国主权权利下的全部领土,虽然条约的适用范围可以只限于台湾和澎湖列岛以及双方可以同意的其他领土。

杜勒斯说,条约上限定适用范围是很平常的事。例如,北大西洋公约组织与东南亚条约组织的条约,都清楚地说明了条约的适用范围。就美国的情况来说,要得到参议院事先授权行政部门,扩大既定条约的适用范围殊非易事,而要由参议院批准一项补充协定,也同样困难。因为,这将使参议院出现非常复杂的情况。然后,杜勒斯交给我们一式两份宣布开始进行拟议中的共同防御条约谈判的声明草稿[1]。

我问,杜勒斯先生打算再过多久公布这个声明?声明公布以后,拟议中的新西兰决议案又将如何?

饶伯森说,蒋委员长最初要求在提出新西兰决议案的同时,发表这样的声明。后来,他要求应该先发表声明,以抵消新西兰

----

① 见附录十二,文件甲。

决议案可能带来的有害的心理作用。

叶外长说:他收到蒋委员长的指示,并未表明他已同意新西兰的决议案,也没有考虑以发表此项声明作为他同意拟议中的新西兰决议案的条件。

杜勒斯说:发表声明的时间,应取决于拟议中的共同防御条约谈判的进展情况,因为他不希望先发表声明,然后又发现缔结拟议中的条约有了困难。发表声明之后,如果不能在一段合乎情理的时间内缔结条约,就会显出中华民国与美国之间缺乏协调,并将因而削弱中国政府的地位。他希望能感到确有把握在发表声明之后紧跟着就缔结该项条约。不过他补充说,时间愈来愈少,特别是鉴于沿海岛屿的敌对行动日益扩大,若新西兰决议案不尽快提出来,其他国家就可能出面提出他们的决议案。

叶外长问杜勒斯,新西兰能等待多长时间? 杜勒斯回答"大概不超过一个星期。"至于他本人,他将同有影响的参议员们加紧磋商,并希望下星期一,他们回到华盛顿出席参议院特别会议时,见到更多的参议员。

叶外长问:选举的结果是否会产生影响?

杜勒斯回答:"不会。"因为参议院特别会议仍将为现任的参议员所掌握。不过,假使选举结果是民主党在参议院占多数,他同林顿·约翰逊参议员将进行比同现在的参议院多数党领袖诺兰参议员更充分的磋商。

叶外长说,他和我要研究一下杜勒斯先生交来的两项草案。他又说,他希望在他动身去西班牙以前,能再同国务卿会见一次。这时,马康卫问叶外长愿意在什么时候再次会面? 叶说:"可在星期三晚间。"但是,在会见结束时,我说,为了有更多的时间研究草案,星期四(11 月 4 日)上午也许更好一些。

下次拜会杜勒斯,实际上也不能晚于星期四上午,因为叶外长计划在星期五(11 月 5 日)离开这里去西班牙。西班牙外长于1953 年,在签订西班牙和中华民国友好条约后不久曾访问台湾。

这次订好的访问是一次礼节性回访。人们认为,我国外长的回访会有助于加强两国基于坚定反共立场的友谊。

11月2日晚间,我为叶外长和美国国务卿杜勒斯夫妇举行了一次宴会。其他来宾有司法部长赫伯特·布劳内尔夫妇、海军作战部长罗伯特·卡尼夫妇、助理国务卿饶伯森夫妇、助理国务卿卡尔·麦卡德尔夫妇、助理国防部长威尔弗雷德·麦克尼尔夫妇、国外业务署的弗兰克·特纳夫妇、华盛顿的罗伯特·洛·培根夫人等。晚餐进行得很愉快。我举杯,提议为国务卿的健康干杯,称颂他同其他国务卿相比,是一位面临多事之秋,遇到难题更多,责任更重的国务卿,这种情况之产生,是由于美国当时已成了自由世界公认的领袖。至于他的才干之强、经验之富和阅历之广,也没有哪一位国务卿能同他媲美。杜勒斯的答辞颇为动听而引人深思,他谈到他的家族长期以来和远东尤其是中国有联系。他还谈到他早就同我相识,以及从1918年巴黎和会起,在多次国际会议中,彼此的密切合作。他提议为蒋委员长干杯,他说他对蒋委员长极为钦佩,不久以前,他在台湾曾拜会过蒋委员长。

晚宴前后,美国来宾,尤其是国务卿与司法部长布劳内尔,极为关注星期二全国举行国会选举和州长选举的揭晓。他(国务卿)问我有没有收音机?我立即把自己的短波收音机交给他。他迫不及待地调整收听的电台,大约两分钟后,在十点十三分,听到在纽约州的选举中,参议员艾夫斯败于民主党纽约州州长候选人哈里曼。随后哈里曼发表了一份接受州长职务的声明,这使我的来宾们颇感意外和震惊。另外一位重要的共和党人,康涅狄格州州长洛奇的失利,又是一件出乎意料之外的事。在俄勒冈州,民主党人理查德·纽伯格在参议员竞选中的稳定优势,也使我的来宾们心神不安。与此同时,密执安州的霍默·福格森在改选参议员中败北,又是一件令人感到意外的消息。

最后,民主党人终于赢得了国会的控制权:参议院仅占两席多数,众议院则多出二十九席。在州长的选举中,民主党人夺去原属于共和党人的七名州长职务,同时,民主党人原有的州长职务,一个也没有失掉。

那天和次日,我和叶外长及另外几位一起整理出几次在国务院谈话的报告及美方起草的条约草案和共同声明草稿呈报外交部与委员长。然后进行我方修订条约草案的最后工作以便按计划于下次同杜勒斯会面以前,送交美方。并须将中、英文本呈送委员长和外交部。

3 日晚,我为新闻界代表举行了一次非正式的宴会。宴会采取一种既有记者招待会之实而无记者招待会之名的折中形式。一共请了约二十位新闻界的头面人物。宴会后,他们中一些人表示,希望同外长探讨一下时局问题。这时新闻秘书顾毓瑞征求我的意见,我打算加以劝阻,可是,在顾秘书还没有来得及将此意传给叶外长以前,当有人直接向叶外长提出要求时,叶已经同意了。于是,人们向他询问了一连串问题,诸如关于目前同美国进行的共同防御条约谈判,美国对沿海岛屿的态度以及美国禁止我们对大陆发动大规模进攻等等,都是颇为微妙而难于作答的。《华盛顿邮报》的查默斯·罗伯茨和另一名来自国际新闻社的记者,更是紧缠住外长期待他透露消息。总而言之,叶外长应对得体,说话不多。但罗伯茨留在后边,又向叶提出了一些问题,意图探听机密消息。这就表明了直接答复问题是不适宜的。

11 月 4 日,星期四,谭绍华一早带着我们修改过的条约草案到美国国务院,递交给马康卫。这样,美方就有时间在会谈以前阅读和研究。后来,约定在下午三点三十分进行会谈。按照约定的时间,我陪同叶外长,与谭绍华一起到国务院拜会国务卿。原定同杜勒斯的会谈,变成了一次正式的会议。美国一方,杜勒斯本人由于另有紧急会议,未能出席,而由饶伯森、赫尔曼·弗莱格、道格拉斯·麦克阿瑟第二和马康卫出席。会议持续了两小时,双方对美国拟定的条约草案和我方修改的草案逐条讨论了一遍。

助理国务卿饶伯森作了开场白。他说,代表们面前摆着美国草案和中国的对应草案,最适当的程序是开始逐条进行讨论。随后,他取出国务卿杜勒斯在 11 月 2 日交给我们的美国草案,作为讨论的基础。

叶外长说:早些时候送交国务院的中国对应草案,由于包括了美国草案内所有中国可以接受的要点,同时也包括了中国政府希望加进条约内的条款,因此,如果以中国草案作为讨论的基础,不仅方便,而且可以节约谈判的时间①。

饶伯森当即表示同意,又说,对于序言,不需要多加讨论。因此,假若双方没有异议,即可认为双方均已接受。他指出,中国草案序言(一、三和四段)的词句,以"西太平洋地区"代替原来使用的"太平洋地区"美国同意增加"西"字。

然后,全体代表逐条阅读了中国草案第一、二、三条,认为没有不同意见,因此双方接受了这些条款。

至于中国草案第四条,饶伯森认为,这一条过于复杂和烦琐,以改成较简单的条款,明确双方外长或其代表需要经常进行会商以代替中方草案中所有的细节规定为宜。于是,他建议使用美国草案第三条较为适合。

叶外长建议:有关"军事代表"一词,可予以删除,但他希望保留关于建立"委员会"的那一节文字。

饶伯森坚持,只要有关于通过外长或代表们会商履行条约的规定,就没有建立委员会的必要。主要之点是会商,而会商的形式可以是多种多样的,并无必要通过委员会。

叶外长指出,美国与菲律宾共同防御条约的类似条款(即第三条),其中包括的细节更多,中国草案多少是以该条为蓝本的。

我说,美国草案显然是以菲律宾条约为基础的。我希望了解一下,为什么这一条的最后一段文字,没有包括在美国草案之内。

弗莱格回答,那是国务卿自己把它删掉了。弗莱格认为,他

---

① 美国草案和中国对应草案见附录十,文件甲、乙。

体会国务卿的意见是,最重要的是会商,只要双方外长认为有必要,就应履行条约所规定的会商工作。国务卿认为没有必要具体列明召开会商会议的理由。

叶外长指出:他认为菲律宾条约第三条后一部分的内容很重要,因为它既明确,又具体。

弗莱格以为,没有必要把这一条后半部分包括进去。假如双方觉得有必要列举在哪些情况下需要进行会商,将来可以通过诸如互换照会之类的方式达成谅解。

饶伯森表示,为此目的,美国草案第三条是恰当的,现在最好审阅其他条款。

于是叶外长接受了这一条,作为第四条。

饶伯森说,根据美国政府的立场,不能接受中国草案的第五条,因此他建议以美国草案的第四条作为条约的第五条。他说,美国草案第四条是,假设台湾或澎湖遭到武装进攻,美国准备给予保护,除本条所规定者外,美国政府不准备承担更多的责任。他说,中国草案第五条,或多或少系根据北大西洋公约所使用的措辞,美国参议院是在当时存在的特殊环境条件下同意接受的,而根据他预料,参议院是不会再次接受的。他说,不论甚么时候,只要美国政府同另一国谈判防御条约,这个国家毫不例外地喜欢采用北大西洋公约的词句,但美国政府在每一次谈判中都无法接受,因为参议院——实际也就是美国国会——拒绝承担类似的条约义务。

弗莱格说,依他个人所见,中国草案第五条已经超出北大西洋公约组织条款的内容,也可以说,超出了任何一个美国所签订的安全条约类似条款的内容。

饶伯森解释说,美国草案第四条所使用的词句是经过周密思考,并多次同国会领袖商谈以后才拟定的,也是除北大西洋公约组织文件以外仿照美国同其他国家签订的所有安全条约的一般形式草拟出来的。他继续说,按照这个方案,每一方都承认,如果另一方的领土遭到武装攻击,即将危及其本身的安全,并应按照该国本身的宪法程序,为了对付共同的危险而采取行动。实质上,这是以门罗主义为基础的方案,而门罗主义,则通过这个国家的历史过程已为美国所乐于接受。按照他的判断,任何安全条约,其中的最重要条款如果实际上不以门罗主义信条为基础,可能很难得到美国参议院的批准。

道格拉斯·麦克阿瑟第二也断言,即使只采用中国草案第五条的第一部分,国务院也无法说服参议院批准这项条约。

谈到中国草案第五条第二句,饶伯森问道,中国政府意中所指为何?是否系指总统命令派遣第七舰队保护台湾与澎湖列岛而言?

叶部长回答说,即使现在谈判中的条约签了字,并得到双方批准,中国政府还是希望第七舰队或美国其他舰队仍旧继续留在台湾海峡巡逻。他继续说,有些人怀有这样的看法,条约缔结之后第七舰队可能要撤走;假若条约内最重要的条款采用美国草案第四条的形式,则条约的实际价值反而不如第七舰队迄今所给予的保护作用为大,那势将成为一次倒退。

弗莱格坚持相反的见解:"这一条(美国草案第四条)将授权美国总统去做任何一件他想做的事情,包括根据形势的需要,向所有舰队下达命令。"他说,国务院的法律专家对这个问题作了通盘研究,认为这是可能范围内的最佳条款。

我指出,目前第七舰队正奉命保护台湾与澎湖列岛,一旦需要,立即可以采取行动。但按照美国草案第四条,如果台湾或澎湖遭到武装攻击,美国政府虽然考虑到危及本身的安全,但在采取确实行动以击退这种攻击以前,不得不诉诸一定的宪法程序。我说,依我看来,在能够真正发出保卫该地区领土的命令以前,必须求助于一大套的烦琐程序。

弗莱格回答说,起草一份文件,特别是进行条约的谈判,必须寻求稳妥可靠的法律根据。同现在讨论的条款相比,目前对第七舰队发布的命令,是没有牢靠的法律根据的。他确信,这项条约所将授予总统的权力,要比来自其前任所发布的一项行政命令的权力大得多。

接着,我问道,如果使用其他更易于接受的措辞,美国政府是否可能接受中国对应草案第五条第二句的实际涵义?

弗莱格先生的回答是否定的,因为,根据他的判断,当参议院批准条约时,必然要问,"现有的安排"是些什么?对此政府必须作出使人满意的答复。他坚信,没有哪一位美国总统能约束自己或其继任者哪怕是通过一项条约去命令某舰队永远驻在某一水域,或者命令某部军队永久驻扎在外国某地。他接着说,由于同样的理由,也没有哪一位总统能够使他的继任者承担任何军事安排义务。

我说,美国草案表明,美国政府准备承担保护台湾和澎湖列岛的责任。

弗莱格说,诚然,美国政府确实准备承担这种保护之责,但是,只有在出现攻击该领土并被认为这是对美国的攻击时,才会承担此项责任。美国总统不能预先表明,第七舰队或其他舰队必须派往这些水域。

叶外长指出,应将中国对应草案第五条和第六条一起阅读并加以考虑,这样做可能使讨论变得容易一些。

弗莱格说,1954 年 9 月 29 日,在伦敦举行的九国外长第四届全体会议上,国务卿发表了一项很重要的声明,它对现在探讨的问题具有直接的联系。按照弗莱格的说法,国务卿曾说,美国总统无权事先安排武装力量的某些部队在某一特定的时期内派到世界的某一特定地区去。

这时,弗莱格站起来走到饶伯森桌旁,拿起一本小册子,念了以下几段摘录文字:

　　我也许应该解释一下,根据我们的宪法制度,美国总统是美国武装部队的总司令。作为三军的最高统帅,总统有权决定武装部队的部署,国会的活动不得损害或削弱这种权力。而且,如果总统认为为了美国安全的利益而部署这些武装力量时,国会无权剥夺他作为武装部队总司令的权力。同样,按照宪法的规定,在这个问题上,一位美国总统不能约束他的继任者。

每一位美国总统就职以后,根据军事顾问所提建议,如果认为最有利于美国的利益,他拥有部署美国武装部队的权力。

因此,根据美国宪法的规定,不可能以条约、法律或任何其他方式形成一种合法的约束,承担确定的义务,将某预定数额的武装部队,在一定时期内常驻在世界的某一地区。

然而,总统可以制定一项政策,并按他的意见,确定在某地区保持一定数量的美国军队是恰当的,以贯彻这项政策。假如这是一项基本的和主要的政策,则对所派遣的军队是不会加以变更的。

弗莱格进一步断言,总统有保护美国领土的权力;但对于外国领土,只是由于进攻该领土可能危及美国时,才能给予保护。他补充说,如前所述,这是根据门罗主义理论推导出来的。

叶部长说,他完全明了这个事实。近来美国达成的所有安全条约,都应用了这种方案,当然北大西洋公约除外。

弗莱格断言,按照国务卿的说法,北大西洋公约组织的公式"并不比目前协商讨论的条款具有更大的价值"。北大西洋公约组织的条约是在特殊情况下缔结的,参议院一再声明,不打算应用这种公式。

谈到叶外长提出应把第五条与第六条一并加以考虑的建议。饶伯森提出意见说,也应把第六条包括在中国草案第二条内,因为第二条是关于抵抗武装进攻和共产党对缔约双方的"领土完整"进行颠覆活动的。他觉得,如果第五条"领土"这一名词需要下定义,第二条"领土"一词也需要具有同样的定义。

略加讨论之后,叶外长接受了这种观点,即把第六条第一部分修改成"为适用于第二条及第五条之目的,所有'领土'等辞,就中华民国而言,应指台湾与澎湖"。

饶伯森随后提出了西太平洋美国领土的问题。他申明:由于已经一致同意在"太平洋"前面加上"西"字,那么,就涉及美国方面而言,为了更确切与更合乎实际起见,就应该说条约适用于"西太平洋区域内在其管辖下之各岛屿领土"。他又说,美国政府不拟接受紧接在"为适用于第二条和第五条之目的,所有'领土'等辞,就中华民国而言,应指台湾与澎湖"后面的"经共同协议所决定之其他领土"一语。他解释说,条约的适用范围应限制在台湾与澎湖,没有必要提到"其他领土",因为,这只是将来双方同意时才能包括进去的问题。

对于这项建议,叶外长表示强烈反对。他主张:虽然他完全明了,适用范围问题是将来可能由双方达成协议而确定的问题,不过他希望不仅仅限于台湾与澎湖。作为他这样主张的理由之一,他谈到了自己所曾进行的对日和约谈判。据他说,对于一项类似的问题,由双方全权大使开了十七次会议,后来才对主要的问题达成了协议,并互换了照会[①]。他表示,如果这个问题不能得到令人满意的解决,想让立法院批准对日和约,大概是不可能的。

作为一项妥协措施,饶伯森提议,条款的最后一部分,可单另加上一句,"条约将适用于其他经共同协议所决定之其他领土"。

我问,为甚么改用"条约"字样而不用第五条的理由。饶伯森回答说,效果是一样的。而且中国对应草案内也没有提到第二条。他觉得,如果他建议提到第二条的意见可以接受,则修改所使用的措辞并不困难。

叶外长接着说,他准备接受饶伯森先生的两项建议,并且他想提出一项建议,即在第六条后一部分,可使用下面的词句,"第

---

① 指 1952 年 4 月 28 日中日和约互换照会第 1 号。

二条及第五条之规定并适用于经共同协议所决定之其他领土"。双方对此均无异议,因此认为,这一句双方均已接受。整个这一条的内容如下:

> 为适用于第二条及第五条之目的,所有"领土"等辞,就中华民国而言,应指台湾与澎湖;就美利坚合众国而言,应指西太平洋区域内在其管辖下之各岛屿领土。第二条及第五条之规定并将适用于经共同协议所决定之其他领土。

讨论回到中国对应草案第五条。饶伯森指出,美国政府不能接受这一条。但鉴于刚刚达成的关于第六条的协议,他准备,如经国务卿批准,以中国建议的要点,即"每一缔约国认为对在西太平洋区域内任一缔约国领土上之武装攻击应被视为对缔约国双方之攻击",代替明确提到台湾与澎湖,并且同美国草案第一段结合起来。他提出的新条文如下:

> 每一缔约国承认,对在西太平洋区域内任一缔约国领土上之武装攻击,即将危及其本身之和平与安全,兹并宣告将依其宪法程序采取行动,以对付此共同危险。

至于"依其宪法程序"一辞,他坚决认为任何一个美国谈判者,不管他如何愿意妥协,也不可能对此有所让步。他重申,美国政府不可能按照北大西洋公约的模式,再次缔结另一个安全条约,这在开始讨论时业经说明。

这时,叶外长表示,为了便于讨论和进行其他条款起见,在双方谅解,就此问题可能再次提出讨论的条件下,愿暂时同意饶伯森先生的建议。

饶伯森说:他设想美国草案第四条第二段的内容,中国政府可以接受。因为中国是联合国成员国之一,而且美国所签订的一切安全条约都有这项内容。

叶外长说,由于序言和第一条中部已经提到联合国,而且另有一条关于在联合国宪章下缔约国之权利及义务的条款,因此,这一段确无必要。

　　麦克阿瑟第二指出，争议的这一段，不过是联合国宪章第五十一条条文的节略。由于中国是联合国成员国之一，因此，并未给中国增加任何责任。

　　饶伯森解释说，从中国立场来看，中国是安全理事会的成员，中国应该欢迎把这一段包括进去。

　　我说，中国政府已经接受美国草案的第六条，而且已经把这一条变成中国对应草案的第八条。所以，争议这一段是多余的。

　　弗莱格说，如果参议院质询，为甚么同所有国家签订的安全条约都有这一条，唯独同中国签订的安全条约没有这样一条，我们势必难于解释。他强调，由于遭受武装进攻所采取的措施，必须向安理会报告，而安理会不能置之不理。

　　麦克阿瑟第二议论说，无论如何，这类措施必须向联合国报告。联合国接到报告后应给予适当的帮助。他宣称，在美国政府内，有一种强烈的情绪，认为在这种条约内，应包含这样的规定。

　　叶外长接着说，报告小型的攻击是有困难的。他解释，假如共产党在沿海岛屿周围的频繁活动，可以作为他们战术行动的迹象，那就可能说是发生了无数次的攻击。据他所知，有一回在一个星期内就多达十七次。不过，他请饶伯森相信，中国政府总的原则是不反对报告由于遭到武装进攻而采取的措施。

　　我重申，鉴于有了中国政府准备接受的美国草案第六条和联合国宪章第五十一条，争议的这一段确实是不需要的。

　　于是叶外长建议，在美国草案第六条中提及联合国宪章第五十一条，可能是解决这个问题比较实际可行的办法。

　　饶伯森说：正在争议的这一段已经成为全体参议员所熟悉的一种形式，因此，最好不要有所更改，因为有些参议员可能会对为甚么不采用通常的形式，要求作出解释。

　　鉴于所有这些争论和美国全体谈判人员的坚持态度，叶外长为了设法达成协议，接受了争议的这一段，于是，这一段成为共同

议定文本第五条的一部分,全文如下:

第五条

每一缔约国承认对在西太平洋区域内任一缔约国领土上之武装攻击,即将危及其本身之和平与安全,兹并宣告将依其宪法程序采取行动,以对付此共同危险。

任何此项武装攻击及因而采取之一切措施,应立即报告联合国安全理事会,此等措施应于安全理事会采取恢复并维持国际和平与安全之必要措施时,予以终止。

饶伯森说,美国政府可以接受中国草案的第七条,因为这一条与美国草案中类似的一条没有实质性的区别。他说:美国政府对采用相互"接受"的概念甚表赞同,因为这体现了互相迁就,代替了只是一方授予的概念。

对第八条和第九条,彼此没有分歧,因此,双方均表示接受,并作为议定文本的相应条款。

至于中国对应草案之第十条,饶伯森说,他不能接受第一段第二句,规定终止条约应在两年以前通知。他坚决要求应按照通常为一年的惯例。否则,将给参议院以提出问题和推迟批准的机会。他坚信,中国政府同美国进行安全条约的谈判,不能指望和美菲条约同类条款(第八条)的期限有甚么不同,或者指望获得对中国政府更优惠的条款。

鉴于这番话,叶外长接受了美国草案的第八条,依照顺序,成为共同议定文本的第十条。

当作为谈判基础的中国对应草案全部条款逐条讨论解决之后,饶伯森对进展的速度表示极为满意,并声称,现在他可以向国务卿报告:关于条约的各项条款,已全部达成协议。

叶外长和我也表示满意。于是,我建议,最好重新核对一遍各项条款的内容,让谭绍华公使和马康卫先生,写出一份包括当天会议全部成就的议定文本。叶外长支持这项建议,并说,他甚愿再读一次,以便趁机澄清仍有疑问的一两点。

会议继续进行,并获得了下列结果:对于序言和前四条,双方都没有不同的意见。读到第五条时,叶外长说:他希望澄清一下"宪法程序"这个词的涵义。他说,在讨论第五条和第六条过程中,从他获得的保证里,他的印象是,第五条第一段是个很好的条款,除了北大西洋公约组织各国以外,是美国所能给予其他任何国家最优惠的条款,而且充分地包括了双方的利益。同时,他得知美国政府不能接受中国对应草案第五条,或者采用北大西洋公约模式。他还确信,如果在条约规定的领土内遭到武装进攻,美国总统将采取行动,对付共同的危机,因为,缔约双方任一方的领土若遭到武装攻击时,就将危及另一方的和平与安全。这是根据门罗主义而得出的概念。尽管叶外长承认他对美国的历史和法律缺乏专业知识,但是他还是指出,在美国的历史上,有过这样一些实例,在未经国会事先授权的情况下,美国总统曾经命令本国武装部队去对付外国领土上的局势。因此,他愿意更多地了解一下"宪法程序"一词,确实包含哪些内容。他希望,缔结条约并不意味着第七舰队从台湾海峡撤走。

饶伯森回答说,第七舰队在台湾海峡巡逻,是根据总统的命令,这同现在谈判的条约,是截然不同的两件事。他强调,这种命令完全是总统权限以内的内部事务,并不是条约范围以内的问题。

麦克阿瑟第二说:谁也不能事先承诺或保证让第七舰队或第四舰队,或者任何特定的陆军或空军部队,驻在某个指定的地方。

弗莱格回溯刚才在讨论第五条和第六条时,他曾读过 9 月 29 日国务卿在伦敦九国会议第四次会议上所作声明的一部分,并声称,任何一位在座的美国代表所作的解释,都不能比他前面引述的国务卿的话更有权威,更中肯。弗莱格接着说,国务卿的声明是针对西欧的,但也同样适用于现在所讨论的情况。

我说,我的理解是,美国总统毋需申请国会授予特殊权力就能采取行动。

麦克阿瑟第二回答说,总统考虑到台湾与澎湖的安全同美国的安全息息相关,可以按照宪法授予他的权利采取措施,否则,他是没有权力的。麦克阿瑟第二还声称,条约只能为总统提供根据宪法采取行动的理由。于是我重申,据我所知,美国总统作为武装部队的最高统帅,可以不经国会特别授权,立即采取行动。

麦克阿瑟第二发表意见说,总统在外国领土上部署美军的权力,已经成为一项很重要的法律问题。没有哪一个法学家能够作出确定的答案。他强调说,对此问题持不同意见的两个方面一直争论不休,据他看来,似乎比较高明的法学家都倾向于否定的一面。

饶伯森说,谁也不能让美国总统对任何军事行动承担义务,而且,总统也只享有宪法赋予的权力。

麦克阿瑟第二继续说,在谈判者心目中对条约不能改变美国的宪法这一点,应该是不容置疑的。在他看来,议定文本第五条的主要目的是,向总统提供一种法律根据,以便按照宪法规定而采取行动。因此,他建议,如果中国全权代表对这一条的涵义有任何疑问,那么,他们应该要求国务卿给予解答。

叶外长建议,可以修改一下议定文本第六条的最后一句,即删去"第二条和第五条"字样,将其改为"条约将适用于经共同协议所决定之其他领土"。

饶伯森回答说:他赞同刚刚达成协议的第六条原文,不赞成有任何改动。他补充说,如果中国外长坚持所提出的建议,那么,他就需要向国务卿汇报请求指示和商量一下。当叶外长答称,鉴于饶伯森的立场,恐怕他自己也需打电报请示一下时,饶伯森说,他一直具有这样的印象,即外长和大使两位阁下都具有谈判的全权。

我以轻松的口吻接着说道,有了今天这样发达的电讯系统,一切谈判使节必须把每一项活动报告给自己的政府,没有指示就不便采取行动,尽管事实上称呼他们为全权代表,并且具有进行谈判和达成协议的充分权力。

叶外长同意我的说法。

鉴于这些议论,大家都同意对共同议定的文本不必改动,暂时休会,同时,饶伯森向国务卿作口头汇报,由谭公使和马康卫从头核对全文,以确定双方达成协议的各主要论点是否均已包括在内①。至于遗留下的文体措辞等问题,留待以后处理。

那天晚间,同往常一样,叶、谭、王之珍、张慰慈和我,一起草拟发给台北的电报。由于花费的时间较多,两次推迟开晚饭的时间,快到晚间十点整我们才走进饭厅。我们拟好的电报计有:给外交部的待签条约全文(议定的中英文本);呈送委员长的全部会谈的报告和给外交部次长的简报,并请他将共同议定文本呈交总统和行政院院长,另请次长向总统府要一份会谈报告电文的抄件。

给外交部次长的最后一份电报提出,对议定的文本国务卿本人已经同意,我们正准备在下一次谈判中,同美方确定起草共同声明以及美方非常关心的谈判保密问题。在这一点上,美方指出,他们尚未完成对国会两党领袖的报告,因此,美方反复要求我们务必严守机密。国务卿杜勒斯也说过,如果透露了消息,国会的民主党领袖得知中美双方已就条约草案达成协议,国务院就会遭到攻击,结果将使缔约问题陷于停顿。因此,国务卿强烈要求我们,必须告诫我们所有的同仁负责保密,并叮嘱我们严格防止对此事作任何宣扬。如有新闻记者向我们提出询问,可以告诉他们此事酝酿已久,迄今仍在推进之中。

电报进一步说明,希望总统能尽速批准共同议定的文本,最好能在星期五中午(华盛顿时间)以前通知我们总统已经批准该项文件的消息,因为,只有双方政府同意并经批准后,始可发表联

---

① 见附录十,文件丙,议定文本。

合声明。而在联合声明发表之后,我们对新西兰提案的态度就可变得较为强硬起来。我们要求次长即刻亲译此电,以便呈交总统和行政院院长。

电报是以叶外长的名义拍发的。事实上,所有关于条约谈判拍发的电报,除了我单独经办的以外,都以叶外长的名义发出。这些电报一般由他口述,同时我协助他提出建议或修改。同美方谈判时,谭绍华每次都出席作记录,随后为我整理出条约谈判的会谈记录存档。不过,这次发给台北的有关同美方代表会谈情况的电报报告,是大家合作写成的;叶和我在一起口述,根据情况,由谭、王和张协助完成。这些电报也以叶外长的名义发出。如果是像上面所说的属于谈判的重要和紧急电报,电报一般都是先拍给外交部,请他们转呈委员长和行政院院长。但是,有时也直接拍给委员长,并请外交部向总统府索取一份抄件。但在谈判后一阶段,总统指示,需送他过目的电报要直接发到总统府,由总统府抄转外交部。这说明总统认为谈判极为重要,并对之十分关注。

11 月 5 日,收到委员长的机密急电。这封电报是在他接到我们最近关于 11 月 4 日第四次谈判即抄送我方对应草案的电报以前发来的。电报包括两个要点:第一,如果美方坚持把条约的适用范围,明确限定在台湾和澎湖(这是他根据 11 月 2 日美国草案第四条而说的),那么,我方一定要坚持在"台湾和澎湖"字样后边增加表明有关双方联合防御的一切问题,必须通过共同协议作出决定的语句。委员长说,如此才可不再明确提及沿海岛屿。第二,不必再提出新西兰提案。要我转告杜勒斯国务卿放弃新西兰提案,否则也应等到中美互助条约签订以后,届时我方才能讨论该提案。委员长说,只有采取这种步骤,才能对美国也有意义。

沈昌焕次长发来一份补充说明的电报,内称:委员长目前正在台湾南部,预计几天后方能返回台北。但 5 日下午,沈见到张群将军。张对他说,总统给我的亲笔电稿,有三项指示。第一项是有关条约的适用范围;第二项是有效期问题,这一点应以日美条约相应条款为蓝本;第三项是要我敦促美方,勿再提出新西兰提案。张群并说,总统指示,该电稿研究后再发。张同沈商量后,决定删去第二项,因为此事起源于同韩国大使的谈话。其内容前已向叶部长作过详尽报告。但仍要求叶和我对有效期这一点加以适当注意。

对于这封电报,叶部长即日复电说,他对第一项和第三项,已致电委员长陈明自己的看法。至于第二项,他要向沈次长说明一下,并希望沈次长向委员长婉言解释。然后他说,他已同我慎重磋商,根据谈判的情况,我们有下述看法:

1.近年来,美国同菲律宾、新西兰、澳大利亚和韩国缔结了各种安全条约,使用了相同的形式。此次谈判过程中,我方主张将废除条约的期限改为两年。但美方坚决反对我方建议。后来,我们试探过美方是否同意采用北大西洋公约组织条约的条款,但也遭到拒绝。

2.美日条约有关条款是根据当时日本的特殊地位而缔结的。当和约刚刚签订,日本被占领的地位刚刚结束之际,日本全无保卫独立的自卫手段。其时无法预计需要多少时间才能建立一支军事力量,因此,美国单方面承担了日本安全的责任,视日本为美国保护下的国家,我们当然无法袭用同样的模式。

3.在美日条约有效期的条款内,也提到由联合国维持和平的程序。鉴于目前我国的局势,特别是鉴于新西兰提案引起的纷扰,我们应决心避免使用这类词句。例如,我们曾要求删去议定文本的第二段,但由于美方坚持要采用和其他条约一样的方案,最后我们才予以同意。然而这类条款对我们毫无帮助,相反,却给我们增添了额外的约束。即使我们实际上不得不仰仗联合国安全理事会,由于我们是联合国成员国,与日本的情况并不相同。

4.关于有效期问题,对我们最有利的形式是与北约组织条约相类似的条款。但是如果我们能够得到北约组织条约中所规定的待遇,则可为我援用的条款当不仅限于这一点。

关于其他两点呈复委员长的另一封电报,在那天深夜才拟妥发出。电报首先谈到条约的适用范围:尽管美方最初坚决主张适用的范围限于台湾和澎湖。但经我方一再坚持后,美方终于同意我方主张。具体内容如现在议定的条约稿第六条中所规定,即本条约亦适用于以后经共同协议之其他领土。议定稿的第二条规定,缔约国将个别并联合以自助及互相之方式,抵抗武装攻击及共产党颠覆活动。第四条规定,关于本约之实施,随时均可会商,以便对本约的内容作出解释。因此,关于协防台湾、澎湖之一切有关问题,自己包括在内。此外,第五条规定:双方应采取措施,以对付对西太平洋区域内任一缔约国领土之武装攻击。第七条并规定,美国在台澎及其附近部署军队,均可作为协商有关防卫台澎及其连带问题之根据。

电报然后说,根据以上所作分析,"钧座指示"各点,似已充分顾到,依职等看来,这些要点实际上已经超过共同防御只限于台澎地区的美方原意。

至于新西兰提案,电报说,我们已经再三坚决要求美方敦促新西兰放弃该案。我们一直为此而作不懈的努力。不过,最近同美方的两次会谈中,我们有意不再提起此事,美国方面似已察觉我方态度之坚决。现在他们极力促成谈判和缔结条约。显然他们已接受委员长亲自向饶伯森表示的意见,即在美国同我方进行商谈新西兰提案以前,必须先同意签订此项安全条约,并公布我方已经同美国进行缔约谈判的事实。

电报还谈到,根据我们的情报,新西兰无意放弃其提案。但美国已经通知新西兰,对于此事,仍在同我方讨论之中。这一点则是确实可靠的。一旦新西兰提出该项提案,我们的因应计划为:

(甲)如纽案仍在联合国方面提出,美必发言支持。届时如苏联发言反对纽案,隐示将行使否决权,则我方拟单就苏联攻击我方各点,予以驳斥。

（乙）如其发言亦有支持该案之表示，则我方拟发言指出共党始终对我侵略之政策及行动。此次金门等冲突应由其负全责。而凡此一切，苏联实为主谋。

（丙）倘苏联发言专对美方攻击，而并不表示其对纽案最后投票之态度，则我方拟暂不发言以观理事会中辩论之发展情形再定下一步应付之方法①。

下一次同国务院官员继续谈判条约的会议时间已约定为11月6日上午十点半。在开会前不久，我们接到委员长另一封电报。委员长已经收到议定之文本，并见到我们拍给外交部希望总统早日批准议定文本的电报。因为双方对文本的批准，是公布共同声明的先决条件，而发表共同声明能使我们对新西兰提案采取更坚定的立场。他业已见到11月2日谈判的报告，但是，尚未见到11月4日谈判的报告。据外交部电报说，那封电报仍在翻译中。他对此"有所担心"，但还是说："同意此稿（议定文本），别无其他意见。"他还说，至于共同声明，他认为可以授予我们决定措辞和公布时间的全权。

其时，我们已经做了共同声明稿的修改工作。就在同一天早晨（11月6日），谭绍华把声明稿带到国务院面交马康卫。我们希望在下一次同饶伯森会见时，商定共同声明②的内容和公布时间。

简而言之，各事都进行得迅速而顺利，但是有一件新出现的事很不妙，那就是11月5日，在《华盛顿邮报与时代先驱报》上刊登了查默斯·罗伯茨的文章③，报道美国正在同中华民国谈判共同防御条约，双方并将达成一项谅解，即台湾政府应避免对红色中国大陆进行任何挑衅性的进攻。

5日，《芝加哥太阳报》驻华盛顿记者弗雷德里克·库前来采

---

① 此项电文引录自顾氏所存函电原文。其中所谓纽案即新西兰所拟提出的决议案。——译者

② 见附录十二，文件乙，1954年11月6日中方第一次草拟的共同声明稿。

③ 见附录十四查默斯·罗伯茨所写报道全文。

访,要求我对条约谈判作一些说明。我对他说:近几天来,报纸上已经登了不少消息,不论正确与否,我都不能增添甚么内容。他拼命想知道外间所传关于美国设法要对中国进攻中共加以约束这一消息的真相。但是,我说,最近以来,没有甚么重要的变化。我们继续同美国军事顾问团协商,及时通知他们有关我方军事调动和准备调动的情况。

11月6日上午十时半,我陪同叶外长和谭绍华一起到国务院会见饶伯森。这次美方协助进行谈判的只有马康卫一人。双方在11月4日已经同意了条约文本,现在美方又交给我们一份有关对待核心问题的议定书草案,内称,武力之使用,包括"中华民国之军事部署",须经共同协议。换句话说,美国方面想要立即解决沿海岛屿和我们有朝一日要打回去以光复大陆的政策问题。随后的讨论,毋宁说是辩论,双方争执不休,情绪激动。每一方都各持己见,有时相当尖锐。这说明每一方对自己的看法都认为极其重要,竭力想用自己的观点说服对方。

根据谭绍华的会谈记录,双方在互相寒暄以后,叶外长首先要求注意11月5日在《华盛顿邮报与时代先驱报》上刊登的署名为查默斯·罗伯茨的一篇文章。叶外长批评说,正当条约谈判开始,双方都在竭力设法保守机密之际,报纸上却在此时出现了这种报道,这很不恰当,令人十分为难。

饶伯森回答说:在报纸上见到这条新闻,的确令人感到困窘。这正是双方力图避免的事。鉴于国务院尚未得到机会同参议院全部主要成员商谈有关美国拟同中国谈判共同防御条约的问题,而现在此事已不再成为机密,所以情况变得更加复杂和棘手。他解释说,自从披露罗伯茨的报道以来,他已经用长途电话和一些重要的参议员联系,设法向他们解释事情的经过,以安抚他们的情绪。他强调,国务院对这次泄密事件看得非常严重,并正在采取适当措施,应付当前的局面。为此,正准备向报界发表一篇简短的声明,同时进行调查,查明消息走漏的途径。

叶外长说,中国政府为了保守谈判的机密,作了特殊的努力。对于有机会参与机密的人员,反复告诫。尽管如此,台北的报纸还是登出了一些消息,这些消息的根据是香港发出的电讯和带有华盛顿电讯电头的美联社报道。

因为消息透露过早,饶伯森认为此时发表任何有关两国谈判防御条约意图的共同声明都是不适宜的。饶伯森回顾说,他对 11 月 4 日会谈的成果非常高兴,因为只开一次会议,就对条约的主要条文达成了协议,这的确是一个了不起的成就。然后,他从自己的公文夹内取出一份文件,并解释说:摆在他面前的是一份议定书草案①。美国政府希望中国政府能予接受,作为条约的一部分。说完以后随即把议定书草案的抄件分发给叶外长、我和谭公使。饶伯森在尽力解释此议定书草案第一句的性质时说,议定书的目的之一是让全世界都知道,目前在台湾的中国政府,是中国的合法政府。美国政府承认台湾的中国政府是合法的政府。他申明,美国政府愿意让中共知道,美国不承认他们声称的对中国大陆的统治权。但是,他特别提到,美国无意卷入一场未经它同意的战争。毫无疑问,美国也不希望缔结某项条约或协议,使之能被用来造成一种可能把美国拖入一场违背美国意愿的战争中去的局面。按照他的说法,草拟的议定书还有另外一个目的。他认为,根据议定书的规定,采取联合行动是可能的,但事先须经双方同意。他强调,美国政府不愿中国政府单独采取行动,而把美国拖入一场未经美国同意的战争中去。

收到议定书草案抄件,并听取了饶伯森关于其目的的说明以后,叶外长表示诧异。他说,这份议定书草案实无必要。即使美国政府愿意讨论这个问题,也似乎以在商讨条约主要条款的时候提出来更为合适。他说,前天双方已对条约的主要条款暂时达成协议,当时他没有料到,随后又提出另外一个更难以解决的问题。

———————————

① 美国草拟的议定书全文,见附录十一,文件甲。

叶外长坚决主张,议定书草案确实没有必要。因为,中国政府已经不止一次向美国政府代表作出保证,未经美国同意,中国不会向大陆采取大规模军事行动。他记得,这些都是秘密保证,虽说中国政府全心全意要实践这些保证,但仍希望继续对这些保证保守秘密。因为,如果公诸于众,必将在人们心理上造成不良影响。除了心理因素之外,这对于包括大陆同胞在内的中国民众的斗志和信心也是影响极大的。叶外长指出,在军事部署上须经共同协议,必然要涉及某些协商程序,即便可以达成一致的意见,也很可能造成拖延时间,贻误军机。为了证实他的看法,他提到,由于共产党进攻金门岛,当时中美磋商金门局势,实际上几乎费了八个小时,才从美国当局得到答复。按照叶外长的说法,中国在金门的军事行动不过是自卫性质,而为了有效地进行自卫,必须立即迅速行动。他认为,议定书草案提出了一个极为重要的问题,尽管他本人并不赞成,但是作为一种手续,他必须向台北请示决定。

饶伯森再次解释议定书草案的性质,并坚持说,它的目的是树立中华民国的威信和尊严,并且让共产党懂得,中华民国具有道义上和法律上的权力以保卫自己。他进一步指出,在拟定本议定书草案时,为了避免"两个中国"的涵义,曾煞费苦心,而且"不存在冻结中华民国行动的意图"。

我说,我想了解一下,在第二句话里,"两区域"这一措辞的涵义是甚么,是指台湾和澎湖以及沿海岛屿,还是指中华民国现在管辖的领土和将由中华民国管辖的其他领土?

饶伯森翻开前天双方达成协议的条约文本,大声宣读第六条条文,然后说:"两个区域指台湾、澎湖和沿海岛屿。"

我解释说,如果是这样的话,条款未免太片面了。我主张,最好还是按叶外长的建议,不必用议定书。不然,就应该改写议定书,使之成为对等的形式,说明本条约所指西太平洋区域内所有领土是一个整体。假若议定书草案不以对等的形式写出来,则中国政府将难以接受。我说,无论如何,修改后的内容应比原稿的辞句减少一些令人难以同意的地方。

饶伯森解释,在过去几个月内,沿海岛屿一带曾经发生一系列军事行动,他已经多次指出,美国政府不愿在未经同意的情况下卷入其中。他说,议定书的文字是为了切合形势的真实情况,同时让共产党人难以猜测,几经推敲确切的词句才得出的。

叶外长说,议定书草案的目的是一清二楚的,他完全可以理解,美国政府不想卷入一场战争,或者由于承担条约所规定的责任或义务而引起国内的纠纷。他准备建议本国政府,以函件形式,不作为条约的一部分,重申迄今为止对美国所作的全部保证,未经美国同意,中国政府决不对大陆采取大规模军事行动。他认为,议定书恐怕应看作是条约的一部分,因而必须经过批准。可是他所想到的乃是一种关于议定文本第四条的执行问题,而这项工作应于完成条约缔结工作并经正式批准后,随即着手进行。他强调,他强烈反对使用议定书形式,即使用换文也要比议定书为好,如果这项换文工作是在签约后某个日期执行的话。

饶伯森说,谈判中的条约,纯属防御性质。鉴于议定文本第五条所规定的义务,假若没有另一文件加以补充,明确美国的立场并划清其责任,那么美国人民可能要批评自己的政府。

叶外长重申,他准备向本国政府建议,书面提出以前所有的保证。假若饶伯森先生同意,也可采用包括谈判的有关方面内容,经双方认可的会谈纪要形式,以便将来对于这些方面不致再产生疑义。

饶伯森反对采用双方认可的会谈纪要的形式。他争论说,会谈纪要不能成为一种坚实的协议,美国总统几乎不可能去查阅这种文件并据以采取行动。

我说,如果中国政府签订这个议定书,必将造成十分不利的心理影响。这样的文件将使台湾、中国大陆和世界各地的中国民众在内心深处产生疑虑,并将反映到自由中国的事业上来。我说:依我看来,有些人甚至可能认为中国政府受到议定书的约束,放弃了重返大陆的希望。

饶伯森争辩说：人们不应把拟议中的条约和议定书看得这样悲观，因为，在建议同中国谈判这样一项条约时，美国政府怀有最良好的意愿。条约的目的是巩固中国政府的地位，而不是削弱它。他强调，美国政府希望以条约和其他援助支持中华民国，但不希望中国利用此条约作为一种护身符，造成一种美国不愿置身其间的局势。他明确地谈到，美国不愿中国发动进攻，从而招致对台湾的报复性打击。

叶外长回答说，他已经把饶伯森先生的话记录下来，并将如实地向蒋总统和政府其他成员汇报。然后他问，是否美国愿意接受这样的想法：把至今我们向美国代表保证的主要内容，以照会形式重申一次，但不作为条约的一部分。只在必要时，作为机密资料提供参议院外交委员会成员参考。他认为，如果问题能够这样解决，则这些保证仍可保密。照会既然不是条约的一部分，也就不必经过立法批准程序。

饶伯森回答说，如果采用叶外长提出的办法，条约会遭到尖锐的攻击。因为根据参议院的意见，除非把主要问题写入比会谈纪要或照会更为重要的文件中，否则美国不应同任何国家签订任何具有约束力的协议。

我发表议论说，美国不要战争，这是可以理解的。但必须指出，中国民众也有一个根本的希望——希望在不太遥远的将来，政府会重返大陆。

饶伯森评论说：假如中国民众或立法机关需要进攻性的条约，那么，他只有遗憾地说，美国政府无权订立这种条约。

叶外长说，中国政府并不期望同美国谈判进攻性的条约，而且，完全理解美国的观点。但是，他可以清楚地预见到，假若中国签署了这项议定书，他向立法院作解释的时候，必然会遇到极大的困难。他确实了解中国立法部门的风格。虽然立法院的委员完全了解中国目前的困难和中国迫切需要美国的援助，但是，如果该院认为条约或议定书的某项条款限制了中国的权利,恐怕永远难以通过。他请饶伯森转达国务卿:他希望以互换行政性照会的方式,作为履行条约的一种措施,而且他反对其形式更有甚于反对其实质内容,至于文件的内容实质,他认为应不超出已作出的保证。他允诺:如果美国政府可以接受他的建议,他将提请本国政府采用。

我说,我理解此条约是一种防御性同盟,并且一旦生效,双方即为同盟国。因此我提议,如果采用换文以代替议定书的话,采用双边和相互形式的照会将显得更为恰当和更加庄严。

叶外长请饶伯森务必向国务卿详细解释一下中国政府的观点和涉及的实际困难。他还说,中国政府已向美国政府作了某些保证,并愿以另一种形式重申那种保证的实质性内容。他申明:蒋总统一旦作出保证,决不会食言。

饶伯森答应可以把讨论的各种情况详尽地向国务卿汇报。同时把叶外长的建议转告国务卿。他注意到,每个国家都有自己的政治难题,至于美国的参议院,如果发现没有议定书,恐怕他们就要提出质询,并批评这个条约。他指出,中国目前正处于内战尚未结束的状态,中华民国此时只控制着这个国家的一部分领土,而中国大陆已在共产党手中。在这种情况下,某些国家已经承认了中共政权。因此,他强调"不应造成一种美国可能参战的印象"。他还说,他也希望叶外长能费心向蒋总统解释一下美国这种顾虑以及有关批准条约的宪法制度。

叶外长随后提到议定的条约文本的会商条款(第四条),并表明他准备在条约生效后立即进行会商。

饶伯森提到我方才所说,载有保证内容的重要文件应为双边形式的见解时争论说:实际上这份议定书也不是单方面的,因为,根据议定文本的一项条款(第七条),美国在不久以后将派军队到台湾和澎湖,因而议定书对双方的军队都将适用。

我回答说,驻扎军队权是一项特殊的安排。不过,为了条约与随后达成的协议的贯彻执行,他们必须具有恰当和庄严的形式,使用的语言应尽可能是相互的。然后,我说,我很想提一个问题,虽说这与条约无关。我问,鉴于条约谈判进行得很顺利,新西兰政府是否有意放弃在联合国提出关于中国沿海岛屿的决议案?

饶伯森回答说:实际上,这两件事彼此并无联系。据他看来,只要人们确信这种决议案是必要和可取的,即使新西兰不提出,也会有另外某个或某些国家提出来。他回顾最近台北之行同蒋总统的会谈。总统提出的全部意见就是签订一个共同安全条约,以抵消新西兰提案的不良影响,而美国方面则并不拟提出任何要求作为交换条件。他继续说,蒋总统寻求抵消新西兰决议案的不良影响,那就是条约谈判能够如此迅速的原因。但是,他无法说服新西兰政府无限期推迟提出决议案。

叶外长说,何时可以商讨共同声明的措辞?饶伯森回答说:推迟确是由于查默斯·罗伯茨那篇在《华盛顿邮报与时代先驱报》的报道所造成的。他认为此时此刻,紧接着报纸上的消息透露,随即发表共同声明,证实两国确在准备谈判共同防御条约,这不是办外交的好办法。但是,他答应在本周末,他和同事们就着手这项工作。

我们离开国务院后不久,我到国民机场送叶外长去纽约,从纽约他再换飞机去马德里。叶外长几次想推迟的马德里之行是对去年西班牙外长访问台北的一次回访。我建议他不要推迟,因为西班牙的领袖和人民非常敏感。访问的原意是表示良好的意愿,特别是因为我国驻西班牙大使已和西班牙政府安排好对叶外长的接见和款待计划。因此,尽管美国人竭力劝他推迟访问,以便使谈判早日达成协议,但我还是劝他应该去,不过,可以尽量缩短访问的时间。

那天下午,大约三点钟,饶伯森给我打来电话说:他已经向国务卿报告了那天早晨同叶外长和我的会谈情况。经他作了解释以后,杜勒斯先生已经同意不用议定书,改为换文的形式。

我说:我高兴地听到这个消息,并表示希望对于照会的内容,也能顺利地达成协议。

饶伯森说,根据他的理解,叶外长对有关的主要问题都已经同意。

我立即说,我的理解并非如此。我回意,叶外长表示过,需要首先解决形式问题,然后再讨论照会的要点。

饶伯森说,如果他是这样理解的话,他就不会要求国务卿同意接受改变形式的建议。

我说,关于照会内容双方已取得一致意见,我预计不会有太多的困难。我设想了把换文的时间安排在条约缔结后的某个时候,以确切表明写进照会里面的谅解不是条约的一部分,而是条约的结果。

饶伯森说,国务卿一定已经掌握了一些资料,能够答复有关条约的适用范围以及美国可能卷入战争危险之中的问题。

我说,需要的间歇时间不必太久,但换文的时间应与公布条约的时间隔开。我还说,假如国务卿认为有必要同时提出两个文件,按照叶外长的意见,此事应当保守秘密,在任何情况下不得公布照会,也不允许以任何形式透露其内容,这一点十分重要。这样做,就能给叶外长以最大的帮助,因为,在那种情况下,中国政府就没有必要把照会提交立法院。我说,无论如何,我可以立即研究照会的内容问题,并在双方都方便的时候,举行下次会谈,全面讨论。

饶伯森表示同意。

同饶伯森通完电话以后,我立即打电话到长岛弗拉欣,在刘驭万家找到叶公超,通知他饶伯森的口信。叶公超正在同蒋廷黻开会。他同意我所说的,他曾明确表示保留他自己对换文内容的立场。然后,我催促谭绍华和王之珍赶紧草拟一份电报,向台北报告今晨会谈情况以及饶伯森电话通知的内容。不久以后,叶部长打来电话,要求我强调反对同时签约并换文。其实,我已经这样做了,但他希望应强调这一点。他也希望我向美方重申另外三点。

后来,我向外交部报告此事,也请求转呈委员长过目。我说,正当叶外长启程去西班牙以前,他从纽约打来电话,要求我研究一下下次会谈的四个要点:

(1)由于我们已经同意换文,重申我们的保证:无论何时,如果我们进行军事调动,以便对大陆采取大规模军事行动,必须事先征得美国同意,因此新西兰提案已无任何必要,我们应要求美方设法打消此提案。

(2)换文的措辞仍待协商。不过,其内容自然不能超逾我国亦即委员长迄今已给予美方保证的范围。

(3)换文是两个政府之间的谅解,不需要经过立法程序。因其不是条约的一部分,故不宜公布;换文应在条约签订之后进行,不应与条约同时签署。

(4)我们保留并决不放弃自卫权。

我的电报继续说,在 6 日的会谈中,这四点均已谈到,但是,为了提醒美方对这四点特别注意起见,我派谭公使去美国国务院中国科拜访马康卫,再次解释四项要点,特别强调换文和签署条约不得同时进行,并且要求马康卫向饶伯森助理国务卿汇报。谭回来时说,马康卫立即把所谈内容记录下来,以便迅速向其上司报告。

谭绍华交给我一份他在 8 日早晨同马康卫谈话的记录。按照该记录所述,谭首先发言。他说,奉叶外长指示,前来贵科重申在 11 月 6 日会议上所谈的某些观点,并要求马康卫先生费心把这些观点转达助理国务卿。然后,他逐一叙述了叶外长的观点,并作了解释和说明。以便清楚地阐明中国政府的立场,谭对马康卫说,叶外长意见的第一点是鉴于即将换文,该照会内将重申中国政府对美国当局的保证,即未经美国同意,中国政府将不对大陆采取大规模军事行动,所谓的新西兰提案,实无必要。

马康卫说,在他看来,换文或互换议定书,都不能代替拟议中的新西兰决议案。因为这是不相干的两件事,不能以此代彼,有时候要用文件补充正在谈判的条约之不足是必要的,而拟议中的、旨在保护目前在中华民国政府控制之下的沿海岛屿的新西兰决议案,也同样是必要的。因为美国政府希望看到这些岛屿仍在中国政府的控制之下。所以,仍然需要这项决议案。他一再说明,它们之间并无直接关系。

谭公使解释说,这两个文件有一个共同的因素,因为拟议中的换文,是为了使以前所作的必须事先征得美国同意的保证更加明确有据,而所谓的新西兰提案,则是为了尽量减少军事冲突的可能,并结束金门地区的敌对行动。因此,不难看出这两个文件之间存在某些类似的因素和联系。

马康卫回顾说,叶部长在 11 月 6 日的会议上确实提出过,鉴于换文代替了议定书,新西兰提案已无必要。不过,助理国务卿不同意他的观点,并坚持新西兰提案仍有其必要而且得到美国政府的支持。

关于第二点,谭要求马康卫转告助理国务卿,叶外长十分感谢国务卿已经同意以换文代替议定书,不过,换文的内容仍须彻底讨论并经双方同意。谭强调,在刚才提到的 11 月 6 日讨论中,叶外长已经表示过这一看法,甚至还说,至于换文的内容,他保留自己的意见。

马康卫表示惊讶,并问为何中国政府要求讨论换文的内容,因为根据他和饶伯森的理解,那天外长反对的是文件的形式,而不是议定书草稿的内容。

谭公使尽了很大努力,向马康卫解释,根据他对那天实际情况的理解,外长并未谈到有关议定书的条款,他谈的只是议定书的主要目的或基本动机,也就是美国政府不希望卷入中国大陆的战争。这是由于叶外长曾屡次处理过迄今向美国作出的历次保证,诸如:美国军事援助顾问团与中国政府达成的谅解、外长本人同蓝钦大使之间的谅解以及杜勒斯国务卿到台北访问时同蒋总统的谈话等。谭说,他知道,外长认为最重要的是,由于美国政府的主要目的是不卷入战争,这些保证已足以使美国政府打消疑虑和恐惧。因此,正如他所回忆的那样,外长不厌其烦地再三重申,他本人并不反对采取照会的形式,并把中国政府和蒋总统历次作出的保证要点写入照会之中。

马康卫强调,他可以肯定饶伯森不是那样理解的。

谭绍华说,作为一个聆听那天上午会谈的当事人,他获得的印象自始至终是叶外长无意于超出已往所作保证的范围,而是想把保证的实质内容赋予一种除议定书以外的更加明确的形式,而非过去采用的形式。谭说,他并且理解,拟议中的换文应与有关的保证一样保守秘密,也不构成条约的一部分。为了表明他的印象是正确的,他进一步谈到 11 月 6 日的谈话。他说,叶外长的注意力主要集中在"共同协议"这个词上,并立即联想到上面提到的保证。因此,除了要求澄清"两个地区"这一名词以外,他并未讨论美国议定书草案中其他的突出之点。

然后,谭绍华开始谈到叶外长指示的第三点。他对马康卫说,叶外长不愿在同一天进行签署条约和换文,他希望在条约签署之后的某天,譬如一个星期或十天之后,双方再行换文。

马康卫说,这可能不易办到。但是,他答应充分考虑这个问题。

最后,谭绍华提到中国的自卫权问题。根据叶外长的意见,在换文中,对这一点应明确保留。

马康卫回答说:对于这个问题,双方意见不存在分歧。因为,在美国草拟的议定书中,已经专门提到了这个问题。他答应立即把上述各项要点报告给饶伯森先生。

那天,即 6 日傍晚,我离开华盛顿前往纽约,到 8 日(星期一)才回来。朋友们到纽约机场迎接我,陪我一同出席胡世泽在长岛弗拉欣住所举行的宴会。到会的蒋廷黻也力主要求美国放弃新西兰决议案,因为它没有丝毫用处,还可能造成误解。叶外长启程去西班牙以前,胡适曾在刘驭万家中参加了叶和蒋的会议,那天也出席了胡世泽的宴会。我们没有得到机会畅谈。不过,据早些时候叶公超给我的电话说,胡博士对极为令人满意的条约条款感到意外,简直出乎所料,并认为我们和台北都会感到满意。

星期一回到华盛顿时,我看到叶外长到达马德里以后发来的两封电报。第一封说,他曾同意把6月份在台北时他和蓝钦大使的谈话写成双方同意的会谈纪要,其中记录蓝钦大使曾说,美国政府认为,我国总统承诺未经美国同意决不单方面从事任何反攻大陆的军事行动一节至为重要。当时,叶对蓝钦大使说,此项承诺我们不能同意写入条约的任何条款中,但由于事属必要,我方考虑可以作出书面保证。上述谈话记录就是这次换文的主要内容,是曾经呈交委员长亲阅过的。王之珍一定还记得那些谈话记录。如有必要,在给委员长的电报中可以提及此项记录。叶还说,国务卿杜勒斯在台湾同总统会谈时,总统也向他作了口头保证。

叶还回忆他离开纽约时,曾用电话通知谭绍华,我们应力争不在同时签订条约和换文。若美方仍坚持原有观点不变,叶坚持,我们至少应该把换文看作实施条约第四条的一项双方同意的程序。至于换文的措词,他要求由我酌定。

第二封电报很短。他说,假使美方主张在共同声明中提到换文,或提到换文的实质性内容时,他要求我坚决拒绝。

那天(11月8日)下午,我召集谭绍华和外交部条约司的王之珍开会。我们确定了拟议中换文的内容,并拟定了两种可供选用的文本“甲”与“乙”。准备先提出的“甲”案如下:

> 鉴于两缔约国在　年　月　日所签订之中华民国与美利坚合众国共同防御条约下所负之义务,以及任一缔约国自该条约第六条所称之任一区域使用武力,将致影响另一缔约国。兹同意此项使用武力,除显系行使固有之自卫权利之紧

急性行动外,将为共同协议之事项。

中华民国有效控制该条约第六条所述之领土及其他领土。对其现在与将来所控制之一切领土,具有固有之自衞权利。

"乙"案之文本为:

中华民国有效控制　年　月　日所签订之中华民国与美利坚合众国共同防御条约第六条所述之领土及其他领土。对其现在与将来所控制之一切领土,具有固有之自衞权利。

鉴于任一缔约国,自上述两区域之任一区域使用武力,将影响另一缔约国。兹同意此项使用武力,除显系行使固有之自卫权利之紧急性行动外,将为共同协议之事项。

我给委员长和外交部发电向其报告两种文稿,请予核准,并要求他们就首先提出"甲"案一事给予指示。但我先此已同在马德里的叶外长用电话联系征求他的意见,并取得他的同意。呈委员长的电报先提到美方的议定书草稿,该文本已与11月6日谈判的报告一同电告台北。我说:关于美原拟议定书稿,兹经审慎研究考虑,谨将研拟意见陈述如下:

(一)议定书形式美方虽已同意改为换文,惟其文字仍多片面性质,我似应尽量使其至少在表面上采用相互形式。

(二)关于我军事部署,须经共同协议一点措辞广泛,对我牵制太大,似已超出我方所提保证之范围,拟予删除。

(三)关于使用武力一辞,虽系相互意义,然对美方只适用于台澎及外岛一带之军力,而对我则适用于我所有军力。就前后文字解释,当指对大陆之重大军事行动而言,且将行使自卫权之行动除外,似尚与我既往所予保证相合。

(四)我历次对美方之口头及书面保证,均属单方语气,如以相同或类似语句纳入换文,似不适宜。盖恐一旦发表,对内对外,不免引起指摘。窃意此事为议约症结所在,美方虽明知我在现时情形下,殊无单独反攻大陆之能力,但为对议会及国民有所交代,不能不有一适当之表示。我亦不愿因此一问题而影响条约之缔结。权衡再四,我既不能予以打消,似唯有尽量设法作有利于我之修正,而同时仍在可能范围内适应美方之需要。谨参照上述各点,拟就为甲、乙两修正案。全文另电呈核。

以上甲、乙两案,除以电话商得叶部长同意外,拟先提甲案,以观美方反响,而设法推进。如美坚不接受,届时再酌提乙案。此层亦已用电话商得叶部长同意。是否可行,统乞电示祗遵。本电暨甲、乙两案乞饬抄送外交部沈次长。

11月8日晚间,我出席日本大使井口和夫人为日本首相吉田举行的招待会。吉田去西欧主要各国首都访问以后,于11月7日到达华盛顿。我在招待会会见他时,他尚能回忆起同我的最后一次相会。他对我看来还算年轻而表示高兴。我对他说,看上去他也同样年轻,他的良好记忆力说明他实际上还没有老。

当时,我国政府对日本态度的趋势有所担心。鉴于日本首相访问华盛顿,实际上我已安排好同饶伯森在次日下午讨论这件事。我想谈谈日本的共产主义威胁,日本倾向于同共产党中国建立关系等问题以及需要提请吉田首相注意此事,并请他考虑日本政府应宣告日本共产党为非法的重要性。

于是,我于9日会见饶伯森时,开始就说明这次拜访的目的是提请饶伯森先生注意共产党在日本活动的情况,这是我国政府非常关切之事。我说:饶伯森先生一定已经注意到,日共非常活跃,想通过渗透和其他活动,在日本夺取政权。他们通过日本工会和日本全国教师联合会进行工作。据我所知,后者是一个拥有五十万到六十万会员的庞大组织,正变得日益左倾,而受教员影响的日本学生数目更数倍于此。与此同时,日本已派出四个代表团访问了红色中国,研究那里的情况,并讨论如何促进日本与红色中国之间的关系。这些团体返日后,大肆宣传他们在中国的所见所闻,鼓吹日本与北平政权之间建立某种外交关系。共产党中国方面也派了一个以冯玉祥夫人为首的代表团用中国红十字会的名义前往日本,表面上的目的是寻求加强中国红十字会同日本红十字会的工作联系。日本的共产党活动增加到如此程度,以至日本文部大臣大达茂雄在东京对董显光说,若不及时制止这些活动,恐怕五年之内共产党就会控制大选,夺取日本政权。

我说,美国与中华民国不希望看到日本变成共产主义国家,因为日本在东亚占有如此重要的地位。依我看来,唯一有效的遏制办法是宣布日本共产党为非法。东方民众,尤其是日本民众的心理是这样的,一旦日本政府采取公开宣布日本共产党为非法的坚决政策,不仅日本共产党的活动要遭到削弱(即使不能全部制止的话),而且日本公众对参加任何日本共产党的活动也会有所畏惧。因此,我力劝国务卿在他同吉田茂在华盛顿会谈时,应提出这个问题,说服日本首相采取这一步骤。

饶伯森说,国务卿计划在下午四点再次同吉田会晤,而且他本人也将参加会谈。他还说美国政府也同样注意到了日本的情况。杜勒斯先生已决定向日本首相提出建议。

我说,我认为那里的局势非常紧要,不只是对美国和中华民国,而且对韩国也同样重要。李承晚一再声明,除非日本宣布日本共产党为非法,否则他决不打算同日本建立外交关系。我说,关于这个问题,我要提出另外一点。饶伯森先生一定早已知道,吉田先生过去同英国的往来超过美国。因此,吉田先生对英国的观点比对美国的观点更为赞成,尤其是关于远东的局势。看到英国的态度与政策和美国有所不同,日本首相有可能企图影响美国接受英国的观点,特别是在有关美国对共产党中国的政策方面。当然,我了解吉田本人是强烈反共的,不过,我恐怕吉田可能利用局势,借以提高他在本国的政治威望,从而有助于稳定他的政府。

饶伯森说,毫无疑问,英国对红色中国奉行一种与美国不同的政策。美国政府奉行完全支持中华民国的政策,并且尽量不同北平政权打交道。他不相信杜勒斯国务卿或艾森豪威尔总统会被吉田说服而接受英国的观点。

我说,此外,还有贸易问题,日本商业界向日本政府施加压力,想同共产党中国建立更多的贸易联系,大概愿意见到美国放松对共产党中国的贸易限制。

饶伯森说,吉田8日在全国新闻协会的演说中,讲得很清楚,日本同中国大陆的贸易仅占日本全部贸易额的百分之六。在战争期间,包括日本曾大量投资的中国东北地区在内,算下来也不过只占百分之三十。按照吉田的看法,同红色中国的贸易问题,对日本不是极为重要的。他在演说中也讲得很明白,这方面对政府的压力不是很大的,因为压力来自那些地位不高,又不很重要的人物。但是,饶伯森继续说,要求放松贸易限制的压力不只来自日本,也来自世界的其他地方。不过,美国有它自己的政策,那就是阻止共产党中国壮大它的力量。至今禁运政策仍很有效,以致北平政权只能购买锡兰的橡胶,而且要付出高于世界市场的价格。然后,饶伯森说:他将把我提出的各点转达给国务卿。他觉得,杜勒斯先生同吉田会晤时,一定会记得这些事的。

当我说这就是今天我想同助理国务卿讨论的全部内容时,饶伯森说,他想同我谈一下有关拟议中的共同防御条约问题。他已经看过马康卫的备忘录。谭绍华昨天早晨拜访马康卫,请他转达中国四点意见。他想对我讲清楚,他那时认为叶外长已经同意议定书的内容,并且希望把这个内容纳入换文的形式中。由于这样的理解,他才在6日(星期六)会议之后立即找到国务卿,成功地获得了杜勒斯先生的同意,接着就立即通知了我。

我说,叶外长从纽约打来电话,强调他的四点意见,这就是我派谭绍华拜会马康卫先生,请他转达四点意见的原因。第一点是有关自卫权问题。我说,由于美国草案中也已经提出,因此是不会有困难的。第二点是换文的时间,叶外长的意见是把签订条约和换文作为截然分开的两项行动。因此,中国方面即可不必把换文同条约一起提交立法院批准。美国一方大概也有可能把换文作为行政协定处理,无需和条约一起提交参议院。

饶伯森说,不换文,就不会有条约,因为,毫无疑问,许多参议员想知道美国在新条约中所承担的义务范围。国务卿必须根据他所掌握的某些确实文件,对参议员们作出令人满意的答复。饶伯森说,他认为,换文和条约必须同时提交参议院。

我说,假如这样办,就无法保守换文的秘密。如果在这里把事情公布出来,很快台北就会知道。叶外长极力反对把换文宣扬出来。

饶伯森问,怎样分为两项行动?

我回答说,我已经考虑过,在规定的一天签订条约,再在十天或两周后换文。

饶伯森认为,这时间过长,恐怕新西兰不能等待,而把它的决议案提交安全理事会。

我说,按照我的想法,时间并不过长。因为,把条约送交参议院的准备工作,需要几天才能完成。在送交参议院和准备辩论的期间内,可以进行换文。这时,国务卿即可根据照会提出必要的情况。中国方面的主要问题是,换文必须不作为条约谈判的一部分,而是缔结条约的结果。

饶伯森重复说我建议的时间太长。他希望先把照会的内容问题决定下来。他接着说,据他的理解,叶外长已经同意拟议的议定书内容。

我说,不然。对照会的措词,叶外长保留自己的意见。

饶伯森说,他不明白为甚么对事情的主要实质会有异议。

我说:事情的原则没有问题,对于这一点,不仅叶外长曾向蓝钦大使反复提出过保证,而且委员长对最近去台北访问的国务卿,以及在上次饶伯森访台时对他本人也提出过同样的保证。委员长和叶外长作出的保证仍然算数。但是对美国的草案却要作一些必要的修改。因为,中国政府作出的秘密保证,假如把拟议的换文的内容通知参议院——当然,据我了解必须这样做,以便让参议院批准条约——这就必然要使台湾和其他地方的中国人全都知道。因此,一方面要在内容上保留保证的实质,同时还必须使用谨慎的措词,以免引起误解和不必要的批评。

饶伯森说,他不能理解,为甚么一定要反对现在文本的措词?因为,该文本的文字是经国务卿仔细推敲后才拟定的,一方面照顾到中国政府现时控制下的沿海岛屿,另一方面也照顾到将来可能在其控制下的领土。并且也会使共产党完全不知道关于沿海岛屿美国将如何行动。

我同意说,为了让共产党人猜测不透,并且阻止他们进攻沿海岛屿,这些内容是恰当的,我说,我想提出,由于换文已满足了他的政府心目中最重要的一点——不会卷入一场全面战争的旋涡,因此,看来新西兰似乎已不再有甚么必要的理由提出其决议案。

饶伯森说,他无法不让新西兰提出它的决议案。蒋委员长多次强调,同美国签订共同防御条约,是因为有助于减轻提出新西兰决议案在中国民众心理上产生的不良影响,而且他还强调,应在提出决议案之前签订条约。

我说,蒋委员长从未赞成过这项决议案。相反,他坚决反对这个决议案。事实上,他在上星期六(11 月 6 日)给我和叶外长发来的电报说,鉴于拟议中的条约内容,要求摈弃新西兰决议案。

饶伯森承认,蒋委员长本人不喜欢新西兰决议案,因此他建议签订中美条约,以减轻新西兰向安理会提出决议案对中国民众引起的精神影响。不过,美国要使新西兰不提出此项决议案是无能为力的。

我说,就我所知,提出此项决议案的想法并非出自新西兰自己。

饶伯森反对这种说法。他还说,假如新西兰不提,其他国家还会提出另外的对中国更不利的决议案。他强调说,机不可失,可惜叶外长离开华盛顿到西班牙去了。

我说:我已力劝叶外长缩短在西班牙访问的时间,他将在本周末回到这里。

然后,饶伯森询问协助他的马康卫有关共同声明的草稿问题,还说,那天上午他不得不离开讨论此事的会议。他问马康卫讨论的结果如何?

马康卫回答说,中国方面提出的草稿中有些更动,不过只是一些枝节问题。

饶伯森说,他获悉我已得到正式的委托,在叶外长缺席的时候有权继续进行谈判。还问,是不是果真如此? 当我说"是的"时,饶伯森说,在叶外长返回以前他和我应该把谈判尽可能向前推进。

我说,为了节约时间,饶伯森先生是否能给我一份修改后的共同声明稿,以便我研究一下?

饶伯森也向我要一份中国方面修改过的互换照会草稿。

我说,该稿一经拟就,我会很高兴给他一份。我说,我正在同台北政府以及在马德里的叶外长进行联系。如有必要,在饶伯森先生认为方便的时候,我可以继续谈判。

会晤后,马康卫给谭绍华打了电话,请他立即到国务院。谭绍华到国务院以后,马康卫交给他一份美国提出的共同声明修订稿。谭回来后,我就阅读这份草稿,看来比原来的文本有些改进①。后来,我召集谭绍华和王之珍开会,再次审阅一遍,并拟定发给外交部报告最近同国务院会谈情况的电稿。

另一份发给沈次长的电报提到我给委员长发出的关于拟议中的换文的电报,并曾请总统府送一副本给沈。我说明,美方认为此事极为紧迫,希望我们及时答复。我要求他设法催促委员长审阅"甲"、"乙"两稿,并早日下达指示,以便同美方重开谈判时

---

① 见附录十二,文件丙。

有所遵循。

晚间,我应邀出席韩国大使为即将离开国务院到香港就任总领事的庄莱德先生举行的宴会。出席宴会的还有卡尼海军上将和夫人、美国驻韩大使。我们吃的是高丽菜,我觉得味道既不像美国菜,也不像中国菜。韩国大使举杯祝酒,为美国总统、我和庄莱德干杯。庄莱德回敬,提出为韩国李承晚总统的健康干杯。我提议为美国、韩国和中国的共同事业而干杯。

同一天(11月9日),杜勒斯在国务院举行记者招待会。一位通讯记者问他,关于同中国签订共同防御条约,美国是否有些勉强?杜勒斯回答说:不,没有甚么勉强。他接着说:

> 我想,大家都知道,我们已经同中华民国的代表对这个题目进行了一系列会谈,持续一年左右。会谈是十分积极的。虽说目前还没有取得充分进展并预期其结果如何,但我可以说,即使尚有一些难以解决的问题,目前在前进的道路上并没有遇到甚么不能克服的障碍。此外,我还没有适当的机会,就整个问题同必须对此类条约进行审查的参议院代表们进行讨论。我们希望在本星期至少同参议院外交委员会下属远东小组委员会的成员开一次会,就全部情况向他们汇报,并征求他们的意见。

在那天的《华盛顿邮报》上,查默斯·罗伯茨又发表了一篇关于我们向美国作出保证的背景的文章。根据这篇文章所说,1954年9月3日,中共轰炸金门岛后四十八小时内,五角大楼即同意我方空军可以攻击金门岛对面大陆上的共军炮兵阵地以及船只和部队。同时,在参谋长联席会议上,以三比一的多数票,决定向艾森豪威尔总统建议,允许我方轰炸大陆内地;此后如果中共进攻金门岛,美国空军将参与作战。赞成这项建议的有海军上将雷德福、海军参谋长和空军参谋长,而李奇微将军则反对。争议之点是:1.如果我们轰炸大陆,应当深入内地多远;2.如果要等待中共首先攻击,那么在美国开始采取武装行动之前,允许中共进攻到何种程度。

罗伯茨接着报道说,当参谋长联席会议将他们的意见分别提交高级当局请示决定时,艾森豪威尔总统正在丹佛避暑,杜勒斯国务卿正出席马尼拉会议。国务卿从马尼拉来电同意联席会议的意见,但当时代理国务卿比德尔·史密斯则持反对意见,并向艾森豪威尔总统建议于9月12日在丹佛召开一次国家安全委员会特别会议进行讨论。会上雷德福海军上将力主采纳此项建议方案,国防部长威尔逊则主张只有在中共武装部队发动进攻的情况下美国才能采取行动,而李奇微说,空军干预,最终还需要陆军参加,而陆军还未做好这种必要的准备。艾森豪威尔总统最后否决了这项建议,不过,制定了一些决定。

据罗伯茨所述,这些决定是:

1.如中共进攻金门等岛屿,则美国将采取适当的措施。

2.美国将同台湾缔结双边互助条约,但台湾必须允诺不向大陆挑衅。

3.美国将判定共产党的行动是否已构成侵略,达到使美国进行反击的程度。

这家报纸的另一篇文章中谈到,虽说艾森豪威尔总统明确主张同共产党和平共处,他也不会采取与美国既定原则相反的行动。这些既定原则为:台湾是太平洋战略链条上重要的一环,并且,台湾的民众决不应陷于中共统治之下,此外,自由中国是团结东南亚华侨的枢纽。

所有这些消息,我都向外交部作了报告,在这份电报中,还汇报了艾森豪威尔在一次天主教集会上的演说:他说同过去相比,今天有更多的可能维护持久和平。不过,现在全球性休战的性质仍不稳定。美国外交政策最主要的目标是怎样把不稳定的休战转化为光荣的和平。

随后在另一封给外交部的电报中,报告了艾森豪威尔总统在

11 月 10 日回答新闻记者提问时,否认他曾命令我国停止轰炸大陆的传闻。艾森豪威尔说,美国在同友好国家往来时,对他们永远是以平等相待,从未对外国发号施令。但是,美国经常同外国讨论如何使用美国援助的问题,而且一直在同我国讨论这个问题。他说,这些讨论也联系到将来的两国关系。(他的声明暗指正在讨论一项条约。)

在报纸上刊登艾森豪威尔总统声明是很有帮助的。然而,类似罗伯茨的文章也出现在报纸上,而且暗示美国确实给我们下过命令,或者将要命令我们停止对大陆进行攻击。很难断定美国公众究竟相信谁的话。此后,我在 11 日向外交部报告,伦敦合众社的一则电讯甚至说,根据可靠的外交渠道消息,美国正在同英国研究关于怎样促使台湾中立化的建议,以期缓和远东局势。电讯说,即使让台湾成为一个独立国家,英国在原则上也不反对。英国政府希望美国当局同我国政府讨论这个问题,寻求解决的办法。另一个建议的解决方案几乎等于把台湾变成国际委托代管区域。我还说上述报道有些像是英国放的试探性气球,我将设法继续深入了解此事。

顺便提一下,外交部本身也获悉同一或类似的合众社伦敦电讯,并在一个星期以后来电,叙述了该电讯的要点,并且索取背景情报和我对局势的看法,希望我尽早回电。我给他们复电称,要他们参看我前已发去的电报,然后综合汇报了美英对台湾的态度。

首先,我述及 11 月 2 日我和杜勒斯国务卿会谈时讨论新西兰提案的情形。我问国务卿,美国是否曾同英国协商?英国的态度如何?杜勒斯回答说,英国对提案不太喜欢,至于英国是否能同美国采取一致行动,还没有把握。我继而谈到 11 月 9 日和饶伯森的会谈,当时我提到日本首相吉田访美一事,并说美国一定要当心,不要相信他劝说美国对中共采取更加和解态度的宣传。我并且指出,饶伯森当时回答说,美国支持中华民国,反对共产党政权;而美国的这项政策的根据是美国的公众舆论,因此这个政策不大可能改变。

至于如何缓和国际局势和避免一场原子战争的问题,我说,美、英正在接近一致,欧洲方面,已经达到完全一致,至于亚洲方面,尤其是如何对待台湾问题,总的说来,双方也在逐渐接近。这可以从美国赞成新西兰提案;美国反对我们轰炸厦门,以及反对我们采取积极措施防守沿海岛屿等等看得出来。

我也指出,在中美共同防御条约谈判中,美国对条约措词和用字表现出极为谨慎的态度,其目的是为了在我们当前的局势下避免卷入任何战争。至于我们重返大陆的问题,美国认为不要放弃这个目标,但强烈要求我们在一段时期内应当静待时机,并强调,如今共产党国家的和平攻势已经在全世界造成一种和平气氛。我说明,最近,艾森豪威尔总统、杜勒斯国务卿、威尔逊国防部长接连发表声明或演说,一再强调和平共处,以迎合美国普遍的公众舆论。

电报最后概括我的看法,我说,美国政府在考虑整个世界局势时,至少在目前,为了达到和平共处不惜作出任何努力,并等待和观察形势的发展,以便能够应付不同地区的友好盟邦,同时在国内方面对民主党人控制的新国会给予适当的考虑。另一方面,英国政府毫无疑问将继续推行他们的阴谋,而不等待国际局势的进一步演变。我最后结束说,这就是我们必须十分仔细注意的事。

11日在大使馆为庄莱德举行饯行午餐会,来宾中有许多国务院官员。祝酒时我对庄莱德关于远东方面的学识,他对我国问题的同情、理解与合作精神,以及他对自己的职责和国家利益的忠诚,表示高度评价和钦佩,并为他的健康和成功而干杯。轮到他祝酒时,他恭维我是华盛顿最成功的大使,受到了国务卿以及全体国务院官员的尊敬。

午后,我出席国防部部长助理为一位来访的土耳其陆军中将举行的招待会。在会上,我同最近接替庄莱德担任负责远东事务的助理国务卿帮办西博尔德闲谈,他谈到了日本的政局。他同意吉田首相的政治前途不稳的看法,不过,吉田还不会下台。他说,吉田宁愿解散国会,要求进行一次新的大选,以便争取继续担任他的首相职务。西博尔德夫人是美日混血儿,长相也是个欧亚人,但她的言谈思想显得美国人的特点超过日本人的特点。她告诉我一些美国的家务问题,以及她如何设法当好家,她认为,想要如她所愿那样布置住宅并安排好家务,耐心和多动脑筋是必不可少的两个主要因素。

同日,我收到委员长对换文的指示,批准我建议的以"甲"稿作第一轮会商的反建议。这样就开始了另一固颇为困难的谈判阶段,因为,我方坚持不能作出超过我们非正式保证范围的书面保证,而且应尽可能维持相互的原则。美方则显然打算对我们的行动自由,确保最牢固的控制,甚至达到对我们所有调动军队的决定拥有最后裁决权的程度。叙述到这里,事情已很明显,美国同中华民国谈判与缔结条约,其根本目的在于稳定局势和防止(至少是限制)发生任何武装冲突。艾森豪威尔同杜鲁门在防止远东再一次爆发战争的政策上,不折不扣,完全一致,而台湾则是远东潜在危机和纠纷的一个主要策源地。因此,艾森豪威尔政府期望稳定远东局势,时间越长越好,不过这并不是一种根本解决的办法。

假若台湾自不量力,过早诉诸武力行动,进攻大陆,势必要陷入困境。中共可能对此不难应付。但假若他们企图施加报复,就有可能改变西太平洋的局势,并且从而迫使美国不得不采取某些行动。这就是美国心目中的潜在危险。因此,美国政府需要这个条约,以期在约束台湾行动的同时,也通过维持台湾的存在以制约共产党。此外,我认为,美国从不指望台湾在没有任何支援之下,就能单独进行收复大陆。

美国为甚么谋求签订这项条约还有另外一个很重要的理由,

即美国是为了它自己。对美国而言,台湾是自阿拉斯加经朝鲜、日本、冲绳,然后到台湾、菲律宾、澳大利亚、新西兰整个防御链条上的一个非常重要的环节。换句话说,在太平洋地区,美国利益范围将由这个条约来保障。如果大陆势力占领台湾,这个链子就断了。美国用来对其广大公众甚至对我们公开宣传和解释其动机的就是这后一个理由。但是头一个理由在下一阶段谈判中有着显著的作用。

二、谈判的末期

委员长关于拟议之换文的指示于 1954 年 11 月 11 日通过外交部次长沈昌焕转达给我。该电称,委员长认为议定书改用换文方式甚妥,可先照所拟修正案“甲”稿向美方交涉。惟无论如何修改,仍应照我 9 日去电中第一项意见,尽量避免片面性质文字,而采用相互方式,以免将来我国民认为美片面束缚我国。

指示继称,至于换文时间,只须在签约后一星期或旬日后均可,请斟酌因应。

指示还叮嘱,换文须请美方保密。若须向参议员说明,亦仍盼能守密。盖万一泄漏,不啻通知共党,则共党将大肆嚣张,于美亦不利也。

沈昌焕于电文最后说,希本此意遵照洽办电示。

得到台北同意后,我当晚即将我方议定书文本,或毋宁说是换文的文本(为“甲”稿)送交饶伯森。约定 12 日下午恢复磋商。

12 日晨又收到外交部电报,其中抄有一家香港出版的日报《工商日报》11 月 8 日的一篇社论的要点。该电说①,

香港《工商日报》根据华府 5 日路透社电,以“条约软?锁链软?”为题,著文评论棠案,所谓我不向大陆发动攻击之

---

① 两电译文均参照顾氏所存原电。——译者

谅解,要点如次:

(一)如果有此项谅解,则不但使我国军事、政治方面受极大不良影响,即对美国远东政策及国际信誉亦有损害。盖此举不啻承认共党对大陆之统治权,并鼓励其向东南亚侵略。且使人怀疑美国之援我,仅为保持一军事基地之自私目的,而使铁幕内外反共人民丧失希望。

(二)美方用意如在避免直接与共党为敌,则此举适足造成美国与共党长期为敌之状态。盖共党不但反对台湾中立化,且亦反对台湾托管,而坚决指控美国侵略台湾,限制我军事行动并不能满足共党要求。

(三)我国反共目标非仅在保卫,苟果如此,则我无异接受美方雇用,为美守卫基地。

(四)我顺从美政策,致丧失大陆,不可再误。

(五)如有此项谅解之束缚,我宁不要条约。

外交部的电报接着说:

该报与我政府并无关系,其言论可见民意一般。故将来如棠案换文对我拘束过严,或对外泄漏,必遭舆论猛烈攻击,影响中国人民士气实匪浅鲜。盼酌予运用。

当天下午我偕谭绍华去国务院拜会饶伯森。马康卫在座。谈话集中于我方就拟议中换文内容所提之反建议。这次磋商不仅时间拖得很长,而且有时不够真诚,甚至可以说有些尖刻激烈。

一开始饶伯森就说,昨晚在里士满参加了招待伊丽莎白太后的晚宴,凌晨两点才睡觉。(当时太后正在对美国和加拿大进行为期三周的访问。)早晨六点钟他坐了三个钟头的汽车赶回华盛顿,忙了一整天。然后他用这样的话开始了讨论。他说,他怀疑中国政府是否真正打算采取中国反建议中所表示的立场[1]。他

---

[1] 反建议与“甲”稿相同。原文见附录十一,文件乙,11月11日晚送交国务院。

说,在冲绳和西太平洋其他岛屿上,并没有归美国统辖的中国军队,而按照中国反建议草案,没有中国的同意,美国不能调动那些岛上的部队。美国总统作为武装部队总司令永远不会把限制他部署美国军队的权力交给任何人或任何国家,因此,他(饶伯森)碍难就这一建议进行讨论。

我说,我愿把我国提案的想法加以解释。我回顾了双方暂时同意的条约草案的某些条款,这些条款在形式上是相互的,如,对缔约国一方之危害即是对另一方的危害等等;因此,冲绳发生的事自然也会影响到中国政府管辖下的领土。我接着说,蒋总统殷切希望条约应采取相互的形式。除了军事因素外,还应适当注意到政治方面。条约要经立法院批准,如遭到立法机关和人民的责难,则实属不幸。我举出香港《工商日报》题为《条约软?锁链软?》的社论作为例证。社论以路透社华盛顿 1954 年 11 月 5 日的报道为依据,意思是说美国和中华民国在共同安全条约的谈判中有某种谅解,禁止中国政府对大陆采取军事行动。(然后我按照外交部的电报内容,将社论要点口译成英语。)

饶伯森说,谈判不可能以一家报纸根据路透社报道而写的社论作为依据。

我说,我并非发表我个人的意见,只是译出香港一家中文报纸社论的要点来说明中国新闻界对此项谈判如何关切并注视着谈判的结果。中国政府也注意到了自由中国人民的态度。因此,重要的是应特别努力做到使条约的词句适当贴切,以解除人民的疑虑,不给他们以责难的口实。

饶伯森问道,叶部长在大使馆举行记者招待会,对共同防御条约谈判的背景给予简要说明,是否属实?

我说,没有举行过记者招待会①。鉴于新闻界人士纷纷要求会见外交部长,而后者又不愿接见他们,只好采取了一种策略的

---

① 关于这次和记者的会见参见上节 11 月 3 日招待新闻界代表之晚宴。

办法,举行了个小型的宴会,有选择地请了一部分新闻界的代表,使之完全成为社交集会。饭后,客人停留约四十五分钟,其时有人向外交部长问到中国国内情况,问到报上登载的中美之间签订共同防御条约的谈判情况。我强调指出,外交部长以极老练而圆滑的方式回避了谈判情况的问题,只是说近几个月来谈判在断断续续地进行。回答所用的词句与美国高级官员回答有人提出的同一问题时所用的词句几乎相同。我记得当时我在场,认为外交部长的回答甚为得体,没有透露任何消息,也没有给人留出猜测的余地。

饶伯森问,查默斯·罗伯茨是否在场?

我做了肯定的回答,说道,但没有告诉罗伯茨任何特别消息。我以为,人们读了罗伯茨的文章后不难看出,他的消息来源确实出自美方,因为他所提到的许多事情,在当前的磋商中根本没有提到过。

饶伯森强调说,对这样一个记者招待会,他感到遗憾。他接着说,倘若上述社论代表中国的意见,则条约难以签订,而如不要条约,事情最好现在作罢。在中国政府要求签订这一条约时,美国充分认识到所涉及的各种困难,而且已经把困难正式通知了中国政府。美国决不能同要采取军事行动的任何国家谈判签订防御条约,而把美国拖入战争。中国的换文草案,美国政府不能接受。他强调说中国政府希望双方对等,但双方对等只能在条件适宜的情况下才能获得。

我回答说,中国政府无意在美国所属西太平洋岛屿上部署它的军队。我对他说,因为中国政府认为,重要的是按条约草案的原则尽量使换文在文字上表现出相互性,所以涉及西太平洋岛屿也并非不当;不过,事实上中国政府无意限制美国在那里部署其部队的权力。提出具有相互形式的理由主要是从政治方面考虑。

饶伯森宣称,美国政府不能同别的国家签订共同防御协定,除非对那个国家的攻击危及美国。正是基于这一理由,协议的某些条款必须是双方相互的形式。按照他的说法，换文的中国对应草案中的相互式条款是不适宜的。如果中国坚持，他将提出把美国所属西太平洋岛屿从谈判的条约中剔除出来。他说，国防部决不会同意中国的对应草案，美国总统也决不允许任何人或任何国家对他部署美国军队的权力享有否决权。他又解释道，因此，对于是否把这一草案提交他的上级考虑，他颇为犹豫。

我再次向饶伯森保证，中国政府毫无谋求饶伯森先生所称之否决权的意图。我强调说，中国政府所谋求的仅是换文要有尊严的形式，这主要是出于政治方面的原因，没有其他方面的考虑。

然后饶伯森先把中国对应草案阅读了一遍，然后加以评论说，草案删去了中华民国在两个地区军事部署的条款。他强调，在台湾、澎湖及沿海岛屿的军事部署问题也是重要的。饶伯森说："假如你们把你们的军队都调至沿海岛屿，那么美国部队，我指的是步兵，就得保卫台湾与澎湖，因为美国将承担保卫它们的义务。"

我说，中国政府宁愿删去军事部署这一句，因为它似乎是对军事行动自由的一种限制。我认为，对美国至关重要的是有关"武力之使用"的规定，这多少有点彼此相互的形式，已为双方所接受。

饶伯森解释道，除了前面说到的美国拒绝把它所属西太平洋岛屿包括在换文范围之内的理由外，美国十分重视军队部署问题，因此不能接受中国的草案。

这时饶伯森办公桌上的电话铃响了，通知他国务卿要马上见他。这时问题还未谈完，我扼要地重申了我国政府的观点，说道，鉴于两国政府的密切合作关系和中国急需美国的援助以及目前已有的就使用美国军援进行磋商的协议，删去有关军事部署的条款，不会引起任何真正的困难，而此事对中国政府来说，与其说是军事问题，不如说是政治问题。我进一步指出，政治因素和军事因素同样重要。如果能找出协调两国政府观点的方式，那对中将是一个道义上的巨大支援。因此,请助理国务卿把我所解释的中国立场提请国务卿注意。

饶伯森答应他将把这一要求报告给国务卿。

11月14日星期天。无正式约会,这是本月中我的第一个闲静的日子。我散步两个小时。收到几份电报。其中一件标着特急和极密,是外交部次长沈昌焕对我报告最近与饶伯森谈话内容电报的复电。电报中说,总统对美国坚持的各点感到十分不悦。他认为美方逼我太甚,对军事部署一点,尤其如此。他认为这点必须删除。已亲电执事说明理由,可见总统对此点之重视。

然后沈次长把总统的指示转述如下①:

(一)如美同意删除军事部署一点,我可试提"乙"稿。

(二)关于相互方式一节,我亦应力争,俾万一泄漏时,不致予人以对我片面约束之感。且美方向以平等合作为号召,美总统近且强调以平等地位对待盟国,现美如坚持片面方式,亦有损美立场。

(三)我执行反共抗俄国策,多赖于国内外民心士气之支持,此点亦为美方所深知。我决不能不顾舆论而签此约。请再向美方详予说明。洽办结果请电示。

约一个小时之后,机要室收到委员长的来电。电称,军事部署一点如列入换文,于军民观感均不佳,影响士气民心,且有利共党。实际上对美亦多不利。事实上,中美对军事部署早已经常会商,实无需要在换文中规定。盼告杜勒斯国务卿及饶伯森助理国务卿,请其同意,勿将此点列入换文。

外交部还拍来另一份电报,索取美国草拟的共同声明修正稿全文,因为我曾向外交部报告,马康卫于9日将美方修正稿交给谭绍华。我在回电中说,查美方马康卫9日所交谭公使之修正声明,据其向谭公使解释,该稿虽经修正,仍应视为未定稿。且其末

---

① 所引电文录自顾氏所存函电原文。——译者

段括弧内有"俟议定书或换文稿内容商定后,再了补充"等字样。

我在电报中还说,当时经谭公使告以我认为条约与换文系属两事,迭经我方于近日谈判中声明,无论换文内容如何,双方应守秘密。将来共同声明不必过于冗长,更不必提及换文内容。

我接着说,美方前曾主张先讨论换文,俟成立协议后,再讨论声明稿。现因换文问题尚未商妥,故此项声明初稿尚未商谈。随后,我附上了马康卫9日交来的修正声明中文译文。

那天谭绍华被马康卫邀去国务院,回来时带来一份美方对换文的修订稿。其后我又发出一份由外交部转呈的对委员长本人来电的复电。电中附有14日下午五时马康卫亲自递交谭绍华的美方换文修订稿的中文译文①。据马康卫称,此稿系由杜勒斯国务卿亲自起草,因时间急促,未及与其他有关单位会商,故尚非最后定稿,美方仍保留再修改之权。但为争取时间起见,先送我方。此稿如经我方接受,以后谈判当较易进行。故请顾大使即电达中国政府。

我说,窃按美方此次另提修正稿,殆因12日钧座与饶伯森助理国务卿谈话时曾坚持平等相互原则,竭力反对片面规定,故此次修正稿在起草方面对我似有迁就,而尽量采用相互之形式。

我还说,谨将研究要点陈述如下②:

(甲)美方原稿曾规定,我国在台澎及外岛间之军事部署须经共同协议云云,纯属片面,且对我部署军队之大权显欲加以广泛之限制。此次美修正稿不再用军事部署字样,且亦不再片面限于台澎及外岛二区域,而改变方式,于修正稿末句中规定"凡由双方共同努力及贡献而产生之军事份子,非经共同核准,不得撤离第六条所述之各区域"。就字面解释,自适用于条约所述之双方领土,不仅采用相互形式,且我在

---

① 美国11月14日换文草案见附录十一,文件丙。
② 此电电文录自顾氏所存函电。——译者

理论上亦保有在美国西太平洋岛屿上之同样权利。就目前情形而论，虽因事实上我在各该岛屿并无驻军，亦未有共同努力与贡献，自不能适用。但倘将来局势演变，我参与各该岛屿之防务，则我自亦有行使该权利之可能。

(乙)美修正稿对于使用武力之规定，就地域言，仅限于台澎与外岛二区域，并未将其西太平洋岛屿包括在内，此与其原稿及我"乙"稿相同，自非完全平等。美方意见则认为此约着重防守台澎，而美在台澎负有实际协防之责任，与我对其西太平洋岛屿之情形不同。惟美就使用武力之双方而言，则在此二区域内，双方均须经过共同协议。对美现在驻台澎区域之海空军，我亦可同样限制美方行动。故似尚属相互性质，且较我历次对美方所作片面保证，似稍冠冕。

(丙)综上分析，美方修正换文稿似已采用我所提"甲"稿之要旨，顾及我方立场，其措词方式亦有相当改进。我在大体上是否可勉予授受，敬祈鉴核电示。

我请求委员长考虑，然后给予指示。

次日，11月15日，叶公超自西班牙归来，傍晚时我迎之于国民机场。他兴高采烈，显然对西班牙之行和在那里受到的接待颇为满意。他说，西班牙的国防大臣和外交大臣想尽一切方法使他感到愉快。当他提到喜欢打猎，想买支名贵的西班牙猎枪时，两位大臣各送给了他一支，虽然他本来只想买一支。他说，他和佛朗哥元帅的会谈是十分坦率的。佛朗哥劝他把在华盛顿与美国举行的共同防御条约谈判赶快完成。

至于在这里的谈判，在他离此期间大有进展，就条约草案而言已克服了主要困难，现在的困难集中于换文，特别是在中华民国军事部署须经美国同意的问题上。我告诉他，美方为迁就我方的反对意见已经提出了第二个对应的草案。我说，此最新的对应草案提出把需要同意的项目仅限于共同努力的成果上，以此来体现双方相互和平等的原则。叶似乎不大满意，对他离此期间我们的努力有些不以为然。幸而，即使台北已批准了中国的对应草案，我方尚未对美方做出任何让步。

叶外长次晨来访，我们开会为即将举行的与饶伯森的会见做准备。叶外长仍要求美方放弃关于军事部署那一点，即便新修改的美国草案在最后一句话中改称作"军事份子"也不行。我们共同草拟了一份新草案，完全不提这一点，中午才完成，以便我们能在下午二时三十分和饶伯森见面时把它带去。

下午二时半，我们由谭绍华陪同去国务院。马康卫参加了会谈。会议没有取得进展，因为叶外长重复的仍是我在与美方辩论时所采的若干论点，即对我国在台湾和澎湖的军事部署须同美国协商并取得它的同意，这将削弱这两个地区的防御力量。

根据谭绍华写的会谈纪要，会谈的开场是趣味性的交谈，谈到了外交部长的西班牙之行。然后，饶伯森说，在叶外长离此期间，开了次会，在澄清确实存在的某些误会方面取得了很大的进展。

叶外长说，关于那次会谈我已经向他报告过。不过他个人不认为取得了任何真正的进展。饶伯森先生当能记得，他以前曾经说过，中国不能接受"军事部署"那一句。现在美国政府提出换文修改草案，这份草案尽管提到双方同意的条约文本第六条，表面看来是双方对等的，但按中国的观点来说，仍是不能接受的。他还提醒助理国务卿，条约附加议定书的主意是在对条约文本已达成临时协议之后突然提出来的。他认为，这一问题如能和条约的要点一起提出讨论，也许更为适宜。

饶伯森说，如果双方不忘美国的立场并回忆杜勒斯国务卿和蒋总统的会谈，现在磋商的内容并没有新东西。中国政府应该认识到，美国政府一向认为由于中国目前的局势，签订这样一个条约确有实际困难，鉴于对这一问题的非正式谅解已经存在，现在要做的不过是把过去非正式和非官方同意的东西使之成为正式的和官方的。

外交部长说,他愿谈谈业经双方同意的1954年6月17日他自己和蓝钦大使的谈话记录。记录中写道,中国政府同意,不征得美国同意,对大陆不采取大规模军事行动。他认为"军事份子"那一句和"军事部署"一样,离开了本协议的范围,这样的条款是节外生枝,实在不大合适。如在谈判初期提出,也许早已顺利解决。关于"使用武力"的一句已经充分把情况包括在内;如将美国修改草案最后一段(即涉"军事份子"的那一段)包括在换文之内,则中国政府想派一小部分军队去大陈岛或别的岛屿,将必须取得在华盛顿这里的美国政府的同意。外交部长表示,希望能拟定更合适的草案,并希望助理国务卿劝说国务卿删去那一段。

饶伯森说,那一段并不侵犯中国政府的主权,因为条约所包括的全部内容都涉及共同的任务,双方磋商是理所当然的。他又说,他不是军人,不过即使作为门外汉,他也能清楚理解那一段并非不合理;在国与国之间的军事问题上,磋商与协议是必须的。他举出第二次世界大战期间西欧的军事联合行动说明他的论点。

外交部长坚持认为"使用武力"的一句已充分说明问题,这已为中国以某种方式所接受。饶伯森马上说:"不。假如你们把全部军队派遣到沿海岛屿,那我们就不得不在台湾和澎湖补充进我们自己的军队。"

外交部长说,饶伯森先生的论点乃是基于一种毫无根据的、不合逻辑的假设,因为这种情况是决不会发生的。饶伯森则认为,条约多少总是永久性的契约,它可能比谈判人的生命更为长久。他愿意看到经得起时间考验的文件,因此,美国的主张并非不近情理。

我说,我想澄清一点。我理解,在"使用武力"的这一句中,重点在"自卫"这个字眼。因此美国的修改草案不适用于中国军队在台湾或澎湖以内或二者之间的调动。饶伯森答道,大使的理解是正确的。

叶外长说,按照美国原来的草案或新草案最后一段中所载

"军事部署"一句,中国政府不能从台湾和澎湖调出军队,而美国政府又明确承认中国的自卫权,如果中国在紧急时刻出兵保卫沿海岛屿,事先必须征得美国的同意,那么,承认这种自卫权就等于是一句空话。美国当局已向中国政府阐明,保卫沿海岛屿是中国自己的责任,在谈判过程中也已经明确自卫是中国的固有权力,这些观点与美国在换文末段中坚持的主张是难以协调的。外长坚决说:"如果接受这一款,那就是说,在紧急关头也必须商之于华盛顿。"

饶伯森说:"当地磋商即可。"

外长提到最近共产党对金门的进攻时说,9月3日那天,中国官方等了七个小时才得到太平洋地区总司令的答复。由此可知,万一沿海岛屿发生紧急情况,中国政府将处于何等尴尬的境地。如能草拟适宜词句,规定中国为了自卫,可以从台湾和澎湖调动军队,那就比较合理,或许易为中国政府所接受。

饶伯森认为,沿着这个路子也许可以找到一些办法。他说,如外交部长想出恰当的措辞,他愿对此进行讨论。然后,饶伯森简要地回顾了他最近的台湾之行,暗示甚至委员长也不这样坚决反对美国的意见。他大声说,蒋委员长向来是个合作的好伙伴。可是他又说,中国可以把它所有的军队都调至沿海岛屿,而在台湾和澎湖不设防。他接着说:"你知道美国人民对派地面部队出国的态度,想到这一点,就可以理解美国的立场不是不合理的。"所以他坚决认为,所谈的最后一段,对中国政府的脸面没有甚么不好看,没有这一段,美国政府就宁愿不要这个条约。

我说,就美国政府看来,问题的症结就是制止中国把全部军队调至沿海岛屿。果然如此,则可以制订出符合双方论点的方案的。

饶伯森严肃慎重地说,美国是抱着主权平等的观念参加这一条约的谈判的,在磋商的过程中,从未提到过双方之间的实力和权势方面的差别。他说:"我们所写入条约中的文字,要设法使共产党无从获悉美国对这些沿海岛屿的意图。"他又指出,在原草案(双方同意文本的第五条)中用的字眼是"对……之攻击",但是现在改为"针对……之攻击"。他说这一改动就是出于对中国利益的考虑。

叶外长说,对助理国务卿肯定美国尊重中国的利益十分感激,但仍然要说,最后一段是不必要的。他坚决地说,如果换文中有意图阻止中国在沿海岛屿遇有紧急情况时派兵援救的任何规定,作为外交部长,他难以签字。然后他提到蒋总统的最近指示,对"军事部署"和"军事份子"的句子表示反对。叶博士重申,中国政府不能接受限制它自由派兵保卫沿海岛屿的任何约束。他又说,如果美国政府确实想让中国在台湾和澎湖保持足够的兵力用以自卫,也许可以找到一个方案来体现并说明目前的各项保证,但不能像美国草案最后一段那样超越这一范围。

助理国务卿说,他必须去参加另外一个会;又说,国务卿希望双方谈判代表加速进程。他承认根据叶博士提出的意见寻求一个新方案可能是有益的,建议双方共同努力找出能被共同接受的措辞。

叶外长特别强调,假若中国接受"军事部署"或"军事单位"的辞句,他将无法把它结合关于"使用武力"的规定向立法院做出解释。然后他向谭绍华要了一份中国新草案①,递给饶伯森,问他个人认为是否能够接受。

饶伯森把草案看了一遍,发表意见说,他不喜欢"使用武力"一辞前面的"涉及大规模军事行动"一词。根据他的理解,美国使用兵力的权利是根据双方同意的条约文本第七条的规定而来的。

叶外长解释道,在他多次提到的那个"保证"中,仅涉及到中国大陆的大规模军事行动,这也是他前面所说的"使用武力"一词有些超越当时的约定的原因。他坚持说,换文不应超出"保证"的

---

① 见附录十一,文件丁,1954 年 11 月 16 日中国草案。

范围。至于双方同意的条约文本第七条，外长指出，为实现这一条，需有另外的协议，这可以在条约签字以后进行。

助理国务卿承认，两国之间意见有分歧，应提请蒋总统注意。

叶外长说，他正是遵照总统的指示表达中国的意见的。他说，立法院曾两次向他提出质询，美国政府是否曾经建议中国政府放弃沿海岛屿。他每次都回答说："没有，据我所知没有。"他认为这些岛屿无疑具有战略价值，对台湾的防卫极关重要。他请教过一些美国海军军官，他们也有这种看法。

饶伯森说，据他所知，美国从未建议过中国放弃这些岛屿。

会谈将近结束时，话题转到11月3日在双橡园为招待经过选择的一小部分记者而举办的冷餐会。叶外长的说明基本上是我从前对饶伯森讲过的话，这完全是个社交活动，并没有透露过，甚至没有暗示过任何重要消息。

17日晨，我收到沈次长对我14日报告美国修订草案的复电。电文称①，我政府已决定修正稿末句拟在文字上修正如下："凡由两缔约国双方共同努力与贡献而产生之军事单位之调离第六条所述各领土，须由双方共同协议行之。"（美国原草案规定"非经共同核准"这种军事单位不得撤离。）其中军事单位系我国国防部所用中文术语，又撤离改译为调离，在英文本中均无需修改。

电文还说，助理国务卿饶伯森访台时总统曾提及可在棠案之外，另成立两个谅解。一为我方在决定反攻大陆以前，同意与美方洽商。另一为如共党来攻外岛，美愿予我以全力支持。前一谅解即为现在洽商中之换文，后一谅解亦请即洽美方，亦有明确表示。以上请转陈部长，并续洽电示。

同一天早晨，我的空军武官衣复恩上校刚从台湾归来向我报告说，他曾随同俞大维将军（当时的国防部长）前往金门和大陈，发现我国海军无空中掩护，过于暴露。他还说，我们只收到了四

---

① 此电译文参照顾氏所存该电原文。——译者

架 F-86 飞机,不过将有更多的飞机交货。

11 月 18 日上午,我接待了南非联邦的新任大使霍洛韦博士。霍洛韦有学者风度,性情温和,对人对事没有偏见,在南非政府任财政部长多年。他谈到政府的收入情况时说,在他的国家,金矿已成为可靠的企业,不再遭受不可预测的风险。专家们从岩层试验中就可测定能够从每种矿石中获得多少黄金和副产品。不过所得税正在取代开采税,成为政府岁入的主要来源。

下午我偕外交部长参加拉脱维亚公使馆的国庆招待会,这是我们对拉脱维亚表示同情和友好的不寻常的姿态。主人是斯佩基埃代办和夫人。美国礼宾司司长西蒙斯也到场。拉脱维亚的处境十分困难,它不仅被苏联占领,而且已被吞并,成为苏联的一部分。美国一直拒绝承认这种合并,而继续与华盛顿的拉脱维亚公使馆来往。当然,中国对拉脱维亚深表同情,所以我要到场,并偕外交部长出席招待会。

在此期间,叶外长和我共同草拟了一份新换文草案。16 日和饶伯森的会谈没有取得进展。此外,台北的最新训令表明,台北反对美国的修订草案与外交部长看问题的角度不同。我们的新草案加入了台北的最新训令的要点。

草案于 17 日完成,派谭绍华亲自递交给马康卫,同时附有必要的说明①。18 日谭博士拜会马康卫,之后,我们给外交部去了一份报告。报告说②,关于使用武力及我对领土之自卫权各点,双方已获协议。现双方争执焦点仍在美稿对我军事单位之调离一端,拟仍尽力设法交涉,予以删除。兹另拟新修正稿,末段加"对我防守外岛,美允予我供应上之全力支持"一句,于本月上午派谭公使送交马康卫科长,并饬其告以我政府对美稿中军事单位之调离一点,仍表反对。同时复奉训令向美提出,请保证我防守外岛,

---

① 参阅附录十一,文件戊,1954 年 11 月 18 日递交美国国务院的中国新草案。
② 此电译文参照顾氏所存函电原文。——译者

美将予我供应上之全力支持。如美方能给此保证,则叶外长与我当建议政府接受军事单位调离台澎须经协议之规定。

报告继续说,马康卫科长表示美政府对军事单位之调离一点甚为重视;至我所提请美保证全力支持我防守外岛一点,彼个人意见以此一问题牵涉甚广,美政府未必热心。但允即为转陈。又经约定明日上午十一时由叶外长和我续与助理国务卿饶伯森会谈。希酌转陈。

随同报告并附去我方修正稿中英文全文。

19日午后不久,我偕同叶外长和谭博士会见了饶伯森。会谈一开始,叶外长对饶伯森说,想必国务卿已经看过中国的换文新草案。他问饶伯森是否了解到国务卿的意见。他还说,对中方草案的内容他想解释一下,他理解签订条约的目的主要在于台湾和澎湖的防御,因此,中国政府殷切希望美国政府能够在换文中表示一下,在中国大陆沿海岛屿的防御中愿意随时给予供应上之支持,当然中国政府完全认识到确保这些岛屿的安全,是它自己的责任。随后,关于美国换文草案,对自"两地区"中任一地区的"使用武力"应为"共同协议"之事项一句,他再次表示反对。他说,如果中国政府就美国草案中那样的措词实行换文,在中国人民中决不会有好的反应。中国人民,特别是立法院会认为这无异说,沿海岛屿终究是要放弃的。因为,按照美国提出的草案,在紧急情况下中国政府不能自由派兵去沿海岛屿。中国之自卫权虽有明文规定,但实际上已被美国所拟草案中的其他规定所取消。

饶伯森答道,美国政府认为,换文中包括美国所拟的内容是绝对必要的,为了明确双方的义务,条约需要这样的补充。

叶外长请饶伯森把中国政府的观点和中国人民对此极为敏感的心情向杜勒斯国务卿加以解释,并建议他取消美国草案中有关"军事单位"那最后一句话。如果国务卿不这样做,他强烈要求美国接受中国草案中的最后一段,即对于沿海岛屿的防御,给予供应支持。那样,中国人民便认为得到了补偿,在保卫沿海岛屿的斗争中获得了美国政府的支持,他和我才能建议我国政府接受稍加修改的美国草案最后一句的实质性内容①。

饶伯森说,他个人可以赞成外交部长的论点,也很理解中国人民和立法机关的感情,但坚决认为不宜提出对沿海岛屿的供应支持问题。因此他认为不能接受 11 月 18 日的中国草案,因为,如果他接受,那就必须提交参议院外交委员会,而那样就失去参议院批准条约的可能性。他又说,他曾和国务卿谈过中国草案,国务卿曾加以细心考虑,对中国政府的观点也深表同情。国务卿坚决认为他不能接受中国草案的最后那一段,不过他可以迁就中国政府,把"军事单位"那句末尾的"共同核准"改为"彼此协议"或"共同协议"。

叶部长仍然要求删去关于"军事单位"一句。

饶伯森说,条约必须置于巩固的基础之上。中国政府固然有其难处,美国政府也有难处,如果美国所承担的义务在条约中或补充协议中不予明确规定,不仅会受到国会和美国人民的批评,也会受到美国盟国的指责。美国政府确实考虑到中国政府和中国人民的利益,正是为了这个原因,国务院对于有关中国局势和沿海岛屿的公开言论特别注意,从而使中国共产党捉摸不定;为了表示美国政府的善意,美国政府甚至决定将双方同意的条约第五条中的"对……之攻击"改为"针对……之攻击"。因为这样一改更符合中国的利益。饶伯森带有情绪地继续说,自从中国政府表示愿同美国政府谈判安全条约以来,几乎一年的时间过去了,如果谈判再拖下去,那将给人以非常恶劣的印象。

叶外长对饶伯森支持中国政府的说明表示感谢。他说,他接受把"对……之攻击"改为"针对……之攻击"的词句。然而他强调,如果中国采纳了 11 月 14 日美国草案的最后一段,中国共产党对于美国对沿海岛屿的态度将十分清楚,相反,如果美国接受了

---

① 见附录十二,文件戊,1954 年 11 月 17 日中国修正草案第一段最后一句。

中国草案的最后一段,那将产生极好的影响,等于通告中国共产党,美国将协助中国保卫那些岛屿。

我说,某些方面使人有一种美国政府对中国沿海岛屿漠不关心的印象,如果美国政府接受中国草案有关对那些岛屿提供供应支持的一段,则将产生极好的影响。中国政府官员完全了解美国的立场,并赞同饶伯森先生提出的一切极有说服力的理由,然而中国民众和立法院却非常敏感,他们只按照他们阅读的东西来理解当前的形势。如果美国草案一经发表,必然会引起不良的反应。

饶伯森说,中国草案末段牵涉太广,此外,他本人就不了解"供应支持"的含义是甚么。某些沿海岛屿委实太小,太靠近大陆,没有甚么重要意义,如果美国政府答应给予支持,那么,丢掉一个小岛就要损害美国的威望。他说,美国对中国的事业给予了慷慨的援助,然而不愿有损自己的威望。不过他又说,他无意使人产生某些沿海岛屿不重要的印象。

叶外长一再重申"军事单位"一句确不需要,他要求删去。

饶伯森回答说,这一句是经国务院最优秀的法律专家仔细推敲过的,就美国的立场而言,是必不可少的。他进一步说明,在上次战争中,通过类似"军事单位"条款那样的协议作出安排是屡见不鲜的。最重要的事是台湾和澎湖的防御,如美国"确认"保卫那些小岛,那将是给共产党提供情报。

叶外长问饶伯森,鉴于双方意见有根本分歧,他能否想出一种克服这种障碍的方案。叶建议,如果美国政府认为不能在换文中提出对沿海岛屿提供供应支持问题,可以通过正常外交途径达成另外一个谅解或协议。饶伯森答称,那是另外一回事。叶说,他知道,在蒋总统和饶伯森先生会晤时,蒋总统一再明确,不得美国的同意,中国决不对大陆发动大规模进攻,同时要求对沿海岛屿的防御提供供应支持。他想知道事情是如何提起的,以及随后磋商的情况。

此时,饶伯森桌上的电话铃响了,通知他国务卿要见他。约十分钟后,饶伯森笑容满面地回到办公室说:"诸位先生,行了。"他告诉我们,国务卿急欲促成协议,想出在有关"军事单位"一句中在"第六条"与"彼此协议"之间加进一个从句。修改后的文字如下:

> 凡由两缔约双方共同努力与贡献而产生之军事单位,其调离第六条所述各领土,达于实质上减低该地区防守之可能性之程度者,须经共同协议。

叶外长和我稍加商议后说,这是个很好的建议,十分婉转灵活,他个人认为这一改正是个很大的进展,但他还须报请政府予以接受。

谭博士认为,如把"该地区"字样改为"此等领土",措词或许更为贴切。这个建议当被采纳。我评论说,根据我的理解,不削弱这些领土的防御能力的"军事单位"的调离,则无需经双方同意。

饶伯森说,大使的理解是正确的[①]。

再谈到对沿海岛屿提供供应支持的问题,叶外长说,美国是否可以给我国政府某种明确保证,愿意对这些岛屿提供供应支持。

饶伯森答道,他现在不想讨论这个问题,如果外交部长想谈,可在日后提出。

叶外长说,条约签字之后,他将向美国政府递交一份有关供应支持的文件供美国政府考虑。

饶伯森说,收到这样的文件之后,他将和有关部门商议,并把副本送给他们研究。

叶外长又回到"使用武力"这一条款上,他希望这一条无论如何不能影响中国政府的"港口关闭令",希望对此有清楚的理解。

---

① 1954 年 11 月 19 日临时协议的换文全文,见附录十一,文件己。

他又说,这一命令已经实行了一些时候,其目的在于制止战略物资运往中国大陆,特别是靠近台湾的福建和浙江沿海港口。

饶伯森说,他不大清楚此事。

叶外长说,中国政府关于关闭港口一事的立场,曾向蓝钦大使和其他美国代表作过解释,而今仍维持不变。

我说,"使用武力"这一句不应影响"港口关闭令",因为美国政府也对大陆实行战略物资的禁运。此外,关闭港口可以认为是自卫的一种手段,自卫权在未来的换文中是有明文规定的。

饶伯森说,实行这一命令应有节制,如果中国海军为实现这一命令而投入大规模的战斗,那恐怕就是一个重要问题,也是另外一回事了。

叶外交解释道,中国海军并不是拦截每一艘船只,关闭令只限于航行在台湾海峡,向临近台湾的福建和浙江港口运送物资的船只,因为中国共产党从这里获得的战略物资,主要是用来对付台湾和澎湖的。(叶外长解释之后,会谈即告结束。)

那天下午晚些时候,我接待了西班牙新任大使何塞·马里亚·阿雷尔萨,他以前曾任毕尔巴鄂市市长。他是来进行礼节性拜访。他是个中年人,朝气十足,充满活力,显然是个能干的人。我们谈到许多话题,包括法国的政局。他认为孟戴斯-弗朗斯虽然给美国当局的印象不错,他的总理也当不长。事实上年底以前他就会倒台。由于巴黎下议院议员们的密谋,这是无法避免的结局。(法国总理当时正在对加拿大和美国进行短暂的访问。20日他在华盛顿全国新闻俱乐部发表演说,21日与杜勒斯国务卿发表关于欧洲共同安全的联合公报,22日他在联合国大会上发表关于裁军、和平控制原子能以及与法国利益有关的其他问题的演说。)

次日,我主持把条约文本正式翻译成中文,考虑安排草签条约的日期,然后把条约的最后英文本从头到尾仔细阅读了一遍。21日下午晚些时候,马康卫来说,草签将于感恩节前,11月22日或23日举行。我把这一消息直接电告总统府。大使馆机要室不久前接到电报,指示说,为了迅捷起见,此后呈总统的重要电报可直接拍至总统府。总统将命人译好,再送外交部。这说明总统实际上是在亲自主持此事。

22 日收到沈次长致叶部长电称,已收到 19 日与饶伯森会谈情况的报告。沈对报告未作直接评论;他所谈的是外交部对于谈判一事给立法院外交委员会的摘要究应简略到甚么程度,是办还是不办? 如果办,甚么时候办。

沈说,按照叶部长的指示,并满足美国内政方面的要求,我方对条约谈判严格保密。所有来电均直接呈送总统,并送交副总统、行政院院长和张群将军(总统府秘书长)。在收到了我们附有双方同意的条约文本的电报并呈送上述诸人之后,总统为此召集了一个会议,除上述诸位和他本人(沈)出席外,只邀请了立法院院长、司法院院长、行政院副院长和国民党中央党部秘书长参加。

谈到美国方面,沈接着说,美国官方不断透露出有关条约的消息,台湾和香港的报纸竞相刊登华盛顿拍发的新闻报道。香港《工商日报》甚至竟对美国限制中国为光复大陆而采取军事行动的消息加以评论,这就引起了各界对条约谈判的注意。于是我方不得不立即采取相应措施。20 日晚,行政院长宴请国民党中央委员会常务委员会的全体委员,听取他(沈)作有关中美共同防御条约谈判经过的报告。

沈认为外交部在不久的将来应对立法院外交委员会透露一些情况。不过他还认为对于时机问题应倍加谨慎,因此他向部长请示下列几点:条约大概何时可以签字,何时才应透露给立法院外交委员会;谈判达到一定阶段,叶部长是否可返台一行,亲自向总统和有关方面汇报,这样可以表明此事的重要意义以及我们对此事的重视;如果外交委员会邀请他(沈)出席会议,报告谈判情况,他应该向他们透露到甚么程度?

据沈次长给外交部长的另一份电报说,在台北,11 月 23 日上午,蒋总统召集副总统、行政院长、秘书长张群和沈开会讨论我们对 11 月 19 日谈判情况的报告。沈说,到会者一致称赞部长对换文谈判的掌握。总统也表示他赞成要求美国对沿海岛屿防御提供供应支持的提法。事实上,所有到会的人都认为,在条约签字之前,不可能达成一项对此问题的协议。会议责成叶部长酌情继续通过正式渠道和美方进行交涉,希望条约尽可能早日签订,以免事情复杂化。

沈说,总统还指出,共同声明公布之后,应和各友党以及其他有关方面交换意见,说明条约谈判的背景;立法院外交委员会要他在 12 月 1 日对条约谈判的情况提出报告。他不知道在共同声明之后,要多久条约才能签字。

11 月 23 日,叶外长对这两份电报一起作了复电。他指出,国务院正在私下和参议院的共和与民主两党领袖磋商关于缔约的问题,旨在敦促他们当条约提交参议院讨论审批时,予以支持并通过。但国务院无意在条约签字之前向参议院外交委员会提出报告。饶伯森说,和他说过这件事的参议员有民主党人乔治、斯帕克曼和曼斯菲尔德以及共和党人诺兰、史密斯和威利。叶说,这些人大概都未向公众泄露过条约的内容。国务院也希望我们在条约签字以前不要向立法院外交委员会透露条约的全部内容。叶说,他对美方解释说,两国情况不同,我国政府对于是否要对立法院外交委员会提出有关条约要点的报告,愿保留采取行动的自由,即使我们决定采取这一行动,我们的外交委员会也一定会保密。

叶说,他个人的意见是,在条约草案草签之后,共同声明发表之前,行政院可要求立法院外交委员会召开一个秘密会议,由行政院长或沈本人出席对谈判要点提出简要报告。因为立法院长、司法院长和国民党秘书长都已经随时得到报告。叶认为,只要向外交委员会简单地作一个这样的口头报告就够了,无需让他们知道条约的全部内容,开这个先例不大好。他要沈对他关于此事的意见严加保密。

然后叶对计划向外交委员会报告的内容提出几点指示。他说,可着重解释下列各点:

(1)本条约于1953年12月首次向美国提出。我国拟缔结此约的理由已在总统府和行政院以及他(叶)致尼克松副总统的私人信件中一再申述。

(2)最初美图主张把本条约的范围局限于台湾和澎湖,但经我方坚持之后,最后决定采用双方对等的原则;仅对第二条和第五条而言,双方同意条约只适用于双方领土的有限地区,至于其他问题则采取了比较概括性的规定,如规定条约不得影响我方对整个领土的主权等等。

(3)根据上文第(2)项所规定之适用于双方领土有限地区之原则,有关军事互助之条款不包括沿海岛屿在内。

叶又说,美国根据其当前的基本政策,不愿卷入一场战争。美方认为我国沿海岛屿甚多,如美国协助我国一一防守,则任何一个岛屿之丢失都将有损于美国的威望;加之目前对沿海岛屿的攻防行动几乎已达到战争状态。因此,尽管我们一再解释,争取美国同意我们的观点,还是不能改变美方的态度。不过条约中有一项规定,如将来经双方同意,则沿海岛屿和对我国领土之光复仍能包括在条约之内。

叶说,拟议中的报告还可包括本条约和美国与菲律宾、澳大利亚、新西兰以及南朝鲜所定条约的对比,并强调本条约的优点。至于有关军队之使用一点,叶说应加以解释,因为美国有保卫台湾和澎湖之责,即便由于我国单方面造成一种局势引起共产党对台湾和澎湖之入侵,根据条约,美国也应立即对进攻作出反应。因此,规定军队之使用须经双方同意。叶着重说明,这是实际情况的需要,因为我们不能一方面要求美国在台湾和澎湖的防御中给予协助,而另一方面又不和美国商量而单独采取军事行动。

叶说,再者,事实上我们尚无单独进攻和收复大陆之能力。因此,他认为报告中应说明,前此致力于求得军事援助时,我们已向美国作了这方面的保证。在目前的谈判中,我们也应坚定地重申这种保证。

电报其余部分谈到条约签字的日期尚未定,以及条约签字前叶本人返台的可能性。这主要视条约签字的早晚而定。叶解释说,他已约定好于12月1日、6日和8日在洛杉矶等地发表演说,如他必须返台,当在12月10日以后。他说,在条约送请立法院审批时,他自当到会作详尽报告。他以为这一点应事先对立法院说明。

22日下午六时三十分,我偕外交部长再往国务院拜会饶伯森。谭绍华陪同我们一起前往,美方在座的有马康卫。会谈时,饶伯森先开口说,他已按照叶外长的要求,把叶对换文的意见以及换文与中国海军按照中国政府港口关闭令所采取的行动之间的关系向国务卿做了汇报。据饶伯森说,国务卿认为,条约与换文应适用于中国政府有关执行港口关闭令的种种行动。如果中国为了制止战略物资运往中国大陆所采取的行动在规模上与目前相同,也许不会引起甚么不幸事件,不过,"倘若中国政府做出可能招来报复的举动,那就不同了"。国务卿认为搜查和扣留外国船只,事涉军事行动,在当前的局势下应该慎重其事。饶伯森强调说,从美国的观点来看,国务卿最担心的是由于谈判中的条约对中国有利,条约一旦生效,中国就可以加以利用,以致把美国拖入战争。

叶外长回答说,他理解,国务卿并不反对中国政府继续它目前执行关闭令所采取的行动。

饶伯森说,从某方面讲,可以这样理解,但是国务卿不愿中国政府采取"进攻性行动",因为这种行动会把美国拖入战争。

我说,从饶伯森先生的话里,可以看出他对国务卿对此事的态度有深入的了解。由于他提到"当前局势",我想问一下,国务卿是否想到中国政府和在中国的美国代表在必要时,应当和过去一样,就此事继续进行协商。

饶伯森作了肯定的回答,说条约生效以后,两国就成了盟国,因此,为了履行彼此对保卫台湾和澎湖的义务,使其不致产生不幸事件,自然应当不断进行协商。

叶外长指出,从中国政府的观点来说,截留运往大陆的战略物资并非"进攻性行动",而是一种为了自卫而采取的措施。目前中国海军截留战略物资的行动,范围不大,主要限于福建和浙江沿海港口。他同意国务卿的意见,在截留活动方面,应注意不能做出危害双方立场的事。他强调,过去,这种行动既未危及中国自己的立场,也没有损害美国的立场。

饶伯森建议,外交部长可从国务卿本人那里获得对此事的清晰理解。他认为,中国政府在执行截留战略物资的活动上,面临着"充满军事行动可能性的局势",应当谨慎从事,虽然美国政府无意对中国政府加以制约。饶伯森说,条约确实涉及所说的这种情况。

对于饶伯森的说法,外交部长评论道,执行港口关闭令所采取的行动和条约是两回事,他赞成按照已往的方式对拦截战略物资的事照旧不变,即双方进行协商,但不要和条约的解释问题联系在一起。

我说,美国政府重视"使用武力"一句,中国政府则重视"自卫"一句。依我看,讨论的问题是个实际问题,应当用实际的方式来解决,不应纠缠在学究式的问题上。因此,我建议目前的做法应当继续下去,而对面临的局势予以适当注意。

饶伯森说,问题既经提出,就应研究解决。他建议叶外长直接向国务卿把问题提出来讨论。

叶外长表示,如有机会,他很高兴同国务卿谈谈这个问题和一些别的问题。如果饶伯森先生能提请国务卿注意中国政府的意见,他将十分感激。叶外长还特别请饶伯森转告国务卿,战略物资的拦截要在目前的规模上继续下去,包括局势需要时和美方代表进行磋商在内,中国认为不需要另行换文。

叶外长然后提出拟议中的共同声明问题,发表的日期业已大大推延。他坚持,既然是共同声明,措词应是共同的,无论在实质上还是在形式上都要表达出共同和相互的意义。然后他问饶伯森,是否对 11 月 6 日的中国草案、11 月 9 日的美国修正草案以及中国对美国修正草案的评论有甚么新的建议。

饶伯森答道,推延完全是由于过早地把秘密消息透露给新闻界所致。不过,因为条约谈判已进行到这样的阶段,声明应指出两国对条约的谈判业已结束。他主张,由于新闻界的种种推测,在对新闻界发表共同声明之前,对双方议定的条约文本和包含换文实质的草案加以草签,也许合适。

经过这次交换意见之后,出席会议的全体成员即着手草拟供发表的共同声明稿。经过大家的努力,一份共同声明的草稿暂时达成了协议①。但外交部长保留了他的对议定文本最后一段应予删去的意见,因为文本中没有必要涉及此事。

然后我们讨论了条约和包含换文实质内容的草案的草签日期,双方同意定于 11 月 24 日。共同声明对新闻界发表的日期为 11 月 29 日下午四时,即台北时间 11 月 30 日上午五时。

会议结束之前,外交部长说,换文是条约双方议定文本的一种补充,并不是它的一部分,因此,这种换文不应与条约的签字同时生效。他又说,他对这两个问题的意见前已由谭博士转告给助理国务卿和马康卫先生。(他指的是 11 月 8 日上午谭绍华与马康卫的会谈。)

我支持这一意见,并说,两者之间应隔开一段时间。

这时叶外长建议,如果可以的话,应间隔一个星期或者十天。饶伯森答应对这一建议加以研究,一定认真考虑。

同一天,大使馆派谭绍华去国务院拜访马康卫,向他递交台北中国政府批准的条约双方议定文本的中文本,这是最近由台北

---

① 见附录十二,文件丁,1954 年 11 月 22 日暂时议定的文本。

寄到大使馆的。谭绍华还奉命通知马康卫,我国政府愿在双方议定文本中加上一条,条约应一式两份,一份英文,一份中文,"两者同等有效"。

23 日,星期二,下午一点刚过不久,饶伯森从国务院打电话给我说,国务卿愿在当天下午对条约议定文本进行草签,因为他必须于次日上午参加国家安全委员会的会议,周末要去鸭岛,下星期一(11 月 29 日)才能回来。助理国务卿说,马康卫已把条约草案和其他文件命人尽快打印,国务卿希望我和我国外交部长准备出席。至于准确时间,饶伯森说,那要看文件何时准备好,他将再打电话通知。

我说,外交部长不在,去出席一个午餐招待会,不过我可断言,无论草签将在国务卿认为方便的任何时间举行,叶部长和我一定准时出席。我对他说,文件当天下午草签,这个主意很好。

饶伯森说,至于共同声明,国务卿认为最后一段可以删掉。饶伯森认为中国政府方面将不会反对。

我说,删去最末一段确实很好。又说,我和外长始终强调我们的主张,共同声明对换文只字不提。我说,叶博士回来,我将立即告诉他。

饶伯森谈的另一点是,国务卿认为,声明最好在星期二而不在 29 日星期一发表,以便于新闻界更好地报道。他想听听我的意见。

由于上述理由,我同意共同声明以星期二发表为好。我认为发表应在同一时间进行,即华盛顿在星期二下午四时,台北在星期三上午五时。

饶伯森说,正是这样。并说,开会的时间定好后,立即给我打电话。十分钟后饶伯森来电话说,如果外交部长和我能于下午四时三十分去国务院会见国务卿,草签条约议定文本和其他文件,国务卿将十分高兴。

我说,我觉得时间对我很合适,相信叶外长也是一样。

饶伯森打来第一次电话之后,我曾要谭绍华于四时十五分去马康卫的办公室同马康卫把条约议定文本、换文和联合声明再检查一遍,但现在与国务卿的会晤时间定在四时三十分,我立即命谭绍华提前去。四点钟谭绍华从马康卫办公室打来电话说,条约草案文本和其他文件都已准备妥当,马康卫建议,如果叶外长和我想把这些文件再看一遍,可先到他的办公室,然后他再陪我们去国务卿的办公室,谭绍华又说,他在国务院会客室等候我们。

我们一到,谭绍华立即带我们去马康卫的办公室。马康卫的一位秘书说,马康卫应国务卿的紧急召唤刚去杜勒斯先生办公室。于是我们直接去国务卿办公室,按约定的时间,四时三十分到达。

我们看到杜勒斯国务卿、饶伯森助理国务卿、国务院法律顾问弗莱格、中国科科长马康卫均已在座。彼此寒暄之后,国务卿请叶外长、我和其他客人就座。叶外长和国务卿草签了中美共同防御条约的两份议定文本。据谭绍华所作谈话记录记载,当时叶外长提到条约的中文本说前一天已递交国务院一份以供参考。国务卿说,因为谈判时用的是英文,草签议定的英文文本就足可以了,他可以让他的助理同中国代表一起译定中文文本。

按我的日记记载,此事甚为有趣。叶外长在英文文本上用中文签名,杜勒斯以半开玩笑的口吻提出了这个问题。他说,这是不是叶外长的名字。于是我也半开玩笑地说,是的,如果必要,我可用英文签名作保。我还是向叶建议添上他的英文名字,他照做了。

后来,弗莱格委婉地回答了叶外长提出的草签中文文本一事,说那不必要,因为英文文本是正式有效文本,添上中文译文就是了。西方大国向来就是这种态度。叶外长和我都说,事情不应是这样,两种语言的文本应同样正式有效。我说,依我的意见,中文文本无需草签。换言之,我们认为两种文本都应是正式有效,因而都应该签署。但是那对他们来说,那时签署中文文本是办不到的,因为尽管国务院的中文专家是好样的,甚至作了几处有益的重要的改动,但他们尚未开始把中文文本与英文文本对照检核。

据谈话记录所载,草签完毕后叶外长说,条约固然应尽快签字,但他希望条约签字与换文签字之间要相隔一周或十天的时间。

杜勒斯国务卿说,他不反对换文的签署稍迟一些,不过他认为十天的时间似乎长了一点。随后,提到 11 月 22 日暂时议定的共同声明文本的最末一段,杜勒斯国务卿说,原则上他可以同意删去,不过他仍然认为在发表时这一段也许还是需要的。

叶外长答称,这一段实在没有必要,因为这类共同声明应简单扼要。不过,如果国务卿坚决要保留这一段,他(叶)希望在共同声明发表之前二十四小时获得通知,以便有足够的时间报告台北。

然后杜勒斯国务卿建议,为了使新闻报道范围尽可能广大,发表共同声明比原定的日子最好推迟一天,即星期二,11 月 30 日。

叶外长表示同意,这一点我们已经和饶伯森讨论过。于是他问杜勒斯,条约的英文文本业经双方同意,而我国政府准备的中文文本业已送交国务院,那么,条约究于何时签字?

国务卿答道,尽快签署,不过国务院还需要由中国代表协助对中文文本进行研究,在感恩节(该周的星期四)之前,他不能给叶外长确切的答复。

弗莱格说,对照中文文本要费一点时间。他说,他知道中国政府希望在条约的议定文本上加上一条:条约一式两份,一份英文,一份中文,"两者同等有效"。他怀疑中文文本也正式有效是否合适,他了解到,中国文字虽有几千年的悠久历史,也有高度的发展,在文学、诗歌方面尤然,不过作为法律性的文字却并不很准确。

叶外长说,能够恰当表达法律含义的各种意思的字,在中国文字里很容易找到,制定意义相同的两种文本甚为容易。

我指出,中国与外国签订的许多条约与协定,现代的法典,以及中国和外国以前签订的条约中(包括和美国签订的条约在内)的疑难词句等等,都足以证明中国有着用中文写成法律文件的丰富经验。

这时,谭博士拿出中华民国和美利坚合众国 1946 年 11 月 4 日签订的《友好通商航海条约》中"用两种有效文字写成"的条款给弗莱格看。

随后杜勒斯把叶外长的要求交给助理国务卿饶伯森,并让饶伯森向他(杜勒斯)报告中国政府关于"使用武力"一词的意见和中国海军实施"港口关闭令"的活动情况。他说,请记住,如果中国海军在拦截载运战略物资至中国大陆的外国船只方面以目前的规模继续下去,并考虑到当前的形势和实际情况,就不致招来对台湾和澎湖的军事报复行动。倘若不顾变化不定的局势而采取大规模行动,就会把美国拖入战争。他说,美国政府的意见认为,换文中"使用武力"一句是把拦截外国船只包括在内的。他一再强调,使用武力会把美国拖入战争。防御条约一旦生效,在保卫台湾和澎湖方面,两国要共同负责,因此,他们必须共同研究。

叶外长向杜勒斯国务卿保证,中国政府无意把美国拖入战争。他说,从中国政府的观点来说,港口关闭令的实施是一种自卫手段;此外,中国海军的活动只限于拦截运往靠近台湾水域的福建和浙江沿海港口的战略物资。他指出,过去在实施这一命令中既无损于中国自己的处境,也未妨害美国的立场,中国政府坚持要继续目前这种做法。叶外长进一步强调说,据他理解,"使用武力"一词,系指中国政府对大陆的军事行动,而不是拦截运至共产党中国的战略物资,这些物资也许是、事实上也正是用以对付沿海岛屿、台湾和澎湖的。中国政府倒是想把拦截外国船只一事以现在的规模继续下去,附带的谅解是必要时中国官员可与美国在台北的代表继续进行协商。

我评论道,总括来说,我理解国务卿的意思是,中国政府可以按目前的规模实施港口关闭令,继续其拦截船只的活动,不过应适当注意当前的形势和个别事件,同时把目前协商的做法继续下去,如果中国当局拟扩大目前活动的规模,应事先征得美国驻台北代表的同意。

杜勒斯作了肯定的回答,说:"是,就是这样。"然后他说,条约的缔结即将完成,共同声明一经发表,新西兰政府将向联合国提出它所建议的决议案。

助理国务卿饶伯森说,新西兰政府早就急于要这样做,不过应美国的要求一再推迟。

杜勒斯接着说,在目前阶段,鉴于条约缔结即告完成这一事实,他不知道新西兰是否还要提出这一决议案。据他推测,如果决议案真的提到联合国,苏联政府很可能对决议案加以阻挠;如果这样——如果决议案提出,但由于共产党的反对而失败——这将使中华民国的地位得到加强。

叶外长扼要重申了反对新西兰决议案的许多论点。这些论点以前他在和饶伯森的几次谈话中都提到过,并曾要求饶伯森完全转达给国务卿。

杜勒斯说,关于中国的观点,他已得到详细的报告,他认为决议案"对中华民国是有利的"。

叶外长说,美国政府一再劝告,决议案提交联合国后,至少在讨论的最初阶段,中国不要反对。因此中国代表团曾接到训令,不要对决议案提出评论。不过,假如苏联代表团或共产党集团中的任何其他代表团攻击中华民国政府而使其地位受到影响,中国代表团则不得不提出自己的意见,予以适当的驳斥。

杜勒斯说,这种深思熟虑的做法是理所当然的。

我们把在华盛顿谈判的进展情况和一些重要事件用普通电报向台北作了报告。其中有一条令人感到高兴的消息:国务院和两党领袖人物的交谈十分融洽。拟接触的人物中,只有一二位参议员(包括希肯卢珀在内)还没有联系好,预计日内即可取得联系。

11 月 24 日,叶外长和参议员诺兰讨论了参议院批准条约的前景以及其他一些有关问题。那天早晨,叶约请这位参议员共进早餐。诺兰告诉叶,杜勒斯国务卿曾对他说,中美安全条约大体上已经定局,国务院正在和民主党的领袖们进行私下接触,取得他们的支持。参议员诺兰认为,条约具有极重要的政治意义。至少,在这一条约签订之后,万一台湾和澎湖要落入共产党人之手,美国可以不再作局外人而袖手旁观了。他说,条约还具有伸缩性,它的适用范围根据环境的变化可随时扩大。他希望蒋委员长会感到满意。

他们谈到把沿海岛屿包括在条约范围之内的问题。诺兰说这事不好办。他说,国会中的许多民主党人一定会反对,我们应该认识到在民主政治中美国政府受到的限制。叶说,当然我们知道当前的条约无法把沿海岛屿包括进去,我们只希望美国能答应向我们提供保卫沿海岛屿所需的物资。诺兰说,如果确有迫切需要,美国一定会给我们物资。他希望新国会开会时,我们可向国务院提出这个问题,要求进行谈判。他对叶外长说,他个人愿在这方面加以协助。不过他指出,"沿海岛屿"一词含意范围甚广,他认为当我们提出这一问题进行会谈时,不应要求把所有沿海岛屿包括进去,只可提出少数重要的岛屿,如大陈和金门两岛。至于其他群岛,他说,美国军事当局曾经说过,它们无军事价值,丢失了也不会危及台湾及澎湖的安全。

叶外长问诺兰,共和党在新国会中的地位如何。这位参议员回答道,在参议院中,目前民主党比共和党多两票,但南方的民主党人,除了某些特殊问题外,却持有与共和党相同的观点。此外,在本届任期内,如有民主党参议员死亡,而州长正好是共和党人的话,他会指定一位共和党人去填补这个位置。因此,共和党在参议院中的地位和民主党没有多大差别,或者说不亚于民主党。然而两党地位在众议院中却大不相同,民主党人占绝大多数,幸而两党在中国问题上的意见差别不大。此外,杜勒斯国务卿办事一向小心谨慎,考虑周密,对于提交国会的任何问题,他总是先征求两党领袖的意见。因此,诺兰认为不会有多大困难。

这位参议员还提出另一个问题来讨论。就是关于如何取得华侨的支持的问题。他认为我们不应以党,即国民党的名义,而应以反共的名义来争取华侨的支持。他还说,我国政府应设法采取多种措施为华侨谋福利,避免向他们募捐。叶外长答道,参议员说得很对,我们对此也极为重视。

那天是星期三,感恩节前一日,叶部长和我都离开华盛顿去度感恩节假日。我拟搭下午的飞机去纽约,刚在起飞之时,飞机引擎发生了故障。修理需要一个小时,实际上一个小时也没有修好。乘客不得不再走下飞机,我站着等乘另一架飞机。队排得那么长,天气又那么坏,以至所有到达的飞机都误了点。差不多四个钟头过去了,我不耐烦地在国民机场独自等候,我想放弃这次旅行。可是他们通知我,下班飞机我是头一名,要做好准备。下午八时半我才动身。约一小时前,我的司机托马斯见到我说,他刚把叶外长和谭博士送到机场,叶去芝加哥的飞机晚了约五十分钟。叶是去芝加哥同女儿、女婿一起过感恩节。我个人则在纽约度感恩节,并办理几件私事。

美国全国的感恩节节日气氛,被 11 月 23 日北平电台第一次广播的消息破坏了,十三名美国公民因间谍案被北平政府判处四年至无期徒刑。其中有两名平民,罪名是在东北协助组织、训练和支援国民党特务;十一名飞行员,即 1953 年 1 月在东北被击落的美国超级飞行堡垒的机组人员,被指控有同样的活动。

华盛顿立即对北平的行为予以强烈驳斥。国防部声称:对十一名飞行员犯有间谍罪的指控"纯属谎言"。国防部发言人指出,按照朝鲜停战协定,这些飞行员和两名平民(也是在朝鲜战争中被俘的)都不能作为"政治俘虏"加以拘留或不予遣返。26日国务院经由英国代表杜维廉爵士向北平政府递交一份抗议书。国会的许多议员喧嚣鼎沸。11月27日,其中最有战斗性、最直率的诺兰参议员力促对中国大陆进行海上封锁,坚持认为美国有道义上的责任"用武力而不仅用语言"来保护其海外公民。

美国政府决定不采取任何军事行动。11月29日,杜勒斯国务卿在芝加哥发表演说时说:

> 目前,"共处"是个狡猾的词语。对我们来说,它意味着容忍不同的观点;对国际共产主义意义如何,尚需拭目以待。诚然,最近俄国共产党的语调是比较温和了,但中国共产党的言行却越来越蛮横。他们撕毁他们签订的停战协定,并且践踏国际行为的基本准则。

> 也许国际共产主义正在试图以新的方式来分裂自由国家。他们对欧洲进行安抚,对亚洲进行挑衅。

> 我们将作出反应,作出强烈的反应,但不应过于愤怒,做出违反我们所负国际义务和有损于自由国家之联合的行动。目前发生的事,对于我们,实际说来对于一切要求和平的人,乃是一种挑战,要求我们找出不背离和平的方法以维持国际主义。

> 我国和许多别的国家一致同意,按照联合国宪章,设法以和平手段来解决国际纷争,即决不使国际和平受到威胁。因此,我们的首要任务是想尽一切和平方法来维护我国的国际权益和我国公民的利益,而不是诉诸战争行动,如对红色中国进行海上或空中封锁。

看来,美国政府可能把这个问题提交联合国,特别是因为被俘的飞行员至少曾是朝鲜联合国军司令部属下的人。《纽约时报》11月29日发自华盛顿的一篇报道说,在北平政府立即断然拒绝(28日)美国正式抗议之后,美国开始研究可能采取的下一步行动,其中之一是,要求联合国大会或安全理事会谴责北平的行动①。

从国民党的观点看,美国要求联合国解决被俘美国人问题的前途有一定的障碍,特别是考虑到新西兰计划向联合国提出在台湾海峡停火的议案,尤其如此。例如,叶外长在一次接见新闻记者时提出告诫说,监禁十三个美国人是"北平企图制造一种局势,使某一中立国家插手进行调解……在调解过程中,他们(红色分子)将提出一些反建议,强求作出让步"。② 换言之,和往常一样,我们所关心的是,一旦有关共产党中国的问题提交联合国要求调处时,有些并不坚决反对中国共产党,甚至渴望让其成为联合国成员的美国盟国,将对联合国和美国施加压力,使之对共产党作出让步。

11 月 29 日,星期一,我回到华盛顿。短短的假期已过,我准备再着手进行条约的双边谈判,希望确定签字日期之后结束全部工作。几乎一切准备都已就绪。11 月 25 日,我收到外交部寄来的杜勒斯国务卿致蒋总统一封贺电(11 月 24 日由蓝钦大使转交):

> 两国政府之间的共同安全防御条约今日已与贵国外交部长共同草签,甚感快慰。谨希阁下同样欣慰。杜勒斯签字。

同时还有蒋总统发自台北的复电,日期为 11 月 25 日,要我转给国务卿:

> 辱承贵国大使转达阁下贺电,谨致谢忱。共同安全条约之圆满缔结,标志我两国为加强反对共产主义侵略而共同战斗之共同努力更前进一步。为远东防御链铸成所缺之一

---

① 《纽约时报》,1954 年 11 月 30 日,第四版。
② 1954 年 12 月 2 日《纽约时报》。此报道于 12 月 1 日发自纽瓦克。叶外长当时应约去纽瓦克发表演说。

环。请接受对阁下为世界安全所做新贡献之祝贺。蒋介石签字。

另外还有一份蒋总统致饶伯森的同样内容的电报,也要我转交。(我没有把这两封信立即送交给杜勒斯和饶伯森。我认为等到条约签字以后送去更好。)

另外,叶外长25日收到沈次长一份电报,传达委员长指示:1.如美方要求保留共同声明的最后一段,部长应尽力交涉删去;2.部长应继续与美方商谈,俾使条约尽速正式签字;3.最好能设法取消新西兰提案,如美国坚持在联合国提出,我们应力促美国同意在该提案提交联合国之前,对条约正式签字。

叶外长于11月26日发去复电,向委员长报告杜勒斯已去加拿大,饶伯森也正度感恩节,不在华盛顿。因时间短促,他派谭绍华去拜会马康卫,提出委员长指示的各点。叶说,马康卫告诉谭绍华,他将立即向助理国务卿汇报;杜勒斯国务卿要30日以后才能回来,但第二天要送一个重要文件给他,马康卫答应把我们的函电转去。

26日下午,沈次长在台北邀请立法院外交委员会全体委员听取他按照部长指示重点所作的关于条约谈判经过和条约主要内容的报告。他说,谈判虽然已达明朗阶段,双方的立场也比较接近,但仍难以预言谈判是否能顺利完成。美方只与参议院两党的少数领袖进行了接触,作私下磋商,同时希望我们严加保密,不要对立法院透露这方面的任何情况。不过,叶外长曾对美方说,台湾和美国的情况完全不同,我们要保留我方的行动自由,可能有必要向外交委员会作秘密报告。因此,他奉部长之命向委员们提出报告。

沈次长于11月27日致电叶外长报告此事。电中说,外交委员会全体委员颇有好评,并提到他们在后来的讨论中提出的几点主要意见。意见是:

1.条约中除了共同防御的条款外,还应规定第七舰队继续留驻台湾附近；

2.如果对我们光复大陆采取的军事行动有所限制,最好不要签字；

3.沿海岛屿应包括在共同防御范围之内；

4.必须重视经济合作,在谈判中应要求美国同意,用经济援助购买的物资不应在台湾以外购买,而尤宜在台湾设厂制造；

5.鉴于目前局势对我不利,条约之签订似只有百分之四十的希望。果能签订,将是一个可喜的收获。

沈说,全体委员态度诚恳、认真,看来似乎也很温和易处。外交委员会将于12月1日与国防委员会举行秘密联席会议,届时共同声明或已发表。因此,在26日他对外交委员会作完报告后举行的晚宴上,提出将在联席会议上作一简要报告,主要阐明条约的基本原则。他告诉叶,全体委员一致同意。

几天后沈次长再致叶外长一电称,27日他陪同行政院长拜会了监察院长,然后他个人又分别谒见了司法院长和考试院长与副院长,按委员长的意图向他们报告了条约谈判的经过和主要内容。他还征求了他们的意见。他说,那些人都认为,在现实情况下,能取得这样的成就,一定是颇为不易的。他们对外交部长在华盛顿的折冲深表赞许,并希望条约尽早签字。

发生了一件出乎意料的事——美国要求再次推延共同声明的发表日期。外交部26日来电,要求美国同意改变共同声明的发表时间,因为原定的时间对台北新闻界的报道和宣传诸多不便。台北拟将时间提前到华盛顿30日下午二时,相当于台北12月1日上午三时。于是我派谭绍华去见中国科的马康卫。他当日前去。马康卫表示,因为需要符合当地情况并便于新闻界报道,变更一下时间并不困难。然而他却提出美国方面的建议,把发表的时间推延两三天。

谭绍华立即表示惊异,要求维持原来的日期。他说,我国政府一向希望条约问题尽快解决,相信这一意见已为美方所了解。

何况助理国务卿饶伯森以前也曾表示,共同声明应早日发表以避免公众的猜测。谭绍华认为日期不宜再作更动。

谭绍华问,推延发表日期是否受近日来国际局势的影响。马康卫辩解说,是新西兰仍想提出它的提案,这两步应在时间上加以考虑。谭绍华立即说,我们根本反对新西兰的提案,我们迫切希望它为罢论。如果新西兰的提案仍要提出,而同时共同声明的发表又要推迟,对此他不能理解。马康卫说,他马上向饶伯森报告中方仍坚持保留原来的日期。

事后,谭绍华把这次谈话的情况向叶外长和我作了报告,我拟了一份关于此次谈话的报告致电台北沈次长,请他转呈委员长。我并说,我们将继续与美方交涉。

星期一,11月29日,助理国务卿饶伯森返回华盛顿,立即打电话给大使馆,约我当天下午去会晤。(我也是那天上午才回到华盛顿的,叶外长则仍在纽约。)谭绍华陪我赴会,饶伯森的助手是中国科副科长埃德温·马丁。通常是马康卫作他的助手,我想,大概是马康卫有别的事。美方弗莱格也在座。我原拟谈两个问题,一个是条约的签字问题,另一个是法国对联合国接纳红色中国的态度问题。然而,根据会谈记录,后一个问题根本没有提出来。

饶伯森首先发言,他说他约见我是因为马康卫给他的关于26日他和谭博士会谈的报告,还有那天上午谭博士致马康卫关于同一问题的照会使他感到不安。他又说,共同声明推迟两三天的建议,背后并无任何不可告人的意图。他知道,新西兰人很有礼貌,富有合作精神,关于向联合国提出他们的提案问题,曾耐心地等候美国的意见。等了几个星期之后,现在得知国民党中国和美国签订共同防御条约的谈判已经结束,新西兰政府因而要求拖延二三天以便和美国就提出决议案问题进行研究,并和一些其他国家,如澳大利亚,进行磋商,美国政府不能拒绝这个要求。

我说,谭博士的照会系遵照台北的指示,要求共同声明按共同议定的日期发表,条约尽早签字。

饶伯森回顾道,第一次暂时议定发表共同声明的时间是 11 月 29 日,星期一下午四时。后来,根据国务卿的建议,从宣传方面着眼,星期二比较好,因此暂时议定华盛顿于 11 月 30 日星期二下午四时,台北 12 月 1 日星期三上午五时共同发表,因为这两个城市之间有十三个小时的时差。他不清楚提前两个小时,即下午二时,发表声明对在美国的宣传会有甚么影响。他担心,那样晚报就会发表,而最好是让早报发表,俾可获得更好的宣传效果。

我提出,台北可以在星期三上午三时发表,而国务院可按原来计划星期二下午四时发表。但我不能肯定的是,在台北提前两小时发表声明,固然便于在台北星期三早报发表,但是否会使台北的外籍记者在华盛顿发表时间之前两小时向美国拍回电报。我又说,台北的外籍记者不大可能坐等到清晨三时,当然也不能保证他们不这样做。

接着是一番讨论,饶伯森派马丁去和国务院的新闻处联系,听取他们的意见。马丁回来说,新闻处认为台北比华盛顿早两小时发表声明不妥,因为从台北发出的新闻快电仅需几分钟便可到达美国。

饶伯森说,若是那样,在这里的晚报必然会登载出来。

我说,即使某些晚报登载出来,早报如《纽约时报》、《纽约先驱论坛报》仍会刊登声明全文。

不过饶伯森认为,那样早报便不会把声明在头版以头号标题刊登,因此,华盛顿还是在与台北星期三上午三时的同一时间,即星期二下午发表为好,这样,在晚报上也许可以见报。他又说,例如东南亚条约组织协定,虽然是中午发布的,当天的晚报根本连消息也没有登。最后,他说国务卿也许仍愿按议定的时间,星期二下午发表,他将和国务卿商量一下,结果如何,他当晚或次日早晨通知我。

我说,次日早晨怕是太晚了,因为必须给台北留出几小时的时间去安排声明的发表,使中国报纸在星期三早晨能够刊出。

饶伯森认为台北必然有声明的全文,只是发表的问题而已。

我说打电报到台北需要几个小时。

谭绍华说需要七个小时,简短的电报需要的时间也许少些。

我说,通知台北的时间最迟是星期一午夜,才能准时发表。

饶伯森答应当晚一定告诉我。

然后我说,蒋委员长给大使馆拍来一封私人电报,表示希望条约尽早签字,无论如何,在新西兰提案提出之前签字。饶伯森先生也知道,委员长一直不赞成这一提案,总希望不要向安全理事会提出;不过,如必须提出,则应在条约本身签字之后。

饶伯森说,条约业已由国务卿和外交部长草签,这就意味着条约已经成立,没有甚么再能影响签字。他个人也赞成条约早日签字。事实上,杜勒斯先生已经致电蒋委员长祝贺条约的草签。

我说,我已接到蒋委员长的电报,告知我国务卿的贺电,并要我致意感谢,我正在准备一封信,在适宜的时候连同蒋委员长的答谢信递交杜勒斯先生。

饶伯森说,事实上,凡是看过条约全文的参议员都认为这是个好条约,都感到满意。

我说,听到这个消息,我很高兴;又说,饶伯森先生在此条约的缔结方面,作出了很大贡献。蒋总统要我对他表示谢意。除了口头上的表示外,我还给他写了封信转达蒋总统的谢忱。

饶伯森听到这话,很是高兴。

谈到条约须早日签字,我说,委员长完全相信事情自然会这样办;委员长想得更多的是,除非条约已经签字,否则新西兰决议案的提出——如果必须提出的话——可能带来不利的影响。我又说,在条约已缔结的情况下,中国公众对决议案的提出将不会感到过分的不安。

我问道,在饶伯森先生看来,新西兰决议案是否还有必要提出。我说,一个星期前我从国务卿的话里得到这样一个印象,即鉴于局势的变化,新西兰自己也许根本不急于提出了。

饶伯森说,国务卿赞成这一决议案,因为他断言,决议案会遭到苏联的否决,这样可以加强国民党中国的地位。国务卿心里想的是,新西兰和支持它的国家,可能不会仅仅为了遭到否决而提出一个决议案。

我提到共同声明重新插入末段的问题,声明全文业经国务卿和叶外长一致同意。我说,委员长在两天前致叶外长的电报中再次要求把末段删去。

饶伯森说,双方固然有临时协议,同意删去末段文字,不过上星期二国务卿既然提出保留,他可能是要建议再行插入。

我回顾道,国务卿曾说过如要保留,至少在共同声明发表前二十四小时通知外交部长和我。饶伯森说,关于这一点,他将提请国务卿注意,并在晚上通知我。这时,我明确要求饶伯森把委员长坚决主张删去末段一事转告杜勒斯先生。

饶伯森说,剩下需要做的唯一工作是技术安排,包括中文文本的制定在内。他认为这不会有多久的延误。

弗莱格认为,为了条约早日签字,可先签署英文本,作为正本;中译本以后再说。

我说,这断乎不可,因为两种文本都是正本。

那天晚上,饶伯森打来电话说,他接到了杜勒斯国务卿从芝加哥打来的长途电话。国务卿决定共同声明于 12 月 1 日,星期三下午三时在华盛顿发表,他解释道,杜勒斯先生感到近几天来新闻界对条约颇多猜测,因此,他想在那天他举行的记者招待会上亲自宣布,如有记者提出问题,他可立即解答。饶伯森还说,共同声明简短、明确,印刷也费不了多少时间,他衷心希望我们同意这一计划。

我指出,所提时间相当于台北 12 月 2 日上午四时,这对我们不大方便。不过既然杜勒斯国务卿打算亲自宣布,我们表示愿意合作,而且事先严加保密,在议定的时间之前不走漏风声。我还问饶伯森关于取消共同声明最末一段一事究竟如何,因为国务卿对这一点的指示还不明确。饶伯森说,可能要删去,不过他要保留这个回答,在次日做出最后决定以后,他将立即通知我。

第二天(星期二)下午,马康卫约见谭绍华于国务院,对他说:

1.杜勒斯国务卿已发出指令删去共同声明最末一段;

2.他愿重申,声明仍按星期一饶伯森助理国务卿所说的时间公布,即华盛顿时间 12 月 1 日,星期三下午三时;

3.美国愿把声明第三段第一句改为:"此项条约将于美国与其他太平洋区域国家业已缔结之各集体防御条约所建立之集体安全系统,更铸一环。"

4.杜勒斯国务卿已答应我们的要求,把条约正式签字的日期提前至两三天之内。

在那天晚上给台北的报告中,我指出,美国提出的修改(第三点),只不过是不想提出和美国签订这种协定的其他具体国家的名字,实质上和原来的文字并无不同。因此,我说,我已表示我们同意这样修改。于是我把那句话的中文译文附上。

上述电报刚刚拍出,我接到马康卫打来电话说,杜勒斯提议星期四、12 月 2 日下午作为条约正式签字的日子。我以电话报告在纽约的叶外长。叶同意提出的日期,并向国务院递交一份复照。然后我报告了台北的委员长和外交部沈次长。

陪同外交部长在纽约的有一位外交部条约司的王之珍先生,同一天,我邀他来共同制订条约的中文文本。他带来一份呈蒋总统的中文电报稿,请求授予签字全权。他说,电报要由大使馆发出。我发现电报未经叶外长签字,我对王说,没有他批准,大使馆不能发。由王自己起草的电报提出的问题是:"顾大使是否同我一起签字? 果如此,请也授以全权。"但叶拒绝在电报稿上签字。我对王说,这事要由部长自己决定,我不便干预。没有他的签字,电报不能发。显然,叶不赞成王的意见。

从一开始,在条约签订有眉目时,叶外长即希望并打算一个人代表中方签字,因为他从未在条约上签过字,而这一条约是委员长和台北梦寐以求的。大约两星期前,他漫不经心地提到,我应和他一同签字,自然我要遵照他的意思办。他随即说,不知道人们会认为这个条约是功还是过。在座的王说,当然我应该同部长一起签字,因为我在这方面贡献很大。叶说条约最好在年底签字,又把这个问题岔开。我认为,俗话说"夜长梦多",条约应早日签字;但他想的是条约在几个星期以后签字,因为他算在美国度过圣诞节和新年,而可不必早日返回台北。

11 月 30 日,星期二,王之珍应我之邀自纽约返回华盛顿参加条约中文文本的拟定工作。他告诉我,他曾起码三次向叶外长谈到签字全权的问题。他着重说,依他的意见,我也应是签署人。他拿出呈总统请求授予签字全权的电报叫我看,于是我向他解释为何我不能发这份电报。叶从纽约打来电话问条约签字的确切日期及时间,并问我是否拍发了王带给大使馆的电报。我回答说,没有,因为没有他签字的批示。他似乎放了心,然后迅速说,我也应签字。他要口授一份呈总统的电报,并建议让谭绍华记下来,因为我不宜亲自办理此事。谭记下后拿来让我看,电报内容如下①:

> 兹与杜卿商妥于 12 月 2 日下午正式签署中美安全条约。钟点仍待决定。拟请即以电报代替全权证书授权签约。查美国近年与各国所订安全条约,除国务卿外,每派有二三重要议员同为代表联署,因特建议分别颁发职与顾大使授权电各一件。倘届时美方仅有国务卿一人签署,我方则由职一人单独签字。顾大使授权电,当备而不用。如何仍恳钧裁。

真是怪事,12 月 1 日,星期三中午接到了一份授予我条约签字全权的电报,其中根本未提到叶的全权。我想,他的授权电报也许发到纽约了,不过看来未必;大概可能晚些发来。果然,下午收到。

---

① 此电电文录自顾氏所存函电原文。——译者

星期四叶返回华盛顿准备签字,他只字未提我的全权证书。我告诉他,我确知杜勒斯将一个人代表美国签字,这是国务卿在华盛顿时的惯例。事实上,过去只有在国外对条约或公约签字时,国务卿才邀请参议员同他一起签字。另一方面,如签字在美国首都举行,则通常是由驻华盛顿大使同其外交部长一起签字,如北大西洋公约就是由所有参加国的大使和该国专门来此签约的外交部长与美国前国务卿艾奇逊签的字,艾奇逊则是一人代表美国签字。我对叶并没有说明这一点,只是在我的日记上写下对他想单独一人签字的看法。我不拟干预其事。这是他被委派签署的第一个条约,而且是极为重要的条约。在中国,一般的做法是,条约以签署人的姓名称呼之,如叶条约……,也许他想在外交史上留下一个印迹。这是很自然的,也是人之常情。他虽然对我说,他不能肯定条约是否会被人认为是个巨大的成就,而内心里他却对条约感到满意,因为委员长渴望这一条约,并确知有我俩在华盛顿努力折冲,成功可待。事实确实如此。

12月1日下午一时刚过,马康卫来访说,国务院建议签字的时间定为12月2日,星期四下午四时。我立即报告在纽约的叶外长和台北的沈次长转告总统和行政院长。我同时报告,我刚刚将总统对杜勒斯国务卿24日贺信的复函递交国务院,并单独将总统对助理国务卿饶伯森的感谢信送交了他。我解释我未早日送出的原因是,双方之间有几点尚未决定。现在已诸事齐备,包括签字的时间在内。我曾在致杜勒斯的复信中自作主张加了几个字,改了一个字,但所有改动均不背离原意。

总统复函的最后文本和我给杜勒斯的信如下:

国务卿先生阁下:

谨将蒋介石总统下列贺电转致阁下。

辱承贵国大使转达阁下贺电,谨致谢忱。共同安全条约之圆满缔结,标志贵我两国为加强反对共产主义侵略之共同事业而共同努力之另一前进步骤。为远东之防御链铸成必要之一环。请接受对阁下为世界安全所做新贡献之祝贺。蒋介石。

　　国务卿先生，请允许我借此机会对阁下业绩表示个人之贺忱。

　　顺致崇高敬意。

当日下午二时十五分，杜勒斯国务卿亲自打来电话，说他已接到我的信以及转交的蒋总统的复函，他十分高兴，并表示感谢。他还说，他拟在当日下午三时接见记者，公布共同声明，并愿同时发表蒋委员长的复函，以便给公众一个良好的印象。杜勒斯问我是否同意。我认为这是很好的主意，但因时间短促，来不及事先向蒋委员长请示，表示同意。事后，我将此事报告了台北。

　　这时，我派去和国务院中文专家斯特赖克研究条约中文文本的王之珍回来了。他告诉我，斯特赖克很能干，从他提出的修改意见可以看出来。我接受了斯特赖克修改译本的几点意见，并就此事及其他几点细节向外交部提出报告。

　　第一，我们刚刚收到条约的中文文本和专门文件，应向外交部说明这些文件到得很晚。第二，1月27日外交部来电询问把条约的名称从《中华民国与美利坚合众国间共同防御条约》（这是议定文本上的名称）改为《共同安全条约》的可能性，后者是共同声明中第一句话所用的名称。外交部电报称，为顾及一般人民之心理计，约名似以《共同安全条约》为宜。（这也是含意较为广泛的词。）我在12月1日的电报中报告说，美方认为条约的重点在于防御可能的袭击，原名应予保留，另外，改变名称可能招致国会的质问。因此，我说，我们只能同意。

　　我在电报中提到的另一点是在条约英文本中用 P'enghu（澎湖）代替 Pescadores 的问题。我们曾建议按照中日和平条约的办法，用 P'enghu 作为该岛的正式名字，而把 The Pescadores 用括号括起来。但美方提出，使用英语中通常使用的词较为合适，因此我们未坚持改动。至于宣称英文文本和中文文本具有同等效力一句,两种文本中都要删去。我说,这是美方的意见,他们认为,应按其他类似条约的先例办理。我们同意了。

我还把中文文本的最后修订本拍给他们,文本业经与美方共同润色。还有几点涉及在文本中插入签字时间与地点问题。最后一点是,双方同意文本的内容暂不公布,公布的时间另行商定。

那时在台北,沈次长正出席立法院外交委员会和国防委员会的秘密联席会议。以前他告诉过我们,这个会议在 12 月 1 日举行。沈与国防部次长一同赴会,并作了条约谈判过程和一般内容的报告。事后,他向叶外长报告说,他报告完毕后,委员们提出的质询集中在几个重要问题上其中有①:

(甲)签约后,第七舰队是否留驻。

(乙)共同行动如照美菲条约须依宪法程序,恐误时机。

(丙)实施范围措辞须极审慎,以免影响海内外人心。如外岛不包括在内,我恐难防守。

(丁)苏俄及共党正发动和平攻势,倘共党不攻台,时间一久,国际间不免盛行两个中国之说,美如为所惑,可能即以一年之通知废约。故条约应有较长之期限。

经焕一一答复,各委员大体上尚表满意,情绪亦颇兴奋。

沈次长继谓,现正准备签约后之宣传事项。焕意在签约后,似可促请胡适、于斌等在美名流,经由中央社发表评论,支持条约,拍回台北,刊登各报,以加强宣传。拟请核办,电示。

12 月 1 日下午三时,杜勒斯按计划在国务院举行记者招待会,把共同声明向新闻界公布②。当天晚上,根据我得到的报告,我把杜勒斯的答记者问电告外交部。电报内容是:

杜勒斯说,条约二三日内将正式签字,然后送请下次参议院会议批准。他还说,根据条约,如中国共产党进攻台湾,美国将予

---

① 电报译文参照顾氏所藏函电。——译者
② 公布的联合声明全文,见附录十二,文件戊。

以回击。一位记者问,对于中国共产党侵犯台湾的任何行动,美国是否都将采取军事行动来对付,杜勒斯答道,那要根据当时的情况而定。他相信,美国总统有权立即动用兵力应付任何进攻,而不必征得国会的同意。不过,如时间允许,总统自然应当先和国会商议。他解释美国签约的目的说,新的中美条约毫无疑问说明美国对台湾和澎湖如何关注。他说,过去有人认为,美国想利用台湾作为讨价还价的本钱,而从对方取得某些让步,这一条约缔结之后,所有这些猜测和言论,就会自然停息。他还说,这一条约是国际关系和外交上的一件大事,希望由于此条约的缔结,该地区的安全可以得到加强。他还说,根据条约,如我们进攻并光复大陆,事先不必通告美国,不过希望台湾和过去一样,对于战争计划要取得双方同意。他声称,条约规定美国可在台湾保持一定数目的军事基地。

12 月 2 日出版的各重要报纸刊载了共同声明的全文和有关杜勒斯召开记者招待会的报道。《纽约时报》头版刊登了达纳·施米特的一篇文章,标题是《美台同意建立共同防御;仅限于台湾本土和澎湖……其他地区可予以封锁;杜勒斯说,如和平手段失败,可考虑海军行动》。

这篇文章写道,杜勒斯先生说,这一条约遵循美国与这一地区,如韩国、日本、菲律宾,新西兰和澳大利亚所订条约的模式,也就是说,如与美缔约者之一受到进攻,美国有义务"按照宪法程序"采取行动。因此美国不一定非打仗不可,除非总统认为情况相当严重,或者把和战提交国会决定。

有人问,如共产党袭击台湾,美国是否向中国大陆采取报复行动,杜勒斯答称(据施米特报道),情况可能是这样。施米特写道:"不过他提请人们注意,这并不意味着共产党袭击之后,随之而来的就是原子弹大战。美国的报复行动将采取这样的方式,即严厉到使袭击者感到得不偿失。"

文章还写道,杜勒斯告诉记者,条约不适用于金门以北到上海一带中国沿海的岛屿。然而他指出,共同声明中有这样一句说,条约"规定经双方之协议,将包括缔约国所辖其他领土"。他说,写入这一条,是因为中华民国目前并未控制其提出权利主张之全部土地,美韩条约中也有类似的条款。

关于海军封锁共产党中国的可能性,记者招待会上也有人提出这个问题。施米特的文章写道,杜勒斯答称,如果华盛顿用尽和平方法仍不能使共产党释放它所关押的美国人,"自然有这种可能性"。杜勒斯说,不过目前他正对可以采取的和平手段和联合国会员国进行初步研究。

施米特的文章还提到,杜勒斯、饶伯森二位联袂访台,是走向缔结约的决定性一步。助理国务卿饶伯森曾使蒋委员长保证,事先不和美国磋商,决不进攻大陆。《华盛顿邮报与时代先驱报》头版刊登了查默斯·罗伯茨写的一篇评论条约缔结的文章,关于后一点说得更清楚。罗伯茨文章的标题是《美、蒋签定防御协定;除非得到美国同意,台湾领导人不进攻红色中国》。

现从罗伯茨的文章中摘引数段:

> 诚如杜勒斯所说,条约既未改善也未否认沿海岛屿的地位。如中国共产党进攻其中任何一个,美国军队是否要予以回击,这首先由军方来考虑,总统将作出最后决定……

> 美国希望顺利做出一项切合实际的安排,使美国政府和蒋介石政府都不采取危及本地区对方立场的行动。用杜勒斯的话说,这些工作准则,并不是条约的正式组成部分。在参议院批准条约之前,双方可能取得协议……

> 新条约的另一个主要目的是把国会的正式权限交给总统,使他能够调用军队保卫台湾,如同前总统杜鲁门和现总统艾森豪威尔曾命令第七舰队所做的那样。杜勒斯说,如果国会不以批准条约的方式肯定此岛为美国安全之所系,那么,由朝鲜战争而产生的这种命令的延续性,现在可能即将废止和失效……

杜勒斯曾说,如果红色中国进攻台湾,美国即有可能进攻大陆,并且很可能不会像朝鲜战争那样,有另一个"鸭绿江庇护所"来限制美国的进军。

不过他紧接着说,美国任何这种报复行动不一定必然地意味着打一场全面战争,可能是有限的,这要视进攻的性质而定。

2日下午十二时三十分,国务院打来电话说,杜勒斯国务卿拟于当日下午四时签字后将条约立即公布。他想征得我们的同意。起初我说,时间太短,恐怕我国政府来不及在台北同时公布。我提议推迟一天。但国务院说,杜勒斯国务卿切盼我们能同意,再次要求台北尽力从速公布,于是我勉强答应并急电报告台北①。

中午,叶外长自纽约返抵华府。下午四时,他和我去国务院签署中美共同防御条约。一大群摄影记者、电视记者和新闻记者聚集在五楼接待室里。国务院法律司、条约司、远东司和中国科的官员们都来了,包括弗莱格、西博尔德、饶伯森、马康卫、斯特赖克、马丁和詹金斯等人。稍后,参谋长联席会议主席雷德福海军上将和国外业务署的莫耶也来了。我方出席的除叶公超和我外,还有谭绍华公使、王之珍副司长、顾毓瑞和张慰慈。签字时,只有杜勒斯和叶公超就座,饶伯森、雷德福和我被邀站在他们后面,王之珍和美国条约司代表照料着待签的文本。其余的人被领到前面的大厅里。

签字的同时,华盛顿国务院和台北外交部向新闻界公布了条约全文。签署完毕后,杜勒斯国务卿和叶外长分别简短致词。杜勒斯说:

今日下午承蒙叶外长、顾大使及其工作人员为美利坚合众国与中华民国之间共同防御条约的签字而光临,十分荣幸。我同意蒋介石总统昨日给我的贺电中的话:条约"为远

---

① 附录十五,国务院发布之条约文本。

东之防御链铸成必要之一环"。我希望,防御条约的签字将彻底平息美国拟同意把台湾和澎湖放弃给共产党的谣言和报道。本条约的签署,不仅表示着美中两国政府之间存在的友谊和亲善,而且表示着美国人民对中国人民的永恒情谊。

叶外长的答辞是:

能与杜勒斯先生共同拟定并签署我国与美利坚合众国之间的共同防御条约,深感荣幸。使我高兴的是,回想本条约在台北和华盛顿的整个谈判过程中,我们始终以平等、友好的精神为指导原则。我国政府希望在当前世界局势下,本条约将促进我们的共同自由事业。

签字仪式完毕后,叶外长回纽约参加民用航空公司杜尔先生的宴会。3日下午很晚他才回来。那天我致电委员长,报告接到了他委任我为对共同防御条约签字的全权代表的电报,并说明,因为叶外长决定和杜勒斯一样,由他自己独自签署,所以,我未同他一起签字。我必须写这份报告,因为叶和我是作为中华民国的同级全权代表与美方进行谈判的,委员长也曾于10月在台北将此事亲口告知了饶伯森,后来又亲笔致函叶公超和我再次予以确认。作为签字全权代表,我应在条约上签字,既然没有签,我必须说明原因。

次晨,12月4日,我收到委员长的来电,显然是接到了我3日电后拍来的,委员长的电报说,顾大使折冲缔约,至念贤劳,特电嘉慰。我想,委员长也给叶拍了同样的电报,因为叶曾以个人名义拍电报告条约签字经过,对于这次谈判他也是以个人的名义上报的。

委员长来电附有致艾森豪威尔总统的贺信要我转递,我于12月4日递交,文曰:

总统先生阁下:

顷接蒋介石总统致阁下贺信,今特奉上,不胜荣幸:

当中美共同防御条约签字之际，谨向阁下亲切致意。贵我两国缔结之条约不仅加强了两国人民在防止共产党侵略之斗争中的紧密联系，而且提高了千百万崇奉自由的亚洲人民之信心。我相信，由于坚定的信念与勇气，我们必将战胜企图奴役自由世界之邪恶势力。

谨致崇高敬意

顾维钧

随后，我即将此事报告委员长，并另电答复他给我个人的电报。我说：

此次中美缔约，秉承钧座谆切指示，更得叶部长在美主持，克以顺利告竣。远蒙奖勉，感激无量。谨复申谢，并为钧座庆祝成功。

此外，在条约签署后的一周里，中国和美国的官方与非官方人士，为庆祝条约缔结，通过大使馆而互致的贺电贺信，如雪片飞来。条约于 12 月 2 日公布，受到热烈欢迎。

第三节　谈判期间大使馆的其他事务：
特殊来访者和特别援助问题
1954 年 8 月 24 日—12 月

美国与我国共同防御条约的谈判和缔结始末，上文已予详述，这里拟将本使馆在此期间处理的一些其他事务加以略述；这段时期自我赴台湾五周后 1954 年 8 月 24 日返回任所开始。我经过长途旅程，返抵华盛顿时已是深夜，但有几件事非即刻办理不可。于是我请使馆的谭绍华公使和傅冠雄先生来双橡园见我。同时我们还和蒋夫人的私人秘书游建文先生通了电话，请他为我安排翌晨去长岛格伦科夫面见蒋夫人。我带来一封委员长给她的私函。

清晨我搭机飞往纽约。游建文在拉瓜迪亚机场接我,我们径赴孔祥熙公馆,十一时四十五分到达。我向蒋夫人递交了委员长的私函。我看她气色不坏,比六周前我 7 月 11 日见她时更好。我们谈了她即将于 8 月 30 日去美国退伍军人协会发表讲话的事。她说她想住在双橡园和会见几个朋友。她又说天气很热,不便举行大规模的招待会,而且国会正在休会,高级官员多已离开华府。我听游建文讲她想见见国防部长威尔逊和海军上将雷德福,副国务卿比德尔·史密斯和助理国务卿帮办罗伯特·墨菲。我建议说至少总能举行一次午餐会和一次晚宴,理由是在国会休会期间人们携带夫人外出就餐格外方便。因此招待会就可以不太拘于形式和随便一些。她同意了。至于她的饮食,由于目前正在进特定饮食,她说游建文会将医生允许食用的肉类、禽类、蔬菜、谷类、奶品及水果列单交给我。凡具刺激性或兴奋性的东西,如胡椒或各种香料,一概忌用。她会带来她的护士、女仆、或许还有她的厨师。至于她的甥女孔令仪,还不清楚能否同来。她将于 29 日星期天到达双橡园,在那里进晚餐。

谈到我国与美国的关系时,蒋夫人指出我们出言以谨慎为宜。这确实言之有理。她说,以前民主党执政时,我们对共和党人谈及美国对自由中国的政策可以畅所欲言,而今,共和党上台,总的看来两党成员都很友好,我们不宜一味抱怨或要求增加援助,就我们当前地位而言,我们没有谈判实力,求诸他们的东西我们无以回报。譬如,她问到台北方面曾否提过需要伞兵部队。我说,据悉我们至少需要一个伞兵师,以及两个装甲师,而美国人认为这并非我们将来收复大陆的战争之所需的。关于陆军师的编制及其确切数目也有分歧意见:我方拟议的总数为二十四个师,美方提议二十一个师,如此等等。我国空军也需要增添喷气式飞机,尤其是 F-86 型。她说我们没有足够经过训练的人员来照管这些增添的装备和驱逐机。她倾向于数量少、效率高、随时投入战斗的军队胜过数量多、效率低的军队。我完全赞同她的意见，并且说我在台北就曾竭力这样主张。

我看到，她对美国人的心理和美国的政治形势十分清楚，而在台湾似乎全体国民都难以理解。我说我们总是仅仅想着我们自己的需求，没有认识到美国必须根据美国对付共产主义威胁的整个政策的需要来考虑我们的要求。

游建文送我回纽约，并参加了我邀请胡适和蒋廷黻的午餐会。我告诉他们二位说委员长要我代表他个人向他们致意。我对他们谈了我在台湾及外围诸岛所得的印象，包括国军的昂扬士气，各级军官的团结精神，军事监狱的现代化，提高我国农民生活水准所获得的进展和成就，颇有成效的土地登记处，绿岛的生活条件，并介绍了我向军事监狱和绿岛拘留所两处一些在押人员提出的问题和他们的答复。蒋廷黻谈论了即将召开的联合国大会的形势。

我搭午后班机返回华盛顿。到办公室翻阅几份来电。其中一份是委员长来电，祝我归程旅途平安、愉快，并要我拜会胡佛、杜威及麦克阿瑟三位先生，代他表示问候。我当天回电向委员长报告我上午已走访蒋夫人递交了他的信。我报告她的健康正在好转，并决定 29 日来华府。

我 8 月 26 日同俞大维讨论了我国需要增加军援的问题。俞说重要的问题是，以我国有限的训练合格人员和有限的财力，究竟能接受多少军援。不过，他打算要他在华盛顿的代表韩朝宗在军援计划获得美国政府批准后继续处理有关执行问题，并要求何世礼同美国最高军事当局就有关政策事宜进行交涉。这是他准备日内离华府去台北就任国防部长后为料理此间事务而拟议的安排。

同一天国会通过了 1954 年共同安全法，批准拨款总数三十二亿五千二百八十六万八千美元，绝大部分用作军事援助。可以说军事援助以前在共同安全计划中从未占有过如此突出地位。至于经济援助,法案规定执行"发展援助"计划的机构自 1955 年 6 月 30 日起停止工作,而国外业务署亦将于该日撤销。其他特殊条款亦与中国利益有重大关系,例如:在政治方面,法案再次肯定并适当修订了 1951 年克斯顿修正案,使之合乎当前的情况,还重申了国会反对北平政权进入联合国的立场。相应的拨款法案于 1954 年 9 月 3 日通过。

翌日星期五下午,我和本使馆高级官员开会就蒋夫人来访计划进行讨论并加速准备。我的工作顿时紧张起来,因为一切需于短时期内准备就绪。

蒋夫人定于两天后到达,在美国退伍军人协会露面,发表演说。由于孔令杰上校已代表蒋夫人直接同美国退伍军人协会负责人员着手安排,所以我们必须向该协会询问全部程序细节。此刻我刚刚从美国退伍军人协会官员获悉蒋夫人可能同意 8 月 30 日星期一上午出席会议,并逗留至中午听取艾森豪威尔总统的演说。但是,按照游建文和蒋夫人 8 月 25 日对我所讲,她已决定不出席那次会议,仅在 8 月 30 日晚间斯塔特勒饭店的宴会上发言。无论如何,既然她已被邀在宴会前的鸡尾酒会上到场会见其他贵宾,我便和本使馆馆员研究了她在宴会上露面和欢迎她的最好程序。关系最大的问题是她是否要如军团退伍军人协会官员所建议的那样同其他人一道列队进入宴会厅就座。我们一致认为她应在其他来宾进去一二分钟后由协会全国司令陪同最后进入宴会厅,这样她便可以接受合乎她的地位的全体出席人员的欢迎致敬。我说我自己则以大使身份先行进入会场,以免打乱程序。

游建文星期六晚来馆,我和他共进晚餐,并听取他的汇报。他告诉我蒋夫人已决定星期一在国民警卫队(总部)训练中心的退伍军人协会会议开幕式上露面,接受他们的欢迎,她说鉴于协会将派三位前司令来双橡园陪同她到会,才决定出席上午的开幕式。但他本人却有些诧异,觉得此事一定是孔令杰上校力劝的结果。她将于上午十一时十五分到达训练中心,并不发言,只有艾森豪威尔总统于中午向大会发表讲话。

随后我给顾毓瑞打电话说游建文已证实蒋夫人将出席上午的会议,我请他了解协会同孔令傑上校就她出席的礼仪,对她的欢迎和她同艾森豪威尔总统的会见都作了哪些安排。

我和使馆人员在为蒋夫人的到来做准备的同时,另外还为朝鲜战争中遣返的中国反共战俘友好代表团来美访问进行筹备。已经就接待他们来华府的事宜和活动日程开过几次会。实际他们预定与蒋夫人都在 8 月 29 日星期天同时到达。这是异常忙碌的一天,而且有些意外的变化。

战俘代表团按日程安排当于上午十一时三十分左右到达并到我这里访问,但直到下午二时三十分才到使馆。他们中途去唐人街拜会华侨领袖,尔后才来我这里作礼节性访问,并出席欢迎他们的冷餐会。原来是华侨社团领袖们竭力劝说该团负责人先访问一下唐人街。因此,这次有中国使馆馆员及政府其他代表被邀参加的冷餐会便推迟至三点以后才举行。随后我对访问团作了简短讲话。

蒋夫人原定来双橡园参加晚宴。由于午后战俘代表访问团在双橡园的活动意外延迟。游建文来电话说蒋夫人下午十点才能到双橡园,不能及时到达参加晚宴。她还讲过她不愿让其他中国官员在此迎候,因为她从纽约市乘汽车长途旅行后已相当劳顿。既然如此,我就告诉谭绍华和顾毓瑞设法取消中国官员和华侨代表的欢迎会。我说他们向蒋夫人致敬的集会以后另作安排,届时再行通知。我还获悉蒋夫人来时只携护士、女仆及厨师,于是我告诉游建文,既然夫人的甥女不陪同前来,他不妨也下榻于双橡园。

蒋夫人实际将近夜间十一时才到达,她的护士和游建文陪同前来,孔令傑也接踵而至。我们讨论了协会负责人的安排,但是孔的领会同我们的了解大相径庭。据他了解,就宴会来讲,我的妻子也在被邀之列,已给大使馆送来三十多张入场券。然而,顾毓瑞打听到的则是被邀的只有蒋夫人,没有其他中国女宾,甚至游建文所需的一张入场券也尚在接洽中。孔还听说蒋夫人将由全国司令陪同最后进入宴会厅,但依顾毓瑞之说,这点仍有疑问。所以孔令傑要游建文加以核实,并负全责处理,他缕述需要澄清的各点,游认真地一一记下。我也觉得这样可以消弭分歧意见和误解。

我单独对孔令傑讲,委员长曾要我告诉他,鉴于俞大维将军返台在即,委员长有意将此间有关美国军援的问题和事务由他承担料理,一如俞将军那样在大使馆全盘领导下工作。孔令傑的第一个反应是"为甚么?"继而他问我是否应该接受这一任务。我说他当然应该接受,因为委员长对他有好感,器重他的才能,这点我也曾向委员长断言,说他(令傑)对许多事务判断相当成熟,在英国受过良好的军事训练,而且同国会人物相当熟稔。孔令傑说他不想在第一线工作上出头露面,倒喜欢在幕后工作,当我追问他作出答复以便回复委员长时,他说要考虑考虑,然后通知我。

星期一上午我陪蒋夫人去国民警卫队训练中心出席美国退伍军人协会的会议,聆听艾森豪威尔总统的演说。协会的三位前司令前来使馆迎接蒋夫人,我们一起动身前往训练中心。三人中有一位是美国空军退役军官柯林斯上校,二次大战期间,蒋夫人和我曾先后在非洲黄金海岸受过他的款待,当时斯温顿勋爵任英国驻西非高级专员,代表英国政府。蒋夫人提起她在柯林斯家洗的极其令人惬意的热水浴,柯林斯又讲到斯温顿勋爵当时给他打过电话说已经了解到有一位尊贵的中国夫人逗留他家,他想来拜访。柯林斯上校对英国情报机构的效率感到惊奇,竟能察知夫人的行止,尽管她是搭乘空运司令部的飞机"隐秘"地到来的。至于我,则还清楚记得柯林斯上校的鸡尾酒会和在他家走廊上共呷冷饮的情景。

到达国民警卫队训练中心后,我们被引至主席台上全国司令的后一排就坐,司令欢迎我们之后,先介绍我然后介绍蒋夫人会见坐满宽敞正厅和边座的约有一万二千人的大批与会者。我和蒋夫人都受到热烈鼓掌欢迎。有人高呼请蒋夫人讲话,但按照我们事先商定,她明智的婉辞了。继之便是在溽暑中漫长等候约达十五分钟。艾森豪威尔总统预定十二点正发表演说,在他到来之前,我们听了司令的报告和演说,这中间,我曾引导枢机主教斯培尔曼和内政部长道格拉斯·麦凯来到蒋夫人这里同他握手。这里还有主持大会开幕式的女众议员弗朗西丝·博尔顿和康涅狄格州州长洛奇,他们也同我们坐在一起。

我将洛奇州长介绍给蒋夫人后,我们攀谈起来。他说有一时期所谓中国院外集团仅仅有诺兰参议员、周以德众议员、艾尔弗雷德·科尔伯格先生和他自己。他曾企图提出一个赠予中华民国七千五百万美元的修正案,但未获通过,这仅仅是五六年前的事。他热得汗流浃背,上衣后身全湿透了,主席台上热成这样的大有人在。大会派来照料我们一行的人考虑周到,送给我们一纸程序单,正好给蒋夫人当扇子使用。

总统在差五分十二点来到会场,被其侍从拥向讲台,接受长时间的鼓掌欢呼。然后由司令和执行主席伴随回身后退约十五英尺向蒋夫人致意。他同她和我握了手,稍事寒暄,便走回讲台。主席对他讲了一两句话,他点点头,于是蒋夫人被迎到讲台前照相,这一瞬间的场面博得全场的热烈欢呼。她被送回座位后,我们听了总统三十分钟的外交政策演说。之后他便在特工人员、全国司令及其他护卫人员簇拥之下离去。我们返回双橡园。

一点钟举行招待蒋夫人的午餐会。这是在她访问期间我计划为她举办的两次午宴中的第一次。客人有帕特·麦卡伦参议员和夫人、爱德华·马丁参议员、哈罗德·沃克夫人、戈登·穆尔上校和夫人、雷·亨利先生和夫人、谭伯羽先生和夫人,以及游建文先生。

游建文曾经暗示:我安排的两次午餐会可否并为一次,或将第一次取消。但我坚持不变,说麦卡伦参议员是远道来自佛罗里达,他正在那里举行参议院非美活动调查委员会国内安全小组委员会的听证会。为了来此特意更改了工作日程,因为蒋夫人请他前来晤谈而未接受出席小组委员会听证会的邀请,更何况在此之前麦卡伦夫人在华府谢绝过大使对她的邀请。所以,有麦卡伦参议员参加的午餐会不能取消。对于星期二午餐会的意见是嫌中国人太多,而且宴会的贵宾,国会议员斯特林·科尔又不够显要。我对游建文说,科尔是国会原子能联合委员会主席,按华府礼节,他的座次理应在卡尼海军上将和助理国防部长麦克尼尔之上。实际上,我估计这是对使馆一位秘书和夫人参加午宴有意见。但是更动为时已晚。男宾和女宾人数应该相等,而且卡尼海军上将接受邀请后,客人名单已有十六人,但为了便于安排座位,必须有十八人。让蒋夫人坐在我对面,按传统习俗保持"一位女士、一位先生"的排座格局。因此便添上顾毓瑞和他的太太,他们是科尔先生的挚友。请柬已经发出,他们也已接受,不便撤回。于是名单未加变动。

至于麦卡伦参议员请蒋夫人去其小组委员会就反对共产主义和共党阴谋问题作证之事,我向她建议,倘若他坚请,可以托病对他说到纽约和医生商量后再通过我告知能否接受邀请。我告诉她这样做就不致在宴席上大费唇舌了。

星期一午餐会来宾中有一位戈登·穆尔夫人,是艾森豪威尔夫人的姐妹,是经常出入白宫的总统上宾。她告我总统当天上午曾来电话邀她,想在去国民警卫队训练中心后和她一道回科罗拉多州丹佛,同她和艾森豪威尔夫人一起小住几日。但是她称通知已迟,准备不及,只好谢绝了。我介绍她和蒋夫人谈了几分钟话,让二位进一步熟识。这应该是一条很有用的渠道。

晚间我和美国退伍军人协会原来那三位先生一道陪蒋夫人去斯塔特勒饭店出席宴会。协会对外联络委员会主任迎接我们,陪到贵宾厅首桌。这里差不多有三十八或四十人,包括内政部长麦凯、国外业务署署长史塔生、康涅狄格州州长洛奇及斯培尔曼枢机主教,后者来迟了,让大家等了好一会儿。大家依次听到唱名后,排好队鱼贯进入宴会厅。蒋夫人前面为协会副主席,后面为内政部长麦凯。我排在他后面。

当我们各按各位站好队,等待向前开步走信号时,我看见全国司令在排尾之外单独站着。这显然和我们了解到的情况大不相同。本来不要求夫人同大家列队而行,等其他贵宾落座后,再由司令陪同最后入场。顾毓瑞和游建文都是这样向我报告的,而是经孔令傑上校证实的。因此我走出行列,向司令耳语说:"我想是由您陪同蒋夫人最后入场进入宴会厅。"他的答复友好然而坚定:"不,协会的礼节不是那样。"于是我只有说:"既然协会礼节如此,就照办好了。"我们鱼贯走到讲台首桌的各人座位后不久,宴会乐队奏起英雄凯旋乐曲,然后全国司令自己以傲慢、威严的姿态进场登上讲台,宣布会程开始,请一位教会显要致祝祷辞。这是他毫不受干扰的独享特权。

蒋夫人的演说排在晚九时三十分。但直到十点过一会才邀请她发言。她讲得很好。她照稿演说,但几乎是看不出在念稿子。结语格外有力。演说相当感人,显然给听众,尤其是妇女们以深刻印象。

就在演说前不过半小时,蒋荫恩曾到桌前找我,说新闻记者们感到失望,认为演说词内容平淡,毫无力量,在远东尤其是在共产党向我们进攻的沿海岛屿频传令人不安的消息情况下,他们本指望听到她一些重要宣告。我告诉他说,这正是她不愿多讲的原因。在国会即将选举和任何话都能被一方或另一方误解的时候,什么话都不好讲。

翌日上午我接见了柳鹤图海军上校,他是我馆海军武官,离任外出回来向我汇报。我对他讲,我在台北发现我国海军最需添补的是登陆艇,至于我们需要的其余四艘驱逐舰,需经国会立法,但转让事宜五角大楼迄未作出安排,也未提交国会审议。

下午一点为蒋夫人举行第二次午餐会。事先我交给蒋夫人一份斯特林·科尔的简历，他是国会原子能委员会主席，希肯卢珀参议员是该会副主席，成员中有一些参众两院知名人物，包括诺兰参议员，我意图纠正一下可能给她造成的科尔并非太重要人物的印象。因为科尔不仅是一个重要委员会的主席，而且委员会全体成员也都是重要的国会议员。午餐会重要来宾有助理国防部长麦克尼尔和夫人、卡尼海军上将和夫人、马康卫先生和夫人、雷蒙德、莫耶夫人，莫耶未能出席；还有查尔斯·博尔特将军和夫人。

前面有一章里提过我想在杜勒斯国务卿动身赴马尼拉签订东南亚条约组织公约之前会见他，承他约定这天下午见我。午宴上马康卫告诉我约见时间稍有提前。于是午宴后我送蒋夫人上楼后，立即赶赴国务院按时赴约。我所以提到这点，是为了说明事情如此纷繁。

我下午返回大使馆同谭绍华和陈之迈开会，商讨朝鲜战争中国反共战俘代表友好访问团的活动安排。这时候我才第一次听说遣返战俘代表团准备献给艾森豪威尔总统的旗子是用一万四千多遣返台湾战俘的鲜血涂成红色的。从西方的卫生学观点，一想到这一点就会感到不快，一旦目睹更不免令人作呕，东方和西方的思想观念差异就是这么大。在台湾和在战俘心目中，这面旗子几乎是神圣的，是他们志气和决心的至高无上的证据。这批战俘选择了自由，并要向美国总统表达感戴之情，因为后者曾大力坚持志愿遣返原则，使这些人得以摆脱共产党统治重获自由。然而美国人和总统本人对旗子会有反感，看见它就会恐怖，更不消说请他们放在身边了。他们会想，旗子上甚么细菌没有？会危及健康，肯定他们会认为对他们有危险。然而，倘若如实讲给战俘代表团，不免要伤害他们的感情，他们会觉得大使馆的人们远离故土，久居美国，一定已丧失民族性，思想感情上已成为美国人了。依我之见，我们大可将这面旗子保存于我们的国立博物馆，作为这些人争取自由斗争的珍藏品。但是这类建议为时已晚,况且,献旗原计划是遣返战俘一周活动日程中的高潮,因此想不出一个合适的替代办法。最后我在会上提议在献旗之前将它密封起来,密封手续交给一家可靠的公司来做,包装上打上醒目标志。大家想来想去都觉这是一个好办法。

会后我前往军事空运局终点机场送国务卿赴马尼拉,然后赶回来迎蒋夫人下楼赴宴。这是我为她设的唯一一次晚宴,宾客有哈罗德·史塔生先生和夫人,国防部副部长罗伯特·安德森和夫人、雷德福海军上将和夫人、助理国务卿帮办罗伯特·墨菲和夫人,以及助理国务卿饶伯森和夫人。

席问我两次亲切地举杯祝酒。一次是为来此作短暂私人访问的蒋夫人这位伟大的爱国者和我们国家的骄傲,另一次是为"在座的美国朋友,我们称之朋友,意思是他们按任何标准,在任何意义上都称得上朋友"。看来夫人和其他宾客对祝酒都很高兴。史塔生起立回敬,说他虽然不愿代表官方祝酒,但仍想请大家为委员长的健康干杯,他一直是"他的国家在反共和争取自由斗争中百折不挠的领袖"。宴会气氛愉快,显然大家都很满意。饶伯森和雷德福海军上将玩了几手戏法,为宾客助兴。安德森夫人要拍几张彩色照片,但相机闪光灯亮不起来。雷德福海军上将说他只要啐它一口唾沫,灯准保亮。我们以为他在开玩笑,但他果真朝灯泡头上啐了一下,就闪出亮来了。雷德福夫人告诉大家,海军上将对电器玩意儿嗜之成癖。

宴会后孔令傑来馆陪夫人片刻,当他要同游建文离去时,我问及委员长要我向他提出的问题有无答复,也就是说他是否愿接俞大维将军的后任。他说还要思考一番再通知我。

翌日上午陆军武官萧勃将军来见,说他将带领遣返战俘去阿林顿公墓献花圈。将按照安排及时回到大使馆。按照蒋夫人的要求,我取消了在她抵达时安排中国驻华府官员会见她的活动,已经安排他们在这一天——她动身离华府之日来见她,向她致敬

和欢送,然后再由战俘代表团见她。这两次接见之前,国务院的
詹金斯先生拜会了蒋夫人,还有朱世明将军夫人谢文秋亦来拜
会。这些会见完毕后,蒋夫人由游建文和她的护士随同,黄仁霖
开车启程。她向我太太和我表示对我们的盛情招待深为感激。
她告诉顾夫人,她发现为了迎她下榻,整幢楼房重新修饰过。她
谈到这些以表示亲切。

次日星期四,9月2日,我拜访助理国务卿帮办罗伯特·墨
菲,把朝鲜战争中国反共战俘友好访问团的两位顾问和五位团员
介绍给他。中国科副科长埃德温·马丁在国务院大门口迎接我
和团员,并陪全体人员到墨菲办公室。我将团员逐位介绍给墨
菲,说他们这次组团来美作友好访问,主要用意是感谢美国人民
和美国政府在朝鲜停战谈判期间对志愿遣返原则的坚持。这是
国际关系中的一项新原则,我说,这五位战俘和一万四千多名一
同由朝鲜战场遣返祖国的伙伴都不会忘记他们的自由是来自这
项原则,而美国政府曾为它作过不懈的努力。

墨菲说欧洲战俘遣返的情况不能令人满意,因此美国才决心
对朝鲜战俘问题坚持这个志愿遣返的新原则。然而,美国赢得这
项原则是经过不屈不挠的斗争的,他说很高兴会见访问团,表示
希望他们访美顺利。

我补充说访问团大约三星期前抵达旧金山,来东海岸一路上
访问过好几个城市。我让一位团员——胡上校向助理国务卿帮
办介绍他们到过哪些地方。

上校说访问团访问了旧金山、洛杉矶及加利福尼亚一些小城
镇,所到之处无不受到热烈欢迎。

墨菲表示希望代表团访问期间尽可能多看看,并且提议他们
不妨看一场棒球比赛,这是一种典型的美国运动。

由于这次拜访只是作为礼节性拜会安排的,因此这时候我就
示意代表团告辞。但助理国务卿帮办送大家出来后,又请回去拍
了照。

我回到大使馆,接待了中国新任驻梵蒂冈公使谢寿康先生,他前往罗马和梵蒂冈赴任途中抵此。他向我征求意见,并说梵蒂冈对安排递交国书一向缓慢,一般要等一个月或六个星期。他这次赴任,仪式将排在十月十日前后,等于说六个星期之后,但是他想要提前办完,以便能举行招待会庆祝我国国庆。我问他为何不要驻梵蒂冈临时代办将此意见转达梵蒂冈外交部,希望他们尽快安排仪式,何况这是他第二次出使教廷,呈递国书的颂词和教皇的答词都无需很长。

他接着向我讲了一些私话。就在台北发表他的任命当天,他向驻台北教廷使节进行了礼节性拜访,但是这位使节黎培理主教在表示个人高兴之后,竟劝他不必治装赴任。他将此话报告外交部长叶公超,部长说黎培理已同样对他讲过,就是说谢去梵蒂冈可少待时日,言外之意是他们并不希望他早日到任。叶对谢说他已告诉黎培理:谢的任命既已公布,何时启程当由他本人决定。谢听了叶这番话,便试图联系黎培理,期待这位教廷使节的回拜。但黎培理的秘书竟答称黎培理很高兴接见他,显然黎培理在等待第二次拜访。谢冒充自己的秘书名义问道,由于他自己没有汽车,黎培理是否可来拜会他,而对方的答复是黎培理将欣然派车来接他。这迫使谢氏只好再充自己秘书之名说如果黎培理能作为一次回拜来看谢,那就再好不过了。

谢说后来黎培理曾设盛宴招待过他,并热情祝酒,但是送他出来时又悄悄说他首途梵蒂冈仍以缓行为妙。谢对我讲,黎培理曾在大陆多年,并在非洲长期生活、服务,在对待有色人种上养成一种优越感。此外,他总难以释然并且忿忿不满的是,竟有一位中国国民被任命为枢机主教,另有几位中国人被任为大主教,都高于他这个主教级别。谢相信黎培理一直想对梵蒂冈施加影响。我又建议谢设法探听一下梵蒂冈对他受命出使和即将到任有何看法。这都是些微妙的,有个人因素在内的问题,不过仍然令人颇为关注。

傍晚我在双橡园举行鸡尾酒会招待友好代表团的遣返战俘。出席的约有四百位男女客人，多属舆论宣传机构、五角大楼及国务院，还有一些美国退伍军人协会的人士。许多人都好奇地频频询问代表团五位团员。这五位春风满面，顿觉快意，随便地和客人混在一起，畅所欲言地回答问题。这是他们在中共军队服役或在大陆生活于共党统治下所未有过的自由。这次聚会又因当日天色很好而更显欢乐，招待会在双橡园广阔的草坪上举行，设置了三个酒吧，随时备有冷熟小吃供他们和其他客人食用。他们和其他客人直到晚八点多才散去，最后一批到九点钟酒吧相继收摊，表明晚会已经结束，才兴尽告辞。

　　星期五中午左右俞大维来使馆辞行。我们谈论了共产党要解放台湾的威胁，以及他走后在华府的工作如何料理。虽然他眼看即将动身，照料军援事宜的任务由谁承担仍未确定下来。我向他问及此事，他说要到台北再作商量，然后通知我。他问我谁适合担任此职。他想到的只有孙立人将军和何世礼将军，二人在美国都有名气而且是高级军官。

　　中午我设午宴为他饯行，我们入座前又谈了一番。他再次问我谁是照管军援的最佳人选。他说，就执行业务而论，不消说韩朝宗是胜任的，但涉及政策方面，就不容易找到合适的人选了。他说此人必须军阶、名望俱高，而又受五角大楼信任。我说我对军界和军界人物都不熟悉，他又提到孙立人将军。不过，这位是否能来，我看是个疑问。我只能说，看起来很明显他是无法前来的。至于孔令杰，我未提其名，因为我清楚俞不会认为他合适，而且孔本人似乎也无意接受此职。

　　后来我同谭绍华、陈之迈及崔存璘开会筹备外交部长来华盛顿正式访问之事。我要他们预先通知国务院，我国外交部长愿在10月中某一时间来华府进行正式访问。还要他们同国务院商议为叶安排适当的正式访问日程和接待事宜。

　　次日我为战俘代表团设午宴饯行，庆祝他们圆满结束在华盛顿的访问,预祝他们在继续访问美国其他城市及其他国家中取得成功。我说他们已到处留下良好印象,受到美国朝野各方以及华侨社团盛情接待。我也向他们五位提了一些个人感兴趣的问题,问道共产党在他们奋战前线之际用什么方式控制他们;他们如何逃出来向联合国军投降;大陆上共产党控制下的大、中学生情况;共产党如何秘密侦察平民家庭;他们如何严密组织青年;以及为甚么再也听不到青年热情拥护共产党统治的消息。

下一个星期三我召开了大使馆人员和中国政府机构代表的例行周会。我返任后第一个星期三(8月25日)去纽约看望蒋夫人,第二个星期三(9月1日)是她离开华府的日子,在大使馆举行了接见。因而这一星期三(9月8日)才第一次有机会举行这个例会,把我最近台湾之行及所见所闻作一报告,特别是同我四年前的旅行作一比较。后来我请随我前去的顾毓瑞综述我环岛之行的经过,所接待的重要来访者、举行午宴晚宴进行拜会的次数,并将我所作的演说和为我举行的宴会次数扼要汇报一下。例如,他报告共接待过三百零五位来访者,我本人进行过五十次拜会,对不同团体作过二十二次演说。

星期四,空军武官衣复恩上校来使馆报告委员长座机"美龄"号情况,该机曾送蒋夫人来美,随即开始维修,同时机组人员接受一次短期训练,衣上校说"美龄"号将于9月12日在得克萨斯州布朗斯维尔修毕交工,他星期五前去检验,参加交货前试飞。如果一切就绪,他将请示蒋夫人该机开往何地待命飞返台北。根据她的命令,他自己也将作为一个驾驶员同往,因为飞越太平洋需有三名驾驶员。

衣上校两周后从布朗斯维尔返回,报告仍有些工作尚待完成。但声称试飞后将径飞洛杉矶,然后听候蒋夫人意愿。不过目前衣上校觉得她不会用该机飞回台湾,迄今她没有表示何时返台。

9月13日我在双橡园设午宴欢迎出席世界银行和国际货币

基金组织理事会常会的中国代表团成员。一位团员对我讲,货币基金组织开除捷克斯洛伐克之事仍作为一特殊情况,等待捷克斯洛伐克对基金组织因捷克迄今尚未缴付它应缴份额而提出的不遵守组织章程问题作出解释性答复。他还说,货币基金组织常务董事鲁思担任这一重要的国际货币组织首脑似嫌缺乏政治家胸襟开阔的风度。他认为鲁思单靠做过瑞典国家银行总裁的经验不足以应付其现职工作的多方面问题。

14 日我作短期纽约之行,出席上海午餐俱乐部发表演说,按计划谈谈我去台湾及沿海岛屿的经过和印象。一位宋子文和我本人的朋友也设便宴招待,因此,我和宋子文二人可以进行一次深谈。我向他略述台湾之行,答复了他有关金门形势的问题。他告诉我,蒋夫人已派小上校(孔令傑)向委员长进言,提出驻华府大使这一战略要职一旦换人将属不智之举,他说这样一来便给委员长解决了问题。我也简单介绍了我在台北实际听到的有关将我由华盛顿调往台北担任考试院长的情况。

9 月 16 日我设宴招待副总统陈诚将军的两位女公子。其他客人有谭伯羽夫妇及谭小姐,他们是陈家的亲戚。谭先生告诉我,美国给中国来美留学生批准签证要求的条件有违常规。他指的是副总统的两个女儿来美深造的事。说在他们离台之前他已经为每一签证申请人交付了一千二百美元作为入境求学保证金。但是当美国驻台北副领事询问是否履行此项条件时,又要求看一看存单,交给他存单后,他又声称此款应由台湾汇出。实际该款是谭先生自己的存款,谭是她们的表兄或是表叔,这点我不清楚。

我记得这项要求经常给许多热望来美求学的青年学生设下重大障碍。不止一次有青年人来找我,我已尽力予以帮助,例如:我年轻时在大陆的一位同班同学的女儿曾求我给予经济援助,她已经取得入学资格,而且已被一家大学录取,但是在获得签证之前,缺少美国领事所要求的外汇存款。我想其最初的用意,一则是限制来美人数,再则是保证这些来美青年不致成为公众负担。

最后,谭先生继续讲,台湾银行应陈家请求打电报给里格斯国民银行将两笔款项汇至台湾,该行照办,但没有通知原存款人谭先生,也未征得两位小姐同意就用她们的名义开户存款。然后,台湾银行收到汇款后给她们每人开出一张一千二百美元汇票,向美国领事出示两张汇票后,他将两张汇票封入两个信封,并签注进入美国时在移民当局监视下才能开封的字样。此事在她们到美后由使馆崔存璘先生照料才办妥。不过这种看来并无必要的麻烦,足可证明中国学生来美读书之困难。

9 月 18 日星期六我再次搭机赴纽约,晚间启程,以便星期日晨七时许在艾德威尔德机场迎接外交部长叶公超,他由台北经旧金山到达此地。随后我飞返华盛顿按时在哥伦比亚广播公司的"本周人物"节目中露面。上一章里我谈过这个节目,提到要我回答的关于金门形势的问题。而且不出所料,这位节目主持人还提出了吴国桢指责台湾为警察国家的问题,我倒为此高兴,因为正好给我一次机会来阐述蒋经国将军领导的政治部的工作成绩,尤其在提高军队士气方面。

这里想引一段记录为例:

巴思先生:我们再跳过台湾海峡问题谈点别的好吗?

您知道,吴国桢博士不久前对台湾现状有一些很严厉的指责,吴博士在美国是很受尊重的人,他特别提到关于军队的政治问题,他说到政治部滥用权力,几乎将军队士气摧毁殆尽。

不知您对此有什么评论;其次也想请您谈谈民众信心的问题。

顾大使:巴思先生,我很高兴您提这个问题,因为我返台以前便下决心深入了解这个问题,我到台湾后特别下了一番功夫考察政治部一向所做的各种工作。我参观过军事监狱、嫌疑犯拘留所,这些嫌疑犯,如您所知,是保安警察逮捕的。

我到过所谓绿岛,这是吴博士大谈特谈过的。

可是现在我倒要说，同他所讲的相反，我发现政治部的工作不仅是有益的，而且是不可少的。

举个例子来说，我每到一处，无论是澎湖，或是大陈，或是金门，都有该部的若干政治代表，他的职责是调查士兵的福利。通过他的努力，体育活动组织起来，伙食得到监督。我本人曾下伙房品尝饭食，觉得这四年间有了重大改进，我发现，政治部并未削弱士气，反而促使部队的士气增强起来，因为它不仅使士兵和高级军官之间得到沟通，也使部队与台湾政府之间加强了联系。

通过这些政治代表或政治部的代表，可以保持经常联系，一个普通士兵无论有什么感受，有甚么不幸，任何疾苦都可以马上汇报到台湾，采取措施给予解决。

巴思：那么，先生，这是否像吴博士所形容的，是仿效苏联军队的一种政治委员制度？

大使：我个人认为这种制度在西欧和美国是不存在的，但我们发现它有用途，就拿共党军队来说，在它席卷大陆时便保持着旺盛士气。我们起初有这个制度，但是由于种种原因在大陆上取消这个制度之后，结果一发生实战，我们许多将领变节、部队也拒绝作战，所以我们感到绝对需要这种制度来维持军心，维持军官的斗志，才能成功地返回大陆。

巴思：可否再提出一个有关政治警察的问题。

吴博士说他们干预自由选举，非法捕人不计其数，并严刑逼供和敲诈勒索。

今天台湾的人心如何？实行这种政治控制有什么必要？

顾大使：嗯，巴思先生，您看，这个问题我也作过调查，特别是因为我行前读过吴博士的文章。我曾经召开一个台湾人，像你们所说的台湾头面人物的集会，他们全是台湾人，您知道，实际上没有这样一个台湾民族，他们是中国人，但是在那里土生土长。他们已在那里生活了好几代。我问他们每一个人的感觉如何,答复都使我满意。

就拿选举来讲吧。台湾南部一个选区有过一些越轨现象,是下层人员过分热衷于支持国民党候选人,对台湾籍候选人有所不利,但是事情马上被报告上去,越轨行动即被明令禁止了。

另一方面,以台北市长为例,这是台湾最大城市、政府所在地。他就是得益于自由竞选活动而以两万多票的多数当选的,国民党候选人则被击败了。现在,这位新市长是一位台湾人,你们也许称他是一位福摩萨人,他得到了承认和尊重。

在二十一个市镇当中,换句话说,二十一个市长和镇长当中,十七个是台湾人,只有四个不是台湾人,这就表示选举是充分自由的。

这时候时间已经超过,海托华先生将话题转到"入侵台湾"上来,表示要问我两个简单问题。首先,他希望知道中共有无足够发动侵略的海军力量。我对他讲,截至目前我们对共方海军还保有一些优势,但空军的情况正相反。他们有一支比较大的空军,不过他们飞行员质量较差。目前我们还有能力控制沿海岛屿周围水域,但共产党已逐渐建成大量机帆船和炮艇。同时他们的造船工业也较发达。

海托华接着问:在当前情况下,万一他们在不久的将来发动一次入侵,您看情况又当如何? 我想问的是一旦入侵台湾……谁会打胜?

顾大使:如果他们进犯台湾,就必须闯过第七舰队这一关,这是一支相当强大的舰队,有美国的全部实力作后盾。所以,共产党在真正发动进攻前,也先得一而再,再而三,反反复复地考虑考虑。

海托华:您认为在当前情况下,他们有进攻的可能吗?

顾大使:在当前情况下,我觉得他们不会冒这个险,当然,谁也说不准共产党会有什么举动。

节目以这句话告终。鉴于共产党近来的威胁和反对国民政府的活动逐步升级,关于台湾地区军事力量和不测事件的最后几点确实重要。所以,估量一下我们和共产党相比的实际攻防力量,并且弄清万一共产党发动攻击或入侵,美国实际承担多少义务,对台北来说就尤为迫切了。因此政府最近力求就台湾地区的共同防务和美国作出明确的专门安排。

正好在我离纽约返华府参加哥伦比亚广播公司的节目之前,叶部长交给我一份杜勒斯国务卿与蒋总统9月9日在台北会谈的记录。其中有一小部分涉及军援问题。当时蒋总统对杜勒斯先生说:美国政策的落实行动不够积极,且不主动。作为例子,他提到我国政府早在六个月前就提出扩建武装部队计划,而至今尚未得到答复。他还指出,有些军援物资,虽获美国政府批准,但已过三年,尚未运到。

蒋杜会谈有叶部长和蓝钦大使参加。会谈之后,叶约见蓝钦要求澄清会谈中的某几点问题,因为杜勒斯本人几乎必须立即离台。记得9月10日的会谈记录已附在叶给委员长的条陈中,叶在纽约也给我一份副本①。

叶部长还交给我一份9月11日同蓝钦大使会谈的记录,那天蓝钦要求会见他,答复前一天提的一些问题。蓝钦解释他尚未来得及弄清叶提出的中国国防部长与第七舰队之间的技术性谅解。但在上次会谈后已就若干问题和蔡斯将军讨论过。

这一部分记录如下:

蓝钦称他可向叶保证,一旦中共空军袭击台湾或澎湖,美空军肯定会从冲绳或航空母舰派机协助中国空军。据他了解,空军和第七舰队已就发送警报达成协议。根据与蔡斯

① 两项会谈记录和叶的条陈,见附录六。

将军的谈话,蓝钦确信如果台湾遭到大规模空袭,美国空军一定以最快方式给予最大限度的支援,但仅限于遭到敌空军大编队突袭的情况。如果是一两架敌机偷袭或侦察时,大规模支援就无必要,中国空军有能力对付这种"骚扰性"空袭。

叶立即询问一旦遇敌空袭,美国空军需要多长时间才能到达袭击现场。蓝钦答,他认为从航空母舰出动的飞机一定比来自冲绳的飞机快。然后他又谈到叶部长前一天提出的在台湾遭袭击时第七舰队前来支援所需时间的问题。他说,据蔡斯将军谈,此时间曾于1953年6月确定过。当时第七舰队大部忙于朝鲜战场战勤,不能指望在少于36—72小时内抵台给予支援。当然这仅限于航空母舰,而空军机群飞来的时间,他坚信即使在朝鲜战场参战条件下也要快得多,至于目前在台湾地区的舰只和航空母舰数目已有增加,一旦发生突袭情况,美机迅速到达当毫无问题。

叶部长立即表示希望能举行有美机参加的防空演习,以确定美机飞台所需时间。蓝钦也马上认为此计划可取。部长继而提议,鉴于当前实际形势,第七舰队和中国军事当局不妨审查一下双方去年达成的技术协议,弄清是否有需修改部分,譬如美舰队来台助战所需的最短时间。蓝钦说他的印象是该协议的执行部分似仍在不断讨论中。但他本人尚无时间阅读这几次讨论记录。他建议部长亲自审阅一下该记录,以确定是否有修订之必要……

后来,这些有关军事协调的全面技术协议备忘录编出来后也给了我一份副本备查。备忘录列出了专门协议的性质,这是我军事当局同美军事当局前此就沿海岛屿防御、美援军抵台所需时间,后勤补给等事项所达成的专门协议。这份重要的备忘录见附录①。

---

① 见附录十六。

在 9 月 1 日会谈中,蓝钦还说他拟对两天前和部长所讲的
1955 财政年度对华军援加以补充。他说蔡斯将军从未向任何人
透露过 1955 财政年度的军援款额将成倍增加。事实上,谁也不
知道 1955 财政年度对华军援的准确数字。可靠的传说是有一大
批原定运往越南的军需物资现已改运台湾。蓝钦说,根据其他机
密消息,华府五角大楼已决定将原拨越南的五千万美元转拨台湾
使用。该款要列入 1954 财政年度计划,此外,同一来源的另一笔
五千万美元也将在 1955 财政年度内供台湾使用。但除这几项
外,蓝钦表示还没有收到任何确切消息。叶部长于是对蓝钦提供
的这几项消息表示感谢。

以后可以看出,除了 1955 财政年度的正常共同防卫互助计
划外,台北政府还在积极争取需要美国额外援助的一项特别军事
方案。(按:即上文所述委员长向杜勒斯提过的方案。)这一特别
方案,即所谓“开”计划,本身又被另一特别方案“协”所修改,这
同大陆方面日益加紧的进犯威胁不无关系。

9 月 19 日晚我设宴招待金问泗大使和夫人。这纯属一次社
交活动,大家清唱几段京剧,因金大使夫妇是两位戏迷,而另一位
客人、货币基金组织的前中国执行董事顾翊群的夫人更是一位颇
具功底的京剧名票。

前几天,我曾于 9 月 17 日邀金大使夫妇午餐商谈重要公事。
他要同我谈 40 年代末,在比利时的中国军械库曾支援金问泗驻
比使馆解决当时困难的一笔款项之事。我打算把赴台时在外交
部打听到的结果告诉他。

外交部次长时昭瀛告诉我,自从金问泗大使离任后,实际上
国库已停止拨付驻比大使薪金,因此外交部并没有由这笔经费积
累起来的存款,用以抵付原驻布鲁塞尔使馆两位馆员拖欠金大使
至今的八九千美元。这两位馆员声称此款原是作为赠款给他们
的,但金说这是一笔需要归还的借支,因为此款出自在比中国军
械库王先生送给使馆的一笔钱,虽然原来曾说是赠款,但事后他

又要求归还,因为军械库的主管当局严责他清偿。(这是一件颇不正常的事,我记得为此曾和金多次交谈。为何王某突然如此慷慨大量要把属于军械库由他掌管的用于在国外购买器材的专款拿一部分赠送出去? 最后事实表明,王某显系挪用一大笔公款作私用。为了便于开脱自己,他把钱分一部分给使馆,这样就可托词是用于公事了。)

这笔所谓赠款的受惠者也包括金大使本人。但事后他已把所得如数归还公家,但另有两位馆员不肯将所得交回外交部(这是金提出的处理办法)。由于大使已无法向他们索回,只好要求由外交部向他们追索。但外交部认为这是大使与馆员间的私人债务,拒绝由该二馆员月薪中扣款。

两位拒偿者中有一位陈先生,当年曾供职中国驻巴黎总领事馆,后来由我把他调到我驻节的巴黎大使馆。为此我曾写信给他说,他应当承认这项债务,将欠款归还外交部或金大使本人,因为一则当初金氏既为使馆也为同仁着想而将王某送来款项拿出来,再则大使及其他受惠者已将所分得之款退还,所以他为了自己,为自己的前途着想,也应体面地了结此事。由于我的建议,陈某不得不有所表示,退给金六百美元,由金转缴外交部偿付部分欠款。

这次经我建议,金也同意此事应尽早解决,以消除外交部的猜疑。我随后又请使馆傅参事致函现在伊拉克的陈某,力劝他定出一个扣薪归欠的计划,即使时限拖长一些也无妨。

9月20日星期一早晨我再度离华府去纽约履行一次演讲约会。曾任唐人街报纸《美洲日报》主笔、纽约唐人街华侨界的总组织中华公所主席的梁声泰16日由纽约来电话,邀我在以国民反共救国大会的名义于20日召开的全美华侨大会上讲话。他要我讲最近台湾之行,让大家听听我的印象。此通知虽晚,但我仍然接受了。

总领事张平群在纽约的旅馆里迎接我,陪我去唐人街开会。

我们准时抵达,但大会迟开了约四十分钟。会上发表演说的除我之外,还有于斌大主教、清华大学校长梅贻琦,以及一位芝加哥唐人街代表,他是国大代表。约二百人出席此会,代表来自十五个地方,包括古巴。会上宣读了行政院长俞鸿钧和台北侨务委员会委员长郑彦棻的书面发言,由于委员长已赋予我在必要时代表他讲话的权利,于是首先以他的名议发表口头贺辞,仿佛已获他的电谕那样。接着用广东话发表我的演说,因我曾询问出席人用国语还是用广东话,大家一致高喊用广东话。

第二天早晨飞回华府。第一个约会是和早已邀定的詹姆斯·克伦威尔先生进午餐。上一次是 5 月间在一次宴会上相见,他把我拉到一旁说有意访问台湾,并且有可能制订一个在台湾兴办工业项目的计划,开创时利用复兴金融公司贷款,最后则售予中国政府和国民。创业时像欢迎美国私人资本那样也欢迎中国资本。

共进午餐时,他说对有关台湾私人资本问题以后再讨论。此次谈的是一种叫做"蜜科饴醍"的新产品,这是一种有巧克力、香草或茶叶香味的酱。并带来一些不同味道的样品供我品尝,他说这是由一位有钱朋友资助研制的,原料利用美国大量剩余谷物和奶品。仅只为了储存这些剩余物资美国政府就要花费二千八百万美元。通过这项研制计划可以找到一项合适的处理方式,用于供给世界上营养不良的人食用而不是浪费于喂牲口。他说可以把此产品作为一项人道措施救济大陆上受饥和遭水灾的难民。并可作为宣传手段,在上面贴上蒋总统和艾森豪威尔总统照片,注明由美国政府供给。他想首先听听我的意见,如果赞同,就请中国帮助向大陆空投。

我首先提请他注意各国人民的不同饮食习惯。中国人民喜欢吃米,其次是面粉制品。通常情况下中国人不会喜爱,也可以说不希望吃"蜜科饴醍"这样的甜酱。我告诉他我们得到大批联总所赠奶粉时利用上的困难,我建议他不妨先对台湾军队、学校、托儿所试用一下。产品营养价值是无疑问的,照他所说,每罐含三千四百大卡热量,足够常人一天所需。而且内含多种成分可以构成一种营养平衡的完整膳食。但仍应考虑不同的饮食习惯。他完全同意,答应把三种口味各送一打,运到台湾试验,如果受欢迎,便可着手向大陆空投,每罐值十二美分,他说应由美国政府负全部费用,他要面见总统请他支持这个主张。

次日早晨我赴机场迎接财政部长徐柏园和台湾银行董事长张兹闿,他们来美出席世界银行和国际货币基金组织理事会常会。午后他们来作礼节性拜访,晚间我设宴招待他们。宴会上我照例提议为总统健康和中华民国干杯,简短致辞中也提议为徐先生及其所率代表团干杯。饭后我告诉他第二天上午安排的活动日程,先拜会助理国务卿饶伯森,再拜会负责经济事务的助理国务卿塞缪尔·沃。但是当我问他,张先生和我怎样集合去会见为好时,他提出最好是只他一个人同我去,明早他到我的办公室来一同出发。

次日早晨徐先生来时比和饶伯森约定的时间早半小时,因此我们能少事交谈。他先告诉我,以后可让张先生陪他到别处拜访。而后我们讨论了国家预算。他说军事预算约占国家预算的百分之八十五,下余百分之十五中有几项虽未列入军事预算,但也用于军事方面。关于对联合国等国际组织的认捐份额和使、领馆等外交部门(包括外交部)的经费仅占百分之四,两个方面各半。

对饶伯森的拜访属于礼节性,为时甚短。谈话当中我问他国外业务署结束问题,他的答复很有用。他说国外业务署按国会立法要求明年裁撤,无非是由国务院接管具体工作,不等于中止一切对外经援。他说无论如何技术援助也将以各种形式继续进行。

接着拜会沃先生,他是一位商人,不是职业公务员,我们讨论了一些经济发展问题。沃同意徐柏园的意见,认为不要一年一订计划,而需制订一个定期的发展规划。徐部长当即向他介绍我国为达到经济自给而制订的四年经济发展计划。不过若干年内仍需要有继续援助的保证,否则这个计划,尤其是个别项目,就无法完成。沃说他对这类问题一直有所考虑,而对国会按年拨款给外国经援和军援的现行制度他深为遗憾。我建议采取某种形式的周转基金用于对一些迫切需要的长期项目提供资金,当项目开始收效,预先垫付的款项逐年回收后,就可以再用这笔基金支援其他项目。沃说他也一直在思考这件事,希望能说服国会认识到这个周转基金想法的合理性。

午后我陪徐部长去白宫拜会谢尔曼·亚当斯。这位先生为人十分和善。他说他很关心台湾经济问题,所以邀请了艾森豪威尔总统的经济顾问豪奇先生参加会谈。徐先生如无意见,可把自己的问题和豪奇先生彻底摊开详谈,我建议他们改期另作一次详谈,他们一致同意。

9月25日我为财政部长来访举行宴会。来宾有庄莱德、埃德温·马丁、盖伊·霍普、乔治·威利斯、戴维·菲茨杰拉德、弗兰克·特纳、切斯特·莫里尔等,整个名单几乎都是与中国计划有关的美国政府部门官员和出席世界银行国际货币基金组织理事会常会的其他国家代表。这次午宴的安排曾大费周折和时间,因为许多美国政府高级官员都另有约会,准备时间也太短。最后有二十九位接受邀请,十七位外国人,十二位中国人,但菲律宾中央银行总裁虽答应可以出席却始终未到,白白让大家等候了半小时,而国外业务署副署长菲茨杰拉德迟来五十分钟,吃甜食时才到。真有些扫兴。

切斯特·莫里尔在会上对我说他非常赞赏上星期日我在"本周人物"节目中的答问,尤其是针对吴国桢指责台湾为"警察国家"的答复。他还觉得我应当提一提政治部在军队里破获共产党间谍的工作。我说本来有意谈谈,但很难作出较长的全面回答,因为三位记者中的一位打断我的话题,提出一个完全不同问题,我不得不马上回答。

午后我从国民机场动身赴纽约。晚间要在卡莱尔饭店为叶公超外长举行宴会。其他客人有宋子文夫妇、蒋廷黻夫妇、贝祖贻夫妇、郭慧德夫妇、刘锴和于焌吉两位大使、胡适博士、游建文夫妇及胡世泽博士。宴会很成功，人人都感到高兴。我在宴会开始时提议为叶外长干杯，首先声明从现在起就不谈令人头疼的国际问题或外交问题，只想略谈一下叶外长在台北的轻松生活方式，防止为繁重工作累垮。提到他的写作、收藏字画珍玩、捕猎野猪及登山等爱好。同时还指出他在我国军事计划和防务方面的重要活动。我之所以涉及他的生活中轻松一面，不过是为了使这个场合随便一些，免得又令人心烦。看来大家都很开心，举座更感亲切。

叶也以同样的腔调作答，礼尚往来，向大家讲了一些我最近赴台期间精力充沛的活动。胡适接着提到他发现叶外长办公室中收藏有大量中国艺术品，沈次长办公室中有一套莎士比亚全集，使他得到外交部不会是一个忙碌地方的印象。但是叶对这种评论显然不感兴趣，于是把我们的话题迅速转到纽约举行的联合国大会上，他正率领我国代表团出席这次大会。

宴会间同叶的交谈中，我向他介绍了远东事务助理国务卿帮办庄莱德告诉使馆崔参事的话。看来菲律宾正在酝酿把来自大陆现居菲律宾的约三千名"无国籍"华人的问题提请联合国解决。庄莱德已经建议菲律宾代表先同叶外长谈一下，设法直接解决，还请崔转告我。

宴会结束时，已经夜间十一点，胡世泽陪叶去领略一下纽约的夜生活。我们约好第二天上午去看他。不过，我和另一位参加会谈的查良鉴抵达叶下榻的旅馆时，他还没有起床。见面后，他告诉我们直到清晨五点才就寝。我们的会议是讨论毛邦初案的若干问题，开了两个半小时，其间叶还不止一次离开房间同刘锴大使商讨即将在联大发言的讲稿。

最后到十二点三十分我建议休会。我知道叶正为次日下午在联大一般性辩论中的发言而焦急，尤其是他对我讲过原来的发言稿还需要重新斟酌，以便适合杜勒斯发言的基调。同时还要大大加以缩短。大家商妥星期三再继续讨论，再早我也做不到了。

27 日星期一我返回华盛顿。已约好午后陪徐柏园部长去财政部大厦拜会财政部长乔治·汉弗莱。这次张兹闿也一起前往。这是一次礼节性拜会，助理财政部长和世界银行与货币基金组织理事会美国代表奥弗比也在座。同往常一样，部长很客气。徐柏园按我事先建议，说明一下我国吸引外资和侨资来台湾投资的愿望，以及如何努力对管理这类投资的法令进行修订，使之更能吸引投资。汉弗莱看来很感兴趣。我借此机会表示我们感谢美国的经济援助，感谢美国通过其代表对世界银行与货币基金组织两个机构内我国代表权以及认缴份额等有关问题方面的帮助。奥弗比也提到这些事。汉弗莱表示向我国提供这类帮助是美国的政策。

张兹闿对我国修订过的外资管理法作了介绍。汉弗莱提出一些有关我国石油资源和国营工业企业性质等问题。张告诉他我国政策是尽快将政府企业通过出售转移到私人手中。汉弗莱当然十分赞许我们上述意见。美国政府自然不信任国营企业，而是赞成以私人企业为国民经济基础这一概念。

下午五时我在双橡园与徐柏园、张兹闿及使馆的谭绍华、傅冠雄、崔存璘、赖家球举行会议，徐首先介绍了国家预算和美国军事、经济援助在预算中所起的作用。他说不可能举出这种援助在预算中所占的比例，因为军事装备已拖迟交货，通用款项和对应款的作用也难以明确。徐回答我的问题时说每次申请对应款都需经过审核、批准，提款支票需由中方美方会签。我征询徐对租借法案问题的意见时，他说返国后要和政府研究。他赞成我的看法，对进出口银行或其他美国机构向我们提出偿还借款的要求不能置之不理。即便我们无力偿付，也要对要求偿款的函件有所答复。让它相信我们并未忘记，还要说清楚不能偿还的理由。我们必须保证，一旦有了办法，立即履行义务。此外还讨论了如何筹借专款圆满了结毛邦初案件。

9月28日是中国法定假日——孔子诞辰。我陪徐部长拜会联邦储备银行管理委员会主席麦克切斯尼·马丁。马丁对联邦储备系统作了一番很有意思的介绍,联邦银行共有十二家,各有一个九人管理委员会,其中三人是政府任命,六人由私营股东银行选出。如果发生意见分歧时,会出现一些麻烦。不过关于信贷的问题,则是由国会立法授权联邦储备管理委员会办理。所以三票能够压倒六票,也可以说在把六人的反对意见记录在案情况下起码他们的意见可以占上风。同样,它与财政部也不是上下的关系,而是有不同权限的平级,这在国会的联邦储备法上有明文规定。马丁解释说,财政政策、公债筹募及货币控制归财政部掌握,信贷政策则属联邦储备系统管辖范围。

我补充说这种关系是夫妻关系。马丁说,不错,但有一点不同,夫妻可以离婚。而财政部与联邦储备系统可不行。两家只能共同生活和工作。至于它与财政部之间,或是地方联邦储备银行董事会中的联邦储备管理委员会所派董事与私方董事之间有意见分歧,总能研究出某种形式的折衷办法,从实践中发现的折衷办法最有利于国民经济。

我征询马丁对美国经济状况持续稳定的前景有何看法。他说朝鲜战争时期曾经遏制过通货膨胀趋势,从而把经济逐渐引向平衡发展。但是印度支那局势促使许多厂家和公司中止调整其存货,以为像朝鲜战争时那样,又一个通货膨胀时期将随一场印支战争而来到。他们抱着这种希望就开始颠倒了他们的调整存货政策。他相信形势要求进一步修正库存,并预期1955年初会有所下降。不过,就远景来讲,美国在五年或十年内将出现一个较大的发展时期。事后证明,这个预测十分正确。

第二天早晨,我陪徐部长又走访两处,以后他便前往纽约。第一处是到行政办公大楼对国外业务署长哈罗德·史塔生作礼节性拜会。第二处是对预算局代理局长珀西瓦尔,布伦代奇作礼节性拜会。不过史塔生未能接见我们,而派副署长格伦·劳埃德和我们见面。他解释说史塔生需出席一个会议。会见时在座的还有国外业务署的莫耶和特纳,以及我国技术代表团的霍宝树。徐部长介绍了我国争取自给的努力措施,和我国四年计划的重要性。莫耶则谈到委员长的特别要求,这是他离台湾时受托带回美国的。要求金额为一亿美元,用来训练和装备后备军。他已报告给史塔生,不过他认为这件事情需要高层决策人决定。

10月1日我设宴招待中国教育文化基金董事会几位成员。目的是要在董事会次日上午在档案馆举行年会前有机会就一些待决问题交换一下意见。例如,胡适博士说过接到教育部长来函要求将清华基金的全部收益移交教育部调配。鉴于收到消息较晚、问题复杂,大家一致决定不在本届会议上讨论,复函说明等这个问题准备好能进行讨论决定时,再马上提出。教育部与中国教育文化基金会之间素有争议,部里力图控制该款,基金会经原北京中国政府授权和中美双方协议一向独立支配该款,不受政府制约。关于中央博物馆与故宫博物院联合委员会申请拨款一万美元为存在台湾台中的装箱古物购买防潮设备以保护艺术珍品的请求,大家都表赞同,但也觉得批准后要影响本年度拨款数字。

我次日上午出席了在档案馆举行的中国教育文化基金会董事会第二十届年会。会开得比通常要长,集中讨论了部分基金投资可否出售作为现金收益这个问题。由于股票市场行情上涨,许多证券都能赚钱,身为银行家的董事们都是美国人,他们不赞成这个主张。主要理由是现金收益派甚么用场,甚么时候,向甚么地方再投资,都难以确定,因为董事会总要为预算赚得收入。关于台北要求拨款购买防潮设备一事,美方董事除一人外,一律认为应由中国政府承担此项任务,不在董事会援助范围之内。但是胡适、我和唐纳德·布罗迪董事都表示这项申请和赠款都符合基金宗旨,因此最后获得通过。

10月3日我设午宴招待四天前由台湾来的七位官员,其中一位陈先生是陈诚副总统的兄弟,土地银行总经理。李先生是粮食局局长;另一位是农业合作协会理事长,还有一位是林矿局局长①。他们都是根据国外业务署训练计划来美国受训的。我建议他们,除了和他们各自活动范围有关的专门计划部外,还应尽量对美国多观察一番,因为这是他们第一次来访,对于美国人民的精神、工作方式及人生哲学,有许多地方可以看看。我说美国人热心公益的精神和组织能力特别值得注意。我告诉他们,美国的强大并不完全来自美国联邦政府或州政府,有些是来自各阶层人民在许多领域中的创业精神和进取精神。我说他们的经验不见得直接有助于我们,因为他们富有,能够承担各种任务和事业,不愁缺少资金。同时他们开展的大规模活动和事业,也不是我们贫穷国家所能照抄的。但是我主张,他们的精神和由于激烈竞争而产生的争取发展、进步的强烈意识,是应该认真学习的。我一向要人们注意美国生活的这一侧面,对来美国参观的人尤其如此。

10月4日我在华盛顿中国午餐俱乐部发表演说,讲了我最近赴台湾和外围岛屿之行及其印象。我在会上介绍了自我四年前赴台以来台湾取得的进步、军队的昂扬士气和人民生活水平的提高。我告诉大家台湾岛上的人民和军队都怀着收复大陆、拯救同胞脱离共党残暴统治的决心。主席和前主席都对我说这次集会是俱乐部有史以来最大的一次。

同一天,听说蒋夫人两三天内动身回台,我给游建文打电话,询问确切的离美时间,以便去机场送行。游说蒋夫人已通知叶公超不要送行,因为她不愿声张,要悄悄回去。不过他还要进一步探询后通知我。

当天下午四点我拜会了前总统赫伯特·胡佛,饶有兴趣的谈了一小时,这在上文中已经提过。这次给我印象最深的是他尽管

---

① 原编者注:确切的人名和机构名称不能肯定。

年事已高,但丝毫没有衰老,记忆力显然也不模糊。

次日游建文来电话说蒋夫人确定 6 日傍晚动身。她要他感谢我的礼仪周到,但仍不愿我为她送行,怕劳动人太多,想悄悄地离开。

美国的中国协会主席克拉克·迈纳同一天和一位同事来访。我约见他是要讲一讲我的想法。他担任中国协会主席至少已有十年。我希望协会不要只限于为中国留学生举办茶话会、音乐会等地方性俱乐部那样的活动。我告诉他协会原来是一个全国性组织,同日本协会一样,有大批会员,包括美国人民中的社会和商界的高层代表人物。我说目前它的活动不禁使我回忆起有几分像当年我在哥伦比亚大学上学时组织的纽约中国留学生俱乐部那样,但是后来我把该组织扩大了,首先扩大成东部中国留学生联合会,以后,又在西部和中西部发起成立同样组织,到后来三个组织合并扩大成为全美中国留学生联合会,这个会有过不小影响。我说我一直希望中国协会也能在增进中美两国人民互相了解与友好方面作出贡献。

迈纳解释他认为卷入政治问题不太合适,我表示协会首要任务是帮助消除两国人民间的误解,例如 1946 年,即我到华府就任大使直到杜鲁门总统下台那些年间流行的误解。协会当时本应很有作为,如果寻求麦克阿瑟将军、爱迪生州长、魏德迈将军那样军政界重要头面人物支持的话。迈纳以协会财力支绌对答。说他每年总结不出现赤字已颇感幸运了。不过我提醒说,如果协会设法办得活跃些,不难筹集资金举办各种活动。

我高兴有机会把看法当面提出,而不必写信。他表示首肯,可以把我的建议转告给他的同事们,想些扩大协会活动的办法。然而结果一事无成,因为他多年来一直对付着过日子。他的同事们最后通过停止协会活动的决议。

10 月 6 日是星期三,我在例行周会上就我台湾之行所获印象向使馆和政府各驻美机构人员再作一次报告。这次以政治部分为主题,介绍其监狱工作和绿岛现状。我向大家讲看到两处都办到符合人道,效率高。譬如,环境整洁,关押在绿岛以及军事拘留所和军事监狱的人都受到良好待遇。他们的伙食质量实际上和军队士兵一样。监狱中从事劳动或担任特殊作业的人吃得更好,同管理他们的官员一样。除典狱长外,谁也无权使用体罚,即对难以管教的在押者也不行。整套制度建立在恢复正常心理状态和精神改造的现代概念上。不过两处都显得拥挤。据说已有扩建计划,但限于财力无法实现。

我说虽然西方国家不存在政治委员制度,但据说在我国情况下确有必要,这样才能树立并保持军队的士气。有了这个制度,军人一旦有任何不满或痛苦,主管当局可立即知道,设法纠正或补救。听说有一个时期在台湾曾按美国友人建议取消这个制度,结果引起军队士气低落而政府未能及时了解。

10月7日我在纽约出席宋子文博士夫妇为叶公超外长举行的宴会。其他出席人员有蒋廷黻博士夫妇、胡适博士、冯执正大使夫妇及于焌吉大使。叶公超告诉大家同民用航空公司达成的结算办法较原来设想更为有利。他还讲到受委员长斥责的难堪经历,对于1949年底发生在香港的事件,委员长说他未详细上报以至措施失当。而按他的说法,其实当时已按阶段陆续上报,最后又向委员长本人作出总结报告。

11月底左右,我在大使馆接见过民用航空公司董事长乔治·杜尔。他来作礼节性访问,同时请求使馆在有关文件由台北经济部发到时尽速送交国务院。文件即最近经叶外长在纽约谈判后签订的涉及中国政府与民用航空公司的结算合同。杜尔还邀我参加12月2日为叶外长举办的宴会,但由于事先已有约会我没有接受邀请。

10月7日我出席宋子文招待叶外长的宴会后在纽约逗留下来,9日拜会了道格拉斯·麦克阿瑟将军,这是委员长要我去的。星期日返回华府,这天是10号,双十节。这一年双橡园举行的庆祝会约有四百人参加,包括来宾家属,照例全是中国人。会上放映两部影片,一部是中影拍的报道我参观大陈岛的彩色影片,内容很好,另一部是《请看你们的军队》。这是五角大楼准备12月份发行的一部影片,目的是使美国人民了解军援计划对各国产生的良好效果。介绍台湾我国军队的部分虽然很短,却令人振奋难忘。有九万官兵列队聆听委员长训话的场面。

就在第二天,10月11日,顾毓瑞向我报告了自动收报机收到的助理国务卿饶伯森10月9日去台北的消息。内容称他将同委员长"就美援"问题进行磋商,马康卫和国外业务署的弗兰克·特纳同往。这真是出乎意料,尤其是不久以前崔存璘和谭绍华为安排叶外长仓促访问华府事一直出进国务院,竟然没有一点耳闻。

我很快地安排会见饶伯森的助手庄莱德,10月12日星期二拜会了他。我首先想从他这里打听饶伯森有无可能是去台北商谈中国同美国的双边防御条约问题,但是庄莱德竟不置一词。随后我说有一个整编中国军队的计划,去年12月已通过雷德福海军上将交与美国政府,中国政府一直期待早日答复。庄莱德说我指的是不是所谓"开"计划,我做了肯定答复。庄莱德说美国军界人士的意见是中国军队应增加到满员。

我说这是军事顾问团蔡斯将军在台北讨论过的问题之一,中国人根据经验最好编几个师,满员程度约百分之八十四,一旦进入紧急状态,经整编即可达到满员,蔡斯则主张每个师部应保持约百分之九十三的人员,而师数要少些。接下去,我提到还有一个训练后备兵员和为此筹集经费问题,中国政府盼望明确答复已有时日。我问这些事是否也由饶伯森去商讨。

庄莱德答称这不属于交付饶伯森先生的任务范围。问题仍需研究,尚未作出决定。他了解到中国士兵年龄渐增,需订出新兵替换老兵的计划。

我说这恰恰是中国政府正在实行的事,其实有大批年老体弱的官兵已应退役,不过由于找工作困难,退役后听其陷入困境也属不妥,临时解决措施只能是发给部分军饷。我继而又说,训练后备兵员已进行有日,但为该计划筹款是个困难问题,这也已通过军事顾问团提交美国政府考虑。

在座的中国科詹金斯说,据他所知,中国军队每四个月训练出二万名新兵,进行已有一年了。

庄莱德提到朝鲜的兵力虽然大过台湾的军队,但也面临着训练后备兵员替换老兵的问题,朝鲜政府也已向美国求援。

我说考虑到朝鲜同样的财政困难状况,我认为美国政府有必要给予财政援助。

庄莱德说,训练后备兵员不属于军事援助计划范围,美国采取的立场是,应该由中国政府自己解决。至于朝鲜,美国政府已决定为朝鲜训练后备军计划提供费用,因此他想台湾的同样问题当然也会得到美国政府的认真考虑,后来他又提到听说中国士兵的视力相当差。

我想他指的是色盲问题,告诉他这种情况已得到重视。

庄莱德说据他所知,有一个委员会正在研究这个问题,以便拟出解决意见。他还听说中国士兵的伙食差,以致他们的体格和精力都不好。

我说最近我去台湾时专门参观了部队,特别是驻防外围岛屿的部队,发现他们士气旺盛。在体格方面,我的印象是,与四年前我所见的比较,健康状况良好。伙食也是如此,我观察了军队伙房,尝过饭食,觉得比我上次去时好得多。不过尽管热量大致有三千二百大卡,但是动物蛋白仍嫌不足,为了补救,近年已采取增加鱼类的措施。中国海军已经担负起协助发展渔业的任务。

庄莱德问大豆是否有益。

我说有益,因为大豆的蛋白含量高,我发现副食品中已经用上大量豆制品。我补充说,中国政府已全盘了解这些问题,并订出计划予以解决。这方面已取得一些成就,但主要困难还在于经费,因为政府财力有限。

庄莱德谈到预算,问能否达到平衡。

我回答说国家预算接近平衡、赤字不到百分之五,比三四年前已大有好转。然而军事开支仍占中央政府预算百分之八十多,不过在包括地方和省级的国家总预算中占百分之五十左右。

庄莱德问是否已采取措施增加政府岁入。

我给以肯定的答复,说捐税已经增加,但岛上人口毕竟太少。

詹金斯插言说,人口只有南朝鲜的一半。

我说政府能向人民征收的新税是有限度的。我补充说,美国经济代表团已前往台湾,同中国政府讨论了经济和财政问题,准备拟出方案供政府参考。

谈到后来,我又引向另一话题,提起前一天曾派崔先生到中国科,请求美国调停劝阻印尼政府不要把四名中国人由印尼驱逐到共产党中国去。我说,据了解这四个人被控从事反共活动。即使仅从人道主义考虑,印尼政府也不应该采取这种残酷措施,那无异是打发这几个人到中国大陆送死。因此我亲自再次提请国务院从中协助。

庄莱德说美国政府发觉印尼人颇为敏感,不便在雅加达交涉此事。但是美方已把此事向正在纽约出席联合国大会的印尼外交部长提出,他知道印尼外长对提出的问题抱有同情,已电告他的政府。庄莱德的印象是这几个人恐怕不得不离开印尼,但肯定不致被逐往共产党中国。他还说台北外交部也向蓝钦大使提出此事,国务院已通知蓝钦向外交部作出同样答复。庄莱德补充说国务院已建议新闻界发表这个消息以便使印尼政府认识到美国舆论对这件事情的关注。他从印尼外长处了解到这个命令是印尼司法部没有和内阁商量就直接发出的。

于是我说,据了解印尼政府内阁在它的总方针上很有分歧,有些阁员,如国防部长,可能还有司法部长,都是共产党员或者它的同路人。

庄莱德对上述补充没有说什么,我们又转到其他话题。

当天中午叶外长给我来电话,我告诉他我同庄莱德谈话的要点。关于印尼威胁驱逐四名华人问题,我告诉他国务院已在纽约和印尼外长谈过这个问题,认为这四个人不会被驱逐到共产党中国。叶外长说据他了解印尼外长已动身离开纽约,但行前发表了同情中国的声明,至于中美当局在中国每师兵力问题上的意见分歧,叶外长说我国政府已放弃原议。

　　第二天下午我出席了国务院礼宾司司长约翰·西蒙斯的招待会,会见新任副国务卿小赫伯特·胡佛先生。全部外交使团首脑都出席了这次西蒙斯介绍新副国务卿的招待会。记得这是我第一次和胡佛见面。看样子他为人和善,但给人清楚的印象是,他既不是个政客,也不是位职业外交官。

　　10月14日我接见了前云南省主席和云南军队首领龙云将军的公子龙绳文。龙先生为申请永久定居美国来请求帮助。他对我说,移民局拒绝他的申请,理由是他父亲在大陆担任共产党政权国防委员会副主席。但是他说,他本人是反共的,他的弟兄们也同样反共,其中一个因在四川从事反共游击活动已被共产党杀害。他说他的父亲出入实际上均受到监视。他说是宋子文建议他来的。我告诉他可由他的律师拟出一份宣誓书,然后再研究怎样帮忙。

　　10月15日我听说饶伯森已离台北,带回陈诚的台北会谈摘要和委员长一封亲笔信。当天下午很晚我拿到了这些文件,立即乘火车前往纽约同叶公超会商,讨论到10月19日星期二早晨才搭火车回华府。回来后就为叶外长来华府正式访问作些初步安排。20日早晨先同谭绍华、崔存璘、顾毓瑞三个人开会,讨论并具体排定叶的正式拜会和招待会日程,还要安排好访问期间为他举办的宴会和午餐会。叶当晚即将抵达,由于正值国会休会和竞选活动已达白热阶段,很难请到重要人物来参加这些聚会。阁员和国会领袖都已离开华府,奔走全国各地,发表演说。原定当晚为叶氏洗尘的第一个宴会不得不推迟一天,因为他当晚和饶伯森、马康卫、温豪斯及雷德福有重要宴会讨论饶伯森在台北向委员长提出的建议。

21 日我请叶外长、谭绍华及张慰慈吃午饭，大家就昨晚的会晤从容草拟了一份报告呈交委员长。午后我陪叶外长拜会饶伯森，晚间在双橡园为叶外长举行欢迎宴会。这次来宾全是中国人。

随后几天为叶外长举行一系列的午餐会和宴会。同一期间我起草了双边防御条约中文修订稿和就新西兰决议致国务院的照会。10 月 25 日我陪叶外长到行政办公大楼拜会中央情报局局长艾伦·杜勒斯。谈话内容主要是关于菲律宾零售商菲化的新法令，这个法律对华侨商人打击很大。看来杜勒斯对我们的抱怨和旅菲华侨的不满十分同情。他认为公开表明我们所处的困境会引起注意，对菲律宾当局能产生影响。此外叶也谈到会见缅甸吴努和印度支那胡志明的经过。他告诉杜勒斯，战争期间我国国民党对为印度支那自由独立艰苦奋斗的胡志明在财力和政治上都给过支援。

后来我陪叶外长到五角大楼拜会参谋长联席会议主席雷德福海军上将。叶向雷德福谈了"开计划"、"协计划"，以及中国海军增添舰只的迫切需要。

为了澄清这两个计划的性质和意图，我想引述一些文件，当时都是属于绝密的。一份的题目是"开计划紧急军事援助需要"、对该计划作了如下说明：

> 中华民国政府为在台湾增建一支最低限度的战略力量，以应付远东可能发生之某种紧急情况，包括对中国大陆的有限反攻，特制订"开计划"，并在参谋长联席会议主席雷德福海军上将离台北前由蒋总统于 1953 年 12 月 28 日亲交海军上将。1954 年 1 月 4 日外交部长叶公超致函雷德福海军上将，随函附上"开计划"修订本一份。

我还保存一份叶外长致海军上将信件的副本。内容如下：

雷德福海军上将阁下：

分别后，我仔细核阅了"1954—1955年特别军事援助方案"英译本，副本在你离台前已由蒋总统于1953年12月28日交给你。我发现一些印刷错误，某些段落也不够明晰。为此，经蒋总统批准，我对译文作了一些修订以便更容易阅读。修订本没有实质上的改变，收到后请把带回的文本作废。这个方案的代号已定为"开计划"，今后引用时请用代号。

为了弄清楚"开计划"的来源和性质，请再看一下参谋总长周至柔将军1953年6月4日给你的信，随信附有一份密件《中国武装部队对中国大陆反攻作战的准备计划纲要——人员与装备需要》。按此计划，进度本应当在1954年度计划之前完成。但是在周将军信中第二页第三段提出了把进度推展到1955年的可能性。这个特别方案试图到1955年底在台湾完成一支战略部队的训练与准备。这样才能用这支部队应付1955年底以后远东可能出现的某些紧急情况，包括对大陆的有限反攻。蒋总统的意见是，鉴于中共目前保有的实力和有利地位，以及同时在多点进攻的能力，台湾的武装部队必须在最短期间得到训练和装备，以便可以有效地投入战略任务之中。例如，用这支战略部队向华南作侧翼运动，就可以调动并牵制住中共可能用在印度支那的若干个师。如果美国采纳这个计划，希望采取步骤让美、中参谋人员共同商量，为日后可能进行的作战行动制订详细战斗方案。

这个方案是立足于我国对1955年共同防务援助计划提出的要求得到批准的重要前提下编制的。否则，方案所订规模就要相应调整。

方案要求从1954年7月1日到1955年12月31日共十八个月期间进行强化训练。我国军事当局认为这是达到方案所定目标所能设想的最经济办法。方案的目的是充分利用 1952 到 1955 年共同防务援助计划项下的武装力量和装备。并不要求完全独立的预算或单独的人员编制方案。相反,把武装部队分成平时保持的"常备部队"和"动员时组成的部队"。人员也同样分成"常备人员"和"动员时征集的人员"。平时不保持动员时组成的部队,常备部队在和平时间也不保持足额兵力。这样,除 1954 和 1955 财政年度共同防务援助计划所列各项外,这个方案仅仅需要下列装备和应急援助:

A. 装备

    1. 陆军:下列部队所需武器和装备:

        1 空降师

        1 野战军

        1 特种部队

    2. 海军:30 艘舰艇

    3. 空军(航空部队):

        4 大队(战斗机、战斗轰炸机、轻轰炸机及运输机)

        2 中队(中型轰炸机、侦察机)

        飞机总数:312 架

        空军(地面部队):

        4 大队(2 基地勤务、2 维修与补给)

        2 医疗队

        2 地区气象站

B. 紧急援助

    1.63,000 名官兵的训练设备(陆军 50,0000、海军7,000、空军 6,000)。

    2.上述 63,000 官兵的日常经费。

    3.341,700 人(增加人员后的足额兵力)的被服和装备。

    可以看出,从维持兵员来讲,只有三军新增的 63,000 人将在十八个月内任何一个特定时间接受训练。当然,这是和训练后备官兵的现行计划同时进行的。

蒋总统与尼克松副总统去年11月会谈当中,副总统曾问过蒋总统有没有反攻计划。蒋总统说已经制定好两份。一份是1953年6月送给你的三至四年计划,另一份是蒋总统向副总统口述大要的这份十八个月计划。蒋总统强调收到这份计划后,请你报告给副总统,希望你和尼克松副总统设法提请艾森豪威尔总统重视。

蒋总统的基本观点是除非中共在大陆上失败,共产主义永远是亚洲的威胁。在我们能够给它一个致命打击之前,必须利用我们所能掌握的一切手段,包括军事、政治或经济手段,来制止他们巩固在大陆上的地位和进一步插手侵略亚洲其他地区,这个计划就是针对上述情况而设想的办法。

我十分渴望和你以及你的夫人在台湾再度见面。尤其希望你下次到远东旅行时设法来台湾一行。

向你和雷德福夫人致以亲切问候。

叶公超

叶公超信中所附该计划原文开头内容如下:对中华民国特别军事援助方案的"开计划"纲要

1954—1955

1953年12月26日于台湾,台北

目的:

拟于1955年底以前在台湾建成一支最低限度战略力量,以应付东亚之一定紧急情况,包括对中国大陆有限度之反攻。

进程:

1.增加人员之实际训练自1954年7月1日开始,1955年

12 月 31 日结束。

2.中、美两国政府需于 1954 年 1 月 1 日至 6 月 10 日期间就编制全部计划和建立执行本方案所需初步机构签订必要协议。

3.共同防务援助计划之援助及紧急援助应与本方案中之援助同时进行。

本方案中军事援助之性质：

所提方案在性质上是对 1952—1955 财政年度共同防务援助计划中补充援助的特别军事援助。因此,本方案中不包括已列入共同防务援助计划的项目……

以上是"开计划"。至于"协计划",是在"开计划"所定开始日期已逾期情况下制订的,这是用一年而不是用十八个月的期限来满足"开计划"紧急援助条件的一个方案。题为"开计划紧急军事援助要求"的文件继续写道：

"开计划"规定之增员训练具体实行期限为 1954 年 7 月 1 日至 1955 年 12 月 31 日。同时估计 1954 年 1 月 1 日至 6 月 30 日期间中美可以达成协议,并完成详细计划和执行方案第一阶段所需设施,然而,直至现在(1954 年 9 月)一事无成。而远东局势则日益危急,在台湾建立一支最低限度战略力量尤为迫切。当前,为保证我国三军装备能有效利用并显示最大威力,使用装备及训练增加人员所需之一切设施必须提前准备就绪以资应用。"协计划"之紧急军事援助方案要求变通执行一项一年计划以期部分完成。一年计划之内容如下：

(1)军事紧急援助方案之范围：

1.扩充陆、海、空军兵力所需之一切设施及油料消耗等均属紧急军事援助方案范围。训练设施应扩大至能容纳下列人数：

陆军：一次容纳 50,000 人。（现有供 20,000 人用之设施及已列入 55 财政年度的 10,0000 人设施不包括在内。）

海军：一次容纳 7,000 人。

空军：一次容纳 6,000 人。

2.上述增加的 63,000 人受训一年之经费。

3.扩充我国军队新增 341,700 人（陆军 300,000、海军 26,000、空军 15,700 人）之被服及装备。（动员时期需适当增加新征人员之被服及装具。）

（2）估价：

1.陆军：约 49,990,000 美元。

2.海军：约 25,790,000 美元。

3.空军：约 23,960,000 美元。

以上总计 99,750,000 美元。（详见附表。）

（3）"开计划"与一年计划差别如下：

1.原定时间为十八个月，本计划缩短为一年。

2.估价系以一年为根据；所需全部资金总额大约削减 35,800,000 美元，远低于原十八个月所需数额。

（4）一年计划之执行：

1.自 1954 年 9 月至 1954 年 12 月 31 日中美达成协议、订出详细计划及完成执行方案第一阶段所需之各项设施。

2."开计划"增加人员之训练，具体自 1955 年 1 月 1 日开始实行，1955 年 12 月 31 日结束。

如前所述，叶外长 10 月 23 日向雷德福海军上将谈到"开计划"、"协计划"和中国海军增添舰艇的迫切需要。他还敦促早日解决中国军队师的编制规模问题。这个问题的分歧在于军事援助顾问团主张师数少些，每师应有百分之九十三兵员，而中国政府主张师数多些，每师应有百分之八十四兵员，二者之差并不会造成陆军总人数的巨大差别。同时也讨论了"协计划"的主要特点。不过按照这个计划一年要训练陆军多少人，当时我们也不太清楚。因此叶外长后来请使馆陆军武官萧将军加以澄清。可惜萧知道的也不比我们多。不过萧报告我们,他同助理国防部长麦克尼尔会谈时,麦克尼尔表示希望能够请叶和我共进午餐,可能还邀请了雷德福海军上将和国防部长威尔逊参加。

第二天早晨叶外长进行下一个正式拜会。照例由我陪同。这是对国外业务署署长史塔生的礼节性拜会,但是史塔生又不能接见,因此我们见的是代理局长格伦·劳埃德,该局的弗兰克·特纳陪同接见。拜访一位由史塔生委托但还没有正式任命的副职,看来叶外长似乎有些不高兴。漫谈中,大部涉及美国对东南亚各国收效不大的经济援助,叶过去和这个地区有联系并在那里工作过,了解情况不少,提到共产党的渗透和颠覆活动。谈话进行中,叶的口气有些责难性,提出一些挑战性话题,但是国外业务署的劳埃德和特纳都没有作什么表白。

午后我陪叶外长去见小赫伯特·胡佛,对这位新任副国务卿作礼节性拜会。当晚的宴会是饶伯森为招待叶外长举行的。第二天叶的约会包括同杜勒斯国务卿关于双边防御条约的一次长时间访问,以及同国防部长威尔逊的一次会谈,会谈主要谈到军事援助,我国增加军援的要求和"协计划"。威尔逊似乎意见很少,起码是不愿意发表意见,基本上不作评论。负责国际安全事务的助理国防部长帮办阿瑟·戴维斯海军少将陪同接见。

根据这次会谈的记录,叶外长一开始就说他想来拜访国防部长,和他谈谈有关对中华民国军事援助的一系列问题。他说不想和部长深入讨论细节,但是我国政府急欲了解美国政府对这些问题采取的立场和威尔逊先生所抱态度,尤其是对交给美国政府将近一年的"开计划",哪些部分可以接受,哪些部分为不能接受。接着叶博士又问起美国援助训练后备兵员问题。他说:中国军队越来越老化,急需用训练合格的年轻人将老兵替换下来。

威尔逊说中国政府现在确实有着一支老人军队。他了解目前军队是由来自大陆的人组成,他认为应尽可能多的把台湾人补充到军队里去。他问台湾有多少人口,每年有多少十八岁的人可以训练成后备兵员。

叶外长回答说台湾总人口,除去军队,约有九百万,其中二百万是大陆人。他不掌握每年满十八岁人的确数,但很容易从中国军方打听到。他记得,可供训练后备兵员的人员准确数字已在范佛里特将军和助理国防部长麦克尼尔访问台湾时告诉他们,当时他们同中国政府从各个方面讨论了一项适应中华民国要求的扩大军事援助方案。叶外长说,中国政府完全清楚降低军队人员平均年龄的必要,已在执行一个有限度的训练后备军计划。中国政府了解到,按照一项美国国会对外国军事防务援助法的条文,授权美国政府只能援助所谓的"现有部队"。他不清楚"现有"和"部队"两个名词的定义。但他了解美国政府不能给中国政府提供财政援助用于上述目的。但是,训练后备军的需要相当迫切,中国政府正在执行的计划是保守的。由于缺乏经费,中国政府每年仅能训练少量兵员,即每四个月训练两万人。

威尔逊说根据这个数字意味着一年六万人,他又问已经训练了多少人。

叶外长回答说业已训练八万人左右,但其中只有一部分被征召编入中国军队,替下老弱残兵。他又接着说,这批受过训练的后备兵员中至少有百分之五十是所谓台湾人。不过,事实上并没有台湾这个民族,除土著外,所谓台湾人都是由福建、广东两省来到台湾的大陆人后裔。他们说以上两省方言,从各个方面看,无论风俗习惯或生活方式,都是中国人。叶博士说,在日本统治下,台湾人民得不到平等待遇,允许担任的最高职务不过科长。而现在中华民国则给他们充分的、和大陆来的人同等机会。例如,国民政府行政院政务委员中有三位是台湾人,大部分省和各级地方政府成员是台湾人。

我插话说,中国政府目前所在地台北市的市长也是一位台湾人。

叶外长补充说,这位市长在一次公开选举中以决定性多数战胜了国民党提名的候选人,对台湾人没有任何歧视。随后把话题转回到训练后备军上,他告诉国防部长我国政府盼望扩大训练后备军计划,要一年再训练五万人。

我说要另加海军七千人、空军六千人,总共一年训练六万三千人。但这个数字是在每四个月训练陆军二万人的计划之外训练的。原计划正由中国政府用自己力量执行中。

威尔逊问到台湾的经济情况和生产现状。他表示的观点是资源既然有限,中国政府要实行的最好的政策是保持少量战斗部队,而在紧急情况时有相当数量的经过训练的后备役人员可以征召。

叶外长说我国政府近年来已在全力扩大生产各种物资。但是台湾岛不太大,而且东半部是山地。只有沿西海岸一狭长地带适合农耕。实际上每一寸可耕地都已开垦,目前台湾已能生产双季稻,而菲律宾和泰国只能一熟。食糖和水泥产量也已增加。今天中国政府大量外汇已经可以靠出口部分稻米、食糖、水泥甚至香蕉来获得。这些商品主要销往日本,然而日本却是不容易对付的买主,因为日本政府采购机构对中国政府的出价比较低,他们声称这和他们收到的北平中共政权的报价一样。至于税收,叶外长说我国政府已经提高到无法再增课新税的程度。

威尔逊回忆他出访远东各国时,发现台湾情况最好。他的印象是治安良好、人民生活程度不低。

我说两个月前我访问台湾和其他岛屿时印象也是这样。自从 1950 年我第一次访问后,四年来已取得巨大进步。

叶外长说"协计划"的需要中除列有陆军要求外,还包括一些空军和海军的需要,当前形势迫使中国政府请求再增加四艘驱逐舰的紧急援助,原来商定的六艘驱逐舰计划中有两艘已交付中国海军。另外,我国政府急需至少三十艘坦克登陆艇来解决目前紧迫的运输问题。叶外长表示为了供威尔逊参考,将交给他一份简短的备忘录,列出紧急军事援助的项目,并把一份副本递交国务院。叶外长补充说以后还要和国防部长,或者主管此项事务的其他部长属员再次详细商量。

威尔逊认为这个办法很好。

后来我举办一次社交性午宴,欢迎途经华盛顿的李石曾,他要到乌拉圭蒙特维的亚率领我国代表团出席联合国教科文组织会议。还有一层意思是按照叶公超的希望给他一个机会和亨培克博士谈话。其他客人有美国前驻华大使詹森、菲律宾新闻界人士文森特·维拉明,以及使馆的张慰慈和顾毓瑞。晚间六点至八点,我为外交部长来访在双橡园举行招待会。客人不少,总数五百人左右,包括美国内阁许多重要阁员和各国驻华府使节多人。

次日10月28日早晨,叶匆匆前往纽约,出席当天联合国秘书长招待出席联大各国代表团长和第二天招待英国王太后的两次午餐会。我认为作为一种政治姿态,叶可能拒绝出席后一宴会,但是他说已经接受邀请,只好出席。我到国家机场给叶送行后回到使馆,起草共同防御双边条约的我方修订稿。

我自己也于周末去纽约出席几个约会。星期天,当我在孔令仪的公寓中出席招待我的宴会时,专门派到纽约协助叶外长工作的张慰慈给我送来一份电稿请我签发。这是给代理参谋总长彭孟缉将军关于军事援助的电报。星期一是11月1日,我飞返华府,后来又回到机场迎接同一天回来的叶外长,晚间共同和我馆海军武官柳上校开会。我们正在草拟致美国国防部长和国务院有关援助问题的备忘录,要求柳说明理由,为甚么委员长指示请求援助四艘驱逐舰三十艘坦克登陆艇及六艘护卫舰。经过讨论,我们决定再增加六艘非磁性扫雷艇,并请柳就此起草一份备忘录。次日他给我送来初稿。我修改后交给外交部长。

同时我还约见了陆军武官萧勃将军。我告诉他有关军事援助的"开"、"协"两计划不十分清楚,需要他再作说明。但是他同样不熟悉情况。显然,这些对我国军队关系如此重大的问题,国防部竟一直未向他提供情况。

　　早在 11 月 2 日上午,我同使馆两位主管财务的人员开过会。我告诉傅冠雄和朱光泽会计,叶部长交给使馆五百美元,偿付使馆照顾他生活的开销、来访期间的招待费和代购私人物品的费用。我说已经告诉外交部长只付代购私人物品的费用就行了,不要再负担正式招待会、宴会和交通费等项支出。我告诉他,事实上单单一次招待会就要一千多美元,可能他没有想到要花这么多钱,当晚计划为他和国务卿举行的二十二人正式宴会,单是酒和菜起码也要五百多美元。他想负担这些花销,而不了解华府物价多么昂贵。他不清楚这五百美元或许仅仅够抵偿他私人的购物费用。他对我说过,政府为他到华盛顿访问和工作给过他一笔津贴,但是还未收到。因此,我告诉傅、朱二位暂时不要向外交部申请专款。使馆应该尽可能从我们日常经费中支付外交部长的公务开销,除非绝对必要,不要请求专门汇款。

　　11 月 3 日第一位来访者是一位越南华侨社团领袖钟裕光先生。他说由于他帮助过共产党北越的中国难民重新定居南越,所以国务院邀请他前来。他解释这个问题比最初设想的更困难,因为人数很多。他正在设法寻求美国援助,但是我向他建议,首先,他和南越其他中国社团领袖需要制订一份计划和预算,以便美国国外业务署进行考虑。他痛切抱怨法国人和越南人很不关心中国人,也不关心越南难民。

　　助理国防部长麦克尼尔招待叶外长的午餐会这天过午不久在五角大楼举行。是一个小型聚会,只有他、叶、我及萧勃将军四人。麦克尼尔事先曾先告诉萧将军,雷德福海军上将和威尔逊部长可能出席,但没有约好。午餐的用意是讨论我国的军援要求和我方提交的内容比较笼统的特别要求,笼统得无法予以实际考虑。

　　后来中华公所举行了一次茶会,这是华侨欢迎叶外长的聚会。晚间为叶外长招待新闻界代表举行宴会,即上一章提到的宴会。4 日到国务院参加另一个会,继续谈判双边条约。晚上使馆馆员请叶外长吃饭。第二天,11 月 5 日晚间又是一阵大忙,向台北发电报,仍然是关于军援问题,我们想从代理参谋总长彭孟缉和国防部长俞大维那里打听有关方案和"协计划"详细情况。因为我们掌握的数字和总数对不上,而且仍然以 1953 年 12 月 1 日的价格为依据,其实很容易改成用 1954 年 9 月 1 日的价格为基数。叶公超计划中对西班牙的访问更使局面忙上加忙,同时华盛顿与纽约之间电话来往频繁,因为叶的一位主要随员正在纽约,次日下午要陪同他一起去马德里。

11 月 6 日,在国务院举行又一轮条约谈判后,我给叶外长送行,他先赴纽约,再由那里换机飞往西班牙。以后的九天,虽然外长已经离开,但是我为条约谈判仍然忙碌异常,这个阶段集中谈判的是拟议中的换文内容。我对有关援助的备忘录作了最后修改,于 11 月 12 日发函给国务卿杜勒斯、助理国防部长麦克尼尔、参谋长联席会议主席雷德福及国外业务署署长史塔生,附上关于"协计划"的备忘录和有关我国海军需要的补充备忘录的副本。现将两份备忘录原文附后以供参考。

特别直接军事援助方案纲要

I

1.鉴于共产党从大陆向各岛屿领土发动攻击之威胁,中华民国政府特制订一项特别军事援助方案("协计划")以便适当建成一支武装力量,俾能对攻击实行有效反击。

2.训练中国陆、海、空军额外官兵之方案,要求将措施扩大至下述容量:

(1)陆军一次容纳   50,000 人;
(2)海军一次容纳   7,000 人;
(3)空军一次容纳   6,000 人;

总计一次 63,000 人,不包括现有无需援助之 20,000 人训练设施及已按财政年度计划设置之 10,000 人训练设施。

此两种训练设施均供陆军使用。

3.上述需训练之 63,000 名补充人员之维持经费,包括伙食、被服、装备、军饷等,以及必要之建筑、管理及作战演习所需费用。

4.武装部队需要额外 341,700 人(陆军 300,000、海军 26,000、空军 15,700 人)之被服和装备,以便发生紧张情况时不致短缺。

5.填补 9 个陆军师 20,700 个空额以便达到满员所需的费用。

6.执行上述特别军事援助方案所需款项总计 106,225,000 美元。该总额的分项细目将在适当时候提交。

7,中华民国政府迫切希望美国政府对本方案予以郑重和优先考虑,尽早答覆。

Ⅱ

1.除提出的增强陆军计划之外,中国海军也急需增加一定数量军备,以便更有力量应付来自共产党大陆之可能进攻。所需舰艇的类型和数量如下:

(1)驱逐舰	4 艘
(2)护卫舰	6 艘
(3)坦克登陆艇	30 艘
(4)新型非磁性扫雷艇	6 艘

2.要求增加舰艇的根据在所附补充备忘录中予以说明,该备忘录即共同防务援助计划年度方案以外之中国海军紧急需要。

中国大使馆

1954 年 11 月 12 日,华盛顿

补充备忘录

共同防务援助计划年度方案以外之中国海军紧急需要

1.中国海军为保卫台湾需要增加实力。鉴于当前北平政

权不断宣布侵袭计划,此项需要尤为迫切。

2.所需舰艇类型及数量如下:

类型	数量
(1)驱逐舰	4艘
(2)护卫舰	6艘
(3)坦克登陆艇	30艘
(4)新型非磁性扫雷艇	6艘

3.使用:根据假设共产党可能对台湾采取之行动,中国海军对各部队按其舰型、能力及局限性分派任务如下:

(1)驱逐舰

在超出小型舰艇航程的海区保持沿大陆海岸的巡逻。

对轰击前沿岛屿的敌方海岸炮兵阵地进行还击。

空袭时,在海峡内或各岛周围,包括台湾本岛周围海域内,组成机动高射炮阵地。战斗时组成抵抗入侵之高度机动兵力,以防止敌军渡越海峡。

进攻时组成对敌人基地港口的攻击力量。万一敌军登陆台湾成功,支援守军进行反登陆作战。

保护台湾与前沿岛屿间的航运。

必要时,进行反潜战。

(2)护卫驱逐舰

承担的任务大体上和驱逐舰相同。但由于武器和速度方面的局限性,任务要作相应的调整。此类舰型之运行经济性配合驱逐舰之速度及火力优势,可以用最低消耗取得最大效果。护卫驱逐舰一般可以执行近岛海域的大部分巡逻与反潜作业,驱逐舰则具有更强、更机动的力量,能把战斗推进至入侵敌人之出发地。

(3)登陆艇

可以形成前沿岛屿的后勤支援力量。由于这些岛屿缺乏港口设施,这类舰只最为适宜。

万一敌军入侵登陆台湾成功,可以形成反登陆作战两栖兵力,台湾的公路运输不适合大部队运动,虽然正在计划改善,但仍受地形限制。一旦发生入侵,南北交通不免受阻,必须由其他各点调动增援部队经海路直接进入战门地区,或运至左近地点进行侧翼作战。

执行海上日常军运任务。

(4)新型非磁性扫雷艇

敌人可能增强水雷战。台湾只有三个可供远洋航运之港口。此等港口如被敌人水雷封锁,在军事和经济两方面对台湾都有严重妨碍,甚至造成瘫痪。目前中国海军虽有大型扫雷舰数艘,但无一能安全处理磁性水雷。

4.上述任务分配计划并不包括空中作战,但已另有考虑。

5.结论:任务分配计划虽无新内容,但为说明目前中国海军力量之不足,仍予提出。中国海军只有今年2月经上届国会立法批准而转让之两艘驱逐舰。六艘护卫舰与九艘可用的坦克登陆艇均系1949年以前移交者。

以上概括列出之中国海军之补充军备,为增强台湾及中华民国政府控制下其他岛屿防御之迫切需要。由于中共政权频频威胁在不远之将来攻占台湾及其他岛屿,故上述需要尤为迫切。北平政权视台湾如芒刺在背。仅移交此等军备就足以对共产党之进攻企图形成威慑力量。共产党对金门诸岛之炮击经过迅速报复后有所减弱即可证明。在反击中最近移交之两艘驱逐舰曾发挥积极作用。

再者,如果转让进度安排妥善,再有空军计划配合,中国海军当能顺利将上述新增舰艇投入现役使用。

17日我接见了我馆空军武官衣复恩上校。他驾驶委员长座机"美龄"号送蒋夫人返台后,刚回到华盛顿。上文曾提到他曾随俞大维去过金门和大陈,发现中国海军过于暴露,缺乏空中护航。他告诉我,F-86喷气机只运到四架,还有一些没有交货。

后来,11 月 23 日我接见了国外业务署驻台北分署长约瑟夫·布伦特,他从台湾来向国外业务署汇报工作,同时还向美国政府催问"协计划"。这是委员长在他离台前嘱办的。布伦特有些过于乐观,完全抱同情态度。从他那里知道陆军训练方案和海军增添舰艇这两项要求,委员长已又提出一次。

这段时期中我参加过一次很有意思的活动。艾森豪威尔总统夫妇为招待外交使团在白宫举行本社交季节第一次宴会。使团分两批,在晚上分别参加。后一次在 11 月 16 日举行,包括使节名单上列于奇数的各国使团首脑,中国列在第七,恰巧与英国、法国以及挪威同属一组,挪威大使是外交使团团长。大家入席后,我的左右邻座是法国的博内夫人和荷兰的范·罗伊延夫人。不过入座前还有一些介绍和排队等候介绍程序。

和前一年一样,大家在东厅排成半圆形,使团团长站在入口左边,其他人按年资排在他的后面。今年的新办法是在各位大使、临时代办或公使进门时都由白宫典礼官宣布他们的姓名。因此每个人都能认识这是谁;一年来出现了不少生面孔和新姓名。除此之外,一切都和去年一样。全体到齐后才宣告总统到场。他同夫人步入后,双双站在门口,紧靠入口内侧,也是在左边,首先向使团莫尔根斯泰因团长和夫人致意,团长和夫人随即转到门口另一边,几乎站到队伍末尾。队伍缓缓向前移动,每人向艾森豪威尔总统和夫人问候后都向前紧挪几步,最后所有人都得到了接见。这时莫尔根斯泰因夫妇又挨到总统跟前。于是总统陪着使团长夫人,使团长陪着总统夫人,在别人跟随下,走过门厅进入餐厅。我陪的是范·罗伊延夫人。

宴后,总统和使团长夫人首先离座,使团长和总统夫人接着离座,其他人也照此办理。夫人们都留在紧贴餐厅右侧的起居室内,男人们随总统到另一侧同样房间内进咖啡、喝餐后酒和吸烟。十分钟后,总统由侍从领到两室之间的中厅等候使团长夫人,然后陪她到总统原来接见大家的接待室,欣赏钢琴伴奏的男高音独唱,持续三十分钟的音乐节目标志着晚宴活动告一段落,全部过程简直像钟表运行一样,秩序井然。

12 月 4 日,中美双边防御条约在华府签订后两天,我接见了小富尔顿·刘易斯,他应我国政府邀请即将赴台访问。这次邀请是叶外长按蒋廷黻博士建议安排的。刘易斯是华府的政论和专栏作家,他根据叶外长建议找我了解一下简单情况。我告诉他 7、8 月间我访台时亲眼所见和得到的印象,还提请他留心下列美国公众关心的一些问题:

(1)我国武装部队的战斗力和士气;

(2)沿海岛屿的防御工事;

(3)立法院和省议会体现的民主作用;

(4)台湾人参加省、地方政府的情况;

(5)民意机构中台湾人的代表权;

(6)居民一般较高的生活水平,尤其是农民的生活水平;

(7)良好的治安情况;

(8)在中美双方明智而热诚的合作下美援的有效利用。

嗣后我接见了我馆海军武官柳上校,他来报告美国海军对中国招商局"太平"轮最近沉没的反应,同时还说我国海军总司令梁序昭上将叫他拜会卡尼海军上将,送交梁的一封信,信中提出一连串问题,用来加强我国海军要求美国赠给舰艇的理由。叶外长觉得信写得不好,不让柳送去。不过我劝他不要阻拦,虽然这封信中有关我国海军军援需要的内容同叶公超和我就同一问题向美国政府提出的有些出入,但这是我国海军总司令给美国对等官员的非正式书信,可能说服卡尼海军上将也采取一些非正式的行动,发出去有好处。因此,信还是送去了。其后,问题主要在于等候美方对我国争取美国批准我国军事方案重复做出的正式和非正式努力有甚么反应。

我国军事方案的一部分——台湾需要一个扩大训练武装部队的方案,后来由叶外长于 1954 年 12 月 20 日直接摆到艾森豪威尔面前,这天我陪叶向总统致敬,他转达了蒋总统三点口信。叶告诉艾森豪威尔第三点口信内容是蒋总统希望执行一项范围更大的训练方案,目的是替下中国军队的老弱残兵。他说中国海军日渐老化,当前平均年龄在 27 岁上下。为了使军队保持精壮,蒋总统的意思是必须提出一个适当的训练计划。还补充说,关于这个问题已有一份备忘录交到助理国务卿饶伯森手中。艾森豪威尔表示他的幕僚已经报告给他,这个问题正在认真考虑之中。

1955 年 1 月初,叶外长收到委员长电报指示,谈到政府要把军队从二十一个师增加到二十四个师的问题似乎有希望。委员长命令叶外长不要离美,因为雷德福海军上将从台北回来之前已和委员长商量过,并达成某些谅解。要叶留美继续就我军的军援要求,尤其是增加到二十四个师的问题同美方谈判,直到成功为止。

叶公超原定下周初返台,不得不延期以便和使馆配合执行指示。但是存在着困难和一些复杂问题。我手头有一份叶外长 1955 年 1 月中旬写给俞鸿钧院长的信件副本,概括叙述了我们在这方面遇到的问题。内容如下:

> 关于我们请求增加军援的情况,在我到美国时所谓"协计划"正在酝酿中。收到定稿后,我建议做一些修改,后来又收到另一文本。由于顾博士和我只能谈判原则性协议,所以大使馆就把计划纲要送交国务院,把副本散发给有关当局。与此同时,把收到的一项海军舰艇紧急要求合并到我们的备忘录中。备忘录内容立即用电报向总统和院长报告。但不久发现梁海军上将已直接向卡尼海军上将提交另一计划,这个计划和使馆送出的海军紧急要求备忘录在实质上并不相同。再后俞部长又把他给雷德福海军上将电报的大意通知我,这封电报可能是通过蔡斯这条渠道发出的。我发觉俞部长的要求又和使馆备忘录及梁上将给卡尼上将的备忘录都有出入。在这封信中我只是大致说明混乱情况。梁上将给

卡尼上将的备忘录和俞部长给雷德福的信中都有一些小的改动。但是必须注意，我们的正式要求一经提出，除非决定更改，就应当始终保持不变。对我们提出的要求在台北先进行协调也同样重要，每一步骤我都严格遵照总统指示，而且对我所采取的每一个步骤都向他报告。但我每次见到雷德福上将或五角大楼一些人时，总会碰上一些由台北政府某一部门提出的一些新意见。当然我本人不是一个永久性代表，但是使馆却是永久性代表机构。我认为除非在国内能做到协调一致，否则使馆无法进行有效工作。

三天后，1 月 18 日叶外长在五角大楼同参谋长联席会议主席雷德福海军上将会晤。根据叶自己的会谈记录，他首先参照委员长给他的 1 月 3 日电报（即我提到的有电报指示的那封电报），同海军上将核对了他与委员长会谈的内容。

海军上将重复说明他与蒋委员长就部队编制达成的临时性协议，协议大体上包括一个二十一个满员师方案，一个训练，组建九个后备师的方案。他表示理解蒋委员长要保持二十四个师的理由，但觉得美国政府准备援建的不会超过二十一个满员常备师。他的参谋人员认为"开计划"行不通，"协计划"比较合理。他讲，作为折中方案，他向蒋委员长提出了建立九个后备师的计划。他暸解到，细节正由军事顾问团的主管人员与台北国防部共同拟议中。他解释所以提出此建议是因为和正在为朝鲜所拟定的计划差不多。朝鲜曾要求二十个后备师，但只批准十个，他说一俟计划由台北送到，他就会向国防部正式提出，再由国防部设法筹集所需拨款。

叶问他是否需要国会批准，他作了肯定回答。叶又探询能否在政府范围内从印度支那专款中转拨或从 1954 财政年度亚洲专款余额中作为行政拨款来解决。

海军上将回答说，据他了解，1954 财政年度没有结余，不过他还要和国防部查对一下。他认为无论如何，朝鲜和我国后备军方案是非经国会批准不可的。

叶问他通过这些提案需要多少时间。

海军上将说他一收到台北的计划，就尽快促使这些计划得到通过。假若2月中旬以前台北作好计划，有可能在4、5月间得到批准。

叶还向雷德福上将提出许多其他问题，例如我国对海军舰艇要求的事，这个问题早在一周前我就向助理国务卿饶伯森提出过。不过有关我国军援要求方面的讨论准备在以后几章中再谈，因为这同共产党对沿海岛屿，尤其上、下大陈岛加紧进攻的事实是分不开的。

附录一　使馆馆员 1954 年 5 月 6 日提供的关于 1954 年 4 月 20 日在美国国务院召开的十九国会议情况的备忘录全文

4 月 20 日在国务院召开的会议上,十九国代表就有关日内瓦会议各种程序问题,包括会议主席和席位安排问题,进行了讨论。会议提到日内瓦会议能否作出认真努力以实现朝鲜的统一和独立,还有待决定。另一种可能就是双方主要是利用会议进行宣传。

美国政府主张作出认真努力使会议获得成功,尽管它对会议成功的可能性不作过高估计。抱着允许同对方讨价还价的态度参加会议很重要,盟国间在自己商讨中不应把自己的要求降低成最低方案,那样就无法同对方作进一步谈判。

美国代表说,日内瓦会议所有参加讨论印度支那问题的国家尚未确定。他简单回顾了前一星期在伦敦和巴黎就东南亚集体防御措施进行的讨论。会议证实,美国认为这个计划是对付共产党对东南亚地区威胁的必要的对抗手段。会议提到希腊的例子,希腊共产党是在发现自己会遭到联合抵抗之后才放弃了自己的企图。美国代表认为,共产党只有确信自己的侵略冒险将因有关国家进行联合抵抗而不能得逞时,才会放弃这种冒险。东南亚集体防御措施的计划,对于促使共产党放弃在印度支那的冒险,可能作出贡献。

附录二 蒋介石总统和李承晚总统
在台北会谈结束时发表的声明^①

1953 年 11 月 28 日

余等以中、韩两国为苏俄共产主义在亚洲侵略之首先牺牲者,今特在台北会晤,重申吾人为自由而战之坚定信念,并重申吾人对共产侵略继续作殊死战之决心,直至吾人已被奴役之同胞恢复其自由始行终止。吾人之共同观点为:在意识上及行动上均属压迫性及侵略性之共产主义,对于人类文明之精神价值,实为严重之威胁与危害。吾人深信对于共产主义绝对无法妥协,抑且不能与之共存;否则即不啻摒弃人类自由与国家独立。

余等于会谈时,曾对世界各项问题,尤其对自由韩国与自由中国人民为保持自由而必须担承之任务,交换意见。并对双方增强实力之努力,以及应如何善用吾人所有一切力量以从事于共同抵御世界共产主义之奋斗各节,交换情报。吾人深切了解,苏俄为实现其征服世界之计划而利用亚洲之丰富资源与无限人力,对于自由世界实已构成重大之危机,吾人确信在亚洲战胜共产主义,实为世界和平与安定之锁钥。

故中、韩两国及人民在动员一切精神与物质力量以击败在亚洲之侵略者之奋斗中,决心保持坚强团结,中、韩两国本身将提供其所有之一切,以达到此目的。吾人并进而保证愿与亚洲其他自由国家团结一致,以抵御共产国际在太平洋区域之侵略。中、韩两国之政府与人民愿与亚洲其他自由国家组织反共联合战线,并

---

① 此声明录自 1953 年 11 月 29 日台湾《中央日报》。——译者

恳切期望其他爱好自由之国家,而尤盼位于太平洋之国家如美利坚合众国者,对于吾人促成世界此一区域团结之愿望,能予以道义及物质的支持,以消除共产主义在此区域之威胁,而恢复亚洲之安全与和平。

在韩国坚决反共的中、韩被俘同胞,必须自由高于一切,余等特此重申保障彼等自由之重要性,并将竭尽全力以实现自由遣俘之原则,期必达成其志愿。至在铁幕后遭受水深火热之千百万同胞,现正期待吾人及其他爱好自由之人民自共产暴政中予以拯救,余等自必尽其职责,以副其迫切待援之热望。

附录三 中美安全条约初稿[①] 1953 年 12 月 18 日递交蓝钦大使转送美国国务院

本条约缔约国

兹重申其对联合国宪章之宗旨与原则之信心,及其与自由世界所有人民及政府和平相处之愿望,尤其加强太平洋区域和平与安全体制之愿望;

以共同之荣誉心情,回溯在上次大战中为对抗帝国主义侵略而使两国人民共同一致,并肩作战之历史关系。

承认国际共产主义乃世界和平、人类自由及国家独立之威胁渊源,并承认太平洋各国必须团结互助,始足以遏止此种威胁,从而有助于世界和平与自由之增进;并

愿加强两国为维护和平与安全而建立集体防务之努力,以符太平洋区域更广泛之区域安全制度之发展;

兹议订下列各条款:

第一条

本条约缔约国承允依照联合国宪章所规定之原则,解决可能牵涉彼等之任何国际争端。

第二条

为更有效开展本条约之目的起见,缔约国将个别并联合以自助及互助之方式,维持并发展其个别及集体抵御武装攻击之能力。

第三条

缔约国将经由其外交部部长或其代表就本条约之实施,随时

---

① 此初稿录自顾氏所存函电。——译者

会商,并于任一缔约国认为其领土完整政治独立或安全遭受太平洋区域之外来武装攻击时,举行会商。

第四条

每一缔约国承认在太平洋区域内,对任一缔约国现在或将来可能控制下之领土之武装攻击,即系对缔约双方之攻击,并将依照其宪法程序采取行动,以对付此共同危险。

第五条

第四条所指对于任一缔约国之武装攻击,应被视为包括对任一缔约国本土或在其管辖下之太平洋区域及各岛屿,或对其武装部队,或太平洋上之公有船只或飞机之攻击。

第六条

本条约并不影响,且不应被解释为影响缔约国在联合国宪章下之各种权利及义务,或联合国为维持国际和平与安全所负之责任。

第七条

本条约应由缔约国依照其本国之宪法程序予以批准,并应自批准书互换之日起生效,互换批准书应于——举行。

第八条

本条约应无限期有效,但任一缔约国得于废约通知送达另一缔约国一年后,予以终止。

附录四　外交部叶部长 1954 年 3 月 3 日致蓝钦大使函

亲爱的卡尔：

　　您记得，在最近几个月，我曾与您就缔结中美安全条约的问题讨论了许多次，并于 1953 年 12 月 18 日交给您一份条约草案，承蒙惠予转交国务院。1 月 23 日林登先生通知我们条约司的薛先生，条约草案正在华盛顿作初步研究。如蒙示知这一问题的进一步消息，至为感谢。

　　我不需重述促使我国政府提出这一建议的原因，但是鉴于即将举行的日内瓦会议，以及这里和您本国产生的忧虑，我想在这最适当的时机签订这一条约，将对世界舆论产生特别值得欢迎的作用。它还将加强马康卫先生和饶伯森助理国务卿最近就中国问题所做的政策声明。

　　您无疑地知道，对于这一事情的进展，我国总统和我国政府的成员都希望随时得到消息。我也已经要求我国驻华盛顿大使向国务院进一步探询这一件事。

您的诚挚的

叶公超

附录五 1954 年 9 月 9 日海军武官柳鹤图 向国防部二厅报告俞大维部长与 美国海军作战部长卡尼谈话

俞部长提出并分析的要点如下：

1.共产党势必要尽力夺取台湾,其主要目的是使大陆军民各界,以及海外华侨丧失信心,从而诱使他们屈服于共产党的统治。共产党为达到此目的所可采取的途径有二：

甲、外交方面,共产党政权企图加入联合国,从而获得国际地位。因为美国政府和人民一致坚决支持我们,共产党的企图在联合国本届大会上肯定要失败。不过他们必然将继续朝这一方向努力。

乙、军事方面,共产党政权将设法以武力夺取台湾。不过由于美国屡次宣称要对台湾和澎湖的防御提供援助,所以共产党不会贸然进犯台湾和澎湖。然而他们很可能空袭外围岛屿,因为美国对这些沿海岛屿的政策尚未澄清。他们空袭的目的是要试探美国的政策和决心。

2.俞大维将军返台后在军事方面将直接负责。如共产党进犯金门等岛,而我国政府没有其他指示,他必然尽力坚守。因此,有可能要打一场消耗战,这对我们是不利的。

3.如我们驻守沿海岛屿的官兵知道美国援助我们,必将大大提高士气。

4.一个固若金汤的金门固然有很高的军事价值,然而它对我国的外交和政治以及对我国武装部队的影响却更为巨大,更为重要。如果一旦出现危机,其后果是难以想象的。

卡尼海军上将的态度颇为友好。在这次诚挚的谈话中,他表示的观点和俞大维先生完全一致,并私下表示愿意援助我们,不过并未直接透露美国政府的既定政策。他对金门的看法和俞是一致的。他说,如金门万一失守,共产党会设法利用其他亚洲国家产生的沮丧情绪,这对美国的政策是不利的。

卡尼海军上将谈的其他几点意见如下:

1.共产党轰炸金门看来是想对马尼拉会议显示力量,并且想搅混舆论。

2.共产党公然进攻台湾将无异于自杀行为,因为美国必然要对全世界表明它要履行自己的诺言,使用其海军和空军来对付共产党。

3.如果台湾受到空袭,我们的防御办法有二:一是在台湾上空痛击敌人,二是袭击大陆上共产党的基地。如采取前者,美国必然会参战,至于后者,这确实是上策,不过美国协助我们进击大陆上的共产党,事先必须由政府和国会作出决定。

4.虽然台湾在10月份配备了一些新式装备以后,情况有所改善,但台湾的雷达防御设备仍感不足。

5.进攻金门也不那么容易。如果共产党企图在金门登陆,它必须在夜间巩固他们的滩头阵地。否则,天一亮,中国海、空军便可切断他们的后路。

6.他坚决相信,如果我们加强海军和空军的活动,金门可确保无虑,共产党大概不会冒险。但我们还需要加强我们的陆军,因为共产党可能先试图在小小的金门登陆。

这就是我们和卡尼会谈的要点。由此可以看出,美方十分重视金门形势的变化。他们似乎十分熟悉那里的情况。他们对我们的军队有两点意见:

1.我们的军事情报不足,不灵通,应予加强、改进。我们应加强空中侦察摄影的装备和技术。第七舰队已使用了这些技术,甚见成效。

    2.我们的军队似乎不愿在前方使用它的物资,这也许是因为担心消耗了以后无法补充,从而使台湾的实际防御力量降低。正是这个原因,我们的海军不想接近敌人。卡尼强烈感到这是一种错误。他说,他和美国一些高级军事首脑完全同意,美国应通知蒋总统,美国对与共产党作战所消耗的物资,可完全予以更换,用完的可以补充。卡尼说,他们正敦促政府采取这种政策,不过尚须政府和国会作出决议。

附录六

（一）1954 年 9 月蒋总统接见杜勒斯国务卿时的谈话记录

时间：1954 年 9 月 9 日下午二时三十分

地点：阳明山总统官邸.

在场人：副总统陈诚

总统府秘书长张群

行政院长俞鸿钧

外交部长叶公超

参议员亚历山大·史密斯

国务院参事道格拉斯·麦克阿瑟第二

大使卡尔·蓝钦

威廉·蔡司少将

译员兼记录：沈锜

总统：您今天能来台湾访问，实为值得欢迎的一件大事。

杜勒斯先生：我在菲律宾时，许多人认为我的日程很紧，可以不必访问台湾。特别是英国外交大臣艾登先生，在我动身前给我打电报说，我访问台湾没有必要。他建议我最好直飞伦敦参加解决欧洲问题的会议。不过我觉得，既已到了远东，不可再失去访问台湾的机会。

总统：我认为自从您接任美国国务卿以来，美国政府在远东做了三件大事:朝鲜停战;未卷入印度支那的战争;缔结东南亚防御条约。关于前两项,有人对美国政府的立场感到不满,然而我个人认为,在这两方面的政策都是正确的。

杜勒斯先生:只要你认为正确,别人的批评或不满对我来说就无关紧要了。

总统:您今天来访,时间短促,有许多事我想和您讨论,不知从何说起。因此,请您随便提出您首先想提的问题,我可以毫无保留地回答您。

杜勒斯:我愿对刚才提到的美国的政策稍加澄清。在最近举行的马尼拉会议上,可以看清美国的政策。当印度支那战争进入高潮时,美国政府确曾考虑过是否派兵参加战斗的问题。但是,经考虑决定,美国参加国外战争的一个先决条件是发生战争的那个国家必须愿意自己艰苦奋战。印度支那停战后,美国即努力创造一种局面,使东南亚各国在本地区如再发生战争时,能够肩负起自己的责任。昨天在马尼拉签字的东南亚防务条约就是这种努力的成果。但另一方面,我希望阁下对此条约不要过分重视。在马尼拉对条约进行审议的过程中,某些关系密切的东南亚国家,强烈要求美国对东南亚的防务明确承担提供军事和经济援助的义务。美国未予同意。因为美国考虑的是,抗击对东南亚的侵略虽然需要集体行动,但美国意中的这种行动,是美国不派地面部队前往受入侵地区抗击敌人,而是用机动队伍打击侵略军的基地。换言之,美国目前的战略不是往世界各危险地区派遣地面部队和在那里驻军以制止敌人的侵略。因为共产党集团的优势是有丰富的人力,庞大的军队;而需要保卫的地区从阿留申群岛,经过东南亚、中东和地中海一直延伸到美国,疆土过于辽阔,美国的兵力有限,无法同时派兵防守。因此,美国的战略是把重点放在利用海、空军的机动力量,并沿共产党集团国家外围建立基地,这样,在必要时,便可从各个不同方向进行反击。这样,也只有这样,才能用相当少量的兵力控制广大的地区。至于地面部队,他们不驻在某一固定基地,而作为战略力量可以随时调动。根据这一原则,最近美国从南朝鲜撤走了一些地面部队。李承晚总统尽管在公开场合表示不满,他应该认识到,美国虽然撤走那些军队,但决不是打算放弃韩国。如果南朝鲜再遭到侵犯,美国肯定将用它的空军和各种导弹来摧毁鸭绿江以北的中国共产党的工业和动力中心。我们认为,这种威慑手段比驻扎地面部队有效得多。在共产党集团中,俄国军队属第一,中国共产党军队第二,北朝鲜和越南的军队第三。美国的宝贵人员若被共产党的任何第三流军队拖住,那可不上算。

至于大陆上的中国共产党,我们需要密切注视局势的发展,我们的政策必须建立在耐心和警惕的基础之上。我们可以等待敌人犯错误,为我们制造机会。同时我们自己不要莽撞行事。时机不成熟的行动会招致失败。我不相信中国共产党能永远把大陆人民置于其控制之下。中国人是个人主义者,共产主义与中国人民的气质背道而驰。我们的机会也许今年,也许五年以后就会来到。重要的一件事是,我们希望阁下看清潮流的方向。顺乎潮流容易达到目的,逆之则难以成事。

同时,美国毫不含糊地重申它的立场,绝不和中国共产党打交道,也绝不怕他们的威吓。不久前,共产党击落了国泰太平洋航空公司的客机,导致几个美国人丧生,我向雷福德海军上将建议派美国海军去出事地点,一方面营救可能的幸存者,一方面显示美国无所顾忌的决心。最近对于台湾外围岛屿,美国海军表现出更为积极的姿态。我坚信中国共产党会认识到,如他们胆敢再次进行武装侵略,美国决定要以武力还击。

我的公开谈话往往被人误解;我听说我的谈话曾使阁下

感到不安。事实上,只有阅读我讲话或声明的全文,才能明白我的真正意图。今天我愿向阁下保证:美国决无意抛弃您领导下的中国政府。您的政府向来极端忠实于两国的共同大业。

总统:我自己也一向认为美国是我国唯一的忠诚朋友。自从十五年前我们在汉口第一次见面以来,我的这一信念从未动摇。因为我们两国始终是奉行同一路线,不论是在物质利益方面,还是在精神方面。对美国有利的对中国也有利,对美国不利的对中国也不利。我愿诚恳相告,中华民族传统精神有两个特点:第一,面对侵略势力,可能由于我们处于不利地位而失败,但决不屈服;第二,我们把我国国策建立在中国与美国传统友谊的基础之上。在外交关系和军事关系上,我国对美国的态度和其他国家根本不同。我们和美国打交道时从未要过外交手腕。为了使美国的政策获得成功和美国的安全得到保障,我们宁肯牺牲我们自己的利益。因为我们相信,一个繁荣、富强、安全的美国对中国有帮助,有好处,使它能与美国共同生存,共同昌盛。这是发自我内心的良知,绝不是外交词令。因此,不论以后我说什么,总是不仅以中国的利益而且以美国的利益为依据。至于中国对美国的成功和安全如何做出贡献,我愿简要地说说我的意见。

副总统:在共产党集团内,苏联和它的卫星国行动起来有力量,因为他们协同一致。而在民主阵营中,各国总把自己的利益放在第一位,因而不能一致行动。为了使民主世界能够和共产党集团相抗衡,我们认为,其他民主国家必须和美国保持一致步调,甚至牺牲自己的利益也在所不惜。我们愿意带头。总统说的确是至理名言,我们所作所为不仅基于中国的利益,而是基于整个世界的利益。

总统:我刚才已经提到,自从您就任美国国务卿以来,您在远东取得了巨大的成功。特别值得称赞的是,您拒绝参加重新召开的日内瓦会议,以及印度支那分裂后您使东南亚条约组织渡过危机而取得辉煌成果。可是,说到这里,我也愿指出,近来美国政策从整体来说有些犹豫不决,缺乏主动性,虽说在某些事情上的行动也不能说全不正确。

我愿同您讨论一下有关中美双边防御条约的问题。我并不打算在今天对此作出什么决定,而是借此机会说明我个人对条约的意见。我了解到美国对签订这一条约迟疑不决的主要原因是认为中国政府处于动荡状态,尚不稳固。但是我认为台湾的动荡状态是美国政策执行的结果。如美国对我们采取稳定的政策,台湾不会被人视为处于不安定状态。因为美国存在这样一种心理:即有些国家,如英国和印度已提出要求联合国接纳中国共产党政权,台湾由联合国托管以及其他类似的方案,所以美国不愿签订这一条约。假如美国对我们奉行明确的政策,主持正义,坚持以法办事,英国和印度就不能再提出这种"不安定"的建议。换言之,如果美国继续认为台湾处于不安定状态,美国在外交上必将处处遇到困难,事事都处于被动地位。共产党会使美国无法对付他们一而再,再而三的恫吓和挑衅。如美国对台湾采取一种果断政策,我断言,没有哪个非共产党国家会再主张接纳中国共产党加入联合国,或托管台湾。此外,台湾的局势也会进一步稳定起来。实际表现这种果断政策,就是签订拟议中的中美双边协定。各界人士认为你此时访问台湾证明美国政府重视台湾。然而,如果你离台时竟未签订东亚安危之所系的双边协定,如果在东南亚条约组织签字之后而对中美条约不做出决定,从有识之士看来,美国在远东的政策将遭受无可弥补的损失,东南亚条约组织的有效性也将是个疑问。美国已和以前的敌人日本签订了双边协定。美国和南朝鲜之间、美国和菲律宾之间也有类似的协议,而对中国,一个战时的盟友,美国却反而不愿建立这种主要是政治上的和道义上的关系。美国的这种犹豫态度，也使朝鲜和日本在共同反共的事业上缺乏信心。亚洲人民，特别是日本人，仍然不大相信美国真的会帮助别的国家抗击共产党，这不是没有原因的。再者，中国遭受共产党侵略的苦难最大，时间最长，在战争中它曾作为盟友与美国并肩战斗，此时美国和中国签订这一条约，对亚洲其他国家也是一种鼓励，并有助于坚定他们的反共立场，因为他们知道，会得到美国的支援。反之，假如美国不和我们签订这一条约，则亚洲的自由国家会感到美国不支持任何坚决反共的国家，从而被共产党所吓倒。

我还了解到阻碍美国和我们签订这一条约的第二个因素是，台湾仍处于战时状态，签订这一条约会把美国拖入战争的旋涡。事实上拟议中的双边条约是防御性的而不是进攻性的，是政治性的而不是军事性的。固然两国之间目前尚无见诸文字的协议但是我们的军事行动，如对大陆的袭击，总是事先通知美国，取得同意。我们完全按着这种口头谅解行事，这证明我们不会单方面采取与美国政策背道而驰的行动；更不用说想把美国拖入战争了。9月3日，厦门的共产党以重炮轰击我金门驻军，发炮达六千发。我国政府认为应立即予以还击。不过，美国军事顾问团坚持要请示太平洋地区总司令，我们一直等到第三天太平洋地区总司令同意后才采取行动。这是我们坚守信约的例子。再说，我们不愿拖着美国直接参加我们反攻大陆的行动，其主要原因是，即使美国的海军、空军直接参战，对我们也不利；更不用说让美国地面部队参战了。如有外力参加我们反攻自己的土地，这会给共产党提供宣传材料，指责美国对中国发动军事侵略，甚至引起大陆人民的反对。因此，我们非但无意把美国拖入战斗，我们也决不要求美国派兵参战。我热切希望在艾森豪威尔总统和阁下的国务卿任期内，美国可完成一个伟大的历史使命，即提供军火、经济和技术援助，支持我们反攻大陆，而不直接参战。光复大陆不仅意味着拯救我四亿五千万不幸同胞,也是拯救整个亚洲。这对美国没有坏处,事实上而且会使美国外交政策的成就达到顶点。我相信艾森豪威尔总统和阁下是在我的任期内能够充分而忠诚地合作以完成这一使命的唯一人物。

我认为,美国采取这种政策,也是构成防止第三次世界大战的唯一希望。在目前这种国际局势下,谁也不敢断言第三次世界大战不会发生。如果我们反攻大陆时苏联不直接帮助中共,我们光复大陆的结果,必然彻底消灭共产党在亚洲的威胁,而且世界大战的可能性随之也就减少了。因此,美国对华的坚定政策,对维持世界和平具有重大意义。

有人对我说,美国对与我们缔结条约犹豫不决的第三个原因是担心我们反攻万一失败,台湾自身的安全将陷于危险。我以为这种担心是不必要的。因为我们决不轻言反攻,一旦反攻,就只有成功,不会失败。没有哪个爱国政府会在这样的大事上采取鲁莽的行动;美国也决不会和拿国家命运当儿戏的政府交朋友。此外,美国政府清楚地知道我国政府是否真正能把反攻付诸行动。因为没有美国在武器、经济和技术方面的充分援助,我们的反攻显然是没有成功的希望的。然而,只要美国采取坚定的政策,对我们继续提供援助,反攻的成功也是毋庸置疑的。

叶部长:双边条约和反攻是截然不同的两回事。条约纯粹是政治性的,涉及不到反攻。

总统:总之,没有美国的同意,我们不实行反攻。但是只要我们不反攻,亚洲的共产党问题就无法解决。关于双边条约的问题我就谈到这里,愿听听您的意见。

杜勒斯:很遗憾,由于时间短促,我不能就此问题与阁下进行详细讨论。五分钟或十分钟后我就要离去。然而,我认为阁下的意见极为重要,承您征询我的意见,衷心感谢。首先,我不禁感到,这里对条约的效力估计得有些过高。我记得在马尼拉,菲律宾人认为,他们的受益不如台湾。台湾有第七舰队协同防御,一旦遭到中国共产党的袭击,美国海军、空军将立即投入行动。而菲律宾呢,如不符合宪法程序,美国不能采取任何行动抗击对菲律宾的进攻。因此,我抵台后得到的印象是,这里认为条约有助于安全,而订有这种条约的国家则认为台湾享有更大的安全。

总统:这是心理作用。这里一般人认为第七舰队与台湾联防只是根据美国总统的行政命令,随时可以废除。因而产生了不安定心理。

杜勒斯:说到不安定,我以为这里的政府被认为处于不安定状态的理由是,其管辖权仅限于台湾、沿海岛屿和某些游击区。美国自然愿意看到您的政府能控制更广大的区域。不过,在目前的情况下,我真不知道条约对适用范围最后究应如何措词。关于适用范围的条文如果定得太死,缺乏灵活性,那么条约签订后的执行将与贵国的利益背道而驰。因为,那样的话,您的反攻将受到限制,而您的游击区的人会对您的政府感到不满。因此,我们两国政府也许宁可把条约条文订得比较灵活点为好。

总统:这是个技术问题,不难解决。可以参考韩美条约和中日和平条约的条文。原则一经确定,适用范围便不成问题了。

杜勒斯:这固然是技术问题,不过我不敢肯定这个困难会容易解决。

还有一点,如果中国和美国在条约上签了字,人们必然认为这一条约将代替现有约定。对台湾的共同防御是朝鲜战争爆发后美国总统发布的行政命令。虽然艾森豪威尔就任总统后已经达成了朝鲜停战协定,不过还没有真正和平,从技术方面说,朝鲜仍处于战争状态。艾森豪威尔总统可以重申并延长命令的有效期,这样美国海、空军可以随时和中共交火。如果将这一行政命令代之以条约,艾森豪威尔总统便不能随便派军队投入战斗。例如,按照昨天在马尼拉签订的东南亚防务条约规定,美国不把对其他签字国的进攻视为对美国本身的进攻。这样,在其他签字国遭到攻击时,美国自然不能立即去援救。但是,如果阁下认为现有约定不如条约,那么在下个星期天我和艾森豪威尔总统见面时,可以把这个问题向他提出来。我个人却认为,命令倒比条约具有灵活性的优点。我不能断言命令是否应由条约来取代,这种取代对您的政府是否有利。

总统:自从印度支那分裂后,苏联的政策可以归纳为以下三点:第一,它在政治上采取攻势,利用虚伪的和平姿态,分裂自由世界,特别是要打破美国的包围圈。它继续采取冷战攻势来动摇自由世界的士气,掩饰它的备战和推行世界革命的阴谋。它施展革命党人的策略,退一步进两步,以破坏民主阵营的团结。第二,苏联的政策在军事上做出防御姿态,其办法是,把热战变为冷战,把国外战争变为国内斗争,通过渗入和分裂来控制弱小国家。它采用防守的外表,保留其进攻实质。第三,在策略上,它继续制造混乱,利用两个冷战区作为杠杆,一个在东方,一个在西方。西方的紧张局势一缓和,便把紧张转到东方;北亚一缓和,就把南亚推向战争爆发点。这样,不断地拽住整个自由世界的神经末梢,使自由世界陷于半动员、半瘫痪状态。苏俄乃是在寻求一种容易而又有相当秩序的办法,以实现其世界革命的最终目的。

　　我以前说过,美国关于对华政策没有计划,这对苏联有利,也受到共产党人欢迎。因为这会给他们可乘之机,给美国制造困难。另一方面,美国如采取坚定政策,帮助我们打回大陆,这样便抓住了问题的核心,可以恢复东方人民对它的信任和它在东方的威望。美国目前的政策和态度固然不能说不对,遗憾的是,美国在行勤上表现不积极,不主动。据我看来,美国的亚洲政策缺乏明确的重点。这一点,希望美国予以纠正。在欧洲采取主动也许比较困难,因为许多原因,美国在那里被捆住了手脚。而在亚洲则不然,只要美国决定奉行坚定而明确的政策,达到它想达到的目标并没有什么困难。我愿举出美国政策不够积极的例子。六个月前,我国政府向美国政府递交中国的建军计划;至今没有得到答复。另外,有些军援项目美国政府早已批准,可是两三年后还没运到。

最后,因为您即将离此前往日本,我愿提出,美国政府必须施加压力要日本采取反共立场。如任其自由发展下去,按目前日本政府的态度,将很可能使日本走上印度那样的中立道路。目前日本在东方民主家中是最弱的,自然是共产党活动的肥沃土地。如日本变得坚决反共,朝鲜可能停止其反日政策,而与日本合作。此外,美国的坚定援华政策还可促进韩、中、日三国的密切合作,从而保持整个东亚局势的稳定。

杜勒斯:听阁下之言,获益甚多,我将认真考虑。我一向钦佩阁下的明智和敏锐的观察力。我不会轻易忘记或忽略阁下今天的发言。

总统:决定未来的世界问题,可能是在欧洲。不过共产党侵略的最严重的威胁,目前是在亚洲;据我看来,酿成世界大战的导火线在亚洲。我衷心希望您对这个关系到整个世界利益的问题予以关注。

(二) 1954 年 9 月 10 日叶部长呈蒋总统关于中美条约草案修正本的条陈

1.9 月 9 日钧座接见杜勒斯国务卿时,杜勒斯说,第七舰队奉命保卫台湾一事较之签订互助条约于我们更为有利;如我国坚持签订此一条约,第七舰队很可能于条约签订后撤走。因此,这就意味着我国须于缔结中美共同防御条约与第七舰队参与保卫台湾二者之间作出选择。一为临时之命令,一为明确之义务。

2.杜勒斯国务卿此种说法,以前从未听到。如美国确实持此观点,我必须对谈判缔结中美互助条约之计划慎重考虑。盖缔结中美条约主要乃从其心理影响方面考虑,而在军事方面,台湾之安全仍须依靠第七舰队之合作。此外,如第七舰队真的撤离台湾海峡,则此事本身对舆论及我国军队的士气均将产生不利影响。

因事关重大,职曾约蓝钦大使来部征询其对此事之意见。据蓝钦称,杜勒斯此话之意并非建议以中美条约取代第七舰队对台湾防务之协助。他乃是指出,他(杜勒斯)在菲律宾所见菲律宾对第七舰队协助防务之重视。此外,蓝钦认为,中美安全条约之缔结,有极大可能。此次会见之主要内容已记录于外交部之记录簿。(蓝钦对条约可能签订之猜测,于杜勒斯访台前即曾说过。)

据上述情况,经认真思考,提出下列看法:

甲、第七舰队协助保卫台湾在防守方面自然极为重要,但毕竟只是美国政府之一种行政措施,将来难免不会改变。如下届政府为民主党人,则更难以预测。因此,不论情况如何,中美安全条约之谈判与缔结亟应积极进行。蓝钦亦认为条约缔结有望,然自杜勒斯之话语判断,事情并非没有困难。

乙、果如蓝钦大使所说,杜勒斯确实无意以中美安全条约取代第七舰队之协助防御,自最为理想。但为确保防御条约签订后第七舰队继续联防,窃以为,在条约谈判之初,即应要求美国承诺由第七舰队防守台湾。此外,我国条约草案第四款规定,如缔约一方遭受武装进攻,缔约另一方将依其宪法程序采取行动以应付共同危险。此一规定已体现于美国与菲律宾以及美国与澳大利亚及新西兰之安全条约。我国条约草案采用此条款乃因外交部以第七舰队之继续联防为先决条件。由于杜勒斯提到撤退第七舰队之可能性,窃以为,谈判开始即应对条约草案提出修改,规定一方受到军事进攻,另一方应立即采取行动,包括使用武装力量。此乃为捍卫我国之安全。

3.目前我大陆沿海岛屿之军事活动对增强民心及鼓舞军队士气大有裨益。如将沿海岛屿之防守包括于中美安全条约之中,则我方在这些地方之活动必将受到限制,实于我不利。因此,在适当时机,我将同意不将沿海岛屿包括于条约范围之内,或于条约文本中以间接之词句作出规定。(参阅会见时蓝钦发言)①

4.谨将问题连同职与蓝钦大使谈话记录摘要呈请鉴察,是否有当,仍祈核示只遵。

副本抄送副总统陈诚及行政院长俞鸿钧。

(三) 1954 年 9 月 10 日叶部长与蓝钦大使会谈记录 (随同当日条陈送呈蒋总统)

叶部长于 9 月 10 日上午十一时在外交部约见蓝钦大使。会谈记录摘要如下:

1.蓝钦大使提到杜勒斯昨天与总统的会谈,并说已准备好一份送呈国务院的报告。他要求外交部长阅读,并表示中国政府的会谈记录副本也应给他一份。部长把蓝钦的电报草稿看了一遍之后说,中国政府的会谈记录尚在整理,一俟准备妥当,自当送你一份。

2.叶部长说,杜勒斯在他与总统的会谈中声称,美国总统命令第七舰队协助防守台湾比签订中美双边防御条约更为适当。如美国和中国决定签订这一条约,第七舰队将立即撤走。意思似乎是中国政府应在双边条约和第七舰队(协防)之间作出选择。叶部长说,他从未从美方那里听到过这种说法,所以中国政府感到困惑不解。因为杜勒斯在台湾逗留时间短促,无暇进行深入讨

---

① 指蓝钦建议以一定之提法说明条约中所指中国领土可定为台湾、澎湖及双方共同商定之其他领土。

论;因此,他约蓝钦到外交部来进行补充讨论。部长不知蓝钦大使的反应和意见如何。

蓝钦大使说,杜勒斯国务卿的意思并非像部长所说的那样。他回顾杜勒斯说这话的目的是说明菲律宾政府的态度。杜勒斯在菲律宾时,菲律宾政府官员曾对他说,他们宁愿要第七舰队的实际保护,因为他们感到美菲条约的条文抵不上第七舰队提供的保护。他(蓝钦)可以肯定地说,让中国政府在条约与第七舰队之间进行选择,这决不是国务卿的意思。此外,蓝钦认为,有极大可能缔结与签署条约。

他接着说,根据美国宪法,对第七舰队参与台湾的防守在美国大有辩论的余地。美国政府和美国人民对总统命令第七舰队协助防守台湾的合法性没有明确的意见。昨天杜勒斯和他在汽车上还提到这一点,并征求他的意见。蓝钦说,过去杜鲁门总统曾发布这一命令以应付朝鲜战争。朝鲜战争既已结束,总统的这一命令是否仍然有效尚属疑问。不过,这是个学术讨论方面的问题,因为目前的国会和舆论还是赞成美国对台湾的防御予以协助的。至于这种协助是以第七舰队接到的命令为依据,还是以共同安全条约的签署为依据,倒不是个争论太多的问题。

叶部长说,中国政府提出与美国缔结双边条约的理由正因为第七舰队提供的协助只是美国政府的一个行政措施。缔结条约的目的是把共同防御的行为建立在一个巩固而稳定的基础上。中国政府在起草条约时,把条约签署后美国继续执行第七舰队协防台湾这一措施作为一个先决条件。因此条约草案第四条规定,如缔约一方遭到武装进攻,另一方得将依其宪法程序采取适当行动。如条约签署后第七舰队撤走,中国政府建议,并主张取消"依其自己宪法程序"这一短语①。

---

① 我以为叶的意思是,这样将使美国政府能不延误地、更放手地应付突发事件。保留这一短语,将把问题仍置于捉摸不定的基础之上。

蓝钦大使说,美方绝无意用双边条约来代替第七舰队。条约草案是大约一年前由中国政府提出的。如果中国政府鉴于目前的局势认为需要修改,当然可以通过研究来决定。不过,据他看来,条约大有成功的希望。他又说,部长不久将去美参加联合国大会,可以乘机在华盛顿促进此事。另外,蓝钦说,条约适用范围的条款可以提出来商谈以取得一定的提法,例如说明条约中的中国领土包括台湾、澎湖以及双方商定之其他领土。蓝钦表示希望部长能考虑这一点。

叶部长说,这事需要进一步研究。也许可以仿效北大西洋公约组织维护北大西洋地区安全的条文。这样,中美条约便可把双方在太平洋地区的领土均包括在适用范围之内,从而明确规定双方的适用范围。

3.叶部长说,还有一事请蓝钦大使帮助。他从中国国防部获悉,中美军方关于台湾协防曾有一项谅解,而且中国国防部长持有关于此项谅解的文件,叶不知道蓝钦大使是否知晓其细节;按照中国国防部长手中的文件,台湾万一受到突然袭击,美方要在接到通知许多小时之后,才能参加防御。国防部副部长麦克尼尔访台时私下告叶,五角大楼所发指示中并无此项规定。因此,似乎是中国军事当局对此全然误解。叶部长想知道蓝钦大使是否可以向美国军事当局提出此事,查明他们对此如何理解。

蓝钦答称,美国同其他国家打交道有三个渠道:外交、军事和情报。来自这三方面的信息可能不完全相符。军方进行的接触常常涉及到政策问题而又认识不到是政策问题,或者军方未能把它了解的接触结果通知政策制定机关。因此,往往引起麻烦。他回忆,1950年他初次奉派来华时,曾就美国协防台湾一事草拟十个问题,提交军事当局,当时未能得到明确答复。后来屡经催问,他才能把从军事当局那里听到的各种答复拼凑起来,得出一个比较清楚的概念。他将立即把叶部长提出的问题转达美国军事当局,收到回复便立即告知。

蓝钦接着说,他想起曾提到过叶部长抵美后要拜访的一些人士的名单。这个名单他正在拟定中,一般说来,名单上的人士大多住在华盛顿。一俟拟好,他就送交部长。部长表示感谢。

　　蓝钦提到金门的战斗。他说,目前共产党的炮火似乎已平静下来,他切盼中国政府在达到目的之后,停止进一步的行动,对大陆不要采取大规模的进攻。他说,他的政府对此异常关切,深恐共产党进行大规模报复。叶部长说,中国政府的意图只是在于给共产党一个教训,使他们明白这种愚蠢行动的后果是得不偿失的。据他所知,中国政府无意进攻大陆。蓝钦说,既然如此,那就再好不过。然后他起身告辞。

附录七

（一）1954年10月7日陈之迈为顾大使编写的
关于联合国大会发展情况的备忘录①

1.当前联合国大会议事日程上与我们有关的主要项目之一,是选举经济及社会理事会的六个理事国。中国自始就是该理事会的理事国。我们的任期今年满期。我们正在争取当选下一届的三年任期。在选举之前需要做大量工作,因为我们没有一点把握会重新当选。如果落选,那对我们在联合国的地位是一个很大的打击。

根据叶部长的指示,于焌吉大使负责与拉丁美洲国家联系,何凤山大使与阿拉伯国家联系,刘锴大使与欧洲和英联邦国家联系,我则被指定与美国代表团联系,敦促他们协助我们对其他国家进行疏通。

一开始便很明确,有十三个国家不会投我们的票:六个共产党国家,三个亚洲国家(印度、缅甸、印尼),三个斯堪的纳维亚国家和阿富汗(它正在争取取代中国的席位)。其余的四十七个国家中,有的犹豫不定,如巴拿马(已答应支持别的国家)和以色列(未做任何承诺)。因为要取得三分之二的多数,需要四十票,我们的情况并没有把握。

过去几年,戴维·基先生是我们代表团的联络官。因为基先生改任助理国务卿,菲利普·邦斯尔先生接替他任我国代表团联络官。过去两周我与邦斯尔先生一起工作得很好。他是极善于

---

① 所谓编写,并未从正文中删去任何东西。

与人合作的。

选举昨日下午举行。中国得四十一票；继续当选为任期三年的经济及社会理事会理事。这一结果很令人高兴。（有趣的是法国也需要重选,也得了四十一票。）

2.缅甸对李弥在缅甸部队的指控是另一件与我们直接有关的事。今年这一事项指定由特别政治委员会处理,而不是像以前一样由第一委员会办理的。

叶部长和蒋廷黻博士派我负责这项事务。我已和美国代表团及泰国代表团(曼谷联合军事委员会的成员)开了几次会。美国和我们的意见完全一致,认为这个问题应"从议事日程上不声不响地删去"。但是无法阻止对这一问题进行辩论,因为去年联合国大会要求有关各方对此问题提出报告。美国和我们都认为最好今年不再做出决议。泰国代表团虽未表示明确意见,看来具有和我们相同的观点。而据了解,缅甸代表团则坚持本届大会应通过另一项决议。这样或许要引起大辩论,尤其是共产党国家很可能混水摸鱼,他们过去一贯这么干。在辩论初期我们的姿态要温和,但坚决反对通过决议。

有一天我请查尔斯·马奥尼和国务院的邦斯尔吃午饭。马奥尼是底特律黑人保险公司经理。他毫无国际事务经验,完全不明白缅甸问题的情况。在谈话中,他表示能来联合国殊为兴奋,认为只要我们个人之间互相了解,国际间的问题便可顺利解决。希望在处理这个问题上他能得到国务院人员的劝告。

（兹附上我准备在可能于下星期一召开的特别政治委员会上发言的全文。）

3.一个最微妙的情况是苏联提出一项控告中国"海盗行为"的提案。这显然指的是我军扣留波兰船"普拉查"号和"佐特瓦尔德"号以及苏联船"陶甫斯"号。

令人十分惊异的是,甚至在维辛斯基向大会委员会提出这项提案时,驻台北的法国大使通知我国外交部,苏联政府曾请求法国政府就"陶甫斯"号一事进行斡旋。苏联这些举动同时发生,其动机颇为令人困惑不解。不过,尽管苏联集团激烈反对,蒋博士在大会上还是以多数票赢得把苏联这一提案延缓数日列入议事日程,提出的理由是中国政府正在认真考虑法国的斡旋建议。叶部长认为我们应尽力阻止这项提案列入议事日程,不过一般认为这不大容易。由刘锴大使、徐淑希博士、江鸿志(季平)博士和刘师舜大使等国际法专家组成了特别小组委员会,正在准备材料以便应付一旦到来的辩论。

(二)陈之迈博士在联合国大会特别政治委员会上 对缅甸联邦指控所谓中国对其侵略的发言摘要

1954 年 10 月 11 日

大家可以回忆,1953 年 3 月 25 日,缅甸政府曾向联合国提出它对中华民国的指控。在第七届联合国大会辩论期间,中国政府已向大会充分说明"云南反共救国军"乃非正规部队,并不是中华民国军队的组成部分。而且也指出,这些非正规官兵并不完全是中国人,其中有许多克伦人、克钦人、钦人、掸人和缅甸人。这些非正规士兵既然不是中华民国的军队,当然不受中国政府的控制。其中的中国人曾出于自愿,要求在缅甸避难。他们决不是中国政府派入缅甸的第五纵队。事实上,这些人是违犯了中国政府的明文规定而进入缅甸的。他们任何时候也没有在武器或人员方面得到过中国政府的补充。

这些人的确切数目也从未弄清过……

鉴于这种情况,中国政府对这些非正规官兵出现于缅境表示遗憾,一方面只能答应利用其影响来寻求对此问题的解决方案。在 1953 年 4 月 23 日,联合国大会通过 707(Ⅶ)号决议案之后,中国政府再度允诺尽全力与有关各国政府合作,以期实现大会的撤退要求。于是 1953 年 5 月 22 日中国政府与泰国政府、美国政府与缅甸联邦政府共同组成四国联合军事委员会,以便拟定一个使非正规武装撤离缅甸的可行计划。

……中国政府经过若干月坚持不懈的努力之后,终于提出报告,约二千名非正规官兵连同他们的家属表示愿意撤至台湾。

首批二千人撤离的过程是从1953年11月7日开始,至1953年12月8日结束。共撤离士兵一千九百二十五名及家属三百三十五名。

中国政府所做的努力和取得的成就已向第八届联合国大会提出了详细报告。

二千这个数字并非撤离人员的极限数目。我国政府从未也无意对撤离人员提出限制,不仅如此,而且还努力劝说更多的人离开缅甸。自然,具体数目是无法确定的,原因很简单,没有人知道他们究竟有多少人。在这种情况下,所能做的只能是想方设法劝说尽可能多的官兵撤走。其中措施之一是1953年12月3日以中华民国总统的名义给这些非正规部队的一些领导人拍发了电报,要求他们遵从中国政府的意愿,把他们的人从缅甸撤往台湾。这些努力收到了一定的效果。中国代表在1953年12月8日向联合国大会提出报告,可望有更多的非正规官兵撤离缅甸。

以后两个月则为撤退另外的三千人进行具体安排。这件事很困难,也很麻烦,其中之一是使缅甸政府停火。一直到1954年1月12日联合军事委员会才接得通知,停火命令将立即下达。命令的有效期:在萨尔温江地区为1954年2月14日,在萨尔温江—南生以东地区为1954年2月28日。

第二批撤退从1954年2月14日开始,起初进行比较顺利,到月底时撤离人员指责缅甸军队违犯停火协议。因为撤退工作之开始比原来预定的日期迟了一个月,当然也需要安排延长停火期限。1954年2月23日美国驻曼谷大使馆向缅甸政府递交了联合军事委员会要求将萨尔温江—南生以东地区的停火延至3月31日的照会,但缅甸政府拒绝了联合军事委员会的要求。缅甸政府于1954年2月28日虽然曾向美国大使馆提交照会,单方面划定撤离部队必须遵守的安全区与走廊,但是联合军事委员会从未接受缅甸的这一建议。1954年2月28日后,缅甸的陆军和空军立即开始对撤离人员集中地点进行袭击。联合军事委员会发出停止袭击的呼吁,缅甸政府未予理睬。

第二批的撤退就是在这种令人难以忍受的困难条件下进行的。最后一批撤退人员于1954年3月20日离开了缅甸。

……这批又撤退了非正规官兵二千九百六十二人,家属五百一十三人。这一数字接近于原来估计的除第一批二千人以外另加三千人的数目。

非正规官兵也完全按照联合军事委员会的决定撤离了他们以前所占据的六个主要基地:孟毛、班扬、孟萨、孟东、孟洋和孟阳。

查明非正规官兵的地址和安排他们撤离所遇到的困难,真是难以想象的。……

请允许我举另一个例子。1954年1月28日,联合军事委员会接到通知说,在渺瓦底—帕卢地区有大批人员等候2月20日开始撤离。那时渺瓦底地区是克伦和孟人叛民的活动地区。缅甸政府不能提供在该地区停火或安全走廊的保证,这就迫使联合军事委员会不得不把那一地区的撤退工作至少推迟到第二批遣送完成后再说。

与此同时,缅甸政府部队对克伦人和孟人叛民正展开进攻。渺瓦底的局势极端不稳。1954年3月17日,缅甸政府通知仰光美国大使馆,在1954年4月10日以前这段时间可以实现帕卢地区的停火,不过通知特别提到缅甸政府对克伦人和其他叛民分子轨外的行动则不能负责。联合军事委员会正当地认为,这一保留使在那一地区难以立即进行遣送工作。

1954年4月17日,缅甸军队终于控制了渺瓦底及其周围地区。这样缅甸政府才能够保证从帕卢到渺瓦底缅甸边境的完全走廊。基于这一情况,才使有关各国政府接受了联合军事委员会提出的在南方进行遣送的计划。

这次遣送从1954年5月1日开始,八天后结束。共撤走了八百人和二十名家属。

于是,第三次也是最终一次遣送即告结束,完成了联合军事委员会的既定计划。共计五千六百九十九名军人和八百七十三名家属从缅甸撤到了台湾。

1954 年 5 月 11 日,联合军事委员会中的中国代表重申中国政府不再保持与那些自愿留在缅甸的非正规官兵之间的关系,也不再对他们提供任何物质支援。1954 年 5 月 29 日,李弥将军在台北发表一项公开声明说:"云南反共救国军"此后不复存在,在其指挥下的军队已按照中国政府的意图全部撤至台湾。

然而,联合军事委员会中的中国代表在 1954 年 6 月 1 日声称,同意与泰国和美国的同事们继续努力与仍然留在缅境的非正规官兵取得联系,以探明他们对于遣送的打算。联合军事委员会的遣送机构将保留到 1954 年 9 月 1 日。

作为劝诱残留人员撤离的一种措施,曾与缅甸政府安排空投传单,告诉他们,已有七千人左右撤至台湾,促使他们勿失良机。传单草稿于 1954 年 7 月 29 日送交缅甸当局。两周后,缅甸政府提出要在词句上做一些修改,中国政府勉强接受。一万二千张传单印制完毕后,交给缅甸当局空投。而缅甸当局却一直未按协议空投传单。到 1954 年 9 月 2 日,这项计划也不得不半途而废,因为联合军事委员会这一机构已经撤销。

自 1954 年 5 月 7 日始,非正规军中的九十三名掉队散兵被泰国警察拘留。联合军事委员会对他们正式进行询问。其中有四十三人和八名家属同意撤走,于是在 1954 年 8 月 24 日遣返台湾。其余的提出了各式各样的问题。有的是云南省的土著,拒绝离缅。有几个逃跑了。有九名是商人,因此不合遣送条件。虽然联合军事委员会于 1954 年 9 月停止工作,但委员会成员均同意继续协商,并处理像散兵游勇这类的遗留问题。

主席先生,以上是各有关政府在执行联合国大会议事日程关于这一问题决议方面所采取的各种措施的简要说明。

可以看出,我国政府在与泰、美两国政府密切合作下,曾不遗余力地满足缅甸政府和联合国的意愿……尽管困难重重,但还是取得了令人注目的成就。

虽然非正规军的确切人数不详,但确知缅甸境内仍留有散兵。他们究竟是些什么人?他们在缅甸干什么?据缅甸联邦外交部长称(文件 A/2739),他们是(我引用原话)"几位享受垄断鸦片果实的将军……那些不想去台湾的和在当地招募的"。他们在缅甸(仍引用缅甸联邦外交部长语)"表面上努力于反共事业,实际上是靠控制鸦片买卖发财,同时制造假钞票"。

这是一批公然违抗中国政府命令的人。他们完全不受中国政府的控制,也不听中国政府的话。

诚如联合军事委员会的声明所说,它"已尽力执行联合国的决议,遣送了约七千名外国官兵和家属,其余则拒不接受遣返"(1954 年 7 月 29 日新闻公报)。我国政府在这方面也做了它所能做的一切。它愿意重声明,它与残余分子无任何关系,决不对他们提供任何形式的帮助或支援。自然,我国政府也决不能对他们继续留在缅甸或别处以及他们在那里的活动负责①。

---

① 编者注:自陈之迈 10 月 11 日发表声明起至 10 月 15 日止,特别政治委员会开会五次对这个问题进行了讨论。据 1954 年《联合国年鉴》第 55 页称:

"大多数代表对遣送工作取得的成绩表示满意,同时认识到,缅境内仍留有外国武装力量,他们手中有武器。据说缅甸境外对他们还有援助,鉴于这种情况,局势仍动乱不安。他们称赞联合军事委员会的工作以及泰国和美国的合作,并赞扬缅甸政府表现的克制和温和态度。他们说,缅甸在解决这一问题方面,应继续得到联合国的支援,有权在情况需要时再度向联合国大会提出这个问题。

"有些代表,包括埃塞俄比亚、印度、印度尼西亚、波兰、苏联和南斯拉夫的代表表示的观点是,在这件事上,中国政府仍负有责任。其他代表,包括法国、伊朗、利比亚和新西兰的代表欢迎中国政府提出的中国政府不给留缅人员以援助的保证。波兰代表则争论说,如无支持国民党军队的美国的援助,不可能有非正规军的活动。美国代表答称,美国在联合军事委员会中的记录和缅甸对此表示的感谢可以作证……

"一般的意见对澳大利亚、加拿大、印度、印度尼西亚、新西兰、挪威、巴基斯坦、瑞典、英国及乌拉圭联合提出的决议草案表示支持。草案提出:大会对遣送工作表示满意,并对美国和泰国为取得这一成就的协助表示感谢,对仍然拥有大量武器的外国力量留在缅甸感到遗憾,并再次号召他们解除武装,接受拘留。大会向缅甸保证对其政府解决这一问题的努力继续予以支持,敦促各国采取必要措施,制止对外国武装留驻境或继续其反对缅甸的敌对行为提供任何援助,并请缅甸在适当时机对局势提出报告。

"决议草案经过部分修改,先分段通过,然后由特别政治委员会以五十七票对零票的唱名投票方式通过,中国代表未参加投票。在全体大会上对决议未进行讨论,于 10 月 29 日大会以五十六票对零票的唱名投票方式通过,中国代表未参加投票。"

附录八　1954 年 9 月 20 日外交部次长沈昌焕与蓝钦大使谈话记录摘要

一、蓝钦提出苏联油轮"陶甫斯"号船员要求政治避难的问题。他听说，中国政府当局在企图说服这批船员留在台湾工作时，采取的态度和方法值得进一步商榷。例如，中国当局对这批海员说，如果他们不要求政治避难，则将一直被囚禁到第三次世界大战结束。蓝钦说，他个人的意见认为，使用这种办法值得慎重考虑。如果这些俄国海员向新闻记者提出此事，不仅我国政府将陷于一种尴尬境地，而且这些海员一旦被遣送回国就会视为英雄，并予以保护。

说服他们在台湾工作的努力似乎已不再提起。蓝钦的意见是，关于油轮的情况一旦弄清，最好将其释放，因为它是属于苏联的，情况和以前截俘的波兰船只不同。这艘油轮完全是苏联政府的财产，如果扣住不放，我国政府的做法在国际上便缺乏法律根据。

沈次长说，关于试图说服俄国油轮船员留台工作一事，他可通知我国政府有关当局参考。

二、蓝钦说，关于中国当局最近公布的军事消息，他愿提出个人的如下意见：

1.公布得不及时。

2.这种消息应以事实为依据，不应言过其实。

3.他希望可以帮助台湾的许多外国记者使之得以进行采访报道。他说，例如上周外国记者去金门参观访问，这是很有意义的，可是据记者回来后对他说，当地的军事当局给他们讲了一阵战况,并要求他们不要发表。记者们认为,假如这些情况不能发表,那么跑这一趟有何用? 蓝钦说,他认为,发至海外的关于金门情况的报道,大部分表示了对我国政府的友好态度,我国政府竟不准记者在一定范围内发表某些报道,似乎没有充足的理由。他指出我国政府可以请他们注意,某些部分不宜发表。

沈次长说,他十分感激蓝钦对此事的关注。他将通知新闻局和政治部注意改进。

(第三点涉及第一节所述国民党海军及空军轰击大陆炮兵阵地和军事基地的问题。第四点是蓝钦提出的关于在机场简化外国官员来往检查手续的建议,特别是在台南与台北之间主要供美国空军使用的新建松山机场。)

附录九

（一）1954 年 10 月 14 日杜勒斯国务卿致蒋总统函

总统先生阁下：

饶伯森已向我报告了他同您会谈的情况。您对新西兰提案的初步反应持否定态度，我并不感到惊异。我自己和您有些相同的疑点。然而，我相信中国共产党将持比您更为否定的态度。我不认为他们会让联合国对这些沿海岛屿提供保护，我认为当您的政府在安全理事会中代表中国的情况下，他们不会只以被邀者的身份出席会议。因此，可能的结果将是中共对联合国的作用再次表示置之不理，这样会加强贵方道义上的立场。不过，即使这个问题在安理会的议事日程上悬而不决，事实上也可以制止他们对这些岛屿的武装进犯，因为这种进犯只能暴露他们的侵略野心和无视联合国，这说明那些拒绝承认中共的政府的做法是正确的，并可增强他们对这种做法的决心。

您可以相信，美国绝不会同意在联合国提出中共对台湾的统治权问题，我们与新西兰的讨论已达到这样的地步，即保证它的提案不涉及提案范围以外的问题。

当然，任何联合国会员国在任何时候向安理会及联合国大会提出它想提的有关中国局势的任何问题，总是可能的。即便新西兰撤回其提案，并不妨碍其他会员国向联合国以更有争议的方式提出这个问题。然而，有一件事您会清楚，那就是美国的坚定立场。

美国在安理会关于新西兰提案的声明只表示一定程度的同情,因为它是想结束最近由中国共产党挑起的冲突,而这场冲突由于美国对保卫台湾承担了义务,故尔有可能威胁到美国。虽然我们不能要求提案在这个问题上谴责红色中国为侵略者,我们当然要说明,目前的敌对行为是中共挑起的。我们的政策是严格限制安理会处理事务的范围,我们相信您有相同的看法,因此这就要求我们支持这一提案。经过我们的多方努力,相信提案已达到了可以接受的限定范围。如我们采取主动,把提案的范围加以扩大,那将会导致一系列的反提案,您我关心的一切问题便可能被纳入安理会的辩论中去。

诚如饶伯森先生对您所说,原则上我们准备按照您同我讨论过的方式和你们缔结一个防御安全条约,不过,我们十分怀疑这个条约的签订或公布会不会像您向饶伯森先生建议的那样快。这样做要冒失败的风险,因为我们首先必须和参议院的共和党和民主党领袖人物私下里谈好。只要我们有充分的机会把条约的意义和内容都解释清楚,我们不怀疑参议院会批准这种条约。如果我们不作私下解释就把它公布出去,恐怕有些参议员会公开反对,而他们一旦公开反对,再请他们予以支持就极端困难了。而且,我们应该采取的具体做法在很大程度上取决于11月份国会选举的结果。这次选举,要决定下届参议院是由共和党还是由民主党来组成,而这项条约则将由下届参议院来讨论。

我们本打算在安理会延期之前就采取行动,不过新西兰一直迫切要求迅速采取措施,我们的情报机关报告的军事形势表明,如果保住这些沿海岛屿,而且使您的政府在威望上免受严重打击,这一可供抉择的办法应即迅速进行。

我正要蓝钦大使将新西兰提案送您参阅。提案已经大加修改,与原本大不相同,其中所限的区域范围我们不认为有损于您的政府的地位。

我们正拟按上述精神与新西兰继续讨论,不知新西兰是否照办。情况当随时奉告,并希对此事的各个方面都严格保密。

顺致崇高敬意

杜勒斯

(二) 1954 年 10 月 23 日中国大使馆关于新西兰提案致美国国务院备忘录

(1)中华民国政府注意到 1954 年 10 月 20 日,星期三在中国大使馆,由中国方面外交部长、中国大使、中国驻联合国常任代表和中国大使馆全权公使,与美国方面负责远东事务助理国务卿、参谋长联席会议主席、联合国事务助理国务卿帮办和中国科长,双方之间举行的关于拟议中新西兰政府即将提交安理会之决议案的讨论。

(2)中国政府对于讨论过程中助理国务卿重新保证美国政府继续坚决支持中华民国政府,反对在联合国提出所谓台湾问题的任何企图或接纳中共政权加入这一世界组织,通过继续命令美国第七舰队确保台湾及澎湖在遭受中共攻击时之安全以保持美国政府的政策,深表赞赏。

(3)中国政府对助理国务卿所称,美国政府支持拟议中新西兰决议案之目的在于防止共产党对中国大陆沿海岛屿之进击以免其沦于共产党统治之下,深表欢迎。出席会议之双方政府代表一致认为,沿海岛屿之失陷将对中华民国政府之国际威望及中国之民心士气产生不利影响。

(4)据悉会议讨论之唯一依据为新西兰所提决议案之一种意译文本,而提案原文,中国代表则未曾看到。按中华民国政府在会议上向美国代表指明之意见,提案的意译稿似未能体现上述第三段美国政府之善意目的,其中某些条文之含义也不符合中华民国的利益,而根据当前国际局势的发展,尤为如此。

(5)拟议之决议案并未提到金门岛地区目前之冲突乃北平共

产党政权于 1954 年 9 月 3 日所挑起这一重要事实。共产党无端对金门主岛进行炮轰并持续进行攻击,中华民国政府乃被迫进行必要之自卫反击。决议案并未确认中共这种暴行显然为北平政权蓄谋已久之侵略政策之继续,其目标首先为中华民国之大陆,其次为朝鲜,最近为印度支那。

(6)中华民国作为联合国爱好和平之会员,始终遵循联合国宪章之宗旨及目的,而北平共产党政府则系国际共产主义之工具,由于其入侵朝鲜而由联合国定为侵略者。在沿海岛屿地区之军事冲突中,将中华民国与北平共产党政权相提并论,似乎责任各负其半,中国政府与中国人民绝对不能接受。此外,此种相提并论事实上具有承认北平共产党政权之含义,从而怂恿联合国中共产党会员国及对其同情之会员国提出"两个中国"之论调,作为接纳该政权加入联合国之先声。

(7)根据联合国宪章之有关条款,在国际关系中,"应以和平方法"一词易被认为系指有待解决的争端而言。既然如此,则拟议之决议案可能引起对中国大陆及沿海岛屿之当前局势确定其现状之行动。此种现状之确定将意味中华民国放弃其光复大陆的合法权利,不仅对于大陆上人民解脱共产党暴政之热切希望为严重打击,且将给台湾人民及全世界中国人光复大陆之信心蒙罩阴影。

(8)根据上述理由,宣称安理会"对问题仍须进行掌握"之短句也同样不能接受。再者,如建议提案果然被采纳,安理会除号召沿海岛屿地区现有的军事冲突实现停火外,更有何作为?是否企图建议中华民国政府与北平共产党政权进行谈判?抑或企图根据此一或彼一亲共会员国之提议而讨论所谓"台湾问题"?联合国之任何此种考虑将使极应反对之隐蔽涵义立即成为现实,从而大大有损于自由世界之崇高事业以及中华民国之主权与生死攸关之利益。于日内瓦会议之后,向安理会提出此等提案而美国政府竟予支持,亦将玷污美国作为自由国家领袖之道义形象。

（9）总之，中国政府把确保目前所辖沿海岛屿视为台湾与澎湖安全之所系，为完成其光复大陆大业之所必需。因此，将坚决保卫沿海岛屿，抗击中共之任何进犯。安理会之决议案如目前所提到者实无实际价值，相反，根据上述理由，将损害中华民国之未来与自由世界之全面事业。

（10）中国政府目前无意对大陆发动大规模军事行动。所采取之防御措施仅为使共产党对沿海岛屿不敢再来侵犯。然而，共产党之意图与动向，实无法预测。数日前又对大陈岛发动强大之海上、空中与海岸炮攻势之事实即为明证。

（11）若谓拟议中之新西兰决议案如于安理会通过即能有效制止共产党之继续侵略，实难令人相信。即使暂时有效，亦无法防止对中国政府不友好国家利用其中之内涵与隐义，加以引申，为接纳北平政权进入联合国铺平道路。

（12）假设拟议中之决议案会被苏联否决，果如此，则中国共产党完全可能加强其对沿海岛屿之空中与海上攻势，且可能登陆。实难看出联合国能如何实际制止军事冲突，恐只能通过一项与朝鲜问题相似之决议，谴责中共为侵略者，并号召联合国会员国为制止侵略贡献力量。此种决议在安理会必然遭到苏联之否决。果尔，则中华民国之道义地位在自由世界之心目中当能有所提高，而沿海岛屿则仍在中国手中。尽管如此，讨论中决议案之内涵与隐义之不利影响却极为深远，对比之下足以使所获得的任何道义声望变得无足轻重。

（13）需要进一步指出，万一沿海岛屿受到侵犯，在当前情况下，既不能指望美国政府协助防御，则中国政府只能自己肩负重担。因此，中国政府之坚定政策一贯为设法阻止中共在沿海地区集结军队，以防止其对沿海岛屿的任何进犯。美国无疑十分清楚，中共之力量不仅大大强于中国政府，而且苏联对中共之援助，无论数量、速度，均大大超过美国对中国政府之援助。即或能实现暂时停止军事冲突，亦必须考虑共产党将以更高之速度继续集结军队,一俟其足以发动军事入侵,共产党战争机器之压倒优势必将倾注于沿海岛屿,届时之防御势必较今日更加困难。

(14)因此,切望美国在决定支持新西兰决议案之前,认真考虑其可能导致之军事后果,以及保卫沿海岛屿必须采取之措施,作为台湾与澎湖安全之先决条件。

(15)根据上述理由,中华民国政府认为拟议之决议案,据其已知内容,其实毫无可取之处,且对自由中国之事业具有隐患。美国政府如能设法抵制拟议中之决议案,并说服新西兰政府不向安理会提出,中华民国政府将不胜感激。美国政府如能对上述观点惠予评论,并提出有助于完成两国共同事业之建议,中华民国政府无任欢迎。

附录十　条约

甲、1954 年 11 月 2 日在华盛顿举行的会议上提交中方的《美利坚合众国与中华民国共同防御条约》的美国草案

本条约缔约国

兹重申其对联合国宪章之宗旨与原则之信心及其与所有人民及政府和平相处之愿望,并欲增强在太平洋区域之和平机构;

以光荣之同感,追溯上次大战期间两国人民为对抗帝国主义侵略而在同情与共同理想之结合下团结一致并肩作战之关系;

愿公开并正式宣告其团结之精诚及为其自卫而抵御外来武装攻击之共同决心,俾使任何潜在之侵略者不存有任一缔约国在太平洋地区处于孤立地位之妄想;并

愿加强两国为维护和平与安全而建立集体防御之现有努力,以待太平洋区域更广泛之区域安全制度之发展;

兹议订下列各条款:

第一条

本条约缔约国承允依照联合国宪章之规定,以不使危及国际和平安全与正义之和平方法解决可能牵涉两国之任何国际争议,并在其国际关系中不以任何与联合国宗旨相悖之方式作武力之威胁或使用武力。

第二条

为期更有效达成本条约之目的起见,缔约国将个别并联合以自助及互助之方式,维持并发展其个别及集体之能力,以抵抗武装攻击。

第三条

缔约国将经由其外交部部长或其代表就本条约之实施随时会商。

第四条

每一缔约国承认对台湾或澎湖之武装攻击即将危及其本身之和平与安全,并宣布将依其宪法程序采取行动,以对付此共同危险。

任何此项武装攻击及因而采取之一切措施,应立即报告联合国安全理事会,此等措施应于安全理事会采取恢复并维持国际和平与安全之必要措施时,予以终止。

第五条

中华民国兹给予美利坚合众国依相互协议所决定,在台湾、澎湖及其附近部署为其防卫所必需之陆海空军之权利。

第六条

本条约并不影响且不应被解释为影响缔约国在联合国宪章下之权利及义务,或联合国为维持国际和平与安全所负之责任。

第七条

本条约应由中华民国与美利坚合众国各依其宪法程序予以批准,并将于在台北互换批准书之日起发生效力。

第八条

本条约应无限期有效。任一缔约国得于废约之通知送达另一缔约国一年后予以终止。

美利坚合众国代表:

中华民国代表:

乙、在 1954 年 11 月 4 日的会议上递交美方之《中华民国与美利坚合众国共同防御条约》1954 年 11 月 3 日中国对应草案

本条约缔约国：

兹重申其对联合国宪章之宗旨与原则之信心及其与所有人民及政府和平相处之愿望，并欲增强在西太平洋区域之和平机构；

以光荣的同感，追溯上次大战期间两国人民为对抗帝国主义侵略而在相互同情与共同理想之结合下团结一致并肩作战之关系；

愿公开并正式宣告其团结之精诚及为其自卫而抵御外来武装攻击之共同决心，俾使任何潜在之侵略者不存有任一缔约国在西太平洋区域处于孤立地位之妄想；并

愿加强两国为维护和平与安全而建立集体防御之现有努力，以待西太平洋区域更广泛之区域安全制度之发展；

兹议订下列各条款：

第一条

本条约缔约国承允依照联合国宪章之规定，以不使危及国际和平安全与正义之和平方法解决可能牵涉两国之任何国际争议，并在其国际关系中不以任何与联合国宗旨相悖之方式作武力之威胁或使用武力。

第二条

为期更有效达成本条约之目的起见，缔约国将个别并联合以自助及互助之方式，维持并发展其个别及集体之能力，以抵抗武装攻击，并防止与反击由国外指挥之危害其领土完整与政治安定之共产颠覆活动。

第三条

缔约国承允加强其自由制度,彼此合作以发展其经济进步与社会福利,并为达到此等目的而增强其个别与集体之努力。

第四条

为便于当缔约国任何一方认为缔约国任何一方之领土完整、政治独立或安全在西太平洋受到外来攻击之威胁时便于随时进行磋商,本条约缔约国同意设立一常设委员会,由美国国务卿或其代表与中华民国外交部长或其代表组成;并同意每一委员可指派一名军事代表,对任何一方提出之要求举行协商会议,协商会议之时间与地点由双方协商决定。

第五条

每一缔约国认为对在西太平洋区域内任一缔约国领土上之武装攻击应被视为对缔约国双方之攻击,并对被攻击之缔约国立即采取一切必要之措施,包括使用武装部队,予以援助,以恢复并维持西太平洋区域之安全。本条约缔约国保证继续并实行对台湾与澎湖进行防御之现有协议。

第六条

为适用于第五条之目的,本条约所使用之"领土"一辞,就中华民国而言,应指台湾、澎湖以及经共同协议所决定之其他领土;就美利坚合众国而言,应指其在西太平洋区域内之各岛屿领土。

第七条

中华民国政府给予,美利坚合众国政府接受,依共同协议之决定在台湾、澎湖及其附近为其防卫所需要而部署美国陆海空军之权利。

第八条

本条约并不影响且不应被解释为影响缔约国在联合国宪章下之权利及义务,或联合国为维持国际和平与安全所负之责任。

第九条

本条约应由中华民国与美利坚合众国各依其宪法程序予以

批准,并将于在台北互换批准书之日起发生效力。

第十条

本条约应无限期有效。任一缔约国得以废约之通知送达另一缔约国两年后予以终止。

丙、1954 年 11 月 4 日会议上双方同意之《中华民国与美利坚合众国间共同防御条约》议定文本①

本条约缔约国

兹重申其对联合国宪章之宗旨与原则之信心及其与所有人民及政府和平相处之愿望,并欲增强在西太平洋区域之和平组织;

以共同荣誉之心情,追溯上次大战期间两国人民为对抗帝国主义侵略而在相互同情与共同理想之结合下团结一致并肩作战之关系;

愿公开正式宣告其团结之意识以及为本身自卫而抵御外来武装攻击之共同决心,俾使任何潜在之侵略者欲陷任一缔约国在西太平洋区域于孤立地位,无以逞其妄想;并

愿加强两国为维护和平与安全而建立集体防御之现有努力,以待西太平洋区域更广泛之区域安全制度之发展;

兹议订下列各条款:

第一条

本条约缔约国承允依照联合国宪章之规定,以不危及国际和平安全与正义之和平方法解决可能牵涉两国之任何国际争议,并在其国际关系中不以任何国际争议,并在其国际关系中不以任何

---

① 此文本录自顾氏所存 1954 年 11 月 5 日 241 号电报。——译者

与联合国宗旨相悖之方式作武力之威胁或使用武力。

第二条

为期更有效达成本条约之目的起见,缔约国将个别并联合以自助及互助之方式,维持并发展其个别及集体之能力,以抵抗武装攻击及由国外指挥之危害其领土完整与政治安定之共产党颠覆活动。

第三条

缔约国承允加强其各种自由制度,彼此合作,以发展其经济进步与社会福利,并为达到此等目的而增加其个别与集体之努力。

第四条

缔约国将经由其外交部部长或其代表就本条约之实施随时会商。

第五条

每一缔约国承认对在西太平洋区域内任一缔约国领土之武装攻击,即将危及其本身之和平与安全,兹并宣告将依其宪法程序采取行动,以对付此共同危险。

任何此项武装攻击及因而采取之一切措施,应立即报告联合国安全理事会,此等措施应于安全理事会采取恢复并维持国际安全与和平之必要措施时,予以终止。

第六条

为适用于第二条及第五条之目的,所有"领土"等辞,就中华民国而言,应指台湾与澎湖;就美利坚合众国而言,应指西太平洋区域内在其管辖下之各岛屿领土。第二条及第五条之规定并将适用于以后经共同协议所决定之其他领土。

第七条

中华民国政府给予,美利坚合众国政府接受,依共同协议之决定为防卫台湾、澎湖及其附近而在各该处必需部署之美国陆海空军之权利。

第八条

本条约并不影响且不应被解释为影响缔约国在联合国宪章下之权利及义务,或联合国为维持国际和平与安全所负之责任。

第九条

本条约应由美利坚合众国与中华民国各依其宪法程序予以批准,并应自互换批准书之日起生效。互换批准书应于台北举行。

第十条

本条约应无限期有效。任一缔约国得于废约之通知送达另一缔约国一年后予以终止。

为此,下开各全权代表爰于本条约签字,以昭信守。

本条约用英文及中文各缮二份,英文与中文本同一作准。

附录十一　换文①

甲、美国之条约议定书草案全文，在 1954 年 11 月 6 日会议上提交中方，标明"最机密"

中华民国有效控制第六条所述之领土及其他领土，并对其现在与将来所控制之领土具有固有之自卫权利。鉴于中华民国在上述两区域间之军事部署，及任一缔约国自任一区域使用武力，将致影响另一缔约国，兹同意此项军事部署与此项使用武力，除显系行使固有之自卫权利之紧急性行动外，将为共同协议之事项。

乙、中国反建议之换文草案全文，1954 年 11 月 11 日晚送交国务院②

鉴于两缔约国在　年　月　日所签订之中华民国与美利坚合众国共同防御条约下所负之义务，以及任一缔约国自该条约第六条所称之任一区域使用武力，将致影响另一缔约国。兹同意，

---

　　①　换文草案之甲、乙、丙三件均录自顾氏所存该草案原文，丁、戊、己三件译文则参照有关函电之中有关文字。——译者

　　②　同顾大使所拟甲案。

此项使用武力除显系行使固有之自卫权力之紧急性行动外,将为共同协议之事项。

中华民国有效控制该条约第六条所述之领土及其他领土,对其现在与将来所控制之一切领土,具有固有之自卫权利。

丙、1954 年 11 月 12 日美国换文草案全文,1954 年 11 月 14 日由马康卫先生递交谭绍华博士

中华民国有效控制第六条所述之领土及其他领土,并对其现在与将来所控制之领土具有固有之自卫权利。鉴于任一缔约国自任一此等区域使用武力将致影响另一缔约国。兹同意,此项使用武力除显系行使固有之自卫权利之紧急性行动外,将为共同协议之事项。凡由两缔约国双方共同努力与贡献而产生之军事份子,非经共同核准,不将撤离第六条所述之各领土。

丁、中国新换文草案全文,在 1954 年 11 月 16 日会议上递交美方

鉴于　年　月　日在　　签订之中华民国与美利坚合众国共同防御条约第七条之规定,任一缔约国自上述条约第六条所述之领土使用武力,为共同关心之问题。不言而喻,任一缔约国涉及大规模军事行动之使用武力,应为共同协议之事项。每一缔约国具有采取紧急性自卫措施之固有权利,自不待言。

戊、中国换文草案全文，11 月 17 日拟定，1954 年 11 月 18 日由谭绍华博士递交马康卫先生

中华民国有效控制 年 月 日在 签订之中华民国与美利坚合众国共同防御条约第六条所述之领土及其他领土，并对其现在与将来所控制之所有领土具有固有之自卫权利。鉴于根据上述条约缔约国双方所承担之义务，以及任一缔约国自上述任一区域使用武力将致影响另一缔约国，兹同意，此项使用武力，除显系行使固有自卫权力之紧急性行动外，将为共同协议之事项。凡由两缔约国共同努力与贡献而产生之军事单位之调离第六条所述各领土，须由双方共同协议行之。

中华民国政府兹声明其防御现在在其控制下一切领土之坚定意向。但双方相互谅解，关于现在在其控制下之沿海岛屿与将来在其控制下其他领土之共同防御问题，须经缔约国双方依照上述条约第六条进一步协商。美利坚合众国政府将为上述沿海岛屿之有效防御提供充分供应支持。

己、换文议定文本，1954 年 11 月 19 日会议制订

中华民国有效控制第六条所述之领土及其他领土，并对其现在与将来所控制之一切领土具有固有之自卫权利。鉴于任一缔约国自上述任一区域使用武力将致影响另一缔约国，兹同意，此项使用武力除显系行使固有自卫权利之紧急性行动外，将为共同

协议之事项。凡由两缔约国双方共同努力与贡献而产生之军事单位,其调离第六条所述各领土达于实质上减低此等领土防守之可能性之程度者,须经共同协议。

附录十二　关于中美防御条约之共同声明^①

甲、共同声明美方草案全文,1954 年 11 月 2 日 条约谈判期间递交中方

美利坚合众国与中华民国兹已开始其缔结共同安全条约之谈判。此项条约之制订将对危及台湾与澎湖安全之武装攻击提供防御,并对任何此种威胁或攻击规定进行会商。

就美国方面而言,本条约将取代自 1950 年生效之有关上述地区防御之规定。自韩战开始以来,第七舰队一直奉命保卫上述岛屿。新条约,除所包括之区域不同,将仿照与菲律宾、澳大利亚与新西兰,以及大韩民国所议定之一般形式。本条约将成为对日条约与东南亚之马尼拉公约等条约所铸链条上之另一环。凡此,构成共同保卫西太平洋区域抵抗侵略之主要躯干。

与中华民国缔结之条约,一如所有其他各条约,纯属防守性质,并不针对任何国家或人民。该条约将重申缔约国对于联合国宪章之宗旨暨原则之尊崇。

本条约借以表明美国抵御对台湾或澎湖之任何威胁或攻击之决心,应有助于稳定远东之局势,并对该地区之和平有所贡献。

---

① 共同声明草案之丙、丁、戊三件均录自顾氏所存该草案原文,甲、乙二件译文则参照有关函电中之有关文字。——译者

乙、共同声明中方草案全文，1954 年 11 月 6 日 由谭绍华博士递交马康卫先生
（于华盛顿与台北同时发表）

美利坚合众国政府与中华民国政府（中华民国政府与美利坚合众国政府）共同声明

美利坚合众国与中华民国
中华民国与美利坚合众国　兹已开始其共同防御条约之谈判。
此项条约之制订将对台湾、澎湖与美国所辖西太平洋岛屿领土，以及此后双方协议共同决定之其他领土，提供防御以抵抗威胁其安全之武装攻击，并规定就上述威胁或攻击进行会商。

谈判中之条约将包括缔约国双方之指定地区，并将仿照美利坚合众国与菲律宾、澳大利亚与纽西兰，以及大韩民国所缔结之安全条约之一般形式。

美利坚合众国与中华民国
中华民国与美利坚合众国　坚信拟议之条约将成为上述条约
及美国对日条约与东南亚之马尼拉公约所铸链条上之一环。凡此诸项办法，构成共同保卫西太平洋区域抵抗共产党侵略之主要躯干。

新条约亦属防御性质。该条约将重申缔约国对于联合国宪章之宗旨暨原则之尊崇。

丙、共同声明美方修订草案全文， 1954 年 11 月 9 日马康卫先生递交谭绍华博士

美利坚合众国与中华民国已在进行订立共同安全条约之谈

判。此项条约将仿照美利坚合众国在西太平洋所缔结其他安全条约之一般形式。

此项条约将承认缔约国对于台湾与澎湖以及美国所辖西太平洋岛屿之安全具有共同之利害关系。此项条约经双方之协议，得规定列入缔约国管辖下之其他领土。此项条约将以应付对此等区域安全之威胁为对象，并将规定对于任何此项威胁或攻击，经常会商。

此项议订中之条约将于美国与菲律宾、澳大利亚与纽西兰、大韩民国、日本及马尼拉公约所包括之东南亚地区所已订立或谈判之各条约，以及关于琉球之各办法所建立之集体安全系统，更铸一环。凡此诸项办法将构成西太平洋自由人民抵御共产侵略之必要躯干。

此项与中华民国议订之条约将一如其他各约，属于防守性质，该约将重申缔约国对于联合国宪章之宗旨暨原则之尊崇。（此最后一段将于议定书或换文之最后方式确定后，予以补充。）

丁、共同声明之协议草案全文，
1954 年 11 月 22 日会议上暂时议定

中华民国与美利坚合众国兹已完成其缔结共同安全条约之谈判，此项条约将仿照美利坚合众国在西太平洋所缔结其他各项安全条约之一般形式。

此项条约将承认缔约国对于台湾与澎湖以及美国所辖西太平洋岛屿之安全，具有共同之利害关系；规定经双方之协议，将包括缔约国所辖其他领土；并以应付威胁此等区域安全之武装攻击为对象，对于任何此项威胁或攻击，规定经常会商。

此项条约将于美国与菲律宾、澳大利亚及纽西兰、大韩民国及日本所已缔结之各条约，及包括东南亚区域之马尼拉公约所建立之集体安全系统,更铸一环。凡此诸项办法,构成保卫西太平洋自由人民抵抗共产侵略之主要躯干。

中华民国与美国所订此项条约,将一如其他各条约,属于防守性质。该条约将重申缔约国对于联合国宪章之宗旨与原则之尊崇。

此项条约签订后,将举行换文,列举有关该条约实施之若干谅解,此项谅解包括承认中华民国对其现在或将来在共控制下之领土具有自卫权利,以及缔约国对于条约区域之安全与防卫之各项协议。

戊、共同声明全文,1954 年 11 月 30 日最后商定,12 月 1 日对新闻界发表

中华民国与美利坚合众国兹已结束其缔结共同安全条约之谈判。此项条约将仿照美利坚合众国在西太平洋所缔结其他各项安全条约之一般形式。

此项条约将承认缔约国对于台湾与澎湖以及美国所辖西太平洋岛屿之安全,具有共同之利害关系;规定经双方之协议,将包括缔约国所辖其他领土,并以应付威胁此等条约区域安全之武装攻击为对象。对于任何此项威胁或攻击,规定经常会商。

此项条约将于美国与其他太平洋区域国家业已缔结之各集体防御条约所建立之集体安全系统,更铸一环。凡此诸项办法,构成保卫西太平洋自由人民抵抗共产侵略之主要躯干。

中华民国与美利坚合众国此项条约,将一如其他各条约属于防守性质。该条约将重申缔约国对于联合国宪章之宗旨与原则之尊崇。

附录十三 叶外长致沈次长通报其访问西班牙情况之电文摘录①，1954 年 11 月 23 日

[在谈话中]西班牙外交部长问我,田枢机主教及于斌大主教为何仍留在美国,而不定居台湾。我答称,我们曾一再向罗马梵蒂冈教廷提到此事,表示我们希望田枢机主教去台湾定居。梵蒂冈之意见为,仍有许多天主教神父愿留在大陆以帮助天主教徒,因此,梵蒂冈继续命令田与于斟酌行事,居住海外,以免过分激怒共产党人。西班牙外长完全不赞成此种意见。并提出,愿和梵蒂冈商谈,至少应让田枢机主教返回台湾以提高天主教国家之威望。

梵蒂冈所持的意见基本上为怯懦而谨小慎微,而马德里却持另一种看法。西班牙外长称,于斌大主教去年访问西班牙时,曾提出建议,由西班牙发起成立反共联盟,将若干坚决反共之政府联系一体,发表联合声明,加强反共战线。其后于焌吉大使也不止一次与之谈到并讨论过此问题。最近于大使告诉他(西班牙外交部长),中国外交部长即将访问西班牙,这是他(西班牙外长)再次提出这一建议之最好时机。

西班牙外长对我说,他曾将于大使草拟之关于此问题之一份声明草案送呈西班牙国家元首佛朗哥元帅请求指示。佛朗哥称,中美及南美许多国家与美国曾在加拉加斯发表联合声明。西班

---

① 电报呈蒋总统阅。

牙虽然赞成此建议,但感到国际社会对西班牙仍持有偏见,如西班牙倡议发表类似声明,恐怕不会有多少国家参加。因而此事遂被西班牙国家元首搁置。

我谨慎地对外长说,我国政府原则上虽然赞同于斌之建议,但尚未做出任何决定。我说,我只是在与于斌主教交换意见时了解到此一情况。我对西班牙外长说,这事可在适宜时机推动,我愿与西班牙保持联系。西班牙外长表示赞同,又称,中美共同安全条约签字与东南亚条约组织协议生效之后,将是最好时机。我表示同意。

西班牙外长对中美共同安全条约谈判情况极为重视。表示希望我国在远东能与菲律宾合作,因此我把目前我国与菲律宾间之实际关系扼要相告。西班牙外长对季里诺有深刻印象,似乎认为麦格赛赛不如季里诺能干。

我还同他讨论有关交换情报之问题,并达成谅解……

附录十四 1954 年 11 月 5 日《华盛顿邮报与时代论坛报》上查默斯·罗伯茨文章

美国正在与国民党中国谈判一项共同防御条约,但附有一项谅解,即台湾政府要避免对红色中国大陆发动任何挑衅性的进攻。

昨日获悉,这就是饶伯森助理国务卿 10 月 13 日飞台与蒋介石委员长会谈,以及国民党中国外交部长叶公超目下逗留华盛顿的原因之一。

预计谈判一经结束,准备签字时,新条约即行公布。

据悉,签订这项经过多月讨论的条约,乃系事前于 9 月 13 日在丹佛举行的国家安全委员会会议上决定的。

如何规定条约所述的国民党控制地区这一困难问题,曾使谈判停顿下来。问题在于怎样阐明美国公开承担保卫台湾本土及附近的澎湖列岛的义务,既不使它承担保卫金门及红色中国海岸外的其他岛屿,又不致因根本不提金门诸岛而招致共产党的进攻。

这个问题究竟如何解决,昨日尚不清楚。

7 月间,印度支那战争结束,美国驻台北大使公开宣称,共同防御条约正在考虑中。当时艾森豪威尔总统在一次新闻记者招待会上回答问题时说,此事已研究多时,但目前尚未作出决定。

9 月,马尼拉条约签署,明确地把台湾排除在防护地区之外。与此同时,中国共产党开始炮击金门岛,这是在大陆视线之内的一个国民党据点。正是这一事件导致美国决定按照马尼拉协议以及美国与南朝鲜、菲律宾、澳大利亚与新西兰,以及日本所订条约的模式,和蒋签订一项正式条约。

担心会挑起衅端

在金门受到炮击时,华盛顿向蒋示意可以空袭共军炮兵阵地与共方军队及船只准备入侵的可能集结地点以示报复。于是引起此间有些方面的担心,恐怕这种反击会激怒共产党而酿成全面战争。

当共产党的炮击减弱时,华盛顿又对蒋提出了约束。10月6日从台湾方面传出,美国对蒋在金门以及在其统治下的其他沿海岛屿的军队将给予"后勤支援"。为了防止共产党侵占国民党岛屿,蒋在自卫行动方面不受限制。

至于对于共同防御条约蒋应承担甚么义务大概不会公开,不过事情是明显的。

国民党人对这种约束感到不快,认为美国将他们置于和南朝鲜李承晚的情况一样的,供应不足的境地。

国民党在台湾和其他岛屿上的军队依靠美国的财政支援与军事支援,与南朝鲜部队的情况大体相似。

8月17日艾森豪威尔总统在一次记者招待会上说,中国共产党要占领台湾,就必须越过第七舰队。新共同防御条约固然没有使美国承担自动保卫台湾的义务,但它具有长期支持总统声明的效果。

条约还昭告世人,美国不会提出把台湾移交共产党的任何建议。另一方面,与蒋签订的条约可以说明美国不会让蒋利用美援图谋收复大陆,即使不用美国军事支援也不行。

附录十五　美国国务院发布之
中美共同防御条约文本①

注明:于 1954 年 12 月 2 日星期四下午四时(美国东部时间)签字后公布(实际签字前不得以任何方式公布、引用或使用)

本条约缔约国

兹重申其对联合国宪章之宗旨与原则之信心及其与所有人民及政府和平相处之愿望,并欲增强在西太平洋区域之和平机构;

以光荣之同感,追溯上次大战期间两国人民为对抗帝国主义侵略而在相互同情与共同理想之结合下团结一致并肩作战之关系;

愿公开并正式宣告其团结之精诚及为其自卫而抵御外来武装攻击之共同决心,俾使任何潜在之侵略者不存有任一缔约国在西太平洋区域立于孤立地位之妄想;

并愿加强两国为维护和平与安全而建立集体防御之现有努力,以待西太平洋区域更广泛之区域安全制度之发展;兹议订下列各条款:

第一条

本条约缔约国承允依照联合国宪章之规定,以不危及国际和平安全与正义之和平方法解决可能牵涉两国之任何国际争议,并

---

① 此件根据台湾出版的《中华民国年鉴》公布之文本,但第五条一"针"字,即本册第 411 页饶伯森所说文字上的改动。——译者

在其国际关系中不以任何与联合国宗旨相悖之方式作武力之威胁或使用武力。

第二条

为期更有效达成本条约之目的起见,缔约国将个别并联合以自助及互助之方式,维持并发展其个别及集体之能力,以抵抗武装攻击及由国外指挥之危害其领土完整与政治安定之共产颠覆活动。

第三条

缔约国承允加强其自由制度,彼此合作以发展其经济进步与社会福利,并为达到此等目的而增强其个别与集体之努力。

第四条

缔约国将经由其外交部部长或其代表就本条约之实施随时会商。

第五条

每一缔约国承认针对在西太平洋区域内任一缔约国领土上之武装攻击,即将危及其本身之和平与安全,兹并宣告将依其宪法程序采取行动,以对付此共同危险。

任何此项武装攻击及因而采取之一切措施,应立即报告联合国安全理事会,此等措施应于安全理事会采取恢复并维持国际和平与安全之必要措施时,予以终止。

第六条

为适用于第二条及第五条之目的,所有"领土"等辞,就中华民国而言,应指台湾与澎湖;就美利坚合众国而言,应指西太平洋区域内在其管辖下之各岛屿领土。第二条及第五条之规定并将适用于经共同协议所决定之其他领土。

第七条

中华民国政府给予,美利坚合众国政府接受,依共同协议之决定在台湾、澎湖及其附近为其防御所需要而部署美国陆海空军之权利。

第八条

本条约并不影响且不应被解释为影响缔约国在联合国宪章下之权利及义务,或联合国为维持国际和平与安全所负之责任。

第九条

本条约应由中华民国与美利坚合众国各依其宪法程序予以批准,并将于在台北互换批准书之日起发生效力。

第十条

本条约应无限期有效。任一缔约国得于废约之通知送达另一缔约国一年后予以终止。

为此,下开各全权代表爰于本条约签字,以昭信守。

附录十六　关于军事协调技术协议之备忘录

无日期(约为 1954 年 9 月)

以下为(台北)国防部整理提供的两套美中军事协调文件中有关内容(不包括基本技术性质内容)。这两套文件的名称如下:

甲、第二次中美协调会议([台北]国防部与[美]太平洋总司令部之间)报告,1953 年 12 月 6—9 日(以下简称报告甲);

乙、第一次(台北)国防部与台湾防卫司令部协调会议报告,1954 年 2 月 9—11 日(以下简称报告乙)。

关于沿海岛屿之防御

1.(美)太平洋总司令部代表(报告甲):

在我们上次会议报告中同意沿海某些岛屿对保卫台湾和澎湖来说是必要的。我们返回珍珠港后,提出了授权我们参与保卫这些岛屿的建议……参谋长联席会议承认其中某几个岛值得继续占有,但迄今尚未授权我们参加防卫工作。不过,提出这个重要问题已经得到丰硕成果,因为参谋长联席会议对这些岛屿的美国军事防务援助已经放宽限制。例如,现在我们已有权将共同防务计划中的某些军需品和装备在紧急时转到沿海岛屿。我们充分了解你们为有效保卫大陈诸岛迅速完成之准备,认为这一强有力的防卫态势对威慑或阻止中共侵占诸岛的任何企图均已起到极为重要的作用。我们对于你们在这次重要防卫工作中使用陆、海、空兵力的方式深感振奋,这对保卫其他关键性沿海岛屿将有极大价值。蔡斯将军和斯顿普海军上将都已经向美国高层当局建议将沿海诸岛驻军列入共同防务援助计划的直接供应范围之内。

2.有关本问题的技术协议（报告甲）：

a.论及沿海岛屿对保卫台湾和澎湖的重要性之前一协议已受到重视和确认。需要进一步指出的是美方并未得到授权参加沿海岛屿之保卫。

b.双方同意，当敌人进攻大陈时，美方对台湾海峡之侦察将继续进行，所获情报将按现行协议继续交换。

双方并同意，除非参谋长联席会议批准参战，美方将继续提供一切不包括公开参战之实际援助。

3.（美）太平洋总司令部对沿海岛屿提供积极援助的意见（报告甲）：

……美太平洋总司令部同时承认中国空军之有效作战对保卫这些关键性沿海岛屿之必要性。美国对沿海岛屿之积极援助具有广泛影响，可能引起战端。但太平洋总司令一再申明，强有力之防御姿态为保卫台湾安全必不可少之因素，拟不拘泥于上述特定理由。并准备对此事进行周密考虑，且要求军事援助顾问团、（台北）国防部与美国国外业务署有关人员参照中、美指挥官之各防御作战计划对此项建议进行充分研究。太平洋总司令要求（台北）国防部对此项建议作出全面调查报告，说明理由，并申明自身实力，然后将上述文件送交驻台军事援助顾问团团长，由他提出下一步措施，经太平洋总司令审查上报美国上级主管部门。

4.台湾防卫司令部对这个问题的意见（报告乙）：

已通知中方代表，美军已受权仅于台湾和澎湖遭到攻击或入侵时参加主要沿海岛屿之防御。

关于美国援军到达的估计时间

1.太平洋总司令部之意见（报告甲）：

……我们确定之美军到达时间条件：对敌方两栖部队来犯，

假设能在七至十日前得到预警情报,则海军部队可在三十六小时内投入战区进行战斗,空军需七十二小时。

2.台湾防卫司令部之意见(报告乙):

至关重要之一点是对中共军队之集结或发动进攻必须即刻报告台湾防卫指挥部(美方),以便要求(美)太平洋总司令部采取适当措施,取得动用保卫台湾所需飞机的权力。

这样,台湾防卫司令部能在七十二小时内将空军部队投入战斗,并在几个小时之内可将包括舰载飞机的海军投入战斗。如以第七十二特遣部队投入防御台湾之战斗,并在太平洋总司令部战区南部作战,则前者估计的三十六小时时间将大为缩短。

关于飞机、舰艇及装备之移交

1.太平洋总司令部对飞机与装备移交日期之估计(报告甲):

(1)FPS—8 型雷达设备——1954 年第一季度开始。

(2)TPS10D 型雷达设备——1953 年 12 月发运。

(3)微波设备——推迟至 1955 年 6 月。

(4)F—86 型飞机——1954 年 10 月开始。

(5)F—84 型飞机——1954 年 7 月开始。

(6)全天候战斗机——未定。

2.太平洋总司令部对海军舰艇与装备移交日期之估计(报告甲):

(1)2 艘驱逐舰和 3 艘大型登陆支援舰——正在移交。

(2)10 艘猎潜艇和摩托炮艇——即将移交。

(3)供沿海岛屿使用的 8 艘机械化登陆艇——申请已批准。

(4)供沿海岛屿使用的 24 艘车辆与人员登陆艇和 2 艘登陆艇修理船——贷款已批准。

(5)供两栖部队用的 100 艘车辆与人员登陆艇——已批准采购。

(6)供港口保卫用的 883 枚锚雷——已列入计划。

关于允许中国飞机、舰艇于紧急时使用冲绳和菲律宾美国海、空军基地的要求

1.(美)太平洋总司令部之意见(报告甲):

参谋长联席会议已批准我们提出的有关这方面建议……计划已编订,将于短期内公布……

对此问题所采取之进一步措施需推迟,等待台湾防卫司令部确定冲绳及菲律宾基地紧急时可以使用的范围。

关于供应

1.(美)太平洋总司令部之意见(报告甲):

前已指出,我们深知当共产党对台湾发动大规模入侵时,台湾即需美国大规模供应支持。故已主动采取必要之步骤建立适当水平之军需储备,编制出重要装备项目清单,并为此指示增加共同防务援助计划之交货。

2.台湾防卫司令部之意见(报告乙):

太平洋总司令部已要求远东司令部批准当发生紧急情况时,立即提供额外十五天数量之弹药储备。国防部(台北)应将目前弹药储备情况及在台湾预存上述弹药的可行性报告提交太平洋总司令部。

关于在台湾设置美军喷气式飞机基地问题

1.(美)太平洋总司令部之意见(报告甲):

不久前,我们曾在台湾设置了三个喷气机中队基地。现在准备和你们讨论设置供七个喷气机中队使用之基地之可能性。鉴于台湾不能提供完整的通讯设施,因此美军准备以应急方式提供临时性支援。

2.台湾防卫司令部之意见(报告乙):

负责计划与筹备上述基地之美方代表尚未派定,派定后,(美)台湾防卫指挥部即可采取行动完成必要之计划与筹备工作。

据了解,根据中国空军训练计划,1954 年 7 月以前嘉义与台南不可能临时驻扎两个美军喷气机中队进行试飞。

关于美军有无可能参战的各种紧急情况(报告甲):

1.对敌方准备进攻台湾、澎湖而集结之陆、海、空军部队:

(1)美军目前无权参战。

(2)太平洋总司令部提出行动建议有赖于及时而准确之情报。

2.对敌进犯之两栖部队,摧毁敌人滩头阵地:中美两国指挥官应制订共同计划。

3.对中国大陆:如规定美国支援,美军可能将承担远程飞行任务。

4.防御沿海岛屿:

(1)美军目前尚未得到批准参战。

(2)万一敌方进攻大陈,美军将继续在台湾海峡进行侦察。